W0410383

Dans la Lumière de l'Éternité

*Tous droits de reproduction, traduction ou adaptation,
réservés pour tous pays.*

© Alain Labussière Éditeur 1997

ISBN 2-911456-04-1
EAN 9782911456046

GEORGES OSORIO
DE L'ACADÉMIE DES SCIENCES DE NEW YORK

DANS LA LUMIÈRE DE L'ÉTERNITÉ

Préface de Martin Gray

ALAIN LABUSSIÈRE ÉDITEUR
B.P. 85 – 71700 Tournus

PRÉFACE

Tous les gens ayant un esprit religieux admettent, avec foi, que «QUELQUE CHOSE» (l'Esprit, ou l'Ame, ou autre) continue à exister postérieurement à la vie du corps. Par contre, les athées et les libres penseurs croient que la vie s'arrête là, mais qu'il existe une «Conscience» dans la matière qui, elle, est éternelle. Les gens sont divisés lorsqu'il est question alors de savoir si, comme l'enseignent les églises de toutes obédiences, les «âmes» ou les «esprits» des défunts doivent attendre une résurrection (pour revêtir un corps de chair), ou si les «âmes» ayant séjourné dans ce que nous appelons l'«Astral», reviennent sur Terre (pour ranimer de nouveaux corps), ou si, comme on le croit le plus fréquemment en Occident, elles vont définitivement au «Purgatoire», au «Ciel», ou en «Enfer».

Aucun ouvrage n'avait jusqu'ici traité le sujet dans son ampleur, avec tant d'audace, dans une démarche scientifique qui est propre à la formation et à la carrière professionnelle de son auteur. L'originalité du livre de mon ami Georges Osorio réside dans le fait qu'il tient compte de tous les aspects du problème, et qu'il évoque une série de témoignages impressionnants, aussi bien religieux que scientifiques, ou parapsychologiques. Voyageur infatigable, il procéda à des enquêtes subtiles en divers pays, et n'hésita pas à recourir aux grandes expériences reconnues en physique nucléaire et en mécanique quantique pour expliquer de façon simple et plausible, cette «conscience» qui semble inaltérable à travers l'Espace et le Temps.

Ce travail est impressionnant, plus passionnant qu'un roman, parce qu'il ouvre d'hallucinantes perspectives, non seulement aux destinées humaines notamment la vôtre, la mienne, la nôtre, celle de tous ceux qui nous sont chers, mais il apporte, en même temps, les moyens simples et pratiques de soutenir les derniers instants d'un mourant, dans le milieu familial, professionnel, sur une route déserte, qu'il soit jeune, adulte ou âgé, malade ou bien portant, handicapé ou jouissant de toutes ses facultés. Ce serait gravement tromper les hommes que de leur enseigner, SANS RAISON VALABLE, SANS PREUVE CONCRETE, l'idée d'une quelconque «sur-vivance», et leur faire miroiter la persistance d'un «Au-Delà de la mort» physiologique sous forme d'une certaine «individualité-conscience» informationnelle, alors qu'il n'y aurait que ... NEANT !

Je crois tellement à la VIE, au milieu de mes terribles souffrances, que j'ai toujours pensé qu'ELLE ne pouvait s'arrêter là, lorsque quelques pelletées de terre font un bruit sourd sur un coffre de bois. J'ai toujours eu foi en sa PERPETUATION, dans sa valeur, et disons que des jours et des semaines de souffrances et de privations valent bien quelques minutes d'existence ici-bas. Sachez que la VIE n'est pas un DU, mais un PRET QUE L'ON TRANSMET, c'est une SEQUENCE UNIQUE qu'il ne faut absolument pas mépriser. C'est, comme le dit l'auteur, «UNE PARTICIPATION A LA MARCHE ETERNELLE DU COSMOS». La VIE, c'est l'espoir qui m'a toujours soutenu au milieu de mes tribulations.

Comme Georges Osorio, j'ai beaucoup côtoyé la mort dans mon existence, et j'en suis venu à la considérer comme un «tireur ivre» qui, cherchant à m'atteindre, «se trompait sans cesse de cible». Jusqu'au jour où je compris que «j'étais mort avec les miens», et qu'eux vivaient avec moi, car énergétiquement, NOUS NE FAISONS QU'UN, tous ceux qui FURENT, tous ceux QUI SONT, et tous ceux QUI SERONT, comme me le fait remarquer l'auteur à propos du tétragramme hébraïque «YHWH», forme causative du verbe hébreu «HéYé», marquant le DEVENIR PERMANENT DE

L'ETRE A TRAVERS L'ESPACE/TEMPS einsteinien. Nous sommes donc TOUS «UN» DANS L'UNITE...

Ce livre va dans le sens d'une telle mutation de ma conscience. De plus, il apporte la possibilité de revenir à une véritable «Pratique sociale de la Mort», dans l'accompagnement aux derniers moments d'un moribond par de non-spécialistes médicaux ou paramédicaux, voire dans les traitements de pathologies de stress ou de phobies exacerbées de la mort. Elle se doit de nous préparer aux limites extrêmes du souffle dernier, au don impitoyable du SOI, à cet autre «NOUS-MEME» qui retourne à son Origine pour reparaître de nouveau à un autre niveau de conscience.

Comme je l'ai dit à Georges Osorio, que je rencontrais en 1985, alors qu'il était vice-président de l'Université Populaire de Paris, et qu'il me présentait lors d'une de mes conférences publiques en Sorbonne, il manquait à l'Occident un «Livre des Morts» qui soit aussi, et avant tout un «Choeur d'Eternité» (et un «Coeur-Eternité»), ce vide est maintenant comblé, et c'est un signe que les Temps viennent où Science et Conscience retrouveront l'AME ETERNELLE DE LA TRADITION PRIMORDIALE.

J'en terminerai par un court extrait d'un poème de mon livre «la Maison Humaine» :

«... *Car la Terre et le Ciel sont un linceul ouvert*
Où se rassemblent toutes les forces vivantes,
Ami, accepte ce Destin : la VIE attire la VIE...
La Mort n'est qu'un chemin...»
(traduit du polonais)

Mars 1992,

Martin Gray

- Auteur de «Au nom des miens...»

ENTRETIEN AVEC MES LECTEURS ET LECTRICES :

VAINCRE A TOUT PRIX L'ANGOISSE DES DERNIERS INSTANTS ICI-BAS.

PUISQUE vous avez acquis ou acheté cet ouvrage, nous allons donc, vous et moi passer quelques heures ensemble. Notre contact silencieux n'en sera pas moins intime, et il durera le temps qu'il faudra : des heures, des mois, voire des années... Peut-être à certains moments, romprez-vous ce tête-à-tête pour vous détendre avec d'autres lectures, puis de nouveau vous vous tournerez vers moi. Bref, nous sommes amenés, je dirais presque à «vivre ensemble», à nous connaître, à nous apprécier, disons «à nous aimer» : beaucoup de lectrices et lecteurs sont devenus des amis. Je pense à certains de mes contradicteurs, lorsque je dispensais mes conférences à l'amphi Bachelard en Sorbonne qui, par la suite, se sont transformés en ardents supporters, au cours de la décennie 1980. Et c'est sur l'exclamation de l'Initié «St Paul» du «Nouveau Testament» biblique que j'ouvrirai ce dialogue particulier : «... O mort, où est ta victoire ? O mort où est ton aiguillon ?...»[1].

Tout d'abord, pourquoi ai-je écrit ce volume et celui qui le précède[2] ? ***Pour plusieurs raisons. La première*** est que, à la différence d'un grand nombre de livres du genre, il se veut en contact direct avec le public, quant à ses vraies préoccupations souvent inavouées sur l'après-vie. Je n'ai pas écrit pour moi, j'ai écrit pour vous, car

[1] Bible, «Nouv. Test», Ier Epitre aux Corinthiens, Chap.15, vers.55.
[2] G. Osorio, «l'Homme Energétique éternel» (Aquarius-Chiron).

les thèmes qui me passionnent tournent davantage autour de la physique générale et quantique, ou de la théologie biblique (hors religion et sectes) que sur la mort en particulier. Je suis aussi assez friand de bio-énergie et de biologie en rapport avec le médical. En bref, j'ai voulu ***vous faire partager***, sur un ton de conversation libre et cordiale, ***cette tranquillité*** face à cette échéance ultime. En effet, beaucoup d'auteurs bien plus éminents que moi ont publié des rapports intéressants sur des expériences ou des constats de faits, et nous devons les en féliciter. Cependant, peu se sont penchés sur les sourdes craintes ressenties par un grand nombre selon leur constitution, leur tempérament, leur caractère, leurs tares héréditaires, leur anxiété naturelle, etc.

La ***seconde raison*** est que, en voulant répondre à un éventail excessivement large d'interrogations, je me suis engagé sur le terrain scabreux de la ***Physique multi-dimensionnelle*** débarrassée de son langage hermétique que constitue la mathématique. J'ai osé répondre au pari du grand R. Descartes qui clamait : «Si les sciences ne sont pas comprises de l'homme du peuple moyen, c'est qu'elles ne sont pas enseignées avec simplicité, donc avec méthode !»... Car enfin, petits ou grands, riches ou pauvres, femmes ou hommes, chefs d'état ou clochards, nous sommes tous en recherche sur ce «Grand Mystère» qu'est la vie, interrompue brutalement par la mort ! Certes, chacun et chacune le perçoient différemment, mais les questions en suspend demeurent identiques pour chacun. **Dans tous les pays**, même si apparemment, il n'en paraît rien. Durant la Seconde Guerre Mondiale, adolescent lors de l'exode de juin 1940 qui jeta sur les routes de France des millions d'innocents naïfs et trompés, victimes des incapables et des laxistes de la IIIe République, j'eus l'occasion, durant de terribles bombardements aériens et d'artillerie, d'entendre, comme un souffle, des remarques «hautement spirituelles» chuchotées par des gens à l'attitude assez hautaine et qui soudainement, face à la mort, se retrouvaient avec des mentalités d'enfants humbles et soumis. Terminés les grimaces de bienséance, les verbiages philosophiques ! La mort était présente partout, ogresse insatiable, injuste dans ses choix, épargnant des handicapés ou des vieillards, fauchant implacablement et sans raison jeunes adolescents et enfants.

Troisième raison, et à mon humble avis la plus importante : à l'instar de beaucoup de mes aînés, j'ai, durant près de trente-cinq années d'expériences et de voyages aux quatre coins de la planète, pour des raisons professionnelles, glané çà et là une masse considérable d'informations que je me dois de faire partager. «Ce que je sais, je l'ai payé...» a dit R. KIPLING ; je puis en dire autant. Il me faudra donc, le plus simplement possible, par l'observation et l'expérience, démontrer et surtout ***convaincre que «QUELQUE CHOSE DE CONSCIENT»*** existe durant la vie ici-bas et perdure après le dernier souffle. Et ce ne sera ni au nom de la religion, ni au moyen de raisonnements philosophiques fumeux, moins encore en m'appuyant exclusivement sur les «Ecrits Sacrés» antiques que je tenterai l'aventure, mais simplement en recourant à la méthode expérimentale.

Il n'est un secret pour personne, même parmi les plus honnêtes des pratiquants comme au sein des plus bigots des traditionnalistes, qu'en cette fin de XXe siècle les religions ont perdu une grande partie de leur autorité de jadis, dont elles ont superbement usé et abusé au détriment de tous, à commencer par elles ; leurs abus furent d'autant de pelles qui creusèrent petit à petit leur tombe. Longtemps espoir tangible de l'humanité souffrante et exploitée, le communisme, religion du prolétaire de tous pays, secréta ses propres poisons qui devaient l'emporter dans la décennie 1990. Si elle ne résolvait pas le problème de la mort, l'idéologie marxiste se voulait de conforter la vie présente en attendant le trépas du capitalisme, et en prétendant qu'un jour le monde scientifique apporterait une réponse définitive à la perpétuation de l'existence. D'un autre côté, les séculaires discussions stériles des philosophes n'ont projeté aucune lumière sur le problème de la mort pour dissiper toutes les craintes et tous les doutes. Je pense, comme beaucoup de mes semblables, qu'une ***vraie science positive spiri-***

tualisée et connaissante des acquis antiques s'avèrera comme le seul arbitre valable, le seul canal objectif capable de départager les uns et les autres. Son autorité sera alors reconnue indiscutablement suffisante pour juger souverainement. Il faudra donc que les baveux politiciens se taisent, que les religieux et les sectaires en restent à leurs rituels, et que les financiers et les chevaliers d'industrie s'occupent de ce qui les regarde et ne gênent en rien le bon déroulement des recherches. Il ne faudra pas que, sous prétexte de gains sordides, ils perturbent ou fassent supprimer les investissements qui seront consacrés à ses travaux.

LA SCIENCE OFFICIELLE FACE A L'APRES-VIE.

J'ai expliqué dans un précédent ouvrage[3] comment la Grande Dame ***«Connaissance»*** de l'Antiquité, avant de mourir, avait accouché de deux turbulentes filles : l'une s'appela ***«Religion»***, l'autre ***«Science»***. Au cours des millénaires qui suivirent la disparition de leur «mère», ces belles jeunes filles après avoir consommé un nombre appréciable d'heureux et de malheureux amants, devinrent des mégères hautaines et agressives, de vieilles ronchonneuses dont cette fin de siècle ne se soucie même plus, tant leurs charmes sont fanés et leurs atouts désuets. Si, depuis leur naissance, elles ne cessèrent de se haïr, il vint un temps où des rivales, bien plus attrayantes, séduirent les descendants de leurs vieux amants : elles s'appelèrent «Athéisme», «Indifférence», «Profit», «Confort» ou «Technologie»... Alors, elles se résignèrent : l'une se borna à racoler dans ses églises, temples, ou pagodes vides un peu de public socialo-démocrato-croyant, l'autre à prêcher un faux cartésianisme teinté de lamarckisme voilé d'un certain dogmatisme, afin de s'attirer les faveurs de la Banque.

Car soyons objectifs et honnêtes : si l'on a accusé la religion d'avoir des œillères, on peut en dire autant de l'«establishment» scientifique. Si la science avance décennie après décennie à coups

[3] G. Osorio, «L'Héritage des Grands Initiés», tome I (Aquarius- Chiron).

d'hypothèses, l'une remplaçant l'autre, il n'empêche qu'elle a eu, elle aussi, ses inquisiteurs et ses victimes. Certes, les drames et les procès de condamnation on été plus feutrés, moins spectaculaires, voire moins sanglants, mais malgré tout inertiels pour l'évolution de l'Humanité, douloureux pour les pionniers du Progrès. La science a ses martyrs comme la religion a les siens ; il suffit d'être taxé d'***«hérésie»*** simplement parce que ***«l'on a raison avant les autres»***, parce que l'on ***«devance son époque»***, pour être assis sur le banc des accusés, livré à la vindicte populaire. Evidemment, notre Science Moderne est si développée, et dans tous les domaines elle conduit à des résultats si sensationnels, que l'on comprend aisément l'admiration du public. De là à lui accorder une permanente infaillibilité, c'est une autre question !

Et c'est à propos des recherches sur la mort que la Science s'est montrée la plus rétive. Feu l'éminent théosophe le Dr G. Delanne, dans ses conférences publiques des décennies d'avant-guerre, se plaisait à citer des quantités d'exemples dans ce sens. L'un des pères de la méthode expérimentale, le grand Stuart Mill (1806-1873)[4] entrevoyait le corps de l'homme comme un ***«simple récipient de sensations»*** et son esprit comme ***«l'ensemble de ces sensations»***, de sorte que l'un comme l'autre étaient qualifiés d'«inconnus» ou d'«accidents dans la Nature». Même attitude chez Herbert Spencer (1820-1903) qui juge la controverse entre matérialistes et spiritualistes inutile et stérile, «une guerre de mots parce que ***nul homme ne saura jamais rien sur sa véritable nature»***[5]. Pour Hippolyte Taine (1828-1893), «l'âme humaine est une illusion : ***il n'y a rien de réel dans le «moi» de l'Homme***, tout est une question d'événements qui se suivent les uns à la suite des autres»[6]. Plus nuancé sera E. Renan (1823-1892) qui prônera «l'existence possible ***d'une substance unique, ni corps ni esprit***, mais qui se

[4] G. Osorio, «La Méthode Scientifique dans la vie quotidienne» (conf. en Sorbonne en 1985) ; S. Mill, «Logique», L1,3, § 8.
[5] H. Spencer, «Premiers Principes» (Bel. Lett. Paris)
[6] H. Taine, «De l'Intelligence», Préface, et Chap. III, 3 (Hachette, 1942).

manifeste visuellement par deux phénomènes que nous appelons par ignorance «corps» et «esprit», ces deux mots n'ayant d'ailleurs de sens que dans leur opposition, cette dernière n'existant que dans les faits»[7].

Les scientifiques s'exprimeront plus durement que les philosophes positivistes. Ainsi, le Pr Karl Vogt (1817-1898) compare l'âme et le cerveau ***à l'urine*** produite par les reins. Le Pr Ernst Haeckel (1834-1903), de Iéna, décrit ***l'activité spirituelle*** comme une ***fonction cérébrale***, une fonction physiologique mécanique qui disparaît à la mort du système[8]. «La ***vie psychique*** est un ***phénomène secondaire*** et parallèle à la vie physiologique» affirmera Le Dantec (1869-1917)[9]. Plus nuancé sera l'intuitif Pr J.M.A. De Lanessan (1843-1907) qui écrira que «ce n'est pas l'individu qui est conscient mais ***une partie*** seulement ***de ses éléments constituants.***»[10] Il en va différemment du Pr Elie Metchnikoff (1845-1904) qui considèrera que «la disparition totale de la conscience après la mort est une notion courante acceptée par la majorité des gens évolués»[11]. Ne faisant pas de détail, notre brave savant russe décidera sans plus que «les éléments de notre corps ne peuvent pas vivre éternellement et que, en conséquence, ***la conscience*** qui, elle, appartient à ces éléments, disparaît bien entendu avec eux.»

Toutefois, tout le monde scientifique n'est pas de cet avis. Bon nombre d'hommes de valeur aussi férus que ceux que nous venons de citer, témoignent différemment. C'est le cas de L. Pasteur, A. Bechamp, et antérieurement I. Newton, Y. Keppler, Tycho-Brahé, et bien d'autres encore... Ce qui est le plus grave est que, des deux côtés, il ne s'agit que ***d'opinions individuelles*** dont la plupart sont ***dénuées de toute démonstration***. Inutile de vous dire que cette

[7] E. Renan, «L'Avenir de la Science», p. 478 (Calmann-Lévy)
[8] E. Haeckel, «Origine de l'Homme», p. 50 (Lib. Picard, Paris)
[9] Le Dantec, «Théorie Nouvelle de la Vie», introduction (Bibl. Nat. 1909)
[10] A. De Lanessan, «Le Transformisme», p. 146 (Bibl. Nat. 1912)
[11] E. Metchnikoff, «Etudes sur la nature humaine», (Bibl. Nat. 1901)

façon de voir n'est pas la mienne. En 1959, lors du fameux colloque international appelé «Gnose de Princeton», tenu dans la ville de Pasadena en Californie, une certaine politique a été unanimement arrêtée dans la démarche scientifique des décennies à venir. Face au danger imminent de la disparition de l'humanité sur la surface du globe suite à la pollution, à la démesure démographique, et à l'arsenal nucléaire, la science a entendu l'appel du grand Rabelais («Science sans conscience n'est que ruine de l'âme») ; elle s'est voulu dorénavant «sage» toutes les fois qu'elle ne serait pas entravée par les politiques ou les financiers. «Devant la science du XXIe siècle a dit l'un des intervenants du Colloque, ***le principe de l'Eternité demeure***. Si le problème n'a pas reçu encore de solution positive, on oublie trop souvent qu'il n'a pas davantage reçu de solution négative»... C'est donc abusivement, et sans la moindre preuve que l'on affirme l'anéantissement de la Conscience après la mort...»

Il faut que le public moyen le sache bien : la science n'est pas une «Vache Sacrée» ! Physiciens, chimistes, biologistes, géologues... ***observent*** des faits ; ensuite ***ils tentent*** de les relier par des ***lois***. Or même s'ils se targuent de la plus scrupuleuse objectivité et du plus pur pragmatisme, ils doivent commencer par ***imaginer ces lois***. Du même coup, sans le vouloir, ils font fatalement acte de «philosophie», et ils ne peuvent faire autrement. Le plus objectif des observateurs est tôt ou tard placé dans la position du raisonneur qui doit s'abandonner à sa subjectivité ! Le grand Claude Bernard l'a très bien compris ; il suffit de lire son œuvre magistrale pour s'en convaincre[12]. Théoriquement, la ***véritable*** science n'a pas de limites : ce qu'il nous reste à apprendre est presque infini, relativement à ce que nous savons à l'aube de ce XXIe siècle. Cependant, chaque jour dans tous les pays du monde, même chez les plus arriérés, l'esprit humain enregistre de nouveaux progrès. Bien habile celui qui tenterait d'opposer une barrière infranchissable aux acquisitions permanentes du savoir humain. Il

[12] C. Bernard, "Introduction à la Médecine Expérimentale» (Hachette, 1955)

ne saurait donc être question de ***tracer une frontière fictive à la science*** dans sa démarche continue qui consiste à repousser toujours plus loin les bornes du «connu»... En cela, nous l'encouragerons de toutes nos forces, dans la mesure où elle étanchera notre soif de connaissances de ce monde mystérieux de cet «Au-delà du matériel temporaire et illusoire»...

PHYSIQUE ET METAPHYSIQUE :

On a coutume de récuser en bloc tous les témoignages relatifs aux phénomènes parapsychologiques, parce que d'emblée on les suppose sans valeur, fruits de l'ignorance et de la superstition de nos ancêtres. Pour nos doctes universitaires ou nos intellectuels surmenés du Quartier Latin, admettre que quelque chose ***existe*** mais échappe malgré tout à nos investigations relève de la pure fantaisie. «Ne savez-vous pas, me clamera-t-on de toutes parts, que ***l'hallucination est la cause de toutes ces manifestations***, et que de nos jours la psychiatrie maîtrise très bien les névroses, démystifiant ainsi les imposteurs de tous acabits, qui font croire à l'existence d'un Monde Parallèle !». Je répondrai tout d'abord que l'hallucination explique certainement beaucoup de choses, mais ***son domaine demeure malgré tout très limité***. Il faudrait démontrer que les prémonitions de grands hommes comme W. Mozart composant et jouant à l'âge de 6 ans sa première symphonie sans avoir appris la musique, B. Pascal opérant ses premières démonstrations géométriques en pleine enfance, alors qu'il en ignorait l'existence, M. Davenport, ce forgeron américain illettré et inculte découvrant et fabriquant de lui-même le premier moteur électrique, etc. sont de la ***pure fabulation*** et appartiennent aux contes de fées ! Nous pourrions remplir des volumes entiers de ces exemples surprenants et incompréhensibles pour notre logique humaine ! Mais soyons bons joueurs, et allons plus loin dans cette objection fallacieuse...

Supposons donc une origine hallucinatoire à ces phénomènes dans la catégorie de laquelle on peut classer les apparitions, les dédoublements de personnalité, la médiumnité, la clairvoyance, la magie et son parallèle la sorcellerie, la transcommunication avec des défunts, etc. D'accord mais, médecins et physiciens ont-ils décelé lors de leurs constats ***un caractère de morbidité*** produit nécessairement par ***le jeu déréglé des imaginations*** en cause, donc sans aucune participation d'une ***«cause» extérieure*** ? Le grand savant que fut Camille Flammarion, libre penseur, fondateur de la Société Géographique de France[13] qui s'est livré infatigablement à de nombreuses recherches en ce domaine est formel : ***la réponse est «non»*** ! On doit à la Grande-Bretagne la première «Société de Recherches Psychiques» qui, à partir de 1882, avec le développement de la photographie toute naissante, les premières analyses des phénomènes parapsychologiques et post-mortem. Bien avant les USA et l'Allemagne, elle compta parmi ses membres les plus hautes notoriétés scientifiques anglo-saxones. Elle a publié des centaines d'ouvrages où il est notamment question de récits incontestables touchant l'existence post-mortem. j'en citerai un certain nombre au cours de cet ouvrage, non pas que je sois un inconditionnel de ce genre de préoccupation. Cependant, il y a tant de littérature sur le sujet que je me fais un point d'honneur, au nom de la ***VRAIE Science*** et de la ***VRAIE Spiritualité***, à « remettre les pendules à l'heure » !

Lorsque l'on constate d'abord que les enquêteurs appartiennent tous à des courants de pensée différents, croyants, athées, rationalistes ou libre-penseurs et que, par la suite, ils ont fait preuve d'un soin méticuleux pour établir la véracité des faits, quand on s'étonne de l'impeccable logique et de l'esprit critique qui les a animé dans l'appréciation des opérations, il ne viendra à l'idée de personne de ***traiter ces rapports de «documents sans valeur».*** Les récits publiés sur lesquels je m'appuierai sont des pièces sérieuses et authentiques dont personne ne peut contester la réalité. Les hypothèses du hasard, de la coïncidence fortuite, de l'auto-suggestion

[13] Laquelle société devait devenir ultérieurement l'Institut Géographique National, à Paris.

et bien d'autres encore ont été longuement discutées. Ces phénomènes qui appartiennent au monde de la **métaphysique** sont donc ***irrécusables***, comme vous le verrez. Comme je l'ai expliqué précédemment, le mot est d'Aristote qui officialisa ainsi, dans la science antique, ***l'existence d'un monde non-visible échappant au palpable et au mesurable*** qu'était le monde sensible ou **physique**. Ce dernier est la francisation du grec «Phusika» signifiant «la Nature Visible». La «***Meta-Phusika***» se rapporte donc au Monde qui commence aux frontières du Visible, donc de l'«au-delà (meta) de la Phusika-Nature». Je le préfère au mot «Para-psycho-logie» qui pourrait se traduire par : «étude-analyse (logoi) de ce qui côtoie (para) la partie animante (psyché)», notation plus floue, à mon humble avis, que la précédente...

En tout état de cause, lorsque l'on étudie avec attention les archives de police et de gendarmerie qui relatent scrupuleusement les incidents insolites, les rapports de médecins, biologistes, et physiciens spectateurs, tant ceux présents au Congrès International des Sciences Psychiques d'Elberfeld en 1912, que ceux du Second Congrès de Varsovie en 1923, voire les nombreux travaux du professeur anglais William Mackensie (Chaire de Philosophie de la Biologie à l'Université de Genève) et du professeur italien Léo Talamonti (agrégé de médecine et président de la Société Italienne de Parapsychologie fréquentée par de nombreux techniciens du nucléaire «Euratome»), sans compter les nombreux travaux ***officiels*** des Universités et Instituts ex-soviétiques et allemands[14], on se doit de s'incliner devant une évidence inéluctable : ***matière minérale et matière vivante renferment en elles*** **à des degrés variables de complexité** (que nous définirons) ***une SUB-stance*** (je sépare volontairement le préfixe) **de conscience** indestructible après disparition de la Forme Sensible, inaltérable du Temps et de l'Espace. Je le répète : il s'agit d'une **réalité physique,** soit parce qu'elle

[14] Drs S. Ostrander et L. Schrœder, «Psychic Discoveries behind the Iron Curtain» (Prentice Hall, Inc. Englawood, New-Jersey, USA, 1970).

est vue identiquement dans le même endroit de l'espace par des personnes différentes, soit qu'elle est perçue par des animaux qui ne la voient pas mais réagissent en fonction de l'intensité sensitive de ses manifestations, toutes choses qu'une ***action hallucinatoire serait incapable de produire.*** En effet, dans ce cas psycho-pathologique, elle existe, invisible, ou non, perceptible pour autrui, donc uniquement dans le cerveau du malade, ou de l'abusé(e) de ses ***propres pulsions internes.***

Il arrive que la manifestation de ***nature éthérique***[15] est **objective**, c'est à dire qu'il est possible de lui assigner, d'une manière incontestable, une **place déterminée** dans l'espace : elle présente une **forme**, et il devient alors hautement intéressant d'analyser ses réactions qui, sur le plan scientifique et spiritualiste nous révèlent l'être humain sous un jour aussi complexe (au sens mathématique du terme) qu'imprévu ! Les témoins présents et les groupes d'études qui se pencheront sur la question l'interprèteront comme une sorte de **double nature** ***de la matière,*** disons de «seconde» ou plutôt de ***«primordiale»*** nature de la masse compacte. Dans certains cas de figures, les «N.D.E.» par exemple[16], on constate la présence de l'organisme charnel, généralement en léthargie, en état de choc, ou en cours de réanimation (suite à une mort clinique), relié par une sorte de «cordon ombilical» extrêmement ténu à son effigie éthérique, véritable sosie, et qui en reproduit l'aspect avec la plus complète fidélité. Parfois même, des gens vivants et en bonne santé sont «accompagnés» de leur «double». De nombreuses photographies dignes de foi le prouvent. Nous verrons qu'il y a lieu de ne pas confondre de telles images avec les effets électrophotoniques dits de Kirlian ou de Lichtenberg. Tout cela tendrait à démontrer que du plus petit minéral à l'Homme, en passant par l'humble plante ou le vermisseau, toute chose et tout être

[15] G. Osorio, «L'homme Energétique éternel»

[16] «Near Death Experience» (Expériences proches de la mort totale) : Dr Moody, «La vie après la vie» ; «Lumière sur la vie après la vie» (Ed Robert Laffont).

ont leur matrice primordiale dans un ou plusieurs autres Mondes Parallèles[17]. En ce début de l'Ere dite du «Verseau», la Science la plus rigoureuse confirmerait ainsi la Science Antique[18] : **Nous sommes tous des êtres doubles dont la partie sub-stantielle nous échappe** dans la majorité des circonstances de notre existence charnelle et qui, précisément, **se révèle par l'extériorisation momentanée de sa nature éthérique** en des circonstances très particulières, voire exceptionnelles...

«DANS LA LUMIÈRE DE L'ÉTERNITÉ» : A ce stade de notre entretien, nous entrons absolument dans le vif du sujet de cet ouvrage, et sans doute commencez-vous à entrevoir la justification de ce titre un peu déconcertant : «La Lumière de l'Éternité» en souvenir de mon vieil ami Jacques Bergier, co-auteur avec Louis Pauwels du fameux best-seller «Le Matin des Magiciens»[19]. Titre sans doute singulier pour bon nombre de lecteurs mais significatif dans le sens où, à l'instar des auteurs ci-dessus, je fais état d'un **réveil d'une vraie métaphysique** que vient confirmer la Théorie de l'Informatique en ce qui concerne ***«la Conscience-après-vie».*** Tout l'effort de la documentation que j'ai réunie durant trente-cinq à quarante années, et des discussions que je soulevais dans toutes sortes de milieux, des plus athées aux plus conservateurs religieux, aura pour objectif d'établir la réalité de faits et de légitimer les conséquences qui en résulteront nécessairement, quant à l'angoisse des derniers instants, le «saut» fatal à un autre niveau de conscience. J'ai voulu surtout placer les candidats au suicide face à leurs responsabilités, relativement à ce qui les attend.

Mon ouvrage vise surtout la **démonstration directe de l'éternité de l'«Esprit»,** et non «l'Immortalité de l'Ame» comme l'enseignent les religions depuis des millénaires. Mon ambition,

[17] G. Osorio, «Alice au Pays des Univers-Miroirs»
[18] G. Osorio, «L'Héritage des Grands Initiés», tome I.
[19] J. Bergier- L. Pauwels, «Le Matin des Magiciens» (N.R.F. Gallimard, 1960).

si je puis dire, est de faire valoir aux yeux des plus sceptiques que l'humain n'est pas composé uniquement de chair, d'os, de muscles, de nerfs et de tissus-organes solides ou liquides mais aussi ***d'«Autre chose*** qui n'apparaît pas sous le scalpel ou le laser du chirurgien, qui demeure invisible à la radiographie la plus fine, ou à l'inspection scanner la plus minutieuse. Comme je m'en suis exprimé lors de conférences publiques au Canada, si nous sommes redevables au XIXe siècle de l'invention de la machine à vapeur, de la découverte de l'électricité et de la radioactivité naturelle[20], il appartenait au XXe siècle d'exploiter ce splendide héritage laissé par ce «siècle de lumières» en générant tout le progrès technologique actuel, et particulièrement l'informatique. Lorsque, en 1955, jeune ingénieur-conseil dans un important groupe industriel d'appareillage électrique, je participais à la mise en route du prototype «Gamma-10» (Bull) pour la gestion des stocks de pièces destinées aux chaînes de montage des contacteurs, je pressentis dans cet outil à la fois quelque chose de terrible et en même temps «l'Extraordinaire ouvrant la porte sur le monde de l'inconnu». Je ne pense pas m'être trompé : d'une part, il a permis au patronat de faire produire davantage de biens et de services par des unités automatisées non consommatrices de ces biens et services, d'autre part, sa double fonction de «***mémoire***» (software) et de ***complexité binaire électronique*** (hardware) en faisait un admirable moyen de compréhension de presque tous les phénomènes métaphysiques.

A travers un grand nombre d'expériences, j'ai acquis la certitude que l'Homme terrestre est un «Principe-conscience» physiologisé temporairement et par lequel **il se connait** : c'est le fameux «**Je suis parce que je pense**» (pardon à Descartes !). Grâce à lui aussi il se meut dans son système biologique en être indépendant, autonome, et créatif. L'existence de ce «**principe-conscience**» est à même d'être constaté en usant des mêmes procédés technologiques que ceux utilisés pour étudier la matière. Peut-être me

[20] G. Osorio, «L'homme énergétique éternel».

trouverez-vous quelque peu prétentieux de me mettre ainsi en opposition avec toutes les théories admises par «l'establishment» scientifique présent ? L'Histoire du Progrès Humain foisonne d'innovateurs, d'inventeurs et de découvreurs méprisés, rejetés, persécutés par les Officiels en place. J'ai connu des êtres d'exception parmi mes professeurs à qui je rends ici un grand hommage en souvenir de leur patience et de leur dynamisme qu'ils ont su m'inculquer.

«L'expérience, a écrit le grand Raymond Poincaré[21], est la Source Unique de la Vérité ; elle seule peut nous apprendre quelque chose de nouveau, **elle seule peut nous donner la certitude**. Voilà deux points que nul homme au monde ne peut contester...». Nous verrons ainsi au cours de cet ouvrage des expériences qui, du point de vue de l'authenticité, sont incontestables. Aussi, il y a lieu de les interpréter, de les relier les unes aux autres par les hypothèses explicatives, qui les globalisent toutes dans leur généralité. Rappelons à cet effet l'esprit du grand C. Bernard (déjà cité)[22] selon lequel «toute hypothèse de départ devient réalité lorsqu'elle se vérifie en se répétant». Et c'est ce qui a lieu pour l'expérimentation sur la nature de «l'Esprit» dans l'être vivant. L'observation et l'expérience me permettent actuellement d'affirmer que ce «Principe-conscience» ne résulte pas des fonctions du cerveau comme le proclament beaucoup de mécanistes (Pr. J.P. Changeux, par exemple)[23] : **il possède une réalité sub-stantielle**, et c'est la raison pour laquelle cette conception diffère de celles des religieux qui en font un «être abstrait», une «parcelle de Dieu», quelque chose d'incompréhensible à notre raison.

Mais, entendons-nous bien sur ce point ! Je n'ai nullement la prétention, et encore moins les moyens d'investigation, pour défi-

[21] R. Poincaré, «La Science et l'Hypothèse», p. 167 (Bibl. Nat. 1905).
[22] C. Bernard, «Introduction à la médecine expérimentale» (Hachette, 1955).
[23] Pr J.P. Changeux, «L'home neuronal» (Fayard).

nir cet «Esprit» en lui-même, cela m'est impossible, soyons honnêtes ! Je ne peux que dire à mes lectrices et lecteurs que cette sub-stance consciente constitue **la trame-canevas par lequel toutes nos «physiologisations» planétaires dans l'univers sont moulées** relativement à la matière vivante imposée par le milieu matériel dans lequel nous sommes appelés momentanément à vivre. ***Il subsiste donc après chaque extinction de vie biologique***. J'emploie des termes techniques tels que «canevas», «moule» ou «trame» afin d'être le plus analogique possible par rapport à notre milieu terrestre pour faire comprendre des phénomènes d'un tout autre monde !

Le grand physicien William Crooks[24] à qui nous sommes redevables de la découverte des rayons cathodiques, donc par voie de conséquence lointaine, de la TV, a eu l'audace d'écrire, à la fin du siècle dernier, à propos des lieux hantés, des déplacements d'objets dans des locaux hermétiquement fermés, de manifestations éthériques, voire fantomatiques, ou des dédoublements... : «Je ne dis pas que c'est possible ou impossible, je dis simplement **que cela est** !... Dans sa biographie officielle, il est mentionné que ce grand physicien, membre de la Société Royale des Sciences du Royaume-Uni, a étudié une forme éthérique humaine, qu'il a photographiée, ce qui a fait scandale dans le monde scientifique d'alors. Toute la presse londonienne s'est saisie de l'affaire. La réaction des autorités a été diffamante : des médecins voulurent à tout prix lui diagnostiquer un dérangement cérébral du au surmenage de travail et convainquirent sa famille de le faire interner. Mais Crooks tint bon et répondit à cette conspiration par d'autres améliorations à la découverte des rayons cathodiques. Il ouvrit ainsi la voie aux rayons «X» découverts plus tard par l'allemand Roentgen qui s'inspira non seulement de ses travaux électroniques mais de ses remarques concernant les formes éthériques photographiées.

[24] G. Osorio, «L'homme énergétique éternel».

En France, en 1899, le professeur Charles Richet, professeur de physiologie à la Faculté de Médecine de Paris, membre de cette Académie, s'exprima ainsi devant un public étonné à la Sorbonne : «Il fut un temps où, fidèle à la tradition universitaire, je me moquais des apparitions, voyances, phénomènes médiumniques, formes fantomatiques... Toutefois, lorsque je pris connaissance de l'étonnant rapport de W. Crooks sur ces sujets, je me permis tout d'abord d'en rire comme tout le monde. Depuis, comme j'en parlais à mon assistant le Dr Ochorowicz, j'ai changé d'avis et ***je regrette même mes stupides propos*** contre mon collègue anglais. Comment ai-je pu penser que celui à qui l'on devait la découverte du thallium et du radiomètre, le précurseur de la radiographie, se soit laissé duper par des truquages ou des fantasmes qu'un enfant de sept ans saurait démystifier ?... Non, Crooks ***a vu juste***, et l'on doit ajouter à son palmarès ***l'authentification des phénomènes non visibles, mais réels malgré tout...»***[25].

Citons encore d'autres personnalités qui firent preuve de courage, firent fi des convenances et se livrèrent à des investigations sérieuses dans un domaine qu'ils ignoraient totalement. Ce fut le cas de Cromwel Varley, membre aussi de la Royal Society of Science, ingénieur en chef des téléphones et à qui l'on doit les débuts de l'automatisme téléphonique ; il compila une masse énorme de documents publiés en Angleterre, aux USA, en Allemagne d'avant la Première guerre mondiale, en Italie, sans oublier la France, qui, à cette époque, comptait de savants métaphysiciens comme Henri Baraduc, Henri Durville, le Dr Regnault, et bien d'autres, travaillant en cachette par peur des moqueries. Le Dr Challis, professeur d'Astronomie à l'Université de Cambridge (G.B.) osa déclarer publiquement : «Les affirmations des manifestations métaphysiques ont été si abondantes et si probantes qu'il faut nous incliner et les admettre telles qu'elles se présentent. Sinon, dorénavant, il nous faudra renoncer aussi à certifier comme «vraies» toutes les expériences de physique classique..»

[25] Pr C. Richet, «Traité de métaphysique» (Bibl. Société de Métap. Paris).

Le plus grand naturaliste anglais du début du siècle, athée et anti-religieux, franc-maçon positiviste, émule de C. Darwin et membre lui aussi de la Royal Society, Alfred Russel Wallace se permit d'écrire la déclaration suivante : «La métaphysique, science à la fois antique (puisque son nom fut prononcé par Aristote) et rendue moderne grâce à la photographie, démontre d'une manière indiscutable l'existence de **formes de matières** et de **modes d'existence** qui nous apparaissent évidemment inacceptables si nous nous plaçons au niveau de la pure science physique observable naturellement par nos cinq sens. Cependant, il nous faut accepter **que l'esprit peut exister sans le cerveau, détaché de toute substance matérielle. Ainsi se trouve détruit de lui-même le préjugé de l'anéantissement de l'existence après désorganisation et destruction du corps de chair**. La métaphysique nous démontre par des **preuves directes**, aussi concluantes que le permet la complexité des cas étudiés, que les **prétendus morts sont toujours vivants**, que nos amis et nos êtres chers sont **souvent avec nous bien qu'invisibles**. Ils nous fournissent ainsi une preuve évidente et flagrante de cette Après-Vie que tant de gens désirent ardemment et qui leur fait défaut, ce qui les laisse vivre et mourir dans une perpétuelle anxiété...» Les résultats des travaux métaphysiques n'ont pas de prix car ***cette certitude obtenue par de telles démonstrations*** efface tous les doutes possibles d'une existence ultérieure...»[26].

On note que Wallace n'était pas un de ceux à qui l'on raconte n'importe quoi et qui vous croit sur parole ou sur lecture d'un écrit. Il fut réputé en tant que matérialiste forcené, jouisseur de bonne vie et de jolies femmes, convaincu comme il se plaisait à le répéter, «qu'il n'y avait pas de place dans sa vie pour une conception spiritualiste ou religieuse». Ce sont les faits expérimentaux qui le mirent à genoux. Autre éminent physicien anglais, Sir Oliver Lodge, membre aussi de la Royal Society, s'exprima de la même manière : «Si je m'affirme d'accord avec la métaphysique, ce n'est

[26] Pr A. R. Wallace, «Le Miracle et le Spiritualisme Moderne», p. 381 (B. Nat. 1905).

pas parce que mon intelligence et ma façon de voir les choses ne sont plus d'accord avec l'homme de science que je suis, mais simplement parce que ***je ne peux nier les réalités*** sous peine de passer pour un homme non crédible»... Le célèbre professeur italien, Lambroso, père de la criminologie, sur la foi de ses confrères, et pour se faire bien voir de l'Eglise et du public, avait réfuté les phénomènes métaphysiques comme «maladies psychiques de névrosés et d'anormaux qui fabriquaient eux-mêmes leurs images de brouillard... «. Pour ne pas déplaire à un chirurgien parent, il consentit à assister à certaines expériences médiumniques dans un local où des fils de soie aboutissant à des sonneries électriques sensibles avaient été tendus pour empêcher toute supercherie ou truquage. Livide, décontenancé, ému, notre professeur s'avoua vaincu. Il fit amende honorable et revint sur ses diffamants propos, ce qui stupéfia ses élèves.

Dans la décennie 1910, aux USA, le Pr Richard Hogson, bien connu pour son inflexibilité en matière religieuse, lors d'une conférence publique au Carnagie Hall de New-York, déclara : «J'ai, dans ma jeunesse, connu une médium du nom de Madame Piper. Durant douze ans, je la vis recevoir des messages de gens morts depuis quelques années. Ma formation scientifique et ma tournure d'esprit m'interdisaient de valider de telles sornettes que j'attribuais au caractère assez versatile de cette charmante dame. Pourtant, je persistais à l'observer pour la confondre et l'accuser de fraude et de supercherie. Pour être franc, je continuais à la fréquenter pour la démasquer. Après des années de surveillance assidue, je dois m'avouer ***convaincu du phénomène de médiumnité.*** Désormais, je crois à la possibilité de recevoir des messages de ce que nous nous plaisons à appeler le «Pays des Esprits». Je dois dire que je suis entré dans cette maison profondément matérialiste, incroyant, rejetant toute existence possible après la mort, et j'en suis ressorti en avouant : ***«Je crois, parce que j'ai vu et éprouvé ;*** des démonstrations répétées m'ont été faites, et elles sont suffisantes pour m'ôter tout doute».

A la même époque, un psychologue suisse de grand talent, Maurice Flournoy, professeur de Sciences à l'Université de Genève, ridiculisa longtemps les manifestations métaphysiques. Il les qualifiait de ***«pratiques stupides pour oisifs et femmes en mal d'amour»*** jusqu'au jour où son ami d'enfance et confident, F. W. H. Myers, l'invita à venir observer et critiquer ses expériences. Dentiste de profession, Myers n'en était pas moins un chercheur curieux, insatisfait de sa religion, et se posant des questions au sujet de la destinée de l'Homme après la mort. Ancien catholique converti au calvinisme, il était en constante recherche de preuves qui étanchent sa soif de savoir. Une de ses clientes, médium naturelle, l'invita à certaines séances. Ce qu'il observa lui-même en compagnie de Flournoy leur prouva ***la véracité de l'antique croyance en la Survie.***

Nous aurons l'occasion de faire le point sur ce sujet comparativement aux « Livres Sacrés ». La métaphysique (ou «parapsychologie», comme l'appellent nos contemporains) est une **science sérieuse**. En effet, tous les hommes de science honnêtes qui l'ont étudiée ***en y consacrant le temps et les moyens nécessaires*** sont tous devenus des métaphysiciens convaincus (ou parapsychologues si vous préferez). Après cela, vous comprendrez mieux que nous puissions hausser les épaules de mépris et tourner les talons devant des gens titrés ou hautement diplômés qui, ne connaissant rien à la question et ironisent avec méchanceté, parfois publiquement, comme je l'ai vu lors d'une émission de TV au Canada, où je me suis permis de faire honte au speaker par des arguments positifs qui ont conduit à sa suspension d'émission durant près de six mois. Par ses sarcasmes répétés auprès de radiésthésistes intimidés de se produire sur le plateau, son ironie envers une médium qui avait perdu un enfant en bas âge, il créa un climat de malaise et de suspicion envers la métaphysique ; aussi je le ridiculisais dans ses propres paroles devant un petit auditoire et les téléspectateurs. Je pense qu'il n'a plus jamais recommencé ! [27]

[27] Série d'émissions T.V. «Mon œil» dispensé les samedis à 15h. Au complexe Desjardin (Montréal) dans les années 1985 et suiv.

«Magie», «Occultisme», «Médiumnité», «Télépathie» (Psychokinésie)... autant de mots simples que, à plaisir, certaines autorités ont rendus suspects. Aussi, chacun les a interprétés selon son tempérament : sceptique, mystique, craintif, haineux, culpabilisé...

Je terminerai ce sous-chapitre en disant que rares sont les gens évolués et nantis d'une certaine culture qui, sérieusement, se placent entre la négation la plus absolue et la foi aveugle. Peu d'entre eux prennent les choses pour ce qu'elles sont : ***des forces naturelles conscientes échappant à notre système sensitif corporel et existant néanmoins, des puissances appartenant au monde parallèle du non-visible*** et se manifestant dans le visible chaque fois que les circonstances favorisent leur temporaire matérialisation. De sorte que la métaphysique est, dans son ensemble, constituée de **faits réels** en relation avec des **lois** et des **principes** du cosmos. Il est donc normal que, comme la physique qui est sa sœur jumelle, elle mérite le nom de «**science**»...

PREMIERE PARTIE

L'HOMME VIVANT
L'HOMME DECÉDÉ
(POUR NOTRE MONDE)

1. OU SONT LES MORTS ?

REPONSES CLASSIQUES DES RATIONALISTES ET DES PHILOSOPHES.

DANS toutes les langues occidentales la «**mort**» apparaît comme une évocation terrible. Dans les langues indiennes et extrême-orientales, ***aucun mot*** ne la désigne, mais elle cumule avec «***naissance***». Tout cadavre, qu'il présente des traits calmes et reposés ou une face contractée nous remplit d'***effroi***. J'ai eu, durant la guerre, l'occasion de vivre une telle situation.

La Mort est, malgré tout, crainte partout. Un malade, riche ou miséreux, un estropié, un condamné à mort, ou un interné, préfèreront traîner une existence douloureuse plutôt que de mourir. Vivants, ils peuvent affronter des maux qu'ils connaissent plus ou moins : ils sont **conscients** de la situation (ou tout au moins ils le croient), et les rares plaisirs ou sensations dont ils peuvent profiter leur permettent d'espérer des «jours meilleurs». Au «bord du gouffre», qu'est la mort, ils ignorent ce qu'il y a au «fond». Ce qu'ils veulent, **c'est vivre à tout prix**, même si leur «situation dans l'au-delà» s'avère plus allèchante que la vie terrestre. C'est la raison pour laquelle les Anciens, notamment les Amérindiens (Mayas, Aztèques, Incas, Hopis, Algonkins, etc.) considéraient comme des «supérieurs» ceux qui avaient donné leur «bien le plus précieux» (la vie) pour défendre leur patrie (soldats), pour donner la vie (femmes en couches), ou pour colporter des marchandises dans des régions dangereuses (marchands).

Si l'on savait véritablement (preuves scientifiques à l'appui) **ce qu'est la mort**, alors ce douloureux moment ne serait plus terrifiant. Tous les «Livres Sacrés» de tous les temps nous ont toujours invités à nous y préparer car nous ne savons ni le jour ni l'heure de notre départ. Partout, sous des symboles les plus variés, on a «déifié» les ténèbres, les Lieux inférieurs (devenus «enfer» par mauvaise traduction), voire la mort elle-même sous des personnages mythiques divers, la vie humaine étant alors considérée comme la «projection des rayons solaires» (Egypte, Babylonie, Japon). Il semble incompréhensible que l'homme meurt. Quand on le voit se débattre dans les affres de la mort, quand on songe à tout ce qu'il pourrait apprendre et retenir sur plusieurs siècles, quand on voit qu'il est ***seul sur la Terre à comprendre la notion d'Eternité***, on se rend compte que quelque chose nous échappe lorsque les plus heureux rendent leur dernier soupir dans leur 8ème ou 9ème décennie. Autour de nous, certes, beaucoup de choses naissent, vivent, et meurent. Toutefois, la plupart d'entre elles vivent bien plus longtemps que nous :

- un arbre tel le séquoïa vit plusieurs millénaires.
- une tortue de mer atteint ses 150 ans.
- un corbeau vit centenaire
- un cygne vit entre 80 et 90 ans en bonne forme.
  etc.

La mort physique humaine semble être un gaspillage. Beaucoup de grands Maîtres et de savants n'ont pu transmettre à leur postérité la plus grande partie de leur savoir et de leur expérience. Même les élèves formés par eux n'auront pas suffisamment de temps pour acquérir et l'un et l'autre. D'autre part, eux aussi tombent sous le coup de la sentence fatale qui, brutalement, mettra à tout moment un terme à leurs travaux, et tout s'arrête là. Le champ des connaissances scientifiques, pratiques et artistiques est tel que l'Humanité évolue très lentement. Chaque fois, la mort intervient pour faire disparaître des hommes et des femmes au moment où ils ont acquis la maturité et les connaissances qu'ils s'apprêtaient à transmettre.

On nous dit que l'Homme, la plante et l'animal sont « faits pour mourir » ; cela est vrai dans un certain sens et faux dans l'autre, car si la partie matérielle de l'être humain retourne dans le ***Cycle de la Matière***, une ***autre partie est énergétiquement «recyclée»*** d'une autre façon. C'est cette dernière partie qui nous intéresse ! Que nous dit alors la science moderne à ce sujet ? On peut se poser la question suivante : le cosmos se serait-il moqué de l'être humain pour le doter d'une intelligence lui permettant de stocker une masse fantastique de connaissances après avoir appréhendé sa condition et son environnement, pour soudainement ***«lui fermer la porte de la vie»*** à tout jamais ? Si l'Homme posé sur cette planète dispose d'un moyen magnifique d'investigation qu'est son intelligence, il se doit de pouvoir répondre par ce même moyen à des questions du genre : pourquoi mourrons-nous ? A quoi nous sert cette intelligence si nous ne pouvons répondre à cette première question ? Notre vie a-t-elle un sens ? Mourrons-nous toujours ?

Sortant des sentiers battus, nous avons voulu appréhender le problème de la mort sous l'angle des dernières découvertes de la physique et de la biologie moderne, notamment la physique quantique, en demeurant le plus simple et le plus accessible possible à nos lectrices et lecteurs. Les données étudiées interviendront dans le cadre d'une métaphysique et d'une parapsychologie agréables à tous. Nous nous aiderons aussi des derniers perfectionnements de l'informatique (particulièrement les logiciels). Nous prendrons conscience que nous mourons parce que nous suivons un cycle ; ensuite, nous verrons que notre «être» ne s'arrête pas là car notre existence, si misérable soit-elle, ***a un sens dans l'évolution générale de l'univers***, ce que la sagesse antique extrême-orientale a perçu bien avant l'Occident.

Malgré les affirmations gratuites de bon nombre de théologiens et philosophes, ***la vie éternelle sur Terre n'est pas pour nous***. D'abord, parce que au bout de quelques millénaires nous nous ennuierions ; ensuite, parce que les ***lois implacables de l'Entro-***

pie*[1] *thermodynamique nous l'interdisent. Même si certains biblistes fondamentalistes invoquent la «Puissance de Dieu» pour accomplir ce dessein, il va de soi ***qu'Il ne peut pas franchir les strictes limites qu'Il a lui-même établies***, au risque de se contredire ! Enfin, la Terre ne représente qu'une poussière dans l'univers :

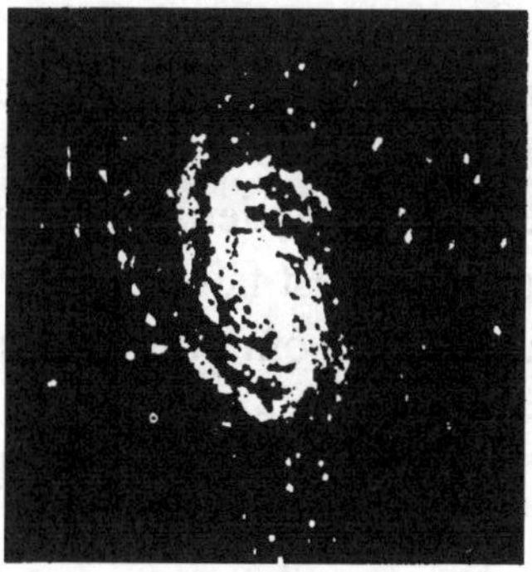

FIGURE 1

comment s'inscrirait un tel projet dans un monde universel peuplé de milliers de galaxies muettes et solitaires ? (FIG. 1) Enfin, étant donné que nous nous sommes nous-mêmes trouvés dans des circonstances dramatiques au chevet de moribonds, nous les avons gratifiés d'un glacial et peureux silence... ***Ils attendaient beaucoup de nous et nous n'avions rien à leur donner***, ni encouragement ni découragement. La mort de l'enfant, la mort du malade en pleine force de l'âge, la fin du vieillard solitaire, ou celle du cancereux nous laissent perplexes, désarmés, découragés. Malgré le dévouement sacerdotale des équipes médicales mal payées, et souvent insultées (les familles voudraient «le miracle»), la mort semble insolemment triompher, ***ce qui est logique*** **quand on sait**. C'est de ce «savoir-là» dont nous allons parler...

[1] Entropie : du grec «en» (dedans) et «tropein» (tourner). Effectivement, ce mot désigne le processus qui s'effectue lorsque, dans un milieu structuré, on passe d'un certain ordre vers un désordre qui n'est, en réalité, qu'un autre état d'équilibre de l'Énergie (lois de Boltzmann, Prigogine). La Négentropie est le processus inverse : on part d'un certain «désordre-équilibre» vers un ordre équilibré (à un autre niveau).

QUE PEUVENT NOUS REPONDRE LES RATIONALISTES ET LES PHILOSOPHES ?

Cette question vitale a occupé bien des esprits dans tous les pays, et à toutes les époques. Cependant les réponses à cette importante interrogation sont tellement contradictoires que l'on ne sait quoi penser. Depuis l'athée et l'agnostique qui soutiennent que notre existence s'arrête au dernier soupir, que la terre avale notre corps et qu'après s'en est fait de notre personne, jusqu'aux religieux et aux spiritualistes qui affirment que «notre âme s'envole vers un paradis céleste» ou «dans un lieu de Lumière Eternel» (selon certains), on ne sait **qui** et **que** croire !

Il y a aussi les «Livres Sacrés» de toutes les religions, documents archaïques et modernes[2], mais avant de les consulter, il est bon d'écouter le bon sens humain en général. Nous le savons imprégné malgré tout, d'une certaine religiosité et ses réponses déçoivent. Cependant, quelle que soit l'information qui en découle nous verrons qu'elle s'accorde d'une certaine manière, avec les «Livres» en question et avec les découvertes récentes. Souvent, le public est déçu parce qu'il veut absolument croire au «merveilleux», mais un «merveilleux» à lui ! Pourtant, la Réalité est réconfortante, comme nous le verrons !

La physiologie et la bio-chimie classiques nous apprennent qu'à partir des quatre atomes-éléments de base (hydrogène, carbone, oxygène, azote) combinés avec une soixantaine d'autres, des molécules forment des cellules qui, développées en tissus, forment nos organes, lesquels répondent à des fonctions bien déterminées. Aucun des atomes-éléments qui interviennent durant notre vie n'est particulier à notre organisme : on les retrouve tous autour de nous, dans la terre et dans l'Univers (Fig. 2). Comme ***nous ne pouvons***

[2] G. Osorio, «L'homme Energétique éternel» (à paraître).

nier la «conscience» et «l'intelligence», c'est à dire notre personnalité même, (ou notre «ego» disent les psy), tout le monde est d'accord sur le fait que «Quelque chose» habite notre organisme,

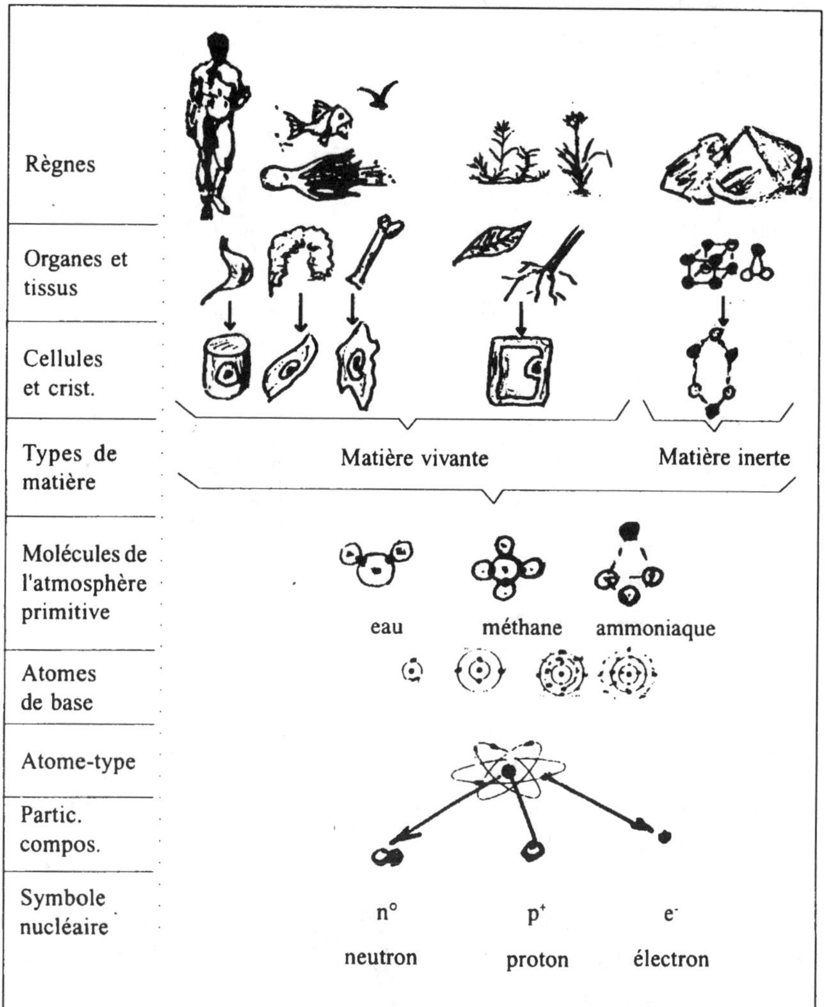

FIGURE 2

indépendamment de celui-ci, et qu'à la Mort, cette «Chose» abandonne le corps et continue d'exister. La Science mécaniste rejette une telle conception puisque la «Chose» n'a jamais été découverte sur une paillasse de labo de bio-chimie, ni sur une table de travail dans un bloc opératoire. En outre, la Science peut prouver qu'il est faux de prétendre que «l'intelligence» de l'Homme soit indépendante de son organisme.

Ainsi les animaux peuvent raisonner jusqu'à un certain point et plus leur cerveau est developpé et de structure fine, plus grande est leur puissance de raisonnement. L'homme chez qui le cerveau est le plus développé et qui offre la structure encéphalique la plus idéale, possède aussi, au plus haut degré, la capacité de raisonner. Il n'est pas étonnant donc qu'à mesure que l'enfant grandit, son cerveau se développant, sa puissance de raisonnement s'accroît. Plus tard, quand il avance en âge, et que le cerveau perd de sa force, cette puissance de raisonnement diminue rapidement. Il est donc correct de dire que ***la partie intellectuelle humaine est solidaire de l'organisme physiologique.*** Elle constitue bien ce que la science initiatique antique a appelé «Ame» et que les théologiens ont escamoté pour la confondre volontairement avec l'«Esprit». Il arrive souvent que

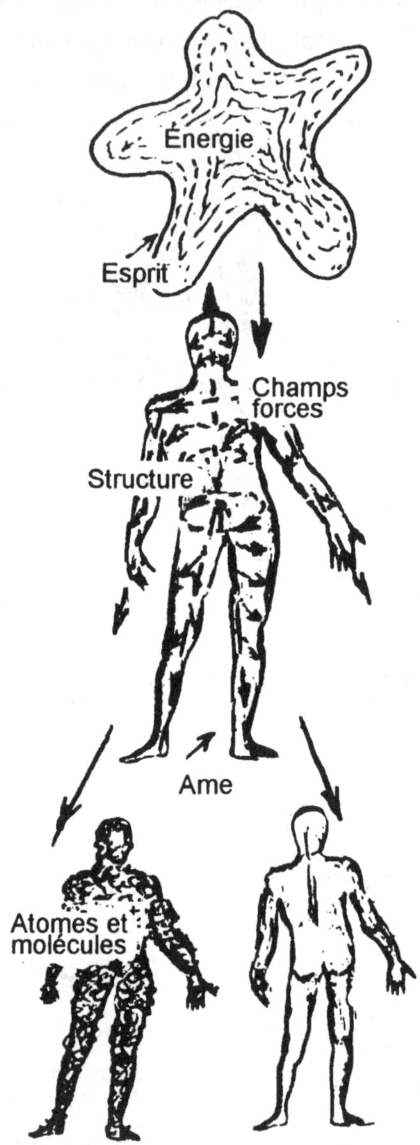

FIGURE 3

des accidentés, transportés d'urgence à l'hôpital à la suite d'un fort traumatisme crânien, reprennent leurs sens après l'opération. Quelquefois une partie de la boîte crânienne a été brisée, et une esquille d'os fait pression sur le cerveau. Au moment où l'on supprime cette pression par remise en place de l'os incriminé, le malade reprend connaissance. Si on le questionne sur les détails de son accident, on s'entend répondre que la dernière image dont le blessé se souvienne est celle qui s'est produite ***immédiatement avant l'accident.***

Puis il a pris «**une autre conscience**» et certains ont pu décrire avec force détails leur extraction du véhicule broyé, leur mise sur brancard, leur transport, leur admission hospitalière, voire leur intervention chirurgicale. De plus, suite aux travaux de Stephane Leduc (1920) et de bien d'autres (H. Burr, d'Arcy Thomson, etc...) il est prouvé que des ***champs de forces formateurs*** (morphogénétiques) président à la ***structuration de nos organes et de nos tissus*** et constituent la partie de notre organisme appelée «Ame» et que je nommerai souvent «Anima» pour l'extraire de son sens religieux et philosophique (Fig. 3).

Concernant les champs de forces formateurs des êtres et des choses visibles, nous nous sommes amplement étendus sur le sujet dans mon ouvrage précédent[3]. Nous y reviendrons malgré tout plus loin.

Qu'en est-il maintenant de l'«Esprit», ce troisième composant de l'Homme auquel la science antique fait allusion ? Est-ce un «être» qui se trouve au-dedans de nous ? Médecine, chirurgie et bio-chimie n'ont jamais rien trouvé de semblable. Le seul «esprit» si je puis dire que la science rationaliste reconnaisse est la «puissance de vie». Au Moyen-Age, en Occident, on pensait que la «vie» résidait dans quelque partie spéciale du corps ; aujourd'hui nous

[3] G. Osorio, «L'homme Energétique éternel».

savons que le corps est composé de 50 milliards de cellules et qu'un certain courant ondulatoire chargé de «signaux-informations» vivifie chacune d'elles. Physiologiquement et biochimiquement, cette «puissance de vie» bio-électrique d'une part dépend d'une «différence de potentiel extérieure» (G. Lakhovsky, S. Deluc, G. Oshawa, A. Titcherine, A. Orlovsky, etc), d'autre part, préside en continu aux fonctions d'assimilation et de désassimilation (fig. 4).

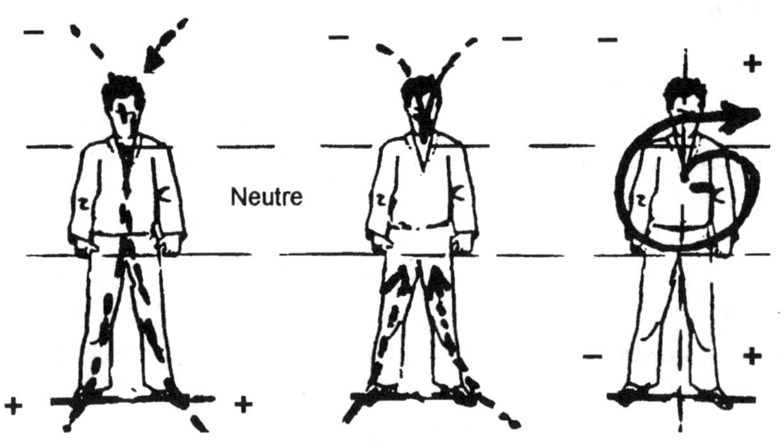

FIGURE 4

Exemple : un doigt est composé de quantité de cellules et en chacune d'elles siège ce «courant de vie» dont dépendent toutes les fonctions d'entretien, de fonctionnement et d'auto-duplication de ce «micro-univers». Si ce «courant» est perturbé il y a d'abord malaise, puis maladie, puis mort à mesure que l'inertie du milieu va s'opposer à son passage. Si ce doigt meurt, avec le temps, le mécanisme bactérien, joint au relâchement des structures intermoléculaires, va entraîner sa décomposition et il finira par se détacher du corps. Lorsque ce doigt meurt, que devient ce «courant de vie» ?

A une certaine époque, beaucoup de gens pensaient qu'ils «s'envolaient on ne sait où» en attendant que le «reste du courant de vie corporel» aille le rejoindre. Les récents progrès de la photo en infra-rouge montrent qu'il n'en est rien : le ***fantôme énergétique du doigt demeure*** bien après sa disparition visuelle. Nous comprenons alors que la mort d'un doigt, d'un membre, ou de tout le corps ne sont que ***des arrêts bio-électro-mécaniques*** des fonctions d'assimilation et de désassimilation. Il en va de même pour les animaux comme pour les plantes. Eux aussi sont composés d'innombrables cellules et en chacune la «vie» dépend des mêmes facteurs bio-électriques et informationnels que pour l'homme (fig. 5). En utilisant les mêmes procédés de photographie par rayons infrarouges (cités plus haut) on a constaté que, chez les animaux et les plantes, des parties amputées gardaient une «présence fantomatique» prouvant ainsi que cet **esprit** continue à exister indépendamment de la mort physiologique.

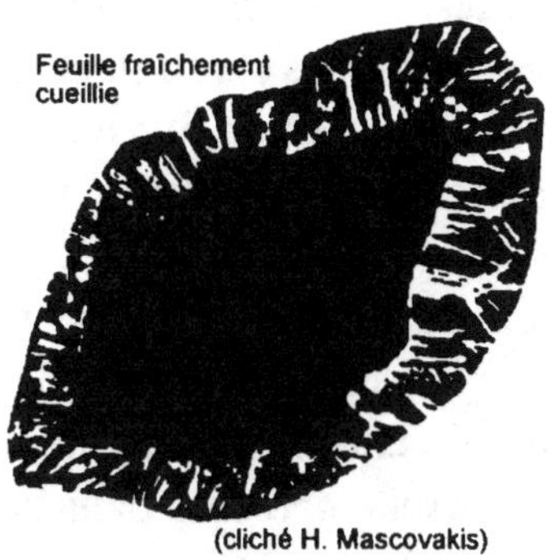

FIGURE 5

Lorsque l'Esprit s'en est allé d'un organisme humain, celui-ci est ***incapable de l'y réintroduire***. Toute l'information-mémoire qu'il a emmagasinée retourne sous forme particulaire et ondulatoire au cosmos-conscience qui l'a fournie (voir troisième partie). Seul, ce cosmos-mémoire universelle pourrait lui donner de nouveau Esprit et Vie, encore que fatalement, la personnalité «réformée» ne pourrait être la même puisque les combinaisons génétiques et particulaires se font **une fois pour toutes** en vertu de la loi des probabilités (attendu les centaines de critères impliqués dans l'énoncé de la formule de départ). Voilà brièvement ce que la science peut nous dire sur la question. C'est alors qu'intervient la philosophie. Les êtres humains possèdent une considérable puissance de raisonnement ainsi qu'une conscience ou sens moral. Disons qu'à leur manière, selon leurs us et coutumes, ils ont la faculté de ***discerner ce qu'ils considèrent*** comme «Bien» de ce qu'ils qualifient de «Mal». Depuis des siècles, les philosophes de tous pays nous enseignent que ceux et celles qui suivent le «bon chemin» sont bons et vertueux et qu'en conséquence ils peuvent s'attendre à en récolter les fruits correspondants». Par contre, ceux/celles qui suivent la voie du «Mal» sont des gens mauvais et vicieux et qu'ils peuvent par conséquent s'attendre à une punition plus ou moins tardive en rapport avec leur vie.

C'est pourquoi, si la philosophie nous promet un monde futur terrestre où l'honnêteté et la fraternité seront à l'honneur et récompensées tandis que le crime et le vice seront rigoureusement châtiés. Elle se garde bien de nous dire, ainsi que toutes les idéologies politiques et religieuses, quel sera cet Etat, ni où il se trouvera : sur la planète ? Sur un satellite ? Sur une planète voisine ? Y parviendra-t-on vivant ? Au moment de la mort ? Après ? Tout cela est très hypothétique ! Ce genre de spéculation intellectuelle provient du fait que les religions, surtout en Occident, n'ont pas instruit leurs fidèles sur la Tradition Primordiale ; d'où leur tendance permanente à «**chosifier Dieu**» alors qu'il s'agit d'une **conscience-mémoire universelle présente dans la particule, donc présente dans tout et en tous !**

D'où donc pouvons-nous attendre une révélation ? Il est incontestable que la physique et la biologie modernes nous fournissent des éléments précieux pour qui veut s'en donner la peine. Ensuite la Tradition primordiale dispersée dans tous les «Livres Sacrés» va compléter l'apport scientifique, comme nous allons le voir dans les conférences qui vont suivre. Il nous font donc regarder vers les «Grands Initiés» qui se sont exprimés durant des siècles et qui disposaient d'une transcendance telle qu'ils percevaient les ***Réalités au-delà du Visible***. La science actuelle, quand elle veut bien l'avouer, est stupéfaite de leurs découvertes, car ***ils nous ont devancés*** dans bien des domaines[4].

[4] Même si «St Paul», dans l'une de ses Epîtres (Nouv. Test.) la présente comme une «ennemie» de l'Homme, dans le sens qu'elle représente ici-bas le «Principe Adverse» de tout ce qui est Vivant (Ier Ep. aux Corinthiens, chap. 15, vers.26).

Pour répondre à notre question initiale nous disposons donc de deux outils principaux : la physique particulaire (associée à l'informatique) et les «Livres Sacrés» qui furent à la base de toutes les religions, du «PoP-WuJ» et «ChiLaM-BaLaM» mayas au «QoRaN», en passant par les «Ecrits de ToT-HeR-MèS», le «BaRDo-ToDoL» tibétain, les «VéDas» et «UPaNiShaDs» hindous, l'»Evangile» de BouDDaH, le «ZeND d'AVeSTa» perse et la «Bible» (Ancien et Nouveau Testament). On est étonné de constater que, tous, sous des symboles divers, transmettent le ***même message*** :

- Nous venons d'Ailleurs,
- La Vie ne s'arrête pas là,
- Nous vivons ensuite Ailleurs.

Si les termes employés varient selon les époques et les ethnies, le fond demeure **commun *à tous***. Dans l'ensemble, l'homme est présenté en composé ternaire (trois types d'énergies) : **Esprit-Ame-Corps**, alors que les religions, pour des raisons politiques et cupides, surtout pratiques, ont escamoté les ***deux premiers en un seul*** en prêchant l'«immortalité de l'âme dans un corps périssable», ***ce qui ne repose sur aucun fondement scriptural*** comme nous nous en expliquons amplement ailleurs.

DÉFINITION GLOBALE DE L'HOMME :

La Science différencie **l'être vivant** de **l'être cadavérique** en ce sens que le ***premier*** dispose de cellules transformant les substances chimiques inorganiques en matières organiques (processus néguentropique)[5]. La Médecine constate qu'un système vivant est passé de l'état de «vie» à l'état de «mort» simplement par le fait :

[5] Voir note précédente sur l'Entropie.

- qu'une plante puisant sa nourriture dans le sol, poussant, fleurissant, germant, s'est brusquement fanée et décomposée
- qu'un animal se déplaçant, s'alimentant, travaillant, se reproduisant, cesse soudainement tout cela pour s'immobiliser et expirer
- qu'un humain se mouvant, grandissant, vieillissant, évoluant physiquement et mentalement, se nourrissant, travaillant, assurant ses relations sexuelles, participant à une vie associative, s'effondre soudain dans une immobilité partielle ou totale...

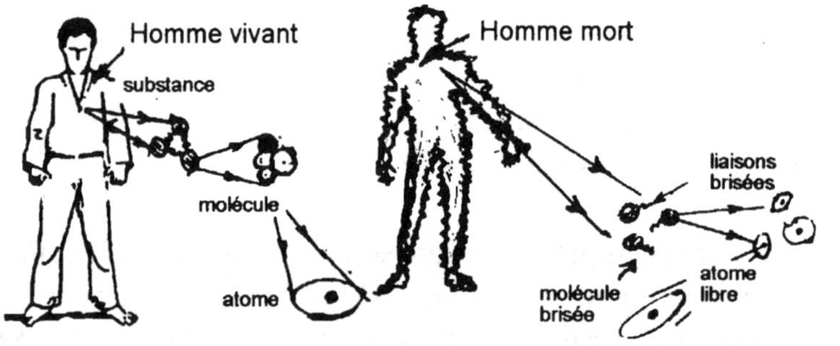

FIGURE 6

Religions, philosophies et croyances de toutes sortes nous assurent qu'après la mort, vient une «autre vie» du fait qu'une «partie divine» intégrée dans l'humain survit à sa destruction naturelle. Afin de conforter leurs théologies, elles font souvent appel aux découvertes récentes en invoquant le fait incontestable que ***l'Energie ne peut disparaître*** pas plus que ne peut disparaître la nature atomique de la matière constituant tout corps charnel. En cela, il est vrai, la loi chimique de Lavoisier est sans équivoque : « Rien ne se perd, rien ne se crée, **tout se transforme**... ».

Dans toutes les «Littératures Sacrées» antiques (citées plus haut) la mort nous est décrite comme une **transformation-mutation**[6] «vers un étage supérieur». De la même façon que chaque atome-

[6] Voir note précédente sur l'entropie.

élément de notre corps de chair et d'os ***continue d'exister*** en s'associant à d'autres molécules dans la terre et dans l'univers, ***chaque parcelle d'Energie continue à évoluer*** soit sur Terre, soit sur une autre planète, soit dans l'univers, à d'autres niveaux de conscience (fig. 6).

Pour l'occidental moderne, la pensée de la mort est effrayante ; elle est réjouissante pour l'oriental qui s'attend «à s'élever vers un niveau supérieur» et ***il s'y prépare*** en conséquence ***toute sa vie***. Pour le premier, la mort est synonyme de «fin» alors que pour le second elle signifie «renaissance», donc de «commencement de quelque chose» alors que la «fin» marque **l'arrêt, la désagrégation** vers «on ne sait où ? comment ?»... Pour l'occidental, comme pour l'oriental, depuis longtemps, femme ou homme, riche ou miséreux, malade ou bien portant, la mort est égale pour tous. Dans l'esprit des savants et des artistes antiques, l'immobilité de la matière morte n'était que «l'immobilité de l'Esprit Eternel». Raison pour laquelle les mêmes symboles unissaient parfois l'un et l'autre. Certains ont décrit la mort comme un **réveil** tandis que d'autres la comparaient à un **sommeil**[7]. Nous verrons que l'enseignement antique ne contredit aucunement la Science actuelle : au contraire ***il donne un fond solide aux hypothèses de notre monde scientifique*** qui reconnaît «l'Éternité de l'Énergie informée». Eu égard aux vestiges récupérés çà et là de la Tradition primordiale, il est possible de reconstituer les processus pré-mortem et post-mortem et de les comparer aux données et aux mécanismes ***logiciels informatiques***, et aux ***expérimentations de Physique Nucléaire et Quantique***, sans oublier les déclarations des «ressuscités de la mort» (Near Death Experiences). Ainsi atténuera-t-on les affres de ce moment si redouté de l'Homme.

Avant d'aborder les questions physiques et métaphysiques sur la constitution de l'Homme, il est indispensable de se pencher

[7] C'est le cas de la Bible et du QoRaN comme nous le verrons plus loin.

d'abord sur nos connaissances touchant la structure de l'univers. Hermès Trimégiste (que je citerai souvent) a énoncé que «*Tout* ce qui est ***En-Haut*** est comme tout ce qui est ***En-Bas***[8], afin que s'accomplisse ***le Grand Miracle de l'Unité Universelle***». Aussi peut-on dire que dans les Principes et dans les Lois, «celui qui voit l'homme voit l'univers» ; on juge le ***Macro-cosme Univers*** par sa miniaturisation dans le ***micro-cosme Homme***, de la même façon qu'on subodore une construction sur vue de sa maquette à échelle réduite. De l'infiniment Petit à l'Infiniment Grand, de l'Atome à la Galaxie, «les ***mêmes Causes*** produisent les ***mêmes Effets*** dans les ***mêmes Conditions***». Chaque fois, l'énergie se densifie sous des formes diverses dans des dimensions appropriées, **mais c'est toujours la même énergie qui intervient**. On remarque aussi que les cycles et les rythmes du corps humain obéissent aux mêmes nombres que ceux qui président aux mouvements des mondes. Il est donc normal de comparer sans arrêt la vie de l'homme à celle de l'univers. Tous les «Livres Sacrés» se ressemblent de l'Orient à l'Occident, des hébreux aux tibétains et aux Mayas, en ce qui a trait à la ***Création Permanente***. Ce qui fournit une preuve supplémentaire de l'existence d'une Tradition primordiale unique révélée aux premiers humains (figure 7).

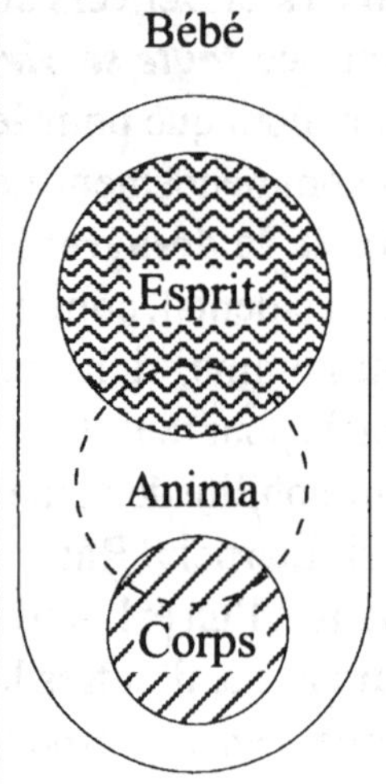

FIGURE 7

En général, le thème ne varie pas : une **unité** énergétique «Pensante et Agissante» ***se dédouble*** et forme deux pôles opposés

[8] Hermès Trimegiste, «Oeuvres» (trad. Menard).
Les notions de «Haut» et de «Bas» n'ont rien de commun avec les directions verticales habituelles. Elles sont simplement afférentes à des notions de SUBLIMATION (Haut) par opposition à la MATERIALISATION (Bas). Hors de la Terre, les mots de «haut» et de «bas» ne veulent plus rien dire quand il est question d'un objet se mouvant dans l'Espace.

(«Yin» et «Yang» en Chine, «Mazda» et Ormuz» en Perse, «UT'E» et «KaB» chez les Mayas, «AOR» et «GhéReb» chez les Hébreux, etc) soient ***deux principes contraires et complémentaires***, attractif et répulsif, l'un «contraignant», l'autre «dilatant», l'un involutif, l'autre évolutif. Ensuite, par association, les deux font **trois**, d'où la ***Loi du Ternaire*** que l'on retrouve même dans les composants de l'atome (électrons, protons, neutrons : fig. 8).

Il ressort de toute cette littérature initiatique que la Mémoire-Conscience Universelle (appelée faussement «Dieu») réside dans l'opposition permanente, donc **dynamique**, entre deux Principes essentiels, à tous les niveaux de l'Univers : lumière-ténèbres, eau-terre, feu-air, etc. Dans tout l'univers, deux Forces contraires et complémentaires s'opposent sans cesse et créent ainsi par cet état de fait une situation «neutre» qui en constitue le troisième pôle. D'où la loi universelle du ternaire que l'on rencontrera dans toute la symbolique religieuse et qui, à partir de cette ***Tri-Unité-Principe*** (positif, négatif, neutre) inspirera toute l'iconographie trinitaire (Père-Fils-Esprit, Isis-Horus-Sérapis, Brahma-Siva-Vishnou, etc). Le principe ternaire traduit donc une situation d'équilibre à tous les plans dans les mondes les plus divers, situation sans laquelle tout édifice du plus petit au plus grand s'écroulerait dans le chaos le plus total.

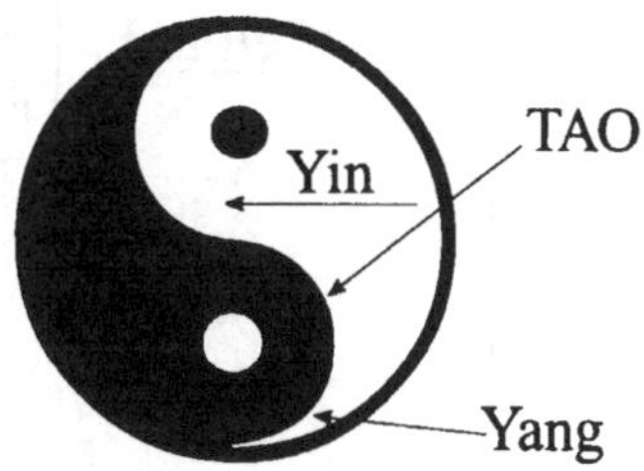

FIGURE 8

On retrouvera chez Pythagore la base même de toutes les mathématiques édifiées à partir de cette «matrice ternaire universelle» : Un devient Deux, chacun des Deux se sépare encore en deux et par complémentarité chaque couple de Deux redevient Un, soit trois au total. Il va de soi que le prochain dédoublement (neuf + un = dix) annoncera le «retour à l'Unité» (soit «Un» suivi de «Zéro») puisque «zéro» (soit O) rappelle l'abandon de la série de «premier ordre», série-type de dédoublement et complémentarité, avant de passer **à une échelle supérieure**... (figure 9).

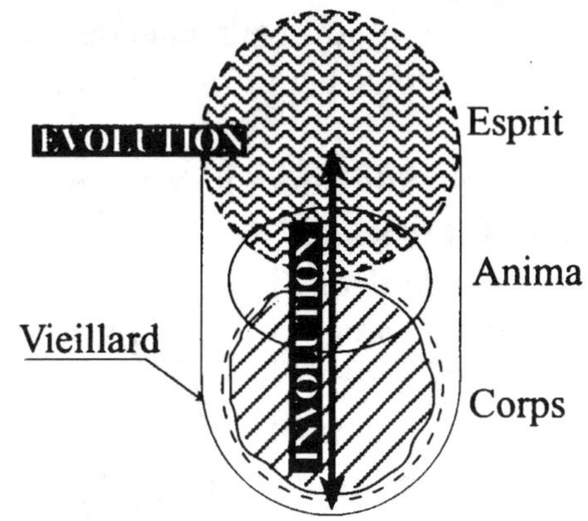

FIGURE 9

Moribond

FIGURE 10

POINT DE VUE PHYSIOLOGIQUE ET PSYCHOLOGIQUE MODERNE SUR LA MORT :

A PARTIR de toute une littérature spécialisée française et étrangère dans les domaines de la physiologie et de la psychologie, il nous a été possible de faire le point sur cette importante question, notamment dans des circonstances naturelles, pathologiques et accidentelles comme nous allons le voir.

Dès sa germination, la plante est prête à la mort après avoir donné du fruit. L'animal expirera après s'être reproduit. L'homme **se sait** prédestiné à quitter son milieu. Son intelligence et ses sens lui montrent que la partie concrète de sa personne (le corps) est unie à un élément supérieur (l'Esprit). Lorsqu'il regarde ***la forme*** de ses mains, de ses jambes, de sa tête... il pressent tout un édifice caché sur lequel «se sont posés» les atomes et les molécules de sa matière vivante, une sorte ***d'échafaudage invisible*** qui tient le tout (l'Ame)[1]. Il sait «ses jours comptés» non pas en «jours de 24 h» mais en une suite d'événements et d'épreuves qui vont jalonner «la route de sa vie» jusqu'au dernier soupir. Il sent aussi qu'une sorte ***«d'être intérieur»*** (même chez l'athée !) va subir certaines épreuves qui vont affirmer progressivement sa personnalité morale (fig. 10).

[1] G. Osorio, La Bible, la science moderne et notre destin personnel» (à paraître).

A) PHYSIOLOGIE DE L'EXISTENCE TERRESTRE :

C'est dans un tel contexte qu'il faut envisager le **destin** de l'homme[2]. En observant les différentes influences qui se combinent et président à la naissance d'une existence humaine, on peut estimer, pour l'avenir, un faisceau de tendances possibles. Il faut être objectif : ce ne sont ***pas les influences planétaires et zodiacales*** qui déterminent la vie d'un humain mais, en vertu de la loi universelle d'attraction-répulsion (loi de Coulomb, en électricité), ***les informations particules*** en suspens dans l'énergie diffuse-éther qui interviennent lors d'un accouplement fécond (voir plus loin). Elles trouvent alors le «terrain bio-électro-magnétique» favorable pour se «corporaliser» en fonction d'un jeu de champs de forces morphogénétiques (voir troisième partie) qui leur est adéquate. Pas question ici «d'ésotérisme du bas-étage» ni de «science-fiction» puisque des prix Nobel comme F. Crick et J. Watson en sont persuadés (figure 11). Il n'est pas stupide de dire, comme les anciens, qu'un bébé naissant avec telles ou telles aptitudes (les siennes plus celles de ses géniteurs) «choisit» en quelque sorte ses joies et ses épreuves futures. Il ne peut naître ***qu'à l'heure propice d'accomplissement de sa mission*** ici-bas, c'est à dire au moment ***opportun*** où il a la possibilité de ***concrétiser des actes*** et d'affronter des difficultés qui vont ***l'élever ou le diminuer,*** fusse-t-il en potentiel un éboueur, une mère de famille, un clochard, un savant, ou un chef d'Etat ! (fig. 12).

Prédestination ne veut absolument pas dire «fatalisme», mais **lutte contre les coups du sort et domination de l'esprit sur la matière**. L'être humain-germe contient en lui, po- tentiellement :

- toutes les caractéristiques de son **individualité évolutive** : c'est son «JE» intérieur, sa ***«conscience cachée».***

[2] G. Osorio, «Le destin devance-t-il notre naissance ?» (Ed. Marc-Aurèle).

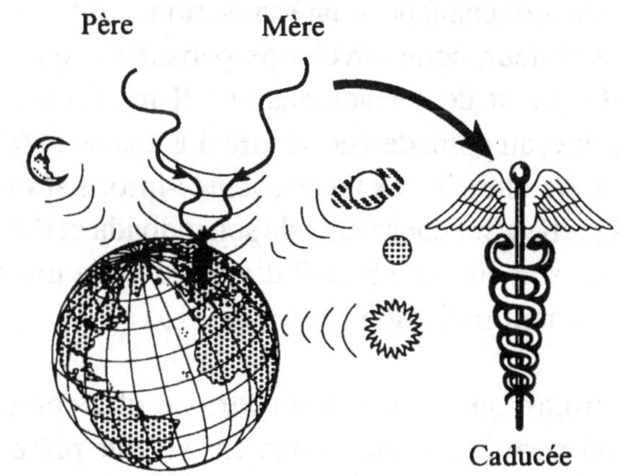

FIGURE 11

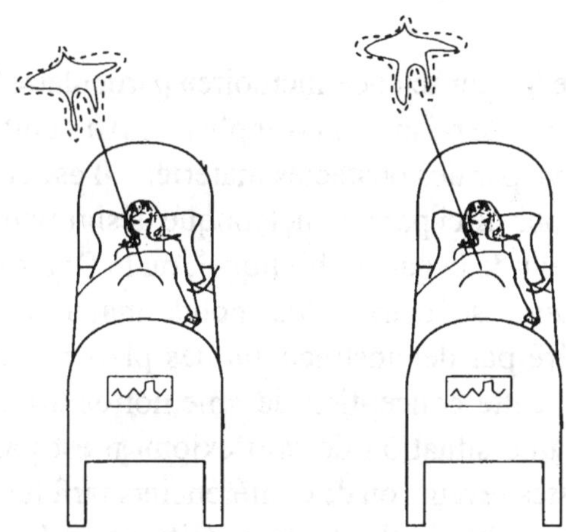

FIGURE 12

- toutes les ***maladies et accidents*** constituant la somme ***d'épreuves acceptées par ce «libre-arbitre particulaire»*** (chargé d'informations provenant de «matérialisations» antérieures) : c'est son «Moi» extérieur, cette enveloppe périssable, qui va le différencier relativement de ses semblables. Il ressort que la vie de chacun/chacune, au point de vue «cadre d'existence» (de douleurs et de joies) a été choisie par les particules-informations qui vont constituer la partie «Subconscient» de son individu et l'«Inconscient individuel» de son édifice charnel d'atomes et de molécules formant le «Conscient individuel» (voir fig. 13).

Le libre-arbitre qui se manifeste **lors** de «l'incorporation des particules-informations» dans la matière vivante prête à les recevoir (voir la fig. 14)[3] diffère totalement du libre-arbitre qui se manifeste **durant** cette «arrivée dans la chair» et jusqu'à la mort existentielle de la personne. Et ceci a lieu pour toutes les morts-mutations dans tous les niveaux de conscience «planétaires» dans l'univers.

Au niveau de la «conscience-mémoire» particulaire [4] l'égrégore-groupe est à même de raisonner (voir plus loin) n'étant pas charnel, donc non entravé par des obstacles matériels, **il est** et peut faire le point sans être obscurci par un quelconque désir (symbolisé par le «serpent tentateur de la genèse biblique[5], ou le Dragon chinois, en tant que «vibration séductrice» du monde matériel). Il n'est pas non plus oblitéré par des instincts ou des plaisirs corporels (fig. 15). Bien plus, cette conception de «mémoire» à l'échelle de la particule dans une situation de «réflexion» n'est pas une hypothèse d'ésotéristes rêveurs ou de conférenciers farfelus : elle repose sur des données fiables telles les propositions de J.A. Wheeler et

[3] G. Osorio, «Dieu existe-t-il ?... La science y répond» (à paraître).

[4] Id note précédente.

[5] G. Osorio, la Bible, la science moderne et notre destin personnel» (à paraître).

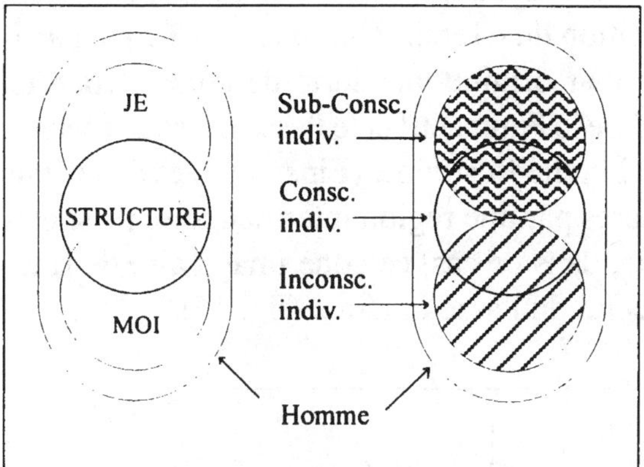

FIGURE 13

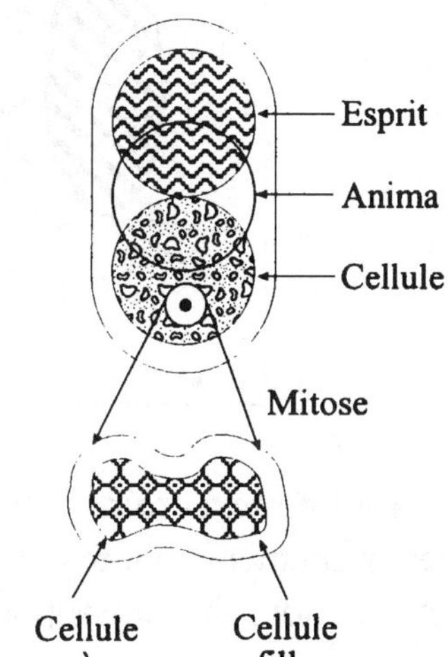

FIGURE 15

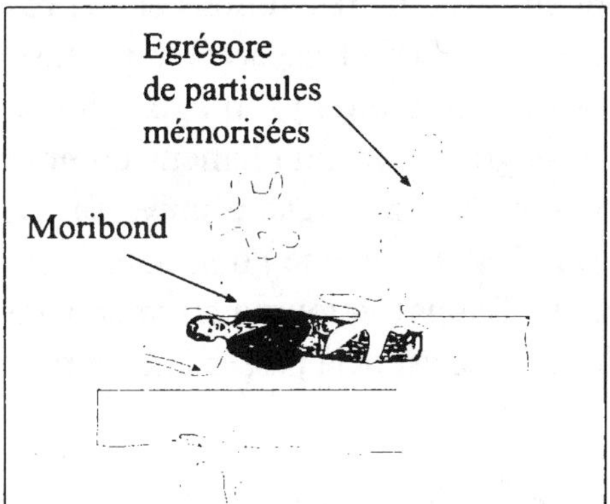

FIGURE 14

H. Weyl[6], physiciens, le premier avec son «Principe-Conscience», le second avec sa définition du «Temps Conique»... Chaque particule dans l'univers a pour origine une sorte de cône d'énergie, imaginaire bien sûr[7], entre le Futur actif et le Passé devenu «inerte». Attendu que dans la Relativité Restreinte (Einstein), ces deux états (passé, futur) sont séparés par une région intermédiaire, il est certainement possible que, dans ce cas, ce cône imaginaire de futur actif chevauche avec celui du Passé «inerte» (fig. 16).

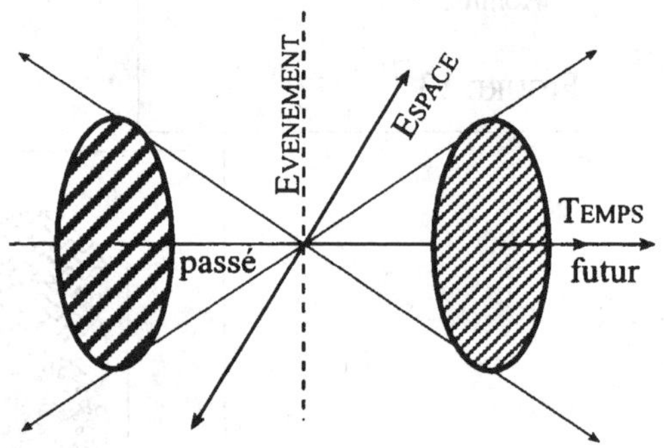

FIGURE 16

Tout porte à croire qu'il est très possible de **vivre maintenant** des événements qui résulteront en partie de résolutions et de projets que nous formulons pour le Futur ... Dans l'Espace/Temps, **tout point spatial dure et persiste dans le temps** ; il n'apparaît pas juste le temps d'un éclair, il s'allonge comme un filament, comme une ligne d'Univers... Il en ressort qu'«une ligne d'univers», en particulier celle d'un corps vivant, (dont chaque point dans l'Espace constitue une trajectoire de Temps), retourne au voisinage d'un point-espace au travers duquel elle est déjà passée une ou plu-

[6] Pr H. Weyl, «Space-Time-Matter» (Methuen) ; J.A. Wheeler, «The nature of the Consciensness» (Mathem. Bioscience, n° 7, 1970).

[7] Comme nous le verrons, «imaginaire» ne signifie pas sans existence réelle mais hors du visuel physiologique. (sens de "image")

sieurs fois...[8](fig. 17). Dans un tel contexte **non charnel**, on comprend qu'une **durée de vie** ne se mesure ***pas en années*** (ce qui ne voudrait rien dire dans cet état éthérique) mais **en épreuves** à subir ou subies, en **actes** à accomplir ou accomplis. Aussi ne doit-on

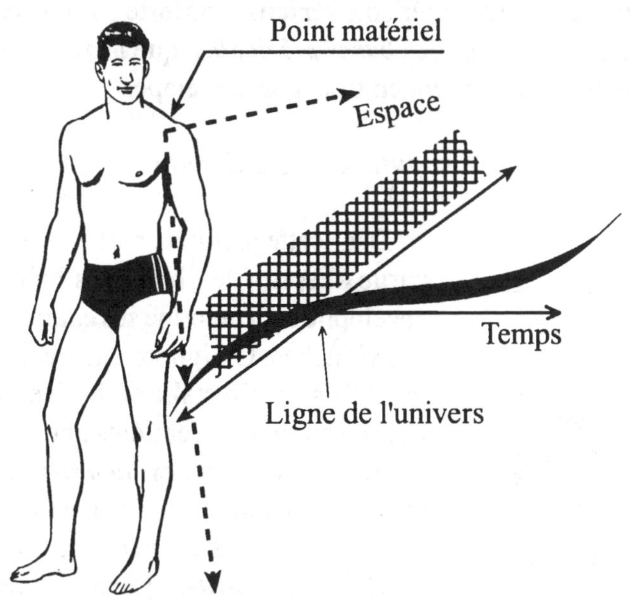

FIGURE 17

pas s'étonner de voir, sur notre Terre, certains êtres abandonner leur enveloppe corporelle au bout de quelques heures (bébés morts-nés), voire quelques jours (bébés tarés ou cancéreux), après un petit nombre d'années (accidents, maladies infantiles), tandis que d'autres atteignent le même but, ou ne l'atteignent pas, après un temps terrestre plus long...

[8] J'évite le trop restrictif mot de «Ré-in-carnation» en lui préfèrant celui de «Ré-incorporation» qui s'adresse à tous les niveaux de conscience de l'univers.

Dans tous les cas, la cessation de vie planétaire sera consécutive à l'usure plus ou moins foudroyante des ***liens énergétiques*** constituant la TRI-unité humaine (revoir 2) : **Esprit-Anima-Corps**, selon toutes les Traditions du monde. Le bébé qui naît porte ***en lui le germe*** de la mort terrestre, et chaque battement de cœur le rapproche de celle-ci. **Il faut en être conscient toute sa vie**. On peut dire, eu égard à un ésotérisme **sérieux**, conforté par une ***métaphysique*** s'appuyant sur des ***bases médicales***, que l'existence ici-bas se déroule pratiquement en trois grandes étapes :

* *1ÈRE ÉTAPE : «APPRENTISSAGE DE L'ESPRIT»*

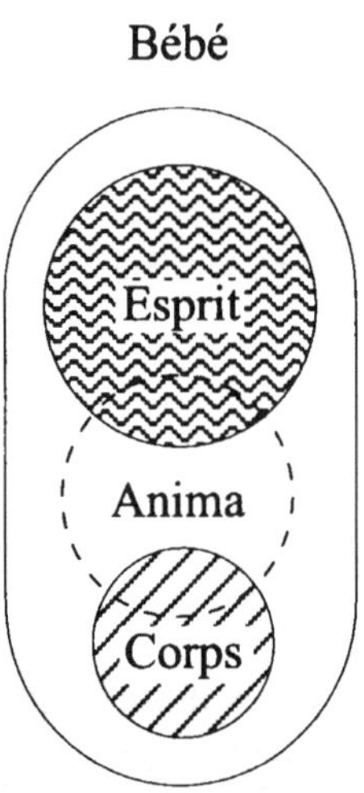

FIGURE 18

Dans cette première partie d'existence la partie «Esprit» de l'homme s'habitue à son enveloppe et développe ses caractéristiques individuelles. On ignore encore à quel moment l'Esprit s'installe définitivement dans l'être. Durant les premières années, le bébé va babiller ***des choses incompréhensibles*** qui correspondent bien souvent, si l'on y prend garde, à des événements d'un monde ***qu'il vient de quitter*** : j'ai personnellement été témoin de propos extraordinaires de ce genre tenus par des enfants très jeunes qui n'avaient ***jamais vu ni entendu les faits qu'ils contaient*** avec force détails, et qui se vérifièrent a posteriori. Chez tous les peuples, la durée de cette étape varie selon les ethnies mais, légalement, on la fixe au moment où l'enfant est rendu responsable de ses actes (fig. 18).

* *2ÈME ÉTAPE : «DÉVELOPPEMENT ET MATURITÉ»*

La deuxième partie embrasse tout le temps de ***développement complet de la partie physiologique*** : dans cette période, le corps adulte reçoit moins de «fluides nutritifs»[9] que précédemment ; les courants évolutifs et involutifs de champs de forces biologiques s'équilibrent dans la partie «Anima» qui subit les directives impérieuses de l'***Esprit.*** Ce dernier astreint le sujet à des actes ***raisonnables*** qui vont former la trame de sa vie morale. C'est la période où l'on forge son propre bonheur. Ce dernier ne réside pas dans la fortune et les plaisirs sensuels, mais dans les plaisirs spirituels. La richesse et les honneurs matériels entravent l'homme dans l'évolution de son «JE» éternel (esprit) même s'ils le satisfont corporellement durant des années[10]. Tôt ou tard, il devra s'en libérer absolument dans les incorporations planétaires futures, sinon, effectivement, il se «ré-in-carne-ra» (au vrai sens du terme) toujours ***dans le même environnement terrestre***, dans cette même sphère d'attraction à laquelle il demeure attachée. Ce sont les **références qu'il va choisir** durant sa vie terrestre qui vont décider de la suite de son EVOlution ou de son INVOlution. Ce sont, en effet, les ***signaux-informations mémorisés*** dans son Esprit qui, libérés de l'enveloppe physiologique par rupture des liaisons bio-chimiques moléculaires et atomiques, s'en retourneront dans la sphère universelle d'énergie diffuse qui leur est propre (fig. 19).

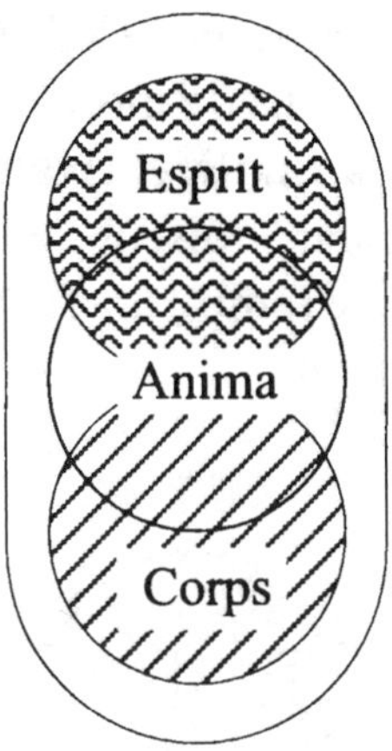

Adulte

FIGURE 19

[9] Autrement dit : «les flux de signaux-informations régénérateurs».

[10] J'ai personnelement connu des gens nantis, beaux, riches, qui se droguaient, sans compter les multiples tentatives de suicides. Le bien-être matériel n'est pas tout !!! A contrario, il n'est pas question non plus de se vautrer dans l'indigence et la misère !

***3ÈME ÉTAPE :**
«DÉCLIN PHYSIOLOGIQUE ET PRÉ-LIBÉRATION DE L'ESPRIT» :

Cette dernière partie du vécu ici-bas s'amorce d'abord par le déclin physiologique malgré tous les secours de la bio-thérapie et les subterfuges de la chirurgie esthétique : rides du visage, blanchiment des cheveux et poils, enkylose des membres, effondrement des tissus, etc. Ces phénomènes apparents ne font que traduire le processus de mort lente du fait. que **l'Esprit se libère peu à peu de la matière vivante** qui l'emprisonne A un certain moment, comme le disent toutes les Traditions, le «fil d'argent» énergétique se rompt, libérant les trois composants essentiels du complexe humain :

Vieillard

FIGURE 20

- Le **corps** se ***désagrège dans la terre*** sous l'effet des combinaisons bio-chimiques intermoléculaires et des transmutations (Prs Kervran, Barranger, et Komaki) activées par le travail bactérien et l'action des nécrophores.

- L'**anima** ***s'effondre peu à peu*** jusqu'à se briser du fait que les champs de forces structuraux ne retiennent plus solidement les formes substantielles des tissus et des organes : les courants évolutifs cèdent sous le poids des courants involutifs (processus entropiques)[11].

- L'**esprit** ***tend de plus en plus à se dégager*** au point que le vieillard va davantage se rappeler avec détails des événements survenus dans son enfance

[11] Voir note précédente sur l'Entropie.

et dans sa jeunesse, mais ignorera ce qui s'est passé le matin même ou la veille. Plus les souvenirs sont anciens, **mieux ils sont mémorisés et classés «pour le départ»**. Les informations récentes ne sont plus saisies avec autant de précision (fig. 20).

Il s'avère donc que la vieillesse est ***l'inverse*** de l'enfance, avec cependant un certain point commun :

- Le bébé ***sait*** d'où il vient **mais ne peut l'exprimer**. Il ignore encore le monde dans lequel il entre, raison pour laquelle il pleure. Il dort les trois quarts de son temps parce que le monde des rêves le relie au subconscient universel qu'il a du mal à abandonner.
- Le vieillard ***ne sait pas*** où il va **mais il peut l'exprimer** par comparaison avec le monde qu'il sait qu'il va abandonner ; il en refuse intérieurement l'échéance, même quand il le dit par bravade. Il dort ou somnole les trois quarts de son temps, parce que le monde des ***rêves*** est «l'antichambre» de la fin de vie terrestre.

B) PSYCHOLOGIE DE LA CONDITION HUMAINE :

Médicalement, on considère la mort comme **naturelle** quand elle survient au cours de cette partie, donc si elle intervient quand l'homme passe par les mêmes phases **que celles du début de son existence** (1ère étape) après avoir développé toutes ses facultés physiques et intellecto-spirituelles. Le vieillard redevient enfant en menant dorénavant une vie uniquement animale ou végétative. Il est effrayant pour des familles, des amis ou des collègues, de côtoyer des hommes et des femmes qui ont été connus pleins d'esprit, de vigueur et de droiture. On les voit alors s'éteindre comme des bougies en fin de course, ne s'intéressant plus à rien, hors des questions alimentaires, de sommeil, ou de confort extrême, livrés à une demi-somnolence entre les mains d'infirmières et de garde-malades de haut mérite, dont on ne vante malheureusement pas assez le sacerdoce.

Les Grands Initiés antiques appellent ce genre d'extinction lente «la Mort d'En-Haut». C'est le moment où les relations bioinformationnelles qui unissent le corps à l'Anima se relâchent ; le courant évolutif s'affaiblit au point de cesser totalement tandis que, inversement, le courant involutif croît asymptotiquement. Ainsi l'être **ternaire** devient **binaire** puisque l'Anima «se contracte» et tend à disparaître au profit de l'Esprit qui se dégage déjà du corps, lequel se sclérose et s'alourdit (revoir fig. 9).

Il faut être objectif : tous les traitements les plus élaborés de rajeunissement de la Médecine Moderne (greffes, hormonothérapie, cellulothérapie, réinformation embryonnaire, etc.) permettent au mieux de **vieillir correctement**. Toutefois, ils auront malheureusement tendance à **renforcer le corps animal** aux dépends de l'Esprit ***en augmentant les forces involutives de l'Anima défaillant***, mais en aucun cas, ils ne pourront empêcher ou retarder l'inexorable fin.

Dans la meilleure des perspectives, disons que cette fin sera plus acceptable du fait que le sujet se maintiendra en pleine jouissance de ses moyens et de ses aptitudes. Un homme greffé testiculairement par le Pr Voronoff reprit soudain une activité physique fantastique, mais tourna à la brute dans son comportement social. Effectivement, son visage rajeunit ; toutefois, on y lisait une certaine bestialité accompagnée d'une sensualité inhabituelle pour les jeunes femmes. A 70 ans, ce genre de rajeunissement contrariait la loi normale entropique. Il s'avérait éventuellement intéressant pour l'animal ; il devenait désastreux pour un humain. Le sujet cité en exemple faillit terminer ses jours en prison après plusieurs tentatives de viol sur des mineures et des comportements inhabituels d'indécence envers des adultes des deux sexes. J'ai noté à la même époque (décennie 1950) des réactions presque semblables sur des sujets transfusés, en dépit d'un respect rigoureux du groupe sanguin et les conditions d'hygiène d'alors[12]. Tout cela pour dire que si, recourant à des moyens biologiques extraordinai-

[12] G. Osorio, «Sang de vie ? ...Cent morts !» (à paraître).

res nous en venions à prolonger considérablement la vie, nous ne ferions que «recharger» ***temporairement*** en bio-informations ***d'origine animale*** la zone solaire structurante de l'individu (Anima) créant ainsi un ***préjudice à son évolution spirituelle.*** Esotériquement, nous pouvons dire que «nous empêcherions l'oiseau de s'envoler (Esprit) en répandant de la glu sur son perchoir (corps alourdi)».

Croyants ou athées, spiritualistes comme matérialistes doivent admettre une fois pour toutes que la condition humaine est une **école** destinée à valoriser la part de l'Esprit Universel dont nous sommes partie intégrante et qui est confiée à chacun de nous. Nous devons donc lutter fermement en surmontant les épreuves et en acceptant de mourir en bon état à l'heure pré-déterminée, moment où nous rendrons à l'Univers le «dépôt» qui nous a été confié. De l'humble ménagère au chef d'Etat, du clochard au milliardaire, nous devons **tous** faire «fructifier» le Capital-Vie prêté par l'Esprit-Conscience-Univers. Certes, il faut nous soigner le mieux possible afin de garder le plus longtemps notre santé et notre souplesse, mais ***que ce ne soit pas au détriment de notre spiritualité interne*** en nous accrochant à une vie animale.

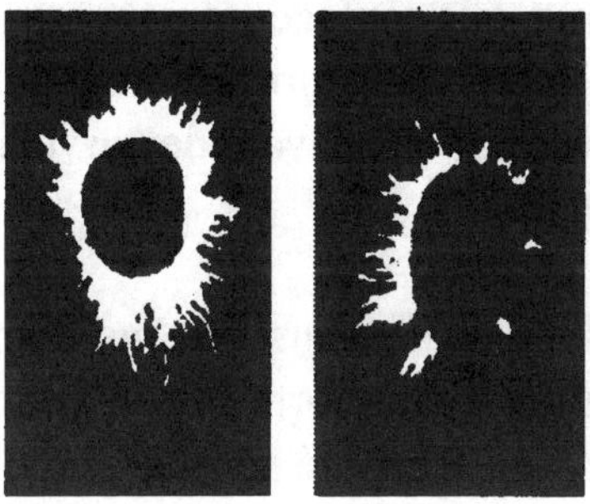

Homme sain — Homme malade

Photos H. Moskovakis

FIGURE 21

Le fameux «péché originel» qui apparaît dans toutes les «littératures sacrées» n'est autre que cet asservissement prolongé de cette «parcelle de l'Esprit-Conscience-Univers» aux instincts animaux terrestres. Partout sous toutes sortes d'images, «un serpent séduit la femme» ou «un dragon tourmente le sage». Cette allégorie générale illustre par là ***l'influence de nos informations-instinct*** (serpent, dragon) tentant de nous séduire ***constamment*** (avant la naissance, durant la vie, après la mort (figure 21). Elles interviennent au niveau de notre sentimentalité et de notre volonté (femme symbolique, flammes de dragon) pour entraîner nos informations-raison (homme, sage) à nous éloigner de notre élévation finale vers les Sphères Supérieures (peur du Créateur selon la Bible, ténèbres du Sage en Chine) tant que notre mission ne sera pas totalement accomplie. Heureux/heureuses ceux qui, lors de leur dernier soupir, peuvent dire sincèrement, ***sans se tromper eux-mêmes*** : «J'ai fait au mieux de tout ce qui m'a été confié. Que l'on me pardonne mes erreurs dues à ma condition charnelle»... Qui n'a pas pleuré au départ et des années après, la perte d'un être cher ?... Personne ! Et ceci est humain, sous toutes les latitudes, même si, comme en Orient, on affiche un extérieur réjoui en fêtant le décès comme une «Naissance Ailleurs», les sentiments sont là, et nul n'y échappe !...

Tous, quelle que soit notre ethnie, si nous faisions abstraction de notre égoïsme bien légitimé de vouloir garder l'être cher près de nous, si nous dominions notre sentimentalité, si nous avions réellement la «foi qui, grosse comme un grain de semence minuscule, fait déplacer une montagne» nous devrions être heureux que le mort, ou la morte, soient délivrés des peines qu'ils supportaient avec patience avant de parvenir dans le Monde Ethérique de l'Au-Delà...

Lorsque nous voyons disparaître quelqu'un que nous avons aimé, à plus forte raison si nous lui devons beaucoup, et dont le passé est réputé par son amour, son désintéressement, sa patience et sa gentillesse, voir que nous lui sommes redevables pour tant de bienfaits, nous devons nous incliner malgré tout devant le «Grand Mystère de la Mort» et nous dire en nous-mêmes, comme l'Initié «St Paul», dans l'une de ses célèbres Epîtres «qu'il/elle a ***couru*** dans l'arène (de ce monde) et qu'il/elle a ***atteint*** le but final, objet de sa foi ***personnelle*** (fusse-t-il/elle athée ou libre penseur) et de sa ***persévérance***. Maintenant, nous devons considérer qu'ils doivent s'élever vers la Paix Suprême[13]».

[13] «Nouv. Test.», Ep. de Paul, Ier aux Corinthiens, chap. 9, vers. 24 à 27.

LE MECANISME NATUREL DE FIN D'EXISTENCE :

PHYSIOLOGIQUEMENT, la Mort survient lorsque les trois parties de l'être[1] ont **totalement** rompu leurs attaches énergétiques et informationnelles ; l'Esprit est libéré du corps avec lequel il n'a plus qu'une ***faible relation*** à travers «l'Anima structurante». Il erre alors autour des lieux où il habitait sous forme d'égrégore[2] d'informations-particules (revoir fig. 14). Plusieurs perspectives s'offrent alors, si l'on en croit les récits authentiques des «revenus de la vie» dans les centres hospitaliers[3](revoir fig. 10).

A ce propos qu'il me soit permis d'évoquer une fois de plus mon maître Georges Barbarin qui, dans la décennie 1940 fit tant de conférences publiques très appréciées, rue Danton à Paris, sur ce sujet brûlant de la Mort. Je remplissais des cahiers entiers de

[1] Ou «Ame Vivante» (hébreu = NéPheSh ChaYaH») selon la Bible, donc «**Ame pouvant mourir**» (et non «immortelle» comme le veulent les religions). Littéralement, dans son étymologie, il s'agit «**d'une âme mutable**» (capable de changer d'état).

[2] Nous expliquerons plus loin ce qu'est un «groupe» en physique particulaire. Rappelons tout simplement, pour l'instant, que la notion antique d'«égrégore» qui s'en approche, fut empruntée au vieux patois hellène «egrhêgorein» signifiant «en état éternel de veille», «sans aucun sommeil» ; ce mot ne peut donc raisonnablement concerner un être vivant ! Il traduit l'hébreu-phénicien «GhaeRNOTh» (ערנת) venu d'Egypte par les écoles d'Initiés devenus plus tard «QaBaListes».

[3] Voir les nombreux ouvrages sur le sujet, écrits par des personnalités telles que les Drs R. Moody, E. Kubler-Ross, G. Brehant...

notes (le magnétophone portatif n'existait malheureusement pas encore) prises au cours de ses brillants exposés. Je me permets de vous en faire part aujourd'hui.

* 1ÈRE SITUATION : «DÉCEPTION APRÈS DÉPART»

On peut dire que jusqu'à notre époque de modernisme, l'humain moyen ne redoutait nullement la mort, tant son éducation très proche de la nature le familiarisait avec elle. L'Homme moderne est bien plus traumatisé par cette perspective que ne l'étaient ses ancêtres, ne serait-ce seulement que ceux du siècle dernier. Il faut dire que la vie moderne nous accapare tellement qu'elle nous conduit à y penser au moment où il est trop tard, et que le rideau tombe sur la scène de notre existence. «L'attente du ***plaisir*** est ***plus grande*** que le plaisir en soi ; l'attente de la ***mort*** est ***plus douloureuse*** que la mort elle-même...» disait un vieux dicton de nos campagnes. La mort de l'un de nos proches nous sensibilise davantage que notre propre fin, dont l'échéance nous est généralement inconnue. Toute la «Littérature Sacrée»[4] nous incline à penser que la mort est bien moins à redouter que la vie. N'est-il pas écrit par le ***roi «initié» Salomon*** : «... Mieux vaut aller dans une maison où un homme vient de mourir que d'aller dans une maison de festin (de naissance : selon le mot hébreu)... car... mieux vaut **la fin** d'une chose que **son commencement**»[5]. Somme toute, celui/celle qui a fini sa vie sait ce qui l'attend ; celui/ celle qui arrive dans notre monde ignore ce qu'il/elle va endurer !

La souffrance est le corollaire de la vie terrestre : on souffre plus longtemps pour tenter de survivre dans une maladie ou des circonstances atroces de catastrophe, de guerre ou de persécution, que pour ***abandonner notre «vêtement de peau» et*** **revenir à notre état éthérique normal**. Le spectre de la mort impressionne davantage l'être humain relativement à ce qu'il n'en sait pas, que

[4] G. Osorio, «L'Héritage des Grands Initiés», tome 1 (Aquarius-Chiron).

[5] «Anc. Test.», livre de l'Ecclésiaste (encore une fois ne pas confondre avec l'Ecclésiastique dans les versions catholiques), chap. 7, vers. 2 à 8.

pour ce qu'il en connaît. Toutefois, il faut dire que cet incident dans notre vie provoque une rupture brutale dans nos habitudes et surtout «un **saut dans l'inconnu**» je dirais plutôt ***«un saut dans* ce connu que nous avons oublié**» lorsque notre maturité physiologique a étouffé en nous ce que le bébé et l'enfant gardaient encore tout frais dans leur mémoire de ce monde originel qu'ils venaient temporairement de quitter. Et c'est ce mot «temporairement» que nous avons tous oublié et que les Anciens, eux, se plaisaient à entretenir. Nous voici donc dans une première situation, celle d'un «Je-Conscience[6] aux prises avec l'effroi de l'»Inconnaissable» et au chagrin de cette obligation d'abandonner sa situation terrestre qu'il considérait comme une fin en soi.

FIGURE 22

L'être décédé attaché à la vie mondaine ici-bas **regrette** sa position perdue ; il ne peut plus se satisfaire des plaisirs terrestres. Son Esprit-égrégore se tient alors ***à proximité du corps défunt*** qu'il vient d'abandonner, ainsi qu'aux endroits et avec ceux avec lesquels il a éprouvé des jouissances. Il ne peut s'en détacher. Aussi est-il torturé dans sa faim et sa soif de ne pouvoir répondre à des plaisirs dont ***il «sent» les informations-signaux*** mais dont ***il n'a plus les organes*** pour assumer de telles fonctions. Cet Esprit sera fatalement «lourd» et «grossier» et la ***masse éthérique des informations*** qu'il véhiculera sera si proche de notre monde humain vivant qu'il sera aisé, par des procédés spirites ou magiques (déconseillés) de le faire apparaître sous une forme ectoplasmique floue (fig. 22)[7] (revoir fig. 17).

[6] G. Osorio, «L'Homme Energétique éternel».

[7] J'ai eu entre les mains les plaques photographiques (il s'agissait de clichés du début de ce siècle) de scènes non truquées de ce genre de manifestations. Etaient alors présents des hommes et des femmes intègres et objectifs, exempts de tout soupçon : P. Le Cour et le Dr R. Hollier (tous deux membres fondateurs d'»Atlantis»), C. Flammarion, le président de l'Académie de Médecine de l'époque (1910-1920). Tous se portèrent garants des faits rapportés.

*** 2ÈME SITUATION :**
«SOULAGEMENT ET JOIES DE NE PLUS ÊTRE HUMAIN»

Le comportement de l'humain face à sa fin d'existence diffère comme il se doit selon les ethnies, les contrées et les circonstances propres aux unes et aux autres. Un japonais, un vietnamien ou un chinois ***ne mourront pas de la même façon*** qu'un scandinave, un latin français ou un méditerranéen. Un intellectuel et un artiste n'appréhenderont pas ce moment fatal à la manière d'un rustre, d'un illettré ou d'un être bestial. Lors de voyages en Extrême-Orient, j'ai vu les asiatiques rendre le dernier souffle paisiblement, calmes, sans manifester d'agitations, telle une bougie arrivée à son extrémité. Toutefois, il y a bien entendu des exceptions, particulièrement chez ces mêmes peuples : les gens qui touchent de près aux affaires, à la Banque ou au gros négoce, comme si de telles responsabilités les anesthésiaient de leur condition d'humain, donc d'êtres éphémères. Disons que dans l'Orient profond, celui des petites villes et des villages non encore «américanisées», ***la mort est entrevue comme un simple malaise***, raison pour laquelle ***on ne pleure pas*** un parent mourant. J'ai vu en Palestine lors de convois funèbres, des pleureuses professionnelles dont la fonction consiste davantage à s'exclamer bruyamment pour éloigner les «mauvais esprits» qui risqueraient d'entraver la «marche du défunt vers le Monde des Morts», que de le pleurer au sens fort du mot comme nous l'entendons en Occident. Un accident, un meurtre, une rupture brutale dans la mécanique physiologique ne laissent place à aucune possibilité de réflexion pré-mortem. Dans les circonstances d'une vie normale, l'humain pressent généralement sa fin et s'y prépare moralement. Il acceptera plus ou moins placidement cette «décision du destin»[8] mais il s'apercevra tôt ou tard qu'il lui faut «faire bon cœur contre mauvaise fortune» (comme dit le proverbe bien connu). Encore une fois, je le répète, face à

[8] G. Osorio, «Le destin devance-t-il notre naissance ?»... Le Zodiaque et la Biologie» (Ed. Marc-Aurèle) (brochure de conf. en Sorbonne).

cette impitoyable échéance, l'oriental comme l'occidental s'y résigneront différemment. Ajoutons que ***l'âge est aussi un facteur important***: on est prêt à donner sa vie à vingt ans pour une idéologie qui nous semble valable et à se jeter avec fougue dans n'importe quel combat «pour changer le monde»(sic). On est de plus en plus réservé à mesure que les décennies défilent ; disons même que, plus le temps passe, plus on trouve que cette vie, avec toutes ses souffrances et ses difficultés, **vaut la peine d'être vécue le plus longtemps possible** et, l'on s'y attache d'autant plus que l'on aborde les années de vieillesse. Dans les mouroirs hospitaliers, on remarque plus de vieilles gens accrochées désespérément aux dernières thérapies d'avant- garde que de jeunes qui, paisiblement et sereinement, vivent leurs derniers instants.

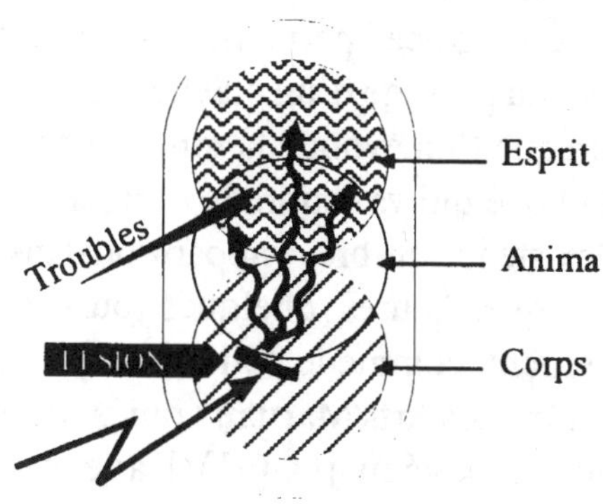

Sujet accidenté

FIGURE 23

L'être non imprégné des choses matérielles au plus profond de ses cellules, dans ses moindres pensées comme dans ses actes, qui n'a pas envié ou convoité ce qui ne lui appartenait pas (si besoin en répandant le sang innocent, comme beaucoup), qui s'est dévoué pour autrui (même si son idéologie était bassement humaine et non religieuse) qui s'est dirigé dans un vécu de bonté, d'honnêteté et de droiture, etc, libèrera fatalement dans l'espace un «Esprit léger» qui se hâtera vers des «Sphères Supérieures», non retenu par des liens affectifs puissants avec ce bas-monde terrestre. Répétons, une fois de plus, que tous les «Livres Sacrés» ***interdisent*** les pratiques «d'évocations-contacts» avec les morts, pratiques qui perturbent les formes éthériques spirituelles et nuisent à leur progression post-mortem (fig. 23. Cf. Aussi le sous-chap. 15-5).

* 3ÈME SITUATION : «LA MORT INNOCENTE»

Quel que soit l'âge, tout être humain porte en lui son «petit côté innocent». Même le criminel le plus corrompu, le sadique le plus endurci, la femme la plus rouée, tous ont en eux «une lueur d'innocence». Il est évident que le bébé ou l'enfant «resplendissent de naïveté» relativement au meilleur et au plus sage des adultes. Lors de la mort, l'état mental va se trouver confronté à un événement que, dans leur logique, ils n'ont pas et ne pouvaient prévoir. A moins qu'au contraire, en l'absence de souffrances physiques, cet «état de grâce» permanent et naturel l'insensibilise complètement lors du passage d'un état de conscience à l'autre. Il est évident que lorsque l'on évoque la «mort innocente» on pense de suite à celle du bébé qui va rendre le dernier souffle alors qu'il est au seuil de l'existence. Sa brève apparition dans notre monde va peut-être durer quelques heures, quelques jours, quelques mois.... Et puis, il y a l'enfant, comme le petit Thierry, le fils de l'un de mes amis, grand maître des Arts Martiaux qui, suite à une malformation chromosomique a vécu jusqu'à l'âge de douze ans dans un état de demi-conscience physio-psychologique. A partir de l'âge de quatre ans jusqu'au jour où le mal triompha, «l'arbre s'est cassé lentement au ras du sol avant de donner ses premières floraisons». Dans cette catégorie se rangent ceux qui vont agoniser à la naissance, ceux qui vont souffrir suite à une maladie, ceux dont la jeune existence va se briser dans un accident.

Dans presque tous les «Livres Sacrés» la Mort est comparée au ***sommeil***. Mes lecteurs me reprocheront peut-être de trop me référer à la Bible ou au Qoran mais, comme nous sommes en Occident et que ces livres sont les plus lus dans cette partie du monde, je m'y reporte constamment lorsqu'il est question de faire appel à une autorité initiatique antique. Donc dans la Bible, la ***Mort est un sommeil sans rêve*** ; je renvoie ceux et celles qui me lisent à certains passages significatifs. Au fait, qu'est-ce que le ***sommeil*** ? Beaucoup de physiologistes le considèrent comme une «mort temporaire avec résurrection au réveil». Plus précisément, il s'agit d'une perte de conscience **sensitive** du dormeur quant à ce qui l'entoure, alors que tout le reste de l'organisme demeure en activité (systèmes circulatoire, respiratoire, nerveux, digestif, lymphatique, etc). Quotidiennement, deux parties de notre «MOI-Personnalité»[9] se séparent virtuellement pour accomplir chacune des opérations qui leur sont propres. Le Pr Lhermitte de l'hôpital Salpêtrière à Paris, que j'ai eu l'honneur de rencontrer grâce à mon ami le Dr P. Loron, a écrit dans un rapport que «les nombreuses observations auxquelles il s'était livré sur le sommeil tendaient à prouver indiscutablement que durant cette phase de relâchement de la conscience physiologique, le système cérébro-spinal est inhibé par des substances bio-chimiques à partir d'abord du cerveau moyen, suivi d'une diffusion dans les autres centres neuronaux le long de la moëlle épinière, jusqu'à engourdissement total du réseau»[10].

D'autres pensent que dans notre corps se déroule cycliquement, au moment où la mécanique physiologique en exprime le besoin. Une sorte d'«éclipse» entre le ***Soleil-Principe*** symbolisant notre état de ***veille*** et la ***Lune-Principe*** symbolisant notre état de repos : durant la journée d'activité, les deux tendances co-existent, l'une prenant le dessus sur l'autre rythmiquement. Ce qui rejoint d'ailleurs des notions astro-physiologiques que j'ai expliquées dans des conférences publiques[11]. Les progrès constatés dans l'étude du phénomène d'hypnose ont permis de découvrir que l'action magnétique de l'hypnotiseur intervenait sur les centres oculo-moteurs et le nerf optique. De même, les travaux sur l'encéphalite léthargique qui localisent la cause du sommeil dans le mésencéphale[12]. La Science Antique prétendait, à juste titre, que le

[9] G. Osorio, «L'Homme Energétique éternel».

[10] Pr J. Lhermitte, «Le Sommeil» (Libr. Armand Colin, 1938).

[11] Voir note précedente 9.

[12] Mésencéphale : appelé aussi «cerveau moyen», ou encore«cerveau reptilien» (relativement à l'hypothèse évolutionniste), comprend des tubercules quadrijumeaux (face dorsale) et les pédoncules cérébraux (face dorsale). C'est le centre de connexion entre les organes des sens et les muscles.

sommeil résultait d'une inversion plus ou moins rapide de la direction du flux vital (ciel-terre) dans l'organisme. Dans les «Ecoles des Mystères» (voir : G.Osorio: L'héritage des Grands Initiés), d'après le peu de renseignements qui ont survécu aux mains destructrices religieuses, on enseignait que ***périodiquement l'homme terrestre était «rappelé» à ses origines éthériques durant le temps de «réparation» de son enveloppe temporaire.*** Il s'en suit, toujours selon ces enseignements, que l'humain ici-bàs alterne entre ces deux états de «sommeil» et de «veille», comme il alterne dans l'univers entre ses états de «carnation» et ceux d'«éthérisme»; dans les deux situations, ***il demeure conscient.***

Il est bon d'en revenir aux travaux du Pr. LHERMITTE pour ce qui est d'une description concise du sommeil, comparativement à ce que j'appellerai «la Mort innocente», celle de l'être qui ne se pose pas de question, le bébé, l'enfant, le simple... « Sommeil » comme « Mort » sont des phases de l'existence où les facultés mentales d'analyse, de critique, de raisonnement logique et de mémorisation des faits se relâchent graduellement ; ***le cerveau ne vit plus que sur ses schémas-souvenirs.*** En général, l'amorce de l'endormissement est marquée par un sentiment de fatigue cérébrale, d'indifférence psychique, de désintéressement total du monde extérieur, et du débridement de l'attention. Quant aux réactions sensorielles, elles s'affaiblissent, et les réactions motrices aux stimuli s'effondrent peu à peu. Cette déconnection progressive des impressions sensorielles conduit lentement à ***une véritable dissociation entre le «physiologique» et le«psychologique».*** Statistiquement, il apparaît que les systèmes psychologiques les mieux charpentés résistent le plus longtemps, tandis que ceux naissants ou très jeunes ne peuvent survivre à moins qu'ils aient l'extraordinaire force de coordonner leur faible faisceau de facultés de logique, de critique, de volonté et d'attention, face à ***la vague irrésistible de l'endormissement***. Le Pr. LHERMITTE compare cette circonstance de la Mort innocente à la torpeur qui saisit le conducteur de véhicule qui «mange du kilomètre» sur une autoroute monotone, traversant une plate campagne par une chaude journée d'été.

Une sorte de pesanteur s'installe dans les oculaires, le champ de vision se rétrécit, sans prise de conscience immédiate de cet état second. A un certain moment, ***une puissante poussée hypnotique*** le pousse dans une réaction physiologique nerveuse qui le fait prendre acte de l'imminence d'un danger dans sa conduite au volant. Mais ce premier réveil étant de courte durée, et le climat de monotonoie persistant, ***une nouvelle vague d'engourdissement*** le terrasse à nouveau : chaque mouvement conscient de tentative de maintien des paupières ouvertes est immédiatement suivi d'un mouvement de force égale qui les abaisse ? Disons qu'à cet instant, ***Le «dedans» du sujet l'emporte sur le«dehors».*** Le premier met en «automatique» le second : il s'instaure alors une espèce d'accord tacite de confiance et de moindre effort entre le «conscient» et l'«inconscient» physiologique, qu'il charge de toute responsabilité, sans même se préoccuper de savoir s'il pourra l'assumer. Ce qu'il veut à tout prix, c'est ***jouir de sa torpeur et de sa tranquillité***, dans un cadre dangereux et mortel dont il désire se couper. Durant cette période délicieuse d'»état second», la conscience normale nerveuse se rapetisse «au fond» de l'organisme, clignote, vacille, jusqu'au moment où un autre véhicule frôlant à toute vitesse celui du conducteur, ou un écart violent de la voiture partant en dérive,«ressuscite» l'individu et le ramène brutalement à la réalité (voir note 11).

L'intéressant de cette situation, pour le sujet qui nous concerne, est qu'elle nous décrit un être humain ***passant langoureusement de l'état de vigilance à celui d'abandon d'attention, et de ce dernier état à celui de la Mort totale***, sans qu'il y ait le moins du monde distinction entre «Rêve» et «Réalité sensible». Autrement dit, la mort innocente serait dans cet état psycho-physiologique qui, avant que vous soyez avisé de son imminence, vous emporte à la lumière de la lumière, ***en pleine anesthésie de votre système nerveux moteur et sensitif***. De plus, il sera très difficile d'analyser objectivement les phases pré-somniques à l'amorce du sommeil nocturne (ou de sieste pour certains) du fait que l'organisme entier s'y est adapté depuis des décennies. ***Mort innocente*** ou ***sommeil***

classique sont des plongeons dans l'inconscient, des submersions immédiates avec tant de force et de douceur à la fois, que le sujet ne tente même pas une éventuelle «remontée en surface». Quelques uns se distinguent par des réactions vaines de maintien de «veille», tel un nageur faisant des bulles «de conscience» avant de couler définitivement. Somme toute,«on rêve en dormant, comme l'on meurt en rêvant».

Nous allons reparler de tout cela plus loin. On peut penser que certaines formes particulaires éthériques se sont transcendées ***par une courte mais dure souffrance ici-bas(décès de bébés)***, tandis que d'autres auront été des ***sujets d'épreuves salutaires*** pour leurs parents du moment, d'autres enfin auront ***appris quelque*** chose durant leur éphémère passage : ***il n'y a rien d'inutile dans l'Univers !*** Ces formes éthériques sont généralement «impatientes» de se débarrasser de leurs liens pour s'élancer vers des régions plus sublimes. On peut dire «qu'ils sont passés en rapide inspection terrestre», et ont été sensibilisés par ceux auxquels ils étaient chers. Sans doute ont-ils quelques regrets de n'avoir rien pu faire sur notre planète, faute de temps : «ils ont à faire ailleurs»! (revoir fig. 12).

1-4. LA MORT CONSÉCUTIVE À UNE MALADIE.

IL FAUT distinguer d'emblée la mort consécutive à la vieillesse de la mort déclenchée par une maladie grave. Dans le premier cas, elle est l'aboutissement d'une usure normale cellulaire de la partie corporelle. Elle met fin au processus programmé dès la naissance ***d'un nombre déterminé de millions de mitoses***[1] en cellules-mères et cellules-filles composant les tissus, donc les organes du corps humain. Dans le second cas, elle fait ***suite à un déséquilibre énergétique*** (G. OSORIO: «l'homme énergétique éternel») produit dans le «ternaire structural» de l'individu (Esprit-Anima-Corps), soit au niveau mental et spirituel, soit au niveau structural et neurophysique, soit au niveau physiologique pur (revoir fig. 15). Toutes les encyclopédies médicales du monde, les manuels de Psycholologie et les traités de Bio-Chimie renferment des multitudes de pathologies aux causes multiples, tout au moins en ce que nous en savons à notre échelle en cette fin de XXème siècle. Ces recueils font état d'affections inhérentes au déclin plus ou moins brutal de l'organisme vivant. Plus précisément, ils soulignent plutôt le ralentissement local ou généralisé de son courant énergétique évolutif «inférieur» (revoir la fig. 5).

[1] la mitose(grec: filament) est l'opération par laquelle une cellule vivante se sépare en «cellule-mère» et «cellule-fille»; la première se désagrège et disparaît (évacuation par la voie lymphatique) tandis que la seconde assure sa fonction tissulaire jusqu'à la prochaine mitose (meïose,pour le végétal).

Même en cette fin de XXème siècle très socialisée et assistée en Europe occidentale, les statistiques officielles accusent une fluctuation moyenne de 85 à 95% de morts consécutives à une maladie, contre 15 à 5% provoquées par les accidents de la route et du travail, ou la violence civile due au laxisme démocratique. On recense trois types de pathologies qui aboutissent à l'échéance fatale : le premier rassemble toutes les affections qui prennent fin subitement sans qu'aucune forme de délire ne se manifeste. Le second englobe les sujets dont la pathologie les place à cheval dans le monde du délire extra-cérébral et dans celui de la raison normale pour un patient de même âge, même sexe et ethnie identique. Dans le troisième se rangent toutes les lésions cérébrales qui culminent en une perte partielle ou totale d'intelligence d'une manière régulière et constante[2]. Dans les cas de SIDA, de tuberculose, d'affections cardiaques et hépatiques, de cancers divers, d'hémorragies internes ou vaginales, de péricardites, péritonites ou de complications chirurgicales (notamment en chirurgie osseuse), les symptômes de la Mort surviennent généralement par le coeur ou les poumons, tandis que ***l'être en phase pré-mortem garde une effrayante lucidité d'esprit, d'intelligence, voire d'intuition.*** J'ai personnellement questionné des dizaines d'amis médecins et chirurgiens, hommes de devoir exercant leur profession par «amour du métier» et non pour de l'argent (ceux dont je parle se seraient davantage enrichis dans les affaires qu'en peinant dans les blocs opératoires !), animés par l'amour du prochain, et qui m'ont affirmé avec conviction que la plupart de leurs malades condamnés ***ne se sentent même pas mourir !***

Ce qui est d'autant plus surprenant est que, parmi ces gens, des hommes et des femmes jusqu'alors maniaques, pointilleux, acariâtres, agressifs...durant toute leur vie, manifestent brusquement calme, confiance, bonne humeur, parfois joie, lorsque la Grande

[2] Dr. A SALIVAS: «Thèse sur l'état mental à l'approche de la mort», (archives de la Fac. De Bordeaux,2-5-1883)

Faucheuse lève sur eux son funeste instrument. Certes, on peut souffrir énormément, physiquement et moralement, avant de rendre le dernier soupir, mais il faut bien savoir que cette oppression est exclusivement ***du domaine physiologique*** et ***non-spirituel***. «Une maladie dont on guérit lentement cause bien plus de souffrances qu'une maladie dont on meurt» (voir note 2). Il n'est pas obligatoire de souffrir pour mourir. Cependant, notre constitution psycho-physiologique implique que nous souffrons pour guérir. Dites-vous bien qu'un abcès dentaire ou une crise de colique néphrétique (seuil du coma) déclenchent des douleurs autrement plus atroces que les spasmes de l'agonie. Je suis formel : ***la douleur est ressentie lorsque le sujet est en pleine possession de sa sensibilité nerveuse, en plein contrôle de ses moyens, et non lorsqu'il est en train de perdre et l'une et l'autre !***

1-4-1. Le médecin face à la mort par maladie :

Il est normal qu'apparemment un médecin diagnostique les signes cliniques du décès survenant suite à telle ou telle pathologie de vieillard alors que, dans le fond des choses, il s'agira tout simplement de la manifestation déclarée d'«une fin de fonctionnement physiologique» dont le «glas» final a sonné. On se retrouve alors dans la condition de «Mort normale» précédente, vieillesse en plus... Malheureusement pour notre condition humaine, il existe d'autres pathologies qui frappent le bébé, l'enfant, l'adulte en pleine jeunesse ou en pleine activité. Depuis des millénaires, Médecine et Prêtrise[3] se sont penchées sur l'étude de ces accidents de parcours de notre existence. Les Grands Initiés ont fait écrire[4] et laisser dans tous les pays des déclarations attestant que la maladie était non seulement provoquée par un empoisonnement physico-biochimique du corps, mais aussi par une pertubation de son Anima-structure et de son Esprit.

[3] Les deux n'en faisaient qu'une chez tous les peuples antiques.
[4] Opus cité: E. HAECKEL: «L'Origine de l'homme»

La plupart des littératures antiques (idem note 4) nous enseignent que l'agression entropique[5] intervient en permanence :

- soit ***au niveau du corps*** sous forme de lésions mécaniques ou d'empoisonnements tissulaires et organiques.
- soit ***au niveau de l'Anima-Ame*** par des troubles des structures internes neurologiques et équilibrantes.
- Soit ***au niveau de l'Esprit*** sous forme de complexes, de syndrômes et de pathologies psychiques et spirituelles.

La Science Moderne reconnaît peu à peu que très peu de maladies ont le corps pour cause principale. Progressivement, la Médecine sérieuse abandonne sa vue mécaniste et entrevoit la maladie comme ***un effet morbide énergétique*** au niveau de l'anima et de l'esprit énergétique, force vitale.

Selon cette nouvelle école thérapeuthique, la pathologie survient dans un organisme un peu à la manière d'une corrosion (par vapeurs d'acide, ou saumures) sur un conducteur métallique de courant électrique : la sulfatation du métal crée des zones d'isolation réfractaires au passage du courant d'électrons et à sa force électro-motrice (f-e-m).(fig.25) Aussi, plus les plages de corrosion sont nombreuses et profondes, moins le courant circule. Le cas le plus spectaculaire au niveau de la fibre nerveuse est la terrible sclérose en plaques où les axones des neurones sont ainsi dénudés localement de leur gaine de myéline (fig 26). Nous verrons plus loin l'importance de l'informmation en Biologie. Disons que « l'information-signal-maladie» agit d'abord sur le milieu selon sa nature vibratoire, donc ne va pas fatalement appréhender le corps-matière mais des milieux ***de même nature qu'elle*** comme l'Anima-structure et l'esprit-mental. Aussi atteint-elle d'abord ***les points centraux nerveux d'équilibre*** des forces puisque c'est par le système nerveux central, sorte de « no-man's land » frontière entre le vibratoire pur et le physiologique pur, que les premiers signaux «dissonants» vont être saisis (fig. 24-27).

[5] Il faudra que la Médecine et la Psychologie sérieuses de demain fassent que «la maladie spirituelle» soit reconnue au même titre que n'importe quelle autre pathologie.

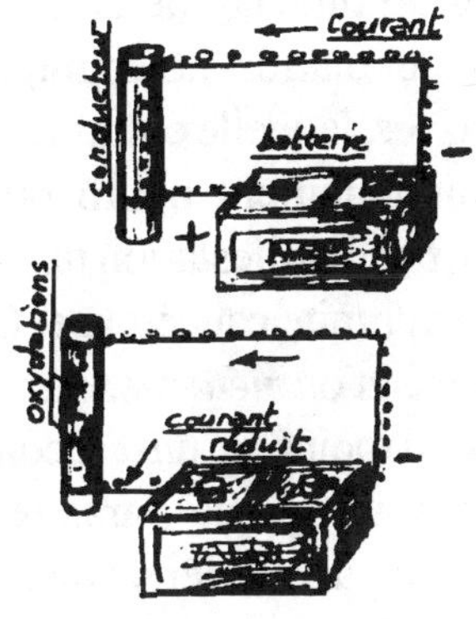

FIGURE 24

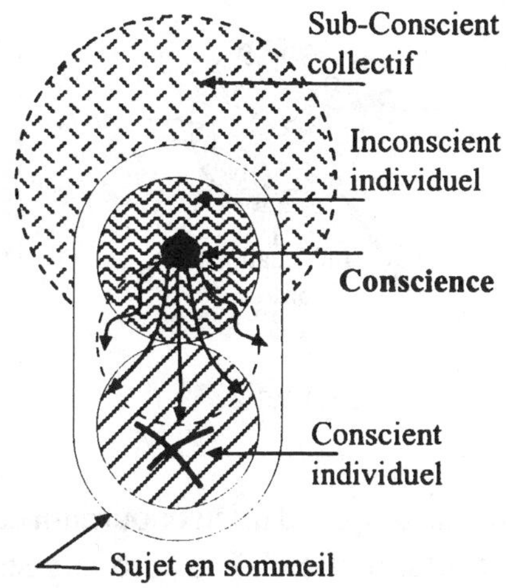

FIGURE 24

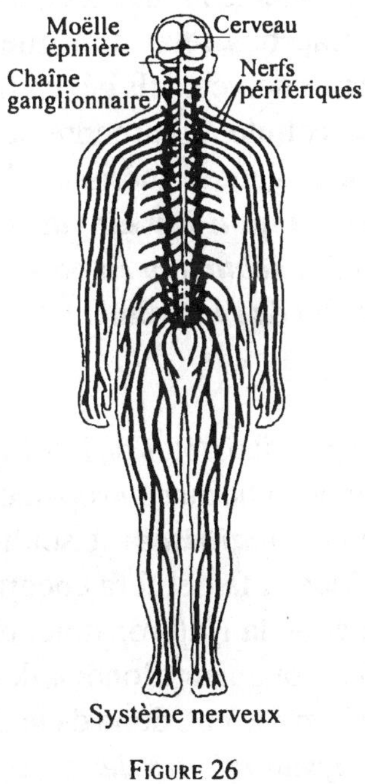

FIGURE 26

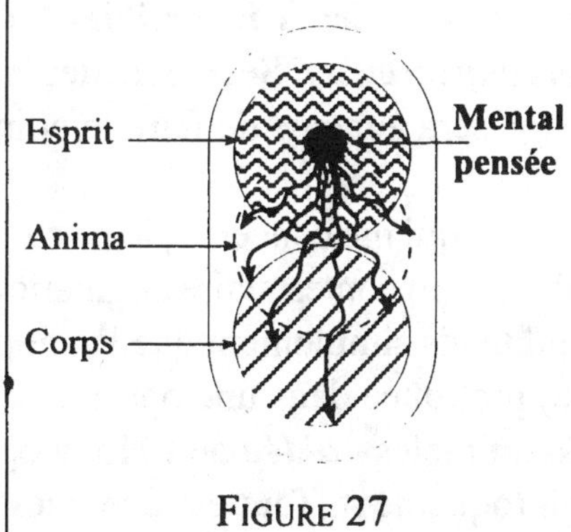

FIGURE 27

Cette insidieuse et sournoise pénétration se concrétise ensuite en effet toxique pathologique, d'abord par un blocage de circulation bio-électrique de signaux, suivi d'une accumulation bio-chimique de toxines, laquelle culmine en empoisonnement bénin puis malin, par manifestation tumorale, à la limite cancéreuse. Ce dernier état ou ***méta-stase*** n'est ni plus ni moins qu'un « second état physiologique parasite » provoqué par une dérive des signaux-informations habituels hors des normes vibratoires cellulaires admises (fig. 28). Sous l'angle bio-physico-électrique, on comprend mieux pourquoi certains traitements magnétiques (naturels, artificiels) ou auto-suggestifs (placebos, relaxation, méditation) agissent efficacement sur les centres nerveux: ils génèrent des signaux-informations qui obligent la cellule à reprendre ses rythmes normaux, donc inévitablement soulagent et guérissent le sujet. Encore une fois, tout cela sous-entend qu'***il n'y ait pas de lésions tissulaires irréversibles (niveau «2», début «3» en pathologie cancéreuse).*** Seul le médecin disposant de l'instrumentation ad hoc sera à même de faire le point.

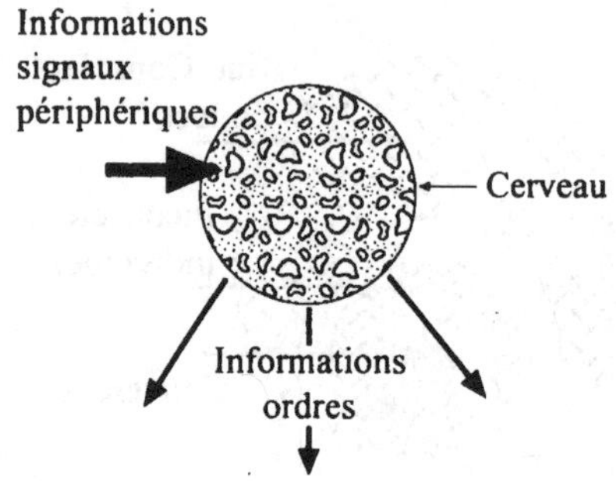

FIGURE 28

En ce qui me concerne, je ne suis ni un partisan obtus de l'Allopathie, ni un contestataire dogmatique homéopathe ou naturopathe. Je prétends simplement que l'Allopathie ***bien maîtrisée*** (je souligne) pratiquée dans une optique énergétique, a fait et fera encore des «miracles» ***aidée*** de l'Homéopathie et de la Naturopathie, et réciproquement. Tout est une question de «longueur d'onde» des médications et des traitements prescrits à bon escient, donc de leur choix ***en fonction des terrains psycho-physiologiques des sujets et des moments ad hoc d'intervention***. L'Allopathie est une méthode de traitement par laquelle le praticien recourt à des produits naturels actifs, ou bio-chimiques dont l'action sur l'Homme en bonne santé produit des effets morbides ***autres que ceux que l'on observe sur le malade. Ici, les «contraires» sont guéris par les «contraires».*** Exemple : des mucillages absorbés par un sujet sain lui déclencheront des diarrhées. Par contre, ils seront salutaires pour un sujet constipé. La réaction thérapeuthique a lieu sur un terrain purement physiologique, ***avec répercussion lointaine sur la sphère psycho-somatique*** [6] (fig.29).

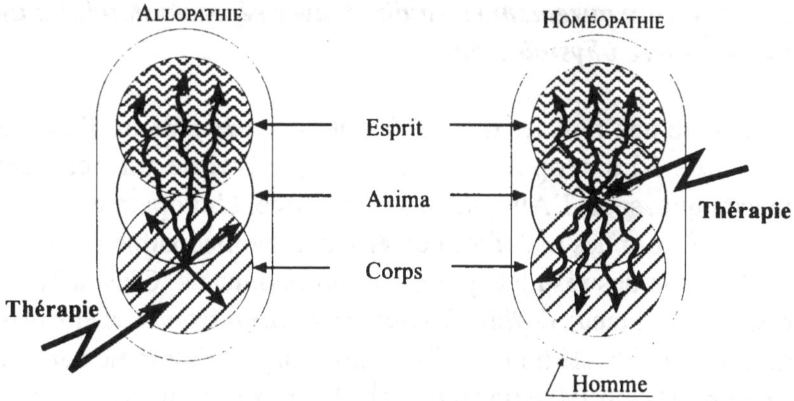

FIGURE 29 FIGURE 30

Autrement dit, pour en revenir à notre sujet, l'Allopathie intervient bio-chimiquement sur la physiologie du sujet malade ***avec rayonnement vers les centres supérieurs*** ; inversement, l'Homéopathie agit par L'anima vers ***les centres physiologiques*** en réequilibrant les signaux-informations du haut vers le bas (fig.30).

L'Homéopathie[7] consiste à provoquer sur l'Homme sain **des réactions analogues aux symptômes habituels présentés par le sujet malade**. Dans ce cas, **le «semblable» est guéri par le «semblable»**. Cette thérapeutique repose sur deux lois : celle de la **similitude**, celle de **l'infinitésimalité**. On peut en effet, à partir du

[6] Allopathie, du grec « allos»(autre), et «pathos»(maladie).
[7] Homéopathie, du grec «homios» (même, semblable) et «pathos» (maladie).

principe que tel produit minéral, végétal ou animal détermine chez l'homme sain **à doses toxiques**, une liste de symptômes, produire chez l'homme malade, à l'aide de ces mêmes produits sa guérison à condition qu'ils soient absorbés **à doses infinitésimales**. Exemple : de l'antimonium crudum CH... déclenchera chez un homme en bonne santé des diarrhées à selles noires, accompagnées d'une soif intense, une tendance dépressive. Par contre, il guérira le malade présentant ces symptômes. La réaction thérapeutique a lieu sur un ***terrain purement vibratoire*** [8], ***avec répercussion lointaine sur la sphère physiologique***.

Encore une fois, les deux techniques ***se complètent***. Il est évident que l'homéopathie ne rendra pas valide un accidenté mécanique, seule l'Allopathie sera efficace. L'allopathie vient rarement à bout des maladies nerveuses. L'Homéopathie obtient en ce domaine des résultats parfois impressionnants. C'est au praticien consciencieux de ***faire le choix en la circonstance***. Cette petite diversion médicale nous ramène à notre sujet : l'Homme naît avec **un capital cellulaire de signaux-informations** qui constitue son **terrain physio-pathologique**. Comparativement à ce qu'en disent les grands Initiés[9], ce "capital" manifesterait concrètement la fameuse ***loi de Réciprocité*** (appelée «KaRMa» dans toutes les Traditions : voir troisième partie). Raison pour laquelle, de la naissance à la mort, tout être humain se doit de parcourir «***un cycle vital pré-programmé***».

Toutefois, il peut lui arriver de succomber à une maladie **avant d'avoir atteint le quota de millions de mitoses cellulaires** inscrit dans son bagage génétique. Cela veut dire qu'à travers les

[8] C'est le «rayonnement de l'absence» disait mon regretté professeur, le Dr Joseph Roy, puisque bien souvent la dilution du «produit actif» dans l'excipient neutre dépasse en infinité le nombre d'Avogadro(1 particule pour 6.10^{23} part. d'excipient). On note aussi que, plus la dilution est élevée plus l'efficacité est immédiate et durable (cf. Tests Kirlian-Moskovakis).

[9] G. Osorio, «L'Héritage des grands Initiés», tome I (Aquarius-Chiron).

épreuves physiques et morales **qu'il devait** vaincre (pour remplir le rôle qui lui était dévolu), son Esprit-Mental, transformé en actes par son Anima-Structure, ***a fléchi*** devant l'agression pathologique (parasitaire, microbienne, bio-chimique, etc.) entraînant à plus ou moins brève échéance, la cessation des activités corporelles.

En vertu du principe bio-thermodynamique, tout être vivant est un **système** sollicité par son milieu et qui réagit en conséquence. En d'autres termes, sa force consciente spirituo-mentale transformée dans son centre équilibrant "neuro-animaïque" (Ame structurante) en force subconsciente chargée des fonctions physiologiques (Corps) s'est affaibli au point de permettre la victoire de «l'ennemi extérieur». Souvent cet «ennemi» est à l'intérieur de la «citadelle physiologique» (introduit par des tares héréditaires) et le combat s'avère plus subtil et plus difficile. Néanmoins, beaucoup en ont triomphé (fig. 31).

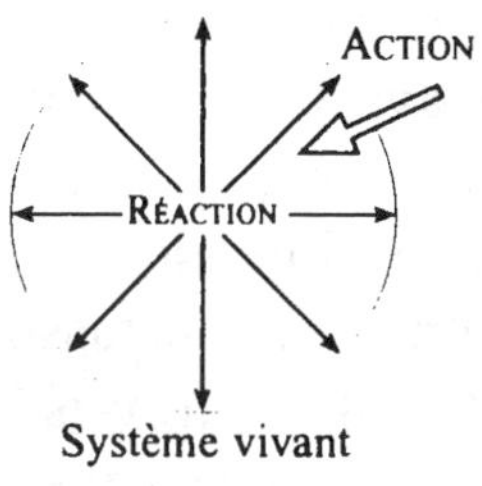

Figure 31

Ainsi, pour guérir, il faut trouver un médecin compréhensif, humain, qui embrasse sa profession comme un ***sacerdoce*** afin «d'entrer avec lui dans l'intelligence de l'évènement» en **vivant sa maladie consciemment**, ayant la Santé comme objectif. De nombreux rayons de bibliothèques sont chargés d'ouvrages relatant des expériences magnifiques d'hommes, de femmes et d'enfants qui ont triomphé de leurs pathologies par d'intensess efforts de volonté et **une conviction absolue** de triompher du mal **quand cela est possible**.

Il est bien évident qu'un bras amputé ne repoussera jamais. Un ulcère d'estomac bien soigné médicalement, en collaboration avec un(e) bon(ne) «psy» spiritualiste peut disparaître lentement jusqu'à résorption totale. Je crois au pouvoir de la «prière» mais jusqu'à ***certaines limites***. Or, il faut reconnaître que des «groupes de prières», avec participation d'éminents professeurs ont obtenu des résultats concrets inespérés. La «prière» n'est pas aussi ridicule qu'on veut bien le dire. Il faut avouer que la religion, en général, a tout fait pour nous en dégoûter. Je connais personnellement des athées, anti-religieux, forcenés, militants gauchistes, qui «méditent en leur âme et conscience» (comme ils disent) et appellent à l'aide le cas échéant. N'est-ce pas là, bien qu'ils s'en défendent, **la véritable et la plus belle des « prières » ?** ...

14.2 - Morts subites suite à une pathologie non manifestée

La semaine dernière, rendant visite à un ami médecin avec qui je devais dîner, je rencontrais incidemment l'un de ses confrères de cabinet à qui je faisais part de mon travail de rédaction du présent ouvrage. Il me dit combien il en applaudissait la parution tant, n'ayant reçu aucune formation en ce sens, tous ses collègues et lui-même, se trouvaient désemparés face à la Mort. Il m'a avoué s'être littéralement enfui devant des moribonds qui sollicitaient son aide. Je le rassurais en lui racontant que moi-même, deux fois de suite, j'en avais fait autant, situations qui m'avaient conduit à la démarche actuelle. Bien sûr, vous me répondrez à juste titre que des praticiens comme les Drs Moody, l'éminent E. Kubler-Ross, Sadoul, Pisani, et bien d'autres ont écrit beaucoup de choses sur le sujet et vous aurez parfaitement raison ! Mais de cette masse d'ouvrages, aussi intéressants les uns que les autres, encore faut-il en tirer une ***synthèse pratique*** ! Peu de médecins en ont le temps matériel.

Comme me le rappelait mon sympathique interlocuteur, le médecin est peut-être celui qui va le moins bien jauger les souffrances de son patient en proie aux affres de la mort. Je ne suis pas le seul à le dire[10]. Ainsi, par exemple, les jeunes tuberculeux ou cancéreux, voire les jeunes sidéens dont la pathologie s'est brutalement manifestée en quelques heures parfois, ***se détachent de la vie avec facilité***. Dans les crises brutales, le passage dans l'Au-delà se fait

[10] Dr Voivenel, «Le médecin devant la douleur et la mort» (Lib. Des Champs-Elysées, 1950).

insensiblement. Vaillant de jeunesse, le coeur lutte, accélère ses pulsations, qui s'affaiblissent graduellement, deviennent irrégulières, pour se terminer par «une dernière note», telle une «rapsodie de la vie» dont le pianiste vient de frapper la touche finale avant de se lever, face au public et de recevoir ses ovations. Souvent jeunesse et beauté des filles et des garçons vous frappent de plein fouet : on pense alors que les plus belles fleurs qui accompagneront ces corps rayonnants de grâce et d'harmonie physiques ne seront que de pâles reflets d'une nature humaine qui **sait** nous étonner quand elle le désire ! Existe-t-il un spectacle plus poignant que celui d'un/d'une jeune beauté qui s'éteint brusquement comme une lampe sans huile ?

De ma lecture des littératures pré-citées, ainsi que des conférences de mon maître Georges Barbarin dont par ces lignes j'honore la mémoire et le travail qu'il a su nous dispenser dans la décennie 1940, il ressort que dans les cas de décès foudroyants de jeunes, apparemment «en bonne santé», le corps cesse ses fonctions vitales mais n'en conserve pas moins toute sa fougue de désir et d'élan vers un futur illusoire. La terrible sclérose en plaques qui assaille tant de jeunes corps en pleine activité et qui, à ce jour (en 1996) demeure invaincu, laisse cependant aux parties de l'organisme non atteints (par ce «défaut de signalisation bio-électrique») tout leur potentiel vital. Certains médecins la comparent «***à une mise en prison d'un prévenu qui n'aurait commis aucun acte répréhensible***». Le plus déprimant dans cette pathologie est que «les chaînes du prisonnier» (les parties nerveuses dénudées de leur gaine de myéline) deviennent chaque jour de plus en plus «lourdes», sans espoir de «libération». Une grande spiritualité est alors indispensable sous peine de tomber dans la folie et le délire agressif pour l'entourage. Il faut que le/la malade «entre dans l'intelligence de l'évènement». Autrement dit, au lieu de s'en prendre à ceux qui sont en bonne santé, il leur faut **collaborer mentalement** avec le médecin traitant, le kinésithérapeute (surtout en Thalassothérapie), l'entourage qui les aime et les assiste. Comme nous le verrons plus loin, ne devraient-ils pas se pencher sur leur condition à la manière des disciples du **Christ** l'interpellant au sujet de l'aveugle de naissance qui n'avait présentement fait de mal à personne : «... Est-ce ***lui*** qui a ***péché*** [11] ou ***ses parents ?***[12]. Nous épiloguerons plus loin sur la réponse du «Grand Initié»...

A ce propos il est curieux de constater l'existence d'une certaine «**trame occulte**» de la pathologie. Je m'explique : j'ai eu l'occasion d'assister à des accidents de travail graves, avec détérioration d'organes essentiels, des parties de squelette brisées en dizaines de fractures, on a extrait des débris de ponts roulants ou d'explosions de liquéfacteurs de véritables «pantins sanguinolants» que nos équipes de secours transportaient dans un drap (ne sachant comment les saisir), râlant, perdant leur sang abondamment (plusieurs d'entre nous intervenant sur les points de compression) qui, après des «miracles de chirurgie» se sont retrouvés en pleine activité. Certains même par la suite ne portèrent aucune cicatrice et ne boîtaient pas. Dites-moi alors pourquoi d'autres se tuèrent lors d'une simple chute de vélo, en heurtant un petit caillou en bordure de route ? D'autres encore meurent sous le scapel du chirurgien en se faisant simplement extraire un grain de beauté facial mal placé ? Je ne parle pas de la crise d'urémie du végétarien en pleine forme ou du cancer foudroyant des poumons d'un jeune guide de montagne savoyard qui, depuis l'enfance, cuisait son pain et ne mangeait que les produits de la ferme ! Je pourrais citer des centaines d'exemples de ce genre qui nous font comprendre à la fois la **fragilité de notre mécanisme physiologique** et en même temps **son incroyable résistance lorsque «l'heure fatale» n'a pas encore sonné !**[13]

En ce qui concerne ce «glas» final, j'ai assisté à des fins atroces qui m'ont fait jaillir les larmes des yeux. Dans les deux cas, il s'agissait d'œdème pulmonaire provoqué par des métastases, dé-

[11] Le mot grec qui a été traduit par «péché» en français n'a rien de commun avec la signification religieuse que l'on en a faite comme nous l'expliquerons plus loin. Traduisez donc par «qui a manqué son véritable objectif».

[12] «Nouv. Test.», Evangile de saint Jean, chap. 9, vers. 1 et 2.

[13] Pr. J. Brehant, «Thanatos» (Rob. Laffont) ; cf. Le film «l'Aveu» de J. London.

formation cellulaire transformant le moindre mouvement respiratoire en une oppressante suffocation. Les sujets en cause étaient, l'homme et la femme, des gens pourvus de grandes qualités humaines de cœur et d'humilité, ce qui rendait leur spectacle d'autant plus bouleversant, voire révoltant, pour quiconque ignore la raison de notre présence ici-bas. Je m'en explique plus loin ainsi que dans un autre ouvrage[14]. Cette phase pré-mortem est donc des plus atroces. Mais nous savons à présent eu égard à des travaux d'observation filmés suivis d'analyses de laboratoire (San Christopher Hospital, London), que ce n'est seulement qu'en début de crise, que le malade «gravit son chemin de croix vers l'horreur». En effet, la conscience-mémoire qui a «modelé» la nature humaine a prévu une disjonction entre le «sensitif» et le «conscient», passé un certain seuil de souffrances. Qui dit «souffrance» dit «production de toxines ***inhibitrices de la sensibilité***» ; la dose admise dépassée, ces substances génèrent des infections locales qui vont jusqu'à l'arrêt complet des fonctions primordiales qui, graduellement, vont gagner le système nerveux pour en finir au muscle cardiaque.

Aussi, dorénavant, compte tenu de ce qui précède, faites confiance à la Conscience-Mémoire Universelle qui, pour chaque individu, a prévu un «seuil de disjonction» avec l'Atrocité. Le vôtre diffèrera du mien. Raison pour laquelle, lors de tortures par les sadiques de la Gestapo ou du KGB[15], beaucoup de prisonniers qui avaient eu le courage de tenir tête à leurs bourreaux qui, perpétuant leurs sévices, ne tenaient plus en mains que des «cadavres anesthésiés» ***qui depuis longtemps, avaient évacué leur «conscient» au plus profond d'eux-mêmes***. Sur un autre plan, disons que ces femmes et ces hommes se sont transcendés par ces terribles épreuves et préparés un «Au-Delà» vers des Sphères

[14] G. Osorio, la Bible, La Science moderne et notre destin personnel» (à paraître).

[15] On peut être partisan d'un État fort, non laxiste, respectueux des lois et des citoyens de la nation, et réprouver avec force, les moyens et les méthodes odieuses et inhumaines qui imposent une fausse autorité.

Supérieures de conscience, alors que leurs tortionnaires, chargés d'une «dette karmique» très lourde de signaux-informations négatifs, auront énormément de difficulté à les neutraliser[16]. On a noté que lors de pathologies graves d'urémie, par exemple, les crises convulsives sont tellement effrayantes qu'elles en impressionnent les équipes soignantes. Pourtant, des tests micro-électroniques sérieux ont prouvé que, à un certain moment, le malade ***n'en est plus conscient*** : il ne ressent plus aucune souffrance. Il en perd même le souvenir la crise passée, ***tellement sa sensibilité a été annihilée par les toxines de son sang***. Donc pour en revenir aux tortures, elles sont aussi condamnables qu'inutiles, car n'importe comment, la souffrance extrême oblitère la sensation.

En ce qui me concerne, il me faut raconter un des épisodes tragiques de ma vie d'enfant. A l'âge de sept ans, je frôlai la mort pour la seconde ou troisième fois, ayant contracté la diphtérie avec la vaccination obligatoire à l'école primaire. Rappelons que les antibiotiques n'existaient pas (ou tout au moins existaient, mais n'étaient pas commercialisés). Une nuit, j'entrais dans une phase fatale d'alternatives d'angoisse et de conscience, comme si je cessais par instants, de vivre dans mon corps. Une amie de mes parents adoptifs m'avait offert un gros moulin jaune à quatre ailes rouges monté sur roues vertes. Les ailes tournaient lorsque la plate-forme roulait et je ne cessais de le fixer du regard dans la pénombre de ma chambre. Par moments, un voile s'épaississant de plus en plus, m'en cachait la vue, et j'avais la sensation de ***glisser dans un état de conscience différent*** de celui que je ressentais habituellement, ***comme s'il s'agissait d'un sommeil profond***. J'en émergeais par intermittences, et distinguais alors nettement mon fameux moulin. Quelques médecins de la clinique d'accouchements où j'habitais se risquèrent à mon chevet et se déclarèrent pour la trachéotectomie. Un seul s'y opposa et risqua sa vie en m'enfonçant un tube de caoutchouc dans l'œsophage jusqu'à la membrane

[16] Voir note 14.

secrété par le microbe, et m'obstruant la voie respiratoire. Il souffla fortement et la fit éclater. Je fus libéré, et quelques piqûres de sérum «anti-corps» prélevés sur un cheval finirent de me rétablir. Cet homme devait d'abord subir les mauvais traitements de la Gestapo, puis mourir à Buchenwald : il s'appelait André Lévy. Je n'eus malheureusement jamais l'opportunité de l'embrasser et de le remercier de tout cœur : je le fais ici en rappelant son geste, et en le portant à la connaissance de milliers de lectrices et lecteurs...

L'approche de la Mort, je ne le répèterai jamais assez, apporte la vraie paix et la rémission de la douleur. Les malades dans le coma ouvrent les yeux, cherchent à voir, mais «***ils n'ont plus de regard***». Par contre, ***leur puissance auditive s'en trouve décuplée.*** Chez le mourant, l'ouïe reste le plus longtemps intacte, ce qui lui rend pénible le moindre bruit, d'autant plus qu'il sera plus ou moins avancé dans sa phase de passage du «Seuil de la Sublime Porte» (tré-pas). Souvent même les équipes soignantes s'acharnent à ranimer un malade qui manifeste encore la vie physique, alors que depuis un quart d'heure ou une demi-heure, il leur a totalement échappé. Des «rescapés de la mort» (type N.D.E) ont raconté que, condamnés par les médecins devenus impuissants face à leur pathologie, ***ils avaient alors résolu de vivre***, donc ***de lutter à contre-courant***, contre la «décision physiologique» de leur organisme défaillant. Ils se sentirent d'abord disparaître dans le creux de leur lit « comme dans le cratère d'un volcan », pendant qu'une sorte de personnage invisible fermait l'une après l'autre, à l'aide d'une «cire-molle», les «fenêtres» de leur édifice, condamnant ainsi le sujet à la suppression de tout contact avec l'extérieur-milieu. «Mourir est très facile, disent-ils, ***il suffit de se laisser aller***. «Survivre, disent d'autres, est aussi aisé : ***il suffit de résister un peu au fond de soi pour continuer à exister***... «Ceci, bien entendu, si «***l'heure fatale***» ***n'a pas encore sonné*** ! La majorité des «ressucités» reconnaissent tous « qu'ils étaient ***bien*** » ; beaucoup auraient désiré rester dans cet Au-Delà, ce qui prouve une fois de plus qu'il n'y a pas de douleurs dans la Mort, ni après elle.

Puisque je me suis décidé à parler des morts foudroyantes, à l'insu des intéressés, il me faut préciser que, généralement, hors les ruptures d'anévrisme[17] ou les arrêts cardiaques instantanés, la crise ou l'attaque précèdent toujours la phase ultime ; celles-ci conduisent ensuite à la syncope ou au coma. L'un et l'autre peuvent d'ailleurs se prolonger assez longtemps sur des patients qui en réchappent. Or, que la victime s'achemine vers la mort, ou au contraire revienne à la vie, ***la perte momentanée de sensibilité est exactement la même***. Tous les malades ont un dénominateur commun : ils ne se souviennent aucunement de leur effondrement lorsqu'ils sont ranimés. Leur conscience s'immobilise dans les événements qui précèdent la chute et se manifeste soudainement en fin de convulsion. Entre ces deux instants, c'est le «trou noir» qui s'amorce par un vertige (comme la vue à partir du sommet d'une haute tour), précédé d'un malaise, et auquel succède une «chute» en spirale puis horizontale dans un état d'inconscience.

Comme le disait si justement Barbarin, il n'y a pas de «mort douce» parce que, tout simplement, ***la majorité des morts sont ainsi***, de la même façon qu'il n'existe pas ***de «morts naturelles»*** : chacune d'elle résulte de la défaillance d'un organe vital, donc on peut la qualifier de ***«maladie jusqu'alors insoupçonnée»***[18]. La congestion pulmonaire du vieillard ne fait apparaître aucun symptôme clinique alors qu'elle se diagnostique aisément chez un adulte, à plus forte raison chez l'enfant. Un de mes anciens patrons se plaisait à répéter «qu'il n'avait pas d'ennuis importants dans sa vie, mais une foule de petites difficultés». Transposés physiologiquement au niveau des personnes âgées, cette boutade prend tout son sens : à un certain âge, la mort couronne une accumulation insensible de petites perturbations sournoises et morbides. Je rappelle ce que j'ai dit maintes fois : ***le maintien en existence*** de l'être

[17] Du grec «a» (privatif) et «neuros» (fibre-force) : rupture simultanée de vaisseaux sanguins très ténus qui n'alimentant plus les neurones en oxygène paralysent la transmission de l'influx nerveux.

[18] G. Barbarin, «Le Livre de la Mort Douce» (Paris, 1938).

vivant résulte de ***l'équilibre précaire et oscillant*** entre ses forces externes de Destruction (entropiques) et ses forces internes de Construction (négentropiques). De sa naissance à sa mort, ce système subit les assauts incessants de micro-organismes phagocytes et macrophages qui évoluent à proximité des structures anatomiques pour tenter de les détruire ***dès que fléchit quelque peu leur vitalité animique***[19], en vue de s'y développer à leur place. Dans la décennie d'après-guerre, dans une conférence fort appréciée au C.N.A.M. de Paris (Conservatoire National des Arts et Métiers, Chaire de Biologie Générale du Pr Heim de Balzac), le Dr Charles Dastres montra, au moyen de diapositives, que dans le cerveau les phagocytes[20] s'attaquant constamment aux neurones cérébraux désorganiseraient le tissu cérébral si ceux-ci n'étaient pas munis de moyens anti-biotiques naturels de défense[21].

Lors de conférences en Sorbonne dans le cadre de l'U.P.P. (Université Populaire de Paris) sur la Bio-énergie, j'ai souvent affirmé que le malaise d'abord, la maladie bénigne, la maladie grave, mortelle, ou la vieillesse, n'étaient que des degrés croissants du déséquilibre énergétique résultant du rapport constant existant entre Forces Négentropiques et Forces Entropiques. La Médecine de Demain doit s'attacher davantage à relever «les plateaux de cette balance» lorsqu'ils inclinent dangereusement plutôt que de «soigner pour soigner» avec des produits «optiquement neutres» (non actifs) ou nucléaires, sans prise en compte des fréquences ondulatoires cellulaires et radio-élémentaires. La vieillesse, pour en revenir à elle, est une maladie morbide naturelle et les autopsies révèlent toujours des scléroses locales (défaillances énergétiques) qui, par généralisation, sont responsables de l'issue fatale. Lorsque les phagocytes se rendent maîtres du tissu neuronal, ils provoquent une véritables «révolution cellulaire», comme si la Nature voulait

[19] «Les champs de forces formateurs»

[20] De «phagoo» (dévorer) et «kustos» (cellule) : micro-organismes viraux se nourrissant sur la cellule et s'y reproduisant.

[21] Dr Ch. Dastres, «La vie et la mort» (Ed. Flammarion, 1950).

nous mettre politiquement en garde : l'aristocratie cellulaire est littéralement détruite par la démocratie phagocytaire !

14.3 - Le Psychologue et le spiritualiste au chevet du malade mourant :

Si, comme l'écrit l'Apôtre chrétien dit «Saint Paul», ***chacun doit porter son propre fardeau***[22], au sujet du ***cycle vital qu'il doit accomplir*** (loi dite du «KaRMa»), ceux/celles qui sont forts doivent aider les moins favorisés, mais surtout ***ne pas faire les efforts à leur place***. «Aider» ne signifie pas absolument pas «se charger de tous les malheurs du monde»[23]. Nous pouvons et devons, le cas échéant aider un/une malade en leur accordant du temps, une partie de notre dynamisme, pour rétablir l'équilibre détruit, en le/la guidant sur le moyen d'employer convenablement les forces naturelles. Une telle attitude précurative permet d'attendre le médecin, le chirurgien, ou le «psy». Nous ne soupçonnons pas la puissance de notre Esprit sur le corps (fig. 32). Exemple vécu : dans un pays africain en guerre un prisonnier condamné à mort fut astreint à une réclusion pré-exécution dans une cellule où, insidieusement, la sentinelle l'informa que le précédent locataire des lieux était mort du typhus. Or, comme on le constata plus tard, après inspection sanitaire, la literie en question était exempte de tout germe. L'information du soldat ne reposait donc sur aucun fondement, car le lit avait été

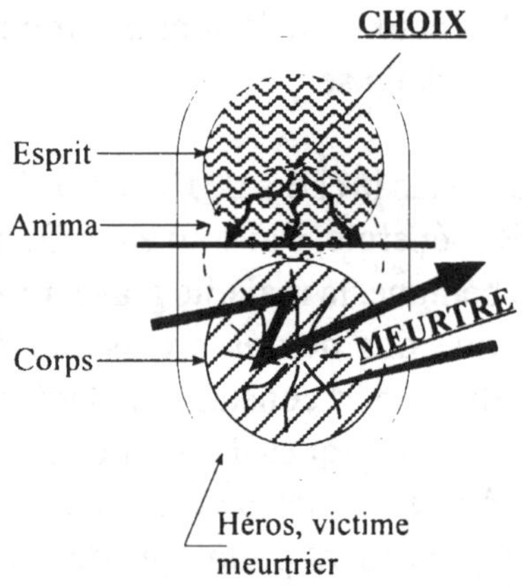

FIGURE 32

[22] Nouveau testament. Ep. de Paul aux Galates, chap. 6, vers. 5.
[23] Nouv. Test., Ep. aux Romains, chap. 8, vers. 18 à 27.

volé récemment dans la maison bourgeoise d'un notable européen en bonne santé. Il n'empêche que la nouvelle fit tant d'effet sur le mental du prisonnier que deux jours plus tard, il présentait les symptômes exacts du typhus, alors qu'aucun cas de ce genre n'était signalé dans la région. Les trois jours suivants il en mourut. La fortune des armes se renversant, il aurait très bien pu échapper à la sentence, un ou deux jours après sa mort, car ses anciens geôliers apprirent aux vainqueurs qu'il avait été oublié !

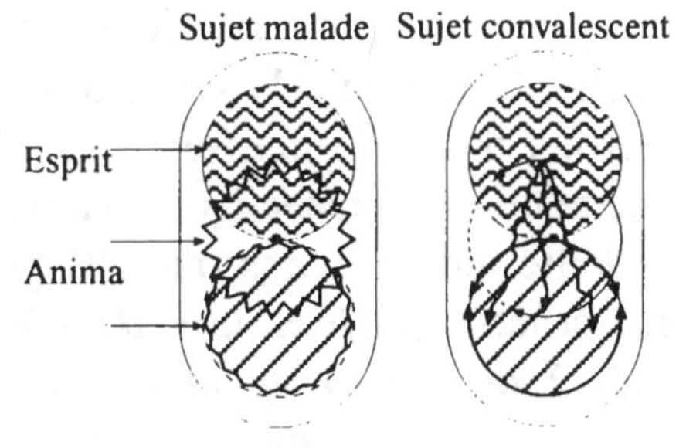

FIGURE 33

On en déduit alors que, dans une telle situation, le mécanisme mental fut à peu près le suivant : « l'image-information » se bâtit dans son esprit avec tant de conviction qu'elle déclencha, au niveau des organes secrèteurs et des centres nerveux les symptômes typiques du typhus : montée fièvreuse à 40°, violentes douleurs («coup de barre» lombaire), vomissements, congestion faciale, rash-éruption thoracique, etc. Ce qui est le plus surprenant, c'est que le sujet n'ayant en tête que le mot «typhus», ***en ignorait totalement les symptômes cliniques***, n'étant pas médecin ; pourtant il les fabriqua... Dans l'autre sens, les «miracles» inexplicables ne manquent pas. Beaucoup de bons films ont été projetés à ce sujet. Je n'insisterai donc pas. En effet, il est reconnu maintenant, que le malade puise dans sa «foi intérieure» (pas fatalement religieuse) des trésors de forces auxquels il était loin de penser pour ***rétablir son équilibre «énergétique-informationnel»***. Les informations-signaux émises par son Esprit, amplifiées par d'autres signaux schématisés sur un objet ou un lieu hors du monde, une vue paradisiaque ou utopique de gens heureux, agissent sur les dérèglements cellulaires, et finissent parfois par en triompher (fig. 33).

Tous les médecins sont unanimes sur ce point de vue : ***le moral avant tout*** ! Ensuite il faut ***imprimer*** dans ***l'esprit du malade la conviction de «s'en sortir»*** (même si ce verbe escamote subtilement la fin de phrase «vers l'Au-delà», quand on le sait irrémédiablement perdu). Lorsqu'il s'agit d'un bébé, ou d'un enfant, voire d'un adolescent, selon l'âge de compréhension et de maturité, il faut tenter, par des images simples, ou des exemples (puisés dans la vie quotidienne, histoires et contes de fées...)de le faire réagir intérieurement pour qu'il s'accroche à la vie. Nous en reparlerons dans d'autres ouvrages[24]. Dans cette ultime perspective de la mort par maladie, nous savons que l'Esprit n'ayant pu accomplir ***le cycle vital***, ***«n'est pas prêt à se séparer de sa structure*** (Ame-anima) et de ***son support*** (Corps)». Il s'efforce donc en pleine conscience de s'accrocher à l'élément physico-physiologique. D'où les souffrances, les angoisses, les agonies plus ou moins marquées.

Tentatives de récupération par l'esprit

FIGURE 34

L'Esprit, fort de sa programmation mémorisée (voir explication ultérieurement) dans les cellules, sait que le moment n'est pas arrivé. Aussi tente-t-il de prolonger la situation. Cependant, l'équilibre entre les échanges des courants énergétiques et informationnels étant rompu, il devra tôt ou tard se résigner. Il lui faut un renfort extérieur, c'est à dire des informations qui, par la voie des cinq sens (toucher, vue, ouïe, etc) le couperont plus ou moins rapidement des courant attractifs inférieurs qui le maintiennent «accroché» à ce monde (fig. 34). Des recherches aux USA et en Allemagne (Pr Fritz Popp) ont montré que les «informations-signaux de la maladie» tendant à siéger dans le centre d'équilibre de

[24] G. Osorio, «Manuel de survie mentale dans notre XXIe siècle» (Ed. THÉLÉTÈS).

l'Anima, d'où l'expression populaire «la Mort dans l'Ame» dite couramment sans savoir de quoi il s'agit. Ces signaux perturbent les échanges énergétiques habituels jusqu'à rupture totale (Fig. 35).

Aussi la partie corporelle ne recevant plus les informations vitales qui conviennent, se détériore d'abord cellulairement, puis tissulairement, enfin organiquement et fonctionnellement. Depuis la

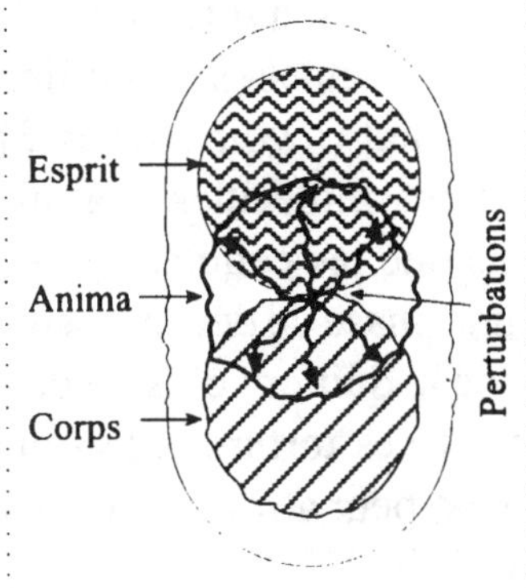

Figure 35

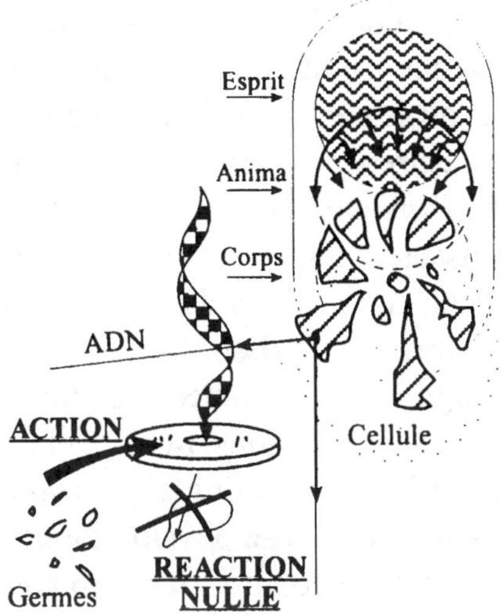

Figure 36

découverte de la macromolécule d'ADN dans le noyau de la cellule (F. Crick et J. Watson, 1950) on sait que l'homme porte en lui les informations qui favoriseront ou non, le développement de tel ou tels germes pathogènes (fig. 36). Tant que l'échange des énergies informées se déroule normalement, le sujet est en bonne santé et ces germes, en attente, paralysés par le courant évolutif vivifiant (revoir la fig. 33) ne peuvent se développer. Il suffit alors que ce courant rencontre sur son passage, à travers ses réseaux, quelques zones réfractaires pour que localement les germes en sommeil se réveillent. Quelques rares technologies électrophotoniques ont mis en évidence «l'aura»[25] d'une ou plusieurs pathologies simultanées. Les images obtenues font apparaître des «brouillards» périphériques compacts, désordonnés, ou «troués», notamment aux mains et aux pieds, alors que chez l'Homme sain on recueille des spectres lumineux s'épanouissant en «soleils» réguliers de diverses couleurs (fig. 35).

La «couronne-enveloppe» intermédiaire qui unit l'état énergétique «Esprit» à l'état énergétique «Corps» sera d'autant plus mate, jusqu'à devenir invisible, que le sujet sera proche de sa fin. Il en va différemment du sujet bien portant : l'image traduira par ses «flammes» une «situation rayonnante de santé», c'est à dire celle d'un sujet où les échanges de courants informationnels se font librement entre les composants du ternaire vivant (revoir clichés 21). Enfin, lorsque la maladie a terrassé le sujet, molécules et atomes des tissus et organes se relâchent tandis que les cellules se désagrègent, et que l'organisme entre dans une phase de décomposition bio-chimique. L'«Esprit» est contraint de le quitter : c'est le début de l'agonie, avec toutes ses angoisses et ses tortures physiques (hoquets, convulsions, râles...) et morales (peur atroce du vide, de l'obscurité, de la solitude...) (revoir fig. 36).

Dans cette phase physiologique critique, la partie «Raison» de l'«Esprit» s'effondre : il comprend nettement ce qu'il sentait de façon vague, lorsqu'il était en activité, il distingue à présent, au bord du «Seuil de l'Au-delà» ce qu'il avait conçu avant d'entrer dans le ventre de sa mère, et qu'il a pu, plus ou moins bien, réaliser à travers les obstacles et tentations, durant ce passage dans la chair (fig. 37). Certains/certaines offrent alors aux regards de la famille et de l'équipe médicale à pied d'œuvre un visage réjoui et calme. Pour ces gens, le bilan paraît satisfaisant. D'autres, au contraire hurlent, se débattent, tentent de s'arracher aux circuiteries de contrôle et d'alimentation (flacons suspendus, sondes veineu-

[25] Comme je m'en expliquerai plus loin, il ne faut pas confondre l'«aura» des Sages et des Initiés (selon l'iconographie antique) et «la soi-disant aura physiologique» saisie par les appareils en question lorsque l'énergie bio-électrique des méridiens (acupuncture), en circulation libre, s'exprime sur plaque sensible.

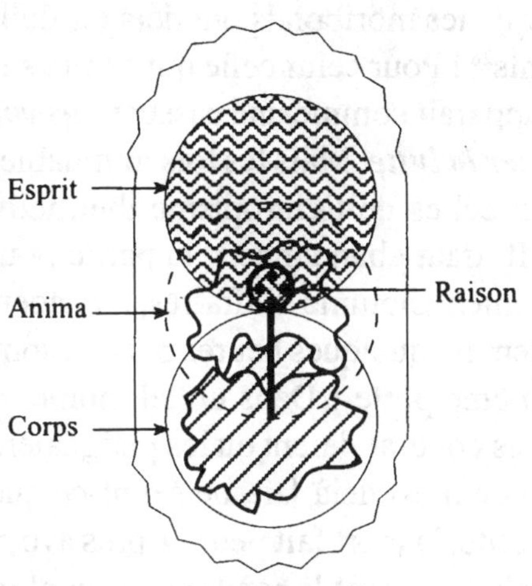

FIGURE 37

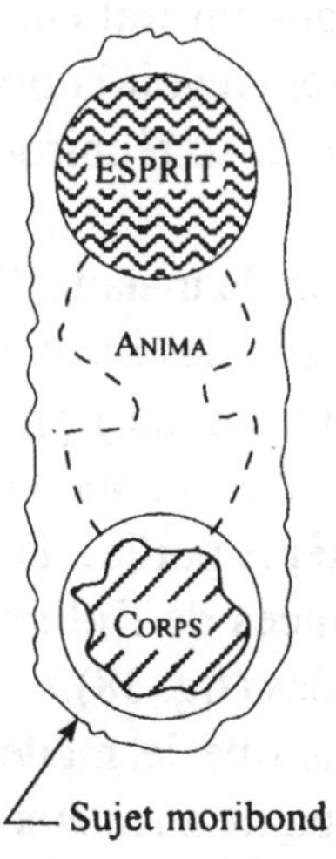

FIGURE 38

ses, etc...). D'autres enfin pleurent, se livrent à toutes sortes de confessions, parfois incompréhensibles de l'auditoire. Celui-ci, par humanisme, jouera de lui-même la «comédie de l'accompagnement», sachant que les moribonds ont déjà partiellement quitté le monde des vivants[26] ! Pour celui/celle qui expire sur un lit hospitalier, la maladie apparaît comme une cassure : ***ils voudraient à tout prix recommencer la lutte***. Mais les lois immuables de la biologie sont là, jointes à celles de l'entropisme thermodynamique : «le rideau tombe». Il «faut abandonner» la partie pour cette fois-ci : chef de gouvernement, homme d'affaires, ménagère, clochard... si différents socialement quelques heures plus tôt sont, à présent, alignés devant la même porte ! Dans un tel moment, tous ceux qui encore la veille les congratulaient ou les plaignaient, sont en passe de les oublier, si ce n'est déjà fait, ne serait-ce que parce que, de par sa nature insolite, la mort fait peur ! Après avoir rassuré convenablement le malade, il faut le rendre conscient que son rôle est terminé dans cette existence-ci, une autre l'attend ! Il faut aussi qu'il/elle sache qu'ils ne seront plus jamais monsieur X..., madame Y..., ou mlle Z..., personnalités résultant de combinaisons génétiques effectuées dans un milieu, en un temps, et dans des circonstances particulières (revoir la fig. 11) jamais plus les particules qui les constituent ne se réuniront pour les «re-créer» : ils seront «autres» !

Dans une telle situation de malade, l'esprit souffrira de n'avoir pas totalement accompli son destin, et demeure lié au cadavre jusqu'à l'heure fixée (programmée) pour sa désagrégation et la «récupération» des informations mémorisées dans les particules constituantes (voir troisième partie). Dans le cas de mort violente accidentelle, les souffrances de l'«Esprit» sont du même genre, mais encore plus marquées (fig. 38).

Pour terminer, disons que le médecin consciencieux et son équipe s'attachent à combattre au mieux la maladie avec les moyens et le personnel dont il dispose. Raison pour laquelle, dans l'Anti-

[26] G. Osorio, «Aider l'autre dans ses derniers instants» (à paraître).

quité, Médecine et Prêtrise n'en faisaient qu'une. De plus en plus, grâce aux progrès de la Psychologie, la Médecine prend progressivement conscience que, face à une pathologie correctement diagnostiquée, il n'y a pas lieu d'intervenir seulement au niveau du corps, car ce dernier n'est ***que le reflet de l'«Esprit»***, par l'intermédiaire de l'***«Anima-âme structurante»***.

On est maintenant conscient que, lorsque cette sorte de couple physico-métaphysique Image-objet (revoir fig.19), qu'est la relation énergétique et informationnelle, l'esprit-corps se trouble, c'est que ***l'Esprit a besoin d'être soigné avant le corps !...***

1-5. LA MORT VIOLENTE PAR ACCIDENT, MEURTRE OU SUICIDE :

TROISIÈME type de mort est celle par accident, en général, et suicide, le meurtre pouvant être assimilé à un accident. Je dirai peu de choses sur ce dernier point du fait que, en ce qui concerne notre sujet, nous pouvons facilement associer maladie et accident. Car en fait, la maladie est bien une forme incidentielle d'accident ! Pourtant, nous ne manquerons pas, au préalable, de les définir séparément. Comme nous venons de le voir, la maladie est un état particulier de ***désharmonie vibratoire et informationnel*** du système vivant qui survient graduellement (même lorsqu'elle est foudroyante, telle une phtysie galopante) comme conséquence de l'activité perturbée d'une ou plusieurs parties du système en cause. L'importance de la pathologie est fonction de l'âge de celui-ci, de son activité, et du milieu dans lequel il se meut.

Ce déséquilibre ***vibratoire*** survient dans une ou plusieurs parties simples, ou complexes, du système lorsque le «courant bio-électrique de vie» ne passe plus ou plus précisément passe mal ! Ce blocage partiel ou total réagit par des troubles fonctionnels d'organes, en particulier, voire du système dans sa totalité. Ici, le phénomène morbide se manifeste de ***l'intérieur vers l'extérieur*** (cf. Fig. 25). Quant à l'accident, je puis en donner une définition officielle qui date du temps où j'étais jeune ingénieur dans l'Industrie Électrotechnique : il s'agit d'un effet à caractère soudain et morbide, survenant sur un lieu public, ou un site de travail, et provoquant sur le passant, ou le travailleur, la lésion mentale, corporelle, ou la mort. ***L'accident est une sorte d'agression du milieu*** entraînant des troubles fonctionnels avec lésions de tissus ou intoxications (vapeurs, radiations, ondes nocives, etc.) (revoir Fig. 23).

15.1 - Accident et meurtre survenant sur la personne :

Si l'on considère toujours l'être vivant comme un système (revoir la Fig. 13) on peut dire que, dans la majorité des cas, le processus accidentel intervient généralement de l'extérieur vers l'intérieur du système. Cependant, il existe des circonstances où l'action s'inverse (intérieur vers extérieur) si la cause est purement physiologique (rupture de vaisseaux, hémorragie cérébrale, etc). Il peut être temporaire ou permanent. Dans ce cas, il incline à un malaise, une pathologie, une infirmité. Dans une telle situation, le sujet se sait condamné et chaque jour l'oblige à un compte à rebours jusqu'au «top final». Notre problème est donc celui d'une «mort inattendue à plus ou moins brève échéance, alors que précédemment, la vieillesse et la maladie préparaient les sujets et les proches à un tel événement. Disons que, dans ces deux situations la «mort était attendue». Nous sommes donc conduits à définir les attitudes à adopter lorsqu'un sujet n'a plus que quelques instants d'existence (minutes, heures, jours, mois) consécutivement à un accident ou à un meurtre.

Il est intéressant avant tout, de savoir ce qui se passe dans le système «homme» relativement à ces trois plans énergétiques (Esprit, Anima, Corps).

La mort qui résulte d'un accident ou d'un meurtre s'avère d'origine purement animo-corporelle. Cependant osons dire que, métaphysiquement, il existe une certaine coïncidence informationnelle des lieux en ce qui concerne l'accident, comme il existe, à n'en pas douter, une certaine connivence informationnelle quant aux acteurs d'un drame meurtrier. Je le répète tout se passe au niveau des informations véhiculées par les particules atomiques. Il n'y a pas de hasard ! Précisons... Il arrive que l'accident, ou le meurtre qui lui est semblable (puisque tout se joue à quelques secondes près entre un humain et un milieu, ou entre deux humains dont la rencontre est presque toujours **apparemment** fortuite !) soit entrevu dans notre monde sensible cartésien (ou faussement cartésien)[1] comme répondant à plusieurs «causes» :

- «manque de chance» (réponse facile qui n'a jamais rien résolu).
- «coïncidence fâcheuse» : victime et objet en mouvement se sont interceptés dans leur trajectoire.
- indisposition, fatigue ou trouble de la victime l'empêchant de «sentir» l'événement, ou même de l'esquiver au moment du choc.
- surestimation de ses possibilités physiques et morales relativement à du matériel (voiture, bolide, local, etc.) ou à une rixe - compétition (combat, mise au défi de performances, etc.)
- participation involontaire à un «accident collectif» (écrasement d'avion, accident de car, naufrage, etc)

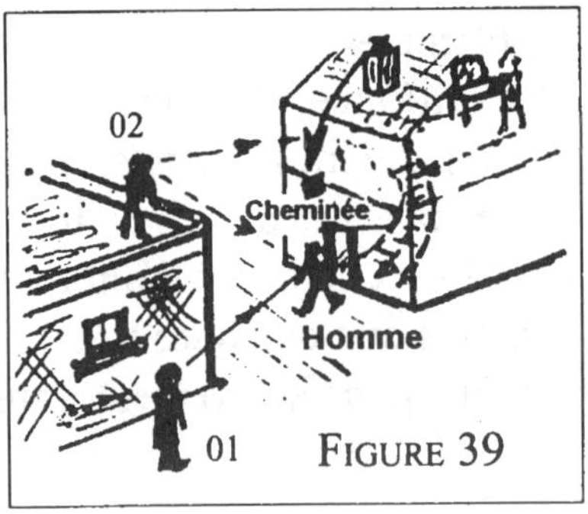

FIGURE 39

Pour mieux comprendre la situation du témoin de tels drames, nous choisirons deux exemples :

1ER EXEMPLE : Chute d'une cheminée sur un passant.

Supposons un immeuble de verre à un étage dans lequel, au palier supérieur, un homme s'habille pour sortir. Après avoir fermé sa porte, il descend l'escalier et franchit le seuil de la maison à l'instant précis où une cheminée, balayée par le vent, glisse le long du toit, tombe sur l'infortuné passant et le tue. Questionné, l'observateur 01, (Fig. 39) qui dans la rue a vu la scène de l'accident,

[1] R. Descartes fut un grand spiritualiste non religieux à qui l'on doit toutes les découvertes modernes.

dira que «c'était son heure». Il en va différemment de l'observateur 02 qui placé sur la terrasse de l'immeuble d'en face, a vu à l'intérieur de la maison l'homme descendre à la rencontre de l'objet, et l'objet lui-même (cheminée) venir, par gravité, à sa rencontre. Pour lui, ***il n'y a ni «hasard» ni «destin»***, mais connivence entre deux masses d'informations particulaires (celles de la cheminée et du milieu, celles de l'homme) ***qui sont rentrés en résonnance vibratoire*** à ce moment précis. 02 aurait pu très bien avertir l'intéressé qu'un objet glissait le long du toit, et éviter ainsi l'accident, mais il ne l'a pas fait, ou n'a pu le faire, et le résultat est là (Fig.40).

2ÈME EXEMPLE : Voyageur risquant d'être accidenté par un train.

Un avion survole une voie ferrée sur laquelle se déplace un convoi. Le co-pilote de l'avion qui inspecte le paysage au sol remarque l'événement et dit à son collègue «qu'un serpent se déplace sur une ligne brillante et va entrer sous un gros caillou gris» (observateur 01 de la Fig. 40). Simultanément, au même endroit, un voyageur sur le quai de la gare, voyant arriver le train, doit rapidement se reculer pour ne pas être happé par l'appel d'air provoqué par le déplacement de la motrice et des wagons lancés à toute allure (observateur 02). Pour le premier observateur le phénomène est sans importance ; il satisfait simplement son intellect de savoir que, sous lui, «quelque chose se déplace vers un but» ; pour le second, la situation est tout autre : il y a danger.

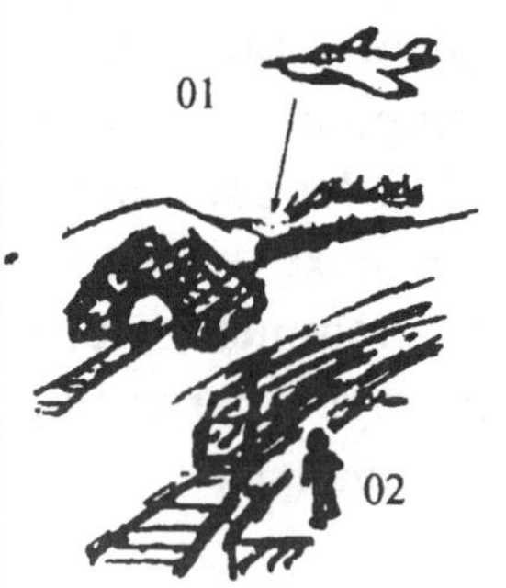

FIGURE 40

Ces deux exemples illustrent bien la loi énoncée par le physicien suisse P.E. Buik : «c'est l'échelle de l'observation qui fait le phénomène»... Voilà en ce qui concerne le monde du Sensible. Pour ce qui a trait au monde du Non-Sensible, il faut savoir que, de même que l'Atome est une déformation de l'espace et un champ

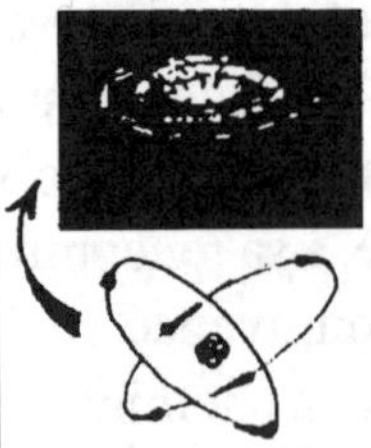

FIGURE 24

de forces en relation et en échange perpétuel d'énergie avec d'autres, de même l'Anima, centre structurant de l'organisme vivant, est un champ de forces d'ordre supérieur (relativement à l'Atome, qui est en contact permanent avec d'autres anima semblables et, fatalement, en échange continuel de forces avec elles (Fig. 41).

Quant à l'Esprit, il est d'une autre essence vibratoire qui entre dans le domaine de sub-conscient collectif (l'«Ame Universelle» selon certains, le «Je-individualité» selon d'autres, «Dieu» pour la plupart). Il se manifeste par la «Conscience», ou lorsque, à la nuit, le sujet dort, que son «Conscient» disparaît, que la censure de ses sens se relâche et que resurgissent ses «Sources Instinctives» (revoir Fig. 24).

Au premier coup d'œil superficiel, l'Homme victime d'un accident, d'une agression mortelle, ou d'un suicide, apparaît facile à comprendre. Mais pour qui veut en savoir plus, pour qui veut voir «dans les coulisses, au-delà de la scène», l'humain devient un être complexe (même au sens mathématique du terme !) qui sera saisi différemment selon qu'il sera perçu par un biologiste, par un psychologue, par un policier ou un juge, par un matérialiste ou par un spiritualiste.

Cet Homme total en tant qu'unité ***Corps-Anima-Esprit***, avec toutes les forces qui lui sont propres et qui sont soit déjà actives, soit en potentiel, soit à l'état naissant, relève de l'étude poussée de la Bio-physique et de la Psychologie Moderne, à condition que celles-ci ne s'enferment pas dans des dogmes «mécanistes rétriqués» par peur de passer pour ridicules dans le cas où elles seraient contraintes de faire allusion, malgré elles, au «Monde de l'Esprit».

Toutes ces sciences modernes, et nous ne pouvons que nous en féliciter, ont démontré de mille manières que tout être animé, et l'homme avant tout autre, ne réagit pas sous l'effet d'une excitation ***d'une manière aveugle et mécanique***. Tout système vivant, selon son degré de complexité et de perfectionnement, est guidé ***par une «poussée intérieure» en vue d'une réalisation progressive de lui-même***, qu'il en soit conscient ou non ! Il est déterminé par les signaux-impulsions émanant de l'Esprit, du mental-pensée, du sentiment, de la volonté, de la conviction en une idéologie ou une croyance quelconque.

Il devient ainsi ce qu'il a voulu, pensé, senti, affirmé, et cru (revoir Fig. 27).

A partir de là, les trois cas de figures qui font l'objet de ce chapitre, le corps physiologique est détruit ou mis dans un tel état de psycho-mécanique que les éléments-plans supérieurs (Anima, Esprit) n'ont pratiquement plus d'action sur lui pour pouvoir maintenir encore des «relations énergético-informationnelles» formant l'être ternaire au complet. Le décès survenant à plus ou moins brève échéance après l'accident, c'est alors aux équipes médicales ou «psy» de faire le nécessaire : soit «sauver quelques meubles» (comme on dit en jargon chirurgical), soit tenter une ou plusieurs interventions opératoires, soit atténuer au mieux les souffrances de la victime en attendant que la mort fasse son œuvre.

15.2 - Rôle du cerveau et du foie dans la phase pré-mortem :

Cliniquement, on sait que la Mort survient instantanément lorsque, suite à un meurtre ou à un accident, cerveau et cœur, principalement, sont partiellement ou totalement détruits. Une hémorragie fémorale non endiguée, un éclatement de la rate, ou une hémorragie interne pulmonaire peuvent ravir l'existence en quelques minutes. Cependant, il n'empêche que le courant principal de signaux-informations du plan énergétique «Esprit» est surtout manifesté par le système cérébro-spinal. Toutefois, cela ne veut pas dire que l'Esprit, sous forme d'informations émanant de l'hyper-Espace/Temps, agit directement sur cet organe... La vie cellulaire (neuronale) de l'encéphale appartient au corps physiologique à l'instar des autres parties de l'organisme (Fig.42) placées sous la maîtrise de l'Anima. Cette structure de champs de forces qui modèle les formes du corps, canalise les informations-signaux de la pensée-image qui, à son tour, agit sur les centres nerveux et gouverne les actes moteurs. Réciproquement, tous les centres nerveux et endocriniens convergent vers le complexe cerveau-moëlle et transmettent à la zone «Raison» les signaux-impressions reçus de l'extérieur par la voie du réseau sensitif (revoir la Fig. 27).

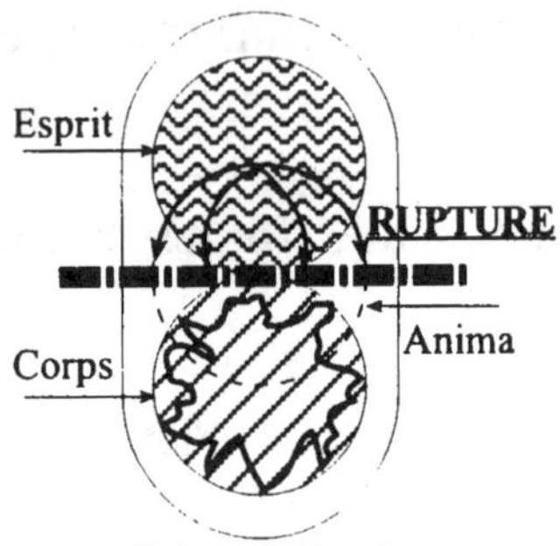

Sujet accidenté

FIGURE 41

Primo, on peut comparer ce système au poste de commandement sur un navire : il reçoit les rapports sur la marche du vaisseau, et communique les ordres en conséquence aux divers postes d'exécution. Or, le commandant n'est pas, en lui-même l'organe de décision de cette ville flottante, mais c'est surtout la raison humaine, portée à un certain degré de connaissance, qui intervient ici. Pareillement, dans le système humain assimilable à un navire, c'est l'Esprit qui est parcelle du Sub-Conscient collectif, qui agit par signaux sur la matière cérébrale neuronale (revoir Fig. 28). Lorsque la cabine de commandement est détruite sur le navire, le commandant n'a plus aucun moyen matériel d'exercer son autorité. De même chez l'Homme, lorsque le groupe cerveau-moëlle ne peut plus remplir son office, l'Esprit est coupé de sa base physiologique et l'homme ternaire cesse de vivre. Le processus de dissociation joue alors plus rapidement que dans les cas précédents, car l'équilibre circulatoire énergétique formant le complexe humain par l'intermédiaire de l'Anima est faussé (revoir la Fig. 15)

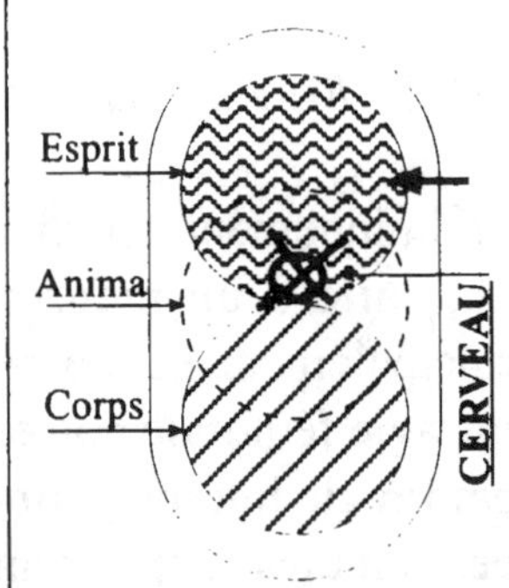

Sujet à cerveau détruit

FIGURE 42

L'Anima continue encore à «soutenir» le Corps, mais ses efforts se traduisent par de faibles manifestations végétatives (Fig. 42).

En effet, dans une telle situation, le rôle équilibrant de l'Anima s'éteint du fait que l'équilibre circulatoire est rompu, suite à la rupture avec l'Esprit. Toutefois, les énergies et les informations qui relient l'Anima au corps sont encore solides, puisque, dans le cas d'accident ou de meurtre (en admettant le sujet jeune ou adulte) ***il n'existe aucune usure entropique générale et le cycle cellulaire pré-programmé n'est pas terminé***. De ce dernier point de vue, on peut se rendre compte alors des souffrances de l'Esprit qui, obligé de quitter un corps ***sans avoir accompli son programme***, est encore actif ! Raison pour laquelle tous les «ramenés à la vie», après une tentative très avancée de suicide, jurent de ne pas récidiver, et conseillent aux candidats éventuels de ne jamais tenter l'expérience ! Nous reviendrons plus loin sur cette question. Voyons ce qui se passe, si c'est le cœur qui est mis hors service. Il va de soi que la mort accidentelle ou meurtrière est plus extérieure, plus mécanique donc fatalement moins perturbatrice.

Secundo, le centre de l'équilibre circulatoire sanguin, le cœur occupe la place médiane entre le cérébro-spinal et le foie. Qui dit «sang» dit évidemment échange bio-chimique continuel avec l'extérieur, et sans lui la vie ne saurait être. Tout médecin constate un décès selon l'état du cœur : absence de battements, plus de vie. Tant que le cœur bat, le sujet existe, et les trois parties qui le composent sont présentes. Lui détruit, la Mort survient du fait que l'Anima-centre ne réunit plus les deux pôles opposés (Corps, Esprit) et le composé ternaire humain alors n'existe plus ! (revoir Fig. 34). Comme pour le groupe cerveau-moëlle, relativement à l'Esprit, le cœur appartient au plan énergétique de l'Anima, de par la nature de ses signaux et de ses structures. Dans de telles conditions, une fois anéanti, le centre structurant et équilibrant n'agissant plus, les deux autres plans énergétiques plus radicalement opposés, n'ont plus qu'à se séparer. Comme dans le cas précédent avec le cerveau, l'Anima exerce encore le contrôle sur la partie physiologique du système sans pouvoir évidemment le ranimer. La décomposition tissulaire et cellulaire s'amorce et il se désagrège avec le reste (Fig. 43).

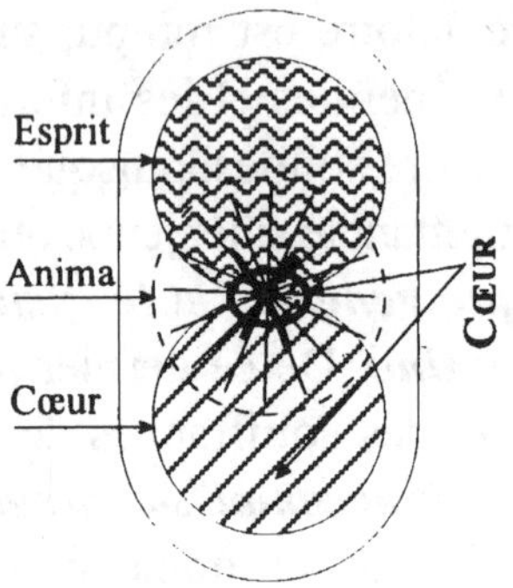

Sujet à cœur détruit

FIGURE 43

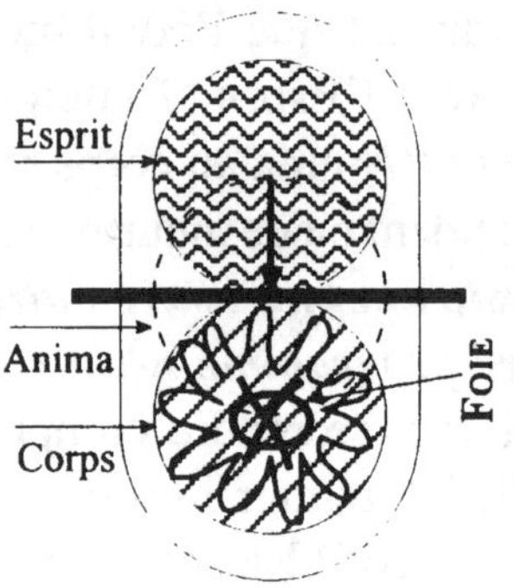

Sujet à foie détruit

FIGURE 44

Troisième et dernier centre vital à ne pas négliger dans les situations étudiées est le foie. Si le cœur est le plus sensible des organes, le foie s'avère au contraire le plus «sourd» mais aussi le plus sournois (d'où les ennuis hépatiques graves, discrets, «secrets»). Médicalement, on sait qu'une blessure très importante de cet organe, voire son ablation partielle, ne provoque pas la mort subite, comme dans le cas du cerveau ou du cœur. Cependant, comme ce «tissu» est indispensable au fonctionnement de la machine humaine (C. Bernard), puisque c'est grâce à lui que le plan physiologique du système gouverne la «vie végétative» du corps, un sérieux déséquilibre se produit et implique la Mort à plus ou moins long terme, s'il se trouve hors d'état de fonctionner. A ce moment, le courant évolutif émanant de l'Esprit ne peut plus se transformer en courant énergétique utile. De même, le courant involutif généré par le Corps ne peut atteindre le Centre Animique d'échanges (Fig. 44).

Dans le cas de disparition du «rôle hépatique», il se produit alors comme une sorte de «court-circuit», et le système vivant ne fonctionne plus en dynamo électrique. La force électro-motrice ne circule plus du fait que la vie, tranchée plus ou moins rapidement par la destruction de l'un de ces centres «actifs» met l'Esprit dans l'obligation de quitter sa «demeure» ***avant d'avoir terminé sa mission***, comme dans les cas précédents. Notons et ceci est important : il y a toutefois une différence très marquée, dans l'état de cet Esprit, selon les circonstances ayant marqué cette fin de vie : conséquence d'un accident, d'un meurtre ou d'un acte d'héroïsme (civil, militaire) ou d'un suicide. Examinons chacune de ces trois types de circonstances : accident, meurtre et suicide.

15.3 - Psychologie des morts accidentelles

Lors d'une mort causée par un accident, le libre-arbitre du sujet impliqué dans l'affaire est hors de cause. Il n'empêche, bien entendu, que les souffrances de l'Esprit seront identiques à celles qui résultent d'un meurtre : l'Esprit doit entériner la situation nouvelle, alors que sa programmation interne lui faisait envisager une plus lointaine échéance de rupture avec le monde terrestre. Cependant, d'après ce qu'il nous est permis d'envisager, suite aux découvertes de la «mémoire particulaire» (troisième partie), l'accident n'est pas un acte de pur hasard. On est en droit de penser qu'il intervient ici en «phénomène compensatoire» d'une situation particulaire antérieure, pré-gestationnelle de l'individu en cause (revoir Fig. 11).

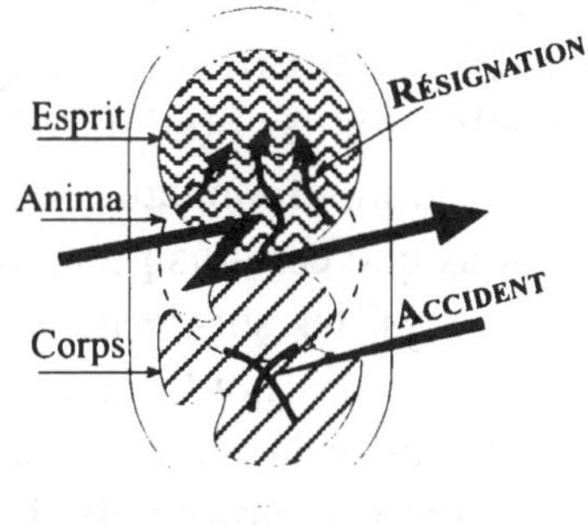

Figure 45

Dans ce cas, l'Esprit-Conscience «comprend» pourquoi il a été victime de cet arrêt brutal d'existence sur Terre (expérience «N.D.E.»). Il semblerait, qu'antérieurement, le «groupe particulaire» qui constitue la victime n'ait pas «choisi la voie» qui devait lui faire éviter l'accident. Ou bien alors, l'Esprit est troublé dans son «programme évolutif» par un comportement récidiviste et persistant inadéquat à son «cycle de morts-mutations futures» (Fig. 46). Il se peut que, enlisé dans la Matière par des engagements nocifs qui mettent en péril l'Esprit, le sujet n'a pas «écouté la Conscience intérieure» qui l'avertissait intuitivement d'une issue fatale qu'il allait subir par suite de son choix. Aussi, la seule solution draconnienne de «l'arrêt brutal de l'expérience» ne pouvait qu'être salutaire pour son avenir post-mortem. «L'Esprit est prompt (ne fait pas de sentiment) ***mais la chair est faible»***... est-il écrit dans la Bible[2]. (fig 45)

Comme accidents statistiquement les plus fréquents, l'Institut National de Sécurité de Paris a retenu, par ordre d'importance, les agressions corporelles suivantes : les empoisonnements involontaires, les électrocutions et asphyxies, les collisions diverses, les chutes, les noyades, les accidents de montagne, les manipulations dangereuses d'armes à feu, les attaques de bêtes venimeuses ou féroces. Tous ces événements ont donné lieu aux états pré et post-mortem ci-dessous :

a) Empoisonnements involontaires :

Le présent sujet est d'autant plus difficile à traiter qu'il va du simple empoisonnement véritablement involontaire, d'abord chez le bébé ou l'enfant intrépide qui vont consommer des médicaments d'adultes ou des produits d'entretien, au milieu familial avec les intoxications alimentaires dont la plus courante est celle des champignons que certains prétendent «bien connaître» par vantardise. Il y a aussi les soi-disant «gibiers réputés», faisandés à souhait, qui viennent à bout des reins les plus résistants, voire aussi les maniaques de la Médecine qui, à la moindre occasion, traitent les médecins professionnels de «charlatans» et s'attribuent d'eux-mêmes une «pleine connaissance» de l'Homéopathie[3] ou de

[2] «Nouv. Test.», Evangile de Matthieu, Chap. 26, vers. 41.

[3] Plusieurs fois, j'ai été témoin d'amis qui, croyant bien faire, prescrivaient à d'autres des spécialités homéopathiques sans se rendre compte qu'ils risquaient de leur nuire considérablement car, plus que l'Allopathie (où une erreur déclenche une réaction physiologique visible ou un rejet), l'Homéopathie intervient sournoisement par «résonnance vibratoire», d'où son efficacité mais aussi son danger, si le prescripteur n'est pas avisé et surtout formé médicalement.

l'Acupuncture, déclenchant par la suite des dérèglements hormonaux que le vrai médecin a ensuite toutes les peines du monde à guérir. Bref, l'éventail de ces incidents est extrêmement ouvert et leurs répercussions graves. Ils conduisent à des phases pré-mortem et sont difficiles à cerner.

Il est à remarquer que dans les cas foudroyants, la victime pousse un cri, s'effondre, et le SAMU appelé en extrême-urgence ne peut que constater l'arrêt définitif du cœur, sans rémission possible par réanimation. Entre cette extrême et le simple malaise, s'étale toute une gamme de pathologies dont certaines disparaissent après une bonne diète, d'autres impliquent sur le champ un vomissement provoqué, d'autres astreignent à une hospitalisation rapide avec lavage d'estomac, purges, saignées, etc. D'autres enfin précipitent le sujet dans un véritable coma qui aboutit à la tente à oxygène et parfois au bloc opératoire. Il y a donc des doses faibles et des doses fortes, mais il faut compter aussi sur la bio-activité ou la chimio-activité des produits ingérés. Presque toujours, la perte de connaissance se précise quelques minutes après l'absorption du produit toxique. Le bébé va souvent crier plus fort qu'il n'y aura de mal, car son Sub-Conscient à son insu, va faire retentir «l'alarme» en lui et déclencher son instinct de survie. L'enfant sera plus nuancé, et son «appel au secours» va d'abord servir à apitoyer des parents à qui il a désobéis, ensuite à se sortir d'affaire rapidement pour être privé de jeu ou de sortie le moins longtemps possible.

Disons que dans la majorité des cas (hors celui du décès brutal et pratiquement immédiat) les doses avalées sont faibles et moyennement toxiques car il faut dire que, dans nos pays européens, beaucoup de fabricants et les médias se sont attachés à prévenir sans beaucoup de relâche le public des méfaits possibles de certains produits à «usage externe» non consommables. Dans de telles circonstances néanmoins, la respiration est oppressée et le cœur accélère ses pulsations, la gorge se serre, les nausées se font fréquentes, et quelques douleurs apparaissent au niveau des côtes, une angoisse s'en suit, avec obscurcissement de la vue, étourdissements répétés même assis ou allongé, vertiges, bourdonnements d'oreilles, salive âcre... parfois sensation de refroidissement (même en plein été) avec convulsions. Dans tous les cas, attendu ce que nous avons dit de l'Anima en temps que Centre Vital animant et structurant, ***surgit brutalement ici un renversement interne du flux énergétique et une «cacophonie» dans la coordination des «signaux-informations» qui assument les fonctions organiques habituelles***. Tout compte fait, l'empoisonnement ressort de la catégorie «Maladie», à part que ses phases morbides au lieu de se dérouler normalement ont pris une allure accélérée.

Pour le sujet qui nous concerne, il faut signaler que, dans tous les cas de figures, l'intoxication s'accompagne d'une perte de conscience et de sensibilité nerveuse, ce qui nous fait dire que les empoisonnements mortels ne font pas souffrir. Le sujet en phase pré-mortem sent ses doigts s'engourdir délicieusement, ses jambes s'appesantir dans un reposant abandon. Puis cette inertie, comparable à une inertie pré-somniaque gagne le tronc et le bassin, jusqu'au moment où elle atteint le cœur. Le sujet se refroidit et son regard se fige. Presque toujours la fin a lieu ***dans une certaine somnolence*** pendant que les centres nerveux se paralysent graduellement. Il arrive que des moribonds parvenus au «seuil ultime» tout en maintenant leurs yeux clos, s'expriment verbalement dans un souffle. Des enregistrements sonores amplifiés et «filtrés» ont permis de se faire une idée assez précise de cet état. Le sujet ressent alors la sensation étrange d'une déformation de l'espace à trois dimensions, incapable pourtant d'apprécier les distances des sujets et des objets qui se présentent dans son champ de vision. Comme les organes de la vue ne fonctionnent plus, suite à l'arrêt sanguin donc cardiaque, le sujet est devenu «une conscience vivante» (au sens énergétique du terme), dorénavant inadaptée à notre Monde du Vivant Terrestre.

Il arrive que certains empoisonnés, dont les encéphalogrammes tendent vers la linéarité, et les électrocardiogrammes irréguliers avec des «périodes plates», parviennent à nous souffler «que leurs os n'existent plus», «que leur corps forme un tas amorphe» (ils le voient avec une acuité étonnante !), «qu'ils sont entourés de sphères lumineuses», «que des halos zébrés de dessins géométriques à couleurs chatoyantes changeant sans cesse de formes et d'intensité les portent vers un grand tunnel», «qu'ils se sentent immensément bien». Quelques «pré-morts» vont même jusqu'à dire «qu'il leur semble qu'***une partie de leur cerveau est spectatrice de l'autre partie***, demeurée dans un corps paralysé et froid». Nous pouvons affirmer toutefois que, à l'unanimité, «la conscience veille», à tel point qu'ils perçoivent des bruits. Des rapports médicaux britanniques relatent les rares exceptions de malades de ce genre arrachés in-extremis de la tombe : «... Le retour à la conscience physiologique est précédé de crises successives de nausées, de transpiration si dense qu'elles obligent l'équipe médicale à placer le malade sur un tapis-éponge, d'une incontinence aigüe fécale et urinaire, le tout accompagné de convulsions de la cage thoracique et de vomissements jusqu'à expulsion complète des toxines et de la matière nocive qui les a générées...» Le plus extraordinaire de ces situations est que le malade, une fois définitivement tiré d'affaire, ***n'éprouve plus aucun malaise***, et manifeste une forme semblable à celle qu'il éprouvera après un bon repos...

b) Electrocutions et asphyxies :

Durant mon temps d'activité d'ingénieur-conseil en technologie dans un groupe industriel important de la région parisienne, en tant qu'ingénieur d'Organisation ou de Physique-Chimie-Biologie dans un centre d'études nucléaires, j'ai assisté maintes fois à des électrocutions bénignes ou graves, ou travaillé avec des électrocutés dont les corps portaient des cicatrices profondes du passage du courant. Il n'est un secret pour personne que les équipes de secours interprètent les électrocutions comme des noyades, et la Médecine d'urgence les traitent comme telles. Les techniciens savent aussi qu'il est moins dangereux de supporter l'attaque d'un courant alternatif de forte tension et faible intensité que celle d'un courant continu de tension inférieure qui déclenche l'irrémédiable électrolyse du sang, cause d'hémiphlégie locale ou totale. Dans ce dernier cas, la mort est préférable à une vie grabataire de «légume impotent». Aussi, ai-je durant des années insisté sur une vigilance permanente des sources de courant et la stricte observance des consignes d'isolation, quitte à «perdre du temps» : « Nimm deine zeit aber bewahre dein leben... » dit un juste proverbe allemand[4].

Si le sujet est aux prises avec du courant alternatif du réseau «domestique» (220V. 50 périodes, 10 Ampères) il s'en suit un tétanos musculaire relativement violent, suite à une cristallisation brutale de l'acide lactique «huilant» le muscle. Le dramatique de la situation est que, si l'opérateur est seul, il est incapable de rompre son contact avec la surface conductrice, et encore moins d'en couper la source. A moins qu'un collègue providentiel intervienne, c'est pour la victime quelques secondes d'angoisse avant l'arrêt du cœur et la perte de connaissance. Si le «sauveur inattendu» a coupé le circuit à temps, l'électrocuté temporaire reprend graduellement l'usage de ses sens, et tout rentre dans l'ordre. Il n'a alors souvenir d'aucune douleur. Si par contre, dans une telle circonstance, la victime demeure seule, le courant continue à accomplir son œuvre d'ionisation : ce sont d'abord le sang et la lymphe qui sont littéralement électrolysés, suivis du système nerveux et des parties membranaires condamnées alors à la stagnation bio-chimique. Le sujet termine son existence dans un état d'inconscience, comme «drogué par les électrons». La seule phase douloureuse sera, au départ, la contraction spasmodique musculaire pré-tétanique, accompagnée d'une sensation de chaleur (effet Joule) et de pression (pression osmotique cellulaire : loi de Deferre).

Du simple picotement sur un fil dénudé à la décharge qui vous «soude» à la surface électrique, les témoignages sont à peu près identiques, gravité et intensité mises à part. Tous se sentent «happés par une force irrésistible». Si les secondes passent, ils voient des lueurs rosées en petits cercles concentriques qui se rapetissent

[4] Littéralement : «Prends ton temps mais garde ta vie»

progressivement (type «anneaux de Newton») et leurs oreilles tintent de sons musicaux en gammes (tels des essais d'instruments). Tous aussi se sentent «dans un autre monde», mais aucun n'a éprouvé crainte ou douleur, au paroxysme de sa perte de connaissance physique. Lorsqu'ils ont le bonheur de reprendre vie, tous affirment avoir eu l'impression "d'avoir été très bien là où ils étaient..."

Il en va maintenant différemment des asphyxiés... On compte parmi eux d'abord les noyés puis les gazés. La noyade apparaît aux yeux des observateurs comme la mort la plus dramatique. Est-ce parce que, nés à ce monde terrestre par le liquide amniotique, le milieu aquatique devenu soudain meurtrier nous rend proches de nos origines ?... Je ne sais, mais en tout cas les réactions après réanimation ne sont pas des plus fameuses en général bien entendu, car il y a toujours des exceptions. La question qui se pose est de savoir si ceux qui se noient réalisent leur imminence de fin de vie. Une première impression qui se dégage des interviewés est que beaucoup voient défiler devant leurs yeux en quelques secondes le film de leur vie, réaction identique à celle de la vieille femme enfermée dans l'église incendiée d'Oradour-sur-Glane, échappée par un vitrail brisé et oubliée par les S.S. en repli après leur sinistre besogne. Soit-dit en passant, pour la petite histoire, les deux sous-officiers responsables de ce massacre aussi odieux qu'inutile, et ayant agi sans ordre de leurs supérieurs, ont été fusillés la semaine suivante sur ordre du général Lammerling, commandant la division.

Pour en revenir à la noyade, elle implique dans une première étape un «balayage de la mémoire en sens inverse du Temps» mais là encore, cette impression ne fait pas l'unanimité. D'autant plus que ces souvenirs ne semblent par surgir dans un ordre «cinématographique» de films muets, mais dans ***une seule projection panoramique d'ensemble*** dans l'Espace/Temps, telle que la télévision. Au préalable, dans un état de demi-inconscience, le sujet en coulée est frappé de prémonition : il voit son/sa compagnon(gne) aimé(e) qui pleure, entouré(e) d'une foule de parents et amis, voire des inconnus spectateurs. Mais dans tout cela, aucune douleur ! Seule l'angoisse légitime d'un corps qui risquait de ne pas être retrouvé. Certains vont jusqu'à anticiper leur enterrement et entendent les pelletées de terre tomber sur le cercueil descendu au fond de la fosse ! Si le temps continue de passer avant que la réanimation ne porte ses fruits, le noyé perçoit des tintements de cloches et apparaissent ***à sa conscience des scènes colorées enchanteresses***, mais il ne ressent toujours pas de douleurs physiques ou morales. Il semble jouir d'un «état second» dans un milieu agréable, ni trop chaud, ni trop froid. Puis il se sent emporté dans l'Espace et aperçoit des maisons et des paysages au-dessous de lui. Tout défile en bas à une vitesse vertigineuse. Il est évident, qu'à cet instant, le «cordon d'argent» qui le retient à la vie terrestre se fait de plus en plus ténu, proche de la rupture finale. C'est sur cette dernière vision que le ranimé rouvrira les yeux, suite aux soins pratiqués par les secouristes.

Si en majorité, lorsqu'ils cessent leurs efforts, les nageurs sont envahis d'un sentiment de calme et de tranquillité, ne pensant plus à leur sauvetage, jouissant de leur engourdissement, il n'empêche que leur corps endormi, leur Esprit reste bien vivant. Disons même que son activité s'accroît et les pensées bonnes ou mauvaises défilent à une vitesse qui semble voisiner celle de la lumière. Aussi si la première période de résistance est vide d'impressions désagréables, il semble que la situation change lorsque les secouristes tentent d'arracher le corps à la Mort. Il se produit une sorte de tiraillement entre les pôles «Esprit» et «Corps», dont l'»Anima» intermédiaire fait les frais. Dans les cas d'asphyxie peu avancée, donc de réanimation pratiquement immédiate, le noyé en gardera un bon souvenir. Un long sauvetage imprègne le Conscient et l'Inconscient d'une certaine angoisse, d'un manque désormais de confiance en soi-même. L'arraché à la Mort ne se comportera plus dans la vie courante comme avant son accident, même si, par fierté, il le dissimule à ses proches. Il faudra des années de «re-naissance» pour effacer à jamais ce pénible incident. Encore sera-t-il nécessaire que des «chocs psychologiques heureux» (naissances désirées, unions réalisées) neutralisent ce drame personnel mémorisé.

Comme je le relate dans mon livre sur «les Grands Initiés» concernant les épreuves physiques et morales imposées aux novices par les Maîtres dans les «Ecoles des Mystères», le 4ème degré exigeant l'immersion jusqu'au début d'asphyxie, était appréhendé par un nombre très restreint de disciples. Pour fixer arbitrairement les idées[5], disons que 80 % environ des fidèles ne dépassait pas les second et troisième degrés, encore moins le septième (Maître) et beaucoup d'«Ecoles» disparaissaient après une période florissante, faute de Maître. Il en va encore ainsi au Japon dans les «DoJo» des Vieux Maîtres. Pour s'en tenir toujours à la noyade, la pire épreuve qui puisse s'imposer à un noyé est d'être bon nageur, voire bon plongeur. En effet, après son immobilisation corporelle, en coulée, il va par habitude garder longtemps son self-contrôle. Un conflit naît alors entre le mécanisme auto-mémorisé de «gestes aquatiques» et l'impuissance du psychisme à les concrétiser. Relativement à ce qui a été dit au sous-chapitre 1.5. B, c'est le cœur qui va encaisser la résultante de cette opposition, d'où la «colique de cœur» très fréquente dans ces états conflictuels. Comme ces sportifs de la nage évoluent généralement à des profondeurs limites, les différences de pression s'ajoutent et pèsent sur le muscle cardiaque, d'où ces sensations pénibles inoubliables longtemps après l'accident.

A l'opposé du «maître-nageur», le petit baigneur vacancier ou le «barboteur de piscine» ne va jamais dans les grands fonds. S'ils tombent malencontreusement à l'eau (mare, bassin de parc, rivière) leurs vêtements remplis d'air vont jouer le rôle de bouée de sauvetage. S'ils sont en short léger, leur densité de corps est suffisante pour les empêcher de couler à pic. Les uns et les autres

[5] Comme je l'explique dans le livre cité, il nous est pratiquement rien parvenu de ces «Ecoles» ; nous en avons reconstitué les enseignements par recoupements dans des textes antiques.

ne ressentent, après repêchage, qu'un léger vertige qui leur donne l'impression qu'ils sont descendus profondément alors que bien souvent ils n'ont dépassé la surface que de quelques centimètres. Plus douloureuse est la «prise de la tasse» dans l'eau de mer. Dans la gorge, la glotte bloque l'entrée de l'eau dans les poumons, et son mécanisme nerveux de refoulement est comparable à celui du diaphragme pulmonaire dans son mouvement de va-et-vient (compression-dépression). Il arrive parfois que en mangeant trop vite, nous avalions de l'air et en déclenchions une série de contractions brusques: c'est le hoquet. Le même phénomène se produit après absorption de plusieurs gorgées d'eau salée qui pénètrent alors dans les bronches respiratoires et provoquent chez le sujet déjà en difficulté une douleur déchirante et brûlante par l'action corrosive du chlore (de la molécule de Na Cl dissoute dans l'eau)[6]ou bien le noyé est secouru, et son premier geste de retour à la vie sera de se «noyer l'estomac d'eau douce» tout en continuant ses mouvements respiratoires. Ou bien il n'est pas secouru et le processus habituel de l'asphyxie s'établit et l'on en revient aux cas précédents avec engourdissement définitif de la douleur.

Un autre fait intéressant est celui de pêcheurs ou promeneurs glissant sur des berges de fleuves, de rivières ou de canaux, trop molles, et coulant à pic debout dans de faibles profondeurs (3 à 5 mètres environ). Souvent, ils ont à combattre un meli-melo de plantes sub-aquatiques, de nénuphars, de roseaux entrelacés qui les empêchent de nager, même s'ils en ont eu la pratique. Pourtant, tous racontèrent par la suite que leurs forces, au lieu de s'épuiser, se décuplent. Quelques-uns furent sauvés par des promeneurs leur tendant un simple journal roulé : c'est par ce frêle contact avec ce «relais» théorique, qu'ils parvinrent à hisser le reste de leurs corps hors de danger. Aussi rappelons-nous bien que dans des instants dramatiques de notre existence (nous l'avons vu des quantités de fois durant la Guerre), notre «JE» (Individualité-Conscience) fait éclater en nous une véritable «explosion de forces sourdes» qui

[6] Cas de l'eau fortement chlorée des piscines et stations balnéaires.

semble jaillir d'un point de notre «moi» (personnalité) que les Maîtres des Arts martiaux japonais appelaient «HaRa». Cette réaction interne modifie nos réactions physiques et mentales de «noyé potentiel» et ravive notre «esprit combatif»[7]. Consécutivement, les douleurs résultant des sécrétions excessives et brutales d'adrénaline et de thyroxine sont neutralisées. Certains même, pour se sauver de telles situations d'enlisement, ont saisi à pleines mains des ronces et des fils de fer barbelés immergés sans en éprouver la moindre douleur. Ce n'est que bien plus tard, hors de danger, qu'ils ont souffert de leurs plaies.

Je pourrais encore m'étendre sur le sujet de la noyade mais il me faut à présent conclure... La plupart des morts par noyades, si l'on en croit les revues spécialisées d'éducation physique, présentent des visages congestionnés à peau violette (lèvres, oreilles), aux yeux ouverts, et au regard ***bien vivant et non effrayé***. On les désigne sous le nom de «noyés bleus». Une mousse blanchâtre sort de leurs lèvres et de leurs narines. On les classe dans la catégorie des asphyxiés. Les «noyés blancs» se caractérisent par des visages pâles, sans écume aux lèvres ni aux narines. Les premiers ont été victimes d'un spasme artériel qui a chassé brutalement le sang dans le système capillaire et veineux, et l'a agglutiné dans les régions cérébrales et pulmonaires, faisant croître alors brutalement le taux de gaz carbonique. Les seconds, sans lésion pulmonaire ni cardiaque à l'instar des précédents, tombent en syncope suite à une inhibition soudaine de l'automatisme cardiaque : les veines se vident, déversent leur contenu dans la région abdominale, créant des accumulations sanguines. Le cœur n'est plus approvisionné en sang, et le circuit est rompu : la «pompe» alors se désamorce.

Terminons avec les gazés... Ce type de Mort due à l'inhalation de gaz toxiques pour l'organisme humain, ne diffère en rien des autres morts par asphyxie, excepté ses préambules qui ne se mani-

[7] G. Osorio, «L'Esprit des Arts Martiaux Traditionnels dans la vie de tous les jours» (même édit.)

festent pas comme des chocs soudains et brutaux, à l'instar de la noyade ou de l'électrocution. La plus fréquente des asphyxies qui déplace les services de secours est celle par oxyde de carbone (CO). Ce gaz s'insinue dans l'organisme graduellement (cas des accidents domestiques) ou massivement (accident du travail). Dans les deux cas, l'intoxication s'accompagne de malaises plus ou moins aigus : nausées, vomissements, étourdissement, vertige prolongé, etc., sans que la/les victimes en soient pour le moins conscientes. Symptomatiquement, elle se présente comme une banale indigestion, à part que ici, une sorte de torpeur envahit lentement le sujet. Le sommeil ressenti est d'abord vertigineux, puis insensible.

Les gens que j'ai pu interviewer dans les labos de chimie durant mes années d'activité m'ont tous déclaré avoir ressenti en premier un violent mal de tête accompagné d'un besoin de pleurer. Dans leur majorité ils se sentaient mal et présentaient un pouls très agité. Envahis de somnolence, ils s'expriment en bafouillant, parfois ils étouffent et leur esprit est envahi d'idées où se bousculent des personnages et des animaux fantastiques. Leur vue est trouble, et ils titubent en se déplaçant. Beaucoup accusent des sensations de coups portés aux oreilles avec un tintement aigu, intense, strident. Instinctivement, la plupart ont le réflexe de présenter leur tête à une fenêtre quitte à en briser les vitres, ou encore de fuir vers un milieu plus clément. D'autres aussi se déplacent comme des automates et parcourent parfois des centaines de mètres, inconscients et se retrouvent au poste de secours, incapables de s'expliquer comment ils ont pu arriver là. Chez ceux qu'il a fallu hospitaliser dans un état grave pré-mortem, les témoignages sont unanimes : la pré-Mort par oxyde de carbone, par exemple, plonge les victimes dans un «paradis de béatitude». Les intoxiqués jouissent de leur état avec volupté durant leur léthargie. La conscience normale semble s'effacer aussi brutalement que dans une asphyxie par noyade.

Lorsque les pompiers dégagent des cadavres d'une maison incendiée, ils constatent qu'ils sont absolument intacts dans la position où la mort les a surpris. Leur peau, leurs vêtements, ne portent aucune trace de combustion. Bien plus, ils apparaissent comme surpris, sans éprouver le besoin de fuir. La somnolence les fige sur place, sans souffrance. Des couples ont été retrouvés enlacés tendrement et leurs visages reflètaient l'ardent plaisir de l'amour. Quelle belle mort ! Je suis allé visiter les ruines de Pompéi (ce que je conseille à mes lecteurs). Dans le magnifique musée qui s'enrichit chaque jour de nouvelles trouvailles on voit les photographies et les maquettes d'habitations de plusieurs quartiers où l'on a exhumé, sous des épaisseurs de cendres de 10 à 20 mètres, des cadavres groupés dans l'attitude exacte qu'ils avaient au moment de leur décès. Eh bien, leurs postures et leurs physionomies attestent que les Pompéiens n'ont souffert que moralement de ce cataclysme inattendu. Rappelons en passant que Pline l'Ancien, commandant de la flotte de guerre, qui observait la catastrophe à bord de son vaisseau-amiral, périt avec ses équipages, intoxiqué par les gaz dont la nappe s'étendait sur la mer environnante. Quelques capitaines eurent la présence d'esprit de s'éloigner à la hâte et racontèrent cet incident de mort collective et indolore. Des accidents du même genre se produisent lorsque des curieux non avertis se penchent sur des cuves de vendange ou de macération et que leur visage atteint la nappe de gaz : ils basculent foudroyés dans l'immensité de l'enceinte, et parfois on ne les retrouve que longtemps après.

On peut en conclure que de telles morts sont essentiellement indolores puisqu'elles s'amorcent par une asphyxie totale. Pour ce qui est de l'état pré-mortem, le sujet revenu à lui vous expliquera qu'il a resseni une sensation de bien-être dans tous ses membres, qu'il ***a gardé une absolue conscience de tout***, même lorsqu'il perdit contact avec le monde sensible terrestre. Des images agréables et colorées ont défilé devant lui et il a entendu des «mots musicaux» qui l'ont ravi dans un «univers enchanteur». Un physicien rescapé d'une grave intoxication de «téflon» (polytétrafluoréthylène) lorsque nous procédions aux premiers essais de ce matériau comme isolant sur l'accélérateur «Saturne» m'a confié confidentiellement que : «désormais, ***il n'existait rien d'autre dans l'Univers que la «pensée vivante» et que l'univers n'était formé que de concepts-consciences harmoniques et désharmoniques»***... Nous lui donnerons raison dans notre troisième partie. Le mot «grisou» donné par les mineurs du Nord à l'oxyde de carbone dit bien ce qu'il veut dire : «Qui grise».

c) Collisions diverses :

Si, à la fin d'une vie bien remplie, nous totalisions le nombre de coups et de chocs subis par notre organisme, nous serions stupéfaits de nous savoir encore en vie ! Pour les garçons, cela commence à l'école primaire avec les coups de pieds et les coups de poings, sans oublier les rixes à coups de règle (j'ai perdu personnellement une dent dans l'un de ces stupides affrontements). Pourtant, à mon époque de non-laxisme dans l'Enseignement, les punitions pleuvaient drues, sans compter leur prolongement une fois rentré à la maison.

Entré dans le secondaire, les heurts devenaient plus rares, les matières enseignées nous absorbant suffisamment et la discipline condamnait les contrevenants à la mise à la porte après trois «blâmes» écrits et circonstanciés. Le service militaire n'épargne pas notre corps, et le sport non plus. Ensuite, dans le milieu du travail les dangers ne manquèrent pas.

Pauvre corps ! Que ne lui faisons-nous pas subir, alors qu'il nous rend tant de services ! Durant ma jeunesse, et plus tard adulte, j'étais d'un naturel assez pacifique et rêveur. Il n'empêche que longtemps beaucoup de gens m'ont cherché querelles jusqu'au jour où, découvrant les Arts martiaux, je me suis fait respecter : «on attaque toujours que les faibles !». Notre monde est ainsi et nous devons nous en contenter. « La vraie réussite d'une vie », a dit Nietzche, « est de trouver ***son*** bonheur dans le désordre de notre monde »... Bien souvent, sous l'effet de la colère et de l'emportement, mon corps devenait insensible et ce n'est qu'après que je ressentais douleurs et contusions. Les personnes renversées par des vélos, des scooters, des motos ou des voitures roulant à faible allure, déclarent n'avoir ressenti ni le coup, ni la chute, ni rien d'autre jusqu'au moment où elles reprennent connaissance. Entre ces deux «tops», elles se sentent «naître à une autre vie», elles perdent «la notion de leur personnalité» (elles ne savent plus «qui elles sont» et «où elles sont»). Dans tous les cas, elles ne ressentent ni douleur ni inquiétude. Elles voient parfois leur sang couler avec autant de désintéressement qu'elles remarqueraient une gouttière vomissant son trop plein un jour de pluie. «Calme et ravissement» sont les deux mots qui reviennent le plus souvent lors de ces interviews.

Je n'insisterai pas sur les déclarations des accidentés de la route dont le Dr Moody et bien d'autres ont relaté bien mieux que je ne saurai le faire les compte-rendus post-mortem. Dans les accidents collectifs d'avions, de bateaux, ou de trains, beaucoup de gens succombent à des hémorragies internes, des congestions cérébrales ou pulmonaires ou à des embolies provoquées par des décélérations brutales ou saccadées. Rendons hommage ici aux admirables sauveteurs qui se surpassent en efforts splendides pour tirer de-ci de-là une carcasse sous laquelle ils pressentent une faible lueur de vie. Combien de gens actuellement bien portants leur doivent l'existence ? Combien ne les ont pas oubliés ? Un de ces rescapés de «l'enfer d'un déraillement» m'a confié : «Je n'étais enveloppé que de râles d'agonie, de cris d'épouvante, suite à un terrible choc semblable à un tremblement de terre»... «A un moment je rouvris les yeux pour me voir enfoui sous une montagne de sièges, de valises, de panneaux de wagon, et de débris divers, jusqu'à un biberon plein de lait, non brisé»... «Rassemblant ***au fond de moi*** toutes mes forces, je réussis à dégager un à un mes quatre membres mais je fus dans l'impossibilité d'aller plus loin...» «Entendant du bruit, je criais et fus alors tiré des décombres sur le remblai. J'avais toute ma tête et le pire est que je ne souffrais pas. La douleur surgit ensuite ***parce que ma mort n'était pas imminente*** !».

d) Chutes et accidents de montagne :

Les accidents mortels par chutes sont nombreux et variés. Il y a les involontaires (montagnes, dérapages, etc) et les possibles éventuellement comme ceux du cirque. Dans tous les cas, l'humain se trouve frapper le sol sous l'effet d'une vitesse qui est égale à la moitié du produit de l'accélération par le temps de descente élevé au carré ($v = \frac{1}{2} gt^2$). Lors de l'impact, une partie de l'énergie va se diffuser dans le sol, l'autre dans la masse mobile humaine. Il peut s'en suivre soit une plaie de la dimension d'un trou d'épingle procurant une somme de souffrances en cascades à plus ou moins longue échéance de rétablissement, soit des plaies béantes et spectaculaires avec chaînes de fractures osseuses et musculaires relativement peu douloureuses et à guérison rapide, d'autant plus que l'accidenté(e) sera jeune, non fumeur, sobre, non pratiquant d'une vie déréglée. On a vu des chutes de un mètre très dangereuses et d'autres de cent mètres indolores et peu graves. Pratiquant les Arts Martiaux depuis bientôt trente ans je puis affirmer que toutes les conséquences d'une chute tiennent dans la façon dont elle s'effectue, et surtout de l'état de contraction physique et morale manifesté par le «projeté» au moment de son arrivée au sol. Lors de mon service armé dans la 25° division aéroportée, 75° CRD, vers la fin de la Seconde Guerre mondiale en Algérie, j'ai pratiqué «le saut de la tour», où nous arrivions au sol à une vitesse équivalant à celle d'une chute directe d'un mur de deux mètres. Toute la réussite de l'exercice résidait dans le «rouler-bouler» en souplesse dès le toucher du sol : il fallait «se laisser aller» détendu, revenir à l'état du bébé tombant lourdement de son berceau.

Durant l'affreuse guerre du Viet-Nam, il y eut énormément de chutes à partir d'hélicoptères lâchant parfois leurs hommes dans les arbres de la jungle, n'ayant pas le temps matériel et la possibilité d'atterrir. Beaucoup de ces soldats, chargés d'équipement (arme, munitions, rations alimentaires...) ont dû se laisser choir dans le vide, souvent de nuit «au petit bonheur la chance» ! Presque tous les interrogés rapatriés (archives US Army) sont formels : dans leur esprit, toute leur existence repassa devant leurs yeux en un éclair, comme s'ils la vivaient une seconde fois» Nous lisons... «Atteint en pleine poitrine par une balle lors de mon saut, je n'ai rien senti. A l'atterrisage, j'étais plein de sang et un camarade me cria de m'allonger et d'attendre l'infirmier. Quelques minutes avant, voyant le sol s'approcher, je fus enveloppé d'une sorte de «coussin imaginaire» qui me donna une super confiance en moi. En bas, c'était la furie des hommes déchaînés de part et d'autre, et moi je volais au-dessus de tout cela dans une sorte d'«état second agréable». En parachutisme, en milieu non combattant, je puis dire pour ma part que les premières descentes s'accompagnent d'une angoisse plus ou moins forte selon les tempéraments. La mienne m'astreignait à uriner en permanence dans les heures qui précédaient ou suivaient le saut, le tout accompagné d'un «point de côté» douloureux. Je ne suis pas un brave, et je n'ai aucune honte à le confesser. Cela tient à ce que comme moi, beaucoup de camarades imaginaient la chute, directe, par la seule force de la pesanteur, donc désagréable, pénible, voire mortelle. Très sensible au vertige (ne serait-ce qu'au balcon du 3ème étage de mon immeuble) j'étais déjà à demi-asphyxié de terreur en cours de descente. Les parachutistes chevronnés (des jeunes filles particulièrement) respirent régulièrement, présentent un état cardio-vasculaire normal, une bonne perception visuelle, sans nausée ni vertige. «Je ne me sens pas tomber ; je me sens descendre doucement» m'a dit l'une de ces «Amazones de l'air». Il est vrai que sur une autoroute on a souvent l'impression de rouler à toute vitesse à 90 km/h et de «se traîner à 120/160 km/h.

En montagne, il en va tout autrement. Le guide de montagne ou l'alpiniste amateur expérimenté sait qu'en cas d'accident grave les douleurs physiques et morales s'estompent rapidement au profit de l'intuition et de la prémonition devenues soudainement très aiguës. Beaucoup disent, lors de leur hospitalisation, n'avoir ressenti les souffrances des fractures et des déchirures musculaires que une ou deux heures plus tard. Durant la descente libre vers «ils ne savent où», le système «conscience» de ces accidentés intervient alors à la manière d'un ordinateur par logique binaire : «oui, ou non, vais-je rencontrer une paroi inclinée de retenue possible ?», «S'il n'y a pas de retenue, y-a-t-il suffisamment de neige en bas ?», «S'il y a de la neige, elle peut avoir formé un rebord d'amortissement pour que j'ai la vie sauve ?» «S'il n'y a rien de tout cela, la mort est inévitable !», «Je n'abandonne pas le piolet qui me servira en bas». «Il est temps que je lâche mes lunettes qui en se brisant me couperaient les yeux !», ...etc... Même scénario que les précédents concernant «le film de la vie passée». S'il y a choc sur un rocher providentiel, les rescapés diront plus tard ***«qu'ils se sont vus dans une Lumière Céleste sans angoisse ni souffrance morale***, au milieu d'images de scènes de deuil d'êtres chers ne leur causant aucun chagrin, dans un repos «divin» (c'est eux qui ont prononcé le mot !) enveloppés d'une splendide musique...»

Quelques-uns ont précisé «se voir ***flottant dans une atmosphère de bien-être, sans douleur*** (alors qu'ils étaient fracturés et ensanglantés), constatant avec délice qu'ils se rapprochaient du sol enneigé qu'ils ressentaient déjà comme un ***matelas de coton***»... Bien sûr, remarques objectives, pensées, sensations subjectives, tout se produisait ***simultanément et parallèlement*** à la descente qui semblait durer des heures... Aucun des interrogés ne fut épouvanté, ou ne subit cette perte de souffle qu'on imagine habituellement. Ils perdent généralement conscience lorsque leur glissage est terminé. ***Aucun ne souffre de ses plaies*** sur le moment. Presque toujours ***le retour à la vie normale est douloureux***. Un de mes collègues de travail, mordu de la montagne, plusieurs fois sauvé de justesse sous les avalanches, la figure et les avant-bras ravagés de cicatrices, m'a affirmé que lors de son dernier accident (qui avait failli lui être fatal) ***il comptait les chocs*** en percutant d'une roche à l'autre avec une froide lucidité (lui qui était étourdi dans son travail !) qui le faisait penser à un anesthésié éveillé, heureux de sa «vision des choses d'En-Haut» et non plus à l'état d'homme...

Il arrive malheureusement que tous les accidentés n'ont pas la chance d'être repérés et dégagés. Ils meurent alors de soif ou d'inanition. On sait expérimentalement qu'en l'absence de toute nourriture, l'eau a pour effet de prolonger longtemps la résistance humorale. Sous des avalanches, les équipes de sauvetage, après des heures de déblaiement, dégagent des êtres dans le coma, en dépérissement progressif, donc en pleine inconscience. Certains sujets sont déjà dans un état de mort assez avancé, et pour eux ***l'instant pénible est dépassé***. La survie d'un montagnard emmuré dans un bloc de glace diffèrera de celle d'un mineur de fond coincé sous un éboulis ou d'un ouvrier couvreur plaqué sur le pavé de la rue par un échaffaudage effondré. On l'a vu tristement dans les odieux camps de concentration : l'extinction d'un individu par la faim est relativement plus longue qu'on ne le pense généralement. La rapidité de sa venue dépend du sexe (les femmes tiennent plus longtemps que les hommes), de l'organisme, du climat et des traitements moraux. La défaillance alimentaire conduit à une situation d'engourdissement, de demi-sommeil, voire de rêves permanents. Ce n'est pas l'une des morts les plus douces, mais tout au moins l'une de celles où un long moment s'écoule entre la perte de sentiment et de conscience, et le constat du dernier battement de pouls. Plus en amont du processus, disons que physiologiquement l'afflux périodique de suc gastrique va exercer sur les terminaisons nerveuses de l'estomac une impérieuse «pression». Si le temps passe, et que ce désir demeure insatisfait, cette sécrétion se neutralise d'elle-même, et cette «angoisse de la faim» cesse de tirailler le sujet.

La soif est plus cruelle au départ mais, plus rapidement que la faim, elle plonge l'organisme dans le délire et l'état d'inconscience. Disons que la soif prolongée se termine de la même façon que l'absence d'alimentation. Toutefois, les stades d'angoisse et de souffrances physiques et psychiques sont plus immédiates dans le premier cas et de plus sont écourtés relativement au second. Sauvés in-extremis, des exhumés d'avalanche ont raconté qu' ils étaient enfermés dans une cavité de glace et de terre agglomérée, dans la plus complète obscurité. Des heures passèrent et ***la soif se fit plus***

sentir que la faim. Ils l'étanchèrent en léchant les parois aux endroits les moins glaiseux, puis s'y adossèrent pour mourir. Aucune angoisse ne les envahit dans ce silence pesant, mais au contraire une impression de Bonheur Suprême, comme si le dramatique de leur situation était en même temps annonciateur d'une plus « Grande Libération » mettant un point final à tous leurs petits tracas journaliers professionnels et autres. En moyenne, les ensevelis disent toujours «qu'ils ont eu trop soif pour avoir faim.»

Tous les gens du désert sont assez formels concernant la soif : tout homme normalement constitué tient au maximum dix-neuf à vingt heures sans boire. A la vingtième heure les yeux se remplissent d'une sorte de lumière fiévreuse, et la fin commence. Alors la marche de la déshydratation est foudroyante. Débute une petite toux sèche due à l'irritation des amygdales «en manque», puis la langue devient gênante. Le sujet voit devant ses yeux des «petits soleils» ; lorsqu'ils se changeront en flammes, il doit s'allonger et ne plus bouger. La gorge devient dure et la langue est de plâtre : la soif devient de plus en plus une maladie et de moins en moins un désir. Viennent ensuite les ***mirages mentaux*** des fontaines, des rivières, des fruits juteux, des murmures de cascades imaginaires. Puis toutes ces choses si attrayantes perdent progressivement de leur importance. Un calme effrayant de totale désinvolture maîtrise alors l'assoiffé, ***un calme au-delà de toute espérance*** emporte l'individu dans un «voyage» dans l'espace et le temps où il n'a plus soif, n'a plus faim, et où il oublie son corps meurtri, rongé par ses propres besoins. Il sent alors ***qu'il ne souffrira désormais plus jamais ;*** d'ailleurs, à ce moment, il souffre tellement peu qu'il semble avoir abandonné derrière lui tous ses tourments. Tout se change alors en lui en livre d'images et en contes de fées. Au paroxysme de ce délire pré-mortem, il sent près de lui ***une présence*** qui lui fait dire «qu'il ne fut jamais seul tout au long de cette terrible épreuve». Il ne croit plus à ce qui l'entoure matériellement : «il se retire au fond de lui tel un solitaire Seigneur dans son donjon, au milieu des cours et des remparts déserts». Tout un torrent d'images le canalise vers l'arche d'un pont tranquille derrière laquelle brille une grande Lumière... Voici résumées, les impressions recueillies lors de sauvetage d'«enterrés vivants».

e) Agressions mortelle à l'arme blanche et armes à feu :

Dans les salles d'entraînement des Arts Martiaux (DoJo), les professeurs veillent attentivement à ce que les élèves, particulièrement les débutants, ne tentent pas des prouesses d'esquives d'armes blanches véritables : couteaux à cran d'arrêt, sabres japonais aiguisés, ou poignard tranchants. Même un solide bâton est une arme qui peut causer l'embolie, puis la mort. Ne parlons pas des pistolets et mitraillettes que j'ai toujours vus en bois ou en matière plastique. Les choses se gâtent lors d'exercices militaires, et l'Armée conçoit très bien d'enregistrer 2 à 3 pertes en vies humaines consécutivement à la formation militaire d'un contingent de 100 jeunes recrues. Il arrive que, certaines années de manœuvres, on frôle les 3 % de blessés et de morts. Je pense qu'il n'y a rien de scandaleux lorsque l'on a bien à l'esprit la vraie notion de «***Destin***» chez l'humain. Il y a aussi les fréquentes «initiations» des loubards [8] où le candidat doit affronter un adversaire armé. Ce genre de combat entre gens inexpérimentés et non entraînés se termine presque toujours par des hémorragies graves que des médecins d'urgence ou des secouristes improvisés tentent d'endiguer le mieux qu'ils peuvent. Les lois de légitime défense sont d'ailleurs tellement bien au point (sic), que ces gens secourables risquent de se retrouver au banc des accusés.

En ce qui concerne les rixes à coups de couteaux, dans bon nombre de blessures, l'imagination amplifie les dégâts organiques, surtout s'il y a perte excessive de sang. La douleur ne résulte pas de suite d'une blessure profonde. Plus elle est soudaine et brutale moins les nerfs périphériques sont alertés. C'est effectivement au voisinage de la peau que les terminaisons nerveuses sont les plus abondantes au cm^2. Certaines éraflures profondes sont plus difficilement supportables que les pénétrations profondes dans la chair.

[8] Pr J. Servier, «L'Homme et l'Invisible» (Ed. R. Laffont, Poche).

A moins qu'il ne s'agisse de balle explosive utilisée par des armes militaires, la blessure par arme à feu civile (calibre 6-35, 7-65) est relativement nette : le projectile est petit, en ogive ronde «glissante» et de grande vitesse (250 à 300 mètres par seconde) donc opère un impact dommageable minimum. Le coup de fusil de chasse est mortel à quelques mètres, peu dangereux au-delà de 50 mètres, à moins que le tireur ne l'ai chargé de «chevrotine de sanglier». Si les cartouches sont remplies de petits plombs de 1 à 2 mm, ils créent un «cône de mitraille» dont le sommet, en sortie de tube, aboutit à une surface circulaire dangereuse d'environ 20 à 50 cm de diamètre. L'emploi de la «cartouche de sanglier» décuple la puissance destructrice de cette surface. D'un autre côté, un coup de poing ou un coup de bâton bien appliqué dans la forme ***KaRaTé*** (japonais = Ka-Ra-Té = le Vide enfermé dans la main) ou ***NiHoN-TaY-JiTzu*** (japonais = Souplesse énergétique du corps dans l'Antique Tradition nippone) ne défoncera pas une planche, une porte ou une cloison, mais ***les fragilisera*** par un fissurage général dans tout leur volume («Atémi» exécuté par le «HaRa»).

Dans tous les cas de figures (armes à feu, poing, bâton ou autres) la gravité de l'incident est ***fonction du point d'impact***. Durant les guerres d'Indochine, d'Algérie ou du Viet-Nam, des fantassins criblés de points de balles s'en sont très bien tirés. D'autres plus malchanceux sont morts sous le coup d'un seul impact sur l'artère fémorale ou au cœur tout simplement. Là encore je fais appel à votre conception métaphysique du «Destin» comme je l'ai rappelée ci-dessus. Lors des terribles bombardements qui ont jalonné l'Exode de juin 1940, alors jeune adolescent, j'ai été vivement impressionné par l'attitude d'hommes et de femmes ***d'un extrême sang-froid, qui, sans aucune frayeur***, sous la mitraille aérienne s'improvisaient infirmiers ou brancardiers de circonstance pour secourir leur prochain, alors que la Croix-Rouge officielle se sauvait en pleine débandade face à l'ennemi tout proche. Etonné d'un tel courage, je questionnais ces gens simples, humbles, discrets, qui me répondirent «qu'ils n'avaient aucun mérite en soi, que pour eux ***les réalités se limitaient aux choses et aux êtres eux-mêmes***, et qu'ils ne ressentaient ***aucune émotion*** ni ***besoin de dramatiser*** leurs impressions»...

En juin 1944, durant la Libération de Paris, la mort de ce chauffeur de camion, voisin de l'immeuble de mes parents adoptifs, est pour le moins curieuse. A une Porte de Paris, dans une rue déserte, deux déserteurs de l'Armée allemande avaient stoppé son camion et l'avaient sauvagement frappé pour s'en emparer et fuir à l'approche de la division Leclerc. Mais notre homme leur avait fait courageusement face. Surpris de cette résistance, effrayés par ses cris, ils s'étaient enfuis poursuivis malgré tout par le chauffeur qui espérait attirer l'attention de groupes de Résistance qu'il savait dissimulés dans les parages. Pendant près ***d'une demi-heure de poursuite***, le chauffeur ressentit de vives douleurs à la gorge, au bras, et dans le dos (l'un des hommes l'ayant frappé de coups de crosse de fusil). ***Quatre heures plus tard***, après avoir déposé des caisses de ravitaillement à une adresse, il se fit admettre dans un hôpital parisien et y mourut. Les médecins militaires de service qui l'examinèrent relevèrent sur lui non seulement les traces de coups mais celle d'une plaie pénétrante par balle. Cette dernière était entrée obliquement par le dos, et perforant ses intestins avaient entraîné sa mort. Ce qui surprit surtout l'équipe médicale est que durant ***près de quatre heures*** la victime avait pris en chasse, déposé des caisses, conduit jusqu'à l'hôpital ***en pleine conscience parce qu'elle ignorait qu'elle avait reçu un coup mortel***. Si, lors de la livraison de son chargement, il s'était trouvé quelqu'un qui se soit étonné de la gravité de son état, il est certain que celui-ci se serait immédiatement effondré.

Autre exemple non moins curieux d'un blessé, cette fois ***parfaitement conscient*** de la gravité de sa blessure et accomplissant toute une série d'actes normaux, en dépit de son état. Pendant la dernière Guerre et, encore quelques années plus tard, mes parents adoptifs louaient dans un village normand une petite maison avec un grand jardin, qui nous sauva à certains moments de la disette parisienne durant l'Occupation. Celle-ci était proche de plusieurs fermes où, dans l'une d'elles, l'homme et la femme se disputaient très souvent. Par une chaude après-midi d'été, le fermier était étendu sur son lit pour une courte sieste (avant de reprendre la moisson vers 16 h jusqu'au soir 20 h) lorsque sa femme s'approchant de la table de nuit, en ouvrit le tiroir sans éveiller le dormeur, et dégagea d'un chiffon enduit de graisse un vieux révolver de famille qu'elle compléta de son chargeur. Dirigeant le canon sur la tempe gauche de son mari, elle appuya froidement sur la gâchette. Une détonation retentit ; elle fit hurler le chien et ameuta les voisins. Voyant le sang couler abondamment de la blessure qu'elle venait de provoquer, la meurtrière fondit en larmes. Sous l'effet de l'explosion et du remue-ménage qu'elle avait déclenchés, le fermier se dressa sur son lit, se regarda dans la glace, et fit remarquer à sa femme qu'«elle allait avoir des histoires avec la Kommandantur»(sic). La détention d'armes était passible d'internement et de déportation à cette époque... ***Ne se rendant pas tellement compte de la gravité de la situation*** et de son cas, la meurtrière rangea dans son sac à main l'arme, pendant que le blessé s'épongeait le visage inondé de sang. Le couple sortit dans la cour et se rendit dans la grange pour prendre deux bicyclettes. C'est en vélo que le blessé et la meurtrière se rendirent de concert chez le médecin qui habitait la ville de C...à 4,200 km de là. Impressionné par le drame (surtout l'emploi de l'arme à feu vis-à-vis des Allemands), le médecin ordonna au blessé de se rendre à l'hôpital de L... auprès de l'un de ses collègues bon chirurgien. Par bonheur, nanti d'un léger pansement d'urgence, le blessé aperçut un camion au gazogène qui se rendait à L... pour y livrer du grain. Il le déposa alors devant la porte de l'hôpital où la balle fut extraite dans l'heure qui suivit par un jeune chirurgien juif camouflé dans ce centre hospitalier sous une fausse identité. Par miracle, la balle tirée à bout portant avait «heurté» le cerveau sans entraîner la mort, du fait que le canon était vieux, encrassé et l'amorce de la balle quelque peu éventée.

On déduit de ce cas authentique que l'imagination de la meurtrière éclatant soudain en sanglots traduit ***un brusque réveil de sa***

sensibilité. Secondo, c'est sous l'effet du choc et au bruit de la détonation, et ***non sous l'effet de la douleur***, que la victime prit conscience de la gravité de son état. Tertio, le chauffeur précédent mortellement atteint physiquement ***gardait son psychisme intact*** animé qu'il était de la ***volonté*** d'abord de poursuivre ses agresseurs, ensuite d'accomplir absolument sa mission de livraison du ravitaillement. On sut, par la suite, que des cartons de munitions et de revolvers étaient dissimulés parmi les cageots de légumes et quelques boîtes de conserve. Toute cette cargaison ***était attendue*** par des groupes de civils qui avaient dressé des barricades. Il ressort de tout cela que, dans tous les cas de blessures mortelles, il se produit ***une sorte d'anesthésie naturelle et automatique*** dans le cas où ***le sujet est investi*** dans une aventure qui ***absorbe totalement*** son mental. Sinon, on peut dire que les sensations les plus douloureuses sont le lot des gens qui pullulent d'imagination, d'embellissement ou d'enlaidissement excessifs des faits...

f) Victimes de bêtes féroces ou venimeuses :

Les circonstances qui suivent sont relativement rares, mais nous avons cru bon de les mentionner pour éviter que les personnes mal informées ne les dramatisent davantage qu'elles ne le sont en réalité. Il nous faut vaincre, je le répète, cette ***apparente*** monstruosité de la Mort comparativement à ce qu'elle ***est réellement***. Tout le monde a en lui la désagréable appréhension de la vipère et du serpent, de la même façon que les femmes montent vivement sur des chaises lorsqu'elles aperçoivent une souris. Ma grand-mère adoptive blêmissait à la vue de la moindre araignée et l'une des sœurs de ma belle-fille tremble de peur à la présence d'un chien. Jusqu'au point de se faire mordre constamment par cet animal qui flaire les peureux et les déteste. Il faut savoir que tout le monde animal obéit à son ***instinct*** qui est la forme sub-consciente dans ce règne de notre «Je-Individualité». La bête ***sait*** donc d'instinct ce qu'elle doit faire ou ne pas faire, ***non par transmission intellectuelle*** de technique ou d'expérience : même les animaux retirés de leurs parents avant maturité se comporteront comme s'ils avaient été élevés par eux. Tous les bébés humains savent téter, et ils dirigent leur tête vers le sein de la mère et non vers son bras, sa main ou sa jambe ; les veaux font de même. Toutes les araignées savent tisser comme tous les oiseaux savent construire leur nid (et pas un ne se ressemble, selon les espèces). Nous pourrions citer encore les castors du Canada, les fourmis et les termites, etc.

Dans le monde animal ***l'instinct*** guide donc le Savoir et le savoir-faire, alors que chez l'homme le modernisme a tué en lui ***toute intuition***. Nous agissons d'après ce que l'on nous a dit, ce que l'on nous a enseigné, c'est à dire des choses vraies et des préjugés subjectifs transmis de génération en génération, et qui forment ce que nous appelons ***«Culture»***. Mal dispensée la plupart du temps, elle crée des masses d'«ignorants instruits», de médiocres, de patrons tout juste honorables, et enfin de doctes universitaires. De l'humble scarabée à l'éléphant, ***chaque unité fait son «devoir»***, à savoir accomplir la fonction pour laquelle la Nature-Conscience l'a générée : perpétuer l'espèce dans son rôle écologique. Aussi, chaque animal fait son «devoir» parce qu'il est ***«instinctif»***, comme la faim ou le besoin sexuel. Or personne ne se dérobe au devoir que dicte la faim, alors qu'il peut encore se dispenser de l'autre. Il se trouve des parents qui, nantis de tout, se dérobent au devoir d'alimenter leur famille. Tout cela parce que chez l'homme, le devoir n'est ***instinctif*** qu'à l'échelon de ***l'individu, du «JE» exclusif***, et non à la dimension des corps sociaux ou politiques, ne serait-ce déjà que le plus élémentaire, ***la famille***. Chez l'insecte, par exemple, le sens collectif est aussi intense que le sens individuel : une fourmi ne s'isolera pas, même en pensée, de l'«âme-groupe» de la fourmillière. Un termite n'a pas plus d'existence individuelle qu'une goutte de notre sang. Ce qui existe réellement dans l'Univers c'est la ***Fourmiliere***, c'est la ***Termitière*** ou c'est ***le Flux vital sang*** et pas autre chose !

Tout cela pour en venir aux contacts plus ou moins fâcheux entre ***l'homme et le monde animal***. Des apprentis dompteurs dans des cirques ambulants m'ont confié avoir eu de graves problèmes avec leurs fauves, tout simplement ***parce qu'ils en avaient peur***.

Renversés par des lions mal réveillés, ils roulèrent à terre et ressentirent «un état de rêve», ***sans douleur ni peur***, bien que face à face à la gueule menaçante de l'animal, ils fussent ***conscients de ce qui se passait***. L'un d'entre eux, dont le bras fut complètement dévoré par un tigre qui l'avait immobilisé au sol, n'éprouva aucun sentiment de peur ni d'horreur. Il sentait pourtant de façon très nette qu'il était mordu, il en avait parfaitement conscience, mais ***la sensation faisait défaut***. Un homme mordu par un ours au Canada s'exprima de la même façon : il sentait sa chair s'écraser mais dans un ***état anesthésique*** le plus complet. Quand les secours arrivèrent, une partie de la cuisse gauche de mon interlocuteur pendait, arrachée et ballante. Il existe par contre des milliers de cas où animal et homme font cause commune. Les exemples pullulent de gens vivant avec des guépards, des loups, des lions, et des serpents, sans que le moindre incident ne survienne. Tout simplement m'ont dit quelques-uns de ces gens, parce que dès leur jeunesse, ces hommes et ces femmes ***se sont sentis instinctivement «proches» de telle ou telle espèce et l'ont aimée***... De plus, dans les situations accidentelles, jamais il n'a été ressenti de souffrances ***sur le moment***. Presque toujours, l'esprit des attaqués est resté calme, au point que certains en ont été à analyser la situation et à se demander ce que l'animal allait faire.

Il y a aussi les morsures de serpents et les «crochetages» de vipères. Il est curieux alors de voir que ***la sensibilité tactile persiste*** alors que disparaît la sensibilité nerveuse à la douleur. Ce phénomène est pour le moins curieux mais non inexplicable : tous les physiologistes savent que les fibres nerveuses tactiles diffèrent des fibres nerveuses véhiculant les signaux-informations qui déterminent la douleur. Un été de vacances dans un village du Perche, un jeune voisin de mon âge (douze ans à l'époque) se trouva nez à nez avec un jeune lion échappé de sa cage-roulotte d'un cirque ambulant installé sur le champ de foire communal pour le week-end. Inutile de vous dire que le garçon tremblait dans sa culotte ! Puis il se ressaisit mais eut la mauvaise idée de se mettre à courir à travers prés, au milieu des vaches, en appelant à l'aide. A la vue de cet être qui fuyait, le fauve sentit revenir en lui son ***«instinct-programme de chasseur»*** et bondit sur les traces de mon jeune camarade. En quelques sauts il le rejoignit et bondit sur lui. Le garçon se débattit et écopa une morsure à l'avant-bras et un coup de croc lui traversant la main. Survinrent enfin le garde-champêtre armé et le dompteur alerté par des fermiers qui avaient vu la scène. Le blessé fut libéré, l'animal réintégra docilement son logis roulant. Un automobiliste emporta l'accidenté à l'hôpital de N... Le R... situé à vingt-cinq kilomètres. C'est ***au moment où il fut allongé*** sur son lit d'hôpital que le garçon se mit à hurler de douleur et à gémir sur sa main et son bras. Il est vrai que ***la peur est un anesthésique*** puissant, mais à cela s'additionne une sorte de déconnection automatique entre le «JE» et le «MOI», entre le mental-esprit et le physiologique corporel, qui prépare ainsi au pire le sujet en danger mortel avancé.

15.4 - Le meurtre ou l'acte d'héroïsme

Lorsqu'il s'agit d'un ***meurtre***, l'esprit se doit d'abandonner ***soudainement*** un corps et de suspendre momentanément, ou définitivement, sa mission ici-bas. ***L'Anima reste liée énergétiquement*** à sa partie corporelle inférieure (ce qui est normal puisque c'est elle qui en assure la structure). Le ***corps*** est atteint mortellement dans sa vie végétative. Là aussi, ***le libre-arbitre est hors de cause***, à moins que la victime n'ait provoqué son agresseur, ou que les circonstances du meurtre soient celles de l'état de guerre d'une nation armée ou le rétablissement de l'Ordre (police). En tout cas, l'Esprit n'est pas responsable du non accomplissement du «programme» inscrit, au départ, dans les gènes et «mémorisé» en «informations particulaires» (revoir Fig. 32).

En phase ***d'agonie*** de la victime, l'Esprit «déplore la perte de sa partie corporelle active dans le Monde du Sensible» et aurait tendance ***à revenir à son état initial*** afin de terminer le Cycle de vie prévu. Comme il s'agit d'une attaque extérieure, il n'est secoué d'aucun remord, excepté le regret dû à l'abandon brutal de l'existence (famille, amis, etc). Même pour un soldat ou un policier qui exécute un ordre, il y a tôt ou tard des remords d'avoir privé un être du droit à la vie, et d'avoir brisé celle-ci. Je mets de suite hors jeu les criminels psychopathes qui récidiveraient froidement si la Justice ne mettait pas fin à leur carnage. Encore que, là aussi, au niveau du monde de l'«énergie-information» la rencontre meurtrière ***ne soit pas fortuite*** : assassin et victime(s) se connaissent, même s'ils ne se sont jamais vus, physiologiquement parlant, dans l'existence présente.

Il en va de même ***du viol*** sur lequel je ne veux pas m'étendre. Néanmoins, j'en profiterai pour dire que, sur des milliers de cas étudiés, tous pays et toutes circonstances, on a été ***obligé d'admettre une secrète et profonde connivence, insoupçonnée*** certes de l'un et de l'autre, qui poussait à cet acte ignoble : on a recensé des viols homosexuels féminins et masculins, des hétérosexuels bien entendu, des incestes côté père et côté mère. Il y a des centaines de cas où, cette «***pulsion interne et lointaine***» unissant brutalement les deux partenaires n'existant pas, l'acte n'a pas lieu alors que ***tout prédispose*** à son accomplissement certain : isolement, discrétion, refus de l'un et désir débordant de l'autre, certitude de l'impunité, tranquillité sanitaire et fécondatrice, etc. Dans mon milieu professionnel j'ai connu des jeunes femmes très attrayantes, légèrement vêtues, qui se promenaient de nuit dans des quartiers mal famés de grandes villes américaines et européennes, en quête d'une «aventure sexy agressive». Elles en sont revenues bredouilles, ayant pourtant croisé de redoutables bandes de jeunes loubards ; par contre, d'humbles petites femmes peureuses, ***redoutant constamment*** ce genre d'incident, ont été constamment attaquées, dépouillées et quelques-unes violées sauvagememnt. A une certaine époque, la Police ne prenait pas au sérieux ce genre de plaintes. Certaines en sont mortes. A ce propos beaucoup se sont exprimés dans l'ombre lors d'émissions de TV sur le sujet. Je n'en dirai pas plus...

Dans un meurtre, les souffrances consécutives à cet acte s'inscrivent en «informations» dans l'Esprit du ***meurtrier*** qui prend alors toute ***la responsabilité de son geste***, ce qui l'empêchera de progresser dans ses «mutations» post-mortem. Les particules qui le constituent vont se charger de ***données négatives*** (telle une mémoire d'ordinateur). Il se produira alors une sorte de «***mémorisation du rayonnement rémanant***» (phénomène classique en Électro-magnétisme et en Psychologie) de la partie corporelle de sa victime, organisme vivant qu'il a brisé et qui ***«s'attachera» à lui***. Il devra en ***«traîner le cadavre»*** au cours de plusieurs niveaux de conscience planétaire successifs ultérieurs. (Loi du Karma). Comme le Cosmos-Conscience est plus juste et moins barbare que l'Homme, c'est souvent dans sa cellule que le/la coupable ***va se transcender*** et «***produire des fruits***» qui vont largement ***compenser en «positif»*** leur geste d'un «instant» d'égarement. «Le repentir effectif d'un criminel vaut mieux que celui de quatre-vingt-dix neuf justes «non sanctionnés» parce qu'ils n'ont jamais eu l'occasion de tuer ou de voler...» est-il écrit[9].

Nous allons voir présentement deux types malheureusement trop communs d'individus qui, volontairement, ont décidé de supprimer la vie terrestre de leurs proches, soit pour des motifs bassement matériels (se substituer au défunt politiquement, affectivement, idéologiquement, financièrement ou foncièrement, etc.) : c'est le ***meurtre ou l'exécution décidée***. D'autres perdent la vie parce que leur nation est attaquée, ou que ***l'Etat a décidé de les sacrifier*** pour des raisons qui lui sont "propres" (si je puis dire), d'autres enfin deviennent «héros» malgré eux.

A) Mort par meurtre ou exécution décidée

Je rangerai ces pertes de vies ou meurtres dans la catégorie des ***«morts artificielles»*** dans le sens où elles ne sont ***pas consécutives à des lois naturelles***, mais résultent de décisions humaines très arbitraires. Coups de couteaux ou de rasoir, hachette ou ma-

[9] «Nouveau testament», Evangile de Luc, chap. 15, vers. 7.

chette, matraque ou bâton, barre de fer ou bouteille cassée, revolver, etc. Tout est bon pour celui/celle qui veulent arriver à leur fin : ***supprimer la vie*** de l'«autre» pour en ***tirer un avantage égoïste***. Mis à part les psychopathes, l'humain normal ne tue pas par plaisir ou par désœuvrement. Je sais que ce n'est pas toujours vrai, et que des jeunes délinquants de nos banlieues en arrivent parfois à «cibler» de paisibles citoyens, en «tir au pigeon», pour éprouver quelques sensations morbides.

A de rares exceptions près de criminels endurcis ou remarquablement intelligents, ***l'humain qui a tué est mal à l'aise***, même si son avocat bien payé et très éloquent fait pleurer le jury sur ses antécédents et son milieu. Il ya des millions de pauvres hères qui souffrent de par le monde et qui ne tuent pas ! Il y a des centaines d'«enfants gâtés», durs, méprisants, de milieu très bourgeois et aisés, qui récidiveraient facilement si la Justice ne les mettait hors d'état de nuire. Et puis, il y a les faibles, les magouilleurs, les faux «affairistes» qui, pour se tirer d'affaire sont prêts à tout. Ceux-là sont les plus dangereux. Je ne répèterai pas ce que j'ai dit aux pages précédentes : quand il y a meurtre, si le point de l'impact est ***vital***, il y a perte de connaissance ***instantanée*** et le processus prémortem habituel s'amorce immédiatement, ***sans douleur***. S'il y a simplement ***blessures mortelles***, nous nous retrouvons dans un lent état ***d'inconscience nerveuse*** survenant suite à une disjonction entre le psychisme et le physiologique.

L'exécution légalement décidée est une autre question. Avant l'abolition de la peine capitale, les bourreaux rédigeaient un rapport après chaque exécution. Dans l'ensemble, il ressort que 80 à 90 % des condamnés sont ***en syncope*** au moment où on les bascule sur la planche de glissement vers le couperet. Ce sont presque des cadavres que l'on décapite. L'angoisse, la terreur, l'émotion sont telles que le corps est littéralement ***«empoisonné» par les toxines*** secrétées par le système endocrinien. Aussi les corps de condamnés rasés et tondus ne sont souvent que des masses inertes sans force et sans réaction nerveuse. Les têtes qui tombent dans la corbeille sont celles d'êtres inhibés et asphyxiés. L'Angleterre et l'Allemagne impériales ont pratiqué longtemps ***la pendaison*** qui dans un sens humaniste, est plus «douce» que la machine du Dr Guillotin, qui à l'origine, en philosophe pacifiste, voulut éviter aux condamnés royaux l'affreuse boucherie de l'exécution à la hache. Ironie du sort : la maquette fut présentée au malheureux roi martyr Louis XVI avec une lame échancrée en demi-lune. En fervent mécanicien et horloger, le monarque fit remarquer qu'il serait plus rationnel de la présenter en biseau. Très démonstratif, il se fit apporter un pain et montra qu'il était plus aisé de le couper obliquement que perpendiculairement. Bien entendu, Guillotin acquiesça. Le malheureux ignorait que lui et sa famille allaient expérimenter la sinistre machine qu'il venait de perfectionner, payant ainsi le gaspillage et les infâmes règnes de ces deux dévoyés prédecesseurs. La pendaison, puisque nous parlions d'elle, disloque brutalement les vertèbres et déclenche ***l'asphyxie***. Selon certains écrits, les sensations les plus pénibles sont celles qui précèdent le passage du nœud coulant. Ensuite, elle se prolonge en visions agréables, musique enchanteresse, odeurs de fleurs, et goûts sucrés sur la langue. La légende attribua longtemps aux pendus mâles des moments d'orgasmes consécutifs à l'action de la corde sur la thyroïde, ce qui est faux et a pourtant coûté la vie à bien des «demi-pendus» amateurs morbides de ce plaisir...

Les USA se sont singulariés par ***l'exécution par électrocution***. Tout le monde a entendu parler de l'injuste condamnation des malheureux émigrés italiens Sacco et Vanzetti qui, bien que leur innocence fut prouvée au dernier moment, moururent sur la chaise électrique. Même procédé avec le ***couple Rosenberg*** dont le «passé d'étudiants communistes» pesa lourd dans la balance, alors qu'on ne put jamais véritablement prouver leur culpabilité. Le monde entier s'en émut, et des pétitions furent signées dans tous les pays. Il en fut de même pour les deux Italiens, mais en vain : parfois la «raison d'Etat» prime le Droit ! Beaucoup de journaux new-yorkais de ces époques ont affirmé, aux dires des experts médicaux, que ce genre de mort est la plus «douce» : le condamné ***n'éprouve***

aucune douleur physique alors que le spectacle est atroce pour l'entourage et les assistants. Sous l'effet de la décharge électrique sous haute-tension, le corps saute et le visage se crispe, alors que depuis quelques secondes le sujet a perdu totalement conscience. A peine a-t-il reçu le choc qu'il cesse de le sentir : ***la décharge le confond avec la chute dans le Non-Etre***. De telles affirmations ont été authentifiées par deux ou trois condamnés qui furent grâciés par décision présidentielle avec allocation d'une pension à vie par l'Administration Fédérale. Reconnus en vie suite au contrôle médical post-mortem de routine, ils avaient bravé la première et la seconde décharge. L'un d'eux est mort à l'âge de 92 ans en parfaite santé.

B) Morts en service militaire ou commandé

Je n'ai fait la guerre qu'à titre civil, étant trop jeune pour être incorporé en 1940, et le conflit finit plus tôt que ma demande d'incorporation en 1945. Néanmoins, ce que j'ai vécu m'a suffit pour m'en faire une idée bien réaliste. J'ai d'ailleurs été blessé à la jambe gauche en juin 1940, et en ai gardé une très légère déviation type «allus valgus». Inutile de retracer ici l'état moral dans lequel se trouvait l'Armée Française à cette époque alors que, à part quelques braves isolés qui payèrent de leur vie leur héroïsme, tous les chefs se sauvaient en abandonnant leurs hommes désemparés. Je n'épiloguerai pas, d'autres l'ont fait bien mieux que moi ; je vous renvoie à cette abondante littérature. De même qu'une société ne tient pas sans une ***éthique ou une morale***, une troupe ne marche que si ces deux stimulants sont fortement ***ancrés*** d'abord dans l'Etat-Major, ensuite répartis entre tous les hommes qui la composent. Lors de combats très sanglants à lourdes pertes, le soldat se sent à la fois livré à la fatalité et en même temps un pion sur l'échiquier du conflit. Il pressent «qu'il va abattre des gens qu'il ne connaît pas au profit de gens qui se connaissent mais ne se battent pas» ! De chaque côté de la ligne de feu, la mort du fantassin, de l'aviateur ou du marin est prévue, estimée, étiquetée sur une carte géographique. Sous un gros trait de crayon bleu ou de crayon rouge, ce sont des milliers d'hommes qui en attaquent d'autres comme eux, qui se plaquent à terre au commandement, mitraillent ou ne mitraillent plus, pilonnent ou cessent de pilonner, débarquent ou rembarquent, évacuent ou avancent, transmettent des ordres ou attendent les contre-ordres, etc. C'est cela l'Armée (avec un grand «A») avec tout ce qu'elle représente de sublime, de grandiose, de triste, de lugubre ou de tragique.

Tous les historiens, les sociologues, les philosophes, les économistes fussent-ils les plus anti-militaristes, conviendront que ***nulle nation au monde n'a pu se dispenser d'une Armée Nationale***. Supprimer l'Armée, c'est faire disparaître le Squelette social d'un peuple. Religions, commerce, Pouvoir et Armée ont toujours existé depuis la tribu la plus arcahïque jusqu'aux démocraties les plus relâchées. Ces quatre fonctions constituent les ***quatre piliers*** du Temple Social Humain. On a vu les régimes les plus révolutionnaires, voire les plus anarchistes (Ukraine en 1918, Bulgarie en 1919, Espagne en 1930...) les supprimer pour y substituer le «Service au Parti», la «Distribution coopérative», le «Bureau Politique», et la «Milice». Simple changement d'étiquette, mais **les fonctions demeuraient présentes et effectives**. Tout commandement évalue mathématiquement un nombre de morts, un pourcentage de blessés temporaires ou d'éclopés à vie, une masse monétaire de pensions à allouer aux veuves et aux orphelins, le tout en balance comptable avec les budgets d'armements, les salaires payés, les bénéfices enregistrés, les gains bancaires, les contrats commerciaux avec les alliés ou les «ennemis» en sous-main, les courants d'approvisionnements, les développements de nouvelles technologies (industrielles, médicales, agricoles, sanitaires, sociales, etc.). Le monde terrestre est ainsi fait, et rien ne pourra y changer, ***parce qu'il doit en être ainsi***, tout au moins pour l'instant en cette partie de l'Univers et il faut en être conscient ! **L'ignorer revient à se mentir à soi-même** !...

Reste donc la ***mort par héroïsme***. Si cet acte est conscient, il est normal que la fin soit noble et la victime accomplit alors un devoir de ***l'ordre le plus élevé***, celui «d'engager et de donner sa seule existence du moment ***pour un autre*** membre du Subconscient Universel afin qu'il puisse continuer sa mission ici-bas». Tous les «Livres Sacrés», Bible comprise, mentionnent bien sous des formules diverses «qu'il n'y a pas de ***plus grand amour que de donner*** sa vie pour son prochain» (celui qui, comme vous, est membre du Grand «JE» Universel). Dans de telles conditions, l'Esprit du ou de la sacrifié(e) n'est absolument ***tenu pour rien*** dans le Temps et l'Espace universel : il héritera d'un autre niveau de conscience corporel qui répondra à la taille et à la grandeur de son dévouement passé. «Qu'il repose en paix» est-il gravé sur les pierres tombales. Ce sera d'autant plus vrai dans ce cas, relativement à son passage sur cette Terre. A la dimension de l'individu, la mort du ***soldat*** diffère de celle du ***condamné*** : ***le premier ignore*** l'instant et le genre de mort qui l'attend, et chaque seconde de mitraille engendre des suppositions inouïes de mutilations possibles. Pour le ***second, tout est net***, bien réglé, entre la tonte, le rasage, le verre de rhum et la cigarette, puis l'exécution, il n'y a pas de place pour la réflexion !

Beaucoup de vétérans m'ont raconté que, dans les atroces moments qui précédaient une attaque-surprise ou une embuscade, ils auraient bien voulu être morts réellement, tellement ***leur anxiété devenait insupportable par l'attente*** de l'«Imprévisible», «le plus terrible, disaient-ils, n'est pas d'être mort, ***mais surtout de mourir***, car nous ignorions ***quand*** et surtout ***comment***»...

En plein cœur des combats, au milieu des clameurs et des hurlements de souffrances, des commandements secs, des appels radio, de la fumée des explosions et des tirs saccadés des mitraillettes, l'humain entre dans ***«un état vibratoire second»*** : il est présent charnellement mais une partie «conscience» de lui-même ***vibre dans un monde parallèle***. Dans une telle atmosphère, l'homme le plus aguerri ***se transcende*** et beaucoup m'ont franchement avoué, en y réfléchissant à posteriori, que de part et d'autre du front ***«On ne s'appartient plus»***. On comprend très bien alors que, dans chaque camp, il y ait des bavures : tirs sur des camarades, lâcher de bombes sur des troupes de nationalité identique, ordres portés à des unités adverses, duels d'artillerie entre unités du même bord, etc. Dans chaque combattant monte du tréfons de son for intérieur, des pulsions très fortes qui le rendent parfois ***ivre***, flageolant au milieu des éruptions d'acier et de feu. Souvent, les nerfs se contractent avec des brûlures d'estomac, et plus d'un ***se croit*** blessé, et va même jusqu'à ressentir la déchirure terrible d'une balle ou d'un morceau de grenade ***que son corps imagine à force de le redouter...***

C'est pourquoi j'ai toujours émis de fortes réserves lorsque, froidement, dans le silence de leur cabinet, ou à la chaleur ouatée d'une salle d'audience, magistrats et avocats jugent des hommes et des femmes reconnus ***«coupables»*** eu égard à des documents et des écrits préparés par des dialecticiens bureaucratiques. Qui sait ce que vous lecteur, vous lectrice enceinte, ou tenant votre enfant dans vos bras, feriez dans des situations ***qui vous dépassent*** et dans lesquelles chaque seconde tombe comme une goutte d'acide sur de la craie, où l'on a ***ni le loisir ni le temps de choisir*** et quels réflexes ?... Ceux de son éducation ? Ceux de son ethnie ? Ceux de sa religion ? Ceux de son contexte familial ? Ceux de son sexe ? De son âge ? De son niveau social ? De ses responsabilités civiles ou militaires ? etc., etc... Soient autant de remises en cause de tous les instants. Il est très facile entre deux tasses de thé et quelques petits fours de lancer des expressions banales comme «il/elle aurait dû...», «il/elle pouvait éviter...», «il fallait faire preuve de plus de sang-froid...», «il n'y avait qu'à...», etc. J'adore ces «il n'y avait qu'à...», prononcés en principe par des poltrons, des froussards, des planqués, car en dépit des belles paroles des livres «guerriers», ***tout soldat ou civil sur le front a d'abord peur !***

Certes on s'accoutume à tout, même à l'horreur, c'est une question de temps, de fréquence, ou d'intensité dans l'horrible ou l'insoutenable. Autrement dit, lorsque la Mort-surprise survient, le soldat grièvement atteint ***ne sent même pas les «bienfaits» de cette libération*** tant la hantise de la fin a anticipé son passage à une autre «conscience de la Vie». Je préfère le déplacement en rampant d'une rue à l'autre dans un village désert infesté de tireurs cachés, qu'un bombardement au canon que l'on subit sans bouger, et où l'on pense, minute après minute, que le dernier obus tiré sera enfin le «dernier des derniers». De telles circonstances mettent le système nerveux à rude épreuve. Cependant, si dans les «mouroirs de l'arrière-front» on n'entend que plaintes et lamentations sortant de corps en piteux état, il n'empêche que dans les faits les chirurgiens militaires s'étonnent de ***l'admirable accomodation*** du corps humain ***avec le concours de l'esprit***. On a vu des blessés dont les intestins pendaient, la paroi abdominale ayant cédé (soufflée par une bombe : j'étais présent[10]), d'autres dont le cou, l'œsophage ou les poumons étaient troués de balles et d'éclats dont certains avaient sectionné la moëlle épinière et qui, à leurs rares moments de lucidité, affirmaient qu'ils étaient ***conscients*** de tout ce qui se passait, mais ***qu'ils ne souffraient pas*** ! Ils se disaient simplement gênés par le fait qu'ils ne pouvaient remuer la tête, les bras, ou les jambes. Pourquoi alors tant de cris, de râles ou de pleurs ?

Un nombre important de médecins militaires questionnés à ce sujet, notamment feu mon vieil ami le médecin-commandant Gauthier, ancien directeur du Val-de Grâce à Paris, m'ont répondu que, d'abord ***les affres morales surpassent en intensité les affres physiques***. Ensuite, que la majorité des plaies ***superficielles*** sont ***plus douloureuses*** que les plaies profondes. En effet, comme je l'ai déjà mentionné, dans les premières ce sont toutes les terminaisons nerveuses périphériques qui sont mises en alerte par des sectionnements locaux, alors que dans les secondes la «barrière périphérique de sensibilité extrême» a été franchie et mise hors service ; donc le sujet ne peut plus ressentir la douleur. Tertio, on ne peut établir de règle de proportionnalité entre la gravité tissulaire d'une blessure et la réaction psycho-nerveuse qu'elle engendre.

[10] J'ai d'ailleurs perdu la parole durant près d'un mois suite à cette commotion provoquée par ces atroces spectacles : j'avais quinze ans !

Blessés ***mortellement***, beaucoup de militaires ***n'éprouvent aucune douleur*** sur le moment et reprennent conscience sur le brancard de l'ambulance, à moins que la phase pré-mortem n'ait été déjà engagée. Un grand nombre de ces blessés alternativement reprennent connaissance, s'évanouissent de nouveau, puis retombent dans un «état second».

Que mes lecteurs me pardonnent si je m'étends sur cette question importante des blessés graves suite à des faits de guerre, mais nous vivons actuellement des temps de fin de siècle suffisamment troublés, de conflits semi-civils/semi-militaires type «Rwanda» ou «Sarajevo», pour ne pas insister sur des situations qui peuvent être les nôtres demain. Si le danger de Guerre Mondiale est écarté depuis l'écroulement du Bolchévisme, le spectre plus dramatique de la «petite guerre interne» se profile un peu partout sur la planète. D'une heure à l'autre, si tous les «ingrédients» sont réunis, un tranquille petit village peut se transformer facilement en «fournaise» effroyable, suite à une banale élection «trop télécommandée», ou à une simple opération de police sur des individus suspects. Devenir l'un de ces malheureux blessés mortels militaires ou civils devient chose facile à tout instant. D'où mon insistance à prolonger quelque peu le sujet.

Concluons en disant que pour le soldat qui sent venir sa fin : sa seule peine, si je puis dire, sera une dernière vision de ceux/celles qu'il aime, proches ou lointains, parfois ceux disparus avant lui, et il analysera ses actions passées. Même le plus altruiste regrettera toujours de ne pas ***s'être mieux comporté***. Il reviendra à ceux qui l'assisteront dans ses derniers instants de lui faire sentir et comprendre que les limitations d'ordre temporel terrestre ***n'ont plus cours*** lorsque l'Esprit abandonne l'Anima et le Corps. Il faut que le mourant ferme les yeux sur un monde qui a approuvé sa bravoure.

15.5 - L'INTERRUPTION VOLONTAIRE D'EXISTENCE PAR SUICIDE :

Il s'agit ici d'une mort résultant d'un acte ***direct*** (arme à feu, noyade, etc.) ou ***indirect*** (empoisonnement, drogue à overdose, etc.) suite à une décision pour un motif ***positif*** (amour, diffamation, etc.) ou ***négatif*** (fuite devant l'épreuve, transcendance artificielle pour jouir d'un «monde meilleur», etc.) et accompli froidement par la victime elle-même. Chez les ***aliénés mentaux***, les suicides sont dus à des hallucinations, à des conceptions délirantes, à un état mélancolique qui est permanent et tenace. Enfin il y a les ***obsessions*** avec anxiété et angoisse, suivies d'impulsions brusques et irrésistibles. Ce genre de suicides est généralement dénué de motifs ou déterminés plutôt par des motifs imaginaires.

Un grand nombre de ces «désirs de ne plus vivre» sont exécutés par des individus ***neurasthéniques***. Le suicide est plus répandu en ville que dans les campagnes, bien que la France, par sa politique agricole néfaste, remporte le triste privilège en nombre d'agriculteurs suicidés, suite à des endettements encouragés et qu'ils ne peuvent satisfaire. Les ***divorcés***, hommes et femmes, se tuent ***trois à quatre fois plus*** que les personnes mariés. Chez les ***jeunes de douze à vingt ans***, en France et en Suède, la proportion est effrayante. C'est dans les ***couples avec enfant*** que l'on relève le taux le ***plus bas***. Il est surprenant de constater pratiquement ***peu de suicides dans les camps de concentration*** (exceptés des malheureux devenus fous). Les cataclysmes, les guerres, les révolutions diminuent sensiblement le nombre de suicides, alors que d'un autre côté, les crises économiques et les périodes de chômage les font progresser (jusqu'à 20 % en France, 30 à 40 % aux USA et en GB, à partir de la décennie 1990).

Mondialement en 1990, ce mode d'auto-meurtre utilise la ***pendaison*** (47 %), ***la noyade*** (25 %), ***l'arme à feu*** (18 %), ***le couteau*** ou une pointe (0,5 %), ***la chute*** dans le vide (1 %), ***le poison*** (0,5 %), la ***drogue*** (8 %). Il y a aussi ***l'asphyxie*** par le charbon et le gaz et l'accident de voiture volontaire (très rare).

C.G. Jung, père de la Psychothérapie moderne, souligne qu'une thérapie mentale bien appliquée peut venir à bout d'un «terrain suicidaire», à condition toutefois comme il l'écrit [11], « de minimiser les valeurs naturelles concrètes » au profit des ***valeurs spirituelles***, fussent-elles «Dieu» ou «Dieu-Energie», peu importe, car la plupart des suicides survenant au cours d'un traitement psychothérapique proviennent du fait que l'on ***contrarie*** l'aspiration spirituelle ***innée*** du malade. Le suicide est donc bien la concrétisation effective d'un ***besoin spirituel*** et affectif ardent non satisfait.

Une des audaces de Freud a été de conclure à l'existence d'un ***instinct de mort*** [12], ce qui est tout à fait en corrélation avec nos découvertes en Physique concernant la «mémoire particulaire» (déjà citée). Si on considère l'histoire de l'Humanité, on est stupéfait de la ***tendance*** humaine à la ***destruction***. Cette tendance se manifeste envers les autres (guerres, agressivité, sadisme, disputes, etc.) ou envers soi-même (auto-destruction, masochisme, auto-humiliation, abaissement volontaire de soi-même, etc.). Dans ses écrits, Freud souligne chez les hommes[13] cette tendance à la «***Répétition***», tendance par laquelle l'être humain éprouve le ***besoin de répéter des expériences antérieures***, ou de ***revenir à des stades antérieurs de pensée ou de développement***. Cette tendance serait inhérente à ***toute vie organique ici-bas***. Toujours selon Freud, «avant d'être un vivant terrestre, tout Homme est d'abord un ***non-vivant***. Aussi, est-il normal qu'il manifeste cette tendance à retourner vers des stades ***antérieurs***. Tout Homme a en lui ***une pulsion instinctuelle le conduisant vers la mort physique***... Somme toute, le suicide résulte soit d'un abandon soudain à cette tendance, soit une ***recherche*** de celle-ci au plus profond de soi, culminant en geste fatal.

Dans beaucoup de revues françaises et étrangères (particulièrement scandinaves) on relève d'innombrables témoignages de jeunes

[11] C.G. Jung, «L'homme à la découverte de son âme»; page 50.
[12] Pr Dr P. Daco, «Les triomphes de la psychanalyse» (Marabout).
[13] Sous-entendu ici l'Humain, homme comme femme...

qui, ayant décidé de mettre fin à leur existence, ont accompli le geste fatal, puis ont eu l'infime chance d'être ***«ramenés à la vie»*** par des proches survenant à temps et alertant les services de secours compétents. Tous disent avoir ressenti ***d'abord*** des sensations ***heureuses*** d'«affranchissement du carcan de leurs soucis ou de leur ennui» ***en s'acheminant vers le «terme de l'ultime lumière»*** puis, brusquement, une suite de sensations lugubres et désagréables, voire douloureuses, ***leur «barraient la route» à jamais***. D'où une ***terrible angoisse*** insurmontable, oppressante, celle de quelqu'un suspendu dans le vide après rupture du câble de halage dans un téléphérique de montagne. Un jeune suédois qui s'était pendu consécutivement à une déception amoureuse déclara que, une fois détaché de la poutre à laquelle il s'était suspendu, ***il ressentit une douleur plus grande qu'au début de sa pendaison*** : il vécut un vrai matyr en se trouvant ainsi «***indécis***» entre deux situations, l'une de mort véritable et l'autre de «Non-Vie». Chacun de ses nerfs réagissait par des souffrances particulières, sans oublier des douleurs affreuses dans les doigts et dans le nez. Beaucoup jurent de ne jamais récidiver.

Il y a évidemment ceux et celles que l'on réanime, tel le récit ci-dessus, puis il y a la grande masse de ***ceux qui réussissent leur mort***. «***Réussir***» est un grand mot, car scientifiquement, il est prouvé que tous les médiums et les êtres ultra-sensibles sont ***sans cesse sollicités*** par des «entités-conscience» projetées brutalement dans le monde de l'Au-delà après avoir ***volontairement*** mis fin à leurs jours. Les maisons hantées et les «lieux maudits» ne sont pas le fruit d'imagination survoltée ! Soyons enfin ***positifs***, ne croyons pas n'importe quoi, mais surtout ***cessons d'être obtus*** ! Les Sciences Métaphysiques de Demain ne pourront progresser qu'à cette condition. Qu'un seul Principe dirige toutes nos investigations : ***la mort n'est affreuse que lorsqu'elle est compliquée par la main de l'homme***. Or, le suicide en est sa plus concrète démonstration. L'éminent Dr Ollivenstein n'a cessé de répéter : «... Il n'y a pas de drogués heureux...» Je me permettrais de paraphraser cet homme de haut mérite en énonçant : «... ***Qu'il n'y a pas de suicidés heureux !***...

Si l'on peut parfois reprocher aux religions judéo-christiano-islamique bien des errements, on ne peut que les féliciter d'avoir de tous temps condamné le suicide. Effectivement, dans la Bible (et approuvé par les «ThaLMuD» et le «QoRaN») le «***meurtre***» est légitimement ***condamné***. Le passage invoqué est le suivant : «...Tu ne tueras point...»[14] (hébreu = Lao ThoRaeTzèCh), ce qui se traduirait plus correctement, en français, le plus littéralement possible : ***«Ne pas devoir-assassiner»***, du fait de la présence de la racine «RaTzaH» signifiant : «briser une vie ***intentionnellement***» («RAaTz», «RaTzaTz, «ReTzA»), «Tu ne tueras point» se dirait en hébreu «Lao HaMYTh» ce qui n'a pas la même force, ***et dénature l'esprit du texte***. La racine égypto-hébraïque «***MoTh»*** implique une idée de ***«mutation à un autre niveau de conscience***, sous l'effet d'un incident, sans plus... «Briser ***une*** vie intentionnellement» ou «briser ***sa*** vie volontairement» entraîne à courir des ***risques karmiques*** graves. Hors de moi, chers lecteurs, l'idée de juger tel ou tel geste ; je n'en ai ni le droit et encore moins l'intention ! Mais, j'en ai le devoir, attendu les drames de ce genre de plus en plus fréquents parmi les jeunes, le tout encouragé par des lectures que la démocratie trop veule et trop lâche n'ose interdire ! Que ceux et celles qui jouissent de pouvoirs politiques en portent responsabilité devant le Cosmos-Conscience ! Y croient-ils d'ailleurs ?... J'aurai l'occasion plus loin, de revenir d'une façon plus concrète sur l'affreuse condition post-mortem de ces malheureux.

Je ne le répèterai jamais assez, mais je me dois d'insister de nouveau : toutes les religions antiques et modernes considèrent le suicide comme une faute très grave, plus nocive que le meurtre. L'homme ou la femme qui décide de se détruire ***montre sa faiblesse, sa lâcheté*** face aux épreuves de la vie. Au lieu de subir avec ***résignation*** (s'il est faible) ou ***réaction*** (si ses moyens physiques et moraux le lui permettent) ses tribulations, le suicidé les fuit. En s'y dérobant, il devient énergétiquement indigne du rôle qu'il était appelé à jouer.

[14] Ancien Testament, livre de l'Exode, chapitre 20, vers. 13.

Hors les causes d'honneur (type «KaMi KaZe» japonais, espion, résistant, responsable[15]) qui rejoignent le cas précédent, le suicide n'est pas un acte de courage comme le pensent certains, mais ***une dérobade***. C'est le type même d'esprit-mental acculé ***qui ne veut plus se battre et refuse obstinément l'affrontement avec la réalité***. L'humain qui se donne la mort est comparable au soldat qui déserte devant l'ennemi et fait tuer d'autres camarades à sa place : la Grande Initiation Antique l'interprétait ainsi.

Energétiquement, il apparaît que l'«***Esprit***» du suicidé, une fois séparé de son corps après rupture de la structure Anima, se trouve dans ***un terrible état***. Il constate alors par sa fonction «Conscience» (voir plus loin) la portée de son acte et ***l'avenir post-mortem*** qu'il s'est préparé. Il comprend trop tard ***qu'il s'est engagé dans une «mauvaise voie»*** et que cette nouvelle situation ***va considérablement entraver son évolution éternelle***. Car en essayant d'esquiver des douleurs obligatoirement ***passagères***, il s'est par contre, chargé de ***«chaînes informationnelles»*** (informations-signaux mémorisés en «négatif») dont il ne pourra se débarrasser que, au cours d'autres morts-mutations accompagnées d'épreuves plus pénibles. Rappelons-nous de ce passage biblique de l'Evangile «Tu ne sortiras pas d'ici avant que ***tu n'aies payé*** jusqu'au dernier denier»[16] (Fig. 47).

Désormais, en d'autres niveaux de conscience, il lui faudra tremper sa volonté intérieure pour ne plus fléchir en cours des «ré-incorporations» futures. Son Esprit souffrira dans le sens où il s'efforcera, en vain, de se réintégrer au corps ***qu'il a volontairement détruit***. Ce genre de tourments est effectivement terrible, car

[15] Que mes lecteurs ne se méprennent pas, les questions politiques ne m'intéressent nullement, seuls sont dignes d'attention les hommes et les femmes qui ont vécu des conditions favorables au suicide et qui ont surmonté leurs épreuves : Danielle Casanova, militante communiste athée, mutilée, torturée par la Gestapo et qui refusa l'ampoule de cyanure pour ne pas, par sa mort suspecte, perturber le moral de ses compagnes. Saco et Venzetti, le couple Rosenberg, les généraux et officiers de tous pays qui ayant fait leur devoir furent dégradés et frappés «d'indignité nationale», et bien d'autres encore qui avaient tous des motifs valables de suicide ; pourtant, aucun d'eux ne l'a même tenté !

[16]«Nouv. Test.», Ev. De Matthieu, chap. 5, vers. 26.

tel un homme en perdition dans une barque, sur une mer déchaînée et tentant désespérément de s'amarrer à un rocher dont la mer l'éloigne à chaque instant, ***son Esprit demeure lié*** à ce cadavre en putréfaction, dans le Temps et dans l'Espace, situation atroce pour une nature éthérique consciente.

Il arrive malgré tout ***un moment où ces liens se rompent*** lorsque le Cycle de morts-mutations que cet Esprit devait parcourir est révolu. Alors, il entre dans l'état où se trouvent habituellement ceux ayant accompli normalement leurs «temps planétaires». De ce qui précède, on conçoit mieux les raisons physiques et métaphysiques qui font qu'un lieu où s'est produit un suicide, ou un meurtre, soit considéré comme «***hanté***». Beaucoup de gens sensibles (même non croyants ou religieux) éprouvent de la ***peur ou de l'angoisse*** suscitées par les souffrances de l'Esprit du suicidé, ou de la victime, attaché à cet endroit. Des études sérieuses ont été faites à ce propos sur la «mémoire de la Matière» et confirment ce qui précède[17].

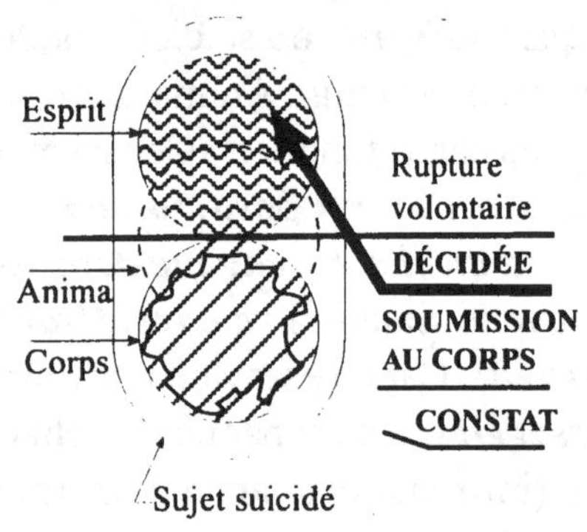

FIGURE 46

Face aux épreuves de l'existence, le suicide ne comporte pas, en lui-même, une infraction à la justice de Droit commun, comme le meurtre. Il va plutôt contre les ***devoirs*** que l'on a tous, individuellement, ***envers soi-même***, ainsi que vis-à-vis d'une société «***que nous avons choisie***» (revoir la Fig. 11) et qui attend de nous un certain «service» que nous lui refusons alors. On se doit ***«amour»*** à soi-même, et ce sentiment est ***naturel, inné*** : il est l'expression

[17] G. Osorio, «Les maisons hantées et la Mémoire de la Matière» (conf. ULP-I de F. En Sorbonne, 1989)

de la loi la plus profonde de l'être : celle de sa ***conservation***. En vertu de cette Loi gravée au plus «***intime***» des particules qui nous constituent momentanément, tout être ***résiste*** naturellement, instinctivement, et opiniâtrement à tout ce qui milite contre son existence. Même un athée, ou un agnostique, doit penser que le suicide est aussi un ***acte contre la société humaine dans son ensemble***.

L'individu ne doit pas seulement penser égoïstement à sa petite personne : il ***se doit au tout dont il est issu*** et auquel il tient énergétiquement par une multitude d'informations qui ***le relient*** au Sub-Conscient Universel. Il est impossible qu'il attente à sa propre existence sans créer une certaine «***turbulence***» énergétique environnante (comme nous le verrons ultérieurement). Il faut surtout bien faire comprendre au candidat au suicide, ou au rescapé d'une telle aventure, que ***s'il fallait que tous ceux/celles qui sont touchés par les épreuves et le découragement en finissent avec la vie, ce serait depuis longtemps la fin de l'Humanité***, à commencer par lui/elle-même qui n'aurait jamais vu le jour !

Encore une fois, je ne condamne ni ne juge personne ! Du fond du cœur je crie «***Miséricorde !***» au Cosmos-Conscience pour que les égrégores-consciences» de tous ces malheureux et malheureuses soient «allégés» du lourd poids de leur propre meurtre ! Je leur souhaite profondément de trouver dans l'Au-delà, en fonction de ce que je sais, des «aides» ou des «Compagnons de route» qui leur faciliteront la «Tâche». Non, mes amis, tous les problèmes de cette Terre même les plus spectaculaires et les plus importants, voire les plus honorifiques, ou ceux «d'une parole donnée que l'on ne peut reprendre face à des événements insurmontables», ***rien ne vaut la peine ou ne présente une valeur suffisante*** pour « briser la chaîne normale de nos morts-mutations à travers l'Espace/Temps universel... » Beaucoup de prières et de méditations devraient être adressées en leur faveur !

1-6. CONCLUSIONS GÉNÉRALES DE CETTE PREMIÈRE PARTIE

IL NOUS faut maintenant faire le point en cette première partie de l'ouvrage que j'ai intentionnellement titré «Dans la Lumière de l'Éternité» en souvenir , comme je l'ai dit en «03-3») de mon vieil ami Jacques Bergier, aujourd'hui oublié bien qu'il ait consacré toute sa vie à transmettre modestement son Haut-Savoir. J'ai voulu établir un certain parallélisme entre les «***Magiciens***»et les «Logiciens», ces «magiciens» du XXIe siècle ! A force de perfectionner ces «monstres inconnus», les ordinateurs, on se rendit vite compte ces trois dernières décennies, qu'il devenait ***de plus en plus impossible de délimiter la frontière exacte*** entre ce que nous avions l'habitude d'appeler «***le concret***» ou le «***matériel***» et ce qui lui faisait face, «***l'abstrait***» ou encore le «***virtuel***». A quel moment finissait l'un et à quel endroit commençait l'autre ?... A partir de 1955, un nouveau mot surgissait soudain dans la littérature technique «***l'informatique,***». Renseignement pris auprès des «initiés de l'électronique», sous ce mot se cachait la «***Science de l'Informatique***», c'est à dire l'ensemble des principes, méthodes et moyens assurant, à la demande, la saisie, le stockage et la circulation des «données». Allons plus loin : la «***donnée***» désignait désormais un «***signal***» plus ou moins complexe que, dans la vie courante nous exprimons verbalement par un son (signal sonore), par un mot, signe tracé ou gravé, ou par une ***onde particulière*** (visualisée, radio, TV, radar,...). L'ordinateur a le mérite et le privilège de recevoir, de mémoriser et surtout de ***combiner*** des masses d'informations. Et c'est à ce moment ***qu'il «bâtit» des structures d'une telle complexité qu'elles «échappent des mains» de l'Homme.***

Rien n'est plus important pour l'Homme que la mort ! Or, qu'est-ce que la mort sinon la ***Non-vie biologique***. Ce phénomène banal auquel aucune chose ni aucun être n'échappe repose sur la ***Double-Polarité des Forces*** à la fois ***Créatrices et Destructrices*** de l'Univers : la ***vie biologique et la vie énergétique*** (ou «Non-Vie biologique»). On sait que tout le «Logiciel» de l'ordinateur fonctionne sur un principe identique de Dualité : «***Tout***» représenté par le nombre «1» et «***Rien***» représenté par le nombre «0». Or, nous verrons aussi que «***Rien***» ne veut absolument pas dire «***Néant***» : c'est le ***Rien*** matériel dans le sens où nous l'appréhendons à notre échelle humaine. Dans l'ordinateur, disais-je, la partie «***Logiciel***» (Software) s'oppose et se complète en même temps à la partie «***Circuits électroniques***» (Hardware). Nous avons ici du «***Rien logique***» face à du ***«Tout support matériel»***, de la même façon que la Dualité Universelle a séparé ***L'Esprit et la Matière***, en aimantation les pôles ***Nord et Sud***, à l'instar des Anciens Grecs chez qui la pierre «ambre» séparait «l'électricité ***attractive***» de son homologue ***«répulsive»***.

Dans tous ces phénomènes, les deux «***pôles***» séparés ne tendent qu'à une seule chose : se ***réunir de nouveau pour un temps/durée plus ou moins long***. Ainsi, l'Esprit s'unit à la Matière, les deux pôles des aimants se joignent et les ***deux électricités*** s'associent. Dans les mondes complexes du Vivant planétaire (quels que soient leurs noms : Terre, Mars, ou autres) partout «quelque chose de ***Spirituel***» et «quelque chose de ***Matériel***» s'attirent impérieusement, ***irrésistiblement***. Issues de la ***même énergie et distinctes seulement par les «informations»*** qu'elles véhiculent, ces deux parties sont «assoiffées» réciproquement l'une de l'autre. Cette relation intime est telle que lorsqu'elle se réalise dans un simple infusoire, dont tous les descendants seraient conservés en laboratoire pendant un mois, produirait en trente jours une masse de Protoplasmes[1] grosse comme un million de fois celle du Soleil[2]. N'importe qui observant la Nature voit que dans toutes les espèces l'unique «***moteur biologique-conscience***» est le souci de ***prolifération***. Nous appelons cela «***Amour***», nous humains, c'est plus poétique ! Moins prosaïques, les Anglo-saxons parlent de «***sex-appeal***» ou «***sexe-attract***». «Géomètres» dans l'âme, les Grecs employaient quatre mots pour désigner l'«Amour» : «éros» (sexuel), «philéos» (amitié) «storgé» (tendresse), «agapé» (désir aimable d'échanges).

Toutes ces idées vont constituer le canevas des ***deux autres parties*** de cet ouvrage. En notre fin de XXe siècle de «scientisme à tout-va», on pourrait croire que l'on sait tout sur la mort d'un organisme, ce qui est loin d'être vrai. Avec les découvertes récentes de la Physique ondulatoire, jointes à celles de l'Information (surtout la "Bio-information"), il va devenir indispensable de ***réformer totalement notre conception de la mort***. Déjà depuis des millénaires, la croyance que «quelque chose d'indestructible» survit à la disparition de l'être humain est tellement universelle qu'on est tenté de la qualifier de «***réelle***». En effet, qu'un humain ou des centaines se trompent est classique, mais que des milliers, voire des millions répartis sur les cinq continents, dont la majorité n'ont jamais communiqué entre eux affirment les mêmes croyances, est plus convaincant. Certes, je me range à l'avis de E. Kant qui écrivit que «l'universalité d'une croyance ne justifiait en rien le bien-fondé de son contenu, mais tout simplement que cette croyance, et elle seule, en tant que phénomène existe réellement»[3]. Or si nous laissons de côté les hypothèses plus ou moins fumeuses des philosophes matérialistes ou non, voire les subtilités intellectuelles des théologiens de tout acabit, et que nous nous en tenions

[1] Proto-plasma = ce qui précède en forme (proto) le plasma de la cellule vivante dans lequel est incorporé le noyau (avec ses chromosomes).
[2] Dr Ed. Perroer; «La femme», p. 107 et 108 (Ed. Bong, 1931) ; voir aussi les travaux du Dr Alexis Carrel avec son tissu embryonnaire de poulet («l'Homme, cet inconnu»)
[3] E. Kant, «Critique de la Raison pure» (Hachette, Col. Vaubourdolle)

aux simples croyances populaires et aux us et coutumes folkloriques fortement appuyées sur les Lois de la Nature (particulièrement chez les peuples agricoles et pasteurs), nous constatons ***une surprenante analogie entre elles***, parmi toutes les ethnies et à toutes les époques. C'est ce que nous allons voir dans la partie qui va suivre...

Enfin, disons que l'enfant a moins peur de la mort que l'adulte ou le vieillard. En fait, avec tout ce que l'on peut lui reprocher de pleurs et de souffrance, sans compter les déceptions et les rancœurs, la vie (que l'on n'a pas envie de quitter !) ne semble pas si laide que cela puisque tant de gens, à l'orée de la tombe, s'y accrochent désespérément. D'une part, au moindre «bobo» on se précipite chez le médecin ; d'autre part peu d'humains regrettent d'avoir vécu ici-bas : la foule des «mauvais souvenirs» est gommée par quelques «bons» que, illusoirement, notre cerveau a déformé. Dans l'admirable ouvrage «Les Eaux mêlées»[4] le héros, un juif émigré nommé Mica, se souvient constamment de son village polonais de Rakwomir comme d'un «lieu de paix et de lumière» alors que, dans les faits, il avait fui «cette terre rude, hostile et son écrasante monotonie qui transformaient les hommes en sauvages, terre où les accordéons sanglotent jusqu'à ce que les nerfs se brisent, pays brumeux où brusquement le pacifique et hospitalier moujik barbu et fervent ortodoxe chrétien devenait massacreur de juifs, violeur de femmes enceintes, éventreur si besoin, et qui pleurait ensuite ses méfaits, penaud, noyé dans de copieuses rasades d'alcool de pomme de terre»...

Croyant enseigner à leurs ouailles la perpétuation de la vie, les clergés occidentaux des Eglises et des sectes biblistes leur ont appris d'abord ***«la tyrannie de Dieu»***, ensuite ***«l'Epouvante de la Mort»*** alors que les Extrêmes-Orientaux, les tribus australiennes et africaines, vivent des morts émouvantes, simples, sans révolte, sans nerfs, accompagnées souvent de démonstrations symboliques

[4] Roger Ikor, «Les Eaux mêlées» (Livre Poche, 1963)

d'une métaphysique très profonde que l'Occidental moyen a du mal à comprendre, mais que le scientifique spiritualiste accepte très facilement. Englués dans leur faux progrès et dans leur mauvais profit, les peuples «civilisés» (sic) se sont coupés de la nature, et de ce fait ne peuvent plus ni regarder la mort en face et encore moins la comprendre. Aussi dans nos pays, est-elle si pénible et si déprimante surtout pour ceux qui restent ! Aujourd'hui, la mort est représentée allégoriquement par un terrible squelette humain armé d'une faux, ce qui lui donne son caractère morbide, sournois, criminel, alors que les «Ecoles des Mystères « la représentaient sous les traits ***d'une belle jeune fille endormie*** dans les bras d'une vieille femme sombre, sa mère, la Nuit ; à côté d'elle se tenait son frère, le Sommeil, en beau jeune homme. Le conte de la «Belle au Bois dormant» de notre enfance est issu de ce mythe archaïque qui a défié le temps historique et la géographie.

Ce qui frappe le plus d'épouvante les gens qui assistent à la fin de vie d'un être cher ou d'un ami, est la lutte musculaire et nerveuse qui oppose le mécanisme organique qui néguentropiquement refuse de se désagréger à la partie spirituelle qui, entropiquement veut «reprendre» son état énergétique normal.(fig 34) Il s'en suit que le public, en général, s'attache davantage ***aux apparences*** qu'aux réalités. La crispation classique des mains sur le drap dans le lit mortuaire est une ***réaction de pure mécanique psysiologique*** qui opère hors la conscience du moribond. Les assistants la traduisent ***faussement comme un effroi*** face au «Gouffre de la Mort», ce qui est sans fondement attendu tout ce que nous savons maintenant sur cet état. Toutes les personnes qui, comme moi, ont subi des anesthésies pré-opératoires seront de mon avis : l'être vivant le plus actif et le plus vivace passe alors dans un état de ***non-conscience corporel sans aucune douleur***, disons sans même s'en rendre compte, si tenté qu'il soit de s'opposer de toutes ses forces à ce «délicieux engourdissement. De l'avis de tous les «rescapés de la Mort», il n'est pas plus possible de sentir le passage de la vie biologique à la mort biologique (ou «vie-conscience») que de contrôler la transition de l'état de veille à celui de sommeil. Raison pour laquelle la Bible, approuvée par le Qoran, ***assimile constamment la mort à un sommeil*** dans ses textes.

Il est arrivé à tout le monde de guetter l'instant où le corps va s'endormir, et où l'Esprit-conscience va suspendre sa vigilance. N'essayez pas car vous seriez vite découragé(e) ! En effet, le sommeil intervient d'une manière si subtile qu'il est impossible de déterminer le moment précis où notre système nerveux s'est déconnecté du «corporel» pour se brancher sur le «spirituel». Notre «horloge biologique» (voir les travaux du Pr Emile Pinel) déclenche en son temps un «top-signal» qui agit sur l'hypothalamus[5], lequel déclenche alors ***un «signal» inhibiteur*** qui abolit toute sensibilité nerveuse. La mort survient comme le sommeil, à l'image d'un anéantissement physico-nerveux qui crée chez le moribond une sensation d'euphorie et de douceur. Ceci n'a pas échappé au Initiés qui ont dicté leurs découvertes aux scribes anonymes à qui nous devons ces textes : «Que je ne m'endorme pas du ***sommeil de la mort***...»[6], «...ils se sont ***endormis*** de leur ***dernier sommeil***...»[7], «... Qu'ils s'endorment d'un ***sommeil éternel***...»[8], «... ceux qui ***dorment dans la poussière*** se réveilleront...»[9], «....Ma fille est morte il y a un instant, mais viens, impose-lui tes mains et elle vivra de nouveau... Retirez-vous de là car la jeune fille n'est ***pas morte : elle dort*** ...[10], «... Après ces paroles, il leur dit : Lazare notre ami ***dort*** et je vais le réveiller. Les disciples lui dirent : s'il dort il sera guéri. Mais ***Jésus avait parlé de sa mort***, et eux crurent qu'il parlait de l'assoupissement du sommeil. Alors Jésus leur répéta : ***Lazare est mort***...»[11], «... Nous ne voulons pas, frères, que vous soyez dans l'ignorance au sujet de ***ceux qui dorment*** afin que vous

[5] Glande endocrine située dans le cerveau et régulatrice de la température du corps, de sa teneur en eau, de la soif, de la faim, et de la sexualité.
[6] Bible, «Anc. Test.», Psaume n° 13, vers. 4.
[7] Psaume n° 76, vers. 6.
[8] «Anc. Test.», livre de Jérémie, chap. 51, vers. 39.
[9] «Anc. Test.», livre de Daniel chap. 12, vers. 2.
[10] «Nouv. Test.», Evangile de Matthieu, chap. 9, vers. 18 et 24.
[11] Id., Evangile de Jean, chap. 11, vers. 11 à 14.

ne vous affligiez pas comme les autres qui n'ont point d'espérance...»[12], etc. Des preuves expérimentales authentifieront ces déclarations scripturales. Nous en parlerons plus longuement dans les conclusions de la prochaine partie de ce livre.

[12] Id., Epitre aux Thessaloniciens, chap. 4, vers. 13.

DEUXIEME PARTIE

L'INTUITION DANS LA HAUTE-SCIENCE ANTIQUE

2. - 1. L'APRÈS-VIE .... CETTE INCONNUE !

PARMI tous les êtres vivants de ce monde planétaire, l'Homme apparaît comme celui disposant particulièrement d'un cerveau raisonneur. Toutefois, comme il en est de bon nombre de ***paradoxes***[1] dans notre univers, ce cerveau l'incline à la fois vers le scepticisme et à la fois vers le besoin de subjectif et de «merveilleux». Je répèterai inlassablement le mot savoureux du grand Gustave Lebon : «L'Homme est abreuvé de vérités, mais il a surtout ***besoin de certitudes*** !»... Eh bien, en ce qui concerne la mort, l'Homme recherche depuis des millénaires des arguments secs, précis, appuyés sur des faits. Toutefois, pour celui ou celle qui pleure un(e) cher(e) disparu(e), toute argumentation positive s'avère de peu d'effet. Le compagnon, l'épouse, l'amie, le camarade des jours difficiles, la mère qui vous a tant choyé(e), le père apparemment distant et bourru que l'on a pas su comprendre, la sœur ou le frère avec le/laquel(le) on s'est chamaillé, etc... Toute cette «vie» s'est soudainement volatilisée. Et c'est le grand Vide ! Certes, on se sait non éternel, vulnérable, fragile physiquement et moralement, mais le quotidien étouffe en nous toute tentative d'approfondissement de notre situation en ce bas monde ! Les femmes et les jeunes filles ressentent très tôt et davantage que le sexe dit «fort» (!) ***une sorte d'intuition permanente d'une «vie-avant» et d'une «vie-après».***

[1] Du grec «para-doxa» = opinion contraire à celle de la majorité des gens mais qui, dans un certain sens, est complémentaire de l'autre.

Il est vrai que le creuset de la maternité met la femme ou la vierge ***réceptive aux Forces Subtiles de la Nature*** : elles se sentent intuitivement ***«dépositaires potentielles de Vie»*** avant toute gestation effective. Il est donc normal qu'elles envisagent tout naturellement un «autre changement d'état» lors d'un décès, d'autant plus que celui-ci les touchera de près. En la femme qui «matérialise la mise en corps physiologique» résident des sentiments qui plongent plus loin en profondeur dans le Monde du Non-Visible que tous les raisonnements compliqués de leurs partenaires masculins, ou les découvertes scientifiques les plus stupéfiantes à ce propos. Si, à majorité écrasante, ***les médiums sont de sexe féminin***, on le doit à ce que la femme dispose ***d'un système nerveux-antenne*** (revoir Fig. 26) des milliers de fois plus sensible que celui de l'homme. Depuis des siècles, dans toutes les civilisations, les femmes ont senti et appréhendé ***naturellement*** (sans aucun artifice) le monde parallèle des morts. Et ceci, d'autant plus qu'elles évoluaient dans un milieu sauvage[2] non perturbé par des vibrations parasites, générées par ce que nous appelons «Civilisations»[3]. En Afrique, en Amérique précolombienne, etc.[4], des milliers de femmes, ***sans se concerter***, reçurent en songes, souvent renouvelés, la «visite» d'une mère, d'un père, ou d'un époux aimé disparu. Bien plus, l'enfant en bas-âge qui n'a pas encore été oblitéré par notre monde, donc qui se trouve encore à cheval entre ce dernier et celui qu'il vient de quitter pour naître, aperçoit dans des «états de demi-veille» un ancêtre que sa mère ou des proches pleurent en cachette...

Hallucinations, folies, névroses, ... clame le matérialiste (je ne dis pas : le rationaliste, car je suis rationaliste, ce qui bien au contraire, m'empêche nullement d'être spiritualiste !). En réalité, ***on ne trompe que ce qui veut bien se laisser abuser*** ! Beaucoup de

[2] «Sauvage» : littéralement «sauve-âge», ou «âge de se sauver» (latin = Silva = forêt, endroit refuge, mot proche de «salva» = salut). Mot qui donna «slave» (habitant forestier).
[3] Civilisation = mode de vie commune socialement acceptée par une collectivité en vertu de principes et de lois moraux.
[4] G. Osorio, «L'héritage des Grands Initiés».

femmes et d'hommes ultra-sensibles sentent bien autour d'eux ***des réalités non visibles plus subtiles que les réalités matérielles*** ! Ainsi, par exemple, le chien malade lâché dans la campagne trouvera juste l'herbe qui convient à sa guérison ; le chat aussi d'ailleurs. Je l'ai vu maintes fois en Normandie, dans mon enfance, avant que la gente animale soit nourrie à la boîte de conserve, et emmitoufflée de matières plastiques. Pourtant, ces animaux n'ont fréquenté aucune école ; on ne peut même pas invoquer l'exemple maternel ou paternel, car bon nombre d'animaux isolés se comportent de la même façon. Tous les vétérinaires du monde admettent «***qu'une force circule en eux***», plus infaillible que la Science humaine, et que le profane nommé ***Instinct***. Ces êtres que nous classons arbitrairement comme étant «inférieurs», écoutent au fond d'eux une «***voix mystérieuse***» qui n'est perceptible que pour ceux de leur espèce. C'est pourtant cette même «voix» qui enchante le cœur des amoureux lorsqu'ils se parlent durant de longues et inoubliables promenades. Et puis, quand un enfant naît, avant même qu'il ait pu parler, la douce et mystérieuse «Parole» se fait encore entendre.

Dans bien des circonstances tragiques de notre vie d'adulte, au fond de nous «Quelqu'un ***semble frapper à une porte***» soit pour nous avertir, soit pour nous rassurer, voire nous consoler. Puis, à mesure que les années s'écoulent, à mesure qu'il nous est donné «de connaître plus de morts que de vivants», au plus profond des moments de douleur, lorsque des amis et proches nous quittent, la même «voix» crie encore : «... Non ! Untel... n'est pas disparu totalement ! Dans l'Univers tout est ***cycles et rythmes***, toute Énergie devient Matière pendant que simultanément, beaucoup de Matière redevient Énergie, ***Et rien n'est détruit*** ! Beaucoup d'hommes et de femmes se sont sacrifiés pour le «Bonheur» de l'Humanité ; beaucoup sont tombés face à l'adversité et sont devenus des «Lumières» pour les générations futures. Ainsi furent ceux que l'on appela «les Grands Initiés» qui sont à l'origine des Grands Courants religieux qui dominèrent le monde : Hindouisme, Zoroastrisme, Taoïsme, etc. Depuis des millénaires ils sont devenus des «Lumières dans les Ténèbres invisibles» disent les «Livres Sacrés» antiques. Esotériquement, les «Ecoles des Mystères» assimilaient cette séparation entre vivants et disparus à un Voile, raison pour laquelle, dans les sanctuaires, un tel panneau d'étoffe partageait la «partie publique» de la «partie sacrée». Aussi, toute personne qui pleure un mort doit être consciente qu'un simple «rideau» la sépare d'elle, et que cette «frontière» ***est purement fictive*** !

Toute nature sensible qui a été séparée de quelqu'un qu'elle aimait ne se laissera pas déformer par les idéologies nihilistes ou les dogmes fantaisistes religieux : elle sent que ***«quelque chose» continue*** après le dernier soupir, que le trépas prend son sens étymologique originel de «pas à travers» (le voile qui nous sépare du Monde parallèle[5]) en une «***transformation momentanée***». Cette intuition mystérieuse internationale et inter-continentale scelle le gage même de son authenticité. Tout ce qui disparaît change d'état, ***mais il demeure lui-même*** ! On ne peut modifier ou faire disparaître ce qui, en soi, n'est ni modifiable ni destructible, comme nous allons le voir en seconde partie... Je le répète : le présent ouvrage a surtout pour but de calmer les cœurs, d'effacer leur angoisse douloureuse, afin que l'homme ou la femme éprouvé prenne confiance et force. Que la veuve, l'homme soudain seul, l'orphelin ou le parent sèchent leurs larmes, car il n'y a pas à pleurer les morts mais plutôt les vivants qui souffrent. Les disparus n'ont besoin ***que de la sollicitude de nos pensées et de nos méditations*** , car nous les rejoindrons à notre fin de vie de la même façon que nous les avons quittés pour entrer dans ce monde.

Chaque «***parcelle d'Énergie***» qui nous relie au Cosmos auquel nous appartenons prend de temps en temps un «vêtement de peau» pour poursuivre son Evolution. La Tradition donne pour image celle du chameau traversant le désert. Chacun ou chacune est comme ***un voyageur*** (d'où l'allégorie du «Juif Errant» mal comprise par l'Occident, à commencer par les Juifs eux-mêmes !)

[5] Le «Tré-pas» = littéralement : «traverser le Pas» (le "pas de la porte").

cheminant chaque fois dans une contrée nouvelle, et pouvant difficilement communiquer avec ceux qui sont restés... là-bas... au «Pays» ! En rédigeant ces lignes, nous nous sommes attachés à réconforter le lecteur et la lectrice, mais ce n'est pas tout ! Nous avons non seulement voulu leur donner ***une confiance absolue en eux***, mais leur apporter ***le calme intérieur*** face à cette mort, ***apparemment*** «Ennemie du Genre Humain». Soyez certains que les vivants ne sont pas des «isolés dans l'Espace» car ***des millions de «présences» nous entourent***. Athées, agnostiques, religieux traditionalistes, indifférents... les données scientifiques qui suivent vont vous permettre de faire judicieusement le point, d'abord avec vous-même, ensuite avec les autres que vous considérerez désormais sous un autre angle, comme l'ont fait ceux et celles qui ont été réanimés après avoir été diagnostiqués cliniquement «morts» («Near Death Experience»).

21.1 - Panorama succinct des thèses explicatives en présence.

D'emblée, nous pouvons dire que la mort nous apparaît comme ***un phénomène incompréhensible dans son processus***. D'abord, autour de nous, nous constatons que des êtres et des choses vivent bien plus longtemps que nous. Exemples : Beaucoup d'arbres vivent plus que le millénaire (le séquoïa géant de Californie baptisé «General Sherman» est âgé de 2700 ans), une tortue de mer vit de 120 à 130 ans, un corbeau de 100 à 110 ans, un cygne de 90 à 100 ans, etc, et l'homme péniblement, en moyenne, se situe dans les 70 à 80 ans (les femmes 85 à 90 ans), lui le créatif, le dominateur de la Nature sur cette terre, lui qui réussit par son intelligence à atteindre les limites spatiales du système solaire, fait reculer la maladie, voire la mort, qui explore l'infiniment petit comme l'infiniment grand, manipule les variétés génétiques dans les espèces végétales et animales, ... lui, le «petit maître» de cette planète et de ses environs immédiats, décline biologiquement au bout de 49 années de vie pour se fragiliser vers 70 ans et devenir «légume conscient» à partir de 80.

Si l'on n'y prend garde, la mort apparaît comme un gaspillage, attendu ***l'immense possibilité de stockage des informations dans le cerveau humain***. Bien souvent, la défaillance mentale est consécutive à la mort de neurones cérébraux plutôt qu'à la saturation du «logiciel» de l'encéphale. Somme toute, nous sommes davantage victime de l'Entropie de la matière vivante (note 21) que du ralentissement supposé de la vie cellulaire (voir plus loin) . La mort est un fléau qui humilie dans un certain sens l'«Homme orgueilleux» en lui rappelant constamment «***qu'il n'est pas Dieu sur Terre***» ! Aussi, constitue-t-elle un facteur négatif d'évolution du Progrès humain : elle en ralentit la Marche du fait que les générations qui s'éteignent n'ont pas le temps matériel suffisant pour côtoyer les générations montantes et leur transmettre en plus de leur Savoir, leur expérience (ce qui est plus important que la Connaissance !). On en arrive donc à penser que si l'homme dispose d'un tel pouvoir physique et intellectuel, d'une telle habileté et de tant d'ingéniosité, ***c'est qu'il lui a été donné, sans aucun doute, la possibilité de répondre aux habituelles questions*** qu'il se pose quant à sa condition et sa raison d'être.

Dans le cas contraire, «***ce qui***» ***ou*** «***celui***» qui est à l'origine de son apparition ***ne l'aurait pas doté d'une telle conscience*** pour qu'il ne puisse l'utiliser, ne serait-ce déjà pour lui-même : pourquoi mourons-nous ? Notre vie a-t-elle un sens ? Mourrons-nous toujours alors qu'autour de nous se perpétue la vie ? Si nous existions avant notre naissance et que nous survivons au-delà du trépas, pourquoi nous avoir fait subir ***un tel «détour» par l'existence terrestre***, etc. Autant de questions logiques qui appellent des réponses concrètes... Face à ce drame humain, le public réagit en général de six façons différentes que nous passerons en revue :

*** Première réaction : la Mort est une fin totale** :

C'est l'opinion matérialiste athée ou agnostique la plus classique : la vie se poursuit dans les enfants depuis l'apparition sur Terre de «l'Homme-Singe» (thèse évolutioniste) lequel provenait de la mutation d'un Batracien, ce dernier provenant d'une cellule qui se serait développée dans l'eau de mer. Toujours selon la même hypothèse : le Singe serait devenu Homme lorsqu'il a pris conscience de son intelligence et a adopté la station verticale. Ici, ***pas question de vie post-mortem***.

* ***Deuxième réaction : la Mort est un Saut dans l'Inconnu.***

Bon nombre de biologiste modernes soutiennent que la vie terrestre serait apparue par développement de germes parcourant l'Espace. Ces derniers, tombant sur la planète y auraient trouvé un sol nourricier qui, sous l'influence du milieu et des lois biologiques, auraient généré toutes les espèces actuelles connues et les disparues des époques diluviennes. Autrement dit, les générations d'espèces végétales, animales et humaines se succèdent par voie bio-mécanique héréditaires et, en fin d'existence, la cessation de vie implique la réintégration de ces germes dans l'Espace. Cette théorie est une sorte de mixage de l'attitude précédente avec une «pincée» de Science et un saupoudrage de pensée orientale (voir quatrième réaction). On ne peut retenir dans ce cas ***la moindre notion de continuation d'après-vie*** : nous venons au monde par germes biologiques ; nous le quittons sous forme de «germes-pensées» se dispersant dans l'atmosphère.

* ***Troisième réaction : la Mort est un Jugement.***

Nous retrouvons là le dogme favori des religions occidentales qui se veulent absolument «conductrices de moralité» de leurs ouailles durant leur court passage ici-bas. Cette ***démarche implique fatalement «une seconde vie»*** où seront récompensés ou punis les gens qui ont obtempéré aux instructions théologiques des clergés ou les auront rejetées par désobéissance volontaire (péché mortel) ou involontaire (péché véniel). On comprend déjà mal le concept de «mortalité péché» pour être comme l'humain possédant, soi-disant, une âme immortelle ? Ensuite, que devient le contexte de «résurrection de la chair» chantée par les Eglises avec des âmes que, dès la mort, on destine au «Paradis» (pour les «Justes» (sic) ou en Enfer (pour les «Damnés») (sic) voire au «Purgatoire» pour les «transitaires» ? A cela, évidemment, on vous répondra par l'éternel slogan du «Mystère de la Foi»[6] ou par la laconique phrase : «Les desseins du Tout-Puissant sont insondables». Donc, faisons-Lui confiance, ainsi qu'en ceux qu'Il a choisis pour nous diriger» (sic).

Quatrième réaction : la mort est une phase de l'Evolution Eternelle de l'Homme-Esprit.

Toutes les religions et philosophies orientales et extrême-orientales sont axées soit sur la réincarnation des âmes, soit sur leur réincorporation dans des «mondes supérieurs ou inférieurs», selon les œuvres «progressives» ou «régressives» des corps qu'elles ont animés. Somme toute, ***l'âme-esprit subit plusieurs cycles de «ré-in-corpore»*** dans la matière vivante pour se détacher de plus en plus de l'attraction de la chair et de ses vices. La durée de corporéité est chaque fois une «école» d'évolution avant d'être définitivement «réabsorbé» par l'Ame Universelle qui nous a projetés une fois dans l'Espace-Univers. Disons que, à la différence des autres thèses, on prépare ***sa véritable existence durant sa vie pré-mortem.***

*** Cinquième réaction : la Mort est un Corridor d'Attente***

De nombreux cercles spiritualistes modernes se plaisent à penser que l'Homme est né de l'évolution minérale, végétale, et animale. Aussi est-il normal qu'il soit tantôt «bon», tantôt «mauvais», «sans moralité», puisque comme les espèces il «cherche sa voie» : les plus forts dominent les autres, les plus faibles les subissent ou disparaissent, le milieu forge la conscience morale et sociale du monde vivant. La majorité des hommes sont donc des pécheurs, exceptés les «Grands Sages» et les «Saints». ***La mort est une condition d'attente-sélection dont la durée est proportionnelle au***

[6] Dans le sens religieux du terme, «Mystère» a le sens d'«énigme cachée à l'homme de la rue, parce que ***«seulement connu de Dieu»***. Une telle position dogmatique permet à la fois de se dérober, ou de ne pas paraître ignorant aux yeux des ouailles. Dans les «Ecoles de Mystères»(note 3) il en allait autrement : le mot incitait les novices à s'investir physiquement et moralement pour ***vivre un symbole*** et en découvrir ***pour eux-mêmes*** la signification originelle, autrement dit ***le principe cosmique qu'il recouvre.***

«combat honnêtement mené pour survivre», ou aux «turpitudes et méchancetés pratiquées envers ses semblables».

En conséquence :

- les «***irréductibles***» sont rejetés dans le cycle solaire et minéral («en refonte», si je puis dire)
- les «***saints***» et les «***sages***» qui ont maîtrisé leurs passions, sont projetés vers des «conditions planétaires supérieurs» d'êtres «supra-évolués».
- les «faibles», abandonnés à leurs instincts par paresse ou par lâcheté, mais dont le fond est bon, plein d'amour et de compassion, s'affirment progressivement à travers des morts-naissances d'épreuves et de souffrances.

On admet donc présentement que «***quelque chose» prolonge l'existence après la mort***.

**** Sixième réaction : notre situation d'après-mort doit nous être ignorée***

Nous traduisons l'opinion des indifférents, celle de bon nombre de sectes chrétiennes qui «s'en remettent entièrement à Dieu» en attendant une hypothétique «résurrection»[7] sur Terre lorsque celle-ci «sera purifiée de Satan et de ses démons». La mort est présentée comme un «***état d'inconscience en attendant le Jugement Dernier***» ; pour l'instant, seuls les «élus» ou les «Oints» ou l'«Eglise Triomphante» vont au Ciel «auprès de Dieu».

Je dois ce bref panorama des hypothèses sur la Vie Future au ***professeur américain J. T. Addison***, ancien enseignant d'Histoire des Religions à l'Ecole Episcopale de Théologie de Cambridge (Massachusets, USA), établissement où j'ai eu le plaisir de me rendre en visite dans la décennie 1980. Ces croyances n'ont pas grand rapport avec la Religion Officielle telle que nous l'enten-

[7] Le mot qui pourrait être traduit en français par «Résurrection» ne figure ni dans le texte hébreu de la Bible (partie «Ancien Testament») ni dans le texte grec (partie «Nouv. Test.»). Il aurait été inséré par le soi-disant «St Jérome» dans sa version latine de la Bible, ou «Vulgate» en l'an 410 de notre ère. Voici la phrase : «resurectio terra die... (note 27)

dons généralement. Il y a donc une différence fondamentale entre les idées sur lesquelles vient de porter notre examen et celles qui nous restent encore à considérer.

31.2 - Phénomènes de la nature et phénomènes religieux :

Comme le disait si bien l'illustre Dr Maryse Choisy dans l'une de ses passionnantes conférences publiques, l'angoisse de l'humain réside dans l'émotion du changement (disons le «trac de l'Incertain»), celle de la dispersion de notre personnalité. A ce point tel que toute fin nous est devenue insupportable. Par exemple, nous venons de terminer une année ; nous fêtons les traditionnels Noël et Jour de l'An. Mais, pour ceux et celles qui ont réfléchi ou creusé la question, sommes-nous bien sûrs de l'avoir ***réellement*** terminée ? Rappelez-vous les multiples calendriers qui se chevauchaient dans l'Antiquité avant l'Ere dite «chrétienne» et même après.

Toutes les civilisations occidentales débutaient l'année avec la «***résurrection solaire***», c'est-à-dire le moment astronomique de «l'apogée» de la planète[8], à savoir le 25e jour de notre mois de ***décembre*** [9]***, et tous les mythes des «Rédempteurs»*** de ces pays coïncidèrent avec cette date. L'Orient lui préféra le début du Zodiaque avec l'arrivée du printemps (période du 21 mars au 1er avril) et l'Extrême-Orient celui de la Grand-Mère Universelle (CiBèLe, la Marie chrétienne, ISiS, etc,) qui fut l'objet des premiers cultes indiens, tibétains et autres. Les Initiés hébreux s'en tinrent à la moisson en faisant débuter leur année au moment des récoltes du 1er octobre (mois de «TiSRi» ou «EThaNIM»). Nos rentrées scolaires en ont gardé l'empreinte.

[8] Du grec «apo» (loin) et «ghéa» (terre) = moment où la Terre évoluant sur son orbite elliptique s'est le plus éloignée de l'Astre Central, et amorce son retour sur la trajectoire qui la rapproche de nouveau du foyer.

[9] «Décembre» vient de «déci-embre» (grec = déka-ambiosos) signifiant «le dixième qui passe éternellement». Il fut un temps le dixième et dernier mois de l'Année avant que l'empereur romain Auguste n'y rajoute le mois qui porte son nom (august = août) ainsi que celui de «Julia» (juillet) d'abord en souvenir de Jules César père de la famille romaine des Julia, ensuite parce que les empereurs romains étaient secrètement «Fils du Soleil» à l'instar des Inkas, des Mikados nippons et des empereurs chinois.

Je l'ai dit maintes fois à des officiels : il serait plus logique de faire passer des examens de rentrée en hiver après de bonnes révisions que d'exténuer des écoliers dans des transes pré-épreuves lors des grandes chaleurs ! Mais les vieilles pratiques subjectives ont la vie dure, et nos technocrates sont chaque année plus obtus !... Très tôt, l'Occident abandonna le 1er avril ; il n'en resta que les éternelles plaisanteries du «Poisson d'avril» qui, sans le savoir, dissimule le «Mythe du Sacrifice» ***(l'Ere des «Poissons» a été sacrificielle)*** et celui de la «Mutation entre deux états-temps» (vie aquatique/ vie aérienne). Il y eut aussi un timide essai pour situer le «Nouvel An» le Jour de la Fête Alchimique dite «des Rois» ou «Epiphanie», arrêtée le 6e du mois de Janus (Jan-Vira)[10] mais là encore, les conventionalistes tinrent bon et le compromis se situa entre le 25 décembre et le 1er janvier. En outre, le 1er janvier coïncide avec le rite juif de la «circoncision». Tout cela pour montrer au lecteur qu'une tradition, une coutume, un folklore, voire une religion officielle n'ont de valeur et de durée que par les rapports plus ou moins étroits qui s'établissent ***entre les humains et des phénomènes apparents ou cachés de la Nature***. Nos technocraties modernes ne voient dans tous ces courants que des manifestations psychologiques ou des réactions sociales. Or, dans les faits, ils sont ***métaphysiques***, c'est à dire «***au-delà*** des limites du ***physique*** palpable et mesurable». La notion d'***infinité et d'éternité*** dépasse de loin celle du monde einsteinien du Temps et de l'Espace : c'est d'***Absolu*** que le monde humain a soif !

Bravo pour le Social et élevons nos cœurs vers les courageux pionniers du XIXe siècle qui en furent les précurseurs ! Souhaitons de tout notre cœur que le «Social Occidental» s'étende à tant de malheureux peuples qui en ont tant besoin ! Toutefois, par pitié, ne générons pas des nations d'«assistés» physiques et mentaux

[10] Mots sanscrits qui ont donné le nom de «Janvier» à notre premier mois de l'année, «YaN» (que l'on retrouve dans l'arménien «IaN» et le celto-breton) a le sens de «fils de». Quant à «ViRa», c'est le «VaR» sanscrit traduit par «tourbillon-tempête» («storm» en anglais, «sturm» en allemand).

pré-suicidaires ! Toute idéologie, fut-elle la plus parfaite en ce monde, qui ne se contente que de satisfaire les besoins matériels d'une courte existence sur Terre n'est que ***magie illusoire et déception***. Entre ***l'Absolu et le Relatif***, le drame qu'est la mort témoigne de l'existence universelle et indiscutable du ***Principe du Changement d'Etat***. Si la mort est devenue un ***phénomène-clé de la religiosité de l'Homme***, même chez celui qui, par snobisme ou réaction anti-cléricale se dit «athée», elle est devenue aussi explicative de bon nombre de problèmes physiques, chimiques et biologiques comme nous le verrons dans les pages qui suivent. Cependant, la répugnance invincible de l'Homme face à la Mort semble montrer d'une façon formelle ***que celle-ci ne lui est pas naturelle***. Bien plus, ou une cause accidentelle extérieure ou intérieure l'a produite ou bien c'est l'être humain qui n'est pas à sa place dans son milieu.

Regardons le végétal : il pousse, donne son fruit avec la graine, se fane puis tombe à terre, pourrit dans le sol. L'animal, lui, n'a pas crainte de sa fin, sauf lorsqu'il va être conduit en boucherie : il naît, atteint maturité, procrée, vieillit, puis agonise dignement. La mort n'est donc pas un problème pour le règne végétal, pas plus qu'il en est un pour le règne animal. D'autre part, le «principe vital» qui anime les corps dans ces deux branches du monde vivant n'est pas nécessairement «mortel» : des expériences d'Electrographie vont nous prouver le contraire (voir plus loin). Toutes ces unités peuvent disparaître de notre monde, donc en même temps que leur corps, sans que leur constitution «matricielle» énergétique soit atteinte. L'Homme, nous allons le voir, est un ***être composite*** au même titre que l'animal et la plante, voire le minéral mais, à son échelle, ***la partie «matricielle» énergétique semble peser plus lourd que pour les autres êtres vivants***.(fig 47) Pour le scientifique, tout comme pour l'homme de la rue, ce que nous appelons «mort» en français n'est rien d'autre que ***la cessation des processus vitaux***, situation considérée comme irréversible. Classiquement, on identifie la condition de «mort» par deux signes évidents : arrêt de la respiration (signe du miroir, placé devant la bouche et non taché de buée chaude), arrêt du cœur (vérifié par auscultation).

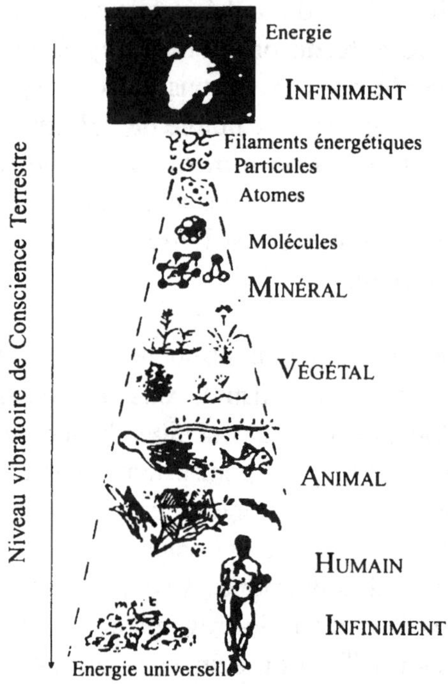
Energie
INFINIMENT
Filaments énergétiques
Particules
Atomes
Molécules
MINÉRAL
VÉGÉTAL
ANIMAL
HUMAIN
INFINIMENT
Energie universelle
Niveau vibratoire de Conscience Terrestre

FIGURE 47

On est allé même jusqu'au sectionnement de l'artère du pied pour s'assurer de l'immobilisation du système circulatoire. Cependant, attendu la sophistication des technologies modernes, de telles investigations cliniques ne suffisent plus, puisque sont revenus à la vie active des sujets satisfaisant les trois démarches pré-citées. Dans les laboratoires des morgues, on a relevé que certains organes se décomposaient rapidement (les glandes surrénales, par exemple) alors que d'autres opposaient une résistance farouche à l'entropie bio-chimique et bactérienne : cellules sanguines, celles de la trachée, les spermatozoïdes... Il est même arrivé, dans les cas d'accidents de voiture, que les contractions utérines déclenchent un accouchement post-mortem... Ceci a conduit les légistes et les métaphysiciens à distinguer la ***mort organique de la mort «bio-conscience»***. Dejà, même de ce point de vue très matérialiste, l'humain n'est plus «un-matière» mais «deux» : matière tissulaire + un Principe Vital Formateur. Au cours des siècles, ce Principe Vital a été entrevu comme un «esprit» se transformant après la mort (doctrine de la Métempsychose) ou migrant dans un autre endroit (doctrine de la Transmigration) ou encore se réincarnant purement et simplement dans un enfant en gestation (doctrine de la Réincarnation). Examinons-les rapidement afin d'éviter que le lecteur ne s'égare et confonde ces théories avec ce qui va suivre...

A) Etymologiquement, le mot ***métempsychose*** résulte de la combinaison des mots grecs «meta» (changement) et «empsuchoun» (animer, respirer alternativement, être vivant), d'où le concept bien connu de l'«âme» (ou de l'«Atman», selon les pays) considérée comme ***une entité éternelle*** animant l'être charnel. Les partisans de cette doctrine soutiennent qu'après la mort, cette «parcelle de vie» s'insère dans d'innombrables corps. Les vies successives d'une «âme» suivent une progression du règne minéral au règne végétal, puis de ce dernier à l'animal, puis à l'homme, avec parfois retour en arrière. En effet si la Loi de ***l'Evolution*** existe, elle s'oppose fatalement à son complément : ***l'Involution***. En effet, disent bon nombre d'initiations antiques : «Jamais l'Univers ne se meut sous l'impulsion d'une seule Force, ***mais de deux***, sinon il serait ***immobile***» (papyrus «Kybalion» égyptien).

B) La ***Transmigration*** est une explication très voisine. Son origine est plutôt latine puisque «trans» a le sens de «l'autre côté de...» et «migrare» celui de «changer d'endroit». Un certain nombre de traditions folkloriques évoquent ***des migrations d'âmes de dieux et de déesses*** qui passent d'un corps à un autre dans un rituel bien finalisé : ***transmettre une connaissance secrète*** à des sujets choisis et préparés à cela, afin qu'elle ne tombe pas dans des mains profanes qui l'altèreraient ou la détruiraient. Aussi n'est-il pas rare que des légendes et mythes fassent état de récits allégoriques où le dieu ou la déesse sont successivement poisson, oiseau, animal sauvage, arbre, ... Alors que la ***métempsychose*** marque une ascension ou une descension de l'Âme dans l'Echelle des valeurs universelles, la ***transmigration***, elle, semble se réduire à des métamorphoses pures et simples du «contenant de l'âme».

C) Enfin la ***Réincarnation*** issue de la rencontre des mots latins «re» (de nouveau), «in» (dedans), et «carnare» (la chair) limite l'évolution de l'âme à notre planète, ce qui à mon humble avis est ***trop restrictif*** quand on considère l'immensité de l'Univers comparativement à notre minuscule planète ! En somme, il s'agit ici du «***retour de l'âme dans un corps de chair neuf***», d'où fatalement la multiplicité pour une même entité ***d'un grand nombre d'existences terrestres***. Soyons précis : la ***Réincarnation*** implique d'abord une conception sans équivoque de l'***Incarnation*** : l'***âme Pré-existerait*** donc à la naissance sur Terre, et existerait ***après*** le dernier souffle. Elle porterait en elle tout le «poids» de ses œuvres (principe dit du «Karma») et à travers ses incarnations, génèreraient d'elle-même ses épreuves et ses obstacles afin de se mieux purifier. Elle peut se réincarner aussitôt après le décès ou, dans certains cas rares, ne pas renaître sur Terre, mais dans «des mondes spirituels plus élevés». Entre deux incarnations, l'âme peut aussi séjourner provisoirement dans des «paradis» ou dans des «enfers» (comme nous le montrent les théologies de divers peuples).

21.3 - L'HOMME TERRESTRE... UNE PROJECTION MICROCOSMIQUE MATÉRIALISÉE DU MACROCOSME UNIVERSEL :

Il serait impossible de comprendre la métaphysique de l'être humain si nous ne l'analysions pas quand il est en vie, dans sa phase «***phusika***» comme dirait l'Ecole Grecque antique. Pour être clairs, nous rappellerons que l'Homme était considéré par la Grande Initiation Primordiale comme réunissant, durant sa courte existence sur Terre, ***trois*** éléments de constitution, de la même façon que l'Univers se partageait en ***trois*** mondes énergétiques : le Monde des ***Principes*** - le Monde des ***Lois*** - le Monde des ***Faits Sensibles et matériels*** :

a) - le ***Corps physique*** prêté par la Terre-mère pour une durée éphémère, relativement à son environnement, et rattaché à cette planète par les aliments et l'air qu'il respire, et au moyen desquels elle pourvoit à la croissance et à l'entretien de cette «machine biologique».

b) - la ***Vie-Anima*** qui se présente comme une sorte de courant «formateur» permanent entre le pôle «matière» et son opposé, celui de l'«esprit». C'est ce ***flux vital*** qui assure la constitution de l'Homme entre l'énergie densifiée à son point maximum de compacité (os, chair, muscles, nerfs, viscères) et l'énergie dans sa formulation la plus subtile (intellect, flux nerveux, bio-informations, «mémoire particulaire»). La ***vie existence*** est attachée à l'atmosphère terrestre par la ***respiration***[11] et ***l'atmosphère*** terrestre au ***rayonnement*** de l'astre solaire qui la dynamise. Il n'est donc pas étonnant que dans les «Ecoles des Mystères» on insista sur la ***respiration***, lien invisible entre l'Homme charnel et les «Forces émanant des astres et planètes environnants. Il s'est créé tellement

[11] Chez l'être vivant terrestre, la ***respiration*** ne peut exister sans le ***sang*** : c'est ce tissu liquide qui saisit l'oxygène de l'air grâce au noyau ferreux de l'hémoglobine et le véhicule dans tous les tissus. D'où cette «sainteté du sang» dans ***tous*** les «Livres Sacrés», et la pratique généralisée des ***sacrifices sanglants*** dont nous nous expliquons ailleurs.

de confusion autour de ce second composant de l'humain, que je l'appelerai dorénavant «Anima» pour ne pas utiliser le mot classique français d'«âme» qui veut tout dire et ne rien signifier. En effet, si certaines branches du Judaïsme l'appelle «NéPheSh», les Grecs recourent au mot «psyché», pendant que les spirites parlent de «péri-esprit» et les occultismes de «corps astral». Arrêtons-nous là. Nous y reviendrons plus tard, avec les découvertes de la Physique moderne.

c) - L'***Esprit***, partie ***vibratoire*** du système humain qui va ***au-delà de l'Anima et de l'Intellect***. Dans les traductions modernes des «Livres Sacrés», il a été souvent confondu avec l'«âme», ce qui est une grossière erreur qui a porté grand préjudice à l'instruction religieuse

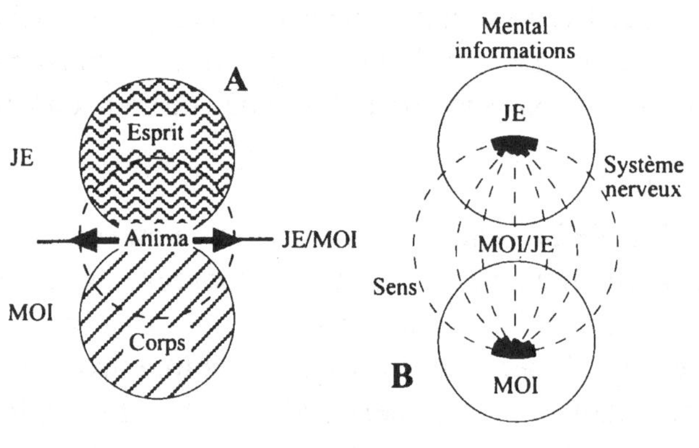

FIGURE 48

populaire. On peut le résumer par l'expression de «***zone de contact avec l'Inconscient Universel***». Là aussi, lumière sera faite eu égard aux données bio-physiques modernes. (Voir Fig. 48, A)

Durant notre vie terrestre, ces ***trois*** niveaux de ***densification temporaire de l'énergie diffuse*** dans le cadre de l'espèce humaine, s'interfèrent intimement les uns dans les autres au point qu'on ne peut parler de «trois étages» ou de «trois plans», mais de «***trois***

sphères». Celles-ci vont de la partie la plus «***mentale***», ou ***Individualité***, le «***JE***» des spiritualistes, à la partie la plus «grossière», ou ***personnalité, le «Moi»*** des occultistes. On peut donc, en résumé, dire que ***trois*** «sphères d'énergie» constituent l'Homme incarné : le ***Corps*** physique, la ***Vie-Anima***, et l'***Esprit***-Inconscient Universel. Ajoutons que tout se qui compose le corps physique est rattaché ***atomiquement*** à la Terre, ce qui matérialise l'Anima dans ***son rôle vital de structuration*** obéit aux influences de la vie biologique dans ses «principes matriciels», et l'Esprit subit les «***Forces Supérieures***» eu égard à la Marche Evolutive de l'Univers-Conscience. (Fig. 48, B)

Selon les civilisations, ces ***trois*** types d'énergies constituantes s'étendront à ***sept***, voire à ***neuf***, puis à ***trente-trois*** lorsqu'il deviendront des «Degrés d'Initiation». Mais revenons à notre sujet, et posons-nous la question de savoir ce qu'ils deviennent après la mort. D'abord la ***partie vitale*** centrale s'effondre et se partage alors en deux pôles d'attraction :

- les plus «vibratoires» des champs de forces vitaux se coupent des autres ***«plus physiologiques»***, et forment ce que la Tradition appelle ***«le Char Astral»***, le «JE SUIS» de la Bible, ou «Devenir de l'Homme Universel» à travers l'Espace/Temps universel,
- les plus «végétatifs» restent dans le ***corps physique*** et le maintiennent en forme de ***cadavre.***

Le cadavre retourne donc à la terre comme un habit usé que l'on va utiliser d'abord comme chiffon de ménage, puis que l'on jettera finalement à la poubelle. Les mites et autres parasites détruiront cet habit, comme le sol reprendra «sa part» aidé des nécrophores, vers et autres vermines aseptisantes. On remarque alors que la partie «***matière***» de l'être humain n'était rattachée à la «***partie Conscience-Univers***» que par un lien très subtil que la Bible nomme «***Le Cordon d'Argent***»[12]. On ne peut nier, même

[12] L'expression «cordon d'Argent» figure dans l'«Ancien Testament», livre de l'Ecclésiaste (et non l'Ecclésiastique), chap. 12, vers. 8.

étant le plus obtus des athées matérialistes, que «*quelque chose*» qui n'était pas de la Matière habitait ce «vase de chair et d'os» ! (revoir les Fig. 48, A, B).

En conséquence, lorsque nous pensons à nos chers disparus ce n'est *pas le cadavre* qu'il faut couvrir de tendresse, d'honneurs et de soins (ce qui est humain !) mais méditer profondément ***ce que l'être regretté a laissé*** d'amour et de pensées sur cette Terre. De plus, la Science nous apporte la preuve que la partie «*Esprit*» garde intégralement son ***individualité-conscience*** chargée de signaux-informations des existences vécues. Le choc mortuaire de passage d'un monde matériel à un monde ondulatoire obscurcit bien sa perception naturelle durant un moment, mais il se plonge dans un milieu éthérique de paix et d'équilibre qui fait regretter à de nombreux «ressuscités» (expériences dites «N.D.E.») leur réincorporation physiologique.

Je crois que s'il faut pleurer quelqu'un, c'est bien sur tous les vivants qui souffrent actuellement des abominations humaines, et non sur les millions d'«Individualités-Consciences» (JE) libérées de leur prison charnelle (MOI).

Tel est l'Enseignement des «***Ecoles de Mystères***» depuis des millénaires. Ce qui précède, nous en sommes ***sûrs***, nous en avons l'intime ***conviction***, d'abord, je le repète par la Science qui y contribue par ses récentes découvertes, ensuite parce que les Grands Initiés ***l'ont expérimenté***. Ensuite, des scribes impartiaux ont retranscrit des ***scènes vécues par transcendance***, sous forme de symboles incontournables parce que puisés dans la vie quotidienne de tous les pays.

En Egypte, par exemple, l'accession éprouvante physiquement et moralement aux «Mystères d'Isis» n'avait pas d'autre but dans sa partie «supérieure» des «Grands Mystères». D'ailleurs, l'initiation à tous les «Mystères» dans tous les pays et continents à toutes les époques avaient le même objectif. Dans l'Inde antique on nommait «DWiDJa» (littéralement = le VRAI vivant) celui/celle qui avait la ***maîtrise et la connaissance des deux plans***, celui/celle ayant pénétré et «survolé» le Monde de l'Invisible. La religion chrétienne a donné au mot «mystère» un sens péjoratif qu'il n'avait pas dans l'Antiquité. Il n'a jamais été question qu'il serve d'échappatoire à l'ignorance religieuse ou au désir de cacher quelque chose que l'on ne veut pas ou que l'on ne sait pas expliquer, mais au contraire de ***désigner une prise de conscience hors du commun***, et que ce dernier ne peut comprendre parce que justement il pense et agit comme tout «commun» ici-bas. Encore une fois, ceci n'a rien de dédaigneux ou d'injurieux : les choses sont comme elles sont ! Un point, c'est tout !...

Le mot même implique dans son essence hellènique archaïque une idée de «***mutation***» puisque la racine en est «***must***», que l'on retrouve en anglais avec le sens de ***«devoir»*** et en allemand (müssen). Par dérivation sont sortis les mots «master» (maître, matrice), «moiste» (humide), «must-ard» (moutarde)... puis les mots hébreu et arabe «MoTh» (la mort-changement d'état), etc. Loin d'être une «***énigme***», le «Mystère» sous-entend une forme maîtrisée ***d'éveil intérieur impliquant fatalement un changement de comportement extérieur*** que le profane ne va pas comprendre, ce qui est normal, d'où la déformation populaire du mot. Ensuite, dans les Sanctuaires antiques, «must-er» impliquait une opération de «transit intérieur», de «trans-mutation» morale et intellectuelle, que les Grecs nommaient «méta-noïa», (transformation du mental). Les «Mystères» étaient découverts graduellement par les élèves à mesure que ceux-ci vivaient les Principes Cosmiques imagés en travestis en «dieux» et, ou «déesses» ou en animaux-symboles. La peine de mort décidée par le Maître et ses quatre officiants frappait ceux qui trahissaient le «secret» des Initiations. Raison pour laquelle il a été extrêmement difficile, parfois impossible de reconstituer les rituels des «Ecoles des Sanctuaires».(dans certains pays) .

2-2. PANORAMA MONDIAL DES CROYANCES RUDIMENTAIRES SUR LA DOUBLE NATURE DU MONDE VIVANT

L'ÉMINENTE Maryse Choisy (déjà citée) se plaisait à dire : «... L'angoisse de la mort est ***irrationnelle***, et pourtant elle existe ! Je crois que c'est ***dans l'Inconscient collectif*** qu'il faut la débusquer....» Et elle avait raison. Dans tous les pays du monde et à toutes les époques, même chez les athées convaincus qui n'obéissent «qu'à leur conscience», les moments d'agonies, de naissances, de maladies graves, d'accidents mortels, ... suscitent dans les individus des pulsions fortes de ***religiosité*** (je ne dis pas «de religion» !). D'où vient cette angoisse généralisée du ***changement*** ? Pourtant il est des agonies si douces qu'on les confondrait aisément à des orgasmes. On voit des religieux agonir cramponnés à leurs proches ou aux draps de leur lit, et des athées quitter ce monde calmes et souriants, comme si ce qu'ils avaient pressenti toute leur vie, hors des conventionalismes religieux se concrétisait alors dans leur dernière heure.

La question de l'«***Entrée dans l'Après-Vie***» posée sur tous les continents depuis l'apparition de l'«Humain conscient» est une question mal posée, raison pour laquelle nous n'obtenons que de mauvaises réponses, ou des «à-peu-près» peu satisfaisants. Les Extrêmes-Orientaux l'ont facilement compris avant les Occidentaux : «... Un jour qu'un de leurs camarades avait exhalé son dernier souffle, les disciples demandèrent à Gautama Bouddha : qu'est devenu notre ami qui vient de mourir ? Le Bouddha répliqua tranquillement : la question du ***devenir*** ou du ***non-devenir*** ne se pose pas !...» On retrouve une réaction du même genre dans le «Nouveau Testament» où le personnage Christ est appréhendé par les sectaires saduccéens qui lui posent comme problème la parabole de la «***femme veuve sept fois de suite***» : ... Après la mort, de qui sera-t-elle la femme ?... Vous faites erreur de raisonnement parce que vous ne comprenez ni les Ecritures, ni la Puissance du Théou. Car lorsqu'on se lève ***pour un état supérieur*** (grec = En gar thê anastasei, «quand on se lève pour un état vers le Haut», et non «résurrection»[1] on ne se marie ***plus charnellement*** et l'on est ***plus marié***. Mais on est de ***même nature*** que les ***créatures célestes*** en déplacement...» (grec = all oos aggeloi en ouranoo eisi).[2]

Ainsi, de l'Orient à l'Occident, on a toujours vécu ***le quotidien dans l'attente permanente de l'«Autre Vie», la vraie***, celle qui n'astreint pas aux dures servitudes de la matérialité décevante. D'un côté, ce sera les rites mortuaires de «la pesée des âmes pour l'Au-delà» (Tibet prébouddhisme, Egypte), puis toute la panoplie des «initiations mortuaires» poussant les assistants aux funérailles «vers d'autres cieux» (courants religieux d'Afrique et d'Asie). En Afrique, on assistera à des rituels symbolisant les «différents mondes» de notre Univers dans lesquels le décédé risque de vivre (Dogons)[3] Ce sera aussi la cérémonie de la «Mort-Communion» des vivants avec le mort, avec partage et consommation d'une «galette-solaire» dont une part sera enterrée avec le cadavre (rite de la «Renaissance au Soleil» chez les Kabyles et Berbères après l'Islam). On verra aussi les Principes de Vie et de Mort confondus dans les mêmes dieux et déesses parce que la Mort n'existe pas devant la Vie éternelle (Grèce, Rome, Chaldée, Sumer). Dans bon nombre

[1] La «Résurrection sur terre» était vraie comme l'enseignement les églises et les sectes biblistes, le mot grec utilisé par les Evangélistes ne serait pas «ana-stase» mais «anabioo» (littéralement «la vie biologique relavée de l'inertie»)

[2] «Nouveau Testament», Evangile de Matthieu, chap. 22, vers. 23 à 30.

[3] G. Osorio, "L'Héritage des Grands Initiés».

de pays archaïques le «*dieu de la Mort*» est aussi celui de la ***Naissance*** (Aztèques, Inkas, Mayas) et beaucoup d'***épreuves initiatiques*** tablent sur la perspective d'une vie future à ***un niveau plus élevé*** (Indiens Ojibwa, Canada, région de l'Ontario). etc.

Avant de poursuivre, je voudrais confirmer ici la position de l'éminent Pr Jean Servier, (déjà) cité, le Pr Louis Bounoure[4], le Dr André Vernet[5], et ***bien d'autres*** encore, sans compter les contemporains comme Michael Denton, éminence australienne[6] qui ont démontré, ainsi que ***moi-même***[7], que aussi loin que nous remontions dans l'Histoire des civilisations, nous étions étonnés d'y rencontrer des peuples disposant de ***technologies avancées*** et s'exprimant dans des ***langues très compliquées*** parce que traduisant beaucoup de sentiments, de pensées cachées, et énormément d'intuition. Soit dit en passant, j'ai rencontré en Amérique des jeunes «très civilisés» (sic) qui s'exprimaient en américain avec, au plus, cinq cent mots de vocabulaire : ceux utilisés par les films de cow-boys et les bandes dessinées «hautement intellectuelles» ! Alors, je vous en prie, que les médias cessent de nous chanter les «***litanies des Hommes Préhistoriques***» échafaudées sur des théories aussi branlantes que les vestiges exhibés triomphalement par ces doctes universitaires. Je pense que notre Science n'en serait pas amoindrie ni davantage dépréciée si nos Officiels (l'Establisment) déclaraient tout bonnement aux journalistes que, «pour l'instant nous ne savons ***rien encore de nos Antécédents***, que les savants sont ***en recherche permanente avec des remises en cause fréquentes***» plutôt que de tromper le public en créant dans son esprit une astucieuse confusion intentionnelle entre les mots « ***Hypothèses*** » et « Preuves ». Attention, que l'on ne me fasse pas dire ce que je n'ai pas dit ! Je le répète : incontestablement, la Science a apporté à l'Homme une Connaissance fantastique et répondu à

[4] Pr L. Bounoure, «A la Recherche d'une Doctrine de la Vie» (Ed. R. Laffont)
[5] Dr. A. Vernet, «L'Illusion transformiste» (Paris 1950)
[6] Pr. M. Denton, «Evolution, une Théorie en crise» (Ed. Londreys, 1985).
[7] G. Osorio, «Le Mystère des continents disparus»,(Aquarius)

des foules de questions qu'il se posait mais nullement à ... «***la question***» qui hante toutes les générations du monde, depuis que l'Homme est apparu sur Terre.

A n'importe quelle époque, et vers quelque point de l'horizon vers lequel nous nous tournions, partout nous trouvons que ***l'être vivant est doublé d'un «support» éthéré, «aérien», volatile***. Qu'il s'agisse des peuples antiques africains (BaNTOus, et autres), des Indiens (des deux Amériques), de la Grèce d'Homère ou de la Rome de Romulus, du folklore de la Chine, du Tibet ou de la Mandchourie, sans oublier les Aïnos (ancêtres des Japonais), les Celtes d'Ecosse, de Skandinavie et de Germanie, puis les Rouches-Varegs (ancêtres des Russes actuels), enfin la Chaldée et Sumer et tous les peuples de l'Inde et les Polynésiens, partout dis-je, ***sous des étiquettes les plus diverses***, nous rencontrons ***le même langage***. Ce qui fait que cette notion de ***double appartenance*** de l'Humain à ***deux mondes parallèles*** dont l'un est visible et l'autre pas, ne peut être le simple fruit de l'imagination aussi fertile qu'elle puisse être ! J'ai rappelé au moment opportun l'argument de E. Kant sur le crédit que l'on pouvait accorder à une idée trop généralisée ; je n'y reviendrai pas. Cependant, on demeure perplexe devant une telle homogénéité, quelle que soit la civilisation.

Dès que notre Humanité se «physiologisa» [8], elle constata que les corps vivants devenaient soudainement corps morts, masses rigides et froides, incapables d'aucune réponse : «quelque chose» leur était advenu, «***quelque chose» les avait quittés***. Les hommes découvrirent qu'ils étaient privés de ***souffle et de mouvement***. Il était donc normal que, verbalement, ils assimilent ces deux phénomènes sous un seul vocable que l'on retrouvera chez tous les peuples orientaux : l'«ATMaN» (AT-Man) mot composite d'origine lémurienne signifiant simultanément en partie «***vent élevé, onde supérieure soufflante***» (At = sommet, que l'on retrouvera dans «ATL» de «Atlas») et en partie «***organisme-membres***»

[8] Voir note précédente.

(«MaN» qui donnera «man», «HuMan», «MaiN»,...) dans le sens de ***structure fragile***. L'Initiation chaldéo-hébraïque transformera «ATMaN» en «NéPheSh», qui s'applique au Souffle Vital piégé moléculairement par le tissu sanguin («DaM») mais traduit aussi l'expression «***chair structurante***» dans bon nombre de vieux textes. L'arabe «NaFS» employé dans les textes coraniques rejoint tout à fait le mot «ATMaN» dans sa double acceptation de ***Souffle et de Mouvement structurant***. Plus familier nous est le latin «Anima» proche de notre français «âme» tiré du mot celto-hébreu «AèM» (la mère) dans un lointain passé. Alors que le latin «anima» suppose fatalement quelque chose qui anime et structure, comme le veut originellement «ATMaN», comparativement à l'«inanimé» (latin = unanima), le mot «âme» a plutôt un sens de «***noyau-mère***». D'ailleurs, bon nombre de technologies modernes l'emploient dans ce sens, notamment en Électricité ou en Électronique où l'on désigne par ce mot le conducteur central dans un câble coaxial, en Électro-magnétisme, etc. Nous voyons ainsi de quelle manière Philosophie et Religion ont fait perdre à cette notion d'«***Anima-structure***» (ATMaN) son véritable sens.

Par la suite, on a de plus en plus confondu «***spiritus***» (esprit) avec ***l'haleine de la respiration, le souffle du vent***, et cette confusion s'est encore accentuée chez les Hellènes avec les mots «pneuma» et «psyché» que l'on a rendu respectivement tantôt par «esprit» tantôt par «âme». Or, tout le monde sait qu'une machine pneuma-tique sert à pomper l'air dans un récipient, tandis que la psycho-logie est la science du comportement du psycho-mental nerveux physiologique. Etymologiquement, le «pneuma» est naturellement le souffle-vent, mais dans l'esprit grec il sous-entend une «force en vibration» ; par contre «psyché», qui se traduit soit par «miroir» soit par «papillon», sous-entend la ***structure cachée*** de l'humain (son miroir) et sa ***respiration de vie*** (battements des ailes du papillon et dislocation envolée lors de la mort). Pratiquement, toutes les langues européennes se sont inspirées soit de l'interprétation ***latine*** (portugais, espagnol, français...) soit de l'interprétation ***grecque*** (anglais, allemand, russe et langues slaves, flamand, scandinave...). Tous les dialectes indiens, esquimaux, asiatiques, australiens, africains,... se sont ralliés de bonne heure à l'influence lémurienne avec «ATMaN».

L'Histoire Archaïque de l'Humanité atteste que, parmi elle, il se trouva des hommes et des femmes que leurs proches appelèrent «***Grands Initiés***» et qui, par ***transcendance naturelle*** remontèrent jusqu'à leurs «origines d'Ailleurs». Lorsque l'Humanité prit sa forme anthropologique actuelle, on en déduit au moment de la fin de la vie biologique sur ***«quelque chose»*** participait de la nature du ***souffle*** et de la ***structure*** (puisque le corps ne respirait plus ; ensuite, il se «brisait» en se décomposant) et quittait son cadavre. Comme ce ne pouvait être qu'un ***élément insubstantiel*** qui n'en devait pas moins ressembler en quelque mesure à ce qu'avait été le défunt de son vivant, on eut l'idée du ***principe de l'Ombre***. En effet, dans la vie pratique, cet effet d'optique virtuel n'accompagnait-il pas chaque corps présenté à la lumière du jour ou de la nuit ? De plus, la Grande Tradition savait depuis longtemps que, dans l'Univers, les ***principes*** se matérialisaient en ***matériaux concrets*** à travers des ***Lois***. Raison de plus pour que la connexion s'établisse entre ***l'Anima-noyau-structure et l'Ombre***. D'où l'extrême embarras des sociologues, ethnologues et archéologues de toutes obédiences constatant que des peuplades aussi étrangères et aussi éloignées que les BaSSOuTos de l'Afrique australe, les NaNDis de l'Afrique orientale, les Indiens QuiChés du Pérou, et les TaSMaNiens près de l'Australie, dans leurs dialectes, se contentent du seul mot de «MaNa» pour désigner l'un et l'autre.

Et l'on vit alors chez les Grecs le «Hadès», ou Séjour des Morts, se peupler d'***«ombres en vie»*** (grec = skia, qui a donné l'anglais «sky» = le ciel[9]). Comme les rustres romains copièrent les fins Grecs, leur littérature mortuaire s'enrichit du mot «umbra» (om-

[9] C'est le même mot qui donnera le verbe lapon «ski» = glisser. Dans l'esprit antique de ces peuples nordiques, «glisser sur la neige» c'est disparaître d'un endroit pour aller dans un autre, comme cela se passe pour la mort.

bre vivante, qui en vint à désigner l'Homme en espagnol, «el humbre»). Puis cette idée gagna tous les peuples méditerranéens. D'où cette conviction qui se répandit dans le monde entier : les Anima-structures fragiles et mortelles ne projettent pas d'ombres ***puisqu'elles sont des ombres***. Tout le folklore hindou et la Mythologie celto-scandinave (exemples : les «îles des Ombres» en Norvège, les «Walkyries» sur le Rhin, etc.) interprèteront ainsi l'Après-Vie humaine ou animale. Dante Alighieri est encore ***vivant, à jeter une Ombre*** parmi les Ombres Errantes»[10]. Il nous fait comprendre qu'il peut ***jeter*** une ombre parce qu'il dispose encore d'une ***Anima-Structure solide***. Nous trouvons la même idée chez Lucien (fin du IIe s.)[11]. Plus nets sont les témoignages des pratiques magiques (et efficaces !) de peuples non encore oblitérés par la Civilisation. Les Indiens Ottawa du Canada parviennent à tuer un homme en traçant certaines figures sur son ombre. Même procédé dans les Indes Orientales où l'on va jusqu'à la poignarder. Ce que l'on ne dit pas est que, très souvent, la malédiction envoyée tue son émetteur par «effet boomerang».

J'ai parlé plus haut des «Grands Initiés». Je pense effectivement que ces savants antiques constituent des moyens vivants dignes de foi, d'investigation de l'Après-vie, un peu comme nos métaphysiciens modernes décryptant les «N.D.E.», les électrophotoniciens et les chercheurs ***sérieux*** de la «Transcommunication». Si beaucoup de rêves ne sont pas tous exploitables dans ce sens, il n'empêche que dans cette situation momentanée de «***double nature***», les images de nos parents et amis nous apparaissent avec une étonnante clarté, que ceux-ci soient morts ou vivants. Ils bougent, ils agissent, ils parlent, ils écoutent, ils sont perceptibles à l'œil et à l'oreille. S'ils ne se manifestent pas avec «ce degré de solidité» qu'ont les êtres de chair et de sang, ils n'en sont pas moins véritablement là. Leur identité réelle démontre ***l'indiscutable évidence du Principe de l'«Information Vivante»*** puisqu'elle s'accuse sous des traits telle-

[10] Dante, «La Divine Comédie» (Hachette, 1945)
[11] Lucien, «Le Dialogue des Morts» (Hachette, 1944)

ment vifs qu'il nous est impossible de ne pas la reconnaître. Il s'avèrerait naturel que, lorsque les hommes se réveillent après de telles images, ils soient enclins à admettre que celles-ci correspondaient aux «*Animas*» des trépassés, affranchies de leurs corps.

Aux rêves et aux visions s'ajoutèrent ***les images réfléchies de leur personne*** dans un miroir ou en surface d'une eau calme. Ils y reconnurent indiscutablement une réplique convaincante d'eux-mêmes, certes non solide comme eux, mais suffisamment évidente pour l'œil le plus incrédule. A tel point que bon nombre de peuples identifièrent leur «***Anima***» à ces réflexions optiques du corps. Les millénaires passant, à la notion de l'»Anima» comme structure, souffle, ou ombre, s'ajouta donc celle de ***l'image***. En Europe Antique on assigna généralement aux «Animas» les tailles de leurs possesseurs. Ce qui n'est pas le cas en Afrique bantoue surtout (la plus archaïque) et en Malaisie (continent à forte influence lémurienne) où elles figurent à l'état d'«Anima-miniatures». Depuis les textes égyptiens les plus anciens jusqu'à la décadence sous les coups assyriens, les Initiés affirment que le «***Double***» de l'Homme garde l'apparence de ce qu'il était dans sa vie. Sous l'expression de «***eïdola***» des Grecs, «***simulacra***»des romains, toute l'Humanité de cette partie occidentale du monde voit en l'***«Anima-structure» une Image***, impalpable comme un ***Souffle***, mais représentative de sa ***Structure***, un ***Double*** amenuisé et vaporeux.

Dans les «Ecoles des Mystères» les épreuves physiques et psychiques étaient telles que, soit dans les visions en pleine veille, soit dans les rêves en cours de sommeil, les «***doubles***» des trépassés étaient reconnus puisque, dès lors où ils devenaient visibles, ils étaient ***identifiables***. A telle enseigne que, dans la Bible, quand le roi ShAOuL (Saul) attend l'apparition de l'Initié Samuel, ***il ne doute plus de le voir*** par la voie de la médium chargée d'entrer en résonnance vibratoire avec sa forme égrégore-conscience (voir plus loin). Elle dit : «C'est un ***vieillard*** qui monte, enveloppé d'un ***manteau***...»[12]. Dans l'œuvre mythique de Virgile, «le héros Enée aperçoit Didon errant dans les bois du Séjour des Morts (Hadès) et ***distin-***

gue sa blessure mortelle encore toute fraîche...»[13] Dans la célèbre pièce de W. Shakespeare, «Hamlet», le père du prince danois reconnaît son fantôme ***à l'armure*** qu'il portait quand il combattit le Norvégien»[14]. De même, encore sous la plume de l'illustre poète latin, la fin prématurée du jeune général romain Marcellus, fils d'Octavie, qui dans l'Hadès crie à Horatio : «Ne ressemble-t-il pas au roi ? (décédé), et l'autre de répondre : «Comme tu te ***ressembles à toi-même...***».[15]

Presque tous les rituels religieux vont intégrer cette similitude de formulation entre l'«***Anima-structure***», le «***souffle***» et le «***corps***». Cette fabrication sera telle qu'on considère qu'aux mutilations ***affectives*** de l'un correspondront des mutilations ***virtuelles*** équivalentes des deux autres, ou de l'autre, tout simplement (l'«Anima» seule). Les métaphysiciens sérieux pensent que là, l'Antiquité a pressenti ***l'universalité de «l'Information-Conscience» dans un monde vibratoire parallèle***. C'est ainsi que les Indiens ALGoNQuiNs américains enseignaient que les combattants estropiés atteignaient l'«Autre Monde» en pareil état. Beaucoup de tribus africaines mutilent les morts ennemis après une bataille, ***sûrs de léser du même coup les «doubles» de ces morts***. Même attitude chez les Arborigènes australiens qui amputent du pouce droit le cadavre d'un adversaire afin que, ultérieurement, son «double hostile» ne puisse plus jeter la lance. C'est, conscients de la même croyance, que les chinois antiques redoutaient la décapitation, lui préfèrant la strangulation ou la flèche, attendu qu'un «double sans tête» implique une ***destruction presque certaine de l'Individualité post-mortem***. Dante (déjà cité) rencontre dans le Séjour mortuaire, un «double qui a le sein lacéré et le sourcil fendu». Ne souriez pas chers lecteurs car, de plus en plus, la Parapsychologie moderne opte dans ce sens. Les expé-

[12] «Ancien Testament», Ier livre de Samuel, chap. 28, vers. 3 à 22.
[13] Virgile, «L'Enéide», livre VI (Hachette, coll. Vaubourdolle)
[14] W. Shakespeare, «Hamlet» (Belles Lettres)
[15] Voir note 13.

riences russes et américaines nous rendent parfois perplexes quant à ce transfert du physiologique au psycho-éthérique (voir plus loin).

On a mis longtemps en doute cette similitude de signaux informations entre le corps et son «double». Or, depuis la décennie 1960, les expériences sonores et visuelles de la «***Transcommunication***» confirment ce qui précède. Il y a entre les deux états vibratoires ***analogie d'activités***. Le «Double-Conscience» est capable de parler, non dans une plénitude sonore typique des cordes vocales physiologiques, mais d'une voix «metallique», saccadée, propre au milieu d'Energie Quantique qui est le sien. Nous ne devrions pas nous en étonner, puisque les mages algonquins américains (déjà cités) en transe, captent des «langages de doubles» dans des langues que nous connaissons et ***qui leur sont inconnues***. Homère et Ovide, dans leurs œuvres, évoquent les mêmes choses. En Afrique et en Australie le phénomène est très courant. Partout la ressemblance est étroite entre le «***double vaporeux***» (nous dirions en Métaphysique : «double vibratoire») et sa contre-partie passagère vivante. S'il est très proche de son «départ», comme il pense, il peut très bien agir sur les vivants. Les travaux du Pr Camille Flammarion sont, jusqu'à présent, demeurés incontestés à ce propos. Dans son ensemble, la littérature anglo-saxonne et russe (rarement française et nous le déplorons une fois de plus !) tend à prouver que l'Humain dispose d'une «***double nature vibratoire-conscience***» réputée capable de «***voir***» (cas des «N.D.E.») et susceptible ***d'être vue*** (cas des matérialisations) voire ***apte à ressentir*** des émotions (messages médiumniques filmés sans truquages).

Fait important : le principe du «***Double***» n'est pas exclusivement réservé à l'Humain. ***Il s'étend à tout ce qui vit***, minéral compris. Je tremble lorsque j'entends des conférenciers «ésotéristes» (sic) inciter le public à leur acheter des cristaux (bon prix, bien entendu !) que des malheureux profanes risque de manipuler à leurs dépends. Souvent, ces «pierres vivantes» sont de seconde main, donc sont «chargées» d'informations-signaux nocifs pour le/la nouveau(elle) propriétaire. Je le dis en passant...***les***

animaux et les plantes ont leurs «doubles vibratoires» comme l'espèce humaine. Rappelons aux animaliers de labo qui pratiquent à tort et à travers la vivisection, que les bêtes pensent et agissent comme les humains, et ***souffrent*** bien entendu. Que la Science avance soit, mais non à ce prix ! Il serait temps que, de ce côté aussi, les démocraties sortent de leur laisser-aller et fassent passer leurs combinaisons électorales au second plan. Le Vivant est plus ***en péril*** que la stérile Technocratie ! Ainsi, le passage du «Double-Conscience» ***d'un état à l'autre*** n'est pas seulement possible, il est ***certain***. Et c'est sur cette répétition de résultats métaphysiques que se fonde notre espérance post-mortem. Avant de clore ce chapitre, un peu long mais important, à ce qu'il nous semble, il nous reste encore un point à développer qui est celui de la ***pluralité des «doubles» pour un même sujet***. Là aussi, il serait temps que la psychiatrie cesse d'être matérialiste à tout-va, et jette un regard judicieux sur la Science Antique. Ceci lui éviterait de saturer inutilement de médicaments toxiques et lénifiants de malheureux malades. Je rends hommage aux «psy» depuis ma visite dans l'un de ces établissements d'internement. Ils font, avec des équipes dévouées et mal payées, des prodiges de dévouement et de patience. Mais de grâce, devenez parapsychologues (métaphysiciens) en étudiant à l'étranger (puisqu'il n'existe rien dans notre beau pays !) et vous obtiendrez des ***guérisons*** et non plus des «remises en état»...

Depuis plusieurs décennies, même en France, on parle beaucoup de ***«personnalités multiples»*** dans ces cas atroces de troubles mentaux. Les spécialistes britanniques n'hésitent pas à dire qu'ils scindent ***en plusieurs «JE-Individualités»*** le sujet qui en est atteint. Depuis des millénaires, l'Afrique profonde et l'Australie «primitive» (sic) sont instruites sur la question. Ce qui les a conduit à croire en ce phénomène morbide qui ébranle l'équilibre nerveux et psychique de plus d'humains qu'on ne le pense, est leur manière d'appréhender l'«Au-delà». Dans la pensée archaïque léguée par la Tradition Primordiale, il est admis qu'un humain peut exceptionnellement s'attribuer ***plusieurs doubles***. Leur nombre ne dépend pas de son état physique, ***mais de son état de réceptivité vibratoire*** : les Grecs l'appelaient populairement l'«***esprit de Python***» (symbolisé par un serpent debout verticalement) ; nous en trouvons plusieurs allusions dans les «Testaments» bibliques[16]. Soit dit en passant, Serpent et Dragon, l'un en Occident, l'autre en Orient, ont toujours allégorisé ***le monde vibratoire*** porteur de l'Harmonie (Bien) ou de l'information-signal désharmonique (Mal). Les Indiens HuRoNs américains savaient que lors d'un décès, un «double» pouvait demeurer au cimetière et hanter la tombe du défunt jusqu'à ce que sa famille ait célébré le Rituel de Purification. Ensuite, il rejoignait son «monde d'outre-tombe». Un autre qui l'avait «habité» tenait compagnie au cadavre durant toutes les étapes de la décomposition jusqu'à ce qu'il s'incarne en la personne de quelque bébé descendant, en cours de gestation. Même conception aux Iles Fidji (Nouvelle Calédonie), en Chine archaïque, chez les Indiens DaKoTas américains voisins des HuRoNs, au Nigéria, et chez les Ost-YaKs de Sibérie...

Terminons en faisant remarquer que s'il est de règle générale que l'on conçoive le «***Double***» humain comme une ***image*** du corps, il n'empêche que dans beaucoup d'iconographies il figure sous la forme d'un ***oiseau***, afin de rappeler son ***autonomie et sa mobilité*** à travers l'Espace/ Temps. Les BoRoRos du Brésil le sculptent ainsi près de leurs morts. Plus curieux est le cas des Indiens Bella-Coola de la Colombie britannique canadienne Ouest qui le situent lové en œuf dans la nuque de l'Homme durant son existence terrestre, et ***se déroulant en onde semblable à celle de la mer*** lorsqu'il décède. Cette interprétation n'est d'ailleurs pas rare en Amérique du Sud chez les AZTèques et les MaYas : nager dans l'eau ***en battant*** des bras et des jambes et voler dans l'air ***en battant*** des ailes sont des symboles poétiques et des réalités physiques qui n'ont pas échappé aux savants antiques, quant à «la partie qui aban-

[16] «Anc. Test.», Lévitique, chap. 19, vers. 26 ; Iième livre des Rois, chap. 21, vers. 6 ; «Nouv. Test.», Actes des Apôtres, chap. 16, vers. 16 à 18.

donne l'humain vivant, ou l'animal, ou la plante à leur fin de vie». Les pierres tombales et les vases funéraires grecs, romains, étrusques, phéniciens sont souvent décorés de scènes où le «double» de l'Homme figure en oiseau. L'Irlande celtique représentait par des papillons les «doubles» de ses trépassés, à l'instar des Grecs : rappelons que «psyché» se traduit aussi par «papillon». Dans l'Art égyptien, la partie «Ba» qui entre dans la composition de l'Homme apparaît sur les parois de tombeaux ***en oiseau à tête humaine*** planant au-dessus d'une momie. Un dernier mot : presque tous les peuples de l'Antiquité, même les Occidentaux, ignoraient la Mort telle que nous la concevons. Pour eux, elle était un ***simple changement de condition***. On mourait comme l'on naissait et l'on se mariait comme l'on mourait.

2-3. **LE CONCEPT DE «CONTINUATION DE LA VIE» À TRAVERS LES CIVILISATIONS**

PÉRIODE ALLANT JUSQU'AU PREMIER MILLÉNAIRE AVANT J.-C.

D'EMBLÉE, on peut ouvrir ce chapitre en affirmant déjà que pratiquement partout dans le monde, on affirmera mourir avec la certitude de ne rester ***inerte que quelques instants*** après avoir rendu le dernier souffle. Ce temps d'«inertie» est consacré à la purification (lavage, embaumement...) et aux rites funéraires (quelques heures ou plusieurs jours selon les pays) jusqu'au suprême instant où commencera une Vie Nouvelle (ou plutôt «redébutera celle qui a été délaissée pour la naissance») infiniment plus durable et plus souhaitable que le temps de vie terrestre, de ce moment passé dans la chair dans cette «***Ecole de la souffrance et de l'Elévation***». Le «mort» antique est donc un ***vivant*** qui est retourné au véritable «***Pays de Vie***» (les dénominations varient selon les peuples). En résumé, dans toutes les croyances, on considère la ***vie biologique*** comme l'***Effet miroir*** d'une «***vie-vapeur***» qui en est ***la réplique totale*** : lors de décès, l'inversion inévitable se produit : la présente devient «***vapeur***» et celle qui était ***cachée*** se manifeste alors à un autre niveau de conscience planétaire. Citons à cet effet ce passage testamentaire écrit par l'Initié Salomon : «...Buée-vapeur des Buées-vapeurs (hébreu = BaBeL WaHaBeLIM)... tout n'est que buée-vapeur. (Hébreu = HaBeL). Quel avantage revient-il à l'Homme de toute la peine qu'il se donne sous le soleil ?... Une génération disparaît, une autre apparaît, et l'Astralité (systèmes planétaires) subsiste à jamais...».[1]

Le moment de la mort est celui où la Personnalité (le «JE») retrouve sa propre conscience, enfin «réveillée», parce que momentanément endormie dans la chair (le «Moi»). D'où le rite de la «pesée des âmes-esprits» des défunts, comme en Egypte[2]. Toute sa vie, le tibétain ou le mongol, le SiK, en plus d'assurer leur plus rudimentaire subsistance, recherchent en eux les mystères des états de l'Au-delà et ceux des «lieux éternels» («LoKas») en vue de leur réincarnation. L'Initiation himalayenne, par ses épreuves, tente de faire revivre le moment de la mort, suivi d'un retour à la vie avec un autre mental. L'Enseignement de ces régions suit les cycles et les rythmes de la Nature ***à la lettre***. Donc, à certaines époques de l'année, l'élève dans «des Temples aux Épouvantes», subit et participe à des cérémonies terrifiantes qui rappellent les affres de l'agonie avant de déboucher sur «***l'intense Lumière***» d'une «***Incarnation Supérieure***». ***Chaque humain se prépare donc durant sa vie*** à sa lente et inexorable dissolution. Je rappelle une fois encore à mon public lecteur qu'un tome de ma série «Les Grands Initiés» authentifie archéologiquement les multiples filiations entre le «***Continent Mu***» (appelé aussi «Lémurie») englouti dans le Pacifique, et la Connaissance dispersée par son rayonnement culturel et métaphysique, dont ont bénéficié des pays archaïques comme l'Inde, la Corée, le Japon, le Tibet, la Chine, et toutes les îles comme les Zélandes, la Guinée et l'Antique Australie...

Bien avant le VIe siècle avant JC, époque de pénétration du Bouddhisme dans ces régions, les peuples nomades qui erraient dans les steppes et les quelques îlots de sédentaires savaient que la

[1] Bible, «Anc. Test.», livre de l'Ecclésiaste, chap. 1, vers. 2 à 4 ; je le repète : ne pas confondre avec le livre de l'Ecclésiastique uniquement présent dans les versions catholiques.

[2] Cf. Le «Livre des Morts» tibétain ou «BaRDo-ThoDoL» (traduction française)

vie de tout humain qui naissait sur Terre résultait de ses actions passées dans des existences antérieures. De là peut-être un certain ***fatalisme*** oriental très exagéré considérant que les actions présentes préparaient les vies futures et, qu'après tout, «***ce qui arrivait devait arriver***» puisque le Cosmos Tout-Puissant pouvait l'empêcher et qu'il ne le faisait pas. Une telle doctrine d'origine lointaine expliquait ainsi l'inégalité des conditions et l'apparente injustice du monde humain. Chaque être venant dans ce monde devait se résigner à «***liquider ses Mauvaises Oeuvres passées***» par une Re-Naissance. Le jour où , fermant les yeux, il se trouve «qu'il a tout effacé», il est désormais dispensé de renaître dans un autre monde de l'Univers : il est alors affranchi de la Souffrance et de la Mort-Mutation.

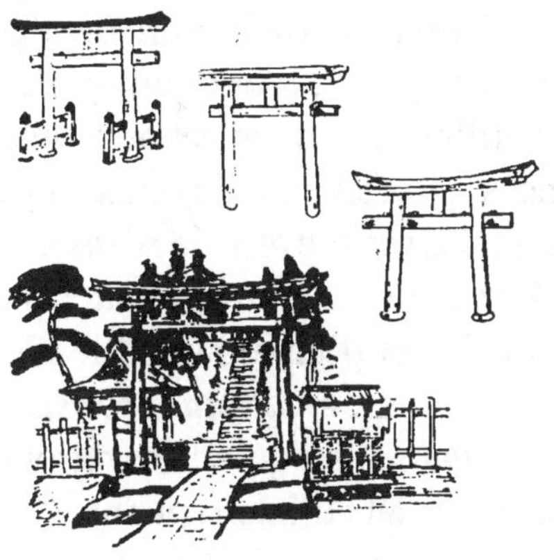

FIGURE 49

Aussi, fatalement, toute mort charnelle donne lieu à une «pause» (certains graphismes japonais représentent un corridor entre deux portes («ToRis» en bois) durant laquelle la partie non mortelle de l'Homme (tibétain =ATMaN) retrouve la mémoire de ses existences précédentes, additionne ses améliorations et intègre les erreurs (Fig. 49). Socialement, chaque homme et chaque femme occupent dans la société la place privilégiée (caste) ou non, qui leur revient. Les plus anciennes croyances de cette partie du monde et qui semblent rescapées d'un «Drame diluvien Lémurien» appartiennent à l'Ecole Initiatique dite de «BhaKTi» ou plus exactement de «BhaKTi-MaRGa» (L'unique Moyen de Salut) selon laquelle ***l'idée d'existence physiologique est une illusion*** (indo-européen = MaYaH). Aussi tout salut (BhaKTi) ne peut venir que ***d'une longue renonciation à l'acte de désir de vie terrestre***, celle-ci n'étant faite que de désirs satisfaits faussement et insatisfaits réellement. Après la mort, le «Double» est entouré d'un «***Corps de Désir***» de la même façon que, durant son passage sur terre le corps était entouré d'un «***Double de Rejet***» qui l'attirait vers la mort. Nous retrouvons là la ***Loi physique de la Matière/Antimatière*** qui sera redécouverte au XIXe s. Le «***séjour***» dans l'une ou dans l'autre de ces ***deux*** conditions («Matière» ou «Anti-Matière») est fonction de la force d'attachement ou de détachement pour chacune des deux conditions.

A cet effet, des tablettes de bois gravées (enduites d'un vernis organique à base d'aguar-aguar), vieilles de plusieurs millénaires ont permis de rédiger le «BarDo-ThoDoL» (BaR-Do-ThoD-oL) qui peut se traduire en tibétain comme suit : «Doctrine ***pratique*** (japonaise = Do) de ***libération*** (celto-hébreu = BaRo) dans le ***plan vibratoire*** (celto-hébreu = AeLoL) ***qui suit la cessation*** de vie terrestre» (celto-hébro-égyptien = ThoT, ThoD). Son pendant occidental fut le «Livre des Morts» égyptien (dont nous parlons plus loin). N'importe qui ne peut utiliser utilement cet ouvrage. Il faut que les textes soient prononcés à l'oreille de l'agonisant ***par un humain de haute spiritualité*** qui les médite afin de ***réaliser un «transfert de conscience de l'information»***, comme le veut la tradition tibétaine et mandchoue. Au chevet d'un mourant, le lama habilité «officiait durant la période d'agonie ***en alertant constamment la Conscience-Double du moribond*** afin qu'elle se retrouve intacte après la mort physique, sans avoir subi d'interruption». C'est durant la période d'inconscience physique que l'être doit ***sentir son «principe de survivance»***.

L'Enseignement himalayen pré-bouddhiste considère qu'il n'y a pas de lieux, pas d'êtres, pas d'objets qui existent ***réellement*** car tout n'est qu'***illusion*** (ce que la Physique moderne confirme), comme notre vie terrestre. Lorsqu'un vase se brise, quand une fleur se fane, ou une montagne s'écroule, ... ***la forme disparait mais le «principe» demeure à jamais***. Il en est ainsi de ***tout***, nous compris. L'existence à l'état de «Principe» ***a autant de réalité avant la mort qu'après la mort***. L'illusion de la forme temporaire nous voile l'indestructibilité du Principe.

Aussi longtemps que persiste dans le Principe le désir illusoire des objets et des êtres de la Forme matérielle, «l'Illumination Finale et Suprême» ne peut se réaliser pour chaque individu. Aussi, chaque fois une Re-Naissance s'impose jusqu'à ce que le sujet-principe soit libéré de cette Illusion dans laquelle il se complait.

23.2 - Asie du Sud-Est : Corée et Japon :

Contrairement à l'esprit occidental, la «Réincarnation» dans une «peau» terrestre est considérée en Extrême-Orient comme le pire des châtiments. Pour ces gens, «revenir sur Terre» c'est revenir animal, plante, ou minéral parce que le nécessaire n'a pas été fait correctement durant cette existence. Normalement, l'être humain qui se satisfait aux «conditions spirituelles de vie» doit être réabsorbé par l'Univers à un autre niveau de conscience, sans s'arrêter à notre planète. Toute les «initiations» et ascèses religieuses de ces pays tendent à pousser leurs adeptes vers «d'autres cieux». Le mode de vie adopté est celui du «Za ZeN (Za-ZeN : «JE SUIS» trouvé par l'Infini) posture de courte durée et quotidienne durant laquelle on accède à Son «monde invisible» en fermant les yeux et en laissant circuler les Energies (Ki, Tch'i) de haut en bas (fig. 50). C'est le ***contact permanent avec le monde NON phénoménal*** (Ku) ***d'où nous venons et vers lequel nous retournons***. L'homme ne doit appréhender les phénomènes du monde matériel (KhiKi) que pour assurer la vie matérielle de son enveloppe, finie, limitée, comme son existence. Alors qu'il est facile d'expliquer par la Science positive les phénomènes palpables et mesurables (ShiKi) il est pratiquement impossible de parler du monde non-visible et infini (Ku) qui est celui de l'Après mort. Par le «ZaZeN» répété, on ne peut parvenir qu'à certaines approches (KuSeN) qui ***nous préparent à ce moment fatal*** pour une existence à un autre niveau.

Figure 50

Corée et Japon sont des régions du monde un peu particulières en ce qui concerne leur concept inné de ***l'«Ame-Groupe»*** (Freud). A vrai dire, toute l'ethnie asiatique embrasse cette «fierté ethnique» qui va bien au-delà de l'existence présente. On naît «coréen» ou «nihon» (japonais) parce que l'on appartient à ***l'Ame-Groupe*** de l'une ou de l'autre de ces ethnies. Pour chacun de ces peuples, l'univers des morts contient, entre autres, ***l'Ame-Groupe nationale*** qui n'est autre que l'ensemble des «esprits» des trépassés de cette ethnie. Ceux-ci constituent des ***«protecteurs permanents invisibles»*** de la nation pour les individus qui la forment actuellement, et ceci depuis des millénaires, tout au moins depuis les premières peuplades qui en ont constitué le germe. L'occupation du Japon (NiHoN) par les Américains en 1945 portèrent un coup mortel à cette croyance : le ShiNTo. Il n'empêche qu'en cette fin de XXe s., on conçoit que toute personne qui décède, après un temps d'«inertie» dû à ses funérailles, devient un «KaMi» (esprit). Selon le service rendu à la patrie et à sa famille, il «gravira des échelons» dans ce monde des Ancêtres ou demeurera proche de son pays pour un «futur retour». Les «bons Empereurs» (MiKaDo) peuvent être invoqués dans les prières ainsi que les héros (KaMi-KaZe). Plus la bravoure et le sacrifice d'un homme ou d'une femme ont été grands, plus il peut intercéder avec force et réussite probables pour les vivants.

23.3 - Nouvelle-Zélande, Australie, Polynésie :

Nous avons évoqué dans un autre ouvrage le Drame de la Disparition de la Lémurie («Continent MU»). Nous avons expliqué que pour ce cataclysme, les événements s'étaient déroulés, à quelques variantes près, comme pour l'Atlantide et sa sœur l'Hyper-Borée. De plus, à l'instar de ces deux continents primordiaux, la Lémurie avait rayonné sa puissante culture et sa science métaphysique dans toute l'Asie du Sud, l'Inde et l'Australie. D'où les nombreux vestiges inexplicables sans la présence de ce continent. C'est donc à une époque antérieure à la proclamation de «l'Immortalité de l'Ame» par la philosophie naissante, que date la notion de la ***composition tri-partite de l'Homme*** : un ***Esprit*** imbriqué dans un ***Corps périssable*** par l'intermédiaire d'une ***Ame-Souffle-Structure.*** Oh certes, ce qui nous est parvenu ne s'exprime pas avec tant de clarté. Cependant, cela se déduit d'un monceau de symboles comparés entre eux : l'Esprit de l'homme, débarrassé de sa masse corporelle constituerait une sorte de ***«souffle-entité» hantant les lieux*** où il a vécu lorsqu'il ne s'est pas suffisamment «spiritualisé». Tous les rituels polynésiens tentent d'«alléger» les ***«Ames insuffisamment mutées»***[3] retenant encore l'Esprit à sa récente incarnation : les officiants entrent en transe pour sensibiliser les «MaNas» d'accueillir en eux ce «MaNa errant».[4]

Ce qui précède constitue la plus ancienne des idées qui nous est transmise des époques de Pré-Humanité au sujet des trépassés. Elle est toujours très vivace chez les MaORis néo-zélandais, les peuplades tahitiennes et calédonniennes, en Australie Occidentale ainsi qu'en Nouvelle-Guinée. Je n'oublie pas la célèbre Ile de Pâques, bien entendu, Hawaï, les Marshall, les Mariannes, quelques tribus philippines et malaises, et des restants de clans indonésiens, où le mot «MaNa» a été éclipsé par d'autres noms plus locaux comme «OReNDa», «WaKaN», etc. J'en profite pour dire que le «sorcier» de ces pays n'a rien de commun avec celui de nos campagnes. C'est tout simplement ***un médium*** qui, par ses dons ***naturels***, occupe un haut-rang dans la société. C'est lui qui préside à ce que les morts soient enterrés assis à même le sol de la hutte, face au soleil levant, ***Principe Vital qui est à la base de toute germination et fécondation, donc de «Recyclage à des Sphères Supérieures».*** (C'est nous qui interprétons ces symboles à la manière moderne !).

[3] Expression la plus antique avec le celto-égypto-hébreu «MoTh» (changer d'état).
[4] Toute la Lithurgie judéo-chrétienne-islamique s'en est inspiré.
[5] Chez ces peuples, un décès donne lieu à des réjouissances de plusieurs jours. D'où l'expression populaire française : «Faire la nouba !» (participer à un festin suivi de relations sexuelles ; en Afrique, elles préparaient une naissance). «Nouba» est a rapprocher de «NaBi» (Initié).

23.4 - *Afrique et Madagascar :*

Je traiterai amplement de ce sujet pour ce continent dans un autre ouvrage. Je resterai donc sur des généralités. Les Bochimans du Désert du LaLa-HaRi, les NouBas du Soudan[5], la presque totalité des tribus de l'Afrique Orientale et les Malgaches, sont avisés de la ***continuation de l'«Esprit-Conscience» après la mort***. Témoins ces provisions qu'ils portent dans les tombeaux à l'intention de leurs disparus «insuffisamment désincarnés». Parfois, dans un élan d'affection, on leur construit des huttes de paille, comme pour les protéger du vent et de la pluie, tant «***on les sent heureux mais fragiles***»... Pour les peuplades nigériennes australes, il n'est pas douteux qu'un esprit de défunt ne visite son lieu de naissance avant de s'éloigner définitivement vers l'univers des Esprits. Au Sénégal et au Tanganyika, comme chez les BouSoGas de l'Ouganda, on est persuadé que les «Esprits voient» (ce qui n'est pas faux ; exemple : les «N.D.E.»). Disons pour terminer, que l'Afrique et la région malgache sont les plus anciens pays occidentaux où l'on est instruit sur «***l'universalité des Esprits» et la «pluralité des Mondes habités»*** (particulièrement les DoGoNs, les MaSaRs, etc.)

23.5 - *Les Amériques :*

Ce que j'ai dit pour l'Afrique est aussi valable pour les Amériques. D'abord, quasiment l'unanimité des indiens canadiens et ceux des USA, quelques noyaux mexicains et des tribus de l'Ouest du continent sud, ont gardé profondément en eux l'«***Héritage Atlante***» et l'«***Apport Boréen***» : l'Homme est venu sur Terre à partir d'une constellation proche. Il était «***esprit***» et il s'est «***animalisé***» après plusieurs millénaires sur la planète en s'accouplant avec des animaux-femelles. Il est donc normal qu'en mourant, il réintègre sa position et sa nature primordiale. Je sais, comme l'a déclaré l'éminent B. Pascal, «que l'imagination humaine est pleine d'erreurs et de faussetés» mais, ajoute ce grand penseur : «elle est d'autant plus fourbe qu'elle est parfois dans la Réalité». Et c'est présentement le cas... Comme je m'en explique ailleurs, partout nous retrouvons ***des indices sérieux du passage d'êtres extra-terrestres à une époque reculée***. Bon nombre de savants, dont plusieurs Prix Nobel, soutiennent ce point de vue antique. L'hypothèse du Transformisme des Espèces partant de la Cellule Primaire pour aboutir au Singe, puis à l'Homme, est des plus fantaisistes. Elle ne résiste pas aux récentes découvertes sur la Bio-information en Biologie. Je m'étonne que les manuels scolaires français aient l'outrecuidance de soutenir des thèses que le monde entier récuse ! Si cela était vrai, d'accord !... Or, ***rien ne l'atteste***, bien au contraire ! Alors, pourquoi persister à bercer le public d'illusions ?

Cette croyance n'est d'ailleurs pas l'apanage des Pré-Américains puisqu'on la retrouve très forte chez les tribus Ba-ILa sud africaines (ce qui est normal, attendu l'influence lémurienne de l'Est) les MoSSi du Soudan. Consécutivement à la défunte Lémurie, les TeMis de la Nouvelle-Guinée et les aborigènes du Queens-land australien recourent au mot «TiBou»[6] pour situer «***la Porte***» par laquelle les «***doubles***» (ATMaNs) de leurs morts vont retrouver leur «***Terre originelle où la Mort est inconnue***»[7]. Pour les LoITas néo-guinéens c'est le mot «***IDoU***»[8] qui désigne la même destinée, ainsi que pour les indigènes de Bornéo. Il en est de même pour les folklores des îles SaMOa et ToNGa, les îles Salomon Est. L'historien grec Procope (501-562) dont l'objectivité ne fut jamais mise en doute, rapporte que les Celtes de Gaule tenaient les Iles Britan-

[6] Mot très proche de l'égypto-hébreu «ToB» signifiant «ce qui a été accompli». Il a donné l'arabe «TOuBiB» (celui qui accomplit du Bien)

[7] Nous retrouvons là l'origine du «Paradis» judéo-chrétien-islamique, ce mot d'origine grecque signifiant «Jardin Suprême» (paradisos). L'espagnol «paradore» désigne un endroit agréable pour vivre (para = s'arrêter).

[8] Mot très approché de l'hébreu biblique «EDeN» traduit par «Jardin».

[9] «ALB» = blanc, en souvenir des falaises de craie blanche ; d'où l'idée de «Marche d'Escalier» mythique.

[10] Cf. L'admirable vidéo-cassette «La Contreverse de Valladolid».

niques pour «le pays par lequel seraient venus leurs Aïeux, et par où disparaissaient leurs morts». A une certaine époque ALBion[9] fut appelée «*la Marche de l'Escalier vers le Ciel*».

Dans l'un de mes ouvrages pré-cités, j'expose ***la raison*** qui justifie ***l'injustifiable soumission*** des puissantes armées organisées des empires nationaux-socialistes aztèque, maya, et inka à cette poignée d'Espagnols (trois mille environ) conduite par les deux aventuriers assassins Pizarre et Cortes[10] : leurs liturgies mentionnaient «***le retour d'hommes-lumière qui leur avaient apporté tout leur Savoir***». Comme les assassins ibériques étaient casqués, cuirassés, munis de mousquets et de bombardes, et surtout présentaient une peau blanche, les malheureux les reçurent avec joie et soumission. Ce n'est que lorsque des villes entières eurent été brûlées, pillées de leur or, et leurs populations mises en camps de concentration que ce qui restait de vivant tenta de combattre, mais il était trop tard ! Ainsi, la croyance en un «***Paradis perdu***» a dominé encore ces deux continents. Raison pour laquelle à travers le dogme du «***Paradis et des Saints***», le Catholicisme s'est infiltré progressivement chez l'Indien.

Les indigènes islandais et les ancêtres des LaPoNs considéraient leur existence sur Terre comme un simple «***passage***» à l'instar de leurs «Patriarches» venus de la planète Vénus, et ayant instruit des ours et des rennes femelles dont ils eurent des enfants. Puis ils disparurent après leur avoir enseignés l'art de la pêche, de la chasse, et la construction. C'est eux aussi qui leur auraient appris à parler au lieu de grogner comme des animaux. De vieilles légendes exaltent le temps où la SKaNDo-NaVie (sky-and-NaVia) était un «***Paradis de verdure***» (d'où le nom de «Groën-Land» = Terre de verdure, en celte, donné à ce continent nordique). Cette «***Terre promise***» aurait attiré ces «Etrangers d'Ailleurs» (on retrouve là un mythe biblique). Il est donc normal qu'au moment de sa mort, le «Double-Esprit» de l'Indien et du Lapon (tous deux appartenant à la branche celto-asiatique), après un temps plus ou moins long selon le rang social (les plus riches commettant plus de fautes ou ayant plus d'occasions que les plus pauvres) ***gagne certains monts élevés, régions montagneuses inaccessibles à l'Homme charnel***. Demeurés «Etres de lumière», les Ancêtres le reçoivent avec bonté et selon ses œuvres passées, le dirigent ou non vers la Terre ou une autre planète. On reconnaît ici aussi la «bible» des étonnants DoGoNs africains.

23.6 - L'Inde et l'Hindouisme :

L'Hindouisme ou religion des Hindous (SaNaTaNa DhaRMa = la Croyance éternelle) qu'ils considérée indestructible parce que reposant sur des Principes du Cosmos, existe depuis près de 3.000 ans. Cette religion a connu sa froide période «védique» (parce que s'appuyant sur les enseignements des «Védas») puis sa période plus ***libérale*** des «OuPaNiShaDs». Dans ce mode de pensée religieuse, ***la mort physique n'est pas le terme de l'«être»***. Cette conviction remonte au livre «RiG-VéDa» le plus ancien texte connu (mille ans av. JC) qui annonce à ses lecteurs ***deux voies post-mortelles*** : celle des ***Ancêtres*** (que l'on retrouvera dans le Shinto nippon), et celle des «DeVa». Les deux convergent à plus ou moins brève échéance vers l'association avec le Dieu-Soleil (DiV), ou d'autres «dieux», voire à l'affranchissement final de la Mort. Toujours dans l'hindouisme, il est convenu qu'un humain qui meurt entre dans le royaume de YaMa[11]. «YaMa» serait l'équivalent de l'«ADaM» hébreu, premier trépassé qui «aurait découvert le domaine de la mort sur lequel il règne désormais, et dans lequel se rendent tous ceux qui meurent». De leur vivant, les hommes doivent donc pratiquer le culte védique d'«IShTaPuRTa»[12] pour parvenir plus rapidement dans le «royaume de YaMa» («Royaume des Cieux» chrétien). «YaMa» serait donc le domaine joyeux, heu-

[11] Mot proche de l'égypto-hébreu «YoM» (la manifestation de lumière, le jour de 24 heures) et du japonais «YaMaé» (commencement).

[12] Mot proche de l'expression chaldéenne «IShTaR-PuRa» (pierre de la Mère-Etoile, d'où serait venu l'Humanité), «IShiS-RaPuA» (le fruit d'ISiS).

[13] De là le mot «jour» (Di) que l'on remarque dans les 7 jours de la semaine en français (Lun-Di, Mar-Di, etc...) et dans le mot «Dieu».

reux, où l'on demeure avec les Ancêtres, ***consciemment***, puisque l'on y boit du vin, du lait et du miel ; on y entend même de la musique. A la mort, tous les hommes deviennent «DeVas» (brillant, lumineux ; de «DiV» = briller[13]). Et puis il y a aussi l'«Enfer» qui, à la différence de celui du catholicisme, est ***sans souffrance***, ni brutalité «démoniaque» : c'est, dans la terre, un lieu très bas et obscur, une sorte de «***trou noir***» sans joie.

Autre remarque dans le même système : après avoir quitté le corps, l'Ame-Esprit se meut par son propre pouvoir et revient parfois sur Terre pour y recevoir des louanges et des offrandes, d'où la nécessité du Culte des morts. Les livres «VéDas» font état de prières adressées à l'Ame-Esprit qui va quitter le corps en lui demandant de revenir de temps à autre sur les lieux où elle a vécu. Dans la majorité des textes, les «DéVas» apparaissent comme des êtres intermédiaires entre les dieux et les hommes. Mais l'idée-thème générale est surtout celle de la ***Ré-incarnation***, et dans ce cas le second recueil de base de l'hindouisme, les «UPaNiShaDs» est assez prolixe, notamment le «KaTha UPaNiShaD» (les Approches de l'Après). Une partie appelée «BRhaD ARaNYaKa» (Victoire de la Création) est très poétique à ce sujet : «... Quand nous coupons un arbre, de nouveaux bourgeons sortent de la racine ancienne ; quand un insecte meurt, il laisse des œufs qui éclosent et donnent de nouveaux sujets de l'espèce ; quelle est donc la Racine dont peut sortir l'homme ou la femme à nouveau lorsque le Bûcheron appelé «Mort» en a coupé le tronc «... Un autre passage, ou «ChaNDoGYa UPaNiShaD» fait état d'un dialogue entre un tout jeune garçon (SVaTaKéTou) et un vieux Sage (DjaYVaLi) : «... Ton père t'a-t-il instruit ? Oui, Maître ! Sais-tu où vont toutes les créatures qui quittent la vie sur cette terre ? Non, Maître ! Sais-tu alors comment elles reviennent ? Non, Maître ! Sais-tu alors à quel moment le chemin des DéVas se sépare de celui des Ancêtres ? Non, Maître ! Sais-tu alors pourquoi les autres mondes, ceux que nous voyons et ceux que nous ne voyons pas ne sont jamais surpeuplés ? Non, Maître ! Alors pourquoi dis-tu que ton père t'a instruit, alors que tu ne sais rien !»...

Dans le «KaTha UPaNiShaD» (déjà cité) on trouve un autre dialogue non moins instructif à cet effet. Cette fois, c'est le tout jeune NaChiKeTaS qui converse avec YaMa, roi du Royaume de la Mort : «Le jeune garçon lui exprime son grand doute d'une survie après la mort, car quelques-uns prétendent que l'on continue d'exister tandis que d'autres sont sûrs qu'il n'existe plus rien. Et YaMa de répondre que même les dieux ont des doutes à ce sujet ! Pourquoi ? Tout simplement parce que c'est une question subtile, difficile à comprendre lorsque l'on est dans son corps de chair ou un corps de lumière (les dieux). Je ne puis te répondre là-dessus, dit-il, demande-moi plutôt autre chose ! Mais le jeune ne cesse d'insister. Alors YaMa lui conseille de satisfaire tous ses désirs charnels (chars avec de beaux chevaux, musique, belles jeunes filles, etc.) mais d'évincer toujours la question de la survie, ***car chacun et chacune a sa réponse, celle qui lui est propre... et qu'il trouve finalement par ses efforts***...

A propos de la Ré-incarnation, le recueil «BRhaD ARaNYaKa» (déjà cité) est assez explicatif : «... Quand l'Ame-Esprit (Double) s'en va, le PRaNa (Force Vitale) part avec elle. Quand le PRaNa part, les organes le suivent. L'Ame-Esprit emporte un ***type de conscience***, et elle cherche alors un corps futur ***qui aura une affinité avec son type de conscience***. L'Ame-Esprit emporte avec elle une connaissance des résultats des œuvres passées (KaRMa) et des expériences vécues (DaRMa)... Telle la chenille rampant sur une tige d'herbe, puis se contractant et se dilatant pour en atteindre une autre qui va la porter de la même façon, ainsi se comportera l'Ame-Esprit qui se contracte en jetant loin son corps inutile, d'une façon inconsciente, puis se dilate vers un nouveau corps... Le chemin suivi par l'Ame-Esprit est le même que celui du petit lingot d'or à qui le bijoutier donne ***différentes formes***, et chaque fois ***une forme nouvelle et plus élaborée***, une forme ***convenant mieux aux désirs des Ancêtres et aux GaNDaRVas*** (musiciens célestes de l'Harmonie universelle) à BRaHMaN (la Conscience Créatrice), ou aux autres êtres (vivants et morts)... De la même façon qu'elle agit à travers ses formes, de la même façon le corps prend forme à chaque phase de son Evolution : par les bonnes actions, il devient de plus en plus «bon», par les mauvaises de plus en plus «mauvais». A cause de cela, on dira d'un être humain qu'il n'est que le résultat de ***ses*** désirs. Car selon ses désirs ***est sa*** volonté. Et selon sa volonté ***est son*** action. Enfin selon son action ***est son*** salaire final...[14]

Pour l'hindouiste, à la mort peut succéder ***deux alternatives*** : ou bien revenir sur la Terre pour y revivre une nouvelle existence, ou bien ne pas y revenir en devenant «Yo-Gi» (celui qui a rejoint, du sanskrit «YuJ» = joindre) c'est à dire ***«Uni désormais à BRaHMaH»*** (l'Absolu). A ce sujet, le livre «BhaGaVaD-GiTa» (chant du Seigneur-Maître) nous éclaire en ce sens : «... Si ceux qui, à présent, connaissent BRaHMaH partent au moment du Feu de la Lumière, ceux qui ont découvert l'Eternité vont inévitablement à l'Eternité ! Par contre, celui qui est dans la voie du KaRMa-YoGa (attaché à son salaire parce que toujours en travail d'amélioration) s'en va en fumée ; il n'obtient pas la lumière du Soleil-Eternité mais celle de la Lune, insuffisante ; aussi il se doit de revenir ici-bas. Car «Lumière aveuglante» et «Ténèbres épaisses» sont les deux voies éternelles de l'Univers : celui qui ne revient jamais suit la première ; celui qui revient toujours suit la seconde...» Les «UPaNiShaDs» parlent également de ceux qui ne suivent aucune des deux voies citées (DeVas, Ancêtres), les indifférents, les éternels occupés par le profit de leurs petits intérêts égoïstes : ils alimentent la gente animale, particulièrement l'espèce des insectes. Ceux qui sont attachés à la matérialité, à la vie existentielle, aux succès de la chair, demeurent dans la chair et ne peuvent suivre celle des DeVas ; ils suivent le chemin des Ancêtres ou celui du Retour à l'Animalité. A ceux qui pratiquent et persévèrent dans la pénitence, les textes affirment qu'ils entrent dans la Voie de la Lumière et plus jamais dans celle de la vie terrestre. Par contre, ceux qui suivent la morale humaine et font des œuvres utiles à

[14] Se trouve exprimée ici l'Essence de la Tradition Primordiale qui transpirera des siècles plus tard dans le Christianisme Esotérique ; lire avec profit : Ev. De Matthieu chap. 6, vers. 1 à 18 et surtout Epître aux Galates, chap. 6, vers. à 10. Méditer Matthieu, chap. 20, vers. 1 à 16 et Luc, chap. 16, vers. 19 à 31.

l'Humanité habitent dans le Monde des Ancêtres, jusqu'au moment venu pour eux d'entrer dans l'Ether. Puis ils renaissent alors selon leurs mérites.

Pour en terminer avec l'Hindouisme, concernant la préparation à l'***Autre-Vie***, nous consulterons de nouveau la «BhaGaVaD GiTa» : «... Ayant obtenu par ses efforts le Monde des Justes, et y étant démeuré des temps indéfinis, celui qui tombe du YoGa renaît dans une maison pure et bénie. Ou mieux encore, il peut renaître dans une maison de Sages YoGis, mais une telle naissance est extrêmement rare dans ce monde. Là, il recouvre ce qu'il avait déjà atteint par ses efforts dans son corps précédent, et fort de cela, il s'efforce de nouveau d'atteindre la Perfection Suprême, à la joie des «KuRus» (Forces-Conscience de l'Univers[15]). Tous les efforts d'une vie passée entraînent l'être irrésistiblement : en vérité, celui qui ne fait que désirer connaître le YoGa, et celui qui le cherche, tous les deux vont au-delà des VéDas[16]... Le YoGi qui persévère ***se purifie du péché et se perfectionne à travers de nombreuses naissances*** pour atteindre finalement le But Suprême...» (dialogue entre Sri KriChNa et le prince ARJuNa = la Vibration lumière Principe dans la Jeunesse)[17]. Pour nous résumer, disons que l'hindouisme incite ses pratiquants ***à travailler sur eux-mêmes*** plutôt que de dévoiler notre situation dans l'Au-Delà. L'idéal proposé est ***la Libération des Cycles et des Rythmes de Transmutation de la Matière en Energie et de l'Energie en Matière***. L'Hindou se voudra à tout prix d'éviter une éventuelle ré-incarnation, alors que l'Occident chrétien primitif la considérait comme normale.

[15] Il est curieux de retrouver la racine grecque «Kur» signifiant «Puissant» qui a donné «Kurios» (seigneur) puis «curé» (puissant en connaissance), d'autant plus qu'elle s'applique aux Forces-Conscience de l'Univers («AèLoHIM» dans la Bible, mal traduit par «Dieu»).

[16] Mot proche de la racine latine «vedere» (voir) et le sanscrit «VeD» (une route, un chemin) qui a donné le celto-germain «WeG», par permutation du «D» en «G».

[17] «AoR-YuNa», nom composite égypto-hébreu et grec. «YuNa» a donné «juvénile», «jeunesse», «YaN» (fils de...) puis l'arménien «IaN» (engendré par...).

[18] Littéralement = Lieu-condition d'être (ou) de la Lumière (AoR) Suprême (EèL).

L'Hindou fuit la re-naissance et fait tout pour atteindre de suite l'Absolu-Lumière BRaMaH, raison pour laquelle il vivra dans l'ascétisme le plus total, la non-violence, ou l'abstinence de consommation de viande...

23.7 - Sumer, Chaldée, et Phénicie :

A l'inverse de tout ce que nous avons vu jusqu'ici, les Suméro-Babyloniens postulaient ***l'existence d'un monde post-mortem souterrain*** qu'ils appelaient «***ARaLou***» (AoR-AèL- Ou[18]). A la lecture des tablettes gravées qui nous sont parvenues[19], il apparaît que lors de son décès, le «Double» de l'homme ***suit son corps pourrissant dans la terre***. Durant toute la période de désintégration de cette chair et de ses os, dans les entrailles du sol, vivent des Ombres dans un état de ***demi-conscience***. Empruntons à la plaquette intitulée le «Mythe d'IShTaR» ces quelques lignes fort édifiantes :

«... Voici la Triste Maison, résidence du dieu IRKaLLa[20] la maison dont jamais ne sortirent ceux qui y entrèrent au terme de leur voyage sur terre, par une route sans retour, la Maison où l'on ne pénètre qu'après avoir dit pour toujours : Adieu à la lumière du Soleil...» «... Ses hôtes se nourrissent de poussière, l'argile est leur aliment ; ils ne voient plus la lumière du Soleil et ils habitent les ténèbres de la terre ; ce sont des Ombres, vêtues comme des ***Oiseaux***[21] qui portent un habit fait de poussière[22]...».

La condition d'après-mort «ARaLOu» n'est que l'extension de la tombe avec sa poussière, ses nécrophages et ses vers, avec tout ce qu'elle comporte de décrépitude, immense tombe mondiale humanitaire dans les profondeurs de la planète. Tous les habitants de ***passage*** [23]***des demi-esprits/demi-corps en putréfaction***, sim-

[19] Pr. N. Homer, «L'Histoire commence à Sumer» (Arthaud).
[20] EiT-KaLi = la Lumière en extinction ; aux Indes, KaLi = Destruction.
[21] Symbole de l'Envolée vers des Sphères Supérieures.
[22] Allégorie de l'Entropie du Temps (21) et de l'Eternité.
[23] Symbole de l'Envolée vers des Sphères Supérieures.

ples ombres de leur «JE-Conscience». Leur rôle consiste à prendre acte de leur état et à réfléchir sur leurs existences passées «ailleurs» (on note les «adieux au Soleil» terrestre) au lieu d'errer dans le voisinage de leur vécu ou de hanter les foyers. Pour le Babylonien habité par tous les êtres disparus à la surface du globe depuis sa formation, fut la représentation imagée d'un «***Monde Souterrain***» puisque déjà, d'une manière concrète, tout défunt était enterré donc introduit dans un monde souterrain jusqu'à ce que ce milieu accomplisse totalement son œuvre de décomposition et libére le «Double-Esprit». Peuple de marins et de hardis navigateurs, les Phéniciens adopteront la même démarche, mais cette fois les profondeurs de la mer remplacèrent celles du sol meuble.

Comme les «doubles-esprits» sont des répliques spectrales de vivants de jadis, on en déduit que le monde d'ombres qu'ils habitent existe en tant que contre-partie fantômale du monde matériel. Autrement dit, la métaphysique babylonienne connaît elle aussi, comme beaucoup de ses voisins, la ***Loi de la Matière et de l'Anti-Matière*** et s'y réfère pour ses morts. A ce propos, les multiples et intéressantes différences relevées entre elle et les conceptions des autres peuples portent simplement sur une question de vie post-mortem. Celle-ci est plus ou moins heureuse selon que l'on séjourne momentanément dans un monde souterrain ou que l'on «s'échappe directement par la «***Porte du Ciel***»[24] vers les «Ancêtres-Origines». Vous sentez déjà, cher public lecteur, les grandes lignes directrices des futurs Dogmes de Rome du «***Paradis Céleste***» et de l'«***Enfer de feu terrestre***» avec sa période de transit appelé «***Purgatoire***».

23.8 - Les Celtes, Druides et Bardes :

J'inviterai de nouveau mes lecteurs et lectrices à se reporter à une autre de mes œuvres où j'ai amplement traité des sujets celtes druidiques et bardes. J'en dirai donc peu de choses mais toutefois suffisamment grâce aux précieux apports de mon Maître Georges

[24] BaB-EL = Porte-Voie (BaB) vers l'Elevé (EL), d'où le nom de «BaBeL».

Barbarin (déjà cité) à l'époque où il dispensait son talentueux savoir aux jeunes étudiants que nous étions. Comme le disait ce Maître, aucun peuple ne fut autant ***affranchi de la crainte de la mort*** que les Celtes. Si les Egyptiens, comme je l'ai dit, «préparaient leur mort durant leur vie», les Celtes, particulièrement les Druides, s'en réjouissaient à l'avance comme de «la plus Haute des Récompenses du Cosmos Divin». Des écrivains romains comme Horace, Salluste, voire l'empereur romain Julien en témoignent, alors qu'ils ne les connurent que dans la longue période de leur déclin. Plus de 1000 ans av. J.C., avant que les femmes ne s'emparent du Pouvoir Spirituel [25], le Druidisme avait imprimé dans l'esprit celte ***une croyance à toute épreuve***. A juste titre, Barbarin osa considérer l'***Islam*** comme ayant ***partiellement*** atteint le même degré, alors que le Christianisme échoua totalement dans son explication compliquée de l'Après-mort. Au point que peu de fidèles des Eglises envisagent avec joie de «quitter cette Terre». Les enterrements chrétiens sont tristes et mouillés de pleurs. Les Musulmans sont bruyants «pour éloigner tout ce qui peut gêner le/la défunt(e) dans son «Ascension», mais il y règne une certaine sérénité. Le Judaïsme est réservé.

Le «***De-DaNNaNN***» (De-DaN-NouN) que l'on peut traduire en français par (La Voie De) vers l'Etoile Originelle (Dan-NouN)» remémorait le vieux mythe boréen et atlante de la «***Venue des Ancêtres d'Ailleurs***» (revoir le sous-chap. E) que l'on s'empressait de rejoindre. Comme je l'ai dit précédemment les CeLTes étaient des gens assez rustres, «machos» avec leurs femmes, qui le leur firent bien payer. Aussi,pour les remplir d'une telle «conviction» (je n'aime pas le mot «foi» qui ne veut rien dire) il leur fallait un enseignement très accessible et des «***certitudes***» qu'ils pouvaient comprendre : immortalité, femmes jeunes et belles, soumises, pâturages verdoyants remplis de bétail gras, etc. Toutefois, de telles «promesses» se seraient avérées de peu de puissance si

[25] De là, la mise à l'écart de la femme dans bon nombre de religions, suite à de sanglants abus générés par cette manipulation féminine ignorante de «choses sacrées».

un Concept Secret Druidique n'en avait pas constitué la charpente. Méla Pomponius, géographe latin du Ier s. voyageur infatiguable, passa sa vie à percer ce Secret et tenta, avec le peu de documents qui restaient à son époque, de le reconstituer. On lui doit beaucoup en ce domaine[26]. Déjà, il faut dire que ***«l'Eternité de l'Esprit»*** constituait pour les Initiés des Ecoles Druidiques, rompus à toutes sortes d'épreuves, ***une assurance pratique*** bien plus grande que la simple notion d'«Immortalité de l'Ame humaine» qui ne veut rien dire, et s'avèra très contestable et très critiquée. Bien avant Einstein, les Initiés celtes avaient découvert ***l'Infinité du Temps Universel*** et la notion des ***«Big-Bang» précédant chaque fois un nouvel Univers***.

En gros, l'Enseignement semble avoir été le suivant. D'abord «tout passe, tout lasse, rien ne demeure, ***excepté la «Pensée universelle»***. Rien ne peut venir à l'existence dans l'Univers sans Elle. Lorsque tout disparaît, ***elle seule demeure indestructible***. Ensuite la totalité des choses et des êtres qui apparaissent dans l'Univers, le nôtre et les autres, ont été engendrés par cette Pensée Unique. L'Univers œuvrerait selon ***trois*** niveaux d'énergie (on rejoint la Physique quantique !) :

- un niveau supérieur ou «KYLh Y KeuGaNT» («Sphère de l'Immensité Infinie») dans laquelle réside tous les ***Principes vivants*** incommunicables, non-finis, parce qu' appartenant au seul domaine supérieur de cette Suprême Pensée.
- Un niveau inférieur ou «KYLCh YR ABReD» («Sphère des Mutations») dont les Lois ***enveloppent tout l'Ordre Matériel*** temporairement existant. C'est là, dans ce Grand Océan d'Abîme (énergétique) que débute tout univers planétaire et vivant, et bien entendu l'***«Esprit-Homme»***. Ce dernier, durant un temps indéfini en rapport avec son attitude, subit le ***flux et le reflux*** entre le pôle de ***l'Harmonie*** et celui de la ***Désharmonie***, entre l'Attrait et le Retrait... et les ***épreuves subies dans ses milieux*** aboutissent à une fin matérielle d'un certain ordre pour recommencer ensuite

[26] M. Pomponius, «De Digeste» (Hachette, 1944).

par une naissance à un ordre supérieur ou différent. Le but à atteindre pour tout être est celui ***d'une Perfection de plus en plus grande***. Il faut que s'équilibrent constamment les Devoirs d'une part, les Passions de l'autre. C'est arrivé à un Point Ultime que tout «Esprit-individu», maître de ***sa propre possession***, abandonnera enfin le Cycle des Voyages pour prendre place dans la Pensée Suprême ***qu'il enrichira par ses acquis***. (C'est nous qui traduisons ce Symbolisme assez ardu pour un profane).

Un niveau intermédiaire ou «GWeNVeD» («Le Grand Blanchiment jusqu'à la Félicité-Bonheur»). Ne séjourne dans cette sphère que l'«Esprit-Individu» qui durant sa vie, s'est attaché à son «élévation intérieure» en luttant contre les forts attraits de la matérialisation, et qui l'a fait avec connaissance, justice et amour. Lorsque, dans la «***Pesée de ses Oeuvres***» (KaRMa) ce premier plateau est plus chargé que celui qui supporte l'égoïsme, l'injustice et le mépris de l'autre, cet «Esprit» demeure dans cette sphère parce ***qu'il a triomphé par son propre mérite***, de la Mort-Mutation et de la vie matérielle. Il se meut alors dans ce milieu en aidant d'autres et en produisant les fruits ouvrant au Niveau Suprême (KeuGaNT).

Ici, ***nul Enfer ni Purgatoire***. Tout «Esprit» qui se dégrade ***volontairement*** par l'entretien et le développement de basses passions retombe simplement par la Loi de Gravitation à une condition inférieure d'existence, plus ou moins basse, plus ou moins chargée de tourments. Notons qu'il existe assez de supplices, de souffrances, et de sévices dans le Monde de la Matérialité pour dispenser l'«Esprit-double» d'autres punitions, comme l'entendent la Chrétienté et ses sectes.

Jules César[27], le poète latin Lucain[28] (39-65 ap JC), neveu de Sénèque et l'historien grec Plutarque (45-125 ap JC)[29] ne taris-

[27] J. César, «Bella Gallica» (Belles Lettres, Hachette)
[28] Lucain, «Pharsale» (Hachette, 1945).
[29] Plutarque, «Vie des Hommes illustres» (Paris, Calman-Lévy)

sent pas d'éloges sur le Druidisme qui, à leur grand étonnement, enseigne «que ***l'Homme est d'abord un Esprit***, qui, lorsqu'il décède, retourne ***à son état primordial*** pour se perfectionner de «sphères en sphères» dans ***un cercle infini d'éternelles migrations***». Il leur semble aussi surprenant que cet «Esprit» soit une parcelle-étincelle (ils la comparent à celle qui s'échappe en crépitant d'un feu de bois !) d'un Grand Esprit Universel vers Lequel il retourne pour l'***enrichir*** lorsque ces migrations prennent fin. «Cet Esprit Universel ne peut avoir eu de commencement, ou même ne peut avoir de fin, ***car dans un tel cercle semblable au disque solaire il ne peut y avoir ni l'un ni l'autre***...» Les Autorités Antiques les plus éminentes, qu'elles soient politiques, poétiques ou historiennes, clament leur admiration pour le druidisme et l'espoir solide qu'il offre pour l'Après-mort. L'étude attentive d'auteurs anciens et très cotés comme Polyhistor (fin du IIIe s.), Ammien Marcellin (IVe s.) et Valère Maxime (Ier s.) permet d'attribuer aux «Ecoles des Mystères» druidiques l'Initiation de Pythagore (IVe s. av. JC.) considéré par le Monde Antique comme «le plus éclairé des mortels». Cette opinion fut partagée par bon nombre de Pères de l'Eglise comme Clément d'Alexandrie, Origène et Augustin d'Hippone («St-Augustin»).

A travers de multiples fouilles archéologiques en Grande-Bretagne, en Scandinavie, en Bretagne française, en Allemagne du Nord et en Islande, on a découvert que Druides et Bardes[30] méditaient en silence à la manière «zen» japonaise, de façon à «entrer en contact intérieur» avec ***le Grand Esprit Originel impersonnel dont on ne prononçait pas le nom***. Le Druidisme généralisé chez les peuples celtes disparut assez tôt (entre le VIe et le IVe s. av. J.C.) pour laisser place au ***Bardisme***. Trop centré sur l'autonomie spirituelle de l'individu et sa «joie de l'Après-mort», il en oublia la Fraternité humaine. Il fut une fleur éphémère s'étalant sur un fumier d'égoïsme et de férocité. Au IVe s. de notre ère le Christianisme aurait

[30] Ces poètes bretons, gaulois, irlandais, écossais, scandinaves, chantaient la gloire des dieux-principes (3) et des Fêtes de la Nature. Ils en vinrent à exciter les guerriers aux combats pour les faire précipiter plus rapidement dans «la Joie de l'Après-mort».
[31] «Nouv. Test.», Actes des Apôtres, chap. 7, vers. 22.

pu ***reprendre ce flambeau tombé à terre***. Malheureusement, les responsables des «noyaux» chrétiens coururent davantage après l'argent et les honneurs qu'après «la Lumière Cachée». Les derniers Druides se réfugièrent en Irlande, louangèrent au moyen des Bardes, leurs poètes et leurs chanteurs, lesquels devaient devenir, bien des siècles plus tard, nos fameux troubadours et ménestrels du Moyen-âge.

23.9 - Les hébreux et le judaïsme :

Le Judaïsme le plus orthodoxe s'appuie sur les ***cinq premiers livres*** de la partie hébraïque de la Bible appelée «Ancien Testament», et que les Grecs anciens nommaient «Pentateuque» (Recueil des Cinq). La Tradition rabbinique veut que ceux-ci aient été rédigés par un Grand Initié portant le nom de Moïse (hébreu = MoSheH) ou ***peut-être une «Ecole»*** dirigée par ce Maître, comme je m'en explique ailleurs. En ce qui concerne la Survie, les livres moysiaques, ils sont relativement discrets. Toutefois, comme cela apparaît nettement dans le «Nouveau Testament», l'influence de l'Initiation égyptienne est incontestable[31]. Or, en égyptien comme en hébreu le mot «MoTh» désigne la ***mort***, non pas au sens où nous l'entendons couramment mais dans le sens de «***changement d'état***» ce qui est fort intéressant. Sauf dans des cas extrêmes d'anéantissement, ***la mort sous forme d'extinction définitive n'apparaît pas dans l'«Ancien Testament»***. Ainsi, par exemple, lorsque l'Homme est formé (hébreu = YTzeR) dans le sens «d'énergie comprimée» (racines «TzuR», «ReTz», «TzuRoH») à partir «des grains d'énergie de l'ADaMaH» (ce qui n'a rien à voir avec le sol terrestre des traductions), il reçoit bien «des Forces-Conscience de son Devenir Permanent» (hébreu =YHWH -AeLoHIM) «***quelque chose de vital de ses vies antérieures***», puisque l'expression hébraïque «NeShMaTh ChaYIM» signifierait littéralement «***le souvenir-vibrant-des-vies***»[32] et non une simple «***haleine de vie***» comme le veulent bêtement nos traductions !

[32] «Anc. Test.», Genèse, chap. 2, vers 7. Où ne figure pas «ChaYaH» (une vie) mais «ChaYIM» (***Des*** vies).

De plus, lorsque le Genre Humain va «assimiler la Matérialité[33]« (sous l'allégorie du fameux «fruit défendu»), il est bien stipulé qu'à ce moment, «dans la manifestation lumineuse concrète (hébreu = KiBaYOM) où tu t'assimileras à lui (hébreu = AKaLKa), de cette nature-là (hébreu = MiMeNU) ***Mourant-Mutant*** que tu es, TU CHANGERAS D'ETAT...» (hébreu = MOTh-ThaMUTh)[34]. Comme l'Egypte avec sa trilogie vivante «SaHOu-AB-KhaT», le Judaïsme primitif considèrera l'humain comme ***un être tri-composite : «NeShMaTh-ROuaCh-NéPheSh»***. Ce que confirmera d'ailleurs l'Initié «St Paul», ancien rabbin, élève de l'illustre Gamaliel avec son «être» composite : «***pneumati-psyché-sooma***»[35]. La soi-disant «Sentence Divine» : «... Tu es poussière, tu retourneras dans la poussière»[36] est une traduction inadéquate du texte hébreu ; de plus elle ne concorde nullement avec la Tradition Primordiale. Le Judaïsme initiatique, lui, l'exprimait ainsi : «... Comme l'énergie-en-poussière (hébreu = KI-GhaPhaR) que tu es toi (hébr. = AThaH) et vers la Sublime poussière-énergie (We-AeL-GhaPhaR) tu ***reviendras-retourneras*** (hébr. = ThaShuB)...»[37]. Preuve en est que cette fiction de la «Condamnation Divine» (selon la mauvaise traduction : «Le ***jour*** où tu en mangeras tu mourras») n'entraîna pas la mort du Genre Humain, fort heureusement, puisque nous sommes là ! A cela, le Judaïsme, fort embarrassé (comme le Christianisme d'ailleurs !) répond que le mot «jour», en hébreu «doit être pris dans un sens très large», ensuite, «que Dieu dans sa miséricorde et en vue de l'accomplissement de desseins ultérieurs, a voulu accorder un large sursis à l'Homme coupable»(?). D'où la nécessité d'un Messie, choisi parmi le peuple «***élu***» qu'IL a fait sortir d'Egypte pour en

[33] Le verbe hébreu «KoLoH» (manger) veut aussi dire «assimiler», «intégrer totalement» (Genèse, chap. 2, vers. 16, 17 ; chap. 3, vers. 2, 3, 5, 6, 7, 11, 12, 13)

[34] Genèse, chap. 2, vers. 17.

[35] «Nouv. Test.», 1er Epître de Paul aux Thessaloniciens, chap. 5, vers. 23.

[36] «Anc. Test», Genèse, chap. 3, vers. 19.

[37] Le verbe hébreu «ShuBiH» implique bien un mouvement de retour à une condition-état initiale, suite à cette décision arbitraire de «désir de matérialisation sur la planète»

faire ***son*** peuple. D'ailleurs le nom d'«IShRAeL» donné au «prophète» Jacob (hébreu = YaGhQoB) après son épreuve initiatique, a le sens de «***qui milite***» (YaShaR) pour ***Ce qui est Elevé***, le Très-Haut» (AeL).[38]

Pour en revenir à la Mort, pour le Judaïsme, en général, elle signifie ***cessation de vie dans l'attente d'une «levée des morts»*** (hébreu = QOuM[39]) dans une «Jérusalem nouvelle». «Voir Jérusalem et mourir» est le vœu de tout Juif pieux. Mais qu'est-ce qui meurt ? Est-ce la Personnalité toute entière ou seulement l'une de ses parties ? Aux yeux de la Synagogue, l'Humain est appréhendé sous deux aspects : le premier divise l'Homme en deux éléments, ***le corps et l'âme*** (à laquelle, dans la confusion on donne le nom «d'Esprit» ; cette «Ame» représente le «Principe de Vie» et s'identifie au sang, raison pour laquelle les pratiquants s'imposeront la consommation de bêtes saignées et s'abstiendront de boudin-sang des charcutiers «GoYIM» (étrangers). Lorsque l'Ame se sépare du corps, la mort survient, soit immédiatement, soit au plus tard lors de la décomposition du corps. L'Ame est évacuée vers le «ShAeOL» (hébreu = monde caché de la vue des humains), en attente d'une «Réincarnation générale». ***L'autre conception*** est plus antique, plus proche de l'idée égyptienne (SaHOu-AB-KhaT) : l'Homme est composé de ***trois*** éléments : le Corps, l'Ame et l'Esprit. L'Esprit (hébreu = NéShMaTh) est le «***souffle divin***» indispensable à la Vie. D'ailleurs ce mot hébreu contient à la fois la racine «SheM» du «Nom-Identification Divin», donc de l'Individualité, et celle du verbe «ShaMoH» (entendre au fond de soi). L'Ame (NéPheSh) qui était vivante (NéPheSh ChaYaH) par cet Esprit meurt aussitôt (hébreu = MoThoH) et glisse dans le «monde

[38] Bible, Genèse, chap. 32, vers. 24 à 28.

[39] On a traduit le mot «QOuM» par «résurrection» ce qui est très fantaisiste. Ainsi le site de «QOuMRaM» où ont été découverts les Manuscrits de la Mer Morte signifie littéralement : «L'Elévation (QOuM) du Bélier» (RaM) ou encore un souvenir-symbole au Grand Initié qui porta ce nom (RaMaH). En effet, «QoMaT» = hauteur, «RaMaH» = lieu élevé, et «QiMaH» = soulèvement, projection en l'air, lancement vers le haut.

caché» (ShAèOL). Cependant l'Esprit lui, ***ne meurt pas*** (hébreu = ne mute pas) ; il abandonne son assemblage physiologique et retourne aux Forces-Conscience-Univers (AèLoHIM) qui l'ont «prêté»[40]. Que devient alors l'Ame dans ce séjour des morts ? Certes, elle a fatalement «mutée» (changé d'état) mais de quelle façon ? Notons d'abord que l'«Ancien Testament» n'utilise jamais le terme «âme» (NéPheSh) ou «Esprit» (ROuaCh, NéShMaTh) pour désigner un mort. Dans ce «séjour» (ShAéOL) n'existent ***que des ombres***[41] ce qui concorde tout à fait bien avec les découvertes métaphysiques modernes.

Dans les Écrits hébreux bibliques, base du Judaïsme, et plus tard du christianisme et de l'Islam, la condition de ces «***ombres***» est décrite de ***deux façons*** nettement distinctes : d'abord les «morts» sont dans un état d'intense ***activité et de pleine conscience*** ; d'ailleurs, ils sont désignés en hébreu sous le nom de «YDéGhoNIM» (littéralement = ceux qui savent, à cause de la racine «DaGh»), ce que nos expériences sonores et visuelles de «transcommunication» authentifieront (voir plus loin)[42]. Lorsque le passage suivant déclare : «Il n'y a ni science ni pensée dans le Séjour des morts où tu vas»[43] (version moderne), ce qui entrerait en contradiction avec ce qui précède, les mots hébreux «MaéGhéShèH» (travail physique), «ChaéSheBiON» (prévisions en vue de réalisation concrète), «DaGheTh» (sagesse pratique des choses de la planète) et «ChoKMaH» (connaissance quelque peu technologique des choses) traduisent bien des ***attitudes*** qui n'ont plus cours ***hors du vivant physiologique***. Seconde manière d'appréhender ce problème est de considérer ces morts dans ***un état total d'inconscience phy-***

[40] «Anc. Test.», Ecclésiaste, chap. 12, vers. 9 . Le verbe hébreu «NeThaéNoH» se traduirait plutôt par «prêté» que par «donné».
[41] «Anc. Test.», Livre de Job, chap. 3, vers. 5 ; chap. 10, vers. 21 ; chap 16, vers. 16 ; chap. 38, vers. 17. Livre des Psaumes, chap. 23, vers. 4 ; chap. 107, vers. 10 et 14, etc. «Nouv. Test.», Ev. De Matthieu, chap. 4, vers. 16 ; Ev. De Luc, chap. 1, vers. 79, etc..;
[42] «Anc. Test.», Livre de Job, chap. 3, vers. &7 à 19 ; Psaume, chap. 139, vers. 8 ; Jonas, chap. 2, vers. 2, 3.
[43] «Anc. Test.», Ecclésiaste, chap. 9, vers. 10.

siologique, d'oubli ou de silence[44]. Il s'en suit que ceux qui entrent dans le monde caché du «ShAèOL» n'ont plus aucune relation avec les vivants, mais aussi avec les Forces-Conscience-Univers (AèLoHIM) tout au moins momentanément[45]. Ils sont plongés dans ***un repos inconscient*** apparenté au sommeil.[46]. D'où la question qui logiquement vient à l'esprit : pourquoi alors la mort existe-t-elle ? Dogmatiquement, elle est présentée comme une «***punition du péché***», de ce fameux péché ayant consisté à manger du «fruit défendu dans le Jardin de l'EDeN» (!). Toutefois, quand on sait ce qui se cache derrière ce récit mythique, on comprend mieux que, ***par le processus de la mort-mutation, l'homme ne fait que de réintégrer sa «condition éthèrique première»*** chargé de son expérience de connaissance de l'«Accompli» (mal traduit par «Bien») et de l'«Inaccompli - à accomplir» (mal traduit par «Mal»). D'ailleurs, un certain passage du texte moysiaque[47] confirme par ces thèses et antithèses successives ce qui précède.[48]

Dans le Judaïsme libéral, la mort n'est ***pas représentée comme un «châtiment» mais comme une «expérience religieuse» intime*** qui dépasse en bien des points les conditions de la vie présente. Ce n'est pas sans raison que les textes utilisent l'expression hébraïque «MOTh YaShaRIM» (littéralement : mourir de la mutation-changement réservée aux Initiés en général, ceux qui ont appréhendé le Sublime). De plus, le Judaïsme ***pur*** rejoint aisément la conception hindouiste, lorsque les textes tendent à donner à ce mécanisme de fin de vie-existence un caractère temporaire : il ne s'agit ***nulle-***

[44] «Anc. Test.», Ecclésiaste, chap. 9, vers. 5 et 10. ; Psaume, chap. 146, vers. 4. «Nouv. Test.», Ev. De Jean, chap. 11, vers. 11 à 14.

[45] Livre de Job chap. 7, vers. 8 et 9.

[46] Voir note 44.

[47] Comparer dans l'»Anc. Test.», Genèse, chap. 2, vers. 17 avec le livre du Deuteronome, chap. 30, vers. 19 à 20.

[48] Les mots hébreux «Tob» et «RaGh» ont été traduits grossièrement par «Bien» et «Mal», respectivement, alors qu'ils signifient dans leur essence : «Ce qui est ***accompli***» comparativement à «Ce qui est ***inaccompli***», car les notions de «Bien» ou de «Mal» sont tellement arbitraires qu'elles varient non seulement d'un peuple à l'autre, mais d'une époque à une autre.

ment de l'anéantissement général de la mort sur la planète comme bon nombre de sectes millénaristes veulent nous le faire croire (car ce serait changer «les lois de Dieu») mais de «sortie de ce cycle douloureux» qu'implique la condition humaine de «Mutant-mutera». Tous les Initiés hébreux (hébreu = NaBIM, mot traduit par «prophètes» ce qui est absurde !) l'ont répété maintes fois. Il n'empêche que leurs paroles ont été déformées, aussi bien dans la partie «Ancien Testament» que par la Chrétienté dans la partie «Nouveau Testament».

Terminons en rappelant qu'en général, dans le Judaïsme traditionnel on insiste peu sur ce thème délicat de la Survie, ou du moins il n'est pas au centre des préoccupations du monde juif. On suit scrupuleusement les fêtes, on obéit le mieux que l'on peut à la «Loi» (ThoRaH), et puis pour le reste, «le Saint-Béni-Soit-il» s'en chargera ! En général, la Théologie judaïque est surtout centrée sur le Destin de l'Humanité qui passerait par trois phases (rappelant quelque peu les «YouGas» du temps hindou) : la Survie de l'Ame, les «Temps Messianiques», et enfin la «Résurrection générale» (que les Chrétiens nomment «Jugement Dernier»). L'Esprit-Ame est en quelque sorte «mis en conserve» («Mémoire de Dieu» comparée à un livre[49]) dans le «Séjour des morts» (ShAéOL). Puis, le monde connaîtra alors sur le plan collectif des «Temps Messianiques» qui seront essentiellement dus à la réussite socio-politique de l'Humanité, mais parsemés fatalement de convulsions psychologiques de masses. Ensuite a lieu la Résurrection. Lorsqu'on parle de «réussite socio-politique», le judaïsme cligne de l'œil au «***Mouvement Sioniste International***» dont ce fut toujours le thème idéologique par la voie bancaire et financière, ce qui ne serait pas un mal en soi si notre pauvre Humanité pouvait trouver là la fin de ses souffrances et de ses maux ! N'oublions jamais que Karl Marx et Friedrich Engels étaient de

[49] «Ancien Testament», livre de Malachie, chap. 3, vers. 16 ; Psaume, chap. 69, vers. 29 ; etc. «Nouv. Test.», Epitre de Paul aux Plilippiens, chap. 4, vers. 3 ; Apocalypse, chap. 3, vers. 5 ; etc...

confession judaïque : il n'est donc pas étonnant qu'à travers leurs doctrines se reflètent les grands espoirs du judaïsme...

23.10 - La Chine antique impériale :

Avant l'arrivée au pouvoir du système communiste dans cette contrée de près d'un milliard d'individus à la fin du XXe siècle, on avait coutume d'attribuer à ce pays mystérieux et assez impénétrable ***une antériorité historique exagérée*** que rien ne justifiait réellement, sinon l'insuffiscance d'informations sur ses origines et son évolution. La Chine n'est pas une nation comme les autres : c'est ***un monde*** dans le sens où la foule des branches ethniques qui le composent en font un imbroglio difficile à déchiffrer. Quand on parcourt cet immense territoire, on ne visite pas LA Chine mais «LES Chines». Le mot qui aurait donné naissance à cette appellation serait d'origine indo-européenne : «ShiNa» signifiant «la soie», tellement ce matériau lui fit une réputation mondiale durant des siècles. Si l'on en croit certaines publications bien renseignées[50], la Chine est entrée tardivement dans l'Histoire à l'époque de la dynastie des empereurs ChaNG (XVe au Xe s. av. J.C.). Après avoir été morcelée en plusieurs petits royaumes, cet Empire a été unifié sous le règne de l'Empereur QuI Shi HuaNGDi (221 av. J.C.) ; il est le fondateur de la dynastie impériale des HaN. C'est à cette ***époque que fut normalisée l'écriture chinoise***.

Suite à cette dynastie qui dura du IIIe s. av. J.C. au IVe s. de notre ère, le pays subit une période très trouble au cours de laquelle il fut souvent divisé. C'est avec la dynastie des SoNG (960 à 1279) qu'il devait connaître une étonnante prospérité et un grand rayonnement culturel : c'est la période du respect des traditions, du pouvoir administratif des mandarins, la prolifération des belles pagodes, l'extension de ses réseaux commerciaux, ***la découverte de l'imprimerie (avant Gutemberg)*** à l'aide d'un jeu de caractères-glyphes sculptés dans des cubes de bois vernis, l'uti-

[50] R. Caratini, «Tout en UN», Année 1988, p. 78.(Hachette)

lisation de la boussole (morceau de magnétite posée sur une plaque de liège, le tout flottant dans un bol plat), la poudre à canon (à partir de salpêtre de murailles mélangé à du souffre), la sidérurgie à haut-fourneaux, etc. On doit aux marchands musulmans d'avoir fait connaître ses produits et ses techniques à l'Occident européen. Nous nous arrêterons là car, pour le sujet qui nous occupe, ***la Chine archaïque nous intéresse davantage que la Chine moderne***.

On dit d'ordinaire que ce vaste territoire possède ***trois religions*** : Confucianisme, Taoïsme et le Bouddhisme (fig. 51). Les biographies et les enseignements qui donnèrent naissance à ces ***trois courants religieux*** sont amplement traités dans ma série «L'Héritage des Grands Initiés». Les anciens Chinois d'avant Mao Tsé Toung les appelaient «Les Trois Doctrines». Effectivement, comme j'ai pu m'en rendre compte lors de séjours au Japon, ***ces trois religions se complètent parfaitement***. Pourtant, la langue chinoise officielle d'avant le Marxisme ne possède aucun mot pouvant se traduire par ***«religion»*** tellement, originellement, on a voulu que l'individu ***«construise lui-même sa spiritualité»***. Si l'on remonte au XXe s. av. J.C., on retrouve de nombreux ***cultes honorant les Cycles et les Rythmes de la Nature***, le tout structuré d'une assez bonne maîtrise de l'Astronomie, puis de l'Astrologie. A l'instar de la Grande Tradition Primordiale dont ils avaient héritée des vestiges par la voie lémurienne, loin d'être «animistes» comme on le prétend faussement, l'élite initiée connaissait les Grands Principes Cosmiques : le Principe «T'YeN» (énergie diffusante «Ciel»), le Principe «ShaNG-Ti» (énergie matérialisée et personnalisée «Terre-être vivant»).

Photo prise à Kyoto, 1985 (G. Osorio)

FIGURE 51

Dans l'ensemble, ***on ne peut dissocier la Chine de ses voisins coréens et japonais*** (cf. Sous-chapitre 28.2) tellement ***la vénération des Ancêtres nationaux*** et la mentalité d'«***Ame-groupe***» (Freud) transparaissaient dans les moindres actes de la vie politique ou culturelle de la Chine Antique profonde. Les rites et les cérémonies mentionnés par les «Classiques» chinois sont, de toute évidence, très archaïques. Sans aucun doute, ils ont précédé de longue date l'idée d'une Première Dynastie Impériale. Certains sinologues les ont suivi dans leur évolution et ils en déduisent qu'au cours des siècles ils se multiplièrent, se compliquèrent, devinrent plus grandioses parce que plus «populaires» et moins «initiatiques». Mais ils se maintinrent malgré tout à travers bien des convulsions qui ensanglantèrent ce pauvre peuple fin et intuitif. Disons aussi que Chine et Inde védique (cf. Sous-chap. 23.6) se sont beaucoup côtoyées ne serait-ce déjà que par le truchement d'incessantes relations commerciales, par la province-Etat du YuNNaN.

Partant du principe que l'Univers forme ***un tout***, morts et vivants appartiennent ***au même Esprit*** (TCh'I) lequel se manifeste ***sur lui-même*** de ***quatre*** manières différentes : en devenant ***feu***, puis ***terre***, puis ***air*** et enfin ***eau***. C'est à partir de ces ***quatre éléments*** que tout ce qui se manifeste visiblement peut exister ou disparaître. Bien avant que l'Empereur initié Fo-Hi [51] fasse parler de lui en découvrant les ***deux Principes-Forces des Formes Matérielles*** dans l'Univers («YiN» et «YaNG»). L'initié chinois considèrait qu'il vivait tantôt dans le «Ciel des Ancêtres» tantôt chez les «Fils du Ciel». Quantité d'us et coutumes folkoriques, de peintures et bibeloteries, attestent que les «***Pères***», comme ils les nommaient, contribuaient à la prospérité ou à l'infortune des vivants sur le sol national. Les mandarins qui rédigèrent les «***Codes des Bonnes Habitudes***» sollicitent que tout chef de famille procède à des offrandes quotidiennes, ne serait-ce qu'une libation

[51] Premier «Grand Initié» antique, fondateur des Dynasties impériales chinoises lequel débute la grande famille des «Initiés Officiels» dans notre œuvre : «L'Héritage des Grands Initiés» (cf. 377)

d'eau, si l'on était très pauvre. Il était de coutume de rappeler constamment à la jeunesse que les «Ancêtres de la Nation se réjouissaient constamment de voir l'un de leurs jeunes descendants se montrer zélé dans l'accomplissement des sacrifices pour les morts».

Contrairement à ce que l'on enseigne en Occident, ***les Arts Martiaux*** ne sont ***pas d'origine japonaise*** mais d'abord hindoue (voire égyptienne) puis chinoise. Ils permirent aux paysans sans cesse attaqués et dépossédés de leurs biens et récoltes par des bandes de pillards, d'abord de se défendre efficacement avec leurs mains et leurs pieds, aidés d'instruments agricoles (fléaux, bâtons, faucilles à riz, etc.), ensuite de vivre à travers ces exercices ***un certain «vide»*** rappelant celui de l'Univers en mouvance perpétuelle. Observant les Cycles et les Rythmes dans la Nature, ils en déduisirent que l'humain ne pouvait être étranger à ces Lois. Pour le Chinois antique, l'existence limitée dans laquelle il vit n'est que ***l'un des dégrés d'une immense Roue du Destin*** qui succède à une phase de conscience précédente et qui prépare la suivante. «L'Esprit» individuel séparé temporairement du «Grand-Corps-Esprit» des Ancêtres de la Chine doit, dans sa ronde des vies successives, contribuer à enrichir sa Sagesse. Dans la langue chinoise «***naître» et «mourir***» se désignent par ***un même mot»*** («AN» ou «CheN» [52]du fait que «***tout ce qui naît a déjà existé***» et ***«tout ce qui meurt va toujours exister***». Les naissances à l'état humain sont les plus importantes, peut-être les dernières de ces «Cycles de Morts», celles dans lesquelles s'accomplit le progrès décisif. Cependant pour chaque «Esprit-Individualité», elles seront aussi nombreuses qu'il le faudra jusqu'à que soit atteint le Résultat recherché...

A la différence de l'Occidental pétri de Judéo-Christianisme, le Chinois antique ***«ne court pas après le Temps»***. Il sait pertinemment ***que son sort n'est pas réglé définitivement pour l'Eternité lorsqu'il rend le dernier souffle*** («Enfer», «Purgatoire» ou «Para-

[52] Selon les régions, leur sens est «accomodation des structures du Cosmos» ce qui est le cas d'une «naissance» comme d'une «mort».

dis»). En cela, l'Islam est plus prudent (voir plus loin) disons «plus oriental». Sa connaissance profonde de la Nature (n'oublions pas que le Chinois ***est d'abord paysan dans l'âme*** avant d'être habile commerçant) lui montre que ce ne peut être ***sa vie actuelle qui définit son Au-Delà à jamais***. Au lieu d'ignorer ***d'où*** il vient et d'être culpabilisé toute une vie par des choix permanents où il risque chaque fois «les sanctions du Ciel», pris en tenaille entre «Dieu» et «Satan» (selon la thèse chrétienne) il est conscient que graduellement ***il va s'améliorer dans un Futur qui lui appartient et dont il est responsable*** («loi du KaRMa»). Dans la vie présente il pourra faire autant de fautes qu'il voudra mais ***il sait qu'il devra les payer***. Ce seront autant de barrières et d'handicaps qu'il dressera ***volontairement*** devant lui et qui nuiront à son Evolution Totale.

On trouve là une ***des raisons profondes de la sérénité remarquable de l'Asiatique en général*** face aux dures épreuves de l'existence, et particulièrement face à la mort. En Asie, on se conduit comme si dans le domaine spirituel (le seul ***important***) rien de ce qui se fait n'est irrémédiable. Comme dit un passage des Evangiles emprunté à cet état d'esprit : «...Le lendemain aura soin de lui-même...»[53]. Pour le Chinois, l'opportunité viendra toujours de faire ce qu'il y a lieu d'accomplir. Certes, les occasions de «compenser les mauvaises œuvres par des bonnes» (c'est nous qui traduisons) ne sont pas présentes en permanence. Aussi y a-t-il lieu ***de tenir constamment sa conscience en éveil*** afin que les circonstances favorables de « Compensation » ne nous échappent pas, et qu'il faille attendre longtemps avant qu'elles ne surgissent à nouveau. Peut-être seront-elles alors plus difficiles et plus douloureuses ? Même dans ces cas de négligence, si pénible soit ce «rattrapage», en aucun cas il ne s'en suivra de «châtiment définitif». D'où l'absence totale de désespoir ou de regrets dans la Sagesse Chinoise qui appréhende la naissance et la mort comme des phénomènes aussi naturels que le Réveil et l'Assoupissement dans le monde des vivants («An» ou «CheN»).

[53] Evangile de Matthieu, chap. 6, vers. 34.

Pour le Chinois, ***chaque durée d'existence correspond à une journée de vie pour l'Occidental*** : il s'endort dans ce que l'Européen appelle la «mort» ***avec la même certitude de se réveiller plus tard*** dans ce que ce même Européen appelle la «Vie»... Il sait que ce ne sera plus dans le même corps ni dans le même milieu planétaire, que ses «Compagnons de Route»[54] auront changé de peau, qu'il aura alors oublié son actuelle «carnation» (comme actuellement il n'a pas souvenir des précédentes) parce que la «mort» présente n'est pas une fin. Le malade, l'accidenté, ou le vieillard chinois entrent dans la mort dans la plus complète tranquillité, sans crainte de l'Anéantissement (qui hante l'athée ou le matérialiste) ou celui de l'«Enfer» ou du «Purgatoire» (qui obsède le chrétien) voire du «Sommeil sans Résurrection» (qui culpabilise le sectaire biblique). Comment, imprégné d'une telle conviction, pourrait-on être anxieux du Trépas ***dans un Système Cyclique où l'on se sent complètement intégré***, où l'on sait que l'on doit renaître et re-mourir bien des fois encore, avant la Grande Union, ***la Grande Fusion Finale*** avec la Pensée Universelle Perpétuellement Active. Il sait que, devenu «Sage» («Fils Céleste»), il entendra un jour, ***en lui***, la Voix Suprême s'exprimer ainsi : «Tu en es à ta dernière existence. Après elle tu seras libéré, tu ne seras donc plus asservi à la Ronde Incessante des Morts/Naissances...» C'est cela la «***Vraie Liberté***» dont parle les Evangiles, et que la Chrétienté et ses sectes bibliques ont escamotée[55] . Paradoxalement, il nous faut nous tourner vers l'Extrême-Orient Antique pour retrouver enfin la Véritable Essence du Judéo-Christianisme !

[54] Beaucoup de légendes orientales comparent le «Voyage de l'Homme-Esprit dans l'Espace universel» au chameau errant dans le désert en quête d'un oasis. Je l'ai déjà dit : le mythe du «Juif Errant» n'est pas aussi futile qu'on nous le présente. Il désigne ici le «Juif spirituel» dans le sens ésotérique de l'Epître de Paul aux Romains (chap. 2, vers. 25 à 29) et non l'ethnie juive. Si seulement le National-Socialiste allemand avait compris cela !!!

[55] «Nouv. Test», Evang. De Jean, chap. 8, vers. 31, 32 ; Epitre de Jacques, chap. 1, vers. 22 à 27 ; Epitre de Paul aux Corinthiens, chap. 7, vers. 17 à 23.

Quoi de plus vivant et de plus vibrant dans nos cœurs de Modernes, abrutis par le Progrès et le Profit à tout-va, que cette magnifique image chinoise que je laisse à votre méditation : «... Un sage mange une mangue et en plante le noyau... De ce noyau, au fil du temps, sort un manguier qui porte des fruits, beaucoup de fruits... Plusieurs Sages mangent ces fruits et chacun plante un noyau... et ainsi de suite... Quel est le point de départ de cet interminable enchaînement ?... Je ne puis m'étendre davantage au risque d'alourdir mon livre et quitte à regret la Chine Antique pour aborder à présent les «Mystères qui donnèrent naissance à l'«Initiation Occidentale»...

2.-4. ORIGINE ET PROGRESSION DE LA SENSATION DE «DIVIN ORIGINEL» CHEZ L'HOMME

Nous savons tous, plus ou moins, que le Temple d'Apollon à Delphes ornait son fronton de cette inscription énigmatique : «Nul n'entre ici s'il n'est pas ***géomètre***...» Le mot grec que nous traduisons par «géomètre» est «geoometrès», association des substantifs «ghéa» (la terre en tant que masse concrète dans l'Espace) et «metron» (mesure, analyse, évaluation). Autrement dit, toute personne ne disposant pas d'un mental rationnel et objectif d'appréhension du Concret comme de l'Abstrait devait s'abstenir de franchir l'auguste portique de ce «Saint des Saints» ***pour y vivre des «mystères»***. A ce sujet, permettez-moi de revenir sur ce mot tant galvaudé. D'abord, tout le monde sait que la Chrétienté couvre ses enseignements d'un épais manteau de «mystères» pour que les fidèles désemparés ou curieux s'adressent au curé ou au pasteur de service qui interprètera alors le ou les termes ambigus à sa façon, et selon l'orientation théologique du moment. Les sectes bibliques emploient des expressions comme «nouvelles lumières» pour désigner les explications contradictoires de leurs collèges dirigeants. Pour nous qui nous sommes affranchis de tout cela (ce qui n'a rien de péjoratif pour les autres à qui une telle politique convient parfaitement !) l'origine du mot latin (mystera) est d'essence grecque. En effet, le substantif «musteria» vient de la racine verbale «muein» signifiant littéralement : «fermer les yeux avec étonnement et admiration». La forme verbale aoriste de ce verbe est «émuhésa» dont une racine lointaine a le sens de «récolter, moissonner» (mueistaï).

Par conséquent comme nous l'avons dit précédemment, le «Muyste» (Myste) ou «mustès» est l'homme ou la femme ***adulte*** qui s'adonne à ce genre de ***pratique***. J'insiste sur le mot, car à mon humble avis, assister à des conférences publiques ou à des petits rituels scéniques, ***n'a aucune valeur métaphysique !*** Celles et ceux qui ont lu mon tome I de ***L'Héritage des Initiés*** ont pu se rendre compte par eux-mêmes des ***éprouvantes épreuves*** qu'implique le ***vécu*** des «Mystères». Pour dissiper toute ambiguïté, nous allons encore préciser certains points. (Je continuerai encore dans d'autres ouvrages, car il y a long à dire sur le sujet). Il faut en effet ***volontairement et en abandon total de soi*** «fermer les yeux et se laisser aller ***au plus profond de l'«être»*** pour redécouvrir ses Véritables Origines, ou «Initium» (mot latin). Or, comme je l'ai déjà dit, ce dernier substantif a pour origine la racine sanscrite «iGNi» signifiant «Feu-Principe Origine duquel nous sommes tous issus, et dont la manifestation matérielle est le ***feu nucléaire***». Raison pour laquelle notre XXe s., en découvrant la fission nucléaire, a rendu l'Homme à la fois ***suicidaire*** et du même coup brusquement ***conscient*** de sa petitesse par rapport à un Univers, qui n'était plus mécanique comme ses pères du XIXe l'avaient pensé, mais ***vivant, conscient et structurant***...

Un Mystère ***se vit à toutes les heures de la journée et de la nuit***, hors du Maître qui l'enseigne. Dès l'aube de l'Humanité, la Tradition nous rapporte que ***la famille*** fut la première cellule sociale où naquirent les ***premiers rituels***. Encore de nos jours, en Afrique, en Polynésie et en Australie la femme qui entre par la «***porte***» du mariage dans une famille doit se soumettre à certaines «initiations» nuptiales, comme son futur mari, sous la houlette du «Patriarche», dont l'autorité morale tribale couvre plusieurs foyers. Dans les deux Amériques pré-Européennes, la jeune fille de ***douze ans*** (première menstruation) est «initiée» à son rôle de future femme et ***vit*** sous la maîtrise d'une matrone ses responsabilités à venir. De même le jeune garçon, ***à sept ou à quatorze ans*** assume ses fonctions de père, de chasseur ou pêcheur, et de guerrier. Cette corrélation entre le groupe humain, ses besoins et son intuitif besoin d'Harmonie avec le Milieu Naturel, a probablement été à l'origine des «Mystères» puis des ***Cultes Nationaux***. Il est très difficile de cerner ce mot de «Mystères», terme très complexe, comportant des sensations de terreur, de respect, d'admiration, d'obligations «sacrées» (non au sens «religieux» du terme), de ***pratiques*** rituelles, de cérémonies communes à des groupes «Ecoles» plus ou moins proches de la vie citadine, ou de celle en pleine forêt.

Nous connaissons tous des gens qui n'appartiennent à aucune obédience spirituelle ou religieuse officielle ou sectaire, qui se refusent d'admettre une quelconque «Révélation Divine» ou «Inspiration de Livres Sacrés», donc ne se soumettent à aucune autorité sacerdotale, ***faisant seulement appel à leur Raison et à leur Conscience*** pour diriger leur vie. Or, la majorité écrasante de ces gens ont une conduite humaine exemplaire de charisme, de loyauté, d'amitié et de droiture. Je dirais même, pour avoir milité dans bon nombre d'organisations religieuses et spirituelles qu'on rencontre plus de franchise dans ces milieux que parmi les «bigots» hypocrites, injustes, et à la limite méchants. Et il en a toujours été ainsi à toutes les époques, dans tous les pays. Ce genre de public constitue ***un «terrain extrêmement fertile» à la Véritable Initiation***. En effet, le/la Libre Penseur dont je parle ***ne pratique aucune religion ni aucun enseignement dogmatique***. «Ce ne sont pas en effet ***ceux qui écoutent la Loi*** qui sont justes devant Dieu (grec = Theou). ***Mais ce sont ceux qui la pratiquent*** qui sont rendus justes. Quand les non-pratiquants (grec = ethné = peuples ignorant l'enseignement Judaïque) qui n'ont point de Loi, ***se comportent naturellement*** comme ce que prescrit cette Loi, ils sont, ***eux qui n'ont pas de Loi, une loi en eux-mêmes***. Ils montrent ainsi, par leur attitude ***que la Loi est écrite dans leur cœur car leur conscience en témoigne*** et leurs pensées (objectives) les accusent ou les approuvent alternativement...» [1]. Or si cette conscience s'est habituée graduellement à une démarche quotidienne plus «cosmique» que terrestre, davantage hors de l'Irréalité des choses et des êtres et plus vers la Réalité de l'Intemporel, elle ne peut être que féconde de résultats bienfaisants, autant pour l'individu que pour ses proches. Si cette ***«plongée en lui-même»*** produit chez l'élève des «fruits» ***d'Equité*** (mot préférable à «Justice», surtout avec ce que l'on en voit !) ***de droiture*** (mot moins ambigu que «Honnêteté») et ***d'Amitié Humaine*** (plutôt que «Fraternité» ou «Solidarité» devenus ridicules), disons que cette Initiation manifeste sa Sublimité au plus haut degré !

L'accès à la ***maîtrise des «Mystères»*** aussi bien en Grèce qu'en Egypte, ou ailleurs (je parle de l'Orient et de l'Extrême-Orient) est basé sur le ***Principe Unique*** suivant : lorsque, par effet d'un besoin psychologique particulier, l'humain commence ***à s'élever au-dessus de la condition végéto-animale qui est la nôtre***, dès qu'il est capable de quelques observations et réflexions profondes hors des contextes philosophiques et religieux, ***en lui s'éveillent l'idée de «causalité originelle» et l'idée «d'étendre ses connaissances»*** au-delà du «Vulgaire» ou de l'«Officiel», disons du «conventionnel»... Ce désir sera fatalement d'abord rudimentaire, puis il s'intensifiera pour prendre une tournure obsédante à mesure que ***«s'ouvriront une à une les portes intérieures».*** L'attention de l'***«Homme du Commun»*** se figera sur les phénomènes visibles de la Nature Sensible : les nuées, les vents, les orages, le tonnerre, la foudre, les tremblements de terre, les éruptions volcaniques, la poussée et le déclin périodique de la végétation, ceux de la vie animale, enfin les nôtres, la succession du jour et de la nuit, le Soleil, la Lune, les étoiles. Dans la mesure de ses pouvoirs et de son intelligence, il sondera de plus en plus profondément les mécanismes de ces phénomènes. (Pr A. Delpech). Par contre, «Celui/Celle qui veulent ***aller plus loin»***, les insatisfaits des manifesta-

[1] «Nouv. Test.», Epître de Paul aux Romains, chap. 2, vers. 13 à 15 (selon le texte grec du «codex vaticanus n° 1209»).

tions matérielles, ***s'instruiront d'eux-mêmes par comparaison et assimilation*** : ils découvriront que derrière tous ces mouvements se cachent des ***personnalités-principes, des volontés occultes***[2]***, voire des «Consciences» ou des finalités*** «bienveillantes» ou «malveillantes» relativement à eux[3], et qui les touchent de près ou de loin dans le Temps et dans l'Espace (voir troisième partie). Cette «Conscience» s'appliquera à des animaux «utiles» ou «nuisibles»(voir note précédente : 3)., aux végétaux, même aux minéraux. Par gradations successives, ils étendront cette investigation à la voûte céleste puis à l'Univers et aboutiront aux mêmes résultats. Si la Grèce, l'Egypte, l'Inde, et la Chine, sans omettre la Chaldée se sont distingués dans ce genre d'approche, les Indiens pré-européens ne sont pas en reste. Si l'on en croit les vieilles légendes de leurs régions, légendes transmises fidèlement de générations en générations, à travers les millénaires, remontant alors aux époques les plus reculées où nos Ancêtres vivaient un genre de vie presque semblable au nôtre, on les voit disposant d'un Haut-Savoir technologique. L'étude passionnante de ces archaïques légendes forme la matière d'une Science humaine récente nommée «***folklore***», terme celto-scandinave signifiant : «***mise en évidence***» (LoRe, d'où est sorti l'anglais «LoRD») des «***origines populaires***» («VoLK», «FoLK» par permutation du «V» en «F»).

Instruite ***de leurs Origines Extra-terrestres*** [4] dans cette période Pré-historique (je souligne pour la circonstance) qui précèda notre Humanité physiologique actuelle de chair et d'os chaque tribu se veut ***issue d'un Principe Cosmique vivant*** qu'elle symbolise par l'animal ou la plante dont elle se sent la plus proche du point de vue des qualités et des défauts, du mode de vie et des aspirations

[2] «Occulte» vient du latin «occulta» signifiant littéralement «que l'on ne peut voir avec les yeux» («occulus» = œil). Que l'on cesse d'appliquer à ce mot une étiquette maléfique !

[3] Dans notre monde humain nous ne pouvons raisonner qu'en «relatif» et non en «absolu». Aussi chaque chose peut-elle être, en fonction du Temps et des circonstances, «utile» ou «nuisible» et vice-versa, parfois l'un et l'autre.

[4] Je le répète : rien à voir avec les humanoïdes pilotant les «soucoupes volantes» et qui sont des êtres mortels comme nous.

ou finalité, etc. Elle choisit donc un être-symbole qui sera métaphysiquement son ***principe-protecteur*** : ainsi apparut le «***Totem***». Ce sera le Cheval chez les anciens Germains, le Coq et l'Alouette chez les Gaulois et les Celtes, la Vache chez les ARYas, la Chouette à Athènes, le Chat, l'Ibis, le Crocodile, le Loup, le Chien, le Bélier, le bœuf APiS chez les Egyptiens, la Louve chez les vieux Romains, le Serpent chez les Hébreux au temps de l'«Initiation moysiaque». Si le mot «TaBOu» vient du celto-hébreu «ToB» (l'«Accompli», à ne pas toucher ni déranger), le mot «ToTeM» que l'on retrouve en Egypte (ToT-TeM = origine-univers) se retrouve parmi toutes les tribus amérindiennes qui pratiquent tantôt l'une tantôt l'autre de ces expressions. Non moins surprenant aussi le fait que bien avant l'institution de «l'Eucharistie» par la Chrétienté (IVe s.) tous les Clans du monde pratiquaient une ou deux fois l'an ***un Repas de Com-Union***, dans un cérémonial solennel, hommage rendu au ToTeM. La victime de ce Festin était fatalement ***l'être vivant du Symbole*** (cheval, coq, alouette, etc.) dont la consommation était «TaBou» toute l'année. Cette «hostie» recevait alors les témoignages de vénération qui lui étaient dûs. En la consommant, chaque convive se recueillait profondément, isolément, dans le silence le plus total, et recevait ainsi ***du Cosmos les qualités vivantes du Principe incarné dans la plante ou l'animal***.

Lorsque les Grandes Civilisations Antiques apparaîtront avec leurs «Ecoles des Mystères» et les ***Maîtres*** qui les animeront, l'élite des hommes[5] envisagera des conceptions mystiques d'un ordre supérieur. Pour eux désormais, ***le Non-Visible primera sur le Visible***. Les Maîtres n'hésiteront plus alors à peupler l'Espace et le Temps Abstraits de ***Principes-Lois-Personnages SUR-Naturels*** allégorisés à notre condition humaine et doués de nos sensibilités, ce qui est normal puisque nous en sommes les ***projections*** à ce niveau de conscience terrestre. Malheureusement, lors des épo-

[5] Il ne s'agit pas ici d'élite sociale mais de l'élite spirituelle qui embrasse tous les milieux, du paysan au monarque.

ques de laxisme et de démocratisme décadentes, des roublards s'institueront «prêtres», et édifieront sur ces données vivantes métaphysiques toute une foule de théologies alléchantes pour attirer le peuple à eux. Ces Principes-Lois Vivants seront travestis en autant de dieux et de déesses à qui l'on adressera des hommages et des sollicitations, à qui l'on donnera à boire et à manger, à qui l'on répandra liqueurs et parfums très coûteux sur les feux des autels, à qui l'on offrira la chair fumante de malheureux animaux[6] quand ce ne sera pas celle de jeunes filles et des garçons vierges que l'on aura incités au «Sacrifice Suprême» par culpabilisation ou «obtention d'une Première Place à la Table des Ancêtres». Je laisse de côté toute cette Musique Sacrée savamment étudiée pour remuer le sentiment collectif, les cantiques vibrants et les processions destinées à «alimenter les «égrégores-entités» que l'on venait ainsi de créer (voir plus loin).

Comme l'a si bien décrit ce grand autodidacte oublié René Bertrand[7] et le non moins éminent Pr. J. Murphy (Manchester University[8]), même si l'on s'en tient tout simplement à la thèse darwiniste du «Transformisme des Espèces sous l'influence du Milieu», pour arriver jusqu'à l'Homme (Homo Sapiens), il n'empêche que de la cellule la plus primaire à lui, nous avons affaire à des ***êtres purement instinctifs***, à chaque stade de cette gradation de complexité grandissante des organismes. Autrement dit, l'Energie-Conscience-Feu à partir de laquelle le minéral a procédé puis le Végétal, puis l'Animal est «***quelque chose***» de purement **instinctif.** Au sommet de cette Echelle des Progressions, l'Homme surgit en être doté alors d'***Intelligence, d'Imagination et de Réflexion*** comme l'atteste tout ce qu'il crée ou découvre. Nous voici au cœur des «***Mystères***» vers lesquels vont converger toutes les

[6] Généralement les «premiers-nés» des troupeaux, ceux qui pouvaient être vendus les plus chers, donc constituaient pour les familles pauvres de pasteurs un grand sacrifice.
[7] Dr. René Bertrand, «Le Mystère de vivre» (Rocher)
[8] Pr. J. Murphy, «Cours sur les Origines et l'Histoire des Religions» («The Origins and History of Religions», Manchester University Press, 1950)

recherches des «Ecoles». Car, au fond, l'«Animal-Principe» avec son ***Instinct*** reste présent en nous bien avant la «Conscience-Principe» avec son ***Intelligence-Amour***. Lorsque soudainement, et sans y penser, sous la pulsion d'un sentiment d'auto-défense, lorsque nos yeux se ferment à demi devant la menace d'un coup, et que nous nous portons brusquement de côté pour l'esquiver, nous faisons exactement ce que font les animaux sauvages ou les félins. L'homme commun est plus voisin de ***l'animal instinctif*** que le cultivé ou le spiritualiste pur. (revoir fig. 37).

A mesure que l'on s'élève dans l'Echelle des êtres vivants, du virus-cristal aux plantes et aux animaux les plus évolués, ***l'Instinct-Principe tend à s'effacer devant la conscience-Principe***. La «***Pression instinctive***» permet à la plante de s'alimenter, de se développer selon des formes précises, et de se reproduire. Elle permet aussi à l'Insecte, à l'Oiseau, au Poisson, comme à l'Eléphant de vivre, car sans elle, ils ne pourraient même pas naître. Elle tolère chez tous ces êtres une petite lueur d'***Initiative***, voire de ***Discernement*** presque «humain». Ainsi, par exemple, si une proie habituelle vient à se faire rare, l'animal se rabat sur une variété voisine. Le Pélopée, insecte prédateur, s'empare de ***n'importe quelle*** araignée si celle de la variété des Epeires lui fait défaut. Quelle part ***l'Instinct*** prend-il dans la «mystique» danse de l'Abeille qui, de retour à la ruche, signale ainsi à ses voisines qu'à telle distance et en tel lieu, elle vient de trouver des fleurs gorgées de pollen ? Quel code emploient les fourmis quand, se tenant face à face, elles mettent leurs antennes en contact ? Que se passe-t-il dans ces têtes et dans ces céphalothorax ? Cette lueur vacillante mais ***très significative de l'instinct*** s'affermit davantage chez les Mammifères. A ***l'instinct*** s'ajoute alors une ***intelligence-conscience***.

En effet, ces espèces peuvent choisir, adopter des ruses de chasse, réagir à des situations nouvelles, subir un dressage, et s'enrichir de nouveaux réflexes. Beaucoup d'espèces comme le chien, le chat, la souris, le rat, le cobbaye, le singe,... évoluent avec la vie moderne de l'Homme. Il est prouvé que le rat, le chat, ou le singe du

XIXe s. n'ont absolument pas les réflexes de ces mêmes animaux vivant en notre Ère de Progrès Technique. Indiscutablement, en transformant sa vie, l'Homme a élargi l'intelligence pratique qui permet à ces bêtes d'atteindre, ou de manquer, les buts assignés originellement à chacune de ces espèces. Le chat nourri de «Miaou», pâtée en boîte, n'a plus les réflexes du chasseur de rongeurs de ses ancêtres du siècle dernier ! Pareillement pour le chien sevré de biscuits «Ouaoua», au flair amoindri et aux réflexes naturels qu'il doit retrouver, suite à un dressage spécial. On a constaté à ce propos d'étranges mutations de comportement chez le cheval, entre les variétés de course, celles de trait, et celles de promenade... Tous sont «bombardés» de signaux-informations qui ébranlent leurs «schémas initiaux» et leurs «programmes» héréditaires.

Malgré toute cette agressivité du Monde Moderne, minéraux, végétaux, animaux et humains demeurent «***Les Petits Enfants de l'Univers***» qui ne distinguent pas ***d'eux-mêmes*** ce qui les entoure. Comme l'enfant de l'Homme, ils sont entièrement plongés dans cet Univers et ils ne s'en séparent point. Tous sont liés par ***l'Unité-Instinct-Conscience Cosmique*** et ne peuvent s'en séparer puisqu'ils viennent d'Elle, sont eux-mêmes Elle, et appartiennent ipso-facto à Elle ! Obligatoirement, chacun de ***ses*** messages retentit en eux, du minéral à la plante, de celle-ci à l'animal et de lui à l'Homme. J'ai montré dans un autre ouvrage que la Terre était un «corps vivant» respirant, donc le minéral vit comme tout le reste du monde organique. De plus, plantes et animaux connaissent mieux que les humains les dangers qui les guettent. Ainsi, la veille d'un terrible séisme qui ravagea Messine, les habitants se couchèrent le soir en pleine quiétude puisqu'aucune autorité administrative ne s'était manifestée pour alerter la population. Ils ne pouvaient se douter que la catastrophe les surprendrait vers quatre heures du matin, dans leur dernier sommeil. Pourtant, ce soir là, les chevaux en furie brisaient leurs attaches et leurs cloisons de séparation dans les écuries. Les blés s'étaient anormalement couchés à l'horizontal : plantes et bêtes avaient reçu le message de l'«Autre Monde»...

Encore une fois, hormis la thèse du transformisme, ***l'homme couronne la lignée biologique***, l'amorce se faisant par la molécule et les complexes minéraux pour aboutir au monde cellulaire et de là, aux organismes dits apparemment «inférieurs» et ceux dits apparemment «supérieurs»[9]. A notre niveau de conscience terrestre, l'Homme semble être le «miracle», l'explication, la justification de tout un système. Il est en effet tout cela parce qu'il est le seul être sur cette planète voguant dans l'Espace, à n'être pas totalement broyé dans les engrenages matériels de l'Unité Cosmique. Je m'explique : il est le seul ***à disposer d'un libre-arbitre***, raison pour laquelle il possède ***peu d'instinct*** (réservé surtout au minéro-végéto-animal) et ***plus de conscience*** (domaine du «Suprême Caché» universel). Le plus rustre des humains tient profondément en lui le sentiment de son «**être**» et de sa propre existence («**je suis**»), qualité qui échappe totalement à l'animal le plus «intelligent» et le plus proche de l'homme. Réfléchissons : à l'âge de quatre mois, le bébé se dégage de l'emprise du «cocon» fœtal où règne ***l'instinct*** animal ; il ***sait*** déjà qu'il existe, et il regarde sa main. A neuf mois, il distingue son corps et le monde ambiant. A cinq ans, il s'éveille et s'observe lui-même si un miroir lui renvoit son image. Nous reviendrons plus loin sur ce phénomène merveilleux et mystérieux qu'est la ***conscience***....

Depuis des millénaires, les «Grands Initiés» ont découvert que c'était par la ***conscience, et par elle seule***, que l'Esprit-mental se détachait du milieu qui assaillait son support corporel et «s'enroulait sur lui-même» pour ***se voir et se juger***[10]... Le ***Théou*** (Cosmos-Conscience) nous a révélé par l'Esprit. Car l'Esprit sonde tout, même les ***profondeurs du Cosmos*** **(Théou)**. Lequel d'entre les humains connait mieux les choses de l'Homme si ce n'est l'Esprit de l'Homme ***qui est en lui*** ? De même, personne ne connaît les choses du Cosmos, si ce n'est l'Esprit même de ce Cosmos

[9] Classification très arbitraire de nos paléonthologues car, en réalité, tout ce qui a vie est complexe, indépendamment de sa dimension.
[10] «Nouv. Test.», IIème Epitre aux Corinthiens, chap. 2, vers. 10 et 11.

(THEOU)...» dira l'«Initié» se cachant sous le nom de «Saint-Paul». C'est par la ***conscience*** dans l'Esprit, que l'humain ***se juge, apprécie ou rejette***. C'est par elle qu'il est à la mesure de toutes choses parce qu'il est le seul être vivant à ***savoir ce qu'est une mesure et ce que sont les choses***. Par elle aussi, il ***sent*** ce qui peut être «***absolu***», ne disposant pour l'instant que de moyens physiologiques qui le cantonnent au «***relatif***»[11]. Les découvertes archéologiques et un grand nombre de folklores et de légendes donnent à penser qu'une Humanité de nature éthérique, venue d'ailleurs et supérieure en intelligence et en savoir, ***a précédé la nôtre***. Par hybridation avec des anthropoïdes terrestres «très instinctifs», elle aurait donné l'Humanité physiologique actuelle. Autrement dit, durant près de deux milliards d'années, si l'on en croit nos doctes universitaires en la matière, les êtres qui se mouvaient sur ce globe ***se sont passés de conscience*** guidés seulement par ***l'instinct***. Par ce curieux «apport» génique extérieur, l'«Animo-Humanité» d'alors reçut la «Pensée-Esprit» en héritage, et tout ce qu'elle implique : raison, intuition, sentiment, foi, le tout culminant en un ardent désir de créativité et d'évolution morale.

Les siècles passant, l'Homme découvrit qu'il pouvait puiser dans les Trésors de son Inconscient, intégré au Conscient-Universel, sans risquer d'en perdre la vie, bien au contraire. Il s'aperçut qu'il disposait de ***sa volonté*** comme il disposait de ***sa conscience***, parce qu'il jouissait du ***libre-arbitre***. Cependant, il vit aussi que les forces élémentaires «animales» (les instincts) qu'il porte en lui concouraient à anéantir l'une et l'autre. Au même titre que les mammifères, l'homme est ***esclave de ses instincts organiques***, au sens étroit du terme. Il est envahi de réflexes automatiques ou tutélaires (sensibilité explosive, introversion, agressivité, complexes divers, etc.). Grâce à des pièges, des subterfuges et des appâts, il entraîna les animaux ***à prendre des initiatives*** et à suivre des ***habitudes nouvelles*** et inconscientes. Bien que, cernés dans le carcan

[11] Il ne peut apprécier des êtres et des choses que par comparaison avec d'autres êtres et d'autres choses aussi «incertains» que lui.

de leur ***instinct***, ces animaux n'en acquéraient pas moins des ***réflexes nouveaux***. Cela voulait dire qu'au contact de l'intelligence ***évolutive*** humaine cet ***instinct*** animal s'enrichissait de signaux-informations qui le mettaient ***héréditairement*** dans un état d'alerte proche de la prémonition (Pré-Monition).

On peut donc dire qu'involontairement, ***il dressa*** le monde animal à s'adapter à son mode de vie, donc à un cadre, ***de plus en plus éloigné de l'Instinct et de plus en plus proche de la Conscience***. Il n'empêche que, à l'instar de l'animal, l'humain se fabriqua son propre dressage qu'on appela ***éducation***, à mesure que les Civilisations apparaissaient et disparaissaient de la scène planétaire . Dès sa jeunesse, ses aînés lui imposèrent un code de relations humaines : souhaiter une bonne journée (même si on ne le pense pas), exiger de ses proches en y mettant les formes, manifester une reconnaissance si cette exigence est satisfaite, réprimer ses désirs et ses besoins, manger proprement, etc. Et les réprimandes claquèrent comme les coups de fouet en cas de désobéissance ou de rebellion ouverte. Adolescent, l'homme se «civilisera» par des us et coutumes propres à la société dans laquelle il évolue, et qui exigera de lui un minimum de civisme. ***Aucun dressage humain ne s'accomplit sans larmes***, car l'être vivant est un «anarchiste-né». A mesure que les millénaires vont s'ajouter aux millénaires, toutes sortes de contraintes imaginées par ses ascendants vont, sans pitié, ***écraser en lui le «Trésor Suprême Originel»*** qu'est son «***JE***», son ***Individualité***, ses tendances profondes. Il va se trouver nivelé par un «***MOI***» bien façonné, ***sa Personnalité*** temporaire, illusoire, destructible.

Devenu adulte, il suivra inconsciemment ces règles de conduite imposées par l'ethnie à laquelle il appartient par sa naissance, son rang social, son sexe, ses liens de parenté, etc. Et il ***oubliera que ce comportement n'a été acquis que par le sacrifice de la partie la plus précieuse et la plus éternelle de son être***. Cerné par son éducation, si utile soit-elle, son libre-arbitre sera constamment oblitéré par ces réflexes conditionnés. Bien avant des S. Freud

(1856-1939), A. Adler (1870-1937), C. G. Jung (1875-1961) et les enseignements qu'ils ont générés, des hommes et des femmes doués d'une transcendance naturelle exceptionnelle avaient découvert que, hors les ***instincts*** de conservation et de reproduction qui motivaient le Genre Humain, il existait de son très-fond une « ***racine sublime consciente*** » qui le reliait à un Monde Originel Non Visible. Celui-ci ne disparaissait pas comme lui et les choses vivantes qui l'entouraient. Si, à toutes les époques, il a existé des malades physiques et des malades mentaux, c'est que de tout temps, il a existé un ***inconscient*** en marge de la ***conscience***. Très tôt, les « Initiés » virent dans ces « dérèglements » autre chose que des « états marginaux » ; c'est la raison pour laquelle, à leur disparition, ils confièrent aux prêtres le soin de ces névroses et de ces psychoses. Les racines de ces maux ne se situaient ***nullement dans le physiologique***, mais dans le **métaphysique** (selon le mot d'Aristote). Beaucoup d'Initiés réussirent où médecins et philosophes avaient échoué.

Il est évident que, dans toutes les nations, les Maîtres qui se distinguèrent parmi leurs semblables, entraînèrent avec eux des disciples : ce furent ***les premières « Ecoles »***. Avec tout le respect que je lui dois, et loin de diminuer son immense mérite, je n'attribuerai pas à Freud l'invention de la méthode expérimentale nommée « Psychanalyse » car, des millénaires avant lui, à travers des épreuves rappelant les Cycles et les Rythmes de la Nature, les novices de ces « Ecoles » subissaient des interrogatoires, des confessions, des interprétations des rêves et des méditations avec ou sans herbes opiacées (selon l'état du sujet), tout était bon afin que l'élève brise le carcan oppressant de son ***« MOI » pour retrouver la « Voie Royale vers le Conscient Suprême »***, et préparait ainsi son « ***Entrée dans l'Au-Delà*** » avec la plus complète sérénité. Ayant ainsi repris contact avec son « JE SUIS » éternel et individuel, les archaïques instincts de conservation et de reproduction étaient largement dépassés : les épreuves étaient conçues pour « projeter en surface » les blessures profondes des régions obscures du « MOI » existentiel temporaire. Très proches des Origines de notre actuelle Humanité, les premiers Maîtres savaient, de par leur Haute-Spiritualité que, à son insu, tout être humain porte ancré en lui des fautes inavouées, des désirs dévorants (que son éducation de milieu empêche de se manifester) et des pratiques « non normales » qui sont inhérents à notre condition terrestre d'origine « animale ».

Ces « boues » se déposent au sein du « MOI » comme les sédiments dans le fond des marécages et des lacs. Or, en apparence, rien ne les révèle et, si tant est qu'elles se manifestent, elles sont promptement refoulées loin de la surface consciente, où le « JE SUIS » pourrait les « assécher » de sa lumière radiante par la voie de l'Esprit. Etant donné que leur seule présence empoisonne le « MOI » corporel tout entier, les Maîtres surent de suite qu'en remplaçant le « sujet désaligné » dans sa véritable position au sein de l'Univers, ils évitaient ainsi le retour à de semblables situations. Dans les « Mystères » (rappelons-nous le mot-racine « muein » = repli admiratif sur soi !), le processus consistait ***à faire revivre*** parfois cruellement des « misères » vouées à l'oubli et à les exposer sous les yeux du novice. Sous une certaine forme, les Arts Martiaux japonais dans leur essence produisaient des hommes et des femmes ***rompus à toute épreuve*** tout en gardant gentillesse, humanité et amabilité. Un des derniers Maîtres dont j'ai eu l'infime honneur de compter parmi les élèves au Japon, ***Maître Minoru MOCHIZUKI*** était l'un d'entre eux. Nous avons eu en France ***Maître Mikinosuké KAWASHI*** qui importa le (VRAI) JuDo Avant-Guerre.

Les méthodes pratiquées dans les « ***Ecoles des Mystères*** » apparaissent « barbares », « inhumaines », « asociales » pour nos esprits démocratiques de cette fin de siècle. Elles ont pourtant le mérite de l'efficacité, si «inquiétantes» soient-elles. Je connais personnellement d'excellents psychothérapeutes, qui, dans leurs pratiques et leur attitude vis-à-vis de leur clientèle, ***frisent le drastique des «Ecoles des Mystères»***. Point n'est besoin d'être grand observateur pour admettre que tout humain, femme comme homme, possède une ***tendance intime et forte*** à dominer autrui, fut-il le plus timoré, le plus effacé ou le plus «égalitaires». Qu'il le veuille ou non, qu'il l'admette ou le dissimule, tout humain tend à s'imposer, à se réaliser dans la plénitude de ses moyens. Ceci va conduire les médiocres à se faire valoir et les plus hardis ou les plus effrontés à dicter leurs volontés. Pour peu que le milieu s'y prête par sa lâcheté et son apathie, et les plus despotes, hommes comme femmes, vont rendre esclaves physiquement ou moralement, voire administrativement, des légions de «gens dociles qui ne veulent pas d'histoires». J'ai vécu suffisamment au sein de milieux industriels, commerciaux, et familiaux pour m'en être rendu compte, parfois à mes dépends. Jusqu'au jour où j'ai compris le mécanisme et que je m'en suis protégé.

De tous les temps, du haut en bas de l'échelle sociale, des humains ont souffert de la paranoïa de leurs semblables. Hérité de longue date de ***l'instinct animal*** sur lequel ***la conscience*** d'être évolué a pris le dessus, cette ***intention de puissance*** se fait continuellement sentir. Du Président de la République qui dirige à l'orateur politique qui persuade (même s'il parle pour ne rien dire), du professeur qui enseigne au chef d'entreprise et au contremaître qui commandent, jusqu'au plus humble, le clochard du métro parmi les vagabonds comme lui, ***tous sont assoiffés de considération***. Certains iront même jusqu'à tuer, violer, assassiner un vieillard pour que «l'on parle d'eux», même dans l'horreur. Tout simplement parce que, par la parole et par l'action, le ***besoin de prestige*** et la ***recherche de la volupté intérieure*** se partagent l'inconscient du «MOI» (personnalité).Certaines personnes qui se prennent pour des héros ou des «victimes honorables» ne se doutent pas qu'ils mélangent en eux les Principes Vivants du ***Vice et de l'Orgueil***. Chez l'humain comme chez les animaux, désirs sexuels (même chez les impuissants et les frigides) et volonté de puissance prennent leur source première dans les humbles et inoffensives fonctions de reproduction et de préservation de l'Espèce. Depuis des millénaires les initiés des «Ecoles des Mystères» enseignaient que l'Homme est ***un*** dans son ***Esprit*** comme dans son ***Corps*** reliés par ***l'Anima-Ame***, dans son «***JE SUIS indivi-dualité***» uni à son «***MOI-personnalité***».

Dans tous les pays, les travaux des «Ecoles de Mystères» s'attachèrent à acquérir cette ***maîtrise de l'Inconscient*** et à la «***Découverte du Divin-Originel***» chez chacun et chez chacune, grâce ***au vécu*** d'épreuves savamment étudiées et inspirées des phénomènes naturels. Chaque élève vit surgir ***en lui*** une «immense zone profonde» ***de visions et de souvenirs archétypiels*** [12] auxquels il était loin de s'attendre et qui pourtant nuisaient à sa progression spirituelle. Ambitions déçues, contraintes et exigences de cette éphémère vie terrestre ***s'effaçaient à jamais à mesure que l'élève «approchait de la Lumière Intérieure»***. Qu'importait alors la mort, puisque les pires ennuis de l'existence fondaient comme neige au soleil, lorsque l'Esprit s'intégrait en lui-même au Cosmos-Conscience d'où il venait et où immanquablement il s'apprêtait à retourner. Désormais certain et assuré ***qu'il n'était pas seul dans l'Univers,*** l'élève-Initié faisait fi de ses névroses, de ses sentiments de culpabilité, de ses disputes, de l'oppression ou de la persécution de ses proches, de ses moments d'extrême découragement. Ayant rencontré la «Lumière Intérieure», l'être ne doutait plus de lui, à tort ou à raison, ne se jugeait plus comme un esclave ou un inutile, un «déchet de l'humanité», un raté, estimant son existence gâchée. Désormais ***il disposait du moyen mental de s'approuver ou de se condamner à faire mieux*** devant le seul tribunal de sa conscience, imperméable alors à toutes les railleries et les critiques des jaloux et des envieux.

On a tort de voir la névrose comme un fruit empoisonné du modernisme. Elle a existé depuis les premiers hommes ; elle finira avec eux. Combien de milliers de générations ont été culpabilisées pour un oui ou pour un non, sans raison valable ? Or, la culpabilisation conduit à la névrose, et celle-ci culmine en suicide individuel ou collectif. On ne se tue pas seulement par désespoir d'amour ! On veut disparaître quand on a pas rencontré l'«HOTE LUMINEUX INCONNU» que nous hébergeons tous en nous.[13] Pour la

[12] Du grec «arché» (commencement) et «tupos» (marque sur un support, chose surgissant dans l'Espace). L'archétype rassemble les images-schémas des débuts du genre humain.
[13] Maeterlink, «L'Hôte Inconnu» (Fasquelle, 1939).

plupart des humains, il demeure un «monde intérieur ignoré». Aussi le moment de la mort paraîtra-t-il d'autant plus atroce et impressionnant, que l'on aura méprisé longtemps son existence. Dans les antiques «Ecoles des Mystères», les premiers grades conduisaient les novices à rencontrer, non loin de «la surface consciente», un niveau de profondeur où pullulent les schémas jadis conscients, sombrés dans l'oubli par la force même des choses, ou refoulés volontairement. Il s'agit de fruits de l'expérience personnelle subies au cours de la vie présente. Aux grades dit «supérieurs» on se heurtait aux « Grands Fonds » où s'accumulent non pas des informations particulières mais des éléments communs au genre humain : souvenirs des âges antiques et archaïques, symboles oubliés, angoisses collectives et espoirs tribaux déçus.

Avant les Grands Maîtres, les hommes ont ignoré qu'ils étaient issus d'un «Immense Royaume Invisible» avec ses trésors et ses pièges. La tendance collective de l'instinct animal terrestre avait étouffé tout cela, comme la jungle envahit les splendides Temples mayas et aztèques. D'où tant de destructions sur cette belle planète car, de même que l'instinct animal est relié à l'unité universelle végétative, l'instinct collectif manifesté par l'humain ne peut que déboucher sur l'explosion de forces terrestres (ou planétaires) et non sur des forces de conscience-intelligence qui appartiennent à la Lumière. Au niveau de chacun de nous, ce phénomène se traduit par l'effondrement de la digue de la raison sous les coups de boutoir de la névrose ; les eaux furieuses de la bestialité se ruent dans la zone du «conscient» avec une irrésistible puissance, et noient l'édifice corporel dans sa totalité. Les «Ecoles des Mystères» ont disparu. En notre fin de XXe s, les cabinets de psychanalystes sont pleins d'êtres désemparés à la recherche de cet «Hôte inconnu» qui les accompagnera dans les difficultés de la vie, et dans ce qu'ils croient être les «Affres de la Mort»...

2-5. LES «MYSTÈRES» QUI GÉNÈRENT L'«INITIATION OCCIDENTALE»

LES «MYSTÈRES ÉGYPTIENS» - L'EGYPTE ANTIQUE CARREFOUR DES SCIENCES ARCHAÏQUES DISPARUES.

Nous venons de voir que, jusqu'à environ un demi-millénaire avant J.C., les croyances antiques orientales comme occidentales issues des drames lémuriens, atlantes et hyper-boréens étaient fortement imprégnées d'une ***certitude tranquille en la survie***, «Message» sans aucun doute qu'elles avaient hérité d'«Ailleurs». Toutefois, lorsqu'on y regarde de plus près, on a la nette impression qu'en abandonnant son corps à la terre planétaire, l'être humain se sent frustré d'un certain «Age d'Or», d'une sorte de «***Béatitude Tranquille***», disons d'une «***époque-condition paradisiaque***» où cette terrible et pénible épreuve lui était évitée. Cette information s'imprimera si fortement dans les gènes du Genre Humain que même les Grands Courants Religieux qui naîtront suite à la disparition des «Ecoles des Mystères» qui les ont engendrés, ne pourront s'empêcher d'inclure dans leurs Dogmes la nécessité d'une «***Résurrection terrestre où la Mort ne sera plus***», et où des êtres de chair vivront éternellement. Nous savons pertinemment, pour de nombreuses raisons autant ésotériques que physiques, biologiques et écologiques, que cette perspective est irrecevable ne serait-ce que par ses propres contradictions. Beaucoup d'auteurs et de scientifiques sérieux ont traité cette question avant moi et bien mieux que je ne saurai le faire... En ce domaine, deux régions du monde ont constitué de puissants pôles de rayonnement : l'Egypte, héritière des Atlantes et la Grèce bénéficiaire de ses bonnes relations avec l'Egypte et l'Inde, bénéficiaire de la Lémurie disparue.

Pour tous les peuples de tous les temps il semble, si l'on en croit ce que nous a laissé l'Egypte, cet implacable tourbillon qu'est la Mort fasse partie de l'Evolution Normale de l'Univers. La Mort fait corps avec le Jour qui fuit, la Nuit qui vient, et à son tour disparaît... et ainsi de suite. La Terre tourne, les autres planètes circulent dans l'Espace, les Univers se succèdent, nos Vies-Existences aussi ! Toutefois, chez presque tous, ***Mort et Naissance*** se confondent. Ces deux phénomènes sont entrevus comme des «***portes ouvertes***» sur «l'Au-delà», sur ce monde caché que les physiciens modernes et mathématiciens nomment «Imaginaires»[1]. Certains le baptisent «Paradis», d'autres «Lieux inférieurs» tout simplement [2]. Tous les rites de passage dans les initiations antiques, et il en fut ainsi de la Franc-Maçonnerie opérative spirituelle primitive, entrevoient comme «processus ***d'accès à une vie nouvelle***», cette phase ultime de la mort corporelle, étape précédant une ***renaissance dans d'autres conditions***. De l'Orient à l'Occident, tout le monde antique vit dans la mort corporelle une ***influence bienfaitrice*** sur l'Esprit : elle délivre des Forces qui nous enchaînent dans la Matière, elle libère les Forces d'élévation de l'«Anima» qui est l'Essence-Structure de chaque objet et de chaque être, comme nous l'avons dit plus haut... La Mort est comparable au **sommeil** (déjà cité) et beaucoup de «Littératures Sacrées» y font allusion. Le sommeil régénère par état d'inconscience momentané lorsque nous sommes couchés, ou debout en état de relâchement total. La menstruation qui déclenche la mort de l'embryon potentiel par le flux sanguin est un «sommeil procréatif» jusqu'à la prochaine ovulation.

[1] Branche des Mathématiques traitant des phénomènes virtuels (ex : l'Optique).
[2] Comme je l'explique ailleurs(27), la chrétienté a confondu le latin «inferio» (inférieur) et son proche «inferno» (infernal), d'où le dogme de l'«Enfer».

La science égyptienne était persuadée qu'une fois la mort physique consommée, une fraction de ce qui avait été un humain jouissait de la même vie, mais sous une autre forme, vibratoirement supérieure à la première. Cette dernière étant temporaire, éphémère, l'autre s'avérait indestructible, donc éternelle. Comme je m'en suis expliqué dans un autre ouvrage, l'Egypte peut être considérée comme la plus sûre et la plus archaïque héritière de la Tradition Primordiale transmise par les Atlantes (par le jeu des relations «colonialistes» Nord-Ouest) et par le continent lémurien par l'influence des courants arabes (du Sud-Est, via la mer Rouge). Or, ***sa conception de l'«Ame» n'est pas du tout celle à laquelle la philosophie grecque, puis chrétienne, nous a habitués***. Rappelons d'abord que l'origine lointaine du mot latin «ANiMa» (en distinguant les consonnes des voyelles, suivant la méthode philologique archaïque) traduit par «Ame» en français, se situe dans l'assemblage composite du celto-runique «ANa» (au-dessus) et que l'on retrouve dans des noms géographiques sur tous les continents («ANa-ToLie» en Turquie, «ANaHuAK» au Mexique, l'«ANnaPuRNa» en Himalaya, etc) et dans la langue grecque (anasthésie, ana-thème, etc) associé au celto-hébreu «AèM» (la mère) qui a donné «AMouR», «AMeR» en français, «AMoR», AMaR» en espagnol, etc. Primitivement, selon de vieux grimoires védiques, l'«ANAèM» est l'«Âme-noyau» de chaque planète, dont la nôtre. Comme je le rappelle dans les pages précédentes, cette expression est couramment utilisée en électrotechnique moderne (l'«âme» d'un conducteur coaxial est son brain central, l'«âme» d'un noyau de ferrite, etc) dans son sens archaïque exact. Les Maîtres égyptiens désignaient donc sous ce terme à la fois le ***Centre Vital Formateur*** de l'être vivant (AB) et en même temps ***sa partie supérieure spirituelle éternelle*** (AKHOU).

Ce noyau «AB» contenait en lui les données (selon notre langage moderne) non seulement de la forme corporelle, mais encore les aspirations et les motifs d'activité de l'organisme. Les papyrus nous disent que ce «germe» pouvait reprendre momentanément possession de son enveloppe corporelle (Ba) soit sur cette Terre, soit à un autre niveau de conscience. En conséquence, monarques et notables qui avaient servi le pays recevaient plus de soins étant morts que du temps de leur vivant. Comme au Japon et en Chine avec les «KaMis», les corps des Ancêtres qui avaient occupé de hautes responsabilités devaient demeurer à disposition de ces «entités formatrices» (AB-AKHOu) qui pouvaient en avoir besoin lorsque la nation en difficulté ***avait besoin de bonnes influences directrices***. Il est regrettable que sociologues et historiens n'aient pas assez insisté sur ce phénomène métaphysique qui a joué un grand rôle dans la vie sociale de la Vallée du Nil. On a découvert à présent un grand nombre de tombeaux. Les corps momifiés sont dans un surprenant état de conservation, comme on le voit à Paris au Musée du Louvre, qui possède la momie du roi RaMSèS II (le «SESOSTRIS» grec) qui a régné treize siècles avant J.-C.

Selon les enseignements des «Ecoles des Mystères», l'«AB-AKHOU» comparaissait devant un tribunal composé de 42 juges (6 fois 7 degrés d'initiation) présidés par le dieu-Principe OSiRiS. Le «noyau central formateur» (AB) représenté par le cœur était posé sur le plateau d'une balance à fléau, en présence de la Vérité-Principe et de la Justice-Principe (scène figurant sur un grand nombre de papyrus). Beaucoup de peintures représentent les «AB-AKHOU» des «Justes» jouissant de conditions heureuses vers l'Ouest (côté de l'ancienne Atlantide) appelé «AMeNTi» (AèM-ToT) : les uns y cueillent les fruits de leur «Jardin de Délices» (ceci rappelle «l'EDeN» biblique) tandis que d'autres cultivent des champs féconds pour y récolter un merveilleux blé. Certains se livrent à des occupations de leur choix, se baignent ou folâtrent dans les eaux du Nil. Les «irrécupérables» sont dévorés par une bête fantastique rappelant quelque peu le Dragon chinois. D'autres subissent des supplices dans des «existences» variées. D'autres enfin sont renvoyés sur la Terre pour y recommencer une série d'existences d'abord «bestiales» (symbolisées par des bêtes immondes).

L'Archéologie a recueilli dans les cercueils des manuscrits sur papyrus contenant des Hymnes, des sentences morales et de nombreux exemplaires du fameux «Livre des Morts», ornés de dessins, formulaire destiné à servir de «Guide» aux défunts dans leurs pérégrinations dans l'Autre Monde. Ces textes témoignent du haut-degré de connaissances métaphysiques auquel les savants égyptiens des «Ecoles» étaient parvenus, longtemps avant l'Ère chrétienne (celles dites du «Bélier», du «Taureau», des «Gémeaux»). Quelques fragments de textes vécus au cours des rituels de ces Sanctuaires donneront un aperçu de ***l'importance que les Maîtres accordaient au KaRMa individuel*** préparant chaque vie future : «... Je dois être le pain de celui qui a faim mais non celui du fainéant. Je dois être l'eau de celui qui a soif mais non de celui qui ne daigne pas la puiser. Je dois être le vêtement de celui qui est nu mais non celui qui ne veut pas le tisser. Je dois être le refuge de celui qui est dans le besoin et non celui qui ne veut pas soulever la pierre. Ce que je ferai pour eux, RA le fera pour moi... Je ne dois jamais approuver ni participer à ce qui est bestial et contraire à la Nature. Comme Elle, je dois prendre plaisir à être Vrai. La sincérité et la bonté qui étaient dans le cœur de ceux qui m'ont enfanté(e) et nourri(e), mon amour doit les leur rendre. Je dois être la joie de mes frères et non l'objet de leurs méchancetés. Je dois être l'ami de mes compagnons et non leur esclave. Je reçois le voyageur de la route. Mes portes sont ouvertes à ceux qui viennent du dehors et je leur donne de quoi se rafraîchir. Elles se ferment aux mendiants et aux profiteurs («voleurs de logis» disent certains textes). Ce que dictera mon cœur, suite à l'enseignement de mes Maîtres, je n'hésiterai pas à l'accomplir...».[3]

Aucune des qualités humaines qui font de l'humain moyen un «être supérieur» de bonté, d'humanisme raisonné et de droiture, n'est oubliée dans cette formation qui rappelle celle des vraies élites de la Chevalerie et des SaMoURaïs nippons. La maîtrise de

[3] Pr Maspero, «Histoire Ancienne des peuples de l'Orient» (B Nat) ; Dr J.C. Mardrus, «La Toute-Puissance de l'Adepte» (Bibl. Eudiaque, Ed Durville, 1955).

soi verbale et physique, la protection des faibles (dans la mesure où l'on s'est assuré qu'ils sont réellement faibles), la bienveillance envers ses proches, le respect de la propriété d'autrui, jusque dans ses moindres détails, y est vécu par le myste[4]. Obéissant à la Connaissance Primordiale, ***l'Egypte initiée a toujours ignoré la mort telle que nous la concevons***. Les lignes qui suivent vont montrer que de l'enfance à la vieillesse tout citoyen ne cessait de s'y préparer. Au bord du Nil, on meurt comme on se marie, étant d'avance assuré que ce qui va se produire ne peut être que merveilleux puisque, dans l'Univers, tout n'est que Cycles et Rythmes vers une Perfection Infinie. Déjà lors des rituels le myste a appris que lors de sa fin physiologique, il ne restera inerte que quelques instants après l'arrêt du cœur, juste le temps d'être purifié, embaumé (si sa condition sociale l'implique) et de recevoir l'«Ouverture de la Bouche». A cet instant s'ouvrira devant lui une vie de Lumière infiniment plus enviable que la plus riche des conditions terrestres. Comme l'enseignera des millénaires plus tard le personnage Christ appartenant à la même «Grande Lignée», il Re-naîtra comme naquit de nouveau le Divin OSiRiS, Premier des «Re-Nés». Le mort égyptien est donc un «**vrai-vivant**»[5].

Ce rituel d'«***Ouverture de la Bouche***» était pratiqué par un Initié portant le titre d'«***Officiant à Juste Voix***». Ici il est question de la «Voix Silencieuse» (celle que l'Ancien Testament appelle «DaGBaR», et le «Nouveau» «Logos», (traduit approximativement par le «Verbe») celle de l'Esprit (SaHou) détaché de l'Esprit-Univers (RA). Dès la rupture du «Cordon d'Argent», donc l'éclatement du «noyau» (AB), la partie spirituelle (AKHou-SaHou) subit un Premier Jugement de Pureté, entre dans le KhèRos (du celte «KaRa» = noir) et traverse l'Abîme du NoUN (du celto-hébreu signifiant «germe-matrice»). Elle est alors éblouie par la Lumière

[4] Pr Maspero, «Histoire Ancienne des peuples de l'Orient» (B Nat) ; Dr J.C. Mardrus, «La Toute-Puissance de l'Adepte» (Bibl. Eudiaque, Ed Durville, 1955).
[5] Pr Maspero, «Histoire Ancienne des peuples de l'Orient» (B Nat) ; Dr J.C. Mardrus, «La Toute-Puissance de l'Adepte» (Bibl. Eudiaque, Ed Durville, 1955).

du «Soleil Caché» (des vivants), et conduite par ThoT (mutation-principe) qui jadis rendit le même service à OSiRiS jusqu'à l'«Epreuve du Feu» qu'elle doit franchir sans défaillance. C'est seulement à cet instant que «l'Officiant» humain approchera un flambeau de la bouche du moribond (momie ou cadavre) pour que le Feu-principe (Nou) permette à cette partie spirituelle ***d'être vivante sous une autre forme***, celle du «Soleil Primordial» enfermé dans toute matière, et se libérant par la flamme lorsqu'elle se consume. Elle ressent ensuite de mauvais souvenirs de vies antérieures sous forme de reptiles, de larves gigantesques, et de monstres amphibies. La parité «AKhOu-SaHOu» du / de la mort(e) prend alors le nom «d'Osiris X...» (nom de la personne décédée) lorsqu'elle se heurte à la Première Porte du KeR-NeTeR (foyer-cœur sombre/future séparation-naissance), où elle doit répondre à un certain nombre de questions-symboles (qui situeront le niveau spirituel de sa vie passée). Ensuite s'effectue la traversée d'un immense fleuve, suivie de l'arrivée dans les magnifiques champs d'AaNROu (ANa-RA = les Sphères de Vibrations Supérieures) où OSiRiS et les Justes récoltent les «moissons divines». Toutefois, l'OSiRiS de X... défunt ne peut y participer sans avoir subi l'examen de son cas par le Tribunal présidé par OSiRiS entouré de ses 42 Juges (déjà cités) : là se pratique la ***«Pesée» de cette entité spirituelle***. Elle est entraînée par une Bête Dévorante s'il y a condamnation à la Destruction. Elle sera clarifiée, épurée, pour être admise soit à une seconde vie où la mort a disparu, soit à poursuivre son Chemin[6].

Le «Livre des DOUZE Portes» qui nous est parvenu nous prouve que les «Ecoles des Mystères» avaient atteint un haut niveau de Transcendance métaphysique. Ce précieux document nous révèle les «Douze Portes-Niveaux» que doit normalement traverser dans le monde informel une particule consciente ou un groupe-égrégore particulaire, pour passer de la «Non-Conscience Universelle» au «Sublime Cosmique Conscient» :

[6] Pr Maspero, «Histoire Ancienne des peuples de l'Orient» (B Nat) ; Dr J.C. Mardrus, «La Toute-Puissance de l'Adepte» (Bibl. Eudiaque, Ed Durville, 1955).

- ***Première Porte*** :

Réalisation de toutes les possibilités formelles et informelles à mesure que sera comprise la «Parole-Sagesse-Logos» (Information) émise par le «Cosmos Ordonnateur» (le «Démiurge» des Gnostiques) sous forme de «sons mystiques» (disons, dans notre langage moderne : d'«informations-signaux» émis du plus profond de l'Univers).

- ***Deuxième Porte*** :

Choix de l'entité dans sa «Pêche Mystique» : soit capturer des poissons, des richesses, des oiseaux de prestige ou des honneurs illusoires, soit «prendre au filet des poissons divins», des Symboles Cachés, des «Oiseaux de Mystères» ou des Formules Mystiques. Parvenue au seuil même de la Troisième Porte, l'entité doit percevoir déjà son «Nom-Identification» véritable, le «Caché des Cachés», l'«AMeN des AMeN».

- ***Troisième Porte*** :

Membres et bouche purs devront la préparer à la Porte suivante. Elle devra savoir entendre la «Vraie Voix», voir les «Vraies Choses», sentir les essences et les vrais parfums de la Nature visible et Invisible, goûter les vrais mets succulents (et non ceux qui finissent dans l'endroit secret), toucher les vraies formes (et non celles qui passent et trépassent). A ce stade, l'entité devra avoir définitivement déserté le domaine vulgaire et se préparera à évoluer de plus en plus dans le «Royaume de l'Improbable» (aux yeux des terrestres).

-***Quatrième Porte*** :

Elle est, entre les douze Epreuves, la plus difficile à surmonter, d'où la difficulté du «quatrième grade» dans les «Ecoles des Mystères». Elle est le «***Nœud du Drame Initiatique***», que ce soit au cours d'une existence ou de plusieurs. L'entité ***devra affronter alors toutes les Forces Négatives du Visible et du Non Visible*** : destructions matérielles, morales, ou psychiques, doute, instabilité, Spectres de l'Ombre, habitants des Ténèbres, agents de la

Putréfaction et de la Maladie, doubles maléfiques, faussetés, trahisons, larves et germes morbides, pourriture des cœurs, des mœurs et des esprits... C'est le face à face du «Candidat à la Lumière» contre «l'Envoûtement des Ténèbres».

- ***Cinquième Porte*** :

L'entité perçoit alors son but final : l'Eternité en Perfection Permanente. Aussi doit-elle trouver la «Condition Royale» en elle-même ; découvrir son «***JE***» relativement à son «***MOI***».

- ***Sixième Porte*** :

Beaucoup de chemins trompeurs sont offerts à l'entité : seul son discernement profond émanant de la «Voix Intérieure» lui permettra de reconnaître la «***Véritable Voie***» parmi tous les «Sentiers de Lumière», pièges qui lui seront offerts.

- ***Septième Porte*** :

Découverte de la «***Véritable Voie***».

- ***Huitième Porte*** :

S'apercevant qu'elle monte réellement vers la Lumière-Conscience résidant au sein des Ténèbres Absolues, l'entité se sent désormais stable et rayonnante, invulnérable, certaine de sa Victoire Finale sur la Mort et sur toutes les épreuves.

- ***Neuvième Porte*** :

C'est pratiquement le «Chemin Permanent de la Transcendance» : la Matière n'a plus aucun pouvoir sur le sujet ; celui-ci l'a vaincue. Dorénavant il la traverse comme la Lumière traverse le verre, parcourt les espaces planétaires, la convexité des mondes et la «Suprême Constellation SaKOu». Il se préparera à s'asseoir au Pays de la Vie qui ne connait pas de morts-mutations éprouvantes.

- ***Dixième Porte*** :

A ce niveau, l'entité a ***COMM***-unié avec l'Esprit Universel et non dans la chair, comme il a pu le faire au cours de ses carnations.

Elle est détachée de toutes les contingences corporelles et voit désormais les choses et les êtres d'En-Haut, ou plutôt à travers eux.

- ***Onzième Porte*** :

Pour elle, et tout ce qui l'entourera désormais, la Conscience Individuelle (projection microcosmique de la Conscience Suprême) doit être sauvegardée. Elle connaît maintenant les risques encourus. Rétrospectivement, elle sait que pendant des temps sans bornes, la créature a été soumise à l'esclavage impitoyable imposé par la condition temporaire de corporéité. Elle en connaît les moindres détails et les moindres vices cachés. Elle va pouvoir en faire profiter l'Univers entier dans son Eternelle Ascension.

- ***Douzième Porte*** :

L'entité est enfin devenue «***parcelle des parcelles du Grand Esprit-Conscience***», un «dieu parmi les dieux», un «membre du Grand Corps Univers». Elle va alors constater qu'avant toute création elle existait, qu'avant toute forme elle était déjà présente. Quand il n'y avait ***RIEN***, elle ***ETAIT***. Quand le chaos énergétique était roi, elle était ***PRESENTE***. Elle n'était pas contractante, elle n'était pas dilatante, elle n'était pas dessus, elle n'était pas dessous, ***ELLE EST DEDANS DE TOUTE ETERNITE***. Le ***RIEN*** rejoint ici le ***TOUT***.

Les ésotéristes sérieux et les métaphysiciens considèrent que les «***échappées post-mortem***» des 3ème, 5ème et 12ème Portes pour un Vécu hors corps du Divin, ne sont accessibles qu'à des individus-entités ayant vécu une évolution spirituelle ***de plusieurs dizaines de siècles***[7]. Je pense à des êtres d'exception qui, dès leur enfance, manifestent déjà des qualités extraordinaires d'abnégation et de haute élévation morale. A travers les guerres, les soulèvements, les convulsions sociales et idéologiques, des femmes et des hommes, souvent chétifs, maladifs, desservis par la

[7] Pr Maspero, «Histoire Ancienne des peuples de l'Orient» (B Nat) ; Dr J.C. Mardrus, «La Toute-Puissance de l'Adepte» (Bibl. Eudiaque, Ed Durville, 1955).

Nature, «brûlent leur vie» pour les autres et le Genre Humain tout entier. Tous les pays et toutes les époques ont vu fleurir ces héros, et chacun de nous leur doit beaucoup.

25.2 - L'Egyptien, un «Initié» permanent...

Nous avons parlé de ce «Cordon d'Argent» qui se rompt lorsque l'Esprit retourne au Cosmos qui l'a prêté. Pour les Egyptiens, ce «Cordon» s'exprimait par un hiéroglyphe en forme de cordage à plusieurs nœuds se nouant et se dénouant ensuite à un autre niveau de conscience, immédiatement après le dernier soupir (fig. 52). Pour l'Egypte Antique et le Monde du Proche-Orient (dans lequel a surgi le «ZeND-d'AVeSTa», la Bible, le Qoran, etc.) la mort terrestre n'est qu'une conséquence naturelle de la Vie Universelle. Autrement dit, la vie ici-bas n'est ***qu'un prolongement de la mort «ailleurs»*** (à un autre niveau de l'Univers, ou «NOuT»). Aussi, les Egyptiens appelaient-ils la Mort du nom de «MOuTh», racine même des mots anglais et français «mutation», soit «Mutatio» en latin, et «Veranderung» en allemand. Toutefois, pour ce dernier mot, l'étymologie est identique. On retrouve en grec le mot «MeTa» signifiant «à côté, après» (meta)[8]. En langue sémite, comme en égyptien, la Mort est prononcée et écrite «MOuTh». Ce curieux mécanisme linguistique égypto-hébreu pourrait éventuellement se traduire par une curieuse équation :

Figure 52

MORT = MUTATION = Changement d'état dans un Univers obscur.

L'Orient et l'Extrême-Orient voient la fin de la vie visible terrestre temporaire comme une manifestation sensible de l'«***entre-deux mutations***», alors que l'Occident la considère

[8] On retrouve à partir de cette racine archaïque un grand nombre de mots qui en dérivent : «MaT», «MâT» (support-maître du navire), «MaTer» (dompter, changer l'attitude d'un sujet en le dominant), «MaTeR» (mère en latin, celle qui fait changer de condition), «MuTTeR», «MoTheR»...

comme ***un fléau***. Aussi, l'Orient s'efforce-t-il d'éteindre en lui, par la voie de toutes ses religions et philosophies, toutes causes de chagrin et d'appréhension. Dans ce sens, on peut dire qu'il rejoint l'Egypte ! Si l'on en croit les Maîtres égyptiens, nous devons travailler ***à vaincre en nous l'influence puissante de notre «MOI» matériel et corporel*** au profit de notre «JE SUIS» immatériel et spirituel, qui est une parcelle de la Conscience-Energie Universelle, et dont nous sommes dépositaires durant notre courte vie terrestre. Lorsque, durant son «in-corporation» et non son «incarnation», mot trop restritif, l'on parvient à triompher de l'influence néfaste de son «MOI» sensuel (d'origine minérale, végétale, animale), donc de cette partie de nous-mêmes ***VISIBLE ET LIMITEE*** en dimensions et en durée, «nous avons alors vaincu la Peur de la Mort» dira le Haut-Initié que fut Paul de Tarse, Initié «christique»[9] (et non «chrétien»). Ceci ne nous empêche nullement de profiter des découvertes médicales et de l'avancement des sciences en matière de rajeunissement et d'esthétique, afin de «vieillir jeune», et non de «scléroser sa jeunesse». L'Initiation Antique incitait ses élèves à triompher des pulsions et des pensées nocives du «MOI». Le myste devait se comporter ésotériquement en «dompteur de fauves», c'est-à-dire «en maître de sa propre ménagerie intérieure».

Dans les «Ecoles des Sanctuaires», les élèves apprenaient quotidiennement à «descendre en eux», individuellement, dans une méditation silencieuse, solitaire, afin que les soucis de la vie-existence d'alors n'aient plus de pouvoir sur eux. Ils atteignaient un niveau-condition que le personnage ***CHRIST*** des «Evangiles» appellera le «Royaume de DIEU» (mauvaise traduction du texte grec et **Gautama-Bouddha** l'«Illumination BoDi». Il serait bon, lorsque l'on fait visiter l'Egypte aux touristes, qu'en dehors de l'hôtel Hilton super-luxueux, des Pyramides, et du Sphinx, qui sont des monuments admirables, on leur dise que dans ce magnifique pays de luminosité et de spiritualité, durant des millénaires,

[9] «Nouv. Test.», Epître de Paul aux Hébreux, chap. 11 dans sa totalité.

bien avant l'Islam, l'égyptien effectuait quotidiennement des méditations et des gestes symboliques, dans chaque maison, même la plus humble, ***du lever du soleil à son coucher***. Pour l'Egyptien moyen, le «coucher de l'Astre» correspondait au «coucher de la vie de l'être vivant au moment de sa mort physique» de la même façon que son «lever» marquait la naissance de tout enfant, de toute progéniture animale, ou l'éclatement de la graine dans le sol. Dans ce pays, le comportement individuel et le mode de pensée marchaient de pair avec le lever et le coucher du soleil. «***Lever***» (naissance d'un être) et «***Coucher***» (mort d'un vivant) étaient imprimés au plus profond des sujets du Pharaon, que cela le concerne ou ses proches. Si nous regardons autour de nous actuellement notre monde coupé du Cosmos a peur de la Vie, peur de la Mort, je dirais même en arrive à avoir peur de son Ombre... A l'inverse, les Anciens vivaient la Vie et la Mort jusque dans l'acte sexuel. Là aussi, l'Occident l'envisage davantage sous l'angle mécaniste de reproduction biologique ou sous un aspect pornographique commercial que dans sa «Beauté Cosmique». Cela veut-il dire que le Monde Antique n'était peuplé que de gens vertueux ?... Sûrement pas ! L'Homme est l'Homme, de tous temps ! Cependant l'Ancien était ***NATUREL***, respectueux du Cosmos, à qui il savait qu'il devait tout, et c'est ce que nous avons perdu ! Nous coupant de la Vie, nous nous sommes éloignés de la Mort. D'où toutes nos angoisses.

La lecture attentive des papyrus et des peintures murales traduisent donc une certaine fascination de l'Egyptien moyen pour ***deux événements majeurs*** de la journée : ***le lever et le coucher*** du Soleil. A tous les niveaux de la hiérarchie sociale, on était quotidiennement sensibilisé par ce Principe Cosmique que l'on savait appliqué à l'existence même du vivant :

- ***le passage*** dans l'Au-Delà sous une ***autre*** forme ;
- ***la venue*** dans notre monde sous ***notre*** forme.

C'est à travers tout ce folklore que l'on se pénètre mieux de cet Enseignement Primordial «ante-diluvien» dont la Tradition égyptienne est l'une des plus fidèles ambassadrices silencieuses. A telle enseigne que certains mots et leurs graphes hiéroglyphiques sont à eux seuls tout un programme. ***Exemples*** : «Mère-Principe» - «Voûte Céleste». Les hiéroglyphes qui les exprimaient devaient être prononcés «MOuTh» (la Mort), «MèTh» (la Mère ou plus explicitement : «Retour dans les bras de la Mère-Principe»), mot très voisin de la «Voûte Céleste» («NOuT») (fig 53). Le tandem «NOuT-MeTh» symbolise l'«enfance-principe» de l'Homme, perdu dans son Espace sidéral, effrayé de sa petitesse face à l'Infinitude, «courant toujours vers les bras tendus de celle d'où il est sorti» («MeTh») et où, inévitablement, il va retourner par la voie du tombeau («MOuTh»).

FIGURE 53

La femme femelle-mère charnelle est l'incarnation microcosmique de ce Principe Universel de Fécondité-Maternité-Génération énergétique, «Céleste Retour à l'Origine». Entre autres, les hiéroglyphes rendent par les mêmes lettres latines (à travers traduction bien entendu), les idées de «***Mère-Principe***» et de «***Mort-Principe***». La Figure 54 rend dans nos langues modernes les mots découlant de ces deux consonnes-racines : «M - T», que ce soit pour les Hébreux, les Arabes, les Indo-Européens, et tout le Proche-Orient.

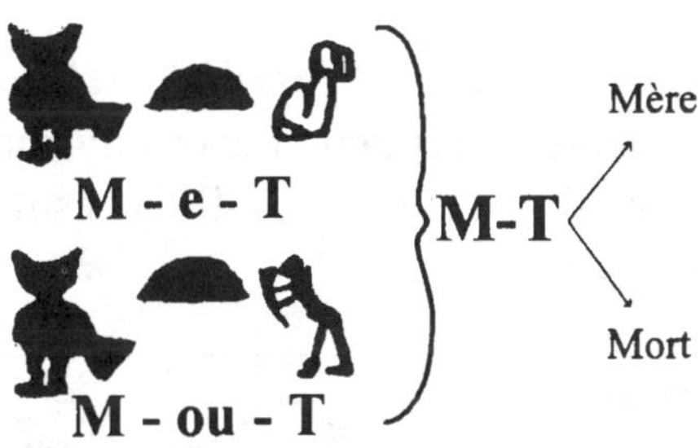

FIGURE 54

Comme je l'ai dit maintes fois, les langues antiques n'écrivaient que leurs consonnes et prononçaient leurs voyelles de mémoire.

FIGURE 55

Ainsi en français, le mot «MoRt» a pour racine ***réelle*** «M-R», l'«o» étant la voyelle phonétique et «t» le suffixe muet. Le raisonnement est identique pour le mot «MèRe», d'où «M-R». Chimiquement parlant, l'Eau est la «MèRe» de tout ce qui vit. Or, en égyptien, la «masse des eaux» est appelée «M-ou-T» (la matrice-principe) (fig 55). De plus, à partir des consonnes «M» et «R» ou «M» et «T», nous retrouvons dans nos langues modernes : «MoRt», «MèRe», «MâT»...

Selon les papyrus retrouvés à Thèbes et à Memphis, on en déduit que :

MOURIR = C'est retourner à l'Eau-Energie Primordiale (dans le Corps Universel de la Mère-Principe)

NAITRE =C'est sortir de l'eau amniotique du fœtus (Eau-Energie primitive dans le ventre de la femelle-mère).

L'Initiation égyptienne était persuadée de ***l'Eternité de l'Energie-Vie*** grâce à son observation aiguë des phénomènes physiques terrestres et universels. La Connaissance de l'Au-Delà résultait ***d'une vue d'ensemble du Cosmos***:

- le Soleil ***se couche*** chaque jour
- le Soleil ne subit ***pas de mort définitive***;
- il se «***transforme***»
- le Soleil et la Terre reprennent des «***forces nouvelles***» par une sorte de «***résurrection quotidienne***».

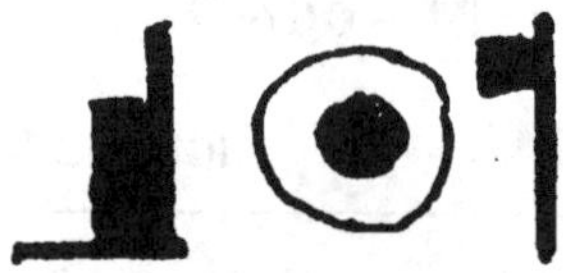

B K A

FIGURE 56

Or ce n'est qu'en 1880 que le Père Scheiner, éminent astronome, découvrait que le Soleil ***se régénérait*** par rotation sur lui-même tous les 80 jours. Ces moments de «***repos***» et de «***régénération***» quotidiennes de l'astre du jour étaient représentés graphiquement en Egypte par le hiéroglyphe «B-K-A» lequel présente deux significations :

- «*demain*» : fin d'une activité, préparation d'une nouvelle.
- «*être enceinte*» fin d'un sexualité, préparation d'une «nouvelle vie». (Fig. 56)

Toutes les religions du monde et toutes les croyances partent de l'observation scrupuleuse de phénomènes naturels (célestes ou terrestres) et y découvrent des **lois**, puis ultérieurement, pour leurs adeptes les plus avancés, les ***principes*** qui se dissimulent derrière ces lois. Ultérieurement, l'ensemble ***Manifestation-Loi-*****Principe** se globalise sous l'image d'une ***divinité ou d'un mythe***.

En Egypte, le dieu-momie «***Osiris***» (roi du Royaume des Morts) est désigné par un hiéroglyphe signifiant :

- celui qui est ***dans son œuf***
- celui qui est ***caché*** aux regards
- celui qui ***vit*** sans qu'on le voit

Ce signe rappelle celui déjà cité des B.K.A. (Fig. 56) lequel synthétise deux ***idées-clefs*** :

soit l'état d'***immobilité apparente*** pour une nouvelle vie
soit la réalité d'une ***vie cachée intense***.

C'est ainsi que sous ces graphismes (et leurs dérivés) peintures et gravures des tombeaux traduisent le processus de la Mort. Plus concrètement, pour nous modernes, «Osiris» est le ***Principe-Loi*** qui anime :

a) dans le ***règne végétal*** :

- la ***racine*** donnant la vie à la plante (elle est cachée dans la terre),
- l'***irradiation solaire*** (RA) sur cette racine invisible,
- la ***fleur*** qui ne peut s'épanouir sans la racine qui la soutient et la nourrit,
- la racine qui ne peut se ***développer et sortir de la «terre-mère» nourricière sans l'action «mâle» vibratoire*** et corpusculaire du Soleil Universel.

b) dans le ***règne animal et humain*** :

- le ***germe*** donnant la vie à l'être vivant (germe caché dans le ventre de la femelle),

- l'intervention du ***soleil «spermique» masculin*** (RA) qui «couvre» (irradie) la femelle (MeT),

- l'être ne peut se ***développer*** sans le ***germe*** qui le soutient et le nourrit,

- le germe ne peut ***sortir de la «femelle» nourricière*** sans irradiation du Soleil Universel.

Pour l'Antiquité en général, et l'Egypte en particulier, le ***Principe de Continuité de la Vie-Energie***, après disparition de la Matière, était aperçu comme une Réalité absolue. Les momies étaient surtout destinées à favoriser le «retour des entités spirituelles» de hauts personnages et de notables dans les lieux mêmes où ils avaient vécu et où ils pouvaient, par leur influence occulte, continuer à servir le pays qui les avait honorés[10]. C'est pour cette raison que la ***momification*** fut surtout réservé à ***l'élite royale et aux Initiés pharaoniques. La même politique était appliquée en Amérique***. On penche pour une croyance forte en Egypte en la Réincarnation : «le corps éthérique du mort aurait été proche du cadavre le plus longtemps possible en vue d'une opportunité de réincorporation dans un enfant royal durant cette présence invisible s'il le décidait, sinon, il se libérait de toute mission terrestre»... (ENEL)

La ***précarité de la vie*** était tellement présente dans l'esprit du commun que les maisons particulières étaient construites de ***briques de terre, cuites au soleil***, et satisfaisaient à une durée moyenne de vie de 70/80 ans. Une vie humaine était assimilée ni plus ni moins à une vie végétale ou animale :

- la ***fleur*** se fane au bout de quelques heures, mais la plante subsiste pour produire d'autres fleurs

- l'***animal*** vieillit puis disparaît au bout de quelques heures ou de quelques années, mais l'espèce persiste pour produire d'autres individus

- l'***homme***, comme la fleur ou l'animal, naît, vit et disparaît après avoir engendré, et pour certains les œuvres demeurent éternelles.

[10] Enel, «Le Mystère de la Mort en Egypte» (Ed Maisonneuve, Paris)

La méditation permanente dans le travail et le repos permettait aux Anciens, à travers les «Ecoles des Mystères» (évidemment pour ceux qui le désiraient et en acceptaient volontairement les dures épreuves), d'obtenir une ferme conviction de leur ***mutation (MOuTh) à un autre niveau de conscience***. Aujourd'hui nous avons perdu cette connaissance et nous sommes bien souvent dupes de «marchands d'illusions» opérant dans des sectes chrétiennes, ou soi-disant orientales, dirigées par des «Gourous» de pacotille !

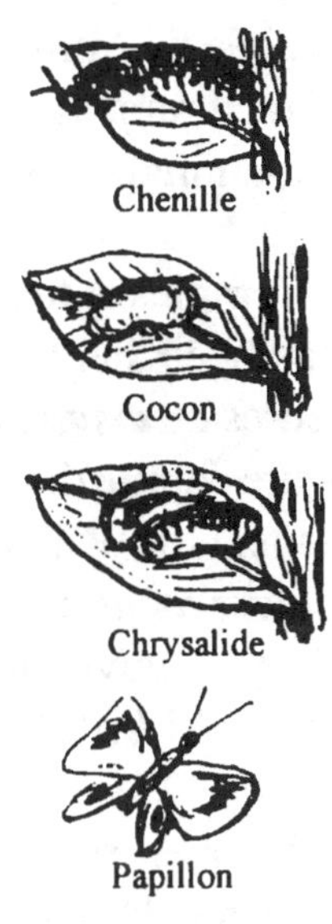

FIGURE 57

L'Initiation Antique était toute autre ! Progressivement, la ***Science Moderne Objective*** (quand elle ose l'avouer officiellement) ***redécouvre tous ces «secrets»***. Elle confirme la Connaissance Antique. Comme l'Egypte, elle entrevoit maintenant la Mort comme une ***transformation-mutation*** (dans le sens «M-T» de changement d'état), et non comme une fin en soi, ou un néant. Les Egyptiens symbolisaient cette croyance par l'effigie du ***scarabée «KhePeRA»*** (Fig. 58), dont le nom se décompose en :

Kh e Ph -> RA
Saisie Vie-Principe

Les Grecs avaient adopté le symbole de la chrysalide ou :
krusos - halidos (sens de transition)
or solaire au-delà
(Fig. 57)

Biologiquement, cet animal pond un œuf, l'enveloppe d'une boule de fumier, qu'il roule dans un trou préparé dans la terre, puis la recouvre. Sous l'effet de la chaleur (fermentation et soleil), l'œuf couve. Plus tard une vie nouvelle émerge de la boule. Ainsi observé, le scarabée devint le type même de la ***transformation-mutation qui fut baptisée «KheP-RI».***

Chez les Hellènes, la chenille (grec = Kamphé), avant de s'endormir du ***«sommeil de la mort»***, s'enveloppe d'un manteau de fil de soie qu'elle secrète (cocon). Celui-ci se durcit sous l'effet des rayons solaires et la substance du cocon contribue à ***transformer*** (transmuter) la larve en papillon (grec = psuché, mot qui est aussi celui de l'«Anima»). Le papillon fruit de la transmutation, ***bat des ailes***. Il rappelle ainsi l'***onde vibration et le rythme*** de la respiration-animale (anima). Tout se rejoint ! (Fig. 57)

Temples et tombes égyptiennes représentent le scarabée KhéPhé-RA tenant dans ses pattes antérieures un ***disque rouge*** (Fig. 58), cercle plein qui figure dans le drapeau japonais comme rappel permanent de l'***Energie-Univers en activité*** ; la couleur rouge est d'origine alchimique et cabaliste. C'est l'«œuvre au rouge» du Suprême Niveau et «l'ADaM KaDMoN» (ou Homme Accompli).

Kh e Ph - RA

FIGURE 58

Pour en revenir à l'Egypte, le disque du scarabée est représenté :

- soit ***enterré*** dans un tas de sable (symbole du «couche-mort»)
- soit ***élevé*** hors du sol (symbole du «lever-résurrection»)

FIGURE 59

Lors de sa décadence politique et religieuse, l'Egypte transforma, disons «abaissa», le ***Principe-Loi*** à un vulgaire «dieu» du nom de «KhePhRI» :

Khe-Phe-RI — est le dieu qui aide
- à la transformation de Etat de MORT - Etat de VIE
- à la transformation de Etat de VIE - Etat de MORT

Le Savoir égyptien et son respect du Cycle Solaire ont tellement influencé le Monde antique que même en ce pays moderne les musulmans actuels pensent que la mante religieuse, sauterelle verte appellée «FaRèSh-eL-NaBi» («Celle conduite par le Prophète-Initié») se tourne vers la Ville Sainte de la Mecque dans l'attitude du « croyant en prière », comme le scarabée demeurait ***prostré vers le disque-énergie solaire*** (Fig. 59).

Pour l'Egyptien antique, tout être et toute chose suivent un ***cycle*** ; le phénomène se répète le ***cycle suivant au même rythme***, d'où la représentation de la ***Spirale infinie*** des ***transformations constantes*** distinctes les unes des autres, vers une Perfection infinie.

Chose curieuse, la ***macromolécule d'ADN***, au sein du noyau de la cellule vivante épouse cette forme de ***double-hélice spiralée***.

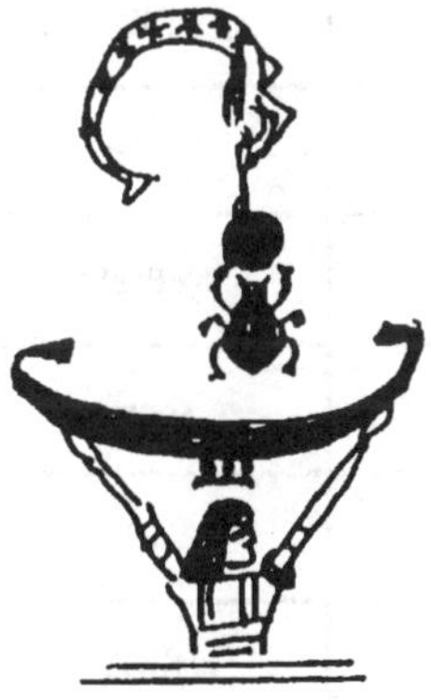

FIGURE 60

Le scarabée égyptien symbolise bien le Principe des ***mutations*** à l'échelle infinie. L'Orient et l'Extrême-Orient, sous une foule de figures du même genre, tinrent le même langage.

Rappelons que l'Insecte en question fige à lui seul ***UN*** des moments de cette Vie-Existence-Infinie, l'une des spires de la fameuse Spirale de l'Evolution de l'Univers vers sa perfection. Sur le sarcophage du Pharaon Seti Ier, le dieu NoU élève au-dessus des Eaux une barque solaire (rouge) contenant le scarabée qui reçoit entre ses pattes le ***disque solaire*** (rouge) que tient dans ses mains la déesse-voûte céleste Nout (Fig. 60).

Le tombeau de Ramses IV porte en effigie la barque du soir (coucher du soleil) dans laquelle le dieu KhePhRI à l'avant et le dieu TeN à l'arrière (Principe de Vie), convoient le sarcophage du Pharaon.

Au point de vue de la ***structure de l'être humain*** l'enseignement initiatique, tel qu'il nous apparaît dans les temples en Egypte, nous le décrit composé de NEUF éléments, chiffre qui correspond aux ***Trois Mondes*** (Faits-Lois-Principes) subdivisés à leur tour en ***trois parties***, répliques d'ordre inférieur des trois grands Niveaux Initiaux. Le tableau ci-dessous met en évidence la ***correspondance surprenante*** existant entre ***plusieurs sources***: Tradition Originelle, «QaBaLe», «Bible», Grèce antique, Egypte, etc... J'ai amplement traité ce sujet dans un autre ouvrage. J'en resterai donc au tableau ci-dessous :

Sources	Partie Spirituelle universelle	Partie Vitale	Partie instinctive corporelle sensible
Physiolog. Moderne	ESPRIT	ANIMA	CORPS
Trad. Origin.	Principe	Loi	Faits
QaBale	Raison	Force	Effet
Egypte-Hébr. et Ancien Testament	NeShaMah	ROuaCh	NePheSh
Nouveau Testament	pneumatos	psuchhé	sooma
Grèce Antique	d"	d°	d°
Egypte	SaHOu	AB	KhaT
	Manifestation du principe de Vie-Univers, et non ce Principe lui-même invisible aux hommes	Courant ascendant à partir des sens physiologiques vers la raison mentale	Partie instinctive visible se manifestant par les sens physiques
Durée	Eternel	Disparition partielle à la mort-mutation	Disparition totale à la mort-mutation
Subdivis.	SaHOu SaHOu AKHOu	An - AB - KhaiBit	Ka - BA - KhaT

Nous pourrions aisément étendre ce synoptique à l'Inde, au Tibet, à la Chine, et au Japon, sans oublier les civilisations celtes, maya ou aztèque. Dans le corps humain les Anciens distinguaient d'abord ***«trois étages vibratoires»*** : une partie ***spirituelle*** universelle, une partie ***vitale***, et une partie ***instinctive*** corporelle sensible. Pour évacuer toute interprétation vulgaire, relativement au «haut» et au «bas», (ce qui est incorrect lorsque l'on parle d'Energie), ils représentaient schématiquement l'Homme par un jeu de ***trois sphères s'interférant*** entre elles (Fig. 61).

Concluons sur l'Egypte et ses «Mystères» par deux remarques :

- Première remarque :

D'abord le «Livre des Morts» égyptien devrait se traduire en français par «Livre de l'Eternité de la Vie». Ce titre serait plus conforme à «Per— M — KhRon». Notons aussi, en passant, qu'un autre recueil, «Am—TuaT» devrait s'intituler «Celui qui est dans le séjour des Mutants-Transformants». Autre recueil provenant des fouilles de Thèbes : «Les 12 portes» qui sont, en réalité, les Douze Portes à passer» (allusion au Zodiaque), à propos des ***différents niveaux de conscience dans l'Univers*** (cf. 25.1).

- Deuxième remarque :

Ensuite, il faut savoir que tous ces documents datent des IV et Vème dynasties pharaoniques (4000 ans environ av. J.C.). Ce sont les plus anciens que nous possédons actuellement et qui ne font que nous transmettre un aperçu d'un Savoir bien plus archaïque. Notons aussi que les Grands Principes énoncés sous le manteau de «dieux» ou de «déesses» rejoignent ceux de la Bible, bien entendu lorsque l'on part du texte hébreu original. Il en va de même du «QoRaN» qui est une musique rythmée ésotérique et agréable pour celui qui le lit dans le texte original et non dans la traduction en quelque langue que ce soit.

Dirigeons-nous à présent vers le sage «élève» de l'Egypte, la Grèce...

2 - 6. Les «Mystères grecs» - Cet étonnant génie hérité du «plus lointain des âges» - connaissance de l'«Esprit» de l'homme et des «PrincipesCosmiques».

S'il a été relativement facile de reconstituer approximativement la Trame des «Mystères» égyptiens, tout au moins les principaux, il s'est trouvé que les embûches n'ont pas manqué en ce qui concerne leurs homologues grecs. Il faut dire que le linceul des sables nous fut bénéfique en ce qu'il occulta ou découragea bon nombre de curieux et d'éventuels profiteurs et profanateurs sans scrupules. En Grèce, il fallait se contenter de ruines, de poteries, de stèles gravées et surtout d'une Mythologie extrêmement riche ***qui nous a servi de précieux guide dès qu'il a été question d'aborder un tel sujet.*** S'il nous fallait brosser un tableau très simplificateur de l'ensemble des conceptions de l'Initiation hellènique, nous distinguerions déjà ***trois groupes*** que l'on pourrait désigner par le mot «Connaissance de l'Esprit», «Connaissance des ***Principes cosmiques***» et finalement «Maîtrise du Karma» (individuel).

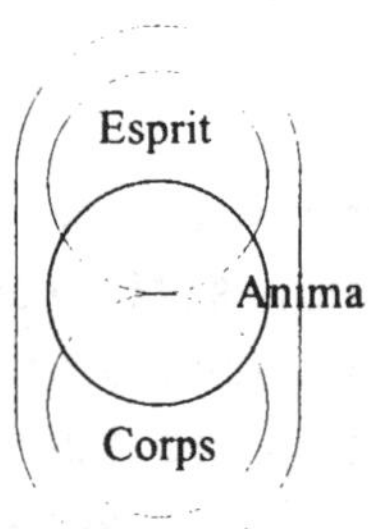

Figure 61

2.6 - 1 - CONNAISSANCE DE «L'ESPRIT UNIVERSEL»

PAR «***Connaissance de l'Esprit***», nous entendons la certitude en l'existence ***d'une partie indestructible et universelle de nous-mêmes***, aussi bien dans les animaux que dans les hommes. Elle défie la Mort corporelle et la corruption. Dans certaines «Ecoles», on l'étendit aux plantes et aux animaux.

La plupart du temps, on estimait que l'Univers était d'abord un Immense Esprit, d'où surgissait de temps à autre la Matière. Or, de par son ***Instinct*** (animaux, plantes) et son ***Intelligence*** (humains), la Matière vivante appartenait davantage à l'***Esprit*** qu'à la Matière brute. Aussi était-il normal que nous mourions comme tout le reste qui a une vie sur la planète, et que notre véritable nature subsiste ailleurs, sachant que les Esprits alourdis et attirés par les constants désirs terrestres traversent, à mesure qu'ils «s'abaissent», des zones planétaires de plus en plus «élémentaires»[1], en se revêtant chaque fois d'une couche-enveloppe éthérique de plus en plus dense. Il est donc normal que ceux et celles qui en sont conscients, s'«allègent» le plus possible spirituellement du temps de leur existence terrestre, afin de gagner des Sphères de l'Univers de plus en plus «Elevées». Plus l'Esprit (pneumati) des-

[1] On suppose ici «les zones de l'Univers les moins évoluées», celles en cours de formation planétaire».

cend dans les «Sphères Basses» plus il perd sa forme «sphèrique»[2] qui est celle de son appartenance à l'Esprit Universel, pour s'allonger et s'évaser en «cône». Il est comme le «point» qui, en se déplaçant devient «une ligne», et ainsi en se prolongeant linéairement indéfiniment, ***perd son caractère d'individualité de «point»*** dans l'Espace. (Macrobe[3]). L'Esprit est à l'image exacte du Divin-Pensée, hors d'atteinte de la Mort qui brise l'Ame (psuché) qui le retient au corps mortel (sooma) et destructible. Quand la Mort saisit l'être vivant, la partie proche de la Matière terrestre se dissout comme elle, lorsqu'elle est apparue dans l'Espace et qu'elle redisparaîtra. Par contre, à l'approche de ce «divorce» (apostasis), rompant ses «amarres» avec l'Ame (psuché), la partie proche de l'Esprit subsiste saine et sauve.

Dans beaucoup de textes il y a confusion entre l'Esprit (pneumati) et l'Ame (psuché). Ce flou s'est répercuté sur la Théologie chrétienne du IVe s. et a créé les multiples conflits que l'on sait. Toutefois, les désignations sont tellement nettes dans les enseignements des « Ecoles » les plus archaïques et les plus traditionnelles, qu'aucune ambiguïté n'apparaît dans les explications des rituels. A telle enseigne que, dans nos versions bibliques courantes du «Nouveau Testament», lors de la mort sur le poteau (stauros) du personnage Christ, il est écrit : «Jésus poussa de nouveau un grand cri, ***et il rendit*** (àphhèke[4]) ***l'esprit*** (pneuma)...»[5]. Il n'est mentionné nulle part qu'il ***rendit l'âme*** (psuché) ***mais l'esprit*** ! Ce qui est tout à fait différent ! L'Initiation grecque semble avoir pressenti la Mécanique Quantique de l'Univers lorsqu'elle fait état des «différents niveaux-sphères» accessibles à l'Esprit qui

[2] Rappelons-nous ce que j'ai dit en début de ce sous-chap. Concernant l'«esprit géométrique» des Grecs.

[3] Macrobe, «les Saturnales» (Hachette, 1939)

[4] J'attire l'attention du public sur ce verbe «rendre» («àphhèke») qui suppose inévitablement un «prêt», donc un ***prêt de l'esprit***. En principe, on ***rend*** ce qui ne vous appartient pas en propre et qui vous a été temporairement mis à disposition ! (verbe = aph-théma ; «thèn psuchèn aph-ihémi»).

[5] Evang. De Matthieu, chap. 27, vers. 50 ; ev. De Luc, chap. 23, vers. 46 ; («Codex Vaticanus n° 1209, p. 119).

désire s'élever du «niveau» qu'il occupe au «niveau supérieur». Chacun des êtres vivants est considéré comme un «***micro-monde intelligible***» (mikro-kosmos) lié aux choses inférieures de la Matière par le Corps (sooma) et touchant ***par l'Ame*** (psuché) aux choses supérieures par l'Esprit (pneumati), Essence de tout notre être, indépendamment de l'Espace (to Chaos) et du Temps destructeur (to Chronos).

Dans les «Ecoles» le symbole du Dragon (Orient) ou du Serpent (Occident) se mordant la queue de manière à former un Cercle Continu est l'image même ***des Univers qui se succèdent et ne se ressemblent jamais***, puisqu'ils évoluent vers la Perfection Infinie. Au départ de chacun de ces Univers, une multitude d'Esprits naissent d'une manière ininterrompue avec tous leurs souvenirs antérieurs. Selon la «puissance» et le «degré d'évolution de ces souvenirs», ces Esprits se dirigeront vers tel ou tel point de l'Espace Universel qui conviendra à leur émancipation. D'où l'intérêt de «se parfaire» constamment durant chaque existence de manière à «gagner de plus en plus les Sphères Supérieures à chaque naissance d'Univers». Longtemps, dans l'Antiquité, les peuples reconnurent la supériorité de ceux et de celles qui constituaient une Elite Initiée, et non une fausse élite de technocrates en col blanc. ***Ses Maîtres formaient à une Haute-Spiritualité pratique*** et à une grande Connaissance Traditionnelle ceux et celles qui en faisaient ***les efforts nécessaires***. Comme des sujets dociles ils suivaient ces «conducteurs», car les résultats obtenus leur donnaient une Conviction (et non une «foi») inébranlable en cette Sagesse Primordiale. C'est ainsi que les Grecs, peuple rustre de pasteurs et de pêcheurs étonna à jamais le monde entier jusqu'à nos jours. C'est ainsi aussi que se développèrent, en leur temps, les Civilisations grandioses du Continent Lémurie, celle de l'Atlantide et de ses colonies : Inde et Chine d'un côté, Egypte, Sumer et Babylone de l'autre.

26.2 - Connaissance des principes cosmiques sous le «manteau» mythologique

Longtemps, comme je le rapporte ailleurs, j'ai vu des ignares instruits parcourir d'un air amusé les ouvrages de mythologie, fermant leurs yeux sur des images «divines licencieuses» (sic) et haussant les épaules de mépris à la lecture de certains récits. Il est vrai que, durant des années, on a claironné à qui voulait l'entendre, que ces gens antiques étaient des naïfs, des primaires peu évolués, à qui l'on faisait croire n'importe quoi ! Il y a de quoi rire quand on voit les couleuvres et les absurdités que les médias modernes font avaler au bon public «instruit» (sic), on en reste perplexe !... Nous allons voir que cette mythologie si «amusante» relève de la Haute-Métaphysique et de la Science en soi. En effet, à mesure que les savants archaïques découvraient l'Univers, le Grand comme le Petit, ***il leur fallut figer symboliquement leurs découvertes*** de manière à en instruire les générations futures. Il y avait bien la Mathématique avec toute sa calligraphie compliquée, mais elle ne demeurait accessible qu'à un nombre restreint de personnes présentant une certaine tournure d'esprit. Rien ne valait le ***symbole-image***, et d'autant plus qu'il serait anthropomorphique[6]. Ces ***Principes vivants dirigeant le Cosmos*** et que la Bible désigne par «AèLoHIM» dans l'Ancien Testament[7] prirent donc la forme d'hommes et de femmes, voire d'enfants, d'animaux et de plantes pour interpréter ces ***Forces conscientes*** et les faire «vivre» dans l'esprit du public. L'idée était géniale ; elle parcourut tous les continents. Elle subsiste encore de nos jours avec la «Rex-publica» (le peuple-roi, selon la formule latine) ce qui est une illusion philosophique, incarnée par une femme coiffée tantôt d'une couronne de lauriers, tantôt d'un bonnet phrygien (en souvenir de la révolte des esclaves de Phrygie, région d'Abydos).

[6] De «anthropos» (genre humain) et «morphos» (forme) ; système d'enseignement attribuant à des Forces cachées des comportements et des réactions humaines.

[7] Dans mon ouvrage «Dieu existe-t-il ?» j'explique comment «AèLoHIM», masculin pluriel de AèLoHa» a été faussement traduit par «Dieu» dans nos versions modernes, alors que le mot hébreu en question exprime une «***Universalité de la Conscience***».

Pour en revenir aux dieux et déesses-Principes, contrairement à ce qui est écrit sur le sujet, leurs noms, sexe, âge et lieu de résidence furent savamment choisis et et ne furent nullement «le fruit d'imagination méditerranéenne très emphatique», comme je l'ai lu récemment dans une revue très sérieuse. Les «Initiés Anonymes» d'Afrique et d'Australie ont, bien avant les «super-cerveaux» du XXe s., ***découvert les Principes-Lois du Cosmos.***

Les Initiés grecs traduisirent donc ***des Principes-Lois vivants en dieux et déesses*** fatalement à leur image, et selon les mœurs de leur époque. Imprégnés de leur mentalité «géométrique» ils extrapolèrent ***l'Inconnu*** à partir du ***Connu***. Cette suprême idée de toute l'initiation hellènique se trouve confirmée par les propos mêmes de celui que l'on appela conventionnellement «St Paul». Nous lisons : «... En effet, les perfections ***invisibles*** du Cosmos (Theou), sa puissance éternelle et sa Conscience-Divine se voient à l'œil nu quand on les considère dans ses ouvrages ***visibles***. Ils sont donc inexcusables...»[8] «... Nous regardons, non point les choses ***visibles***, mais celles qui sont ***invisibles***. Car les choses ***visibles*** ne durent point, alors que les choses ***invisibles*** sont dans le Temps-hors-du-temps chronologique (grec = aioonia[9]....»[10]. Cette manière de s'exprimer est propre aux «Ecoles des Mystères» auxquelles a appartenu, à n'en pas douter, l'auteur de ces lignes. Beaucoup d'autres passages le confirment d'ailleurs. Il est bien évident que, de la même façon que l'on choisit un modèle-canon de figure féminine pour sculpter la République, les Grecs traduisirent les Principes Cosmiques par des hommes et des femmes répondant à l'Esthétique Hellène.

Puisque les Principes-Lois dominaient la Matière, il s'avèrait normal que ces «Etres-Supérieurs» soient placés au-dessus de l'Esprit de l'homme, même lorsqu'il était mort physiquement. Il

[8] «Nouv. Test.», Epître aux Romains, chap. 1, vers. 20.
[9] De la racine «aïonos» = toujours, éternel.
[10] « - id -», IIème Epître aux Corinthiens, chap. 4, vers. 18.

convenait aussi que, dans les «Mystères», ils apparaissent plus «développés» et plus «civilisés» que ceux qui les respectaient. Le but des «Ecoles» étant tellement la «***préparation de l'Après-Vie par la vie présente***» que dieux et déesses vivaient parmi les élèves de la même façon que le public de la cité se sentait chez lui parmi l'Olympe des «divinités». Si l'Art, la Pensée, la Mathématique, et la Culture grecque ont vaincu les siècles, c'est tout simplement parce que le rayonnement des «Ecoles des Mystères» a été tel qu'il a «humanisé» les plus rustres des sujets, même parmi les étrangers esclaves dans les cités du Péloponèse et leurs colonies. Aucun peuple au monde n'est parvenu à un tel résultat ! Je voudrais souligner ici, à mes lecteurs objectifs et rationalistes, que les Maîtres grecs qui ont élaboré ces mythes étaient des hommes et des femmes qui rejetaient l'irrationnel et lui préfèraient le ***concret sensible***. Or ceci n'apparaît dans aucune littérature affèrente à la Critique Historique. Naïves, ou choquantes dans leurs narrations (incestes, adultères, suicides, meurtres,...) ces légendes n'en demeurent pas moins instructives au plus haut degré.

Les principaux écrivains qui ont contribué à nous faire parvenir ces chef-d'œuvres sont d'abord Homère (VIIe s. av. J.C.) avec ses deux livres bien connus[11], puis Hésiode (même époque) avec sa «Théogonie». L'existence discrète et incontestable des «Ecoles» et de leurs «Maîtres» est authentifiée ici par le seul exemple d'Hésiode. Pauvre fermier, demi-esclave/demi affranchi, travaillant rudement et péniblement du lever au coucher du soleil, il n'en a pas moins produit deux splendides écrits : «Les travaux et les Jours» (où il préconise une meilleure vie sur terre par une organisation plus humaine des peuples et une meilleure répartition des richesses), la «Théogonie» (citée) (où il livre les «secrets» de la Connaissance de l'Univers et de ses «Généalogies Directrices»). Deux siècles plus tard, l'esclave Esope confirmera cette situation. Du VII au IVe siècle, plus d'une trentaine d'«anonymes», dont Pindare (VIe s. av. J.C.) avec ses «Odes», et Eschyle avec son

[11] Homère, «L'Illiade», «L'Odyssée» (divers éditeurs).

«Théâtre», qui est ni plus ni moins que la transposition en lieu public et accessible à tout le monde, de bon nombre d'épreuves vécues par les candidats aux «Mystères». Notre mot «théâtre» vient d'ailleurs de là. Comme dans les «Ecoles», les élèves étaient masqués, car souvent maîtres et esclaves se côtoyaient. Il devait donc régner un certain anonymat que l'on appelait «hupokrisis» (littéralement «agir sous le masque»[12]). Lorsque leThéâtre se généralisa, les acteurs devinrent des «hypocrites», puisqu'ils étaient masqués de l'effigie du «dieu» ou de la «déesse-Principe» qu'ils mimaient. Le «No» chinois et japonais a maintenu cette tradition. «Théâtre» vient du grec «theoo» (contempler) et «atrium» (latin = endroit). De là aussi «théou» pour dire «dieu» (Pr André Petit, lycée de Rambouillet).

Toute la tragédie grecque est truffée de thèmes mythologiques, à telle enseigne que cette vague envahit toutes les pièces européennes durant le Moyen-Age et jusqu'au début du XXe s., ne serait-ce que dans le délicieux Opéra-Comique d'Offenbach, et de bien d'autres.

Sophocle, Eurypide, Hérodote, jusqu'à Platon, constituèrent toute une pléïade de narrateurs immortels de cet Enseignement gardé longtemps secret. Malheureusement, cette inflation de la Connaissance des Mystères se fit au détriment de la qualité. L'«artisanat du Spirituel» fut éclipsé par la «pratique religieuse de masse» en train de se transformer moralement, le vulgaire ne vit plus dans ces personnages mythiques que des spectres à adorer. Il en a été ainsi de tous les temps, et même MoHaMMeD, au VIe s. de notre Ère, dut affronter ses semblables prosternés devant les astres et les étoiles que scrutaient attentivement les savants arabes[13]. Dans l'Ancien Testament nous relevons : «... Le charpentier étend son cordeau, fait un tracé au crayon, façonne le bois avec un couteau, et marque ses dimensions avec un compas. Et il produit

[12] Du grec «upo» (en dessous) et «kratoo» (gouverner, agir).

[13] Al QoRaN, Sourate.

une figure d'homme, une belle forme humaine pour qu'elle habite dans une maison. Il se coupe ensuite des cèdres, des rouvres et des chênes, fait un choix parmi les arbres de la forêt, plante des pins que la pluie fait pousser, et ces arbres servent à l'Homme pour brûler. Aussi, il en prend un, il se chauffe, il y met aussi le feu pour cuire son pain ; après, ***avec le même bois, il se fait un dieu qu'il adore et devant lequel il se prosterne***. Il brûle au feu la moitié de son bois, avec cette moitié il cuit sa viande, apprête un rôti, se rassasie, se chauffe et dit : Ha ! Ha ! je me chauffe, je vois la flamme ! ***Et avec le reste fait un dieu, son idole***. Il se prosterne devant elle, il l'adore, il l'invoque. Il s'écrie : Sauve-moi ! car tu es mon dieu ! Ces gens n'ont ni intelligence ni entendement...»[14]

Révolté contre cette dilapidation du «Patrimoine initiatique», l'Initié «St Paul» (déjà cité) s'écria à ce propos : «Puisque, ayant connu le Cosmos (Theou), ils ne lui ont point rendu le service qu'ils devaient, ils se sont égarés dans leurs pensées, et ***leur cœur sans intelligence a été plongé dans les ténèbres intérieures***. Se vantant d'être des Sages, ils sont devenus fous : ils ont changé la splendeur du Cosmos (Theou) incorruptible-indestructible en images représentant l'Homme corruptible-destructible, des quadrupèdes ou des reptiles. C'est pourquoi ce même Cosmos (Theou) les a livrés à la débauche, selon les convoitises de leurs cœurs, en sorte qu'ils vont se déshonorer eux-mêmes dans leurs propres corps, eux qui ont changé la Réalité Inoubliable (aléthéia) en mensonge, ***et qui ont adoré et servi la créature au lieu de se réserver pour Celui qui les a créés***... C'est pourquoi le Cosmos (Theou) les a abandonnés à des passions bestiales : leurs femmes ont changé leur usage naturel en celui qui est hors-Nature[15] se sont enflammés dans leurs désirs les uns pour les autres, commettant homme avec homme des actes hors-Nature, et recevant en eux-mêmes le salaire que méritait leur égarement. Comme ***ils ne se sont pas souciés de s'in-***

[14] Livre d'Esaïe, chap. 44, vers. 13 à 18.

[15] cf. 27 où je traite de la question de l'homosexualité, à propos du «KaRMa» et de ses épreuves et bienfaits.

tégrer au Cosmos (theou) celui-ci les a livrés à leurs sens réprouvés, pour commettre des choses irréparables...».[16]

Aristophane (Ve s. au IVe s. av. J.C.), Hérodote (IIIe s. av. J.C.), Apollonius de Rhodes (250 av. J.C.), ainsi que Théocrite de Syracuse (275 av. J.C.), Dion Cassius de Nicée en Bithynie (155-229 de notre ère) et Moschus de Syracuse (270 av. J.C.) ont apporté aussi leur «petite pierre» à ce gigantesque Edifice de Connaissance. Au IIe s. ap. J.C., le latin Apulée et le Grec Lucien [17] fournirent aussi une contribution non négligeable, ainsi qu'Apollodore d'Athènes (150 av. J.C.) et Ovide (43-16 ap. J.C.) qui, avec son œuvre magistrale «Les Métamorphoses» acquit une renommée mondiale[18]. Nous pourrions encore citer Pausanias (IIe S.), Catus Valérius Catulle (87-47 ap. J.C.), et enfin Quintus Flaccus Horace (64-8 av. J.C.). Tous ces chroniqueurs grecs, comme latins, rapportent que les Maîtres, fortement imprégnés des Enseignements Védiques enseignaient que du «Chaos énergétique» (le «Barattage Cosmique» védique) surgirent les «Principes Directeurs» du Cosmos (les «DeVas» de l'Inde), ce que confirme la Théorie Moderne de l'Information (voir troisième partie). L'empereur chinois initié Fo-Hi (selon le Pr japonais Georges Oshawa) découvrit avant Lao-Tzeu les deux types contraires de manifestations de l'Energie Unique «Tch'i» («Ki» en japonais) : «**YiN**» pour la ***dilatante, «YaNg» pour la contractante***. Autrement dit, l'une est ***destructrice*** tandis que l'autre est ***créatrice***. La Haute-Initiation grecque la traduisit par «Ouranos» (traduit imparfaitement par «Ciel») et «Ghéa» (rendu non moins approximativement par «Terre»).

Les premières entités vivantes de l'Univers issues de l'équilibre fluctuant «Ouranos-Ghéa» furent les ***Titans***. Si l'Initiation grecque a bénéficié d'un précieux apport oriental, nous verrons plus tard, preuves à l'appui qu'elle a puisé énormément de «Se-

[16] Epitre aux romains, chap. 1, vers. 21 à 28.

[17] Je recommande à mes lecteurs le magnifique ouvrage de cet écrivain «Le Dialogue des Morts» (Hachette) difficile à trouver.

[18] Même remarque pour «L'Art d'Aimer» (Letouzet, Paris, 1946).

crets» chez les Celto-Boréens du Nord. Ne serait-ce que le mot «Titans»[19], transformation du composite «TYuaThaNa» signifiant littéralement : «Ce qui vient du BoRD (NoRD) est l'esprit animant de la terre-globe». On retrouve «ToT-ANa» en Egypte, allusion à cette Pré-Humanité d'Etres Supérieurs venus d'Ailleurs. Par un curieux «basculement» linguistique on retrouve «ToT-ANa» transformé par la langue grecque en «ThaN-AToS (Th-aNa-ToS) et signifiant «la mort» (!). Nous y reviendrons... Certaines «Ecoles» les nomment «Les Dieux Anciens», «L'Empire Céleste» disait la Chine Antique, les «Grands KaMis» proclamait-on dans les îles nippones. Venaient ensuite dans cette Hiérarchie Universelle des Valeurs et des Puissances, ***Douze Principes Vivants et Agissants*** appelés «Les Grands Olympiens» (oi magàloï Olumpiès) du fait que cette région-paradis invisible proche de la Terre fut appelée «Olumpe». Un mont élevé de la péninsule portera d'ailleurs ce nom. Ce dernier résulte de la combinaison de «OL», «EL», «AeL», ou «HeL» en rapport avec tout ce qui est «Sublime et lumineux» (HeL-ios = soleil) avec le mot «umm», forme poétique de «su», datif se traduisant par «à vous» dans un sens majestueux, le tout se terminant par le suffixe de personnes vivant dans un état de Lumière Sublime.

A la tête de cette famille Olympienne de ***Douze «membres»*** venait le «Chef», Zeus accompagné de ses deux frères, Poséidon et Hadès. Leur sœur s'appelait Hestia, Héra était l'épouse de Zeus et Ares leur fils. Mais Zeus avait eu auparavant d'autres enfants : une fille, Athena, un garçon Apollon, une autre fille Aphrodite, un autre garçon Hermès, et une dernière fille Artémis. D'un autre côté Héra avait eu un fils aussi : Hépaïstos. Nous retrouvons exactement la même famille «divine» sous d'autres étiquettes dans

[19] Presque tous les folklores font état d'une race de Géants qui se transforma en créatures terrestres, violant ainsi sa condition originelle céleste. On retrouve dans leur nom le celte «Tyu», «Tyus» (le vent du NoRD-BoRD, NoRTh-BoRY). Les légendes scandinaves évoquent des Etres que les Puissances des Cieux durent foudroyer, les vouant à la dégénérescence en les «jetant» sur Terre.

l'Ancienne Rome[20]. Disons quelques mots de chacun d'eux qui jouent un rôle dans la vie post-mortem de l'Homme.

- **Zeus**, vient de «Zoohé», la Vie-Principe Universelle. Il s'appellera «DJuS PiTaR» en Inde védique, ce qui fit Jupiter chez les Latins. Les vieux écrits sanscrits lui donnent le sens de «Ciel-Lumière-Père» mais «Ciel» (DYauS) dans le sens de «Vie Consciente». Il incarnait aussi la foudre et la lumière électrique. On nous le montre plongé dans toutes sortes d'aventures amoureuses ce qui est normal, puisque la Vie-Principe engendre l'Amour et que l'Amour fait naître la Vie. C'est non seulement aussi le Principe de la Grandeur mais aussi celui des holocaustes (sacrifices de «vies») et d'une bonne conduite morale (la Vie ne peut être entachée de mensonges ou de parjures).

- **Poséïdon**, résulte de l'association de «Pos» (qui ? quoi ?) et «eidon» (la forme sensible). Autrement dit, il s'agit ici du Principe de la mutation de forme, du changement perpétuel dans l'apparence des êtres et des choses. Il convient très bien aux Eaux des Océans qui sont de cette nature. Les écrits poétiques le représentent dans un char d'or (lumière-vibration) roulant à la surface des mers, imprimant à celles-ci le mouvement des vagues. Tenant à la main un ***trident***, «il fait trembler l'Univers olympien» car il peut accumuler ou disperser les Eaux sans lesquelles aucune vie n'est possible : le Monde des ***Principes***, le Monde des ***Lois***, et celui de la ***Matérialisation*** convergent en lui (d'où le symbole de cette fourche à trois pointes).

- **Hadès** est le principe de la Mort. Il s'appelle aussi Pluton (ploutoo = riche ; il s'agit de la «véritable richesse» = celle que les morts successives ont apporté en «expérience»). Toutefois, comme

[20] A Rome, l'équivalence entre les deux familles «divines» était la suivante : Zeus = Jupiter, Poséïdon = Neptune, Hadès = Pluton, Hestia = Vesta, Héra = Junon, Arès = Mars, Athéna = Minerve, Apollon = Phœbus, Aphrodite = Vénus, Hermès = Mercure, Arthémis = Diane, Héphaïstos = Vulcain.

elle ne peut exister dans l'Univers puisque la Science grecque sait que ***tout est vivant, seules les formes changent***, on lui attribue le sens «d'activité prolongeant celle de la vie terrestre», donc hors de l'œil charnel des vivants. En réalité, le mot grec est «Aidhès» de racine identique à «eidoo» = voir sans être vu, sembler, être en état de pouvoir mais momentanément inactif. Le «dieu» symbolise ici une «vie momentanément cachée», semblable aux richesses du sous-sol non encore exploitées à ciel ouvert» (pierres précieuses, métaux, etc.). D'où son nom gréco-latin de «Dis» (riche). L'iconographie le montrait impitoyable, mais juste, non malfaisant (puisque la Mort était bénéfique). Précisons bien : il allégorisait la ***condition post-mortem*** et non le Principe de l'enlèvement du souffle-de-vie qui était ***Thanatos*** (voir plus haut).

Autre Principe Vivant, celui de la Virginité (mâle ou femelle, ou de moralité, mentalité) est **HESTIA** (ou Vesta), sœur de Zeus. «Hestaï» a le sens «d'un feu tranquille et entretenu silencieusement». Disons, dans notre langage moderne que cette «déesse» caractériserait le Principe d'une ***Energie potentielle*** prête à se libérer mécaniquement ou chimiquement. C'est pourquoi elle sera longtemps le symbole du «foyer», en tant que feu chauffant et cuisant les repas familiaux. Son thème concorde absolument avec le signe astrologique de la «Vierge», dont elle serait une émanation lointaine. Dans les «Ecoles» chaque repas (agape) commençait et finissait par une offrande collective à Hestia.

- **Hera**. Son nom viendrait du sanscrit «SVaR» (Ciel-tourbillon matriciel). En grec, ce mot a le sens du «secours», de «l'aide à l'indigent ou à l'enfant», «la satisfaction de servir», de «donner ou de se donner». Les mythes la montrent à la fois ***femme et sœur de Zeus***. Elle est non seulement le Principe Matriciel de la matière vivante, mais aussi celui de l'Union Mâle-Femelle dans une complète harmonie. Les rituels la mimaient querellant les nombreuses femmes que son mari honorait de ses faveurs, les châtiant même lorsqu'elles avaient succombé aux contraintes du «dieu du Tonnerre». Les «Ecoles» faisaient ressortir à leurs élèves que l'innocence importait peu, car l'acte coupable devait se maîtriser par un esprit fort. La vache (Fécondité-Principe) et le paon (Grâce-Principe) lui étaient consacrés.

- Conformément à ce que j'ai déjà dit pour les Arts qualifiés de «Martiaux» (Mars-iaux), **Arès** (ou Mars) ne doit pas être considéré comme le symbole de la Guerre, de la Tuerie, ou de la Sauvagerie meurtrière, mais surtout comme le Principe Vivant de la Lutte pour la Vie, du Combat pour la Survie, du Face-à-face courageux devant une opposition, disons du Principe même de la ***négentropie*** quelle soit cellulaire, sociale ou nationale. Le nom du dieu-principe en soi n'a rien de rébarbatif et de sanglant : «Arhès» est la forme aoriste[21] du verbe «aroo», contraction de «aoroo» et d'«aeroo», et futur du verbe «aeiroo», dont la racine commune est «aei» (toujours, éternel). Sous-jacente, c'est aussi la racine indo-européenne «AoR» (lumière-vibration). Si au fil des siècles, il représenta le carnage, l'ardeur guerrière, selon la racine «Ar» (détruire, enlever, périr) il n'en a jamais été tout au moins question dans les «Ecoles des Mystères».

- Vient ensuite **Athéna**, fille de Zeus, qui s'appelait originellement Pallas Athena, en réalité. Elle donna son nom à la cité qui devait devenir capitale de la Grèce. D'abord, «Pallas» vient du verbe «palloo» signifiant surtout l'«expansion», l'«agitation-mouvement perpétuel», Principe même de la vibration créatrice. Quant à Athéna, c'est la négativation («A», privatif) de la racine «Then» (heurter, paume de main). Les mythes nous disent «qu'aucune femme ne l'a portée ni allaitée ; elle sortit du ***crâne de Zeus adulte*** et toute armée.» Ici, il ne faut surtout pas l'entrevoir comme une rivale ou une complémentaire d'Arès, mais comme le Principe en soi de Sagesse Combative. Les Initiés voulurent montrer par cette

[21] Forme grammaticale de conjugaison du Temps Passé très fréquente dans les langues anciennes comme le grec, l'hébreu, ou le sanscrit. Elle est proche de notre passé indéterminé, infini du genre : «Il s'en est souvenu», «Je l'ai fait», ...Bien connu dans notre langage populaire : «J'ai déjà donné !».

figure que cette qualité tant recherchée de l'humain ne s'acquérait pas en restant prostré ou inactif, mais au contraire ***par l'expérience et le combat dans les existences successives***. D'où la présence du mot «Pallas» en complément. Elle fut effectivement la protectrice de l'Agriculture, de l'Artisanat et de l'Organisation Urbaine. «Vierge» de toute corruption (d'où son second nom de «Parthenos») elle fut la plus importante des trois Principes Cosmiques féminins . Son temple était donc le Parthénon où les rituels mettaient en évidence la Sagesse, la Raison, et la Chasteté (plus morale que physique).

- **Apollon**, fils de Zeus et d'une nymphe du nom de Lheto (l'Oubliée), est la plus belle figure de la mythologie grecque. Il s'agit d'une identité composite «Apo-pollon» dans laquelle «apo» = loin, et «pollon», génitif[22] grammatical de «polos» = pivot autour duquel tourne un objet, cadran solaire (à l'origine). On le trouve souvent accolé au mot «Phoïbos», se traduisant par «brillant» (ce qui donna «Pheobus» en latin). En effet, Phoïbos Apollon caractérise bien le Principe Vivant de la Lumière, autant celle du jour que celle de la compréhension, celle du Savoir que celle de la Haute-Spiritualité. Son origine est fatalement «oubliée» (létho), et elle ne peut qu'être «fille de la Création». Ancun être ni aucune chose ne peut exister dans l'Univers sans une certaine «brillance» qui le distingue des autres et de son environnement. Nous lisons dans le «Nouveau Testament», dans l'Evangile dit de «Jean», dont une grande partie du premier chapitre est d'origine mazdéenne[23] : «Cette Lumière est la véritable Lumière qui, en venant dans cet arrangement de choses (kosmou) éclaire tout humain. Elle était dans cet arrangement, et cet arrangement a été fait par elle, et pourtant cet arrangement ne l'a point connue. Elle est venue parmi les siens et les siens ne l'ont pas reçue. Mais à ceux qui l'ont vraiment reçue,

[22] Le génitif est, dans les langues à déclinaisons, la forme d'expression verbale ou écrite qui place un nom propre comme complément indirect d'un substantif. Exemple : la maison de Paul.
[23] De AHuR-MaZDa, dieu-principe de la Lumière en Perse.

elle a donné le pouvoir de devenir «enfants du Theou» (initié), ***lesquels sont nés, non du sang, ni de la volonté de la chair, mais du Theou-Conscience...***».[24]

- Autre fille de Zeus est **Aphrodite**, nom proche de «aphradès» et «aphradéoos», adverbe de manière signifiant «follement», «sans retenue» (aphraktos). D'après certaines autorités linguistiques, le mot serait d'origine phénicienne et marquerait les Principes de l'Attraction et de la Beauté. Les mythes la font surgir de l'écume des Grands flots de l'Océan Universel (ek toù aphroù). Il n'est pas question de désigner sous ce mot la relation sexuelle animale, mais la jouissance et l'appréciation de plaisir attractif des deux parties en jeu. En grec, «eros» toucherait la relation sexuelle mécanique ; «Aphrodite» la minimise sous des débordements de caresses, de sentiments, d'affectivité, et de coquetterie (le mot anglais «flirt» est synonyme d'«aphrodite»). Elle marque aussi les principes de Galanterie, d'Amusement et de la Ruse amoureuse dans la conquête des cœurs.

- Nous verrons dans la série «L'Héritage des Grands Initiés» que sous le nom d'**Hermès**, présenté comme second fils de Zeus se cache à la fois le nom d'un antique «Grand Initié» égyptien (HeR-MèSh) et celui du Principe Cosmique de la Relation-Message entre tous les composants de l'Univers. Le celto-hébreu nous donne «HeR» comme le «seigneur-patriarche type» (qui donnera «HeRR» = Monsieur, en allemand), «HaR» dans le sens d'une situation élevée (hébreu = montagne), «HaRa» en japonais, situant ainsi au nombril le centre des énergies du corps («HaRa-KiRi» = ouverture-libération des énergies). «MèSh», «MiSsa», «MaSh», «Moisson»... implique l'idée de «message» ou de «signalement», «Hermhès», en grec, est apparenté à «ormhé», substantif exprimant «le coursier qui fonce en avant», l'idée de «mouvement de déplacement continuel» propre au Principe de l'Information Permanente dans l'Espace et dans le Temps.

[24] Evangile de Jean, chap. 1, vers. 9 à 13.

- Troisième fille de Zeus, **Arthémis**. Elle naquit aussi, de la nymphe Létho (l'Oubliée) en sœur jumelle d'Apollon. Avec Athéna et Hestia, elles constituaient une solide ***triade*** du Principe de la Virginité, comme si la Tradition Primordiale voulait insister sur cette abstinence sexuelle pour nous instruire d'une bien plus importante : celle de l'Esprit. Constatons que le mot «thémis» désignant la Moralité, la Justice-Equilibre (et non «la Loi»[25]) est placé à côté du fameux préfixe «AR» (qui par retournement donne l'égyptien «RA») qui n'est autre que la contraction de l'indo-hébreu «AoR» (Lumière-Vibration)... L'imagerie populaire l'a représentée à tort comme une sorte de NiMRoD[26] ou de «St-Hubert» traquant l'animal sauvage. Or cette activité de chasseresse passionnée et impitoyable est en complète discordance avec son identification. Or, si l'on y regarde de plus près en remontant dans le Temps, on la dit souvent «Dame des Animaux Sauvages», sous-entendu ceux et celles qui se comportent comme tels et enfreignent impunément les Lois du Cosmos et des bois ; il s'agit des pulsions qui font des humains des «êtres bestiaux». Au Principe de «l'Agressivité brûlante» d'Apollon-soleil («Yin») elle oppose farouchement et fermement celui de l'«opposition tranquille et glacée» d'une Arthémis-lune («Yang»).

- Avec **Héphaïstos**, fils d'Héra et de Zeus, époux hideux et difforme de la splendide Aphrodite, se termine cette famille de «Principes Olympiens», telle que nous le rapporte la pure Essence de la Tradition Primordiale, preuves philologiques à l'appui. Dans son œuvre magnifique «Notre-Dame de Paris», le génial V. Hugo a transposé d'une certaine façon le drame intense de ce «Couple-Principes-Antagonistes» dans les personnages moyenâgeux de

[25] Lors d'un procès au Tribunal Civil de Versailles, dans la décennie 1960, un de mes amis alors ingénieur-électronicien, s'est trouvé condamné injustement par une partie adverse plus fortunée et plus puissante politiquement. Lorsqu'il quitta la salle d'audiences, après lecture de verdict, il jeta aux juges cette phrase lourde de signification : «...Messieurs, à mon grand écœurement, je crois en venant ici avoir fait fausse route... J'étais venu chercher ***Justice***... Je n'y ai trouvé ***que la Loi*** !...».
[26] «Anc. Test.», Genèse, chap. 10, vers. 8 et 9.

Quasimodo et de la belle Esméralda. Je vous en recommande la lecture... On retrouve dans le monde grec initié l'infiltration très nette de la Tradition Primordiale Védique avec le Principe «aGNi» (le feu-principe qui ne vieillit pas et conserve perpétuellement toute sa Force). Le «dieu» est représenté difforme et laid, comme le sont les flammes d'un feu de bois, ou ceux d'un volcan (latin = vulcanus, qui a donné Vulcain). Les racines du nom sont à la fois «ès» (verbe être) et «us» (brûler-briller). Ce Principe est d'emblée celui du Travail infatigable de l'Univers, de la Paix, de l'Agriculture et de l'Artisanat, que notre Monde Moderne tente d'asservir et de détruire...

- Aux «Douze Grands» s'ajoutaient des «dieux-Principes» et «déesses» mineurs tels **Eros** (orgasme sexuel), **Hyménée** (union maritale), **Hébé** (la jeunesse), **Antéros** (vengeance de l'amour trahi), Iris (l'information sentimentale); les **Grâces** au nombre de trois : **Aglaé** (brillance), **Thalie** (végétation verdoyante et fleurie), et **Euphrosyne** (joie intérieure). Les **Muses** incarnaient les Principes d'Histoire, d'Astronomie, de Tragédie, de Comédie, de Danse, de Poésie, de Poésie amoureuse, de Musique, de Rhétorique, et de Lyrisme. Si une telle description était poussée plus loin, elle pourrait grandement aider nos savants modernes métaphysiciens dans leur conquête du/des Mondes parallèles...

2 - 7. LES «MYSTÈRES GRECS» (SUITE) L'APPRENTISSAGE DE LA MAÎTRISE DU «KARMA INDIVIDUEL».

Après s'être attaché à enseigner à ses élèves l'évidence d'une partie indestructible de l'être vivant (l'Esprit) et avoir énoncé les Principes Directeurs du Cosmos et de la Vie, la Tradition Primordiale s'attachait à fournir à l'individu qui en manifestait le désir mais surtout **l'effort**, une ouverture sur son «Après-Vie» durant sa «Vie-école» présente. Les enseignements de ce groupe «Connaissance des Mystères» n'offraient donc pas simplement l'assurance mentale pour chacun d'être dépositaire d'une «étincelle céleste» (l'Esprit) mais ***aussi la conviction d'appartenir à un Cosmos-Univers aux Principes Directeurs Vivants***. En plus de tout cela, les Maîtres des «Ecoles» dispensaient une formation à qui était devenu conscient de son Individualité. Comme en Egypte, en Chaldée, et aux Amériques, on préparait à la Vie les garçons et les filles vierges (naissances futures) à la meilleure utilisation possible des dons et qualités pour la vie présente. Enfin, ils étaient «prêts à assumer leur existence ici-bas». Lors des rituels, on imprimait dans le mental du/de la novice à la fois la nécessité d'une Rédemption de plus en plus grande, et la certitude d'un Au-Delà en conséquence. On retrouvera ce concept malheureusement atténué, déformé, et dissout dans un monceau de dogmes et de procédés cultuels, dans le Zoroastrisme perse, le Bouddhisme, le Judaïsme à son époque de pureté, le Christianisme des Ier et IIe s. Et le Mahométisme.

L'illustre académicien Pr Jérome Carcopino, membre de l'Institut, que j'ai eu l'infime honneur de rencontrer dans la décennie 1950, alors que j'étais technicien dans l'Édition, écrivit une œuvre magistrale aujourd'hui oubliée sur «l'Enseignement des Mystères»[1]. Je m'y suis souvent référé tellement le sérieux de ses propos et la concision de ses renseignements sont inégalables, pour une démarche comme la nôtre. Déjà, vous serez surpris d'apprendre que le lieu où se déroulaient ces «Mystères» s'appela longtemps «Basilikhé» ou «hè oikia tà Musthéria», le premier mot sous-entendant la ***«préparation*** **individuelle** ***à la condition suprême de*** **royauté intérieure»** (grec = basileïa), la seconde expression mettant en exergue les racines «MouTh» égypto-hébraïque (mutation-changement d'état) et celto-hellène «must» (nécessité de transformation). «BéTheL» était son homologue palestinien aux temps des Philistins. En Extrême-Orient, originellement, le mot «PaG-ODa» (Voie vers le Ciel) désignait un tel lieu. La Rome impériale garda le nom de «Basilica» que le Catholicisme naissant s'appropria ensuite. En Afrique dans les tribus ou les clans, un local simple orienté vers le Soleil levant, était affecté à l'assimilation des «Mystères». De même en Amérique du Nord où, chez les nomades indiens, une tente spéciale rappelle la «Tente d'Assignation dans le Désert[2]» alors que les empires nationaux-socialo-fédératifs du Sud consacraient à cet effet une Annexe de leurs Sanctuaires. Le nom de ces «Ecoles» varient bien entendu selon les pays, mais l'idée maîtresse en demeure inchangée...

Comme je l'ai dit plus haut, deux grandes tendances se dégagent des renseignements puisés un peu partout dans toutes les littératures : une tendance purement intellectuelle d'obtention de la «**maîtrise de son Conscient Intérieur**», la plus archaïque, la plus populaire, offerte à un maximum de gens appartenant à toutes les couches sociales de la société, dans n'importe quelle contrée

[1] Pr J. Carcopino, «La Basilique de la Porte Majeure» (Artisan du Livre, 1943 ; «Aspects mystiques de la Rome antique (-d°-, 1941) ; «Histoire de la République romaine» (-d°-, 1935) ; «Virgile et le Mystère de la IV° Eglogue», etc.

[2] «Anc. Test», Nombres, chap. 2, vers. 2 et 17 ; Exode, chap. 29, vers. 44 ; chap. 30, vers. 26.

de la Terre. Chez les Hébreux, les «NaZiRéens» d'origine égyptienne[3] appartenaient à cette catégorie comme le seront les Esséniens et les «adelphos» à qui le personnage Christ s'adressera[4], les pratiquants du Bouddhisme du «Petit Véhicule»[5] ou les «YoGi» de l'Inde védique. Ce sera aussi le cas des «SaMOuRaI» dans l'antique Japon aïno. L'autre tendance est plus spirituelle ; elle s'ouvre à une **minorité,** et sous condition que ces derniers en respectent les dogmes et les rituels cérémoniels. Pré-religieuse, elle est fatalement plus récente que la première. C'est le bouddhisme du «Grand Véhicule», la minorité lévite officiant dans le Temple Spirituel dans le judaïsme, «144.000 Elus» de l'ésotérisme chrétien[6]. Plus «théocratique», elle vise à faire jaillir du cœur de ses adeptes des sentiments de vénération de «l'Univers-Dieu». Ce dernier courant caractérise particulièrement les «Ecoles Orphiques» et celles de «MiThRA». Comme nous ne pouvons, faute de place, les passer toutes en revue, nous nous limiterons aux «Collèges» suivants : **Dionysos-Orphée, Eleusis,** pour la Grèce, **Cybèle-Attis** d'origine védique, **Isis-Osiris** pour l'Egypte, **Adonis** d'origine suméro-chaldéenne et **Mithra** d'origine égypto-perse.

27. 1 - Les «Mystères d'Eleusis» (Grèce, Perse) :

- Tout d'abord je mets en garde mes lecteurs : à l'inverse de la plupart des commentateurs du sujet, j'évoquerai ici ce qu'étaient ces «Mystères» **à l'origine et non ce qu'ils sont devenus par la suite**, lors de la décadence des «Ecoles» sous la pression religieuse et la persécution chrétienne. Tous les moyens ont été bons pour faire disparaître ces «témoins gênants» d'une Culture Ancestrale incontournable et d'une Science qui en apprendrait au Monde scien-

[3] «-id-», Nombres, chap. 6 (entier) ; Amos, chap. 2, vers. 11.
[4] «Nouv. Test.», Evang. De Matthieu, chap. 13, vers. 10 à 18.
[5] Niveau atteint par celui/celle qui sont de «petits véhicules» de la doctrine bouddhique (cf. 28.1) parce qu'ils ne sont que des débutants ou des novices de cet enseignement. Les «Grands Véhicules» sont les sujets sur le point de passer «Maîtres» à travers beaucoup de privations.
[6] «-id-», Apocalypse, chap. 7, vers. 4 à 10.

tifique actuel : assassinats des Maîtres, corruption, calomnies, chantages, incendies des locaux et bibliothèques, etc. Le grand empereur Julien, que la Chrétienté baptisa honteusement «l'Apostat» mourut traîtreusement d'un javelot dont la hampe était hérissée de lames coupantes et qu'il reçut dans le dos, lancé par une main chrétienne. Il avait eu le tort, d'abord d'être «initié» à bon nombre de «Mystères» ; ensuite, d'avoir usé de son pouvoir pour sauver de la destruction les quelques «Ecoles» livrées à la vindicte de la populace soulevée par des meneurs «chrétiens». Enfin, ses services «secrets» s'étaient livrés à des enquêtes discrètes sur les Origines du Christianisme. Aussi fut-il déclaré «l'Homme à abattre dans le délai le plus court». Ce qui fut fait sans coup férir...[7]

On situe approximativement entre les Xe et VIIe s. av. J.C. l'apparition des premières formes d'Initiation. Eleusis était une petite bourgade située au Nord-Ouest d'Athènes où l'on commença à honorer la Force Bienfaitrice de la Nature qui permettait à l'Homme d'égratigner l'épiderme de la Terre-Mère (le sol) pour y jeter du sperme-semence (graine) et en récolter une chevelure d'or (blé en gerbes). Cette «Mère» s'appelait «Cérès»[8] ; d'autres peuples lui avaient donné le nom de «Déméter» (dema-mater = la Mère de la Masse Vivante). En réalité ces femmes allégoriques imageaient deux Grands Principes Cosmiques essentiels que l'on retrouvera dans tous les «Livres Sacrés», Bible et QoRaN compris : ***l'Eternité de la Vie-Principe Universelle*** («Zoohé» qui a donné Zeus, Dyus, Dieus, DYoS, DYeU...) ; il faut qu'il y ait Mort-mutation pour qu'il y ait Vie-naissance (ou re-naissance). Sans épiloguer sur toutes les «Littératures Sacrées» vers lesquelles nous renvoyons les lecteurs qui désirent s'y référer[9], nous citerons néanmoins deux

[7] Benoit-Mechin, «Julien l'Apostat» (lib. Académ. Perrin).

[8] D'où le nom «céré-monial», ou «monome en l'honneur de Cérès». Nous retrouvons aussi Paray-le-Monial en France, en Saône et Loire : «monome en l'honneur du Feu-Principe» (Puro, paray).

[9] Qoran = Sour. II, ayah 261-263 ; Sour. VII, ayah 55 ; Sour. XIII, ayah 3-5 ; Sour. XIII, ayah 40 ; etc... Yi-Qing = n° 40, Hiaï (libération) ; n° 64 (av. Accomplissement). «BaRDo ThöDol», livre II ; «KyBaLYon», IV, «le Tout», etc...

passages néo-testamentaires qui sont les plus appropriés pour rendre ***l'esprit originel d'Eleusis*** : «... Le Cosmos-Conscience (Théou) n'est pas le dieu-principe de ceux-en-totale-décomposition (nekroon) mais celui de ceux-en-mutation-vie (zoontoon), car pour lui (gar autoon = dans son esprit) tous sont dans la Vie-Principe Universelle (zoosin)[10]...» ; Mais certains diront : comment les morts vont-ils dans un état supérieur ?[11] Hommes dépourvus de raison ! Il faut que meure-mute ce que tu sèmes, pour qu'il **revive**. Et de ce que tu sèmes, ce n'est pas le corps qui naîtra, c'est un simple grain, peut-être de blé (allusion au rituel de Cérès), ou de quelque autre semence ; puis le Cosmos-Conscience (Théou) lui donne un corps comme il convient et à chaque semence **il donne un corps qui lui est propre**. Aucune chair ne se ressemble. La chair des hommes est différente de celle des quadrupèdes, différente de celle des oiseaux, différente de celle des poissons. De même qu'il y a des corps célestes il y a aussi des corps terrestres, mais autre est l'éclat des corps célestes, autre est celui des corps terrestres. Autre est l'éclat du Soleil, de la Lune, ou des étoiles ; même une étoile diffère en éclat d'une autre étoile. Ainsi en est-il de la RE-naissance des morts-mutants-en-décomposition (anastasis toon nekroon). Le corps est semé décomposable, il revient à la vie non décomposable (en àphtharsia) ; il est semé dans l'incomplétude, avec des carences (atimia), il réapparaît dans un état-condition de supériorité, au-dessus des problèmes terrestres (én doxhé) ; il est semé dans l'infirmité de l'incarnation (àstheneia) et il RE-naît dans la Puissance hors la chair (én dunàmei), il est semé corps animé par une anima (sooma psuchikon) il renaît sous forme de Corps-Esprit (pneumatikon). Il est évident que ***s'il y a un Corps animé par l'Anima, il y a aussi un corps animé par l'Esprit***...[12]

D'abord célébrés uniquement par certaines familles nobles du bourg, les «Mystères d'Eleusis» eurent de bien modestes mais ***ver-***

[10] «Nouv. Test», Evangile de Luc, chap. 20, vers. 38.
[11] Ier Epitre de Paul aux Corinthiens, chap. 15, vers. 35 à 44.
[12] Ier Epitre de Paul aux Corinthiens, chap. 15, vers. 35 à 44.

tueux et ésotériques débuts. Cependant, quand au VIIe s. avant notre Ère, l'urbanisation d'Athènes engloba ce petit village, le gouvernement démocratique de la cité y vit là l'occasion d'en faire une religion d'État, de cet État attique confédéré. On ouvrit alors dans tous les bourgs soumis à cette juridiction des «Eleusinies». Tant que leur nombre en fut relativement restreint, les rituels ne varièrent pas dans leur essence. Quand, par degrés, l'Eleusisme gagna tous les Hellènes, puis les Romains, c'en fut fait du «Message primordial». Dans ces lieux, on y admit toujours des veuves, des esclaves, des propriétaires, des officiers et des soldats, avec les mêmes droits et les mêmes devoirs. Malheureusement la qualité disparut au profit de la quantité (comme il en fut des Arts Martiaux vulgarisés en Europe). A partir du Ve s. av. J.C., les Maîtres éleusiniens furent remplacés par des prêtres-fonctionnaires qui animèrent le «culte républicain d'Athéna» ; le recrutement de la prêtrise fut réservé par moitié aux jeunes nobles habitant Eleusis, (les «Eumolpides»), par moitié à des familles bourgeoises athéniennes (les «Kérykes» et les «Philleidai»). Solennisées chaque année au début d'octobre (comme l'année juive), les fêtes d'Eleusis atteignirent une solennité grandiose, tant l'état démocratique voulait jouer par là de son prestige et de sa puissance pour cacher son laxisme dégradant. Les dernières années, les conditions d'«Initiation aux Mystères» devinrent de pures formalités administratives ; les dernières années, même les meurtriers et les voleurs y étaient admis, ce qui n'avait plus aucun sens.

Revenons aux premières véritables «Ecoles des Mystères» d'Eleusis. D'abord, Maîtres et élèves, à différents degrés de maturité, y vivaient tous les mythes qui étaient la raison d'être de l'Ecole. La figure centrale en était ***le Principe Cosmique Mère de Déméter*** (dema-mater), Fécondité du sol et Moisson. La légende énonçait, avant chaque rituel, que sa fille Perséphone (littéralement = le meurtre de «PâRSa»)[13] avait été enlevée par le Séjour-des-morts-principe Hadès, un jour qu'elle cueillait des fleurs des champs, et emprisonnée dans son royaume caché. En pleurs, la mère partit à la recherche de sa fille perdue. Par ce fait, elle négligea ses devoirs de «Mère de la Terre» : il n'y eut pas de semailles dans le monde, et faute de récoltes l'Humanité faillit mourir de faim. Les hommes supplièrent Zeus d'intervenir : celui-ci chargea Hermès (le Messager-Principe) de ramener Perséphone sur terre. Cependant, **les choses ne revinrent jamais comme avant** : ayant accepté de manger avec Hadès dans le «Monde Caché», elle paya comme tribut de libération de retourner chaque année ***quatre*** mois auprès de lui. Ainsi, en respect de ce pacte, chaque année lors de l'hiver, elle disparaît chez Hadès, et à chaque printemps elle réapparaît à la Lumière pour faire germer les nouvelles semailles.

Ce «Drame Sacré» représenté et vécu par les élèves présents dans le «télestérion» (lieu d'Initiation : «DoJo» au Japon et en Chine) avait pour premier objectif d'expliquer en termes simples et familiers le ***Cycle Hivernal de la Végétation et le «*****miracle régulier de son retour printanier»**. Sa seconde signification était pour les participants d'une portée exceptionnelle. Il était complété d'une série de rites interprétatifs qui conféraient au ***Thème*** **vécu** le sens d'une promesse certaine en la **survie post-mortem** pour quiconque **s'intégrait en son esprit au cycle de Perséphone** en ayant la faveur de la Mère Universelle imagée ici par Déméter (Dema-mater = mère éternelle de la masse vivante, ne l'oublions pas !). Si, au niveau des «petits grades» l'élève avait tout juste l'espérance, comme le dit l'Initié «Saint Paul» (connaisseur des «Mystères»)[14] d'avoir part, après chaque mort-mutation, «à une meilleure RE-naissance»[15], les élèves des «hauts grades» (et ils étaient peu nombreux), acquéraient la **conviction d'échapper désormais au «cycle Perséphone»**, donc étaient certains d'être

[13] L'origine de ce mot est «PhaRSiS» désignant la Perse (celto-hébreu du persan «PâRSa»), allusion à l'origine lointaine de ces «Mystères». Ensuite «PaRSa» viendrait du celto-indien «Pa-RoSha» = le pays des chevaux. Or, dans la mythologie nordique, le Cheval symbolise «l'Apport du Cosmos à l'origine de l'Humanité». Dans l'Inde, voisine de la Perse, seul le roi initié avait droit de sacrifier un cheval en holocauste sacré.

[14] «Nouv. Test.», 1er Epitre de Paul aux Corinthiens, chap. 13 (en entier), particulièrement le vers. 2.

[15] «-id-», Epitre de Paul aux Hébreux, chap. 11, vers. 30 à 35.

dispensés d'«une glaciale captivité», sous-entendu échappaient à ce Cycle des RE-naissances. Hommes et femmes de tous les âges vivaient chaque fois, dans leur méditation et leur gestuelle, la douleur maternelle de Démeter. Souvent, le myste prononçait la formule qui ouvrait la méditation transcendentale : «... J'ai jeûné, j'ai bu le cicéon»[16]. En pleine transe, il s'assimilait à l'Esprit de Déméter, et manipulait un certain nombre d'ustensiles cultuels, prononçant les paroles suivantes : «... J'ai pris des épis dans la corbeille, j'ai mis des grains de blé dans la coupe, j'ai vidé la coupe dans la corbeille alors vide... etc.» (selon des «indiscrétions» de Clément d'Alexandrie ; cf aussi[17]).

A ces époques lointaines, les profanes n'ont jamais eu connaissance exacte de la nature de ces cérémonies. Les historiens sérieux (P. Foucard, Pr. Brillant, et le R.P. Lagrande) inclinent pour des représentations dramatiques dont les acteurs, comme je l'ai dit, étaient les élèves eux-mêmes. Des chœurs évoquaient le rapt de Perséphone, les courses errantes de Démeter et la réunion finale et triomphale des deux déesses-principes. Si l'on en croit certaines «fuites», sans disposer des détails relatifs à ces «sacrements», les résultats humains obtenus paraissent avoir été concluants, et les effets psychiques et sociaux assez remarquables[18]. Tous ceux qui en sortirent à l'origine reçurent une absolue assurance d'une «Vie de Lumière dans l'Au-Delà». A telle enseigne que le grand Sophocle qui, pour des raisons qui nous sont inconnues, n'avait pas eu la chance de s'y produire, le regrettait amèrement : «... Oh ! trois fois heureux les mortels qui, ayant vécu ces Mystères, descendront ensuite dans l'Hadès ! C'est à eux seuls qu'il est donné d'y ***bien* vivre** ; pour les autres continuent tous les maux...» De

[16] Sorte d'ambroisie servie aux élèves et possédant des propriétés pharmaceutiques euphorisantes et surtout incitant à la relaxation et à la sérénité intérieure ; ce «kikéoos» semble avoir été extrait du ricin.
[17] P. Foucard, «Les Mystères d'Eleusis» (B. Nat., 1914) ; Pr M. Brillant, «Les Mystères d'Eleusis» (B. Nat. 1920) ; R. P. L. Lagrange, «Les Mystères d'Eleusis et le Christianisme» (Revue Biblique, B. Nat., 1919, p. 157 et suiv.).
[18] P. Foucard, «Les Mystères d'Eleusis» ibidem.

l'avis de ceux qui ont étudié les textes évoquant les bienfaits du vécu de ces Mystères, il n'était pas question d'un «Jugement après la Mort», pas plus que de notions de «Bien» ou de «Mal» eu égard à ce jugement. Dès le «premier degré», on savait que la Vie Post-Mortem ne dépendait pas de la simple possession de la Vertu, car beaucoup de gens naissent naturellement bons ou charitables, et d'autres vicieux et agressifs à leur corps défendant. Aussi, les «Mystères» offraient-ils à chacun et chacune, quelle que soit leur hérédité et leur milieu social, la possibilité de **se transformer** (gerc = metanoïa) par des **efforts** qui, fatalement, seraient plus douloureux pour certains et plus aisés pour d'autres. La meilleure RE-naissance «appartenait à ceux et à celles qu'avaient purifieé **intérieurement** (dans l'Esprit, puis dans le corps) les rites éleusiens». Nul autre ne pouvait espérer le «Vrai Bonheur» une fois passé la tombe.

Sous l'influence du Christianisme naissant et désireux de s'implanter fortement à tous les échelons de la société grecque, puis romaine, les dernières années de ces «Ecoles» furent désastreuses. Aux dires de Tertullien[19] et d'Asterius, il semble qu'une pratique sexuelle se soit introduite dans les milieux respectant encore la Tradition pour les corrompre et les disperser. Sous le couvert «très moral» (sic) d'honneur rendu à l'Union et à la Fécondité, on vénéra l'«***Epis de Blé***». Chaque mois d'octobre, au moment de la Moisson, le soi-disant «Maître» choisissait une jeune fille, vierge de préférence, et la plus belle possible, qu'il nommait alors «prêtresse de la Moisson». Si elle acceptait, il l'entraînait dans une chambre secrète où il s'unissait à elle. Leur retour dans l'assistance était saluée par des cris de joie et des exclamations telles que : «La Divine BRiMo[20] a enfanté BRiMos !». Pour calmer les gens quelque peu choqués par la scène, on leur faisait valoir que ce rite

[19] Tertullien, «L'Apologétique» (Belles Lettres, 1960).

[20] De «Bri» = être fort, puissant, pesant. C'est le «principe du fortifiant» (brimoo) de ce qui donne de la vigueur et de l'éternelle jeunesse. La racine lointaine est celto-nordique «BoRé» qui a donné le celto-hébreu «BaRoH» (créer).

symbolisait tout simplement la fécondation de la terre vierge (la jeune fille) par la pluie du ciel (le sperme du «Maître»). Ensuite, toute l'assistance s'unissait à son gré avec le ou les partenaires de leur choix. Vous comprendrez aisément qu'il a été facile aux dirigeants des premières «églises» chrétiennes de vilipender dans leurs prédications, ces «honteuses et dégradantes pratiques de débauche», et ils ne s'en privèrent pas ! Au début du IVe s., il ne restait plus une seule «Ecole de Mystères» dans le bassin méditerranéen pratiquant encore la **véritable** Initiation...

27. 2 - Les «Mystères de Dionysos» (Grèce, Celtie, Palestine)

Le nom de Dionusos est formé de l'assemblage des racines «Dios» (dérivé de «Zoos» = la Vie-Principe universelle) et «Nu» (couler) ou «Nûn» (le Temps qui passe dans une action). On l'a intentionnellement voulu «fils de Zeus» (ce qui est normal attendu le premier préfixe de son nom) et de «Sémélée», belle princesse thébaine, qui en mourut. La racine «SheM» de ce nom féminin d'origine celto-hébraïque, n'est pas fortuite. Nous en connaissons la signification profonde de «Nom-Identification Suprême». Elle a donné «SheMèSh» (le Soleil). Ces «Mystères» seraient donc d'emprunt celto-hébreu. Comme ceux d'Eleusis, à leurs débuts dans les montagnes solitaires de Thrace, ils faisaient vivre à leurs élèves ***la Force Génératrice de la Végétation*** **celle qui ne meure jamais**. Celle qui «demeure malgré tout lorsque tout ce qui est corporel a disparu». Raison pour laquelle, chaque année, les rituels s'ouvraient avec le solstice d'hiver, c'est à dire l'époque où le jour reprend ses droits sur la nuit. C'est le moment de l'année où le soleil va recommencer à agir de plus en plus près de la végétation, va réveiller la graine et la semence et déclencher le développement tissulaire jusqu'à maturité et production d'un fruit ou d'une progéniture. Ici est symbolisé l'Opposition-Complémentarité du Principe de Radiation Vivifiante («Yin») et du Principe de Ténèbres Régénératrices («Yang»), le premier l'emportant sur le second à ce moment saisonnier. Les Celtes situaient cette époque en notre 25 décembre et l'appelaient «NeW-HeL» (niou-el) qui a donné le «Noël» chrétien. La Théologie catholique a fait absolument naître le Christ à cette date de manière à faire concorder l'évènement à la Tradition Celtique. Nous verrons ailleurs l'impossibilité de la «Naissance Christique» à cette époque de froid et de pluies en Palestine alors que, d'un autre côté, on nous annonce «que les bergers et leurs troupeaux sont de nuit dans les champs»[21].

L'esprit du Mythe est donc celui de la ***«Vie-Principe qui s'écoule dans le Temps»*** (Dyeu-nun-sos = Zoos-noun-sos). On sait la valeur ésotérique que les Anciens attachaient à ce sang de la vigne qu'est le vin. Ce n'est pas sans raison que toutes les «Communions» solennelles se traduisaient par le partage d'un pain rond rappelant «l'Unité-Soleil-Univers» et d'une coupe ronde commune remplie de vin, dans laquelle chacun et chacune trempaient ses lèvres, buvait une gorgée, puis passait à son proche. J'en profite pour rappeler que ce n'est pas par hasard qu'on désigna le vin comme «spiritueux» (racine «esprit») et que la plus antique chimie le classa dans la catégorie que les savants arabes nommèrent «AL-KooL», ce qui littéralement se traduirait par : «ce qui permet d'assimiler ou de s'assimiler» (KooL) au Sublime (ALL, lequel donna «ALLaH»). Dans les enquêtes personnelles auxquelles je me suis livré auprès d'alcooliques récidivistes, je me suis trouvé face à des humains sensibles, dégoûtés de l'existence présente, fragiles dans leurs sentiments, bref... des gens qui «fuyaient vers un Imaginaire Sublime» ! La couleur rouge du vin qui rappelle celle du sang provient de la fermentation du moût avec la grappe. Le sang étant le tissu liquide indispensable à la vie biologique, les Initiés antiques virent dans ***la fermentation aboutissant à «l'esprit-alcool»*** tout le travail que le sang d'un humain devait accomplir durant son passage sur terre ***pour devenir Esprit et sortir ainsi de sa nature «hématique»***.

[21] «Nouv. Test.», Evang. de Luc, chap. 2, vers. 6 à 9 ; comparer l'«hiver» de Matthieu, chap. 24, vers. 20.

Attendu l'aspect de la vigne en Europe occidentale ouest, on n'a nullement idée des dimensions qu'elle peut atteindre dans les régions méditerranéennes, comme la Grèce par exemple. Ainsi, à Ephèse, l'escalier qui accédait aux combles d'accessoires et archives du Temple de Diane était taillé dans un seul cep de vigne importé de Chypre. Les colonnes du Temple de Junon à Métaponte étaient d'une pièce en bois de vigne. A Populonia, la grande statue de Jupiter était taillée dans un seul tronc de ce végétal. Fournir du «sang qui conduisait à l'esprit» et du «matériau semblable à de la pierre», fit réfléchir les savants antiques. Avec le ***figuier*** symbolisant l'être humain avec «ses feuilles à cinq doigts» et l'***olivier*** allégorisant ses corps subtiles par son huile et ses essences, la ***vigne*** a marqué fortement le monde antique ainsi que «l'usage du vin». Comme la bière chez les Celto-Nordiques, le vin n'était nullement commercialisé et «démocratisé» comme de nos jours. Les articles de lois dans les pays producteurs, protégeant les vignobles et ceux qui les entretenaient, témoignent de l'importance donnée par les monarques et les Maîtres à ce précieux et savoureux liquide. La noblesse n'en consommait que lors des fêtes et des cérémonies où, enfin, «le vin coulait à flots pour tout le monde» mais, hors ces manifestations, il en était bu très rarement. On se contentait de boissons plus ou moins bon marché comme les moûts de raisins frais, divers jus de fruits (pomme, figue, etc.), lait, miel mélangé à des moûts de pêches, etc. Lors des mariages ou des décès, certaines familles du peuple se risquaient à partager solennellement une petite jarre mais cela n'allait pas plus loin. La Technocratie n'exitait pas encore : on ne détruisait pas des milliers d'hectares de plans pour maintenir les prix.

A leurs débuts, les «Mystères dionysiaques» culminaient dans les «hauts grades» en une sensation pénétrante ***d'un «JE SUIS individualité» emporté*** **au-delà et au-dessus du «MOI-Personnalité** ***physiologique ordinaire»***, dans un sentiment d'exaltation et de puissance comparable aux effets de l'ivresse. Lors des rituels, un végétal (vigne) ou un animal (chèvre) souvent les deux à la fois, étaient sacrifiés, et chaque participant en pleine méditation en recevait une part qu'il consommait dans une transe de ravissement et qu'il interprétait comme un signe **de son union avec le principe de cette vie universelle coulant/circulant en lui** (Zoo-noun-sos). Dans un fond sonore d'instruments incitant à la relaxation et au recueillement, le Maître officiant ponctuait de ses paroles le «Mythe du dieu-Principe». L'ambiance vibratoire était telle que, disent certains «indiscrets», individuellement, le «JE SUIS s'élançait littéralement hors du corps, laissant le «MOI» à ses fonctions végétatives et COMM-uniait directement avec le Principe Cosmique Vivant lui-même». **Ainsi délivré de son corps un court instant**, ce «JE SUIS en pleine transe d'extase vers le Sublime» pouvait goûter la délectation future de participation au Monde de l'Après-Vie qui l'attendait.

En bref, le Mythe se résumait ainsi : «La mère de Dionysos mourut pour avoir demandé à Zeus de paraître devant elle dans toute sa Puissance et sa Splendeur. Zeus lui arracha son enfant, dans le brasier, alors qu'il était sur le point de naître. Il le mit dans sa propre cuisse (afin de dissimuler à Héra cette naissance illégitime par Sémélé) et l'y garda jusqu'à sa naissance. Puis Hermès l'emporta et le confia à la nymphe Nysa (celle qui passe avec le Temps), **la plus belle de toutes les vallées terrestres qu'aucun humain n'a jamais vue et ne peut voir dans sa condition terrestre**. Dionysos naquit du feu zeusien et fut sevré par la Pluie, le Principe Chaleur (qui mûrit la grappe) et le Principe Eau (qui empêche tout plant de mourir). Adulte, Dionysos, voyagea sur la terre enseignant aux humains l'Art de cultiver la vigne mais aussi le «Mystère de son Principe Vivant éternel». Partout il fut bien reçu, excepté dans son pays de Grèce. Un jour, non loin des côtes grecques, un bateau de pirates voyant un bel homme aux cheveux abondants et aux boucles sombres l'enlevèrent pensant tirer une bonne rançon de ses parents. Ils tentèrent de l'attacher au mât mais ne purent y parvenir[22], on ne peut ficeler un spectre ! Le pilote du

[22] Curieuse coïncidence avec le texte biblique néo-testamentaire de l'Evangile de Marc, chap. 5, vers. 3 et celui de Luc, chap. 8, vers. 29 (!).

navire comprit tout de suite l'événement mais les autres ne voulurent rien entendre et mirent le cap sur la haute-mer. Mais le navire ne bougea pas. C'est alors que l'eau se souleva, envahit le pont, et se changea en vin (cela ne vous rappelle-t-il rien ?[23])... Ensuite, autour du mât, une sorte de lierre aux feuilles vert sombre grimpa en guirlandes de fleurs et de fruits : la vigne, que les Grecs refusaient ! Frappés de terreur, les marins poussèrent le pilote à retourner vers la terre de laquelle le navire s'était éloigné. Trop tard, car pendant qu'ils parlaient, le jeune homme était devenu un ***lion rugissant***[24], et tous furent changés en dauphins[25] **excepté le pilote qui avait cru en lui !**

Traversant la Thrace pour s'en revenir en Grèce, il fut insulté par Lycurgue (luka-ergoo = action du jeune loup inexpérimenté) mais n'y prit pas garde ; il se réfugia alors au fond de la mer. Comme l'autre le poursuivait de sa hargne, il l'enferma dans une caverne rocheuse de la falaise. Là il fut atteint de cécité par Zeus et en mourut. Rencontrant plus tard l'inconsolable Ariane (AoR-YaNe = fille de la Lumière Vibration) abandonnée par Thésée (de la racine «Thé» = celui qui pose, institue, légifère) qu'elle avait pourtant sauvé, il la consola, l'épousa, mais ne pouvant vivre sans son amant[26], elle mourut. Sa couronne d'or (AoR-YaNe) est lancée par Dionysos parmi les étoiles. Hanté alors par le souvenir de sa mère morte avant sa naissance, il entreprit un voyage dans le «Monde Caché des Défunts». Il la trouva, mais Hadès refusa de la lui rendre. **Alors il combattit Hadès et ce dernier céda : Sémélé** partit avec son fils, **non pour revivre sur la terre** mais pour accéder à l'Olympe des Immortels (cf. 26.2). Dionysos incarna donc le «vin-principe» tantôt «esprit», «calme», «désaltérant», tantôt «brutal», «emporté», «sans maîtrise» rendant les hommes parfois joyeux, mais aussi déraisonnables jusqu'à la folie et le meurtre.

[23] «Nouv. Test», lire dans l'Evangile de Jean, chap. 2, vers. 1 à 9.

[24] Comparer avec le 1er Epitre de Pierre, chap. 5, vers. 8 (Nouv. Test).

[25] Le dauphin est choisi ici intentionnellement. En effet dans tous les symbolismes du monde, il incarne le «Principe Universel de la Transformation Eau-Matière Vivante» (eau fœtale-être vivant). Toutes les «littératures sacrées» y recoureront...

[26] On sait que la Lumière-Vibration est soumise aux lois de la Physique !

Les «Mystères Dionysiaques» étaient centrés sur ***deux idées*** totalement divergentes, donc paradoxales, comme l'est le Monde de la Matière ici-bas : d'un côté, ***la liberté*** et l'extase de joie intérieure, de l'autre ***l'asservissement*** et la brutalité cynique. Le récit mythique le montrera tour à tour bénéfique pour l'humain et l'animal ou maléfique jusqu'à leur ruine. Ainsi, à Thèbes[27], ville natale de sa mère, régnait un certain Penthée (de la racine «Penth» = lier familialement ; sanscrit «BaNDh» qui a donné «BaNDe», l'allemand «BuND» et l'anglais «BeND»), fils de la sœur de Sémélé, donc son cousin, personnage très puritain qui vivait dans la consommation de ce «sang de la vigne», au risque de désordre et de débauche pour son peuple. Aussi interdit-il la culture de la vigne, refusant ainsi l'hospitalité à Dionysos. Mais un vieillard aveugle nommé Tirésias (de la racine celto-hébraïque «ThOR» = la puissance, et «Hési» = aller de l'avant, aorisme de «ihémi») le lui déconseilla. Ridiculisant Tirésias, Penthée scella son destin ***en* refusant d'écouter la «Voix intérieure» des dieux cosmiques** (Principes universels actifs). «Les dieux, clama-t-il, ne sont nulle part où nos yeux puissent les apercevoir !». Ils sont où je suis, dit Dionysos, et ne peut les voir celui qui n'est pas pur intérieurement, ou ne fait pas l'effort nécessaire !». «Les torts que tu me fais, c'est au Cosmos-Théou que tu le fais, **car nous sommes tous membres les uns des autres** !». Mis au cachot, ses chaînes tombèrent[28], car le fer ne peut rien contre l'«état-lumière». Alors, Dionysos s'emporta et frappa le peuple de démence et d'ivresse. Penthée fut lynché par les femmes qui saccagèrent le palais, jusqu'à ce que la raison leur revint et que la paix se rétablisse. Une autre fois, poursuivi par les Titans (26.2), dans sa détresse, il se changea en taureau. Rattrapé par eux, ils le mirent en pièces et le mangèrent. Mais son cœur (siège de l'Anima) fut préservé par Athéna et

[27] Il y a Thèbes en Grèce, Thèbes en Egypte, et Thèbe en Himalaya ; de plus, l'»Arche de Noé» était une «ThèBaH» (Genèse, chap. 7, vers. 1) mot que l'on a traduit par «Arche» dans l'idée très arbitraire de «pont (arche) entre deux mondes : celui d'Avant le Déluge (?), celui d'Après (cf. 26 et 26).

[28] Curieuse autre coïncidence avec le récit biblique de l'emprisonnement du «disciple» Pierre dans les Actes des Apôtres, chap. 12, vers. 6 et 7 («Nouv. Test.»).

donné à Zeus qui l'avala. **De sa digestion** (mutation céleste) sortit **un nouveau Dionysos** qui, cette fois, détruisit tous ses ennemis, célestes (Titans) comme terrestres. En les foudroyant, il éparpilla leurs cendres, et de celles-ci **de nouveaux humains naquirent**[29]. Depuis, tout ce qui existe sur la Terre **possède une double nature : un corps** hérité des Titans[30], donc voué à la corruption, **un Esprit-Dieu** indestructible venant de Dionysos. Ce n'est qu'en brisant l'Anima que l'**Esprit-Dionysos** de chacun et chacune peut s'unir au Divin (Théou) qui est la Source d'où il procède. Notre travail ici-bas est d'échapper à l'étreinte des Titans rassemblés dans ce qui constitue notre **corps**.

De ce Mythe très riche émanent de nombreuses révélations des Initiés. D'abord l'idée de **mutation permanente** des êtres et des choses, des uns dans les autres, selon les temps et les circonstances. Ensuite apparaît la **Relativité** : une entité peut avoir un certain comportement à une période et la même entité le comportement inverse à une autre époque. Tertio, comme dans les Evangiles et les Paraboles bouddhiques, il y a «les aveugles qui voient, les sourds qui entendent», et puis ceux qui voient et entendent physiquement mais demeurent aveugles et sourds à la «Voix intérieure» (témoins : Térésias et Penthée). Les remarques judicieuses de Penthée qui prouvent que le Visible nous masque un Invisible bien plus conséquent. Quatrièmement, êtres et choses visibles et invisibles de l'Univers forment un **tout**. Un Initié grec a dit un jour : «Qui sait si, lorsque je coupe une fleur, je ne fais pas pleurer une étoile ?», «Rien ne se perd, rien ne se crée, **tout se transforme**» disait notre grand Lavoisier, constitue la sixième remarque que l'on peut tirer de ce Mythe : la matière fut-elle détruite, éparpillée, ou désintégrée, «***quelque chose***» demeure et ne meure jamais. Enfin, septièmement, le peuple grec était trop lucide pour méconnaître les deux effets du vin : l'un dégradant et laid, l'autre délicieux et euphorique. Il ne pouvait fermer les yeux au premier, pour ne voir

[29] On retrouve là le concept du «Déluge Universel» chaldéen, égyptien et amérindien.
[30] Même remarque en ce qui concerne «nos Ancêtres venus d'Ailleurs».

que le second. Dionysos était non seulement le Principe Cosmique de tout liquide naturel à **double effet**, mais aussi de tout être et de toute chose **à double conséquence**. Nous dirions, dans notre langage moderne, que par ces Mystères dionysiaques l'individu apprenait d'un Maître «que toute pièce de monnaie a deux faces», de la même façon que «la Lune a sa face visible et sa face non visible». Dans les «hauts grades» des Ecoles dionysiaques on savait les distinguer l'une de l'autre par l'acquisition d'une certaine **intuition** plongeant jusqu'aux «corps mental».

Terminons par le triste constat habituel[31]. Comme Eleusis, les rituels dionysiaques sombrèrent dans la démence sans que cette fois, le Christianisme romain n'y mette la main. Conservée d'abord dans une grande partie de la Grèce dans leur pureté primitive comme ***glorification de la Fertilité et de la Fécondité de la terre nourricière, particulièrement de la «Victoire de la Vie sur le Sommeil de la Mort»***, ils dégénèrent en premier lieu dans l'Athènes démocratique décadente, puis dans tout l'Orient méditerranéen en fêtes orgiaques où la frénésie mystique s'unissait à la débauche et à l'extase des sens. Les femmes en profitèrent pour déserter leur foyers, célébrer des fêtes nocturnes et vêtues de peaux de bêtes, complètement saoûles de vin, brandissant des torches et des poignards volés à leurs maris ou leurs amants, elles tourbillonnaient dans la campagne en plein délire de leurs violentes transes. Malheur à qui les rencontrait, homme, femme, ou vieillard. Elles les mettaient en pièces et les mangeaient crus (comme l'avaient fait les Titans dont elles se souvenaient du Mythe). Ces déchaînements firent malgré tout beaucoup de mal à la réputation de la «Célébration des Mystères» en Grèce et ailleurs. Des gouverneurs à main ferme interdirent ces dangereux ébats, et vers les débuts de notre Ère, ceux-ci avaient disparu. Cependant, ces écarts désastreux ne doivent pas nous faire oublier que l'intention première de ces beaux «Mystères» était surtout de répondre à l'aspiration universelle de l'Humanité qui, face à la Mort, cherche à tout prix une explication

[31] Pr A. Westphal, «Dictionnaire archéologique de la Bible», tome I, «Dionysos».

et une certitude dans une **survie** et aussi fournissait le moyen d'échapper au poids douloureux de son impuissance ainsi qu'aux remords de ses fautes...

27.3 - Les «Mystères d'Orphée» (Celtie, Egypte, Palestine).

A l'instar d'Hermès, Orphée fut à la fois un Maître Grand Initié et un Principe Vivant. A son nom se rattachent d'innombrables traditions et folklores. Ce n'est qu'au VIe s. av. J.C., que la pratique des «Mystères orphiques» s'est généralisée dans presque tout le Bassin méditerranéen. Si l'Orphisme eut tant de succès, il le dut à ses rituels orientés principalement vers la ***vie dans l'Au-delà.*** Ainsi les épreuves physiques et morales tendraient à rappeler curieusement celles qui sont courantes dans les monastères ; toutefois, ces «Ecoles» n'étaient pas des internats. Chacun rentrait chez soi les cérémonials terminés et tentait d'observer un ascétisme de type «pythagoricien». Le nom d'«Orpheeus» ne nous offre nullement une facture hellènique mais serait plutôt d'inspiration celto-égypto-hébraïque : «AoR-PhéH», c'est à dire «la Voie-Ouverture (PhéH) vers la Lumière-Vibration». Toutefois, nous ne devons absolument pas négliger l'étymologie grecque puisque la racine en est «Orph» (priver de...) laquelle accompagnée de «eios», «eoos» (jusqu'à ce que). Nous allons voir comment le mythe concilie ces deux expressions.

Les écrits mythologiques nous présentent le personnage comme fils d'une ***Muse*** (***mousa***, de la racine «Mau» ou «Men» = penser ; latin = mûsa qui donna «musée», endroit où l'on réfléchit) et du roi de Thrace, Oeagre (chasseur). Il tenait donc de sa mère l'élévation par la Musique et de son père la robustesse de tempérament. Il semble déjà incarner le «***Principe Vivant d'Attraction mentale vers les Sphères Célestes***» (AoR-PhéH). Sa puissance vibratoire (c'est nous qui traduisons) dit le Mythe est telle que «sous sa lyre chantante les murs les plus épais s'effondrent[32], les arbres se plient, les bêtes sauvages s'attendrissent». On nous le présente comme

[32] «Anc. Test.», Josué, chap. 6, vers. 1 à 20.

ayant atteint une «haute-spiritualité» : ayant pris part à une expédition sur un bateau nommé «Argo» (AoR-géo = terre de Lumière) sous la direction de Jason (Iason = de «ias» = le Ionien), il arriva souvent que les marins, las de ramer ou de ne vivre qu'entre le ciel et l'eau, se décourageaient jusquà **vouloir mourir**. Alors, Orphée prenait sa lyre, chantait et les cœurs ou les flots les plus violents retrouvaient la paix et la sérénité. Grâce à lui, les matelots attirés par le chant des Sirènes, ne s'enlisèrent pas dans les sables sur lesquels ces belles étaient allongées. Nulle part on nous dit les circonstances de sa rencontre avec la belle Eurydice (eu-ru-dikhe = euros, vent brûlant ; «dik» = agir comme...) d'où va naître tout un drame qui sera, en somme, celui de l'Humain-type sensible, possèdant une haute aspiration spirituelle, frappé en pleine idylle par la froide rupture de la mort. Je comprends que ce splendide conte initiatique ait inspiré tant de compositeurs et réalisateurs de bons films.

On fait ressortir ici que la jeune fille la plus vertueuse ne peut résister au charme des «***paroles musicales***» qui vibrent jusqu'à son cœur. Aussi toute femme a-t-elle à se méfier du «***pouvoir musical du Verbe***» qui peut cacher des intentions perfides d'asservissement physique ou moral. N'allez surtout pas croire que, dans nos pays modernes, les jeunes filles dites «libérées» par un semblant de démocratie socialo-primaire sont désormais «affranchies». Je vous étonnerai en vous disant que, d'une certaine façon, leurs sœurs orientales ont plus de droits moraux et manœuvrent plus à leur aise leurs niais d'amants ou de maris que les occidentales qui **croient** tout savoir et avoir tout vécu, alors qu'elles se font piéger dans leur naïveté et leurs fausses certitudes.

Pour en revenir à Eurydice, elle succomba au charme d'Orphée : ils s'épousèrent donc et s'aimèrent passionnément. Malheureusement, comme tout Bonheur Véritable ici-bas, il fut de courte durée. Se promenant dans une prairie, elle fut mordue au talon par une vipère (ce qui rappelle le symbole biblique [33]) et elle en mourut.

[33] «-id-», Genèse, Chap. 3, vers. 14,15.

La douleur d'Orphée fut tellement accablante, qu'il ne put endurer de demeurer dans sa condition physiologique terrestre. Il décida de pénétrer dans le «Monde Caché» pour en arracher sa bien-aimé, se disant en lui-même que par les vibrations de sa Musique et celles de son Chant, il ébranlerai toutes les Ombres et leur Souverain (Hadès). Alors toute la vaste multitude prise sous le charme, s'immobilisa : le chien Cerbère (Kerberos = foyer-centre de renaissance[34] à trois têtes = les trois mondes-principes correspondant au «Trident de Neptune-Poséidon») gardant l'entrée ne se manifesta pas, la Roue d'Ixion (de «ixis» = le libre passage) imageant les morts-mutations successives, s'immobilisa, Sisyphe cessa de rouler sa «pierre karmique»[35], Tantale (de tantalooo = foudroyer) oublia son «karma» de soif permanente, et pour la première fois dans l'Univers, le visage des Furies (de «pro-or-os» = gardiennes, genre gardes-chiourme) se couvrit de larmes.

Enfin, Hadès suivi de sa Reine, se présenta. Dans son chant magnifique, Orphée déclare que «des Principes Vivants gouvernent le Monde du Visible et celui de l'Ombre et du Silence, et que tous ceux et celles qui sont terrestrement nés de la femme-mère terrestre doivent immanquablement venir dans ce Royaume des Ombres-Spectres». Il ajouta : «Même la plus grande des beautés, comme le plus haï ou le plus craint des hommes y aboutissent irrémédiablement, car nous ne nous attardons qu'un instant sur cette planète, puis nous appartenons à ce Royaume». Cependant, il précisa : «Il existe des êtres qui, comme celle que je cherche, viennent à vous ***avant leur temps***. Autrement dit, c'est avant de fleurir que le bourgeon est cueilli»... «Un vivant comme moi, tente de supporter sa perte, mais l'***Amour*** (philia ! tinos) est un Lien Universel tellement puissant qu'il nous ligote à travers les mondes des formes et des ombres»... «Tous les dieux-principes de l'Univers

[34] Nom d'importation celto-nordique par la Macédoine, selon les mots «KeR» (foyer, centre vital), mot qui a donné «KoR», «CoR», «CouR», «CœuR», ... et «BaR» (germe, grain de blé), «BaRoH» (créer, faire naître ou re-naître).
[35] A. Camus, «Le Mythe de Sisyphe» (NRF - Gallimard, «Idées»).

savent comment, un jour, les fleurs sont nées. Alors il leur est possible de ***tisser à nouveau*** pour la douce Eurydice, ***un voile de Vie à la place de celui qui fut enlevé trop tôt du métier***. Un vivant comme moi qui aime (phileoo) demande peu : simplement **qu'on lui prête** le sujet aimé et **non qu'on le lui donne**. Car à la fin du cours de ses années terrestres, nous serons tous deux, de toute façon, citoyens du Royaume des Morts et des Ombres. Alors dit le Mythe, «l'impitoyable Royaume du Caché accorda ce qu'implorait l'Amour» : Hadès fit venir Euridyce, la rendit à Orphée à la seule condition qu'**il ne se retournerait pas pour la regarder avant d'avoir franchi le seuil du monde du vivant visible**. (Nous retrouvons là encore une grande allégorie biblique[36]). Alors l'un derrière l'autre, ils passèrent **différentes portes** de ce Monde Caché et accédèrent à un **un sentier en pente** qui les éloignait peu à peu de l'Obscurité Mortuaire. Il savait qu'elle le suivait pas à pas, **mais il voulut se retourner pour ne jeter, ne fut-ce qu'un coup d'œil, pour s'en assurer**.

Les textes insistent : «Il avait pratiquement ***presque atteint son but*** : l'ombre devenait de plus en plus consistante, de pâle elle était devenue grise. Un pas encore, il entra dans la lumière des êtres et des choses sensibles, alors il se retourna : trop tôt ! Elle était encore sur le **seuil** ! Il la vit dans la pénombre et lui tendit les bras, mais au même instant elle fondit dans l'espace en lançant un faible «Adieu». «Homme de peu de conviction, **pourquoi as-tu douté** au dernier moment ?[37] Alors que tout se déroulait comme le Cosmos des Ombres l'avait promis ! En vain, il tenta désespérément de la suivre pour se fondre avec elle dans les Ombres, **mais son heure à lui n'était pas encore sonnée !** Les Lois Cosmiques, physiques ou métaphysiques, ne peuvent être violées impunément, d'autant plus que l'on en est **conscient** : «A toi qui a beaucoup reçu, de toi il sera beaucoup exigé»[38]. Orphée, effondré **par sa**

[36] «Anc. Test.», Genèse, chap. 19, vers. 1 à 26 (particulièrement les vers. 17 et 26).
[37] «Nouv. Test.», Evangile de Matthieu, chap. 14, vers. 25 à 31 (surtout le vers. 31).
[38] «-id-», Evangile de Luc, chap. 12, vers. 48.

propre faute, dut retourner seul vivre parmi les vivants. Abandonnant tout, il devint ermite et chanta sa peine pour survivre de quelques oboles. Il arriva qu'un groupe de joyeuses mégères éméchées le rencontrèrent et le tuèrent en se partageant les membres de son corps. Elles jetèrent sa tête dans l'Hèbre (curieux mot proche de «HéBeR» et de «HéBReux» !) et les eaux du fleuve la portèrent jusqu'à l'Ile de Lesbos (de «Lhès» et «bios» = profiter amplement de la vie biologique, satisfaction sans risque) où elle fut récupérée par les Muses qui lui dressèrent une tombe. Elles se mirent ensuite en demeure de rassembler ses membres épars abandonnés par les folles hystériques et les enterrèrent au pied de la montagne Olympe.

A la différence du Mystère dionysiaque, le Mystère orphique fut absorbé très tôt par les Autorités de la cité et contrôlé par l'Etat (Ve/IVe s. av. notre ère). Toutefois, les dirigeants politiques furent assez malins pour lui donner une forme «vulgaire» tout en laissant croître et s'élaborer les «Ecoles» pratiquant la Pure Mystique. Mais le sujet était trop riche, et les sectes pullulèrent, demi-vulgaires demi-mystiques. Pour la première fois en Occident, apparaissaient des rites cultuels préparant essentiellement à l'Après-Vie sur le modèle égyptien et extrême-oriental. Au Ve s av. notre ère, les groupes de pratiquants essaimèrent dans toute la Grèce, l'Italie du Sud puis du Nord, et la Doctrine influença très fortement la pensée grecque, puis la romaine, et enfin le Christianisme naissant. Les traces d'«Orphisme» ne sont pas rares dans les Evangiles[39]. En effet, si les «Mystères d'Eleusis» se centraient surtout sur la «Mère Universelle Nourricière», ceux de Dionysos, plus durs, obligeaient à se dépasser individuellement pour se préparer au pire dans les Cycles de l'Après-Vie. Par contre, ceux d'Orphée y introduisaient l'Amour (philéo) ***comme Lien Universel à travers les morts-mutations***. Adoptant le mythe et le faisant vivre par leurs élèves, les «Ecoles» y trouvaient une allégorie à la **véritable nature humaine**.

[39] P. Le Cour, «Hellènisme et christianisme» (Atlantis, 1953).

La distinction entre l'Esprit et le Corps, reliés tous deux par l'Ame[40], une opposition aussi naturelle que celle du Jour et de la Nuit, la Lumière avec l'Obscurité, le Droit et le Courbe... Les rites mettaient en évidence que le Corps ne pouvait être qu'un fardeau pour une parcelle de l'Esprit Universel tombée du Cosmos dans la matérialisation. La Mort ne pouvait être pour cet Esprit qu'une **libération** et, à plus ou moins longue échéance (d'où le mythe de la «Roue d'Ixion» présente dans l'Hadès) une **réintégration** à son état originel, enrichi des expériences vécues. Ce qui a manqué à Orphée qui, pour des raisons personnelles, même les plus louables, «**a manqué le but**» («péché» en français, «ChaTA» en hébreu et «amarthéma» en grec, ont étymologiquement ce sens, et non celui que la Religion lui a donné !) est la **conviction** dans l'Harmonie des Lois Cosmiques et notamment l'Amour des Principes Directeurs Universels pour ce qu'ils créent.

Contrairement aux sociétés spiritualistes qui s'en sont inspiré, l'Orphisme ***véritable*** vivait quotidiennement ses rituels. On peut dire dans ce sens que les Esséniens constituèrent une société plus imprégnée de ce Mythe que de Judaïsme. D'où ses relations très restreintes avec le monde juif ce qui empêchait nullement des Sages juifs de séjourner à QOuMRaM (nom hébreu déjà expliqué). La majorité des épreuves cultuelles des «Ecoles» s'inspiraient du principe selon lequel, étant donné la nature bassement animale du corps, il fallait, durant son existence, s'efforcer d'en supprimer les influences par un strict régime d'alimentation diététique, végétalienne et débarrasser son mental d'idées d'envie ou de haine, voire de passion érotique. Seule, ***la pratique de l'Elévation Intérieure individuelle était censée assurer à l'Esprit la délivrance de ses liens «animiques»*** et le préparait à l'ultime consommation de ses «acquis antérieurs». Malheur à qui «***revenait en arrière***» comme le fit notre malheureux héros ! Sous le pseudonyme

[40] Cf. Ma série «Le Message Eternel des Grands Initiés» où j'explique, passages testamentaires et coraniques à l'appui, que le «Christ» est davantage un «exemple-type» qu'un personnage-dieu irréel, comme on nous l'a enseigné.

d'«Epître de Pierre», une de ces «Ecoles» a inséré cette mise en garde dans le «Nouveau Testament» : «... En effet, si après s'être retirés des souillures de notre monde, par la Connaissance christique ces gens s'y engagent de nouveau, et sont alors vaincus (par ces mêmes souillures) **leur dernière condition est pire que la première** : car il valait mieux pour eux n'avoir pas connu la Voie[41] de l'Equilibre (dikaiosunhès = équité karmique) ***que de se détourner après l'avoir connu***, du commandement «sacré» (relativement aux Initiés) qui leur avait été donné. Il leur est arrivé, ce que dit un proverbe confirmé par la Tradition : «le chien est retourné happer ce qu'il avait vomi, et la truie lavée s'est à nouveau vautrée dans la boue».[42]

Cependant, le Mythe exigeait bien plus qu'une simple hygiène de vie physique ou morale, donc de «privations» comme l'indique le second sens étymologique du nom d'Orphée : «Orph» = se priver... Dans les «hauts grades», les durs rituels, tel l'Immersion (baptismoo) tendaient à plonger le myste dans ***un état-condition artificiel pré-mortem***. Vers les «cinquième et sixième grades», il/elle décollait littéralement de leurs corps. Sans contester la valeur d'une vie spirituellement pure, les Maîtres estimaient que les vertus physiques les plus hautes n'avaient pas cours dans le Monde de l'Au-Delà, excepté le mérite de préparer le myste à affronter ces «épreuves cultuelles supérieures». Le Grand Maître que fut Platon (IVe s. av. J.C.) écrivit à ce propos : «...Celui ou celle qui se présente au Seuil de l'Hadès sans avoir participé aux Mystères du genre orphique demeure longtemps dans les parties proches de la terre dans cet Hadès...»[43]. A cela, Diogène Laerce (an 210) rétorquait avec colère : «... Et quoi ? Serait-il possible que le voleur Pataïkos (célèbre détrousseur de caravanes) une fois «initié orphique» soit mieux traité dans le Hadès que le vertueux et sage Epaminondas ?»... Ce à quoi les Maîtres répondaient fort juste-

[41] Expression extrême-orientale que l'on retrouve dans beaucoup de «Livres Sacrés».
[42] IIème Epitre de Pierre, chap. 2, vers. 20 à 22.
[43] Platon, «Phédon», «Phèdre» (Hachette, class. Vaubourdolles)

ment : «... Si Pataïkos devient initié dans nos Ecoles, il sera alors un ***autre Pataïkos*** méconnaissable, relativement à celui que vous avez connu. On **ne peut juger que ce qui est comparable** ! Or, dans le cas contraire, il s'agit de deux hommes aussi comparables que la Lumière avec les Ténèbres. Par contre, l'honnête Epaminondas, durant son existence aura obéi docilement à sa propre nature et s'éteindra comme la lampe à huile que l'on a oublié de remplir...»[44]. A ce sujet, le personnage Christ néo-testamentaire, ne dit-il pas : «... Il y aura plus de joie dans le Cosmos (ouranos) pour un seul qui manque son but (amarthéma) mais qui se reprend, que pour quatre-vingt-dix-neuf sages naturellement qui, de ce fait, n'ont pas besoin de faire l'effort de se reprendre...».[45]

Bien avant que l'on fasse annoncer au Christ sa «Bonne Nouvelle», les «Ecoles des Mystères» orphiques avaient préparé le terrain. Je ne citerai qu'un seul exemple à l'appui de cette affirmation ; il y en a bien d'autres. Alors que les Juifs sont habitués à la circoncision (8 jours après la naissance)[46], puis à la «BaR-MiTzWaH» vers l'âge de 12 ans[47], personne ne s'étonna, si j'en crois les textes, de voir le baptiste initié YoChaNaN (Jean) immerger des adultes (et non des bébés !) dans le Jourdain parce que, comme il est précisé, «c'est à cet endroit qu'il est le plus profond» ? Voilà des gens qui sont élevés et habitués au rite judaïque, donc ignorent cette pratique propre aux «Ecoles», et personne n'est cité comme s'étonnant de la scène, pas même Jésus qui demande à subir l'épreuve ?[48] A ma connaissance, aucun critique n'a soulevé la moindre remarque dans ce sens ! De plus, jusqu'alors Juifs et Grecs, n'envisageaient d'autre avenir posthume que celui qui attendait les hommes dans le «ChéOL» (caché) ou dans l'Hadès (caché). Si, pour les ***premiers*** «prophètes» et «patriarches vétéro-

[44] Diogène Laerce, «Paraemiographa» (thèse des Drs E. L. Von Leutsch und F. G. Schneidewan, Leipzig, 1839, traduction Hachette 1944).
[45] «Nouv. Test.», Evangile de Luc, chap. 15, vers. 7.
[46] «Anc. Test.», Lévitique, chap. 12, vers. 1 à 3.
[47] «Nouv. Test.», Evangile de Luc, chap. 2, vers. 42.
[48] «-id-», Evangile de Matthieu, chap. 3, vers. 1 à 13.

testamentaires» «s'étaient couchés avec leurs pères après s'être rassasiés de jours» (selon l'expression des textes) en attendant patiemment que les AèLoHIM réalisent sur terre «la Jérusalem Promise», (une sorte de retour au Jardin d'EDeN perdu par nos premiers parents), pour les ***seconds***, il en allait différemment : seuls les Principes-Vivants-dieux avaient droit de goûter «l'Eternelle Félicité Olympienne» ; les autres glissaient sans douleur dans l'Hadès des Ombres où un être-pilote immortel (Charon) prenait dans sa barque les Ombres portant dans leur bouche le prix de leur passage (KaRMa) et ayant reçu sépulture. Le chien symbolique Cerbère laissait entrer toutes les ombres, mais jamais ne les laissait ressortir.

Naviguant un certain temps sur le fleuve Achéron («achéroon», de «àgchoo» = étreindre, celui qui étreint sans lâcher), chacune des Ombres conduite par Charon (de «charis» = grâce) passait devant ***trois*** juges : Rhadamante («radàmanthus», de «rabdonomos» = arbitre d'un combat), Eaque («aïakos», de «aiazoo» = qui déplore une situation devant laquelle il ne peut plus rien), et Minos (minoos, la «moitié», celui qui est à cheval sur deux Mondes). Ceux-ci prononçaient la sentence envoyant ceux qui avaient pratiqué des «***mauvaises œuvres***» dans les Obscurités Eternelles du monde minéral, ceux ayant pratiqué «***de bonnes œuvres***» dans un «jardin de Délices» appelé Champs-Elysées («elusion pedion», de «élusis» = action de marcher à l'infini, une plaine sans fin : «pedion»). En conséquence, jusqu'à l'apparition des «Mystères Orphiques», nul espoir ne s'ouvrait à l'humain, en cette région de la Terre, de participer à la «Joie du Divin». Avec ces «Ecoles», quiconque homme ou ***femme***, qui voulait bien prêter à ce Message une oreille attentive, et surtout **faisait individuellement l'effort nécessaire**, pouvait espérer atteindre cette «Immortalité de l'Esprit». En assimilant à travers des épreuves rituelles éprouvantes une expérience mystique interne et solitaire le «cheminement d'Orphée, meurtri dans son Amour (philéo), en quête de retrouvailles avec un être aimé, tous les pratiquants se préparaient à une «Béatitude qu'en somme, ils connaissaient déjà».

Grâce à ce dieu-principe qui avait connu la vie terrestre, puis la Mort dans le «Séjour Caché» tout en étant pleinement conscient, les «humbles de bonne volonté» (comme dira plus tard le personnage Christ) étaient assurés **de mourir conscients pour revivre conscients** à condition, en chemin, «de ne pas retourner en arrière vers les appâts trompeurs du monde des affaires et des bas-instincts». Purifiés physiquement et moralement par les rites cultuels appropriés, les «mystes» découvrant en eux-mêmes le «nom inscrit sur leur caillou, et les identifiant relativement au Cosmos»[49] étaient désormais affranchis des terreurs factices ou réelles qui environnent les «derniers instants d'existence terrestre». En effet, ni les affres du trépas ni les appréhensions des existences futures ne les concerneraient. Ils accédèrent directement à des «consciences supérieures». Contrairement aux systèmes initiatiques éleusiens et dionysiaques, les «Ecoles orphiques» n'ont jamais constitué ***qu'une petite minorité***, de par la rigueur rituelle qui éloignait d'emblée beaucoup de monde. Il n'empêche que le fond de leurs enseignements était destiné à colorer toute la pensée ultérieure de la Grèce. C'est surtout avec Platon, d'abord élève, puis «Maître» dans cette démarche, qu'elle reçut sa plus haute expression. Et c'est par lui, alors qu'elle était en voie de lente extinction, qu'elle passa, très altérée dans la philosophie gréco-romaine. Il faut le dire aussi : elle constitua l'une des bases du Christianisme des premiers siècles de notre ère.

27.4 - Les «Mystères de Cybèle et Attis» (Celtie, Phrygie, Lydie)

Puisqu'il est question à présent de «Mystères» importés d'Anatolie occidentale (Asie Mineure, Turquie actuelle), il nous faut dire un mot des Phrygiens. Ce peuple nomade et guerrier, dont le «bonnet des esclaves révoltés» (bonnet phrygien coiffant les têtes de 4 Républiques) a fait le tour du monde, mérite quelque attention. Selon Hérodote ces gens descendraient directement des BRiGes, nom qui a donné «BRiG» (Suisse), «BRuGges» (Belgique),

[49] Hérodote, «Histoire», livre VII, chap. 73.

«BouRGes» (France), «BoRouGht» (Grande-Bretagne), «BoRGia» (Italie), «BoRGès», etc... et ***lui-même originaire de «BoRée»***. D'autres auteurs parlent d'émigrés celto-nordiques s'étant arrêtés en Thrace et en Macédoine. Ce qui n'est pas incompatible avec le fait qu'ils étaient de même morphologie que les Hellènes et s'exprimaient dans une langue aussi voisine du grec koïné que le français l'est à l'italien. Onze siècles av. J.C., ce peuple très mouvant traversa l'Hellespont (Détroit des Dardanelles) et se répandit d'abord dans l'Ouest de l'Asie Mineure, puis dans l'Est en Lydie jusqu'au fleuve Halys en plein pays kurde. Il s'étendit jusqu'en Iran et en Irak, et l'on retrouve des vestiges de son passage en Inde du Nord-Ouest. Au Xe s. av. J.C., il constituait une puissance navale. Il fut ensuite refoulé par les Grecs qui établirent leurs comptoirs commerciaux sur les côtes actuellement turques qui lui appartenaient.

La Phrygie a toujours été célèbre par la fertilité de ses champs et la richesse de ses prairies (grec = phrug = griller[50]). Ce pays assez chaud pour se prêter à la culture de la vigne, assez tempéré pour conserver à ses habitants leur vigueur native, fut le siège ***d'un royaume puissant et d'une ethnie laborieuse*** et dure. Il y avait cependant des régions moins fertiles convenant simplement à l'élevage de troupeaux. Les premiers arrivants apportèrent du Nord l'idée d'un ***Esprit Suprême Universel, «BaGaYoS»*** (de «BoGD» = corps-univers-dieu, «AYoS» = éternel) associé en ***Triunité Suprême avec Ménès*** (la Lune-principe) et une déesse-principe, «Mère de tout le Vivant», **Amma** (littéral = Mère (AeM) du monde du Ma = la Matière vivante). Deux mille ans av. J.C., cette dernière portait le nom de Cybèle. Sous ce nom se cachait le «Mystère de la Végétation» : existence, mort apparente, et RE-naissance de la plante. Ce nom aurait plusieurs interprétations. La plus lointaine serait «KaB-BaeL», ou «Maîtresse-Tête». La seconde, plus hellènique, donnerait «Celle qui dirige-pilote dans le jeu (kubos)». Si nous traduisons l'esprit de ce nom dans un lan-

[50] Peuple pratiquant «la terre brûlée» en temps de guerre = d'où son nom «les Grilleurs» suite à leur mystique du «feu purificateur».

gage moderne populaire, on dira de cette divinité-principe qu'elle est la «*Mère-meneuse du jeu de la Fécondité*» (végétale, animale, humaine). Un second personnage va intervenir dans cette scène allégorique : Attis, du grec «atthès», dérivé de «atta» (un certain père vénérable). Si, en Phrygie et en Lydie, Cybèle représentait le Principe de Fécondité, on ira jusqu'à l'appeler «*Mère de tous les dieux*» sous le nom de Rhéa (celle qui répand la Vie, qui s'épanche abondamment ; de «reoo»). On la retrouvera déifiée à Babylone sous le nom de «Ea», puis «Mère de Dieu» sous le nom de «Marie» chez les Chrétiens[51]. Or, originellement, c'était sous ce nom, VIe s av. J.C., la «Nature-Mère-Féconde-Généreuse», malgré l'ingratitude et l'égoïsme humain. Grâce à ce Principe Cosmique, se maintenaient en existence et se reproduisaient à travers les siècles, toutes les formes vivantes présentes sur la planète. Chaque printemps annonçait la ressurrection de son « dieu-Principe » vénéré « Attis » qui mourait alors en automne.

Si l'on y regarde de près, ces deux «divinités cosmiques» eurent chacune leur propre origine et leur histoire. Par la suite, beaucoup d'«Ecoles» les associèrent étroitement à tel point que les rites consacrés à l'une, en vinrent à constituer un des épisodes printaniers du culte de la «*Mère Divine*». Pausanias (IIe s.), Arnobe (IVe s.), et Diodore de Sicile (Ier s av. J.C.), ainsi que les légendes initiatiques d'Ovide (43-16 ap. J.C.) nous fournissent l'essentiel du thème de ces «Mystères». Il s'agit là encore, à des fins instructives, ***d'un drame d'Amour et de Jalousie fréquent à tout humain***. Enlisé dans les roseaux où il était tombé, le beau et jeune berger Attis est sauvé de justesse de la mort par Cybèle qui s'éprend d'amour pour lui. Indifférent à ce sentiment, le beau Attis est séduit alors par la nymphe Sangaria (de «saggaris» = sorte de hachette dont se servaient les Amazones, les Perses et les Scythes, image de la rupture mortelle, irréversible)[52]. Folle de jalousie, Cybèle tue sa rivale, et

[51] R.P.A. Hislop, «The two Babylons» (London, 1905).

[52] Numphe = figure ésotérique d'origine nordique, puis germanique, de pays généralement très brumeux (naphos) ce qui n'est pas le cas de la Grèce.

poursuit Attis pour lui faire subir le même sort. Pour lui échapper, et ne pas risquer d'avoir de relations sexuelles avec elle, Attis se tranche le sexe sous un pin (arbre conservant sa verdure en hiver). Du sang abondant répandu par cette blessure naissent des violettes (grec = ionou = forme conjecturale de «Erion» = force de lutte).

Toutefois, comme le souligne le Mythe, Attis survit à sa mutilation. Il devient alors le serviteur eunuque de Cybèle qui lui fait conduire l'attelage de ***quatre*** lions de son char. Rappelons que la loi du Quarternaire implique les limites harmonieuses de la Matérialité et que le ***lion*** est le type même ésotérique de la Force-Justice destructrice de la Méchanceté et de l'Esclavage. Ce sont les divers épisodes de ce Drame que rappellent les «Mystères» de Cybèle et d'Attis célébrés à l'équinoxe du printemps (notre 21 mars). Il y avait d'abord les épreuves-rites du Roseau (O Kalamos) où les élèves subissaient demi-nus une légère flagellation de roseaux[53]. Ensuite il y avait celles du Pin Tragique (Hé Pitus) où les élèves mâles et femelles étaient piqués douloureusement de pommes de pin aux endroits génitaux. Ensuite sous la conduite du Maître, «officiants» (sixième grade) et élèves célébraient le «Jour du Sang», comme dans le «Mystère de Mithra» (To Hémati too Aima) : les fidèles des «hauts grades», en pleine méditation, se faisaient asperger de sang de bœuf ou de taureau fraîchement tué, vivant ainsi, en leur for intérieur «la libération définitive de l'astreinte à l'incarnation et à la procréation terrestre». Esotériquement, le/la mutilé(e), devenaient après leur mort future, des «ressuscités sans obligation de procréer», donc citoyens d'un « monde d'Etres Spirituels »[54].

Ceci nous fait d'autant mieux comprendre à présent les deux passages néo-testamentaires suivants : «... Tous ne comprennent pas cette parole (discours) **mais seulement ceux à qui cela a été**

[53] De là, paraît-il, serait sorti le mot français «calamité».

[54] Lire avec profit à ce sujet le passage où le Christ évoque la «Situation des ressuscités» et vous y découvrirez une étrange ressemblance (Evangile de Matthieu, chap. 22, vers. 24 à 28).

donné. Car il y a des **eunuques** qui le sont dès le ventre de leur mère ; il y en a qui le sont devenus par les hommes ; et il y en a **qui se sont rendus tels eux-mêmes** à cause du Royaume des Cieux (grec = basileia too Ouranou = condition supérieure entre les incarnations terrestres). Que celui à qui il a été donné de comprendre comprenne...»[55] Ensuite : «... Il y avait parmi nous sept frères. Le premier se maria et mourut ; comme il n'avait pas d'enfant, il laissa la femme à son frère. Il en fut de même du second, puis du troisième et ainsi jusqu'au septième. Après eux tous, la femme mourut aussi. A la re-naissance à un état supérieur (anastasei) duquel des sept hommes sera-t-elle donc la femme ? Car tous l'ont eue». Il leur répondit : «vous êtes dans l'erreur parce que vous ne comprenez ni les Ecritures (en général) ni l'Energie puissance du Cosmos (dunamin tou Theou). Car à la re-naissance à un état supérieur, les hommes ne prennent pas de femmes, ni les femmes de maris, parce qu'ils sont **comme** des messagers [de l'Etre Suprême dans l'Univers] (All oos aggeloi tou Theou[56], en ouranoo eisi)...».

Les cérémonies visent surtout à faire comprendre aux mystes que la mort ou la mutilation n'a plus cours hors ce monde, que la force de la Vie et de la Volonté triomphe de la chair et de ses affections. Dans le rituel, le «mutilé(e)» devient par la suite le «RE-né(e)» en accord avec les Lois de Perpétuation de la Vie outre-tombe, comme il en est du minéral, du végétal et de l'animal. Les «hauts-grades» se terminaient par une purification-immersion (baptismos) : elle avait lieu dans l'eau ou dans la terre, en même temps que la statue d'Attis, dans l'obscurité la plus complète (une grotte artificielle ou naturelle). A un signal du Maître, les quatre officiants (les quatre lions de l'attelage de Cybèle) allumaient chacun ***sept*** torches. Le myste était alors retiré de l'eau ou de son «cercueil de terre», et le Maître le oignait «d'huile royale» (à l'instar des rois israëlites et égyptiens). Il faisait de même sur les lèvres des parti-

[55] Evangile de Matthieu, chap. 19, vers. 11 et 12.
[56] Selon le texte grec «Codex Vaticanus n° 1209», «comme les anges» figure seul dans le texte original ; «tou Theou» (de Dieu) est un rajout anonyme douteux et tardif

cipants ; les paroles suivantes étaient alors prononcées : «... Soyez consolés à jamais, fidèles initiés, car le dieu a été ramené à la vie comme vous vous serez ramenés à la vie, car depuis le Commencement des temps, il vous a ouvert la Porte de la Délivrance de l'Incarnation...».[57]

Les «Ecoles de Cybèle-Attis» disparurent comme les autres, suite à leur démocratisation et au relâchement de leurs animateurs. Le personnage Christ n'a-t-il pas énoncé cette Loi Immuable : «***A certains*** cela a été donné et pas aux autres» (sous-entendu: pas à ces autres durant leur présente existence, mais sera possible dans une existence ultérieure). Au paroxysme de l'hystérie, les femmes en vinrent à s'exciser le clitoris, les hommes le membre viril, et les uns comme les autres en faisaient don à la déesse avant de succomber dans d'affreuses hémorragies. Pour la masse qui s'abstenait durant ***trois*** jours de réjouissances et de débauches, les matrones masquées (de leur laideur !) s'offraient le luxe de rapports sexuels avec de très jeunes garçons maquillés en pâtre Attis, tandis que des hommes déguisés en déesse Cybèle capturaient à la course dans les jardins de petites filles habillées en bergers Attis. Beaucoup d'historiens y ont vu là le prototype du Carnaval.[58] En pleine période de déclin, les soi-disant «Maîtres» se faisaient castrer ; leur pénis était alors brûlé devant la statue de la déesse. Les raisons de cet effroyable et inhumain hommage n'ont pas encore été élucidées. On sait que l'opération avait lieu sous l'effet de fumées d'encens spéciales et de drogues opiacées mélangées à du vin. Beaucoup d'ésotéristes sérieux y voient là une forme de «***Mariage Sacré***» entre l'Homme et la Déesse. On retrouvera cette formule très classique chez les nonnes et les religieuses des couvents et monastères catholiques qui portent alliance au doigt et se déclarent ouvertement «Epouses du Christ». Pour en revenir aux «prêtres de Cybèle», la mutilation serait en somme un signe d'une

[57] Pr. Hepding, «Attis, seine Mythen und sein Kult (Giessen Bibliothèque 1903) ; Pr. H. Graillot, «Le culte de Cybèle, mère des dieux» (B. Nat. Paris, 1912).

[58] Pr. Hepding, «Attis, seine Mythen und sein Kult (Giessen Bibliothèque 1903) ; Pr. H. Graillot, «Le culte de Cybèle, mère des dieux» (B. Nat. Paris, 1912).

consécration sacerdotale, comme la coupe des cheveux et l'emmurement cellulaire sont les signes d'un «abandon total au Sauveur» (dixit les formules prononcées dans ces lieux de recueillement).

D'autres spécialistes estiment que cette inutile mutilation n'avait absolument pas lieu dans les débuts lorsque les «Mystères» n'étaient accessibles qu'à **une minorité de personnes voulant accéder à une vraie spiritualité pratique**, nous dirions de nos jours, à une bonne psychanalyse nous préparant à franchir aisément la mort. Elle en vint, dans l'imagination populaire et chez certains esprits malsains, à être censée assurer la Fécondité aux pratiquants et pratiquantes (surtout), le sacrifice volontaire garantissant du Cosmos (à ce qu'ils croyaient) la possession de cette qualité. Ce culte sombra dans le mépris le plus total et attira la juste réaction réprobatrice des Autorités Impériales.

27.5 - «Les Mystères d'Isis et Osiris» (Egypte, Celtie-Borée) :

Pendant plusieurs siècles av. notre Ère, l'Orphisme et l'Éleusisme furent en Grèce et dans la plupart de ses colonies, les principales «Initiations pré-mortem». Cependant, durant les deux siècles qui précédèrent l'Ere Chrétienne, particulièrement au premier siècle, plusieurs autres courants «marginaux» envahirent le monde méditerranéen et s'y répandirent avec une étonnante rapidité. D'une Egypte, pourtant politiquement et religieusement très affaiblie, vinrent les «***Mystères associés d'Isis et d'Osiris***.» Une fois de plus, le Mythe naturel d'un dieu-Principe qui meurt et qui revit prit racine dans l'élite, celle qui observe, médite et réfléchit (je ne parle pas ici d'élite sociale !) et devint le fondement d'une croyance qui traversera les millénaires et subsista jusqu'au XXe s. : l'accès possible à une Immortalité pour tous ceux et toutes celles qui, hors les préjugés de castes, **s'intégraient à un Principe Cosmique vivant à travers un rituel prescrit**. Nous savons que de Syrie vinrent les «Mystères de Cybèle-Attis». De Perse, par la voie de l'Asie Mineure s'infiltreront les «Mystères de Mithra» (voir plus loin).

Sur toute l'étendue des empires égyptien, assyrien, chaldéen, médo-perse, grec et romain, des groupes d'hommes et de femmes, d'adolescents, adhéreront à ces «Cercles» qui les prépareront à un «***Heureux Au-Delà***». Dans les deux premiers siècles qui suivirent «l'Evénement Christique», les gens qui n'étaient ni juifs ni chrétiens, soit demeurèrent indifférents, soit d'adonnèrent à ces «pratiques rédemptrices». J'ai toujours été très étonné de constater qu'un phénomène d'une telle ampleur dans le Monde Antique, soit pratiquement passé sous silence par les historiens contemporains. Il a fallu qu'en 1889, Edouard Schuré soulève la question[59] pour que, en dehors de la Bible et du QoRaN, on prenne ce phénomène en considération, alors qu'il explique bien des aléas de notre Histoire Mondiale des Religions. Ainsi, des cultes archaïques de clans, de tribus, ou d'États avec leurs dieux et déesses totémistes, ne survivaient que par quelques routinières pratiques sans âme. Cependant, au fond du cœur des hommes, brûlait l'ardent désir de s'intégrer au «***magnétisme discret***» de ces Confréries aux rituels impressionnants et éprouvants, dont chacune semblait préparer au «***Salut Post-Tombe***». Du commun peuple au personnel de maison des monarques et patriciens, en passant par l'Armée et la Police, un prosélytisme discret de bouche à oreille propagea ce «Message» d'individu à individu. A telle enseigne que, pour éviter cette tournure expansionniste dangereuse que prenaient les «Ecoles des Mystères», le Maître de NaZaReTh recommanda à ses disciples «de ne pas aller chez les païens, de ne pas entrer dans les villes des Samaritains[60], d'aller plutôt vers les brebis perdues de la Maison d'Israël[61]». «Surtout de ne pas aller de maison en maison...»[62] (comme les sectes bibliques).

Peine perdue, le «***Mystère Christique***» se dilua comme le reste, car il fallait qu'il en soit ainsi !... N'oublions pas que, face à une expansion fulgurante du Christianisme, le «Mitraïsme» continua

[59] E. Schuré, «Les Grands Initiés» (Libr. Académ. Perrin, Livre Poche).
[60] «Nouv. Test.», Evangile de Matthieu, chap. 10, vers. 5, chap. 15, vers. 24.
[61] «-d°-», Evangile de Jean, chap. 4, vers. 9.
[62] Evangile de Luc, chap. 10, vers. 8 ; Ière épître à Timothée, chap. 5, vers. 13.

de se multiplier dans toutes les régions de l'Europe et de l'Afrique du Nord. Il gagna l'état-major des légions romaines au point que sans l'effort surhumain du dénommé «St Paul», le sort de la «Doctrine Christique» en aurait été jeté ! Nous retrouvons des vestiges des Mystères mithraïstes le long du Danube et du Rhin, à York en Grande-Bretagne, et au Sud, jusqu'aux confins du Sahara. Si ces «Mystères» connurent un grand succès, ils le durent à l'Egypte, ***dans les symboles vivants d'Isis et Osiris*** dont ils émanaient plus ou moins directement. En effet, ces «Mystères» égyptiens sont passés par diverses phases durant l'Ere du «Bélier» qui a précédé celle chrétienne et sacrificielle des «Poissons». Osiris est le Principe Vivant de l'Agriculture : il meurt par assassinat, subit un démembrement et se manifeste à nouveau par ré-surrection. Isis, c'est la «Bonne Mère», la terre fécondée, celle qui reconstitue les éléments des choses et des êtres dissous et les ramène à l'existence sous des formes sans cesse renouvelées, image des «Energies Conscientes et mystérieuses de la Nature» (c'est nous qui traduisons). On la représente couverte d'un Voile. Rappelons que dans le Temple de Jérusalem au temps de la monarchie fédérative davidique, un voile séparait le «Saint» (HaQaDoSh) du «Très Saint» (HaQaDoSh WaQaDoShIM).[63]

Suivant le Grand Principe Universel, Osiris incarnait la forme **dilatante** «Yin» de l'Energie Vibrante et radiante «RA», alors que Isis imageait la forme **contractante** «Yang» de cette même Energie. Si l'on en croit les éminents Prs Maurice Guignard et Jean-Louis Bernard, le nom francisé, de Osiris, viendrait de l'égyptien «OuSiR-Ré», transposition archaïque du celto-nordique «AYSaR-RiS». Or, «AYS» = la glace (et a donné l'allemand «eis») et «AR» (inversion runique de «RA») signifie «Ancien du Commencement», «Ancêtre lointain» ; quand au suffixe «RiS» on peut le traduire pas «géant». Qui rappelait Osiris ? L'Ancêtre-Géant des glaces, donc ces «Etres venus d'Ailleurs», qui avaient apporté leur Savoir aux anthropoïdes terrestres. Des papyrus attestent l'exis-

[63] «Nouv. Test.», Epitre de Paul aux Hébreux, chap. 9, vers. 1 à 10.

tence d'un type de personnage ayant vécu réellement sur Terre, mais hors d'Egypte, et appartenant à l'ethnie que les Scandinaves appelaient «ASeS» («Géants Mutés»[64]) Quant à ISiS, on le prononçait «IS-SiTh». Selon une autre autorité (Pr François Daumas), on retrouverait dans «IS» de nouveau «la glace» (Eis) suivi de «SiTh», se traduisant soit par «le trône», soit par «l'Opposé à» (qui a donné «SeTh», puis «SaTh», puis «SaTaN») ; ce mot est proche du vieux germain «Sitte» (mœurs, coutumes, religion). On rendrait donc finalement «Isis» par «trône de Dieu», «Dieu manifesté par la Nature Sensible» (selon le concept nordique). En effet, «IS-SiTh» pourrait être facilement la contraction de la déesse «ILL-SiTh» (la lettre «L» n'existant pas en égyptien) des Lapons, la «Divine Fée des Glaces», celle qui ramenait le pâle «Soleil de Minuit».

En Egypte, Osiris personnifiait le Nil, «descendant du Ciel»[65]. Il croît, il déborde, puis disparaît insensiblement **au point de donner l'impression de mourir**. Le ***blé*** sort du sol, verdit, pousse en épi doré, puis meurt, coupé par la faucille, démembré par le fléau du batteur, broyé sous la pierre qui le met en farine, puis détruit par la dent de l'homme vorace. D'un autre côté, la ***vigne*** donne son sang après avoir produit la grappe, laquelle meurt sous les pieds des fouleurs, dans le pressoir. Plus loin encore, ***l'arbre*** donne ses fleurs et ses fruits, puis se dessèche et meurt. Vient alors le **miracle** pour le blé, pour la vigne, et pour l'arbre ! Dans la terre féconde, le blé enseveli (considéré comme «mort») germe, et surgit à la lumière du Soleil ; la sève des vignes et des arbres monte. Chaque année, l'eau est de nouveau «vive», le Nil se gonfle, les fleurs renaissent avec les céréales et les fruits.[66] Esotériquement, Isis, sœur et épouse d'Osiris, le ramène à la vie. Seth le Typhon

[64] «Anc. Test.», Genèse, chap. 6, vers. 1 à 4.
[65] Avant la mise en place des Dynasties pharaoniques, on disait «venu du Nord» que l'on remplaça par «venu du Ciel».
[66] Pr. A. Moret, «Les Mystères égyptiens» (B.Nat., 1925) ; Pr. H. Gressmann, «Tod und auferstehung des Osiris» (Leipzig bibl. 1923) ; A. Loisy, «Mystères païens» (1930).

des Grecs, le principe-dieu des tempêtes, de la sécheresse, de la désertification attire chaque année Osiris dans un piège et le tue, puis en disperse les lambeaux. Chaque année aussi, Isis les recherche et les retrouve avec l'aide d'Anubis (AN-NaNi = au-dessus, supérieur, par «AN» et NaBi = l'Initié, celui qui voit loin, des années ou des siècles à l'avance) symbolisé par un ***chien*** (le fidèle compagnon de l'Homme) et les reconstitue. ANuBiS personnifie ici la lueur crépusculaire annonçant l'éternel retour du Jour et son éternel Déclin.

Cinquième personnage intervenant dans ce Drame mystique est le dieu-Principe «Epervier» (Sagesse-Rapidité-Survol-Elimination du Nuisible), fils d'Osiris et d'Isis : Horus (AoR-RooS = cheval rapide de Lumière-Vibration). C'est l'Aurore-Principe et son éternelle Présence. Mais, parmi ce démembrement, un débris, ***l'organe viril d'Osiris*** n'a pu être retrouvé : les obélisques (dont celui dressé place de la Concorde, à Paris) représentaient cet organe. On retrouve exactement leur copie conforme en Amérique Centrale et au Japon. Beaucoup d'égyptologues pensent qu'il s'agit là de la source inconnue du Nil que l'on n'a jamais trouvée. D'autres, et ils sont majoritaires, optent pour le Principe de Vie Universelle que nul n'a encore vu et ne pourra jamais voir, parce qu'il est sur-humain et infini. Les «Mystères» osiriens font bien ressortir l'évidence d'une **continuation de la vie, la Mort étant une mutation-changement d'état**. Nous en avons suffisamment parlé au chapitre 2 - 5. Pour qu'il soit inutile d'y revenir.

Les «Mystères d'Osiris» se déroulaient en automne. Ils comportaient deux phases «actes» : la première, le «***Drame Mortuaire***» commémorait le «Meurtre» d'Osiris et la recherche du «cadavre» par son épouse-sœur Isis. Le second «acte» avait pour thème la «***Re-Naissance du Héros de la Vie***». Les mystes, hommes et femmes, au travers de leurs épreuves, vivaient les affres du «Drame» et, dans des épreuves physiques et morales assez pathétiques, participaient à une sorte de «Résurrection». Rares sont les hommes et les femmes qui n'ont pas fait, ne serait-ce qu'une fois dans leur vie, des rêves étranges, ou ont eu des visions intuitives ou prémonitoires qui les étonnèrent et les tourmentèrent. Or, les Maîtres égyptiens savaient depuis des siècles que toutes ces sensations sont des «***messages lointains***» d'une zone interdite de nous-mêmes, et pourtant **communes à tous**. Il advient qu'ils persistent à l'état de veille. Bien avant le génial Jung, les «Ecoles» avaient découvert ce que nous appelons ***l'«inconscient personnel***» (le «Je suis»). Aussi chaque année, à l'occasion de la commémoration de ces «Mystères», les épreuves du «RE-nouveau» tendaient à faire «remonter en surface» toutes les névroses et les «monstres profonds». A l'instar d'Osiris, les novices retrouvaient «un certain Printemps Intérieur».

Dans les «hauts grades», les mystes se voyaient ouvrir des «horizons énormes d'Eternité», car les impulsions humaines quotidiennes ne résultent pas toujours de choix délibérés mais d'inspirations profondes qui remontent de cette «Région des Ombres-Origines», que chaque «MOI» transporte avec lui. Au cours du cérémonial, le myste refaisait l'«itinéraire» qu'était censé avoir suivi le «dieu» mort et ressuscité : il était, dans son vécu ésotérique traité en «cadavre», «ranimé» par des officiants, puis «ramené à la vie» lorsqu'il «foulait le Seuil de Proserpine» (genre de grotte souterraine, où il/elle avait été enfermé(e). Puis, en vertu d'une association justifiée des mythes osirien et solaire, le novice des «cinq et sixième grades» s'élevait intérieurement «dans le Monde Céleste», comme le fait chaque matin le Soleil à l'horizon. Il devenait lui-même «***dieu-soleil***», donc se préparait à sa mort dans cette condition théorique. Si, durant de longues années, les Empires du Monde Antique ont apporté paix et sécurité aux peuples qu'ils administraient, contrairement à ce que racontent bien souvent nos manuels d'Histoire pour vanter les bienfaits modernes de nos démocraties, il n'empêche que la vie y était assez rude. Ceux qui étaient faibles succombaient très jeunes, et les plus résistants qui survivaient mouraient très âgés. Les «patriarches» n'étaient pas rares. Aussi, les «Grands Initiés» dans leur immense amour et leur grande transcendance, savaient que, si menacée et si fragile qu'elle fut dans un tel monde, ***la Conscience était "l'Unique-Héritage"*** de chacun. On était sûr que c'était Elle qui donnait le langage, la pensée, donc la Culture qu'il fallait à tout prix maintenir contre vents et marées, sous peine de sombrer dans un chaos social, celui du «Mythe de Noé» (consigné dans la Bible et dans bien des littératures). C'est ce qui se passe en notre fin de XXe s. où ces «Ecoles» n'existant plus, et la Religion ayant failli à sa mission, les peuples sont désemparés...

Pour en terminer, disons qu'il en fut des «Mystères» osiriens comme de tout le reste, lorsqu'à un moment d'apogée le Vulgaire s'en empare : ils se dégradèrent, puis disparurent. Après avoir conquis le monde hellènique, ils connurent un grand succès à Rome, sous le règne des empereurs Antonins. Si, à l'origine, le thème fut celui du Sacrifice Agraire d'un humain de pâte de farine pétrie incarnant l'esprit de la Végétation, on en vint à immoler le Pharaon lui-même, par substitution avec une statue de plâtre, voulant absolument que la qualité d'«Immortalité» soit conférée au monarque seul, ce qui était déjà une grave déviation des «Mystères» originels. Enfin, au comble de l'infamie, comme en Amérique précolombienne, des hommes et des femmes s'offrirent volontairement aux flammes du «***brasier solaire de l'autel du Temple***» pour devenir eux-mêmes des «dieux-soleil» par cette voie-suicide sacrée. Osiris entra dans l'idolâtrie : les monuments le représentèrent coiffé d'une mitre (dont s'inspirèrent les évêques chrétiens), tenant dans une main un ***bâton augural*** dont se servaient les prêtres de la nouvelle religion pharaonique dans leurs cérémonies, baguette magique avec laquelle s'opéraient toutes sortes de prodiges. On en retrouvera la Principe Esotérique dans l'«Ancien Testament»[67]. Dans l'autre main, le Principe devenu «dieu adoré» tient une croix surmontée d'un anneau, ***croix ansée***, ou «TaU» égyptien (ainsi nommé par analogie avec le «tau» grec, notre «T») caractère hiéroglyphique signifiant «la Vie-Principe», et sur lequelle la chrétienté y crucifiera le Maître de NaZaReTh (hors toute confirmation scriptu-

[67] Exode, chap. 7, vers. 9, 10, 12, 15, 17, 19, 20, etc.

rale[68]). Pour la masse populaire, Isis devint la Lune, représentée en femme coiffée d'une tête de vache que surmonte le disque lunaire entre deux cornes, les croissants de la nouvelle et de la vieille Lune. Comme elle porte souvent dans ses bras un bébé, le petit Horus, non seulement le clergé pharaonique fera du groupe Osiris la triade de type babylonien «Osiris-Isis-Horus», mais elle deviendra «Marie et l'Enfant Jésus» par les soins du clergé chrétien...

27. 6 - «Les Mystères d'Adonis» (Chaldée, Palestine, Syrie, Sumer, Grèce) :

Dès le VIIIe s. av. J.C., on trouve traces en Grèce de ces «Mystères», nettement d'importation chaldéo-sumérienne. Il s'agit tout simplement d'un «maquillage» du Principe palestinien «ThaMMuZ» en « ADoNiS », nom plus héllènique, afin de ne pas déplaire à l'élite grecque. Voyons de près les deux appellations : «ADoNiS» dissimule astucieusement la racine celto-hébraïque «ADoN» que l'on retrouve dans «ADoNaY» (le Seigneur-Principe). «Adon» a le sens de «maîtrise», sous-entendu de «***Maîtrise la plus ancienne***» (à cause de «AD» = avant, que l'on retrouve dans le latin «ad» = devant, précédant, anticipant...). En grec, «adon» est la forme aoriste du verbe «andanoo» (plaire, être agréable, séduire, attirer à soi...), d'où viennent «hédus», «hédeia», «hédu», proche de l'hébreu «EDeN» (Délices) et signifiant «doux», «enveloppant», «irrésistible»... Du côté «ThaMMuZ», le nom originel est «DOuOuZ» en sumérien, avec le sens d'«Enfant Eternel», «Fils de la Mère-Vie». C'est, somme toute, le principe de la «***Perpétuelle Jeunesse de la Vitalité Universelle***» («OuZ» qui aurait donné «ZeuZ», puis «Zeus»). Que ce soit en Mésopotamie, en Syrie, ou en Grèce, ce Principe-dieu est toujours associé à une déesse-Principe, dont il est «l'amant» et dont l'union est rompue par une mort prématurée (on retrouve l'esprit d'Orphée-Euridyce). Il en ressuscite pour vi-

[68] Dans les Evangiles écrits en grec koïné, le mot utilisé pour raconter la crucifixion n'est pas «chiasma» (croix à quatre branches) mais «stauroo» (poteau). Aussi, le Maître de Nazareth ne peut pas avoir été cloué sur une croix. Les Evangiles s'y opposent.

vre de nouveau cette idylle. Cette «épouse» ou «amante» change de nom suivant les pays : elle s'appelle «IShTaR» à Babylone, «ASTaRTé» en Syrie (d'où sortiront «star» en anglais et «stern» en allemand = étoile) et Aphrodite en Grèce, etc.

Les «Mystères adonisiens» sont pratiquement semblables, à quelques variantes près, à tous ceux que nous avons passés en revue précédemment. Le couple «Adonis-Aphrodite» ou «Thammuz-Ishtar» illustre tout simplement la vie, la mort et la résurrection de la Végétation. Le thème des rituels est le suivant : Adonis, personnifié par un ***berger***, incarne le Principe de la Végétation de Printemps. Chaque année, il périt avec elle, tué par un ***sanglier***, c'est à dire consumé par les ardeurs de l'été, au mois appelé en Chaldée "ThaMMuZ» (notre mois de juillet). Il est donc emporté au «Séjour des Morts». Cependant, comme il est «roi» (Principe Vivant du Cosmos) il en ressort vainqueur des Ténèbres au prochain soleil printanier. Mais notre héros a une compagne, Aphrodite (Beauté-Amour), déesse-Principe de la Fertilité. Lors de sa mort, elle est inconsolable et descend dans l'Hadès pour le «ramener à la vie». Dans le cérémonial des «Mystères», les mystes sont «tués» par d'ardentes épreuves qui leur font sentir ce qu'éprouve la Végétation sous le feu solaire. Ensuite, dans l'obscurité la plus totale, ils subissent «l'inhumation hivernale du dieu», pendant que leurs compagnes-élèves les pleurent. Enfin, après des centaines d'incantations, de joyeuses libations fêtent leur «sortie du tombeau».

Ainsi, chaque année les jeunes filles participant à ces rituels pleuraient véritablement la perte du dieu-symbole. Un long jeûne, et un temps assez long de méditation sur le thème, les y avaient préparées. L'anémone pourpre fânait au moment de sa «mort» et réapparaissait avec sa «résurrection», moment des danses et des réjouissances avec leurs compagnons masculins déguisés en Adonis. En fait, les épreuves étaient bien plus nombreuses et plus compliquées. En effet, Aphrodite vit naître Adonis et s'éprit de lui de suite. Mais très instable, la déesse le confia à une «nourrice» plus sédentaire, Perséphone, qui en tomba aussi amoureuse. Compagne de l'Hadès, donc reine du «Séjour des Morts», elle refusa de le lui rendre quand elle le voulut. Comme Salomon avec le bébé volé[69], Zeus dut trancher : Adonis fut donc condamné à passer la moitié de l'année avec Perséphone (l'automne et l'hiver, dans l'Hadès) et l'autre moitié (le printemps et l'été) avec Aphrodite dans l'Amour et la Beauté.

Les «Mystères» font revivre des scènes passionnantes du Drame : durant le temps qu'Adonis vit avec Aphrodite, celle-ci comble tous ses désirs (chasse, amour, libations, etc.). Puis, vient le triste jour où, par malheur, ne l'accompagnant pas, celui-ci, inexpérimenté (il était berger et non chasseur) traque avec ses chiens un féroce sanglier. L'apercevant, il jette sa lance sur l'animal, le rate, et ne réussit qu'à le blesser. Rendu furieux par la souffrance, le sanglier se retourne contre lui qui, désarmé ne peut empêcher celui-ci de lui planter ses crocs dans la cuisse. Aphrodite, voguant alors dans son char ailé attelé de quatre cygnes (grâce méchante et rébarbative) entend le gémissement de son amant blessé et fonce vers lui. Adonis, à cet instant, rend doucement la vie, avec son souffle, son sang coule à flots rouges sur sa chair neigeuse et ses yeux se voilent. Elle le prend dans ses bras, mais il meurt sans savoir qu'elle l'avait tendrement embrassé. Si cruelle qu'est la blessure physique d'Adonis, plus cruelle et plus profonde est la douleur d'Aphrodite : les «Mystères insistent ici sur ***la petitesse des sentiments de la chair relativement à l'émoi de l'Esprit***. Sachant pourtant qu'elle ne parle plus qu'à une Ombre, Aphrodite se lamente, et c'est dans ses pleurs toutes celles de l'Humanité perdant un être «trois fois aimé et trois fois désiré» (allusion aux Principes, Lois, Matérialisations)... Comparativement à cette disparition, les plus beaux joyaux de la Beauté ne sont que de vulgaires cailloux ! Les rituels font sentir aux mystes la ***tristesse*** de ceux qui restent et la ***Tranquillité*** de ceux qui sont devenus des Ombres. Toutefois, ils ne sont pas disparus, puisque pour Adonis, la nymphe Echo (de

[69] «Anc. Test.», Ier Livre des Rois, chap. 3, vers. 16 à 28.

«échoo» = porter-transmettre au loin ; latin «veho») répercute ***le souvenir éternel*** du disparu. Du Séjour des Morts (Hadès) où il demeure, Adonis ne peut l'entendre. Comme dans la parabole évangélique du «Riche et du pauvre Lazare», il y a un Abîme (quantique, nous dirions !) entre les deux mondes[70]. Cependant, pour marquer la survie éternelle de l'Esprit, les «Grands Initiés» ont poétiquement, dans le cas d'Adonis, insisté sur le fait que «du Royaume des Ombres», Adonis ne se rend pas compte qu'une anémone pourpre (couleur proche des ultra-violets) fleurit partout où son sang a taché la terre»...[71]

Inutile de vous rappeler, chers lecteurs et lectrices, que ces «Mystères» subirent le même sort que leurs contemporains ou prédécesseurs. Comme en Chaldée, les «Maîtres» furent remplacés par des «***prêtresses d'Adonis***» qui, au milieu des incantations, s'abandonnaient aux officiants. Puis ce furent des scènes d'hystérie collective : prêtres portant le deuil, les vêtements déchirés, cheveux et barbe rasés, tête découverte, hurlant et criant comme dans un repas funèbre, tandis que les jeunes femmes, se tordant à terre, attendaient un coït mental avec le dieu[72]. On relate le cas de femmes en transe dans le péristyle du temple, ceintes d'une corde rappelant le cordon ombilical et que devait couper tout participant pour montrer celle qu'il choisissait ; la corde coupée, sa propriétaire se trouvait complètement nue[73]. Vers les IVe et Ve s. de notre ère, pédérastie et homosexualité s'étaient tellement généralisées dans ces «Ecoles» que les Autorités Impériales, sous la pression chrétienne, y mirent bon ordre en fermant définitivement ces établissements et en en dispersant leur public.

[70] «Nouv. Test., Evangile de Luc, chap. 16, vers. 19 à 31 (surtout le verset 26).

[71] Graaf Von Baudissin, «Adonis und Esmun» (Leipzig Bibli. 1911) ; Pr. J. Frazer; «Adonis» (B. Nat. 1921).

[72] «Anc. Test», livre de Jérémie, chap. 10 ; Lucien, «De dea Syria», livre 6.

[73] Hérodote, «Histoire», livre I, § 199 (Hachette) ; Strabon, «Geographuka», livre XVI, chap. 20, § 745.

27. 7 - *Les «Mystères de Mithra» (Celtie, Inde, Egypte, Perse, Scythie, Grèce).*

Si nous avions obéi à l'ordre chronologique pur, nous aurions placé les «Mystères d'Adonis» et de «Mithra» en tête de notre exposé, car ceux-ci apparaissent en germe environ trois millénaires av. J.C. Longtemps leur extrême discrétion les fit ignorer même des dirigeants et des classes nobles. Ce n'est que vers les VIIe et VIe s. av. notre ère. que les chroniqueurs y firent quelques allusions. Pourtant, si l'on en croit Ernest Renan[74], les «Mystères de Mithra» faillirent, au IIIe s. de notre ère, faire disparaître le Christianisme naissant. L'Archéologie les a repérés en Inde, puis sur les hauts-plateaux iraniens, partout où un dieu-principe de la Lumière fut mis en évidence et honoré. Dans la religion zoroastriste, Mithra figure en troisième position dans la «Triade Sacrée» avec AHuRa-MAZDa et ORMuZ[75] (Plutarque). Lorsque les Médo-Perses conquièreront Babylone en 529 av. J.C., commandés par Cyrus le Grand, Mithra deviendra le principe Soleil incarné sous le nom de «ChaMaCh». En Phrygie conquise par ces mêmes armées, il interviendra au milieu des «divinités locales».

On ne peut comprendre les «Mystères de Mithra» avant qu'ils ne deviennent, comme les autres, une religion coupée de ses fondements véritables que si l'on se tourne vers l'Egypte, à l'Ere zodiacale du «Taureau» (cinq millénaires av. J.C.) où cet animal matérialise le Principe de «***Poussée féconde de la Vie***», qu'elle soit génitale, germinale ou cristalline. En cette Ere, dans la Vallée du Nil, le dieu-Principe Apis à Memphis, le dieu-Principe RA à Hélioplis, ou le dieu-Principe MeNTu à Hermonthis, étaient tous représentés sous la forme du Taureau. A la même époque, la Chaldée aura pour dieu-Principe de la Pluie-Fécondation, le taureau

[74] E. Renan, «Oeuvres Complètes», tome 1 à VI. (Calmann-Lévy, 1980).

[75] On retrouve là le Ternaire égyptien : Création - Destruction - Regénération ; Plutarque, «Oeuvres Morales» (Hachette, 1944).

HaDaD, qui sera aussi celui des Hittites (dont parle la Bible). N'oublions pas qu'à ce moment, les premières représentations de Dionysos en Grèce seront des taureaux. Le «taureau d'or» combattu par MoSheH (Moïse) au pied de la montagne Sinay n'est pas une fantaisie de poète biblique[76] de même que celui dressé par le roi israëlite YéRoBoAM à Dan et à Béthel en Palestine[77].

Le «*Principe Taureau*» fut tellement associé à la vie antique qu'il est normal qu'on le voit réapparaître vers le IIe s. av. J.C., en Iran, sous cette effigie. Ce dieu naît donc chaque année le 25 décembre, jour du solstice d'hiver. Il naît d'un rocher, dans une grotte, et ses premiers adorateurs sont des bergers qui paissent leurs troupeaux au alentours. Ils lui donnent le nom de Mithra, c'est-à-dire «MiTh-RA», de l'égyptien «MouTh-RA», ce qui se traduit par «***la Mutation permanente*** (MuTh) ***de la Vibration Solaire Radiante*** (RA)»... Toutefois, si nous voulons en savoir plus, il nous faut remonter presque à la Science chinoise de Fo-Hi, avec le «Yin» et le «Yang» (déjà cités) mais cette fois sous l'apparence persane du **dilatant** «AoR-MuZD» face au **contractant** «AHoR-MaN» lesquels gèrent l'Univers. **Trois** légions de Génies servent AoR-MuZD» dans son opposition à AHoR-MaN» : les «AMShaSPaNDs» ou «Esprits des qualités abstraites de AoR-MuZD, les «IZeDs» ou «Esprits» des quatre éléments chinois (Feu, Terre, Air, Eau) que l'on retrouve dans le Zodiaque, enfin les «FRaVa-Shis» ou «Principe directeurs de l'Univers». Sous une autre forme, on retrouve nos trois Mondes (Principes-Lois-Faits sensibles) que j'ai maintes fois mentionnés. Toutes ces entités vivantes semblent se matérialiser temporairement, accomplir une certaine mission, puis rejoindre leur état virtuel primordial et habituel.

Or, Mithra fut précisément l'un de ces «IZeDs» dans le sens solaire. Nous devons aux travaux du Pr. J. Héron Lepper[78] les rares

[76] «Anc. Test.», Exode, chap. 32 (en entier) ; Deutéronome, chap. 9 (en entier).
[77] «-d°-», Ier livre des Rois, chap. 12, vers. 29 ; IIème livre des Rois, chap. 10, vers. 29.
[78] Pr. J. Héron Lepper, «Die Geheimlichen Gemeinschaften» (1933).

et précieuses informations qui vont suivre. De Perse à l'Assyrie, de celle-ci à Babylone, de Babylone à la Phrygie, et de ce pays jusqu'à Rome, et de cette capitale jusqu'aux confins de l'Empire, Mithra fut connu et honoré. Simultanément, la Grèce avait subi la forte influence hindoue, et les «Mystères» en question s'étendirent avec une rapidité étonnante. Qu'est-ce qui valait à ces pratiques mystiques tant de succès ?... Nous allons le voir. Dans un sens, celles-ci dissimulaient un certain attrait ***«scientifico-spiritualiste»*** : Mithra est, alchimiquement, l'«esprit Feu-nucléaire de la pierre» (c'est nous qui traduisons), phénomène physique que la Science Antique découvrit déjà par la production du feu par le silex, d'où le mythe de la ***«naissance dans un rocher de grotte»***. «MouTh-RA» traduit l'idée d'un processus universel éternel : Feu - Pierre - Feu, etc. ; c'est la raison pour laquelle, dans les «Mystères», il passera au stade «d'***Etincelle»*** au stade du ***«Soleil»***, de la Physique Nucléaire à la Chimie, et de celle-ci à l'Astronomie, chère aux savants babyloniens et perses.

Comme je l'ai déjà mentionné, tout cela semble se passer à l'Ere zodiacale du «Taureau». De plus, mystiquement, le phénomène a atteint sa dimension solaire, donc astrologique : le «soleil-Principe» (Mithra) va être conduit à affronter le «Grand Taureau» (le signe) suscité par les Ténèbres. Au cours du combat, notre héros ayant saisi l'animal par les cornes, est emporté sur son échine. Mais la course dure longtemps et l'animal fougueux tombe épuisé. Mithra en profite pour le tirer par les pattes postérieures et l'emporter dans une grotte. Ici, les «Mystères» font sentir aux élèves ***la victoire de la Lumière-Soleil de l'Esprit sur la chair bestiale*** (le taureau). Ensuite, ils mettent l'accent sur le fait que tous les hommes ***ont à porter leur fardeau*** de passions, de devoirs, de soucis, et qu'aucun n'y échappe (comme Mithra a porté l'animal). Enfin, que le ***courage est indispensable*** dans l'existence pour vaincre à tout prix. (Leçon à tirer de l'Homme Mithra face à la puissance aveugle des «événements-Taureau»).

Mais poursuit le Mythe, le Taureau s'évade de la grotte tandis que Mithra dormait... Comme dans l'Univers, rien ne se fait en secret[79], un ***corbeau*** éveille Mithra et lui recommande de tuer le fugitif quand il l'aurait rejoint[80]. Celui-ci obéit contre sa volonté, détestant répandre le sang de vie. Accompagné de son ***chien*** (Obéissance-Fidélité), il poursuit le taureau, le rejoint, le jette au sol, et lui plonge un poignard dans le cœur, en ayant soin de détourner la tête par horreur de son geste. Du sang répandu de l'animal, jaillissent des plantes et des herbes utiles aux hommes. Mais les Ténèbres (OROMaZDèS) veulent empêcher que ce sacrifice se consomme, désirant détruire cette Source de Vie : fourmis, scorpions, et serpents tentent de tout dévorer, mais en vain. Au contraire, le sperme du Taureau jaillit sur la sphère de la Lune, où il germe à son tour et porte des fruits. Les «Mystères» insistent sur cet événement : en immolant le taureau contre son gré, par bonté de cœur, Mithra devint le **ré-générateur** de la vie terrestre, créant ainsi une vie nouvelle plus riche et plus féconde que l'ancienne (à l'instar du «Déluge» biblique, issu de la Tradition Primordiale).

Dans le vécu des «Mystères» le myste s'assimile la vertu revivificatrice de cette immolation. Il est le Principe même du Rédempteur-Médiateur. Comme pour les autres «Ecoles», les élèves sont appelés à franchir ***sept degrés d'Initiation*** répartis en ***deux groupes*** : les «degrés des ***Petits Mystères***» («Corax», «Kryphius», «Mèlô»[81]), ceux des «***Grands Mystères***» («Léo», «Perses», «Héliodromus», «Pater»[82]) étaient généralement souterrains. La statue du dieu en occupait le fond. Au centre brûlait le «Feu Sacré»[83]. A partir de 21 ans, (18 pour les filles) les adolescents avaient accès au premier groupe de «Mystères». Mais ce n'était qu'à partir du grade de «Lion» (quatrième degré) que les épreuves difficiles commençaient. Le Maître nommé à vie par les

[79] «Nouv. Test.», Evangile de Matthieu, chap. 10, vers. 26.
[80] Voir le rôle du corbeau dans la Genèse, chap. 8, vers. 1 à 9.
[81] Soient successivement : «corbeau», «caché», «brebis».
[82] Pareillement pour : «Lion», «cavalier» (fuyant la matérialité), «coureur solaire», «père».
[83] Comparer avec la «lumière rouge» brûlant sur l'autel dans les églises catholiques.

«Anciens Officiants» (sixième degré) était appelé « pater patrum » (Père-berger). Les rituels du second groupe comportaient des jeûnes, des ablutions éprouvantes, et de véritables «drames physiques» (soif d'eau, brûlures légères par le feu, fouet dans un courant d'air, et enterrement du corps en terre). Ils pouvaient durer quatre-vingt jours (4 x 10 x 2 x ou 2 fois 40). Après l'épreuve du miel, dont on enduisait les mains et la langue du myste, au milieu de mouches et de toutes sortes d'insectes, le «Lion» était alors admis à la **comm-*Union*** (partage de pain rond et d'une coupe de vin). Les diverses épreuves s'accompagnaient de durs actes de pénitence et de «Mantras» (type «AuM»...) qui étaient destinés à garantir une haute- spiritualité aux adeptes.

Les «Mystères de Mithra» ne visaient pas seulement à maintenir une certaine pureté physique et morale dans ce monde, mais voulait absolument ***affranchir ses Initiés de la crainte de la Mort*** ; ils les préparaient ainsi à leur «seconde vie» : à l'instar de Mithra, chaque individu devait affronter des «taureaux de difficultés» durant son existence charnelle. Il devait les «tuer» par ses efforts, **afin de produire les «fruits karmiques»** que l'«Univers-Soleil» attend de lui (régénérescence de son «JE», Esprit éternel) même s'il en venait à déclencher des «fourmis», des scorpions, ou des serpents d'opposition qui, au lieu de l'entraver, lui fournissaient un surcroît de dynamisme bénéfique (la «projection spermique lunaire» à partir de l'«animal immolé). Karmiquement, les individus «bestiaux» sont anéantis progressivement dans le Feu des vies-épreuves, alors que ceux qui, durant leur existence, s'approchent de l'exemple de Mithra, «boivent progressivement un breuvage d'Immortalité».[84]

Contrairement aux autres «Mystères», ceux de Mithra furent intelligemment dilués dans le Christianisme. Son Eminence, John

[84] Dr. F. Cumont; «Textes et monuments relatifs aux Mystères de Mithra» (Bibl. Royale de Bruxelles, 1896, 1899) ; «Les Mystères de Mithra» (-d°-, 1913) ; Pr. J. Toutain, «Les Cultes païens dans l'Empire Romain», tome II (B.Nat. 1911).

Henry Newman, prélat de l'Eglise catholique d'Angleterre, eut l'admirable franchise de rappeler que le Christianisme primitif, lorsqu'il devint institution (threskeïa), donc cessa d'être une «Doctrine» (didaké), «enfreint la Volonté Divine» («transgressed the Divine Will»[85]) ***en ne luttant plus contre le «paganisme»*** (sic) ***mais en s'incorporant à lui.*** Il écrivit : «... L'usage des temples qu'on dédiait à des dieux particuliers (singular gods), l'usage des rameaux de verdure, l'encens, les lampes, les cierges, les offrandes vôtives après obtention d'une guérison, l'eau bénite (consecrated water), les fêtes et les temps, l'emploi des calendriers (use calendars), les processions, la bénédiction des récoltes, les vêtements sacerdotaux (priestly clothes), la tonsure des prêtres, l'anneau dans les mariages (nuptial ring), l'orientation des églises vers l'est, les images, voire même le chant sacré latin de «Kyrie Eleison» (mal traduit par «Seigneur aie pitié de nous» dans les «Ordinaires de la Messe» de mon enfance)[86], **quoique tous d'«origine païenne»** ont été soudainement «sanctifiés» par le simple fait d'être admis dans l'Eglise de Rome...» Voilà qui est clair ! Encore que cette politique n'aurait dû choquer personne, **si les dignitaires romains s'étaient donnés la peine d'expliquer** cette transition ! Ce qu'ils n'ont pas fait du temps de leur toute-puissance, voulant être le «seul Magistère de Dieu sur Terre», donc s'imposant d'office aux peuples, et écrasant toutes les autres croyances. Toutefois, ils n'ont pu vaincre ni l'Islam, ni l'Hindouisme, et encore moins le Bouddhisme, malgré toutes leurs intrigues. Tout simplement parce que ces religions étaient plus proches des anciennes «Ecoles des Mystères» que ne l'était le système étatique romain. Que mon public lecteur catholique sincère n'y voit absolument pas là une critique acerbe et destructrice, mais un simple rappel de l'Histoire.

[85] Card. J. H. Newman, «Essay ont the Devlopment of Christian Doctrine», chap. VIII, p. 357, 371, 373 (Royal Bibl. London, 1881) ; «What Has Religon done for Mankind ?» (Watchtower, N.Y. 1951).

[86] «Kyrie Eleison» = Seigneur (Kurie) à qui appartient (élei) à lui (son) le Sublime Soleil (El, Hel) ; P. Le Cour, «La Messe», (Atlantis).

Pour en terminer, disons que les «Mystères de Mithra» se heurtèrent à la concurrence des autres «Ecoles», mais dès la fin du Ier s. ils étaient en tête de la popularité. C'est l'époque où, suite à la chute de Jérusalem, le Judaïsme perdit toute sa force vitale. Cybèle tomba dans le discrédit, suite à ce que nous en avons dit. Restaient les «Mystères d'Isis» dont le délicat féminisme n'était pas encore d'époque : il dut s'effacer devant Mithra qui, à la fin du IIIe s. avait presque absorbé les autres «Ecoles». Cela lui était d'autant plus facile que, pour devenir «myste de Mithra» il n'était pas nécessaire de rompre avec ses autres engagements. De sorte que les «Ecoles» mithraïques devinrent des groupes composites issus des milieux les plus variés.

Les premiers élèves de Mithra à Rome se recrutèrent dans les mêmes milieux populaires que ceux du «Chrestus». Une classe d'intellectuels s'était formée parmi les plébéiens, les artistes, les artisans, sans parler d'une foule d'esclaves instruits, employés dans les familles riches comme secrétaires, médecins, comptables, etc. Ces gens, contrairement à ce que racontent les manuels scolaires, disposaient d'une grande liberté et avaient acquis une discipline de labeur que nous avons perdue. Il y avait, certes, beaucoup de malheureux et d'handicapés non secourus, mais ils constituaient une minorité. Les trois-quart des populations rejetaient le laxisme moral des religions en place et ***aspiraient à une Morale solide à la conviction en une sur-vie après la Mort***. Artisans et agriculteurs, ***en contact constant avec la Nature et les êtres vivants*** s'étonnaient que la vie humaine s'arrête au dernier soupir, alors que dans les cieux comme sur la terre, tout se perpétuait indéfiniment. A toutes ses préoccupations, les «Mystères de Mithra» y répondaient pleinement.

Comme les rites étaient exempts d'immoralités grossières, lesquelles avaient fait chuter les autres tendances, ils ne perturbaient en rien la conduite des affaires, bien au contraire. Devant ***l'amélioration de la mentalité et du comportement des élèves***, ces «Mystères» se répandirent dans l'Armée qui avait besoin d'une

Ethique pour maintenir l'Empire chancelant, rongé par les politiciens. On peut même dire que les premiers «hauts-grades» mithraïques furent des soldats, puis des conseillers impériaux. Néron, à qui l'on reproche stupidement d'avoir fait incendié Rome pour se satisfaire du spectacle, alors qu'il était en tournée à Atrium[87] fut «initié» à Mithra et c'est sans doute là la raison de ce complot injuste contre lui. De même Trajan et le niais de Commode, plus stupide que méchant. A l'époque d'Aurélien, ces «Mystères» s'exerçaient en Rhénanie, en Flandres, et dans les villes de garnison anglaises du fameux Mur d'Hadrien. Julien, (déjà cité) en fut un adepte fervent, d'où son assassinat par des «mains chrétiennes». C'est surtout Constantin, au IVe s. qui subtilement, on fusionnera Mithraïsme et Christianisme en plaçant sous le chapeau d'un «Pontifex Maximus» les «Pater Patrum» de l'un avec les «Presbutéros» et «épiskopos» des autres. Ensuite, à mesure que les siècles s'écouleront, les «Pontifex» piocheront dans les deux courants les éléments nécessaires à l'établissement de leurs Dogmes. En l'an 313, par l'Edit de Milan, Constantin créera la «Sancta Catholica Ecclesia», et en 325 le fameux Concile de Nicée fera disparaître tout ce qui pouvait être «compromettant» à l'expansion de la «***Nouvelle Religion Universelle***»...

[87] Conférences publiques de M. Choisy, décennie 1950 (Institut Métapsychique, 1 pl. Wagram, Paris).

2. - 8. L'«APRÈS-VIE» DANS LES RELIGIONS OFFICIELLES ET SOCIÉTÉS SPIRITUALISTES MODERNES

Pour en revenir à notre sujet de l'Après-Vie, la disparition des «Ecoles de Mystères» et surtout leur destruction par l'Eglise de Rome naissante du IVème s. jeta un doute sur tout ce qui était «spirituel non officialisé». A cela s'ajoutèrent des écrits rapportant des «indiscrétions» souvent déformées de gens qui avaient fréquenté ces lieux d'Initiation. On en vint alors à croire davantage des thèses grecques avancées par Démocrite et Leucippe selon lesquelles tous les atomes qui composaient les humains se transformaient dans le sol en fleurs sauvages, choux, carottes, ou navets lorsque leurs corps se décomposaient dans le sol et que les choses n'allaient pas plus loin[1]. Tout s'arrêtait là, au dernier soupir, et tout recommençait à chaque naissance.

Ensuite, la question de l'«entrée dans l'Après-Vie» posée sur tous les continents depuis l'apparition de l'«humain conscient» demeurait un problème mal posé, raison pour laquelle nous n'obtenons que de mauvaises réponses, ou des «à-peu-près» peu satisfaisants. Les Extrêmes-Orientaux l'ont facilement compris avant les Occidentaux. Raison pour laquelle je me dois de parler à présent d'une religion[2] qui débuta au VIe s. av. J.C. et conquit

[1] Conférences publiques de M. Choisy, décennie 1950 (Institut Métapsychique, 1 pl. Wagram, Paris)

[2] Le Bouddhisme, comme tant d'autres, fut au départ une philosophie individuelle avant de devenir, au fil du temps, une religion «de masse» avec ses temples et son clergé.

pratiquement tout l'Orient et l'Extrême-Orient, avant de se figer quelque peu en Inde, puis de sensibiliser l'Occident moderne en notre fin de XXe s. : le **Bouddhisme**. Cette doctrine fut enseignée par un «Grand Initié» du nom de CYaKa-GauTaMa. Il m'a semblé de bon aloi de scinder notre historique religieuse en deux grandes époques :

- celle qui précéda l'ère chrétienne et fut marquée par tout une pléïade de savants et de philosophes anonymes prestigieux (cf. 2.7).
- l'autre qui partout au VIe s. av. notre ère déclencha la grande lignée des phycisiens et métaphysiciens qui aboutirent à notre intellectualisme et à notre technologie moderne (cf. 2.8).

Le Bouddhisme amorce donc cette seconde période...

28. 1 - Le «Monde de l'Après-Vie» dans le bouddhisme :

Si l'Hindouisme situe l'Origine de la Vie dans une sorte de magma universel ou «PaRaMaTMaN»[3] duquel émanent tous les «ATMaNs» (âmes-esprits en migration) qui seront finalement «réabsorbées» par lui, il en va tout autrement du Bouddhisme qui ne se préoccupe nullement de cette question. Son intérêt est centré principalement sur la Cause de la Naissance et de la Mort en ce monde. Il prend pour point de départ le fait incontestable que tout être naissant est composé d'Esprit et de Matière, donc son existence est conditionnée. Il faut savoir pourquoi ! Bien que disposant tous de ses ***deux éléments***, l'Humanité se présente dans un ensemble tellement diversifié d'ethnies, de comportements, de caractères et de tailles, qu'on peut dire sans se tromper que deux personnes apparemment «jumelles» ne sont jamais identiques en tous points.

Allons plus loin... Chaque être ayant ses propres critères psychologiques et psysiologiques, ces facteurs interviendront inévitablement dans la formation du caractère, mais ne sont pas

[3] Littéralement = PaRa-Ma-ATMaN = Ames-esprits ATMaN) de la Matière (Ma) provenant du Feu Eternel (PaRa).

seuls responsables des différences subtiles existant entre les individus. Si la Science remonte de l'homme ou de la femme au fœtus qui les a constitués, elle y découvrira ***deux raisons*** essentielles : le spermatozoïde paternel et l'ovule maternel. Cependant, si l'on franchit les limites de cette vision mécaniste du «phénomène humain» (comme dirait Teillard de Chardin) on est en droit de penser que ce ne peuvent être que ces deux éléments vitaux qui interviennent dans cette combinaison génétique.

Effectivement, ce qui nous fait raisonner ainsi, c'est que l'on ne voit pas pourquoi ce serait justement le garçon A qui va par bonheur ou par malchance parmi ces millions de «poissons spermiques», naître de cette cellule fécondée particulière **elle aussi, *plutôt que le garçon B ou la fille C***, puisque les ***trois*** pris en exemple obéissent aux ***mêmes lois***. Aussi, aux deux facteurs biologiques précédents, le Bouddhisme en ajoute un ***troisième*** qui n'a rien de commun avec la bio-physiologie. Nous savons que spermatozoïdes et ovules laissés sur place, de part et d'autre, mourront et disparaîtront, à moins que ne survienne un troisième élément qui se joint à ces cellules et qui sera responsable de toutes les distinctions subtiles qui existent entre les êtres : le facteur de ***l'inné***. Or, celui-ci suppose fatalement une antériorité à l'existence. Tous les Grands Initiés ont une vision intérieure purifiée, **supranormale**, qui leur ont permis de voir les êtres disparaître à certains états d'existence et de renaître à d'autres. Ils ont distingué de suite le «Noble» (harmonique) et le «Vil» (désharmonique), le beau et le laid, le bon et le cruel, etc. **Car chacun et chacune cheminent dans l'Espace universel selon ses actes !**

Or, ***tout le monde a la faculté de purifier son existence***, ou au contraire, de ne pas la purifier : c'est un **choix**. Donc, cela ne peut se faire que durant une existence, à «l'épreuve du feu» diraient les fondeurs, ou en esquivant les obstacles sociaux ou affectifs, ou handicapant physiquement... Cette prise de position est donc **innée**. On dispose de pouvoirs ; il nous faut développer cette faculté de purification. Les «Grands Initiés» constituent autant d'«exemples vivants» de nos hardiesses comme de nos faiblesses, de nos victoires comme de nos défaites ! **L'inné** implique inévitalement le ***KaRMa***, facteur important dans la formation de Mr X... comme celui de Mlle Z... Nous verrons ailleurs plus en détail la signification de ce mot sanskrit ; disons qu'il a le sens de «***salaire payé pour un travail***». Or, tous les actes, les mots prononcés, et les pensées ont une force dynamique qui, une fois formulée, demeure dans l'Espace et s'exprime dans les existences successives au cours des Eres.

Or, supposons qu'***une personne soit sur le point de mourir*** ; dans son mental surgit l'idée qu'elle est en train de mourir, et elle sent alors à l'avance une impression agréable ou désagréable lorsque, en quelques secondes, ***toute la rétrospective de sa vie passée va défiler dans ce mental. Elle constituera le prochain*** **inné** ***lors de sa re-naissance***. A ce sujet, paradoxalement, le Bouddhisme rejette la notion d'«Ame-Esprit» à la différence de l'Hindouisme. Pour lui, **tout dans l'existence est impermanent**. Tout le monde peut constater que les animaux sont provisoirement sur Terre, que les plantes meurent et que les minéraux mêmes se désagrègent. La Science astrophysique parle de la disparition inévitable de la planète, de l'extinction du Soleil, et de la transformation complète de l'Ecosystème. Pourquoi l'Homme serait-il différent ? Ainsi en est-il de même pour lui : sa vie est brève, et à chaque minute de sa vie des milliers de «cellules-mères» meurent en donnant vie à des «cellules-filles» qui maintiennent temporairement les tissus et les organes en état de fonctionnement. Chaque individu n'est jamais identique d'une minute à l'autre. Oh, certes, il ne le remarque pas ! Toutefois, son miroir et ses articulations, ou son système digestif ou circulatoire, se chargeront de le lui rappeler cinq ou dix ans plus tard, ou lors d'un effort ou d'un stress inhabituel.

Dans le Bouddhisme, il n'est donc pas question d'«Ame-Esprit» éternelle ou immortelle. L'Humain est entrevu comme une «***énergie compacte***» composée de ***cinq agrégats***. ***L'humain n'existe pas en soi ; seuls les aggrégats existent***. C'est le **seul**

réel qui existe, mais qui malgré tout est soumis lui aussi **au changement**, puisque **rien n'est permanent** ! Ces cinq agrégats se dispersent après la mort du sujet qu'ils composaient et vont former d'autres êtres vivants en situation de pré-naissance, d'autres «**innés**» (thèse du Bouddhisme TheRaVaDa). Et puis, il y a une autre tendance qui considère cet «inné» comme sujet à transformation mais non soumis à la désagrégation post-mortem : c'est un tout, éthérique, qui va évoluer selon sa «***charge karmique***» (thèse du bouddhisme MaHaYaNa, ou «Grand Véhicule», le plus répandu). Car il faut se rappeler que le Bouddhisme naquit en Inde au Ve s. av J.C. et continua de s'y développer pendant plus de douze siècles, puis essaima en Chine et au Japon. Cependant, réaction tout à fait naturelle contre la sclérose brahmanique et l'apathie hindouiste, il garda de lui une vague notion ***d'«Enfer»*** qui, en réalité, n'est ni plus ni moins que le «paiement karmique» dans une ou plusieurs existences futures d'une «vie désharmonique». En somme, «l'Enfer» se vit dans un «vase corporel» à un niveau de conscience planétaire quelconque dans l'univers, non pas n'importe lequel mais correspondant au **rachat de la dette contractée** durant une ou plusieurs vies antérieures. On retrouvera cette idée-thème déformée dans le Christianisme[4].

Au sens populaire bouddhiste, le «Salut» est une rédemption qui délivre l'entité «innée» du Cycle des Re-naissances et lui ouvre l'accès à une existence bien-heureuse dans un Monde Non-Matériel. Il obtient ***ce retrait de la Matérialisation par son détachement progressif des attraits et des plaisirs*** qu'elle procure. Ceci oblige foi et persévérance dans un combat permanent entre la Chair (à n'importe quel niveau planétaire où l'on se trouve) et l'Esprit des cinq agrégats (Feu, Terre, Air, Eau, Bois[5]). Cette Voie peut s'ouvrir de suite après la mort si la «comptabilité karmique» le permet. L'entité entre dans le «NiRVaNa»[6] par l'aboutissement de

[4] «Nouv. Test.», Evangile de Jean, chap. 12, vers. 32 ; Evangile de Matthieu, chap. 20, vers. 28.

[5] Parfois c'est le Métal qui remplace le Bois.

[6] NiR-VaNa = Non-Etre (matériellement).

l'«***Octuple Cycle de Re-naissance***» : ce n'est pas un «vulgaire Paradis» semblable à celui décrit par le Catéchisme de mon enfance, mais un état de Paix Totale, exempt de tout désir et libéré de la corporéité. Ainsi s'exprime la tendance appelée «HiNaYaNa» (Bouddhisme du «Petit Véhicule»[7]).

Dans l'autre tendance, ou «MaHaYaNa» (Bouddhisme du «Grand Véhicule»), on prépare davantage les adeptes à la vie post-mortem tout simplement. L'Univers Visible et Non-Visible leur est présenté comme une Sphère, ou une Roue parfaitement arrondie et divisée en trois régions : le royaume-condition du ***Désir***, le royaume-condition de la ***Forme***, et le royaume-condition du ***Sans-Forme***. Le premier comprend les mondes matériels et les cieux matériels. Le second se partage en six «DeVaLoKas» (demeures des dieux-principes), conditions dans lesquelles les préoccupations sont orientées vers le manger, le boire, les relations sexuelles : «Ciel des Quatre Grands Rois» (existences dans des «maisons» du Soleil et de la Lune[8]), «Ciel des Trente-trois dieux-principes» («maisons aux murs d'or, parcs de plaisance, arbres et fleurs parfumés[9]), «Ciel YaMa»[10] («maisons» où brille éternellement la Lumière et où «les lotus s'ouvrent et se ferment tour à tour marquant la mesure du Temps[11]), «Ciel TuSiTa» (où tous les «bouddhas» naissent avant d'apparaître corporellement[12]), «Ciel des Plaisirs Transformants» (où tout désir interne se meut aussitôt en satisfaction extérieure[13]), «Ciel des Transformations Libres» (où les dieux-principes demeurent immuables pendant que les autres entités vivantes changent sous l'influence de la Tentation-principe, MaRa)[14], enfin les «Cieux de BRaHMa» (innombrables,

[7] «Petit Véhicule» = parce que ceux qui l'atteignent se sont «allégés de la Matérialisation».
[8] Sans doute l'auteur veut-il parler d'«état-condition de particules de Soleil ou de Lune».
[9] Même remarque, mais cette fois, comme «constituants d'objets».
[10] Sans doute des entités vivantes dans divers mondes planétaires et dont la vie est assujettie au temps.
[11] «YaMa» est étrangement proche du celto-hébreux «YoM» (manifestation lumineuse traduite par «Jour») et du japonais «YaMé» (figer un mouvement dans l'espace).
[12] Sans doute le dernier cycle des morts-mutations avant le NiRVaNa.
[13] Je suppose le stade ultime de l'équilibre entre l'«inné» et l'«acquis».
[14] Niveau des «Tentations Suprêmes».

«vieux de 16.000 KaLPas»[15])... Dernier royaume-condition, celui des «Sans Formes», où toute trace de Matière s'est dissipée, et où l'Esprit demeure dans un état permanent d'Extase, «lieu» où ne subsiste ni Conscience ni Non-Conscience, dans le sens où nous l'entendons à l'échelle humaine.

Terminons ce sous-chapitre en précisant que toutes ces allégories marquent ***les conditions possibles de l'«inné» après l'une de ses morts-mutations***. Ces images sont aussi destinées à imprégner l'esprit-mental des adeptes durant leur vie ici-bas, de telle manière qu'elles leur facilitent la condition de passage du «Seuil», leur préparant ainsi leur «nouveau niveau de conscience». C'est seulement en dépeignant d'une manière très saisissante les différents «niveaux» de l'Après-Vie bouddhiste, que les auteurs initiés des «Livres Sacrés» ont voulu attiser les ardeurs profanes. Il ne faut pas voir ces «plaisirs» comme une licence humaine, mais comme la satisfaction des plus ardents plaisirs d'une nature éthérée dépourvue d'organes les assouvissant. Témoin, par exemple, ce texte chinois décrivant ce qu'attend un humain qui va «Re-naître» ... A peine vient-il d'être trouvé assis sur les genoux d'un DeVa[16] que lui apparaît, de son propre mouvement, un vaisseau précieux rempli de nourriture céleste dont la consommation, par ce nouveau-né (le mort) le fera croître et grandir de sorte qu'il atteindra la taille des autres DeVas... Puis ils entreront tous deux dans le lac d'eau claire pour s'y laver. Les arbres les pourvoiront d'onguents pour oindre leur coiffure et leur corps. On retrouve là encore toute la Symbolique de la Tradition Primordiale qui transparaît dans la Bible et le QoRaN, que ce soit pour l'***Onction***[17] ou en ce qui concerne ***l'Arbre*** en tant que matérialisation de la Force-Longévité-Perpétuation...[18]

[15] 16.000 = 1 + 6 = 7 (Plénitude Céleste) portée sur les trois mondes (les trois zéros). «KaLPa» a donné le français «calepin» (carnet-agenda).

[16] De «DiV» (briller) = entité éthérique d'Accueil dans le Monde des Ombres.

[17] «Anc. Test.», Zacharie, chap. 4, vers. 14 ; Ier livre de Samuel, chap. 10, vers 1.

[18] «-id-», Genèse, chap. 2, vers. 9 ; Proverbes, chap. 3, vers. 18 ; chap. 11, vers. 30 ; etc.

On ne peut passer sous silence la religion professée par plusieurs millions d'Hindous, le Jaïnisme, fort peu connu en Occident, et tirant son nom du mot sanscrit «YaIN» (proche du celto-hébreu «AYN»[19]) qui a donné «YiNa» (vainqueur, conquérant). En réalité, il ne s'agit pas d'un Art Martial (quoi que ceux-ci sont nés en Inde et non au Japon) mais «***d'un combat individuel en vue de triompher de toutes les passions possibles***». De sources indiennes, le créateur du mouvement aurait été un élève initié de l'«Ecole» du Maître Grand Initié Bouddha. Il aurait vécu de 599 à 527 av. J.C. sous le nom de MaHaViRa (MaHa-VaHa = le Suprême Tourbillon) prêchant une «AHiMSa» (Doctrine individuelle) en vue d'un retour aux antiques «Ecoles des Mystères» dont il déplorait la disparition dans son pays sous l'impulsion des froids Brahmanes et des ascètes yogis. Des études approfondies (USA, G.B.) tendraient à prouver que l'origine du mouvement est antérieure au Bouddhisme. CYaKa-GauTaMa et son élève tentèrent d'endiguer la décadence spirituelle déclenchée par la religiosité exagérée de l'Hindouisme.

Le commandement suprême de l'«AHiMSa» est : «Ne fais de mal à aucune créature». Le Jaïniste doit surmonter ses pulsions qui tendraient à le pousser à tuer ou à maltraiter son semblable, un animal ou une plante. Rien de ce qui existe n'a été fait par l'Homme. Il est donc normal que l'Homme n'ait aucun droit, encore moins celui de s'approprier ou de supprimer. La vie de l'insecte le plus inférieur est aussi sacrée que celle du plus noble des humains et ***elle est* tout aussi éternelle**. Les tablettes jaïnistes classent les êtres vivants selon le nombre des organes des sens qu'ils sont censés posséder, depuis le Végétal (qui ne possède que le sens du toucher), tout au bas de l'Echelle du Vivant, jusqu'aux bœufs, moutons,

[19] L'Initiation hébraïque et Quabaliste énonce que «l'on possède le Tout (IoD) lorsque l'on a atteint le Rien (AYN)».

porcs, poissons, volailles et autres animaux au sommet de cette Echelle (rappelant étrangement l'allégorie biblique Jacob[20]), lesquels possèdent non seulement les sens mais également ***disposent de l'Instinct puis de l'Esprit***. D'où l'interdiction de ne consommer aucun animal de peur de «se charger de fragments d'Instinct et d'Esprit de diverses provenances». Noix, fruits, légumes devaient suffire à l'entretien du corps. Lorsque le personnage Christ jette à la face des religieux les paroles suivantes : «Conducteurs aveugles, vous avalez le chameau et vous coulez le moucheron ![21]»... Il fait allusion au pharisianisme juif issu du jaïnisme indien, dont les pratiquants étaient tombés dans un autre travers que celui du Védisme : superstitieux, ils filtraient l'eau qu'ils buvaient de peur d'avaler un moustique. Aussi portaient-ils devant la bouche un petit voile de mousseline afin d'en éloigner les insectes, ce que n'a jamais enseigné la Tradition Primordiale.

Comme toujours, bien longtemps après sa mort, MaHaViRa fut déïfié. Ses adeptes ont considéré arbitrairement qu'il avait conquis son Karma et acquis la Suprême Connaissance Antique, à l'instar du Maître Bouddha. Comme bien d'autres, il était devenu «BoDhi-SaTTVa» (absorbé par le Corps Universel de l'Illumination). Ceux et celles qui tentent de les imiter par des vies exemplaires sont des «YiNas» (saints)[22]. Tout être vivant possède une Ame-Esprit qui, à travers des «vies-écoles» successives, va tendre à devenir elle-même «DiVa», donc devenir par elle-même «dieu» : autre concept que nous retrouvons dans la Bible[23]. Le Jaïnisme croit, comme le Shintoïsme nippon, que les «Ames-Esprits» qui ont le mieux combattu leurs pulsions durant leur carnation sont parvenues à l'Omni-Science, à l'Infini Pouvoir, au Bonheur sans limite. Cette «Ame-Esprit» est la Vie-Principe (YiVa) distincte de la Matière (PuDGaLa). Elle s'incorpore à toute matière

[20] «Anc. Test.», Genèse, chap. 28, vers. 10 à 19.
[21] «Nouv. Test», l'Evangile de Matthieu, chap. 23, vers. 23 et 24.
[22] Mrs Stevenson, «Le cœur du Jaïnisme» (B. Nat. 1915).
[23] «Anc. Test.», Psaume n° 82, vers. 6 ; «Nouv. Test.», Evangile de Jean, chap. 10, vers. 34.

morte ou inorganique, s'incarne, et se forme quel que soit le milieu (air, eau, terre, ciel). Il n'existe pas dans l'Univers de Matière sans Vie. Une différence demeure malgré tout entre la «YiVa» animant la Matière grossière informe et celle qui préside aux organismes animés. Dans le monde du Vivant organisé, ce Principe universel est évidemment présent ***mais* jamais à son plein potentiel** qu'il ne peut atteindre, que soit en passant à l'échelon supérieur de cette gradation croissante du Monde Vivant, soit en se libérant totalement et définitivement de la Nature animée, ou «MoKSa» (délivrance).

Selon cette doctrine, l'Univers résultera toujours de la Double-Polarité de la même Energie-Vie (Ki, Tch'i, GY, JY, etc.) se manifestant soit en dilatation «YiVa» (le «Yin» chinois) soit en contraction « AYiVa » (le «Yang» chinois), donc soit «âme-esprit» animée, soit matière inanimée, deux formules incréées et indestructibles. Dans l'«inanimé» on distingue : la matière brute (PuDGaLa), le mouvement (DhaRMa), le repos (ADhaRMa), l'Espace (AKaCa), et le Temps (KaLa). On retrouve là toute la tradition portée dans le «KYBaLYoN» égyptien, dans le «Tao-Té-King» et dans la «Bible» et le «Qoran». Tous les êtres vivants sont des composés subtils d'Ame-Esprit et de Matière réunis par le KaRMa, ou ***«salaire payé par l'Univers pour entretien de sa propre vie»***. C'est la Loi du KaRMa qui oblige l'Ame-Esprit à passer de corps en corps, du bas en haut de l'Echelle du Vivant, dans la longue chaîne des existences. La douleur ou la contrainte, la souffrance ou la peur, ne sont jamais le lot du passage d'une existence à l'autre, ***mais dans l'existence même dans la Matière. L'Ame-Esprit ne souffre que dans le contexte de la matérialisation*** qui l'emprisonne. Lors de sa libération (MoKSa), elle ne souffrira que si elle demeure attachée à sa matérialisation antérieure. Aussi, l'existence dans la matière formée, implique-t-elle ***le dégagement à tout prix des attraits du milieu***, afin de se préparer à la fois une «bonne mort» et en même temps de «bonnes existences futures»...

28. 3 - Le «Monde de l'Après-Vie» dans le catholicisme romain :

L'Administration religieuse du Vatican à Rome estime être la seule à avoir le droit d'utiliser l'épithète grec de «katholikos» signifiant «universelle» parce que présente et active dans tous les pays du monde depuis sa création par l'empereur romain Constantin le Grand, par «l'Edit de Milan» en l'an 313. Ce terme de «catholique» est surtout officiel depuis l'an 1580 pour contrecarrer la réaction péjorative des Réformés qui la taxait de «papiste», ce qui apparaissait comme assez péjoratif, attendu le litige en cause en ce XVIe s. Qui rejetait «l'autorité du pape de Rome» s'instituant «Vicaire du Christ», et successeur présumé de l'«Apôtre Pierre». Ce dernier se serait rendu dans la capitale et y aurait été crucifié la tête en bas, comme le raconte la tradition religieuse cléricale. L'Eglise catholique romaine enseigne qu'il n'y a qu'un seul Dieu dont la Science, la Puissance et la Bonté sont infinies, comme toutes les autres perfections. IL a créé toutes choses et les gouverne par sa Providence. Dans ce Dieu unique, ***il n'y a pas qu'une seule Personne mais trois distinctes*** : le Père, le Fils et l'Esprit-Saint. Ces trois personnes sont parfaitement égales entre elles. Aux temps prévus par les «prophètes» de l'«Ancien Testament», Dieu voyant le «désarroi» de son peuple (le peuple juif) aurait envoyé sur Terre son Fils Bien-Aimé, l'une des Personnes de la Trinité Divine. Cette «Parole de Dieu» serait descendue du Ciel, se serait fait humain dans le ventre d'une vierge juive nommée MyRYaM (Marie) sous l'action de l'Esprit-Saint. Neuf mois plus tard, ce «Fils de Dieu» portant le nom juif de Jésus (YéHoShOuaR) serait né à Bethléem dans une étable, le jour du 25 décembre (Noël). Je ne ferai aucun commentaire sur les invraisemblances de cette introduction théologique. D'autre, même parmi les Catholiques pratiquants, l'ont fait avant moi. De plus, ce n'est pas le sujet qui nous intéresse présentement, mais la position de cette religion vis-à-vis de la fin dernière de l'homme, et ce qu'a pu en dire ce «Vicaire de Dieu». Car on sait qu'après avoir mené une vie obscure durant près de 30 années, principalement à Nazareth, en Palestine, il vécut un ministère publique. Il s'associa un certain nombre d'hommes, ou «apôtres» (littéralement = apostellein = ceux qui portent au loin). Il les instruisit dans la doctrine dont il jeta les fondements, laquelle devait ultérieurement, après sa disparition, devenir une religion. Déjà, il pensait qu'il y avait une grande différence entre une «doctrine» (grec = didaché) et une «religion» (grec = threskeia), ce qu'elle est malheureusement devenue. Pendant environ trois ans, il parcourut la Palestine de l'Ouest, guérissant des malades, «ressuscitant des morts» et annonçant partout «une Bonne Nouvelle du Royaume» (grec = evaggelion basileïa). Quelle était donc cette «Bonne Nouvelle» ?

Ne croyez surtout pas chers lecteurs et lectrices que je gaspille de l'espace et du temps à vous parler des fondements d'une Religion «bien de chez nous» en Occident, et qui rassemble près du milliard de fidèles ! Combien de fois ne m'est-il pas arrivé, lors de conférences publiques en Sorbonne, à Paris, de réapprendre leur religion à des Catholiques pratiquants qui avaient totalement oublié l'Essence même du Christianisme originel ! Non,***pour beaucoup***, les lignes qui suivent ne sont nullement superflues !

Lorsqu'on questionne l'homme de la rue à ce sujet, il répond naïvement que cette «Bonne Nouvelle» consiste simplement dans le slogan : «Aimez-vous les uns les autres». Quand on lui montre qu'un tel idéal était déjà mentionné dans la Loi juive[24], il s'en étonne, et se demande alors en quoi a consitait ce «message» du Fils de Dieu ? Si l'on aborde alors la question du «Royaume» on peut se demander duquel il est question ici puisque tantôt le Christ a utilisé l'expression «Royaume de Dieu» (grec = basileia-toon Theou) tantôt celle de «Royaume des Cieux» (grec = basileïa toon Ouranoon). Pour le sujet que nous debattons, il est bon de savoir dans lequel des deux vont les morts ? S'il y en a de deux sortes c'est que, sans doute, les trépassés se partagent en deux classes.

[24] «Anc. Test.», livre du Lévitique, chap. 19, vers. 18.

Lesquelles alors ? La réponse à cette question a embarrassé bien des enseignants en Théologie et des prêtres, car parmi leurs ouailles paroissiaux quelques-uns sous l'instigation de prédicateurs bibliques au porte à porte, se plongent incidemment dans leur version des Evangiles et y découvrent des «choses troublantes» !. Il arrive aussi très souvent que le prédicateur en question se fasse à son tour piéger par le profane mis en éveil ; pris à son propre jeu, il disparaît poliment. En tout état de cause, le sujet en question est très épineux, et beaucoup de textes évangéliques et vétéro-testamentaires ne sont pas clairs, d'abord parce qu'ils ont été bien souvent déformés par la double-traduction (grec/hébreu, latin, langue moderne) ensuite parce qu'un grand nombre présente un double-sens (exotérique/ésotérique). La majorité du public se contente de la première lecture ; peu regardent ou recherchent ce que cachent des mots ou des expressions **volontairement** choquantes...[25].

Ainsi, pour cette question des «***deux types de Royaumes***», l'expression «Royaume de Dieu» est employé ***63 fois*** dans le «Nouveau Testament»[26]. Pour ce qui concerne le «Royaume des Cieux», l'Evangile dit «de Matthieu» le répètera uniquement 32 fois. Par contre, si le mot «Cieux» se lit peu fréquemment, l'idée se rencontre plus souvent, sous le thème «Royaume» tout simplement. Nous ne devons pas nous en étonner car aux premiers siècles de notre ère, le mot hébreu «MaLKYouTh» (royaume) avait un sens profond que seul le Judaïsme qabaliste a gardé précieusement : **il s'agit d'une condition de royauté intérieure**, alors que les fondamentalistes chrétiens en ont fait un «système de règne christique mondial futur»[27]. D'ailleurs, un grand théologien catholique alle-

[25] «Anc.Test», tueries au nom de Dieu : Nombres, chap. 25, vers. 5 ; Juges, chap. 15, vers. 16 ; Esther, chap. 9, vers. 1 à 16 ; Jérémie, chap. 25, vers. 33 ; etc. «Nouv. Test.», haïr sa famille : Evangile de Luc, chap. 14, vers. 26 ; tuerie : Evangile de Luc, chap. 19, vers. 27 ; Matthieu, chap. 10, vers. 34 ; etc.

[26] Evangile de Matthieu 4 fois, celui de Marc 4 fois, les Actes des Apôtres la font figurer 6 fois. Les «Lettres Apostoliques» de la fin du «Nouv. Test.», la contiennent 2 fois.

[27] Consulter les «Targums juifs : Esaïe, chap. 31, vers. 4 ; Abdias, vers. 21 ; Michée, chap. 4, vers. 7 ; Zacharie, chap. 14, vers. 9 ; Esaïe, chap. 50, vers. 9 et chap. 52, vers. 7.

mand comme le Pr Dr Dalman ne s'y est pas trompé[28] et confirme ce qui précède. N'oublions pas que le dénommé «Matthieu» écrivait pour des Judéo-chrétiens. Donc, comme le singulier dans ce type d'expression n'existe ni en hébreu ni en araméen, si elle a été prononcée, elle ne sous-entendait pas ***«condition-royauté du Ciel»*** mais **condition intérieure de l'individu** qui se prépare pour ce nouvel état de l'Après-vie. Dalman insiste sur le fait que «basileia» en grec n'a jamais signifié «royaume-territoire» qui dans ce cas se dit «épikratousa» (domination par dessus). Même un théologien français comme A. Loisy a vu dans l'expression «Royaume de Dieu» une condition particulière et ***extrêmement rare*** de l'homme ou de la femme **en qui** le Contemplant/contemplé (THEOU) est déjà présent. Et cette explication est tout à fait en concordance parfaite non seulement avec la Tradition Primordiale mais aussi avec la démarche orientale et extrême-orientale.

Si le «Message Christique» avait été correctement dispensé, sans altération ni «exploitation politique ou administrative», il y a des siècles que ***l'Occident aurait rejoint l'Orient*** et que Rome et la Mecque se seraient fondus en un seul «service au divin» (peu importe son Nom !). C'était là la «Bonne Nouvelle» et non celle qui va consister des siècles plus tard à bâtir tout un dogmatisme s'inspirant davantage de l'Hellénisme philosophique en accrochant au passage quelques extraits évangéliques, qu'un retour aux sources pures et simples de la Vraie Tradition.

Pour le catholique donc, la Mort est une chose sérieuse à cause du «Jugement» qui lui fait suite. Elle est pour l'humain le terme du mérite ou du démérite. La Théologie officielle la compare à «la nuit où personne ne peut travailler» [29], à la «porte fermée» à toutes les supplications» (parabole des «Dix Vierges»[30]). A sa mort, l'hu-

[28] Pr Dr Dalman, «Die Werk Jesus» (Leipzig, Bibl. 1905).
[29] «Nouv. Test.», Evangile de Jean, chap. 9, vers. 4 ; remarquez que le contexte ne se prête pas à une telle interprétation.
[30] «-id-», Matthieu, chap. 25, vers. 1 à 13.

main est jugé une première fois en attendant «le Jugement Général» : à l'appui est citée la fameuse phrase que le Christ mourant sur le bois (événement assez contesté) aurait dit au voleur repentant : «Je te le dis, aujourd'hui tu seras avec moi dans le Paradis»[31]. De ce fait, par sa conduite en ce monde, chacun et chacune de nous prononce, dès ici-bas son propre jugement[32]. Ce jugement fixe l'Ame dans son état définitif : s'il lui est favorable, c'est le Ciel qui s'ouvre à elle avec des joies éternelles, la vie éternelle auprès de Dieu, dans sa Gloire[33]. Le «Ciel» est donc une récompense éternelle pour les «justes» puisque «leurs œuvres ont été bonnes»[34].

Autre sort est celui des «damnés» : ils vont en Enfer où ils reçoivent la juste sanction de leur conduite terrestre. Pour ce faire, la Théologie officielle invoque non pas le «ShAéOL» juif d'ombres fréquenté par **tous** les morts, mais le ***«feu de la Géhenne*** où le ver ne meurt pas et où le feu ne s'éteint jamais»[35]. A cette analogie historique, on ajoute les «terreurs» exposées dans d'autres paraboles[36]. Selon les propres paroles du théologien Pr Dr Denys Gorce, «Jésus menace davantage son public de l'Enfer et de l'exclusion du Royaume, qu'il ne parle du Ciel et ne rassure, et cela pour des fautes que notre monde considérerait comme des peccadilles»...[37] Cependant, l'éternité des «peines de l'Enfer» a suscité de nombreux remous, même parmi le clergé. A telle enseigne qu'un des

[31] Matthieu, chap. 18, vers. 23 à 25 ; chap. 25, vers. 14 à 30 ; Luc, chap. 16, vers.1 à 8 ;. Chapitre 19, vers. 11 à 27.

[32] Evangile de Jean, chap. 12, vers. 17 à 19 ; chap. 5, vers. 24 ; chap. 13, vers. 31.

[33] «Nouv. Test.», Epitre de Paul aux Romains, chap. 2, vers. 7 ; chap. 5, vers. 21 ; chap. 6, vers. 22 ; chap. 8, vers. 18 ; Epître aux Galates, chap. 6, vers. 8 ; Epitre aux Colossiens, chap. 1, vers. 27 ; Epitre aux Hébreux, chap. 2, vers. 10 ; Ier Epitre aux Corinthiens, chap. 2, vers. 9.

[34] Matthieu, chap. 16, vers. 27.

[35] Historiquement, il est question ici de la Vallée de BeN-HiNNoM (fils de la famille d'un certain HiNNoM, éboueur de son état, destructeur-incinérateur des ordures ménagères municipales ; tel fut le cas des Versailles pour Paris avant Louis XIV). Sa situation est invoquée à titre de comparaison ; Marc, chap. 9, vers. 42 à 47.

[36] Matthieu, chap. 22, vers. 13 ; chap. 25, vers. 30.

[37] Pr Dr D. Gorce, «Cours de théologie catholique» (Doing 1948).

«Pères» de l'Eglise, et non des moindres, Origène s'inspirant de Platon, a parlé «d'une réhabilitation générale succédant à des supplices temporaires». D'autres comme Tertullien, Thomas d'Acquin, «St Augustin», font appel aux textes où il est question de l'«Infinie et universelle miséricorde divine». D'autres enfin déclarent ***impossible*** **physiquement** l'existence d'un feu brûlant éternellement, voire injuste une punition éternelle ***pour une vie fautive de quelques années***, et encore dans des conditions sociales parfois incitatives au crime, au viol, au vol, ou à la révolte ***légitime***.

A cette réaction, la Rome moderne a paré le coup en annonçant que «dans les temps médiévaux on ne pouvait expliquer à des masses naïves et incultes le symbolisme des flammes de ce Feu»... Maintenant que le monde est plus adulte, il doit comprendre qu'il ne s'agit ***pas de tourments éternels au sens sensitif du terme mais de chagrin permanent*** de se trouver à jamais éloigné de Dieu»... Et d'invoquer le vieil adage «karmique» : «ce qu'un homme sème il le récolte». Néanmoins, de telles pirouettes ne satisfont pas les fidèles qui ne fréquentent plus les églises que par tradition familiale (baptême, mariage, enterrement) où par peur, rarement par conviction. En principe, le dogme envoie le coupable de «péché mortel» en Enfer et le «pécheur léger», le récidiviste de «péchés véniels» au Purgatoire (voir ci-dessous). Va en Enfer surtout celui ou celle qui volontairement ne s'est pas confessé de ses fautes, donc n'a pas reçu du prêtre habilité pour les lui remettre, le sacrement de «Pénitence» en échange de son «acte de contrition».

Du latin «purgo» (je nettoie), le Purgatoire représente la phase intermédiaire pour les défunts entre le Ciel des «Justes» et l'Enfer des «Damnés». C'est le lieu où, toujours selon la Théologie officielle, les âmes des morts sont purifiées de leurs «péchés véniels» : elles y souffrent le châtiment temporaire (conçu aux temps médiévaux comme accompli par un «feu moins intense que celui de l'Enfer») que le pécheur doit subir après que sa culpabilité (relativement à un «péché mortel» confessé et absout en bonne et due forme par un ecclésiastique) aura été levée. Quand elle est suffisamment «purifiée», l'Ame peut alors «monter au Ciel». En général, ce «***corridor de Paradis***» nous est présenté comme ayant ses «petites joies» : confirmation de la grâce obtenue par le Sacrifice de Jésus-Christ[38], certitude du Salut, Amour de Dieu, visite des anges et des saints, qui font de l'état de l'Ame en ce lieu de souffrance un état bien meilleur et plus heureux que celui des vivants demeurés dans le monde. Littéralement, je cite, de mes propres cours de Théologie : «... On y brûle, il est vrai, le même feu qu'en enfer, mais tempéré par la rosée divine...» (sic). On croit rêver !

Voilà donc, en gros, la position de l'Eglise de Rome envers l'Après-Vie. Je ne voudrais pas quitter le Catholicisme (thèse qui sera à peu près la même chez quelques Orthodoxes et chez beaucoup de Réformés, comme nous allons le voir) sans dire un mot de la «résurrection générale» inspirée quelque peu du Judaïsme. Tandis que l'Ame, nous l'avons vue, suit sa destinée, heureuse ou malheureuse, (au Ciel ou en Enfer), le corps du mort suit aussi la sienne, celle de la corruption dans le tombeau, en vertu de la soi-disant «condamnation divine»[39]. Toutefois, Jésus lors de son ministère terrestre, aurait parlé «d'une sortie des morts de leurs tombeaux»[40] les uns pour une «résurrection de vie», les autres pour une «résurrection de condamnation»[41]. Et dans tous les cas, l'Eglise Romaine considère cette affirmation à la lettre, aussi déconcertante qu'elle puisse être dans sa version. Elle donne le Christ comme garant, du fait qu'il a dit «Je suis la Résurrection et la Vie»[42]

[38] Tant pis pour les autres, ceux qui n'ont pas eu la chance de naître dans un «pays chrétien» (!) puisque «hors de l'Eglise de Rome, point de salut !».
[39] «Anc. Test.», Genèse, chap. 3, vers. 19 (selon nos traductions).
[40] Mauvaise traduction ! Le texte grec parle de «mémoire de l'ether» (mnémeion) et non de «taphos» (tombeau) ou «tumbos» (tombe-monument en pierre) ; codex vaticanus, n° 1209, 1905).
[41] En réalité, le passage invoqué (evangile de Jean, chap. 5, vers. 28, 29) devrait se traduire ainsi : «Ne vous étonnez pas de cela car l'heure vient où tous ceux qui ont été **mémorisés** (mnhémeiois) entendront sa voix et sortiront -s'éloigneront (ékporeusontai) de cette condition...» ; (cf. 27).
[42] «Nouv. Test.», Epître de Paul aux Romains, chap. 2, vers. 5 ; Ier Epître aux Corinthiens, chap. 3, vers. 13 ; Matthieu, chap. 19, vers. 28 ; chap. 13, vers. 30 ; Luc, chap. 21, vers. 28.

et que lui-même aurait été «resuscité» pour que son corps ne connaisse pas le pourrissement. Non seulement les morts resusciteront dans la forme même qui était la leur sur Terre, c'est-à-dire «avec le corps qu'ils portent maintenant (IVe Concile de Latran) mais devenu glorieux, agile, spiritualisé sur une Terre nouvelle «débarrassée de SaTaN et de ses démons» !

A cette Résurrection fera suite un «Jugement Général» où ***tous les hommes*** auront à rendre compte de leurs propres actes. Il convient en effet qu'à ce moment ce soit ***l'humain tout entier*** qui soit jugé, c'est à dire non seulement son âme mais son corps, «compagnon et complice de ses actes». Autrement dit, c'est l'Homme individuel, en tant que partie et membre du Genre Humain (ADaM) qui se manifeste de manière à être jugé par Dieu. A ce moment aussi, chacun et chacune connaîtraient le sort de son prochain et loueraient ainsi «la Justice Divine»[43]. Les morts ressuscités seront jugés ainsi par Dieu-Père assisté de Dieu-Fils avec l'assistance des «anges» et le «Grand Livre-Mémoire ouvert». Quelle sera alors la Sentence ? Pour les «Justes» ? : «Venez les bénis de mon Père, possédez le Royaume qui vous a été préparé depuis le commencement du Monde»... Pour les «Damnés» ? : «Allez maudits au feu éternel qui a été préparé pour le Diable et ses démons»[44]. Après sa «ruine tragique», la Terre connaîtra un «renouvellement» : de «nouveaux cieux et une nouvelle terre où la justice habitera»[45]... Pour l'instant, il faut se contenter de mourir et d'affronter le Purgatoire, le Ciel (dans les meilleures perspectives) ou l'Enfer (éloignement éternel de Dieu, selon la version moderne) si nous avons failli à nos «Devoirs de Chrétien»...

[43] «Nouv. Test.», Apocalypse, chap. 20, vers. 12.
[44] Matthieu, chap. 25, vers. 41.
[45] IIème Epitre de Pierre, chap. 3, vers. 10 à 13 ; Apocalypse, chap. 21, vers. 1 à 5.

A contrario des historiens dans leur majorité, je considérerais le VIe s. de notre ère comme celui du «***premier choc mortel***» qu'allait recevoir la Chrétienté naissante, suite à ***l'institutionnalisation de la «Doctrine Christique»*** et à sa sclérose en une organisation internationale politico-religieuse. Sans entrer dans les détails, rappelons que suite à la disparition de «l'Homme de Nazareth» et à celle de ses proches disciples, «St Paul» compris, les petits groupes formés grâce à cette prédication, constitua une société sans chef, sans hiérarchie, vivant en commun à la manière «essénienne» hors des agglomérations, voire dans les propriétés des plus nantis. Leur nombre augmentant face à des cultes défaillants, ils s'enhardirent ensuite, se produisirent dans les rues et les lieux publics, évangélisèrent des foules, essayant à la façon du Maître et de ses «apôtres» de guérir des malades et de réaliser des «miracles» par imposition des mains. Déjà, si l'on en croit les Ecritures par elles-mêmes, l'unité ne devait pas régner longtemps dans cette communauté pluriethnique et plurireligieuse. Un premier différend avait déjà secoué les adeptes lorsque Pierre et des frères de Jésus voulurent réserver l'Initiation à la Nouvelle Doctrine aux Circoncis juifs uniquement, alors que Paul voulait l'étendre à tous les hommes et femmes, juifs ou non. Ils se séparèrent : Paul se rendit à Antioche, à Ephèse, à Thessalonique, à Corinthe, et à Rome. Pierre demeura à Jérusalem et se rendit une fois dans la ville décadente de Babylone en Chaldée pour une raison inconnue (tout au moins non précisée dans les Ecritures).

Sous l'influence de la culture grecque, à la Doctrine Originelle pure s'ajoutèrent des idées nouvelles comme la ***«Divinité» du Maître*** enseignant disparu trop tôt à leur gré, le ***«Mythe de la Rédemption»*** la notion de «***Sagesse-Principe-Créatrice***», etc. Les théories philosophiques de l'Ecole alexandrine et la Morale des Ecoles platoniciennes et stoïciennes s'insérèrent peu à peu dans l'Enseignement classique chrétien à mesure que les «conservateurs» disparaissaient. Se formèrent donc des petits groupes d'étude et de prières obligés de se cacher. Des correspondants discrets assuraient les relations entre eux ainsi que la sécurité des fidèles et ***la multiplication manuscrite des premiers écrits*** consignant les «Premières Paroles du Maître». Ce furent les premiers «Anciens» (presbyteros) puis leurs responsables ou «évêques» (épiskopos) des premières «assemblées» (ekklésia). Apparurent ainsi de petites confréries que l'on appela «chrétiennes» (du nom de «Christos» leur précurseur), sans lien, sans direction ultime, qui vont rencontrer une certaine opposition de la part des autorités cultuelles en place. Et cela va durer trois siècles jusqu'à l'arrivée de l'empereur Constantin, empereur habile, mais cruel et débauché, qui sent que les légions ne pourront pas continuer à maintenir intacte l'homogénéité de l'Empire des Césars. Aussi, à la puissance militaire défaillante sera-t-il bon de lui substituer ***une puissance morale étatique ritualiste***, en «régnant ainsi sur les esprits» qui dominera les corps. Ainsi raisonnait l'empereur lorsqu'on lui parla de l'expansion de cette nouvelle éthique.

Après avoir nommé officiellement les «responsables d'assemblées» aux titres pompeux d'«évêques» et d'«épiscopes», il amorça les fondements d'un futur clergé «universel» (katholikos) dont il s'estima lui, le «Pontifex Maximus» (Pontife suprême). Par la suite, à sa mort, il devait laisser ce titre à l'«évêque» de Rome. Auparavant, il officialisa ses décisions par l'Edit de Milan en l'an 313. Désormais, l'Eglise Catholique Romaine était créée. Sylvestre Ier, responsable «évêque» de l'assemblée chrétienne de Rome (l'Histoire n'a pas retenu son identité) devenait le premier «papa» (Père des fidèles) et «Souverain Pontife» à la place de Constantin. On allait désormais assister à une compétition intéressée des prêtres, des profiteurs de tous poils, des magouilleurs de la société dite «civilisée». La nomination de Sylvestre par Constantin ne faisait pas l'unanimité, car un autre évêque romain dont l'assemblée était plus importante revendiquait la place : il s'appelait Félix.

Ses fidèles le légitimèrent pour «pape», il y eut donc deux prélats suprêmes à Rome. Il y eut les pontificats de Damase, Sirice, Anastase... Honorius Ier qui décontenança l'Eglise en proclamant le «Mythe de Jésus» : les chrétiens devaient le voir comme un exemple scriptural plutôt que comme une réalité ! Beaucoup de prêtres sincères abandonnèrent leur sacerdoce. Par la suite, il modifia sa position en présentant Jésus comme un simple ***«Homme Parfait»***. Séverin Ier qui lui succèdera en 639 acceptera la thèse de son prédécesseur pour se faire élire. La trésorerie vaticane étant vide, les soldats des armées papales non payés, ceux-ci pillent alors les trésors du Saint-Siège.

La Chrétienté traversa alors une crise aiguë : de nombreuses sectes se forment pour tenter de «revenir aux Sources christiques» et désinstitutionnaliser une Eglise qui avait fait d'une simple «Doctrine» une ***«Administration Religieuse»***. Parmi tous ces gens qui tentèrent de revenir à la pureté évangélique, un certain Nestorius, responsable de l'assemblée de Constantinople, se distingua. Opposé à Rome et à son système oppressif, il rejeta d'abord la «Divinité du Christ» non conforme à l'Evangile. Mais en 430, à l'indignation totale de ses fidèles, il est excommunié sous l'instigation de son supérieur l'évêque Cyrille d'Alexandrie qui en a appelé à Rome. Malgré tout, Rome n'en reste pas là : les Conciles d'Ephèse et de Chalcédoine le condamnèrent à mort. Il fut emprisonné quelque temps dans un monastère, mais parlant couramment l'arabe des Bédouins, il réussit à s'enfuir en Arabie grâce à leur complicité.

De l'Arabie où il est reçu solennellement par les chefs de tribus qui lui accordèrent l'hospitalité, Nestorius gagne l'Egypte pendant que les sbires de Cyrille tentèrent de l'assassiner. Cependant, fortement protégé par les Bédouins à qui il montra Jésus de Nazareth comme un «Grand Initié» (un «NaBi») envoyé par Dieu pour instruire les hommes en cette époque, il échappa à plusieurs complots roumis et mourut naturellement en 440. Les groupes nestoriens essaimèrent donc hors de l'Empire romain d'où ils avaient été exclus et reçurent un très bon accueil dans le monde arabe en quête d'une orientation spirituelle. Aussi, les KhaLiFes leur prêtèrent-ils aide et assistance : ils firent donc de rapides progrès en Arabie, en Syrie, et en Palestine, où des tribus jusque là favorables au Christianisme romain se rallièrent à eux. Le Vatican venait de commettre là sans le savoir sa première grande erreur : ***le Christianisme romain*** (ou «ROuMi» comme disent les Arabes) ***venait de perdre tout le monde du Proche-Orient.***

Ceci nous conduit aux environs de l'an 600 de notre ère, où parmi les Nestoriens, un moine du nom de Sergius, se voudra encore plus puriste vis-à-vis de l'Ecriture évangélique que le mouvement auquel il appartenait. Il s'en détacha même quelque peu et, en «solitaire contestataire» vécu avec les caravanes de Bédouins où il fut très apprécié. Sa maîtrise de la langue bédouine, du latin, et du grec, lui permirent de rendre de grands services à ses hôtes dans leurs tractations commerciales. Evidemment, il contente de nombreux commerçants juifs ; et constate alors que du côté de la pratique du Judaïsme dans ces milieux, on est pas mieux loti. Suite à la destruction de Jérusalem en l'an 70 par les armées de Titus et la reddition en l'an 73 de la forteresse rocheuse de Massadah, la Palestine est définitivement au pouvoir des «GoYIM», et les Juifs en sont plus ou moins chassés. C'est la réalisation concrète du «Juif Errant» privé de son Temple et de sa Terre. Désormains l'unité fragmentaire juive, spirituelle et ethnique, ne peut se réaliser qu'autour de la lecture de la «ThORaH» (Loi) et d'un lieu de lecture et de commentaires des textes (synagogue).

Dans les Académies rabbiniques de Palestine et de Babylonie, la «HaGGaDaH» et la «HaLLaChaCh» prennent forme : elles consistent en sentences orales d'érudits (SoPheRIM) peu à peu couchées par écrit. Ainsi naquirent des recueils comme la «MiShNaH», les «GéMaRaH» de Palestine et de Babylone, ainsi que les «MiDRaShIM» qui réunirent les travaux de multiples générations de docteurs de la Loi. Peu à peu, ils furent à la base du

«TaLMuD». Puis les Académies de Palestine disparurent, laissant place à une intense activité intellectuelle au Proche-Orient sous la directive de «GaONIM» (présidents locaux de petites réunions d'étude). L'un d'eux, un certain MaRDOShéH, allait jouer un rôle important auprès d'un humble Bédouin. Comme «il n'y a que les montagnes qui ne se rencontrent pas» et qu'en ce domaine de transmission des nouvelles, les langues vont bon train surtout en Orient, MaRDoShéH et Sergius ayant des amis communs arabes n'allaient pas tarder à faire connaissance et non seulement à se rencontrer, mais à ne plus se quitter, passant des jours et des nuits à commenter des textes et à les méditer, sous la tente bédouine en plein désert.

C'est alors que dans leur entourage, intervint un jeune arabe du nom de Ibn-ABou-TaLiB, natif de la Mecque, et appartenant à la puissante tribu des QoRaYChs, dont le père, un marchand pauvre, mourut de maladie peu avant sa naissance. Sa mère, AMMa, mourut quand il eut 6 ans. Il fut alors recueilli par son grand-père puis à la mort de celui-ci, deux ans plus tard, par son oncle paternel dont il porta le nom jusqu'à ce que sa «Haute-Initiation» le fit appeler «MoHaMMeD» (arabe = Glorifié)[46]. Adolescent, il se fit berger, et devenu jeune homme exerça la dure profession de conducteur de caravanes pour les marchands de la Mecque, vers la Syrie et l'Egypte. Cet emploi l'amena à épouser une riche veuve de 15 ans son aînée, KaDiDjaH. Cette union fut heureuse et cette femme donna à MoHaMMeD deux fils qui moururent jeunes, ***ce qui le frappa déjà quant à la précarité de la vie***, puis quatre filles. Après son mariage, il devint commerçant de produits agricoles, et s'établit à la Mecque. C'est surtout du temps où il conduisait les caravanes qu'il devait rencontrer MaRDoShéH et Sergius qui l'impressionnèrent par leurs conversations et par leurs méditations silencieuses et profondes. Comme tous les gens du Désert, il était doué d'une «super-mémoire» et enregistrait malgré son illettrisme, au mot à mot ce que les deux «initiés» disaient. Aussi, lorsqu'il

[46] De la racine arabe «HaM» (la louange).

devint riche, continua-t-il à s'absorber de plus en plus, solitairement, ***à une vie contemplative***, eu égard à ce que ses deux amis lui avaient enseigné. Peu à peu naquit en lui, d'abord un dégoût croissant pour les notables qu'il fréquentait et qui s'adonnaient à la magie douteuse, à l'idolâtrie (d'origine phénicienne) et surtout au sabéisme (idolâtrie des astres d'origine chaldéenne). Ensuite, il voulut consigner par écrit «tout ce que la Voix Divine» faisait entendre en lui, suite à des jeûnes renouvelés périodiquement.

La notion biblique d'«ange GaBoR-AeL» (Gabriel) ne lui était pas inconnue[47] ; ses deux compagnons l'avaient instruit là-dessus. Aussi est-il normal qu'au cours de ses méditations «il vécut un contact médiumnique avec une Puissance Cosmique de ce nom». Ainsi se formula graduellement en lui «***un message pour la nation arabe en quête d'une Vraie Spiritualité***», un message **pratique** et non purement intellectuel comme l'était devenu la loi moysiaque ou la doctrine de Jésus, (que l'on avait faussement «divinisé»). Chaque jour, il se confiait à KaDiDjaH qui, en épouse aimante, acceptait ses «découvertes». Ses filles, deux garçons orphelins qu'il avait adoptés, et son fidèle ami des heures difficiles, ABou-BaKR crurent en lui. Cependant ABOu-TaLiB qui devait pourtant lui conserver son affection jusqu'à sa mort, ainsi que les autres membres de la tribu, et tous les Mecquois, rejetèrent ses révélations, parfois même l'injurièrent. Des notables commençèrent à persécuter ses amis.

Malgré tout, le nombre de ses partisans s'accrut lentement et avec lui un nombre plus grand encore d'ennemis. En 620, KaDiDja la fidèle mourut, suivie de près par ABOu-TaLiB. Il est alors seul et désespéré. ABOu-BaKR est en voyage, MaRDoShéH et Sergius sont morts aussi. Au paroxysme de la douleur et de l'humiliation, le jeune initié, comme BOuDDhaH, reçut «l'Illu-

[47] Bible, «Anc. Test.», Livre de Daniel, chap. 8, vers. 16 ; chap. 9, vers. 21 ; «Nouveau Test.», Ev. De Luc, chap. 1, vers. 19 et 26. A comparer avec Qoran, Sourate LXVI, ayah 4 ; Sour. II, ayah 91, 92 ; etc...

mination» (arabe = MiRaJ[48]). Durant cette transcendance il se voit de nuit, transporté dans les airs jusqu'à Jérusalem. Là, à l'instar de l'Initiation vécue par l'Initié «St-Paul»[49] il s'élève en esprit jusqu'au «7e ciel» (en réalité il se transcende jusqu'au 7e chakra) jusqu'à la ***«Présence de l'ultime Lumière»*** (ALLaH). Peu après, il dictera à des amis sûrs, lettrés, les premières «Sourates» (chapitres) de ce qui devait devenir «Al QoRaN» (arabe = le récité/ médité). C'est de ce document que nous tirerons nos renseignements sommaires sur l'Après-Vie. D'ailleurs, de l'avis général de tous les coranistes francophones ou arabes, on dénombre dans ce Livre trois influences nettes qui concordent très bien avec l'historique de la vie du fondateur de l'Islam. D'abord l'influence très nette de la ***connaissance de «l'Ancien Testament»*** (enseignement de MaRDoShéH) et du «Nouveau» (enseignement de Sergius) domine dans presque tous les textes. Ensuite, s'y ajoute un fond de Tradition Primordiale universelle, tendant à prouver l'existence en Arabie pré-islamique, d'«Ecoles des Mystères» très fragmentaires mais très vivantes dont auraient hérité l'«Ecole Soufis». Enfin, bien entendu, ***un apport typiquement personnel*** de celui que la plupart appelle «Le Prophète» et que pour ma part, à travers mon œuvre sur ce thème, je désignerai par «Grand Initié» du monde proche-oriental...

Il n'est pas dans mon intention de faire parcourir au lecteur toutes les Sourates du «QoRaN» et d'en extraire les «ayahs» (versets) qui situent ***l'Homme dans son Après-Vie dans le cadre islamique***. Je le fais ailleurs en détails. Limitons-nous ici à l'essentiel. D'abord, en entrée en matière, citons cette parole tirée des «VéDas» hindous : «Il n'y a ***qu'une seule vérité*** ; il n'empêche que les Sages ***en parlent tous d'une façon différente***». Si le mot «QoRaN» peut se traduire par «le Récité» dans l'esprit de son auteur, toute question de la vie quotidienne doit se traiter **dans la**

[48] «MiR-aDJ» = voir au-delà du Visible. De ce mot est sorti le français «Mirage», l'espagnol «Mira» (voir», le français «mire», le russe «mir» (le monde visible), etc...
[49] «Nouv. Test.», Iiè Epître de Paul aux Corinthiens, chap. 12, vers. 1 à 4.

méditation, le silence, le recueillement, ***individuellement***. En commun (arabe = ZaOuYas) chaque participant se sent libre de débuter ou de terminer son «***élévation intérieure***» quand il le désire. L'Islam propose des «***retraites de quarante jours***» (arabe = HaLOua), **quarante** étant un nombre à la fois biblique[50] et de la Grande Tradition Primordiale, où localement des tribus entières communient dans une même méditation. Souvent, dans le Désert, les participants interprètent la «Danse Mystique» (AYMaRa) que l'on réserve en général pour les morts. Si l'Occident a fait de la Danse une singerie pré-coïtale, il n'en a pas toujours été ainsi. Comme je m'en explique ailleurs elle traduisait presque toujours des phénomènes universels ou des vécus de Forces Cachées de la Nature. L'Islam a maintenu cette ligne traditionnelle, notamment lors d'un décès. Danseur ou danseuse (selon les pays), devient en la circonstance un «officiant», car cette religion ne comporte ni prêtre, ni clergé, ni église. D'où son succès, car chacun est son propre prêtre.

Certes, il y a des «serviteurs» de la communauté comme «***le crieur de la prière***» (MueZZiN), le conducteur d'une méditation collective (IMaN) choisi parmi les plus zélés, ou les responsables de confréries d'ascètes ou d'ermites (CheYKhiN), secondés par des aides, l'équivalent des «diacres» chez les apôtres (MoKKaDeMiN). L'Enseignement est dispensé, si l'on interprète bien le «QoRaN», de telle manière que le «musulman» (arabe = MouSSouLiN-eLaH) ***vivant dans ce monde s'apprête à le quitter à tout instant. L'humain doit vivre chaque minute de sa vie comme s'il était déjà dans l'Eternité***. Au moment de la mort, tout se passe graduellement : l'Ame ne perd ses sens que peu à peu, le dernier qu'elle conserve est l'ouïe, sens eminemment d'origine spirituelle. Lors de cette transition, elle est assaillie par les «***bons et les mauvais génies***» (DJiNs). Si elle appartient à un corps qui a été porté vers

[50] «Anc. Test.», Genèse, chap. 7, vers. 4 ; chap. 50, vers. 3 ; Exode, chap. 24, vers. 18 ; Deuteronome, chap. 9, vers. 18 ; Ier livre des Rois, chap. 19, vers. 8 ; «Nouv. Test.», Ev. De Luc, chap. 4, vers. 2 ; Actes des Apôtres, chap. 1, vers. 3, etc.

les choses spirituelles, elle est recueillie par l'«Ange GiBRaYM» (Gabriel), le «Messager des Annonciations» dans le Judaïsme comme dans la Chrétienté. Son sort semble être fixé à l'avance, car on considère ici que l'homme, durant sa vie, prépare **sa** mort, la sienne, et non celle d'un ou d'une autre. Il est donc normal que le moribond, immédiatement avant de mourir ait conscience de sa Destinée future. L'Ame de l'humain qui a bien utilisé sa vie est conduite par GiBRaYM à travers les fameux «Sept Cieux» (auxquels nous avons fait allusion à propos des Sept Chakras indiens) pour paraître finalement devant ALLAH qui la réprimande, puis lui accorde le pardon. On considère dans l'Islam que même les plus «Grands Sages» ou le plus «Grand Initié» demeure malgré tout un humain, donc fatalement a quelque chose à se reprocher à cause de son imperfection charnelle. Ensuite donc, l'Ame peut attendre l'heure de la Résurrection dans la joie, dans une situation «limbique» (proche de la Terre)[51].

Au contraire, l'Ame de celui/celle qui a méprisé «la loi de Dieu» est accaparée par l'Ange AZRAeL (arabe = IZRaYL) et ne peut atteindre la fin de «l'Echelle des Sept Cieux» pré-citée, pour peu déjà qu'il/elle ait commis une infraction aux «Sept Devoirs Fondamentaux» prescrits par l'Ecriture. Elle est alors repoussée et renvoyée dans le lieu où sont déjà rassemblés tous les esprits des «impis» (SiDjiNs), condition assimilable à l'«Enfer» chrétien. Ce découpage entre «bons» et «mauvais» est bien entendu très sommaire. Il est cependant suffisant, dans l'Islam, pour orienter l'existence de chacun, et pour pousser ceux et celles qui en ont besoin vers des spéculations métaphysiques plus proches de la Réalité Immatérielle. Pour ***la famille et les proches de l'humain qui entre en agonie, il est prescrit de lui lire lentement et ponc-***

[51] QoRaN, Sour. II, ayah 261-263 ; Sour. III, ayah 102 ; Sour. VII, ayah 55 ; Sour. XIII, ayah 5 ; Sour. XVI, ayah 52,100, 101 ; Sour. XXII, ayah 5 ; Sour. XXIII, ayah 37, 82 ; Sour. XXVII, ayah 67 ; Sour. XXX, ayah 49 ; Sour. XXXII, ayah 9 ; Sour. XXXIV, ayah 7, 8 ; Sour. XXXV, ayah 10 ; Sour. XXXVII, ayah 16 ; Sour. XLIII, ayah 10 ; Sour. XLV, ayah 23, 27 ; Sour. L, ayah 3, 11, 14 ; Sour. LVI, ayah 47; Sour. LXIV, ayah 7 ; Sour. LXXV, ayah 3 et suivants.

tuée la Sourate «FaTiHa» qui sert d'introduction au «QoRaN» ; elle contient comme il se doit Sept «ayahs». Elle est prononcée doucement à l'oreille de l'agonisant, car depuis des millénaires, tous les esotérismes savent que, des cinq sens dont disposent l'humain charnel, ***c'est l'ouïe qu'il perd en dernier***[52].

Il n'y a ***pas de Jugement immédiat après la mort*** dans l'Islam, mais ***une longue attente*** qui peut durer jusqu'au Jugement Dernier lors de la Résurrection, exception faite bien entendu pour les «Justes» attendus par GiBRaYM et conduits à travers les «Sept Ciels» (voir plus haut). Le génie de MoHaMMeD, comme je le dis ailleurs, a été surtout de transmettre le «Message de la Tradition Primordiale» d'une manière poètique convenant très bien à l'âme bédouine. Ainsi par exemple, en ce qui concerne le Jugement Dernier, la Sourate quatre-vingt-quatrième «Du Ciel qui se fend» (ayah 1 à 12) est d'une beauté et d'un réalisme saisissants quand on les lit en arabe : (en résumé) «Le Ciel se déchire sur ordre du Très-Haut, la Terre se nivelle rejetant tout ce qui est en elle, se vidant, sur ordre aussi du Très-Haut. Celui qui fait tous ses efforts vers LUI le rencontre à ce moment. Celui qui recevra le livret dans sa main droite est jugé avec douceur et s'en retourne joyeux vers sa famille. Celui qui reçoit son livret derrière son dos appelle sur lui la destruction et brûle dans le brasier»...

Comme dans le Christianisme et le Judaïsme, l'Islam se partage en différentes branches qui conduisent à des visions mahométanes de départ, supportée par la foi de son fondateur. Toutefois, «musulman», nous l'avons vu, signifie «soumis» (du verbe «MoSS» = se soumettre) et «IShLaM» a le sens de «admission» (et non de résignation comme on le croit trop souvent) (verbe

[52] QoRaN : Sour. II, ayah 261-263 ; Sour. III, ayah 102 ; Sour. VII, ayah 55 ; Sour. XIII, ayah 5 ; Sour. XVI, ayah 40 ; Sour. XVII, ayah 52, 100, 101 ; Sour. XXII, ayah 5 ; Sour. XXIII, ayah 37, 82 ; Sour. XXVII, ayah 67 ; Sour. XXX, ayah 49 ; Sour. XXXII, ayah 9 ; Sour. XXXIV, ayah 7, 8 ; Sour. XXXV, ayah 10 ; Sour. XXXVII, ayah 16 ; Sour. XLIII, ayah 10 ; Sour. XLV, ayah 23-27 ; Sour. L, ayah 3, 11, 14 ; Sour. LVI, ayah 47 ; Sour. LXIV, ayah 7 ; Sour. LXXV, ayah 3 et suiv.

ShaLoH = admettre en priant). On a la foi ou on ne l'a pas. Elle est reçue à la naissance, ou on ne l'accepte pas. Mais dès qu'il y a existence de la foi, la survie est admise par conséquent.

En tout état de cause, dans le «vécu islamique» le silence s'impose, et chacun pratique selon des règles et des rituels déterminés, mais chacun et chacune aussi se transcendent selon son pouvoir et ***la Grâce Divine qui éclaire l'intérieur de l'humain***. Car, comme dans le Bouddhisme, la «***Lumière Divine Originelle***» intervient : un dialogue silencieux, sans parole donc, s'établit entre ALLaH[53] et la créature à partir du moment où elle fait les efforts vonlontaires, renouvelés quotidiennement, vers le Créateur. Comme en Egypte, l'Islam est centré sur ***l'Eternité de la Vie***, qui simplement change de forme aux dernières heures de l'existence charnelle, mais ***c'est toujours la Vie que nous possédions avant notre naissance qui se poursuit après la mort***. Tout simplement, parce qu'en cette chair même, les phénomènes extraordinaires, les illuminations intérieures, les protections inattendues et humainement impossibles... sont autant de gages de l'existence de l'Ame après la Mort ***pour celui/ celle qui*** **veulent** ***voir***. Quant à celui qui est «infidèle» parce que non croyant, non spiritualiste, ou indifférent, les «limbes» constituent la «ligne de démarcation» entre le «Paradis» et l'«Enfer», un état intermédiaire d'attente symbolisée coraniquement par un «Voile» qui se lèvera le Jour où il aura accès au Paradis. Là résident les «tièdes» (ceux dont les bonnes actions sont égales aux mauvaises), «les petits enfants nés d'adultères», ceux qui ont violé des femmes, les «enfants d'infidèles», etc...[54]

De ce qui précède, soit dit en passant, on ressent nettement ***l'influence biblique des enseignements des deux Initiateurs juif et latin sur MoHaMMeD*** quant à son symbolisme qu'il adapte ensuite à **son** Message dans le langage que va comprendre **son** peuple :

[53] Qoran, sour. XXIV, ayah 1, 35 à 38.
[54] Qoran, sour. IV, ayah 59 ; sour. VII, ayah 36-41 ; sour. LXI, ayah 10 à 12, etc.

le «livret» ici est le ***Karma individuel***, mot que le «NaBI» ne prononce pas, mais qu'il fait habilement sentir, de même que le Renouvellement Cyclique de toutes choses. Il fait aussi astucieusement sentir la notion de «morts-mutations successives» lorsqu'il parle de «retour dans sa famille»[55]. D'ailleurs, on ne s'y trompe pas : tout homme appelé au service militaire reçoit un livret militaire individuel. Analogiquement, tout être est rétribué selon ses œuvres consignées dans son «livret-esprit». A cela s'ajoute la «pesée des Ames» de style ésotérique purement Égyptien. «MiSR» est l'Egypte en arabe. Or, chez les anciens égyptiens, dans la vie courante, l'homme de la rue, à certaines heures du jour et cinq fois, se prosternait devant le Soleil à l'Est selon le mythe de AMMoN-RA car ce Principe Cosmique est en même temps celui du ***Feu Nucléaire Créateur Eternel***. MoHaMMeD l'a ressenti au même titre que les «Ecoles des Mystères» d'Egypte et l'a continué dans sa Doctrine.

Tout le thème de l'Islam concernant la Mort tournera autour de ce Principe Cosmique qu'effleurera le Christianisme dans son rituel de la «Messe» avec l'ostensoir rayonnant et ses églises orientées vers l'Est (soleil levant) mais qu'il ne poursuivra pas dans son explication de vie post-mortem, empêtré dans ses dogmes d'origine platonicienne. Par contre, le Qoran parle de «Pesée des Ames» (jugement karmique) type hindou aussi, et exclut le «Jugement immédiat» au seuil de la survie de type catholique. La conception coranique est celle de « l'inconscience de l'Ame » dès son abandon du corps, état qui demeure jusqu'à la Résurrection. Les morts sont donc «vivants», car tout humain vit dans son état d'inconscience d'après-vie, comme le soleil continue à exister lorsque la nuit est tombée et durant toute la période nocturne qui s'étend sur terre. Nous retrouvons là une conception chère aux HaSSiDIM (les purs) juifs, aux livres judaïques tels que le «TzoHaR» (la splendeur) et la «QaBaLe» (la vraie transmission), au «Tao-Té-King»

[55] -id-, sour. XXXiX, ayah 43.

de Lao-Tseu, ou au Bouddhisme Zen (type tibétain appelé Lamaïsme). On comprend mieux les raisons du succès de l'expansion relativement aisée de l'Islam en Asie, notamment dans les territoires de la Russie du Sud très lamaïstes.

28.5 - Le «Monde de l'après-vie» dans le christianisme orthodoxe :

C'est en l'an 1054 que devait se produire le «premier Rideau de Fer» moral et religieux entre l'Ouest et l'Est. A cette époque, l'Eglise Romaine est dirigée par le pape Léon IX, d'origine germanique (il s'appelle Bruno Comte de Eguisheim-Dagsbourg) assez énergique et autoritaire, mais très ouvert à un «retour aux sources apostoliques» et à l'enseignement chrétien primitif. Malheureusement, il meurt durant le mois d'avril 1054, et durant un an la direction pontificale demeurera vacante, les intrigues de Cour se disputeront la place jusqu'à l'avènement de Victor II (compatriote de Léon Gebhard Comte de Hirschberg) le 16 avril 1055. C'est ce temps de vacance que les communautés chrétiennes vont mettre à profit pour contester un certain nombre de dogmes romains qu'elles considèrent non conformes aux Ecritures. Déjà elles n'ont pas digéré l'affront du pontificat de Sylvestre I, mis en place par l'empereur romain Constantin après l'événement de l'Edit de Milan instituant l'Eglise Catholique. Elles n'ont pas avalé non plus la pilule amère des Conciles d'Ancyre et de Néocésarée qui imposèrent le célibat écclésiastique, en autorisant toutefois ceux qui étaient mariés à conserver leurs femmes. Certains mêmes en avaient plusieurs. L'historien romain Corneille Agrippa rapporte que dans un diocèse des environs de Rome, onze mille prêtres concubinaires envoyaient chaque année à leur évêque un écu d'or pour qu'il continue à tolérer leur épouse et leurs maîtresses.

Et puis, il y avait eu ce «scandale d'Arius», sincère prêtre chrétien de Lybie qui attira l'attention de ses fidèles sur la non conformité du Dogme de la Trinité (légalisé en 320 par Rome), comparativement aux Ecrits évangéliques. Il invoqua le fait que *«jamais Jésus ne s'était fait Dieu»*, bien au contraire. Même le titre de «Fils de Dieu» était donné à ***tous*** les «Grands Initiés» en ce sens qu'on les considérait, après leur «Maîtrise» comme ayant atteint cette ***«Intimité avec le Divin»***, intimité comparable à celle d'un fils avec son père. Sa remarque, justifiée par une grande majorité d'évêques, enflamma toutes les églises d'Afrique du Nord et gagna l'Italie du Sud. Alors, Constantin, après une répression sanglante, réunit le Concile de Nicée en 325 et fit condamner officiellement Arius au profit d'un certain prêtre Athanase qu'il fit nommer «Patriarche d'Alexandrie» en récompense de sa fameuse formule : «Il existe trois personnes en Dieu : Dieu le Père, Dieu le Fils, et Dieu le St Esprit, ces trois personnes ne forment qu'un seul Dieu, éternel, dont la Substance est indivisible, et dont les Personnes sont égales en puissance et en gloire»... Comprenne qui pourra ! A cette époque, le Patriarche d'Alexandrie avait les mêmes privilèges que le pape de Rome et ce dernier, de même que les autres évêques, était obligé de se soumettre aux décrets des Conciles et au jugement de ses collègues. Le 35ème pape, un dénommé Marc I se contenta de concilier tout le monde et de ne vexer personne. Mais en 337, avec le sacre de Jules II, le conflit se ralluma et de part et d'autre, en Occident comme en Orient (particulièrement à Constantinople) on excommunia à tour de bras et l'on frappa d'anathèmes toutes sortes de gens, au point qu'en 1054, à la faveur d'un relâchement dans la direction de l'Eglise, la rupture totale fut consommée et annoncée officiellement : ***les églises chrétiennes d'Orient rejetant les Dogmes de Rome***, et désirant s'appuyer et observer que les «Saintes Ecritures» s'estimaient avoir la «Juste (grec = ortho) opinion (doxa), d'où le nom «orthodoxe».

Comme le mouvement prit naissance en Grèce, on l'appela «Eglise Orthodoxe Grecque». Par la suite, lorsque le tsar Pierre le Grand (fondateur du Petersbourg actuel) voulut donner une religion à son peuple, il fréquenta et assista à tous les cultes. Son choix s'arrêta à «l'Orthodoxie Grecque», d'où l'institution de l'«Orthodoxie Russe» en 1701, dirigée par un Archimandrite siégeant à Moscou.

Le conflit fit rage durant des siècles entre ces deux fractions rivales du Christianisme, et peu de gens savent à quel point elle contribua à la naissance de nombreux conflits sanglants en Europe, particulièrement dans les Balkans. L'actuel conflit bosniaque en est la plus récente démonstration. Il y eut parfois des tentatives de compromis entre 1054 et 1204, année où l'«irrémédiable» fut consommé. En cette année, une armée de croisés («quatrième Croisade» proclamée par le pape Innocent III et haranguée par le sanguinaire et introverti moine Dominique dont (Rome fit un «saint») se détourna de son projet initial de «Guerre contre les Turcs» et mit à sac la métropole orthodoxe de Byzance. Rome ne devait jamais s'en remettre car, à l'agressivité occidentale s'opposa désormais la «révolte-revanche» au titre national et éthnique des orientaux. Partout en Orient, le Christianisme fut perçu à travers le prisme déformant de Rome et de son dogmatisme clérical et politique. Les historiens impartiaux n'hésitent pas à dire que ***les progrès foudroyants de l'Islam en cette partie du monde sont dus à ce schisme et à ses conséquences jusqu'à nos jours***. Il suffit de passer au peigne fin le conflit entre la Serbie et la Bosnie pour s'en convaincre une fois de plus. ***La Doctrine de l'Eglise Orthodoxe est fondée essentiellement sur la Bible***, interprétée à travers 7 Conciles de base et dans les ouvrages des «Pères» comme Basile le Grand, Grégoire de Naziance et Jean Chrysostome. On y a exclu le Dogme du Purgatoire. Sept sacrements sont reconnus : le Baptême (par immersion totale, non au bébé mais à l'enfant), la Confirmation (onction post-baptismale vers la quinzième année), la Pénitence ou confession, l'Eucharistie (par laquelle on utilise du pain avec levain, avec communion administrée sous les deux espèces), le Mariage, l'Ordination et l'Onction des malades (et non seulement des mourants comme dans le catholicisme). Les prêtres de paroisses, ou popes, peuvent se marier avant leur ordination, mais ils n'ont pas le droit de contracter de secondes noces. Les moines sont célibataires. Les évêques ne devant pas être mariés sont choisis parmi ceux-ci.

Au sujet de la Mort, il est bon de savoir que lorsque deux moines se rencontrent et qu'ils se saluent, ils le font par les mots : «Christos vokstresse» (Christ ressuscité). Il s'en suit que dans l'Orthodoxie, plus que dans le Catholicisme ou le Protestantisme, ***on insiste sur la résurrection***. La croix orthodoxe est d'ailleurs une «croix barrée» comme si l'on voulait commémorer par là l'annulation de ce supplice infamant, alors que dans l'Occident chrétien on se plaît à afficher ce pénible souvenir. Comme si une mère, dont le fils venait de se suicider par pendaison gardait perpétuellement en effigie la corde avec laquelle il a mis fin à ses jours. Je sais pertinemment que ce Signe a une bien plus grande valeur ésotérique que celui que Rome a voulu lui attribuer à partir du Ve siècle. D'ailleurs certains temples de Réformés se refusent à honorer la croix pour des quantités de raisons que j'expose ailleurs. Il est lassant d'entendre que «Christ est mort pour nos péchés» alors que, d'abord il n'est pas venu que pour cela ; ensuite que les conflits les plus sanglants et les génocides les plus atroces se sont faits justement en brandissant à tout bout de champ ce crucifix.

Chez les Orthodoxes, le grand thème de l'après-vie (plutôt que la Mort !) tourne autour de la fameuse «résurrection de Lazare»[56] où l'on donne Lazare comme effectivement «mort cliniquement» et que Jésus aurait réellement ramené à la vie terrestre. Il faut sans aucun doute distinguer l'être vivant véritablement mort et «le faux mort» frappé d'une encéphalite léthargique, par exemple. Il s'agit alors d'un simple coma, d'un arrêt de toutes les fonctions physiologiques. Ces dernières décennies, la Médecine a fait des progrès géants pour étendre les limites des possibilités de réanimation. Les livres fort connus des Dr. Prégant, Sadoul, Pisani, Kubler-Ross, Moody et bien d'autres encore sont là pour le confirmer. Cependant, au demeurant, l'«Autre Monde» demeure toujours pour nous humains un Mystère.

[56] «Nouv. Test.», Evangile de Jean, chap. 11, vers. 5 à 27.

Certes, on a «ressuscité» des centaines de gens cliniquement décédés, mais encore faut-il distinguer la **mort organique** ***qui est une véritable*** **désintégration entropique irréversible** (voir plus haut) et la **mort fonctionnelle apparente qui n'est qu'un phénomène psycho-somatique réversible.** Au point de vue théologique, disons qu'une **réanimation médicale** fait repartir le sujet dans la vie terrestre avec pour point final la mort-existence définitive. La **résurrection**, comme son nom l'indique (latin = resurgere = apparaître de nouveau concrètement), si l'on en croit les Ecritures, a lieu pour une vie sans terme, éternelle, dans la plénitude «de nouveaux cieux et d'une nouvelle terre». L'Orthodoxie s'attache surtout à faire comprendre à ses fidèles que ***la mort n'est qu'un passage*** et que ce Seuil, ***le Christ l'a franchi définitivement en triomphant de cette Non-Vie***, ouvrant ainsi la Voie à tous ceux qui croiraient en Lui. Somme toute, la Résurrection de Jésus-Christ, telle qu'elle nous est relatée par les Evangiles, garantit celle des hommes, tout au moins ceux qui obéissent le plus scrupuleusement possible à ses préceptes. L'orthodoxe dira comme saint Paul : «Si la résurrection n'existe pas, alors notre croyance est inutile, nous perdons notre temps, et nous le faisons perdre aux autres, si nous leur parlons de notre espérance, suite à la prédication d'un certain Jésus mort par nous et pour nous»[57]. Réaliste aussi, l'Orthodoxie avoue que dans la Bible, dans sa totalité, peu de chose nous est révélé quant au «Mystère de nos fins dernières», aussi bien pour l'Humanité dans sa totalité que pour les humains pris individuellement, ou pour le monde auquel ils sont intimement liés.

Les Pères de l'Orthodoxie en déduisent donc que si tellement peu de renseignements nous ont été donnés sur notre condition post-mortem, c'est sans doute parce que nous ne sommes pas aptes intellectuellement, mentalement et humainement, par notre finitude, à comprendre et «***vivre déjà ce Mystère énorme de l'Eternité et de l'infinité de l'Espace/Temps***» que la Science moderne avec toute son informatique sophistiquée et ses équations mathé-

[57] «Nouv. Test.», I Epître de Paul aux Corinthiens, chap. 15, vers. 1 à 19.

matiques compliquées, entrevoit seulement à travers la «petite lucarne» de nos moyens physiologiques. Dans la mort, ne l'oublions pas, nous passons d'un monde fini et limité à un monde infini et illimité, d'un monde fatalement temporaire à un monde où le temps, même s'il a cours, ne souffre aucune comparaison avec notre temps chronomètré par des systèmes d'horlogerie ou d'électronique. Il nous faut plutôt l'entrevoir d'une manière métaphysique à la manière d'un saint Paul déclarant sans ambages à ses «élèves» corinthiens : «Aujourd'hui, nous nous voyons au moyen d'un **miroir, d'une manière obscure** mais il viendra un moment où **nous nous verrons face à face**. Aujourd'hui, **je n'ai qu'une connaissance partielle des choses** ; il viendra un temps où **je me connaitrai comme j'ai été connu**...»[58]. Quand pour parler des derniers moments de vie de l'homme sur terre, l'orthodoxie utilise des expressions puisées dans les discours d'un Apôtre : Saint-Pierre. elle insiste alors sur le fait que celui/celle qui tentent d'approcher sa vie de celle du Christ Homme deviennent comme lui «participant à sa nature divine»[59], ce qui est naturellement assez rare en soi dans notre monde.

Chaque pratiquant de la doctrine chrétienne, comme il se doit, peut se considérer comme un «enfant de Dieu» en attendant que se manifeste pour lui ce qui n'a pas encore été manifesté (parce que cela est impossible ici-bas), c'est-à-dire «d'être semblable en nature de «Ressuscité» à ce qui a été possible pour le Christ»[60]. Un autre passage invoqué dans la Lithurgie orthodoxe est que «ce que nous serons (après la mort) ne nous est pas encore apparu»[61]. Le problème de connaissance de la «Vie après la mort» revient à savoir ce qui se passe «avant la Vie». Il est évident que la réponse à l'un donnera fatalement la réponse à l'autre ! Actuellement, l'Eglise orthodoxe considère que nous vivons «***la véritable Vie***», celle que nous aurions dû perpétuellement connaître si l'Homme n'était pas

[58] I Epître de Paul aux Corinthiens, chap. 13, vers. 12.
[59] IIème Epître de Pierre, chap. I, vers. 4.
[60] Ier Epître de Jean, chap. 3, vers. 2 (ne pas confondre avec l'Evangile de Jean !).
[61] Même référence mais verset 3.

«tombé dans le Péché Originel». On comprend d'autant plus que Pâques soit pour les Orthodoxes la «Fête des Fêtes», car elle représente pour cette église le Principe Vivant de la Victoire de la Seconde Personne de la Trinité Divine, incarnée momentanément en homme, pour triompher de la mort après l'épreuve suprême de la Croix. Il ouvrait ainsi à l'humanité repentante «la Vie Eternelle par la Résurrection». Pour cette Eglise il y a un parallélisme flagrant entre le Chemin de Croix (et ses humiliations morales et sanglantes) suivi de l'affranchissement des lois de la chair par mutation en corps éthérique incorruptible, et la vie humaine de turpitudes et de souffrances, débouchant sur le retour à la «nature première» d'ADaM dans le Jardin mythique de la Genèse.

Dans les offices, le pope cite souvent la scène de la Transfiguration qui eut lieu sur le Mont ThaBoR[62] et qui fut précédée d'une longue et dure ascension pour en atteindre le sommet : c'est ***l'image même de l'humain à travers ses dures épreuves, couronné du «succès de la Résurrection» pour qui persévère jusqu'au bout***. Les enfants sont donc instruits dans le sens que la vie qui les attend est une «***voie crucifiante***» à l'imitation de celle de Jésus mais que, à la mort, elle introduit dans un monde de Paix, impossible sur cette Terre, attendu notre condition de pécheurs. On leur dit aussi que ***l'Au-delà humain se situe entre la mort individuelle et la Résurrection Générale de tous les humains décédés depuis des siècles***. Cet «Au-delà d'Invisibilité» qui continue la mort est comparable, dans les Evangiles, aux trois jours passés par le Christ au tombeau et durant lesquels son Ame (puisqu'il était homme comme tout le monde) alla visiter les Ames des morts de l'Humanité qui attendent la Résurrection Général. Il leur annonça sa «Victoire sur la Chair» et le «Renouveau paradisiaque»[63]. Le clergé explique alors aux fidèles que le Christ était «corporellement dans

[62] Matthieu, chap. 17, vers. 1 à 9. «ThaBoR» = l'Accomplissement (ThoB) de la Lumière-Principe (AoR). Rappelons les personnages en présence : Moïse, Elie, Jésus d'un côté, Pierre, Jacques et Jean de l'autre. (27).
[63] Ier Epître de Pierre, chap. 3, vers. 18 à 22.

le tombeau et en même temps dans les Lieux Inférieurs par son Ame, mais aussi dans sa nature divine au Paradis avec le voleur repenti» (comme il le lui avait promis lors de sa mort physique sur le bois).

On représente ici le Christ, Dieu fait Homme, à la fois comme un être physiquement limité, et à la fois comme un Etre Infini, remplissant Tout. Et ***c'est entre ces deux états qu'est la Vie Post-mortem de l'Homme***, puisque le Christ, théologiquement sert de modèle instructif : de nature divine, donc spirituelle, il peut dissocier son Ame vacant dans le séjour des morts, tandis que le corps demeure immobilisé. De même l'Homme, «crée à l'image de Dieu» (selon la Genèse), nanti d'un Esprit qui demeure dans la Mémoire de Dieu, dispose d'une Ame qui est jugée à sa mort, et son Esprit, s'unira de nouveau à son Corps au Jour de la Résurrection. Cette thèse, comparativement à la thèse romaine a le mérite tout au moins de respecter l'anthropologie biblique de la nature tri-composite de l'Homme. Néanmoins, une première constatation s'impose : pour tout homme ici-bas, l'existence dans cet Au-delà nous apparaît comme «amoindrie» en ce sens que, pour l'instant, l'uni-totalité de l'homme n'est pas définitivement rétablie. Aussi joue-t-on souvent sur les mots en confondant «Ame» et «Esprit» pour simplifier la situation vis-à-vis des fidèles. Ces derniers doivent surtout retenir que demeurent impérissables l'Ame et l'Esprit (que Dieu insuffla à ADaM lors de sa création) en attendant la Résurrection-Jugement.

28.6 - Le «Monde de l'Après-Vie» selon la Réforme protestante :

Si l'Eglise de Rome avait connu une première scission avec l'Islam et une seconde avec la révolte des communautés chrétiennes d'Afrique et du Proche-Orient, elle devait en connaître une troisième bien plus grave cette fois, chez elle en Europe occidentale, dans ces pays qui avaient alimenté en argent, en hommes, et en matériel les différentes croisades, dont peu étaient revenus.

Quatre siècles environ s'écoulèrent entre les premiers «lézardements» Occident-Orient et le mouvement réformiste qui retirera à jamais au Vatican sa puissance internationale des temps médiévaux. Cependant, une explosion ne vient jamais sans fermentation longue et sourde. Celle-ci se manifesta d'abord sous le pontificat scandaleux du pape Alexandre VI (César de Borgia), inceste, homosexuel, pédéraste, dépensier et despote. Les biographies de ce monstre abondent, peu en langue française bien sûr, exceptées celle du duc de la Chatre[64] et du Pr. Raoul Gagey désormais introuvables, même à la Bibliothèque Nationale où elles sont constamment «en rénovation»...(!)

En 1503 donc, le sinistre pontife meurt et un homme de bien Pie III lui succède. Il est à peine installé que, profitant de sa gentillesse et de son pacifisme, les petits princes italiens qui avaient été dépouillés par la famille papale des Borgia, aidée d'une multitude de soldats et de petits curés de campagne qui avaient été rançonnés par les envoyés fiscaux du Vatican, s'employèrent à récupérer leurs biens et leurs domaines. Ce fut une véritable révolution où périrent bon nombre de membres de cette maudite famille. Les cardinaux durent lever une armée-milice pour rétablir l'ordre. Pie III s'empressa alors de réprimer la débauche dans le clergé par des mesures très énergiques, mais le mal était fait. ***Le peuple doutait maintenant de la «sainteté» du système***. Ne lui avait-on pas répété, à la lecture des Evangiles, au moment des offices, «qu'un bon arbre produit de bons fruits, et que l'on ne cueillait pas des raisins sur des épines : tout arbre se reconnaissait à ses fruits»[65]. Le bon peuple avait vu, avait comparé et s'était souvenu... Il allait faire le reste.

Mais les Borgia avaient fait des élèves et le malheureux pape, en bonne santé, expira la même année, le 15 octobre, au cours

[64] Duc de la Chatre, «Histoires des Papes» (B. Nat. 1880) ; Pr R. Gagey, «L'histoire scandaleuse des papes» (Paris, chez l'auteur, 1961).
[65] Evangile de Matthieu, chap. 7, vers. 15 à 20.

d'un déjeuner. Les conspirateurs de cet odieux empoisonnement nommèrent alors un ancien bâtelier (selon l'historien Erasme) qui avait été vendeur de jeunes filles pour les «réceptions fines» de feu Alexandre (selon l'historien allemand Bandel), ce qui ne l'empêcha pas, une fois investi sous le nom de Jules II, de finir de déposséder le peu qui restait des Borgia pour renflouer la Trésorerie vaticane. Il n'hésita pas à revêtir l'habit militaire pour investir Venise, Pérouse et Bologne où les descendants d'Alexandre s'étaient soulevés contre les abus de Rome, quand il mourut en 1513. Léon X (Jean de Médicis) ennemi forcené de la France, surtout de son roi, le contraint à batailler à Novare (juin, 1513) ; il fut surtout un diplomate et un artiste. Il eut le malheur de tolérer la «Vente des Indulgences» et des «Mariages annulés» qui était une précieuse ressource financière pour la papauté. C'est de là que partira la «Bombe de la Réforme» !

Erudit, moine allemand sincère, Martin Luther en étudiant la Bible constatera que l'Eglise Romaine qu'il sert fidèlement ne respecte pas les Ecritures. «Trinité», «Pénitence», «Purgatoire» et «Immortalité de l'Ame humaine» n'y sont pas mentionnés. Bien plus, le «trafic des Indulgences et Annulations» est un blasphème à l'Enseignement du Christ. Il s'apercevra même plus tard que le pape en place ne peut être le «successeur de l'Apôtre St Pierre» qui n'est jamais allé à Rome. Dans ses discours publics dans les églises du Wurtemberg où les curés de paroisse étaient consentants, il développa des arguments bibliques contre la Primauté du pape, arguments que reprit d'ailleurs en 1870, l'auguste archevêque autrichien Georg Straussmeyer, lors d'un Concile du Vatican I, où il s'éleva avec force contre l'«Infaillibilité papale». Plus modéré fut le prêtre hollandais, érudit biblique, Erasme, surnommé «le Voltaire latin», auteur du fameux livre «les Colloques» (introuvable en français) alors que les «96 thèmes à l'Eglise catholique de Wittenberg» rédigées par Luther sont accessibles au lecteur français. Ces deux hommes, sincères pratiquants tous les deux, peuvent être considérés comme les «Pères de la Réforme» qui va bouleverser l'Europe de l'Ouest jusqu'en Amérique et en Asie où les jésuites s'apprêtaient à prendre le pouvoir, en Chine et au Japon, notamment (durant «l'ère des Shoguns»). Autant Erasme est l'humaniste qui veut rester catholique romain en espérant que Rome change d'attitude, autant Luther veut «faire sortir les gens propres de ce bourbier babylonien».

Ce fut Luther, l'actif, le pratique, qui triompha du démocratisme lénifiant et verbeux d'Erasme. Luther, aidé d'une foule de prêtres convaincus, parcourut villes et villages en attaquant les indulgences (1517), brûla en public les «Edits du pape» (1520). A tel point qu'en 1530, par la «Confession d'Augsbourg» qui réunit des centaines de membres du clergé allemand, suisse, et hollandais, le Protestantisme était né : ce mouvement chrétien **protestait** contre le détournement de la «Doctrine chrétienne» par les usurpateurs impériaux romains. Successeur de Léon X, le pape Adrien VI tenta d'apaiser les esprits et de prendre des mesures qui allaient dans le sens des arguments de Luther car il pressentait que la déchirure ne s'arrêterait pas là. Mais les Jésuites l'empoisonnèrent comme son prédécesseur Pie III, et il meurt le 14 septembre 1523. Clément VII (Jules de Médicis) lui succède : c'est un humaniste qui se méfie du poignard dans le dos des Jésuites (il les a vus agir). Fin politicien, il va tenter d'étouffer la Réforme par des alliances politiques (regroupement des forces nationales catholiques contre les cités protestantes, pressions commerciales, mariages royaux, etc.). Il attise la guerre entre François Ier et Charles-Quint qui, victorieux grâce à l'aide du pape qui fit prêcher dans les églises d'Europe le ralliement à sa cause, publia un Edit imposant le rite catholique dans les Etats de l'Empire et déclarant «hérétiques» les protestants. Cependant, dans sa victoire momentanée, ***le pape commit une faute politique grave qui devait se répercuter sur la politique mondiale jusqu'au XXe s.*** Et sans doute au-delà : il refusa à Henri VIII d'Angleterre d'entériner son divorce avec Anne de Boleyn. Furieux, celui-ci, non content de faire décapiter la malheureuse répudiée, déclara solennellement toutes les églises d'Angleterre et de l'Empire britannique désormais sous la couronne : l'Anglicanisme était né. Rome perdait à jamais les Îles

Britanniques, car l'Irlande se voulait indépendante de Rome dans bon nombre de ses décisions.

Sous les pontificats suivants, le Protestantisme ne fit que s'étendre car, en dehors de la question religieuse, ***il représentait une sorte de réaction contre l'autoritarisme doctrinaire***. Il pèsera lourd dans la Constitution des Etats-Unis malgré les puritains qui, pour des questions d'intérêts et d'exploitation d'une main-d'œuvre bon marché d'origine africaine, utiliseront à leur profit certains passages bibliques qu'ils travestiront pour prouver ***la soi-disant «supériorité de la Race Blanche»***. Hors ces bavures, le Protestantisme sera un élan humain d'affranchissement qui culminera lors de la Révolution Française et de la Révolution d'Octobre en Russie. Il favorisa aussi le développement de la Franc-Maçonnerie, l'authentique, la spirituelle et ésotérique, non politique. Ses remous seront innombrables : ce seront de **vrais** protestants qui aboliront dans les «colonies» la plus honteuse abomination humaine : l'esclavage.

Comme les autres religions, la Réforme a son message concernant la vie dans l'Au-delà. Pour elle, incontestablement, ***il y a continuation de la vie après le dernier soupir***. Où les avis sont partagés entre les nombreuses branches du Protestantisme que l'Eglise Romaine nomme dédaigneusement «sectes» (alors que, historiquement, elle fut elle-même une «secte» du Judaïsme aux premiers siècles de notre ère) c'est lorsqu'il est question de trancher si tout, ou une partie de l'homme, subsiste dans cette «après-mort». Si Luther fut véritablement «le Réformateur» en pensée et en comportement, Jean Calvin, élève de Luther, fut un impitoyable doctrinaire qui transposa le fanatisme romain dans le Protestantisme au point de se glisser moralement jusque dans le lit conjugal de ses fidèles par la culpabilisation qu'il généralisa. C'est pour cette raison que les Réformés français le chassèrent et il dut fuir à Bâle (Suisse) où il continua de sévir. Alors que Luther nie l'immortalité de l'Ame en annonçant que «lorsque l'homme est mort, ***il est bien mort en attendant la Résurrection générale»***,

Calvin le veut «possédant ***une Ame immortelle et un corps périssable»***. Toutefois, il joue sur les mots lorsqu'il déclare : «Par mot Ame, j'entends l'Esprit immortel, lequel est la partie la plus noble de l'humain[66]». Calvin insiste beaucoup sur la «Conscience» qui, pour lui, est le signe de quelque chose «d'immortel» dans la créature. Ensuite, l'«Intelligence» qui nous est donnée des choses invisibles. «Tous ces éléments ne peuvent que résulter de la présence d'un Esprit qui s'échappe lorsque le corps est moribond»...

Pour Calvin toujours, l'Homme «projection de Dieu» selon la Genèse, ne peut être mortel que suite à la Sentence Divine, mais non dans sa nature profonde même, sinon Dieu aurait renié son œuvre. De plus, par son attitude rebelle, la créature ***aurait* obligé Dieu** a changé ses projets, ce qui est impensable. Pour Luther et toutes les écoles qui en découlent, l'Homme de la Bible est d'abord une unité vivante. Les textes hébreux font état d'une «NéPheSh» (Ame) qui en est le Principe Vital, la respiration, avant d'être le «centre de la personne». C'est ce qui la constitue en tant que «sujet existant sur terre». L'Eglise luthérienne voit dans l'expression biblique d'«Ame vivante», l'Ame animant un corps qui, sans elle, serait un tas de chair sans forme et inerte. ***Il y a donc là unité totale de l'Humain***. Et cette unité est telle que parfois certaines fonctions physiques sont attribuées à l'Ame et des fonctions psychiques attribuées au corps. Dans la conception luthérienne ***«vivre» c'est «être sur la terre des vivants»***, raison pour laquelle la mort apparaît constamment comme un facteur négatif de vie. C'est en somme le Jugement par lequel Dieu met un terme à la vie humaine. Si elle marque la fin d'une existence humaine, dans la perspective d'une unité de cet être humain, c'est lui tout entier qui disparaît lors de cette échéance. On touche là la conception athee du néant. Or, ***la Bible ne parle pas de «pur néant»*** (hébreu =AYN) mais de «ShAèOL» (condition cachée dans un autre monde), région-condition dont apparemment on ne revient pas dans «sa condition primordiale». Or on sort d'une telle conditon ; de nom-

[66] J. Calvin, «L'institution chrétienne» (Libr. Prostestante, Paris, 1950).

breux versets le prouvent, (notamment dans les Psaumes de David et dans le livre de JOB) mais ***dans une perspective future et sous un autre état***. Dieu est montré comme à la «frontière de la mort», «Juge de l'Homme» sans doute, mais aussi comme «Celui entre les mains desquelles on peut s'en remettre en mourant !»...

On peut donc conclure que, pour le luthérien, «***hors la Résurrection qui nous attend tous, pas de salut possible***». Si la Résurrection est attendue sous le Règne du Messie par le Judaïsme, elle est considérée comme une sorte de «dû», aux temps convenus par Dieu, en récompense du Sacrifice sanglant et volontaire de Jésus-Christ immolé en rachat volontaire de la faute d'ADaM désobéissant par Luther. «Par la faute d'un homme (dans le jardin édénique) le péché est entré dans le monde, et avec lui la mort s'est étendue à tous les hommes parce que tous ont péché. Cependant par le sacrifice volontaire d'un seul, cette faute a été rachetée et le salut s'est étendu à tous les hommes»...[67] A partir de ce fondement scriptural accepté par l'ensemble du Protestantisme, naquirent ***cinq grands courants*** d'interprétation de la Bible : le Luthérianisme, le Calvinisme (dont l'instigateur sectaire assassina le malheureux Michel Servet fidèle aux textes), l'Anglicanisme, et le Presbytérisme. Très tôt, ces branches furent en désaccord les unes avec les autres : les luthériens libéraux s'opposèrent aux fanatiques calvinistes et les Zwingliens (autre courant) aux deux premiers. En Angleterre les Puritains attaquèrent le système épiscopal et, peu après, des réfugiés religieux traversèrent l'Atlantique et peuplèrent les Amériques, jouissant ainsi d'une liberté d'expression plus complète. Il n'empêche que Bible en main et carabine Winchester dans l'autre, ils exterminèrent des millions d'Indiens au nom de leur «espace vital» ! Cependant moins d'un quart de siècle après la révolte de Luther contre le despotisme de Rome, le concile de Trente (Tyrol, 1545-1563) dirigé par les Jésuites cassa l'élan réformateur. Des religieux déguisés en laïcs semèrent le trouble dans les églises

[67] «Nouv. Test.», Epître de Paul aux Romains, chap. 5, vers. 12 à 19 ; Evangile de Jean, chap. 3, vers. 16 et 17.

biblistes. L'Europe se partagea alors en deux camps dont les frontières virtuelles demeurèrent à peu près identiques jusqu'en cette fin du XXe siècle. Un mot final en ce qui concerne la mort. Deux tendances se dessinent nettement : une tendance majoritaire que j'appelerai «Evangéliste» prônant ***une Après-Vie identique à celle de l'Eglise de Rome*** (purgatoire, ciel, enfer), une seconde tendance dite «Millénariste» prêchant ***un état d'inconscience-sommeil après la mort en attendant la résurrection générale*** des morts sur terre et l'avènement d'un monde nouveau débarrassé du mal (Satan et ses démons) et dirigé du ciel par Jésus-Christ ressuscité entouré de ses apôtres et de 144.000 «méritants».

28.7 - Le «monde de l'Après-Vie» dans la Franc-Maçonnerie spiritualiste :

Je ne m'étendrai pas sur le sujet. J'en dirai simplement quelques mots d'après de nombreux entretiens avec mes amis Maçons touchant ce domaine de la Mort. N'étant pas Maçon, je ne puis en dire que ce qui est, soit officiellement publié, soit ce que j'ai pu glané personnellement lors de conférences publiques appelées «tenues blanches». D'abord, pour le profane que je suis, la Franc-Maçonnerie est une société «secrète» ou anciennement marginale qui, à mon humble avis, a toujours existé. Elle a pris une ampleur considérable au début du XVIIIe s. avec la réputation de ceux que l'on a appelé en France, les «Encyclopédistes» (Diderot, J.J. Rousseau, Voltaire, etc.). Si on lui doit d'avoir secoué le joug de nombreux despotes et tyrans, et d'avoir permis l'accès de l'instruction aux plus bas sujets de l'échelle sociale, on l'a accusée à tort de «l'assassinat du roi martyr Louis le seizième» alors qu'en réalité le malheureux monarque et sa naïve épouse[68] furent victimes de leur propre famille[69] qui voyait l'occasion unique pour les d'Orléans de prendre le pouvoir. Car si Louis n'était pas maçon de

[68] Constance Delhorme, «L'Anneau sacré du Temple» (Ed. Aquarius, Genève).
[69] Et surtout de l'Angleterre revancharde de l'aide apportée par Louis XVI aux colons américains révoltés contre la couronne britannique.

fait, il l'était d'esprit, et il y aurait beaucoup à dire là-dessus. Je ne suis pas historien ; je laisse donc à cette noble corporation le soin de le faire...

Dans les faits, la Maçonnerie comme son nom l'indique, plonge ses racines au-delà de l'Europe, et bien en-deçà du XVIIIe s. Déjà au Moyen-Age, les corporations de tailleurs de pierre, de charpentiers, de tuiliers, de vitriers-miroitiers, etc... avaient crée une sorte d'éthique non seulement des «tours-de main» professionnels mais aussi, à travers leurs œuvres, avaient acquis ***une connaissance stupéfiante de l'Ésotérisme*** (le vrai ! non celui des «gourous» modernes) ***religieux et profane***. A telle enseigne évidemment qu'ils furent enviés par le clergé ignare, jalousés par les nobles ou les marchands parvenus, et durent «filtrer» leurs adeptes. Avant le Moyen-Age, il y eut ***les constructeurs de temples dans l'Antiquité qui découvrirent*** bien avant J.C., ce que les ***mythes mondiaux avaient en commun***. Ils révélaient qu'il existait dans le psychisme humain un besoin vivace d'équilibre permanent de principes cosmiques profonds. D'où ***leur idée de figer cette idée dans l'effigie du compas et de l'équerre***, outils de base de presque toutes les professions faisant intervenir la créativité et la beauté. Nous n'en étions pas encore aux temps où la promotion immobilière et sa soif de lucre et de pouvoir défigure nos cités et va jusqu'à faire incendier nos belles forêts par des mains irresponsables.

Au départ, «être Maçon» c'était ***construire*** ; l'esprit maçonnique spiritualiste ***consistait à reproduire au mieux possible les Arcanes secrètes de la Nature pour le bien-être de l'Homme***. Amour et beauté étaient le souci primordial des vieux Maîtres pour lesquels travailler n'était pas une corvée, mais une joie profonde, un véritable épanouissement permanent. Très tôt, ces gens découvrirent que ***la Mythologie était une espèce de carte géographique de l'Histoire de nos Origines*** laquelle avait été dessinée par des Initiés qui avaient eu le mérite et la possibilité de «voyager à l'intérieur d'eux-mêmes». Ils comprirent par exemple que dans l'acte religieux, apparemment stupide pour le commun des mortels, qui consiste à sacrifier une plante ou un animal innocent, voire un humain (dans les périodes d'errements et de décadence) résidait le Principe universel de la Vie en perpétuelle mort-mutation. Ils exprimèrent alors cette découverte en faisant «parler la matière» (pierre, bois, toile, etc). Je n'en dirai pas plus (Pr. Guillaume Janneau, C.N.A.M., Paris).

Pour l'homme de la rue qui entend parler de «Franc-Maçonnerie», les réactions sont très variées. J'ai entendu dans le milieu catholique pratiquant de mon enfance parler de «secte diabolique». Des gens plus sensés y voyaient un «club de Libres Penseurs» (c'était l'époque du Front Populaire de 1936). Durant l'occupation allemande et particulièrement en hiver 1943, eut lieu à Paris une exposition au Grand Palais qui «dévoilait la conspiration judéo-maçonnique qui avait contribué à la défaite de la France» (sic). Et puis, après-guerre, on a vu dans la Franc-Maçonnerie une «association secrète» manipulant les nominations politiques dans l'ombre, d'autres parlaient d'une simple «fraternité». J'ai connu personnellement un «Grand Maître» (Marius Lepage, de la loge de Laval) avec lequel j'ai correspondu lors de ma longue quête de spiritualité. C'était un homme érudit et très cultivé, apolitique qui comme mon maître Paul le Cour avait une forte connaissance du véritable Ésotérisme. Lepage appartenait à la «Loge Ambroise Paré» dont j'étais un grand admirateur. En effet ce chirurgien d'avant garde brava les interdits de l'Eglise médiévale pour faire avancer la Science.

Beaucoup de Loges étudient la Bible et son symbolisme. D'autres ne se limitent pas à ce document mais étendent leurs investigations au «QoRaN», au «RiG-VéDa», au «Tao-Té-King», au «It-King» chinois, et à bien d'autres littératures des mondes oriental et occidental. De tous les travaux, c'est celui qui a trait à la notion de Mort et de Mutation qui domine. ***Peu de loges admettent l'immortalité de l'Ame*** qui ressort d'une origine platonicienne. Comme en général les Ateliers sont fréquentés et animés par des

Judéo-chrétiens, c'est le ***principe de la mort suivie de la résurrection qui l'emporte***. Cette ligne de travail convient très bien aux pays arabes où la Maçonnerie prospère, attendu que ses préoccupations sont tout à fait dans l'esprit islamique. Toutefois, à mesure que l'on descend vers le Sud, le concept de résurrection n'est plus celui que nous avons l'habitude d'imaginer à travers le prisme juif ou catholique, mais plutôt ***celui de*** **survie personnelle** ***et de transformation***, comme le conçoit l'Islam.

L'opinion courante voit dans la Franc-Maçonnerie une société «occulte» au mauvais sens du terme. Je lui préfère le terme de «société discrète». Encore une fois, j'insiste : je parle de la Maçonnerie spiritualiste et non de celles qui portant ce nom, consisteraient en relations d'affaires ou politiques. Celles-ci ne m'intéressent nullement. Je parle de la **vraie** Maçonnerie, celle dont les travaux et les rituels se rapprochent le plus possible des anciennes «Ecoles des Mystères», celle aussi pratiquant non intellectuellement mais in-corpo ***les rituels de «mort» suivie de «résurrections»***, le tout conforté par une foule de symboles émanant de la grande Tradition primordiale (ou tout au moins de ce qu'il en reste et qui a échappé miraculeusement aux mains fanatiques religieuses). Cette Maçonnerie, dis-je, n'accepte que des «apprentis qui admettent au départ ***l'existence possible d'une divinité suprême, d'un Grand Architecte de l'Univers»*** (G.A.U.) et d'une «volonté» révélée. Pour les maçons, ***la mort est un symbole et la résurrection un rituel***. Quant au **passage** par l'une et par l'autre, ils sont vécus par exercices spirituels fondamentaux, dont le premier s'amorce dès l'entrée en Loge (groupe-réunion local), l'«apprenti» subit une première «mort» symbolique, nécessaire à la «résurrection» symbolique comme «initié» (Ier et 2ème degré). Au degré suivant qui est le «palier principal» de «l'escalier vers la Lumière», il s'identifie au Maître Architecte qui, historiquement a construit le Temple (Egypte, Jérusalem, Grèce) et qui légendairement est mort assassiné, comme cela se passait souvent dans l'Antiquité à cause de certains «secrets de construction» qui ne devaient pas être connus (à moins qu'ils ne disparaissent d'eux-mêmes dans la jungle, comme dans l'Ancien Mexique). Il subit donc lui-même cet «assassinat» ou cette disparition pour être ressuscité symboliquement (3° degré).

La Maçonnerie spiritualiste pratique donc un certain nombre de morts symboliques et de résurrections symboliques. Il faut aussi comprendre que le Maçon appréhende le Temps différemment du religieux : le premier le vit d'une manière **cyclique**, puisque pour lui le Symbolisme se caractérise par un **éternel recommencement** sans qu'il y ait d'interférence entre une suite d'événements et une autre presque semblable. Le second entrevoit le temps d'une façon **linéaire historique**, même lorsqu'il aborde la théologie ou la métaphysique : les choses débutent brusquement dans l'Espace et le Temps sous «la main de Dieu» (ou de la Providence) et en disparaissent quand IL en a décidé. L'enfant apparaît dans le ventre de sa mère avec une durée de vie plus ou moins longue décidée par Dieu, comme un crayon d'une certaine longueur tombe à terre et sera taillé progressivement jusqu'à être jeté à la poubelle.

En début «d'apprentissage» la plus importante de ces morts est celle donc du 3° degré, suivie d'une résurrection doublement symbolique avec des rituels appropriés qui n'ont rien de secrets, et que l'on trouve dans la littérature ésotérique. Car le «secret maçonnique» ne porte aucunement sur les rituels mais sur ce que le «Compagnon» Maçon va y découvrir **lui-même** au cours de ces cérémonials». Au degré suivant, le «Compagnon» se fait annoncer que «la Parole du Maître a été perdue et qu'il s'agit de venger le Maître Architecte disparu» (4° degré). Il se doit alors ***«de trouver à tout prix cette parole»***. Il traverse alors une série d'initiations qui ressemblent étrangement aux «phases mortelles» décrites par le «Livre des Morts» tibétain (BaRDo-ThoDoL) (5° à 10° degrés). Je les résume succinctement :

- premier stade : celui de «l'illumination» dans lequel le défunt entre directement pour aller vers la «Réalité-Lumière-Suprême».
- deuxième stade : c'est le moment où le mort s'aperçoit qu'il est physiquement mort. Il se demande, en sa conscience ce qu'il

doit faire. C'est la phase où le «KaRMa» consécutif à son existence (ou précédemment) peut jouer ou non car il peut être aidé s'il se rappelle que durant sa vie charnelle il a prié telle ou telle divinité. Il peut même invoquer la «Lumière Suprême» avec une telle insistance qu'il en parvienne à l'effacement de ce dernier.

- troisième stade : le mort est descendu encore «plus bas» et veut se réincarner ; il entre alors en contact avec certaines forces bénéfiques, puis avec d'autres que l'on peut qualifier de maléfiques, mais toutes les deux sont des projections de sa conscience. Autrement dit, il y a «projection» certes mais l'une peut être Moyse, l'autre Christ, Mahomet, ou Bouddha... L'essentiel est qu'il ait eu durant sa ou ses existences, un «désir mystique» qui ait réveillé la «Flamme en lui» (grade de «Grand Flamboyant»). Dans cette phase ultime, il peut ou non vouloir se réincarner pour purger son «KaRMa» dans l'un des deux sexes qui lui est offert.

Il va de soi que ce qui va être tout à fait «éblouissant» et caractéristique d'un changement de mentalité et de comportement chez le «Compagnon» va être la «véritable résurrection du Maître Architecte» (13 et 14° degrés qui n'en font qu'un en réalité). Il va subir un «cataclysme cosmique» pour découvrir, inscrit dans un triangle gravé sur pierre, le tétragramme divin (YHWH) lequel, selon la traditon ésotérique, aurait été cachée par le «patriarche» AèNoCh» qui en Maçonnerie, représente «l'Initié initiant». A ce moment, un «Maître» confère au myste l'âge de quarante-neuf ans (7 fois 7). C'est la phase où il achève son cycle dans des épreuves de demi-ténèbres, car il devient «Initié» avec une sorte de masque qui lui cache à demi la lumière. Le nombre «7» mutiplié par lui-même est présent dans toutes les traditions. D'abord, c'est bibliquement le nombre d'années nécessaires entre chaque «Jubilé» en Israël[70]. Ensuite, selon la Traditon primordiale, «sept» indique non seulement le nombre des «chakras» du corps humain mais aussi les «***sept degrés d'évolution de morts-mutations dans***

[70] «Anc. Test.», livre du Lévitique, chap. 25, vers. 11, 28, 40, 50, 54 ; chap. 27, vers. 21.

l'Univers». Il s'en suit que ce nombre doit être multiplié par la chaîne des «sept» planètes qui exercent une influence attractive de «matérialisation» et dont la Terre fait partie. Nous en reparlerons ailleurs.

Je ne m'étendrai pas davantage. Je dirai simplement que dans sa recherche-démarche personnelle, le Maçon poursuit son «Chemin» et à mesure son initiation personnelle se développe. Arrivé au 18° degré, ***il n'y a pas, à proprement parler «d'affrontement avec la mort»*** mais selon la religion ou la croyance du sujet, ***on se réfère à «l'enlèvement d'HéNoCh dans le ciel»***[71] pour un Juif, la résurrection du Christ pour un Chrétien[72], à la résurrection coranique pour un Musulman, etc. En tout état de cause, toutes ces situations se caractérisent par une règle commune : les travaux sont déclarés solennellement «ouverts» au moment de la «mort» ; ils demeurent «suspendus» (ou « en sommeil ») dans l'attente de la «Re-Naissance», de la «Parousia» (Présence du Christ), ou du «Retour»... Au 30° degré, celui dit de «Chevalier QaDoSh» (hébreu = chevalier de Sainteté), le myste tel un croisé médiéval, affronte la mort pour la dernière fois, non plus par une mise en contact avec un «Absolu Manifesté» mais au contraire avec un «Absolu Non-Manifesté», puisque, dans ses épreuves, il est plongé dans des ténèbres et chassé du Temple. Il réalise alors ***qu'il est seul dans l'Univers, qu'il ne doit rien attendre de l'extérieur mais*** **tout de lui-même** et de lui seulement, car il est «***une fraction vivante du Divin***»[73].

Ce très sommaire aperçu sur la Franc-Maçonnerie spiritualiste (et non l'«autre», la «politique») met fin à ce chapitre touchant l'«Après-Vie» tel qu'il est appréhendé dans ***les principaux cou-***

[71] «Anc. Test.», Genèse, chap. 5, vers. 24 ; «Nouv. Test.», Epître de Paul aux Hébreux, chap. 11, vers. 5.
[72] «Nouv. Test.», Ev. De Jean, chap. 6, vers. 39, 40.
[73] M. Colinon, «L'Eglise face à la Franc-Maçonnerie» (Fayard, 1954) ; R. Constant, «Les Hauts-Gradés du rite écossais» (Univer. De Bruxelles, 1994) ; etc.

rants religieux et spiritualistes officiels. Il est évident que, au risque d'alourdir mon ouvrage, j'aurais pu aussi parler de la «Société de Théosophie de «l'Union Spiritualiste» de l'Eglise Templière, de «l'Antrhoposophie», des «Antoinistes», de la «Science Chrétienne», des «Rose-Croix» (AMORC ou Haendel), de la «Soka-Gakaï» japonaise, des «Frères Musulmans», des «Soufis», etc... mais je n'en ai pas jugé l'utilité, attendu que tous ces groupements qui diffèrent les uns des autres dans les formes d'activités, convergent tous vers des fonds communs que sont les Grands Courants dont je viens de parler...

TROISIEME PARTIE

INSTRUCTIONS PRATIQUES DES DERNIERS INSTANTS

1 - DE LA NECESSITE D'ETUDIER LA MORT ...

1 - 1 - LE «GRAND MYSTERE DE LA MORT»
SELON LA TRADITION PRIMORDIALE. - «LE SEUIL DU NOUVEAU PAYS».

A) *INTRODUCTION*

CE QUI va suivre provient de centaines de compilations d'écrits et de symboles archaïques, glanés çà et là, en Orient et en Occident Ancien ou Moderne. Malheureusement, faute de place pour un sujet aussi riche, je prierai mes lectrices et mes lecteurs de bien vouloir m'en excuser, mais ils comprendront aisément effectivement que je ne puis m'étendre sur les détails d'une telle richesse spirituelle que nous ont si généreusement légués les Anciens. Modeste chercheur, j'ai eu la chance au cours de mes voyages professionnels de pouvoir récolter et rassembler à votre intention suffisamment de documents intéressants destinés à apaiser quelque peu notre crainte des «Derniers Instants». D'autant plus que, vous qui me lisez, vous n'êtes pas sans connaître autour de vous, parmi vos parents ou vos proches des gens qui partagent les mêmes préoccupations. Un de vos amis vient de perdre sa compagne : qu'allez-vous lui dire pour le réconforter ? Un jeune garçon ou une petite fille sont affligés par le décès de leur père : Comment les consoler ? N'éprouvez-vous pas un sentiment d'impuissance, à moins que vous ne puissiez fournir une véritable espérance à ces gens, ou tout au moins une explication concrète qui apaise à l'unanimité les chagrinés, athées ou croyants, hommes comme femmes, jeunes comme vieux, simples et instruits ...

Il va de soi, vous le pensez bien, qu'on ne peut apporter aide et consolation à autrui à moins de ne posséder soi-même UNE ESPERANCE SOLIDE. Soyez certains que vous serez questionnés et sollicités à répondre d'une manière positive lors de tragiques évènements où, à un moment donné, les sempiternelles questions sur notre condition humaine refont surface et alimentent les conversations. Il faudra alors que vos réponses soient fondées non pas par des philosophes ou des on-dit, mais sur des «Réalités» physiques et métaphysiques antiques ou modernes, et qui peuvent déjà procurer un véritable réconfort. Je pense que vous comprendrez comme moi que les temps sont révolus où l'on brisait les silences angoissants des moments funéraires par des fadaises du genre : «Dieu vous a repris votre enfant parce qu'il avait besoin d'un ange», disait-on à une mère éplorée. Ou encore : «Il faut que nous souffrions la Mort pour mieux connaître Dieu», face à des orphelins que l'on allait placer dans un établissement, etc. je n'invente rien, croyez-moi, je l'ai entendu de mes propres oreilles dans les circonstances que je viens de décrire. Vous connaissez aussi bien que moi ce genre de sornettes religieuses qui, durant des siècles, ont satisfait des générations de gens simples. Seulement voilà, la roue tourne, le Progrès avance à pas de géant, les gens s'instruisent, et nous ne pouvons que nous en réjouir, les peuples s'émancipent, et tout le monde veut savoir ...

La Mort ! Vous remarquerez aussi autour de vous que ce sujet tabou est rarement évoqué ! Ne tentez pas de prononcer le mot lors de réunions familiales ou amicales sous peine de voir les visages jusqu'alors souriants se figer, voire se crisper. Si vous aviez envie de partir parce qu'il se faisait tard et que vous ne pouviez jusqu'à présent «tenter une sortie» honorable, vous réussirez à coup sûr en prononçant le funeste mot ! Vous serez le convive devenu brusquement indésirable et beaucoup sous des masques de politesse, souhaiteront vous voir sortir pour reprendre les conversations banales. Oui ! la banalité est rassurante, la Mort est irritante. Tous ces braves gens veulent ignorer que chaque jour, à chaque seconde de notre vie, la Mort est là, présente, imperturbable, attendant son moment, et nous persistons par pudeur, par peur, par lâcheté je crois surtout à l'ignorer. Toutefois, comme nous ne pouvons l'évincer, elle se révèle à nous, soudainement, parfois au moment où nous l'attendrions le moins, d'une manière brutale et violente. Chaque fois, elle engendre un certain malaise. Chirurgiens rompus, policiers chevronnés, soldats aguerris, employés des Pompes Funèbres ... ne s'y sont jamais faits ! Parce que l'on ne s'habitue pas à la Mort pas plus que l'on s'habitue aux coups et à la violence. Une question se pose alors : pourquoi, à l'inverse de l'Orient, l'Occident s'obstine-t-il à escamoter ce phénomène si naturel ?

Observez autour de vous ... Quand un enfant est sur le point de naître, les parents, le personnel de la Maternité, les amis, les collègues ou les voisins de la future accouchée l'assistent dans sa respiration prénatale, ses douleurs utérines, puis lors du passage et du premier cri du bébé arrivant dans ce monde. D'un autre côté, lorsque à contrario, il est question d'une «nouvelle naissance dans le Monde du non-Visible» qui nous est conjoint (Louis DE BROGLIRE), donc d'un «accouchement par le canal utérin post-mortem», accompagné des spasmes normaux d'un changement d'état, d'une «entrée dans le Nouveau Pays», tous se défilent. Pourquoi ? Tout simplement parce que dans le premier cas on constitue un «Comité d'Accueil dans le Monde Matériel» ; dans le second, on accompagne le/la voyageur/euse à la «Porte de l'Aéroport de l'Inconnu» où il/elle va s'engouffrer après un dernier regard, et que «les hôtesses boucleront au moment de l'envol de l'avion». La plupart redoutent ce douloureux instant et ne veulent pas y penser de peur de troubler leur «train-train» quotidien ; d'autres ont peur, tout simplement, enfin la majorité ignore ce qu'il faut faire ...

Afin de vous répondre correctement, nous avons interrogé de nombreuses personnes de différentes nationalités, jeunes comme vieux, hospitaliers ou non, religieux ou libres penseurs. Nous avons ensuite procédé à une synthèse des réponses que nous allons vous faire partager. Bien entendu, la première qui émerge parmi toutes les interrogations est : «Où sont les morts ?» «Les morts séjournent-ils dans un monde mystérieux proche ou éloigné de nous ?». Puis, dans l'ordre nous avons recueilli les interpellations suivantes : «Va-t-on au Ciel ou en Enfer après la mort ?», «Est-on mort à jamais ?», «N'y a-t-il aucun espoir de se revoir ?», «Est-il juste qu'une personne qui a acquis une solide instruction et une expérience de l'existence, qui de plus a réalisé pour l'Humanité des oeuvres pour le bien des générations futures, cesse brusquement d'exister ?», «La mort n'est-elle pas aussi stupide que révoltante, car nous n'avons pas demandé à venir en ce monde et l'on nous jette hors de lui sans explication ?», «Pourquoi nous avoir donné une intelligence d'un côté et nous empêcher de l'autre de comprendre la mort ?», «Doit-on dire à quelqu'un qui est en deuil que la Mort nous délivre d'une existence désagréable, ou que la personne décède pour vivre une existence plus enviable que la nôtre ?» etc. Si nous souhaitons répondre à de telles questions, il nous faut d'abord savoir ce qu'est la Vie afin de bien l'apprécier ; ensuite ce qu'est réellement ce que nous appelons «Mort» en français.

Il faut d'abord être conscient que la Mort est un Mystère si nous voulons réconforter quelqu'un qui vient de perdre un être cher. En général, ces personnes refusent de croire que la Mort met fin définitivement à l'existence, tellement cette rupture est inconcevable au fond de nous. Notre intelligence s'y oppose. Pourquoi ? En premier, parce que, comme je l'ai dit plus haut, notre cerveau qui n'a pas de limites en stockage d'informations se trouve enfermé dans un support matériel de durée très limitée. Dans l'Antiquité, le riche roi initié SALOMON, (dont parle la BIBLE et le QoRAN) qui, plus qu'aucun autre humain sur terre avait bénéficié du pouvoir de satisfaire tous ses désirs, n'en arrivait pas moins à cette froide conclusion :

«... Un chien vivant vaut mieux qu'un lion mort...»[1]

[1] «Anc ; test.», livre de l'ECCLESIASTE (non del'Ecclésiastique des versions catholiques), chap. 9, vers. 4 ;

En second lieu, disons que la Vie est un bien précieux. Mais qu'est-elle en réalité ? Les expériences de Parapsychologie américaines et soviétiques, les travaux de Neurologie du célèbre Dr Kari PRIBRAM, nous permettent de la définir comme une situation permanente de CONSCIENCE D'ETRE. Sans cet état nous ne sommes rien et ne possédons rien.

Or ce double privilège D'ETRE et de plus d'en ETRE CONSCIENT n'est pas fatalement restreint à l'état charnel. Les progrès en Photographie par les I. R. (rayons infrarouges) nous prouvent qu'il existe tout un monde que nous ne voyons pas et qui demeure inaccessible à nos sens naturels. De plus, comme nous, il a CONSCIENCE D'ETRE. Si cette conscience d'exister perdure, cela veut dire que la Mort n'est non pas une fin en soi mais une transmutation à un autre état comme il s'en fait des quantités tant au niveau des atomes qu'à celui des étoiles et des galaxies. Nous comprendrons à présent pourquoi, dans une foule de dialectes et langues antiques le mot «mort» est absent. Ces gens avaient découvert la Loi de LAVOISIER bien avant le XVIIIème siècle : «Rien ne se perd, rien ne se crée, TOUT SE TRANSFORME...». Dans la BIBLE et le QoRAN le mot employé est «MoTh» (changement d'état) et non AîN» (anéantissement, néant) ; Un autre Initié antique se cachant sous le nom biblique et coranique de JOB (AYoB) fit écrire :

«... Si un homme valide meurt (hébreu = MoTh = mute), peut-il revivre ? ... ». [2]

A cette pertinente question, le chapitre 38 du même livre répond, après toute une description de l'Univers (vers. 1 à 19) :

«... Tu le sais, car tu existais déjà (est-il dit à l'homme JOB) et le nombre de tes manifestations passées (YoNIM) était universel-complet-incalculable (hébreu = RaBIM) ...».

[2] «id.», livre de JOB, chap. 14, vers. 14 ; QoRaN,Sour. IV, ayah 161 ; Sour. VI, ayah 84 ; Sour. XXI,ayah 83 ; Sour. XXXVIII, ayah 40.

Dans les autres «Livres Sacrés» comme le «ZeND-AVeSTA», les «VéDaS», les «UPaNiShaDs», le KYBaLION égyptien, le «Livre de MaNOU», ou le «Pop-WuCH» et le «ChiLaM-BaLaM» maya et aztèque, le même «message» est exprimé sous une autre forme. Bref, pour en revenir au vif du sujet d'une manière concrète, précisons que bon nombre de médecins, chirurgiens, et soignants de toutes sortes qui apportent leur aide aux mourants sont unanimes : l'humain CRAINT la Mort, ce qui se comprend aisément car il craint l'INCONNU, particulièrement un «Inconnu» qui le dépasse et qu'il sait qu'il ne peut pas maîtriser avec toute la Science dont il dispose. Nous lisons à ce propos :

«... 75% des gens meurent dans un établissement où ils sont entourés d'un personnel qui souhaite généralement ne pas connaître leurs problèmes personnels et qui a hâte de s'éloigner d'eux le plus rapidement possible. Pourquoi ? Tout simplement parce que nous avons tous une peur effroyable de la Mort ...» «... Quelle que soit l'explication donnée à cette peur, il s'agit en réalité de la crainte de la Force de Destruction catastrophique qui fond sournoisement sur nous sans que nous puissions faire quoi que ce soit pour l'éviter ...».[3]

Lorsque la BIBLE nous montre la Mort comme une «ennemie» au même titre que la maladie et la vieillesse, le mot grec utilisé (echthros) a le sens de «quelque chose qui nuit ou entrave momentanément un mouvement», et non celui «d'une force qui vous combat dans l'intention de vous anéantir, ou de vous priver d'exister», sinon l'auteur initié aurait utilisé d'autres mots plus appropriés (o àddiàlaktos, o pollèmios).

Autrement dit, les humains sont simplement esclaves, de par leur condition charnelle temporaire, de cette entravante Mort physique, laquelle génère parfois une psychose dramatique et

[3] Dsse E. KUBLER-ROSS, «la Mort, dernière étape de la croissance » (Ed. du Rocher).

meurtrière. Nous savons que, durant la Seconde Guerre Mondiale, lors de l'affreux siège de Stalingrad, en hiver 1943, des hommes tout à fait sains de corps et d'esprit se sont fait criminels et cannibales entre eux par peur de mourir de la faim. Dans des circonstances analogues, la Peur a poussé certains à tuer père et mère pour sauver leur propre vie. Durant l'Occupation Allemande, j'ai connu des cas d'hommes et de femmes contraints d'agir contre leur gré parce que la vie et la liberté de l'un des membres de leur famille ou celle de tout un réseau de résistants et de maquisards était menacée par les terribles tortionnaires de la Gestapo (police secrète allemande : Geheime Staate Polizei).

Certains philosophes religieux ont prétendu que si la Mort disparaissait du Genre Humain, celui-ci sombrerait dans la monotonie et dans une existence insipide. Certes, l'humain aime le changement, cela fait partie de sa raison d'être, mais comme le dira si justement Gustave LE BON : «... Il se passe bien de vérité, car il a surtout besoin de certitude !»... Or, la Mort physique le fait basculer brusquement vers l'incertitude, alors qu'il ressent en son for intérieur, dans ses gênes chromosomiques, la notion d'«Espace-Durée-Infini»[4]. Ah s'il savait ! Surtout, s'il était sûr ! Si, d'un côté la Mort nous libère des despotes impériaux, des dictateurs, des tyrans religieux, civils et militaires, des oppresseurs, des sadiques, des exploiteurs, des politiciens démocrates véreux et autres «bêtes nuisibles» au Genre Humain, elle nous prive aussi de nombreux génies, d'hommes et de femmes exceptionnels, d'inventeurs, d'exemples vivants d'Abnégation et d'Amour.

Non ! L'Humain n'a pas suffisamment de Sagesse et de Compassion pour disposer d'un séjour terrestre illimité ! De plus, selon les Lois du Cosmos, il y aurait alors incompatibilité entre l'infinité de l'Esprit-Conscience évoluant dans un Espace-Durée, hors des références humaines, et ce fragment d'esprit-conscience enfermé, durant un temps très variable, dans un «récipient de chair

[4] «Anc. Test.», ECCLESIASTE, chap. 3, vers. 11.

vulnérable» limité (de 70/80 années terrestres) astreint au Temps chronologique (et non plus à une «Durée spatiale céleste») d'un objet planétaire transformable. Pourtant, si l'on en croit les étonnants travaux du grand savant que fut LECOMTE DU NOUY (1883-1947), les tissus vivants contiennent des «informations» qui leur permettent de se cicatriser indéfiniment, au point que l'enveloppe d'un embryon de poulet, perpétuellement alimenté, pourrait recouvrir la Terre en quelques années du fait que, comme le nénuphar, il double chaque année sa surface.[5] Posons-nous alors la pertinente question : pourquoi la Mort côtoie-t-elle continuellement la Vie ? Osons le dire : pourquoi ne peuvent-elles exister l'une sans l'autre ? Avant d'aller plus loin, voyons attentivement ce que l'on appelle «La Mort», en français, et pourquoi elle existe. Sur ce dernier point, je pense déjà être allé assez loin quant à son «utilité» pour l'ensemble de l'Humanité.

B) *Le «Mystère de la Mort»*
L'univers et ses deux grands Principes

Nous devons à l'historien Jean-Baptiste DUPUY, et à d'autres grands chroniqueurs qui me laissèrent grâcieusement leurs notes, la merveilleuse Connaissance qui suit et qui, à mon humble avis, apportera à mes lecteurs inconnus le plus de lumière sur ce que nous appelons couramment le «Mystère de la Mort». Ces explications de DUPUY et des autres se trouvent confirmées par les découvertes de la Physique sub-atomique actuelle... Bien entendu, vous comprendrez aisément que nous avons actualisé les terminologies antiques en les alignant sur la Métaphysique Moderne. Toutefois, soyez sûrs que nous n'avons absolument pas altéré l'esprit originel ...

Dans l'ensemble de tous les «Enseignements des Mystères», parmi les «Centres Secrets» et les «Ecoles des Sanctuaires» sur les cinq continents, l'Univers se présente aux yeux des chercheurs

[5] LECONTE du NOUY, «L'Homme cet inconnu»,(Ed. NRF).

et des Maîtres comme un SYSTEME (grec=sun-théma=ensemble d'éléments interdépendants les uns des autres) à la manière dont se présentent à nous sous des dimensions de plus en plus réduites : une galaxie, un système planétaire, une planète avec son environnement, un humain, une molécule, un atome, ou une particule ... Les Initiés l'appelaient «la Grande Cause». Imagée d'abord sous le symbole d'un grand «Androgyne» (grec=homme-femme[6]) Elle se partagea en deux grandes manifestations énergétiques : l'une appelée «Cause Active» et l'autre «Cause Passive», principes concrétisés ici-bas à l'échelle du monde terrestre par les deux sexes : «partie mâle» et «partie femelle», appelés constamment à se réunir de nouveau à tout instant favorable pour produire. L'Univers constitue donc un ENSEMBLE FERME agissant EN LUI-MEME et SUR LUI-MEME. Cette «Origine-Intelligence» de toutes les origines se subdivise en une foule de «causes partielles», également intelligentes. Ainsi s'énonce l'un des premiers «Grands Mystères de l'Antique Initiation».

Deux phénomènes ont éveillé l'attention des chercheurs de Vérité. Dans l'Univers, il y a des formes qui semblent y demeurer perpétuellement, et d'autres qui ne font que passer. Il y a le Ciel-milieu et les Planètes-systèmes. Dans le milieu «Ciel» des objets naissent, croissent, décroissent, puis disparaissent, SOUS DES FORMES VARIABLES, obéissant à un «certain Ordre». Dans le système Terre-Lune, cycliquement et rythmiquement des êtres et des choses naissent, vieillissent, disparaissent, pour réapparaître de nouveau SOUS DES FORMES CONSTANTES, eu égard à un «Ordre différent du premier»... Autre remarque : la sphère Terre-Lune offre à nos observations des signes d'altération, de destruction, et de reproduction dans le cadre de formes spécifiques. Au-delà de cette zone, exceptées les étoiles et les nébuleuses en perpétuel mouvement de transmutation, on ressent une impression de perpétuité. Autrement dit, dans le milieu céleste d'énergie diffuse (éther) les formes varient alors que demeure constante leur

[6] Personnage mythique moitié homme/moitié femme.

nature stellaire ; dans le milieu planétaire, des formes constantes enferment des «entités matérielles» de natures très diverses.

Milieu céleste et milieu planétaire sont donc très différents. Le milieu planétaire, notre Terre en l'occurrence, peut être qualifiée de «céleste» dans le sens où elle partage l'Eternité du Ciel en tant que PRINCIPE COSMIQUE. Que voulaient dire par là les Grands Maîtres ? Tout simplement qu'il a déjà existé d'autres planètes comme la nôtre, qui se sont désintégrées, mais le **Principe** «Terre» (hébreu=AReTz ; grec=Géa, etc.) demeure à jamais, dans sa masse, dans sa force «fécondante», dans ses qualités propres. De plus, comme les précédentes, elle porte en son sein et à sa surface une foule innombrable de corps extraits de sa substance et de la masse gazeuse des éléments qui l'enveloppe. Ceux-ci n'ont qu'une existence momentanée ; ils passent successivement par toutes les formes possibles : celles des diverses organisations de la matière terrestre (minérale et vivante). A peine sortis du sein de la Terre, ils s'y replongent aussitôt. C'est en observant scrupuleusement cette manifestation particulière de la Matière, successivement concentrée, développée, organisée et décomposée, que les savants antiques ont distingué l'idée «d'Effet visible passager» et celle d'une «Cause perpétuellement subsistante».

L'Univers est essentiellement formé d'une SUB-stance (ce qui est sous les apparences) d'Énergie diffuse en perpétuelle vibration appelée «Ether» qui, dans son mouvement incessant, est à la fois Créatrice-Destructrice-Régénératrice de formes, et sans doute de Vie. Vous retrouverez là la base de tous les symboles trinitaires du monde, y compris le monde chrétien avec sa trilogie «Père-Fils-Esprit». Cette «Cause perpétuelle», prête à «enfanter» la Matière est de nature diffuse à la manière du vent ou de la flamme d'un feu. La Matière qu'elle engendre en se «densifiant» sur elle-même est de nature compacte. Ces deux grands types de manifestations «matricielles» découvertes par la Science Chinoise Antique furent appelées «YiN» et «YanG» ; la première s'exprime toujours sous forme d'une dilatation (ou «cause Active»), la seconde se produisant par contraction (ou «Cause Passive»). A la surface de la terre on voit la Matière-Conscience prendre des **contextures-types** bien précises suivant les germes qu'elles contiennent, et développer chacune d'innombrables variétés : ici l'espèce rampe sous la forme d'un arbuste flexible, là elle s'élève majestueusement sous celle d'un robuste chêne. Ailleurs, elle se hérisse d'épines, s'épanouit en rose, se nuance en fleurs, se mûrit en fruits, s'allonge profondément en racines dans le sol, ou s'arrondit en masse touffue. Dans un autre endroit elle couvre de son ombre épaisse l'herbe verte, sous la forme de laquelle elle alimente les animaux. En réalité qui sont-ils ?

Tout simplement encore cette Matière-Conscience en pleine activité sous un autre règne, dans une organisation plus élaborée mais qui répond aux mêmes principes de l'espèce et de ses variétés. Dans ce nouvel état elle a encore ses germes-types, son développement, sa croissance, son perfectionnement, sa maturité, sa formule de jeunesse, de vieillesse, de mort, et enfin de décomposition. Elle laisse après elle, en ce règne, des débris destinés à recomposer de nouveaux corps. Sous cette **forme** animée que nous appelons «animale», nous la voyons courir en insecte, ramper en reptile, s'élever en aigle hardi, se hérisser en dards de hérisson, se couvrir de duvet, de poils, ou de plumes diversement colorées. Ici elle s'attache à un rocher par les racines du polype, là elle se traîne en tortue, bondit en cerf ou en daim léger, ou presse le sol de son poids pesant éléphantin. Nous l'entendons rugir en lion, beugler en boeuf, chanter sous forme d'oiseau, et au summum de sa complexité, articuler des sons sous celle de l'Homme. Ce «Genre Humain», comme les deux précédents règnes va connaître l'enfance, l'adolescence, la maturité, la vieillesse, puis la mort. Ceci ne l'empêchera pas de produire des idées, de les combiner, de se connaître, voire de s'imiter. Cette nouvelle forme de Matière-Conscience crée les Arts et se permet de raisonner sur tous les phénomènes de son environnement proche ou lointain. Elle constitue la limite connue de la perfection de la Matière-Conscience et organisatrice sur la surface de la Terre.

Voyons maintenant ces trois règnes non plus relativement à leurs formes sensibles mais par rapport à leurs **comportements**. Fixé au sol soit à l'air libre comme au fond des lacs et des océans, le Végétal obéit à une sorte d' «Instinct d'Action-Réaction» propre à son espèce : il va se contracter en cas de danger et s'épandre en situation environnante calme. Au sein des volumes liquides, les corps s'organisent et vivent à l'abri d'un coquillage. Ici, la Nature prend des formes encore plus variées et parfois plus monstrueuses, tout en restant élégantes et affinées : le vermisseau rampe dans le limon tandis que le poisson fend majestueusement la masse des eaux à l'aide des nageoires, au-dessus de l'anguille tortueuse qui développe ses replis vers la base du fluide. L'énorme baleine y présente une masse imposante de matière vivante, laquelle n'a pas son égale parmi les habitants de la terre et de l'air. Ceux-ci aussi vont de l'aigle majestueux, de l'inquiétant vautour charognard, au hibou aux grands yeux, gardien de la nuit. Au cours de la journée, mille variétés nous comblent de leurs chants, et le passereau de nos villes nous rappelle que la véritable «liberté naturelle» existe hors de nos cités. Partout on y reconnaît toujours la **«Matière-Conscience», forme densifiée de l'Énergie diffuse universelle**, animée d'une certaine «Intelligence-Instinct» dans les choix autonomes de situations que gère la gente animale.

De plus, on constate entre les espèces des trois règnes des caractères communs : *l'Instinct de l'Amour* qui les rapproche pour se reproduire, *l'Instinct de Nourriture* qui les porte à se rechercher comme pâture chez certaines espèces, le végétal suffisant pour d'autres, enfin *l'Instinct de Conservation* qui les incite à fuir ou à combattre en cas de danger. Ces trois derniers Instincts sont nettement inspirés du Principe Cosmique de Transformation Perpétuelle de la Matière et de l'Energie sous mille formes. Ce Principe universel symbolisé en Grèce par le «dieu» «PROTEE» (que l'on retrouve dans le mot français «proto-type») fait revivre constamment les «éléments» dans les divers corps-réceptacles qui leur servent d'habitation. Végétaux et animaux, même les plus «perfectionnés» n'ont rien de commun avec l'Homme. Si, comme eux il subit l'implacable Principe-Loi de la Transformation Perpétuelle de la Matière et de l'Energie, il cumule dans ses potentialités tous les Instincts et de plus jouit d'une Intelligence créatrice et progressiste. D'une Ere à l'autre de sa longue Histoire, il évolue morphologiquement, mentalement, moralement, et spirituellement. En cela, il est le seul de la «Matière-Conscience» animée. Car depuis des temps immémoriaux, le sapin se reproduit de la même façon et l'oiseau construit toujours son nid selon les mêmes critères. Jusqu'à présent, les Evolutionistes-transformistes ne nous ont fourni que des théories, mais aucune preuve des soi-disants «chaînons intermédiaires» entre les espèces n'est apparue évidente.

L'Univers est courbe. Les Anciens le savaient ; A. EINSTEIN n'a fait que le confirmer aux scientifiques. Il est ingénérable et indestructible. C'est à l'intérieur de cette «sphère», en perpétuelle Vibration d'énergie diffuse que se déroulent les différents Cycles qui président aux phases de Création, Destruction, et Régénération. Pas une chose, pas un être, ou un objet n'apparaissent s'ils n'ont déjà existé à «l'état élémentaire» (composants de base) sous de multiples autres formes disparues. Attendu la courbure de l'Espace et du Temps, aucun des sujets qui existent ou ont existé n'ont de «commencement» ni de «fin». Pour vous en convaincre, tracez un cercle sur une feuille de papier et situez-en le «début» et la «fin». Vous comprendrez aussi qu'il est nécessaire que le Principe Cosmique de la Création COEXISTE avec celui qui pratique la Destruction, afin qu'un éternel équilibre soit assuré par un troisième Principe : celui de la Ré-génération. (Loi du Ternaire énoncée par le Grand Initié RaMa). Le Zodiaque des constellations dans lequel évolue le couple Terre-Soleil est encore une autre formule tri-partite des quatre éléments physico-chimiques (Feu, Air, Terre et Eau) qui se matérialisent continuellement dans l'Univers, pour disparaître ensuite, puis ré-apparaître de nouveau.

La composition d'un monde matériel animé comme celle d'un monde du même genre inanimé résulte, malgré tout, je le répète, des deux manifestations énergétiques «YiN» et «YaNG» (déjà citées) qui, par leur jeu incessant, aboutissent à un troisième hybride des deux autres :

- la première engendre toujours hors-d'elle (YiN)
  Principe mâle

- la seconde engendre toujours en elle (YaNG)
  Principe femelle

- L'engendré résulte des deux ci-dessus (YiN/YaNG)
  Principe mixte

La Loi Cosmique veut que l'un des Principes soit toujours mouvant et gouvernant, l'autre toujours mû et gouverné et le troisième assurant l'équilibre oscillant entre les deux tendances maîtresses. Je pense que mes lecteurs et lectrices ont compris que si je procédais à un tel détour, relativement à mon thème sur la Mort, c'est que je voulais qu'ils en saisissent d'abord les raisons à l'échelle universelle avant d'aborder, comme le font d'emblée la plupart des auteurs sur le sujet, ce concept au niveau individuel humain.

Les faits sont là : l'éternité d'un être (YiN/YaNG, par exemple) ou d'une chose (YaNG/YiN) n'est possible que hors de leur état matériel, attendu que cette dernière situation «d'énergie momentanément densifiée» (YaNG) implique, à plus ou moins long terme, de par sa nature physique même, un retour inévitable à son état initial d'énergie-éther diffuse (YiN) -(travaux des Prs R.L. VALLEE et I. PRIGORINE). Retenez bien ceci : la Vie sous sa forme sensible s'accompagne inévitablement de la Mort de cette forme sensible, suivie d'une Ré-génération en un autre état par effet dynamique (Principe de la Thermodynamique). Ce qui se passe autour de nous en est une démonstration parfaite : la graine meurt pour que la plante vive, mais la plante meurt à son tour pour que la graine puisse revivre. Le spermatozoïde et l'ovule s'auto-détruisent pour que l'embryon soit viable ; il n'empêche que ce dernier doit mourir pour que l'enfant naisse. Il est donc normal que cet enfant-homme meurt pour qu'il naisse de nouveau, VIBRATOIREMENT parlant, «spermatozoïde-Principe» (YiN) et «Ovule-Principe» (YaNG) ... lesquels mourront en leur état virtuel pour renaître à un autre niveau de conscience planétaire. Bien entendu toutes ces phases se déroulent suivant des durées très variables qui sont fonction de la nature des sujets et du «bagage d'informations» qu'ils véhiculent. Dans le monde céleste, les mêmes phénomènes se produisent avec les étoiles et les «Sper-novae», tout le système universel obéissant comme il se doit au Principe Cosmique de «Transmutation-Régénération».

Voilà, brossé en quelques lignes, le plus rudimentairement possible, le «Mystère de la Mort». Vous comprenez alors que cette étape ultime de notre existence ici-bas n'est pas une fin en soi puisqu'elle constitue partout dans l'Univers, pour les êtres comme pour les choses, «UNE PORTE QUI S'OUVRE SUR UN NOUVEAU PAYS» ! Précisons que dans un SYSTEME en perpétuel mouvement, tel que l'Univers, aussi bien dans l'Infiniment Petit que dans l'Infiniment Grand, la condition de NEANT ne peut trouver place. Pourquoi ? Tout simplement parce que cet état supposerait une «énergie immobile», ce qui serait le comble pour une énergie ! Rappelons que suivant la Science Antique et la Physique Moderne, «éther-diffus» (Pr R.L. VALLEE) n'intervient QUE sous deux formes-principes : une forme dilatante (YiN) et une forme contractante (YaNG), ce qui génère un perpétuel déséquilibre, donc une DYNAMIQUE PERMANENTE, où la condition de «néant» ne peut jamais trouver place. En effet, il n'existe pas un endroit universel infime de l'Espace où, arrivée à son point maximum d'extension, la poussée «YiN» ne déclenche un basculement dans sa forme contraire «YaNG» de contraction. A son tour, celle-ci ayant atteint son extrême compression, bascule dans une nouvelle amorce de «YiN» ... Et ainsi de suite. Bien entendu, il existe des «phases transitoires» d'une phase dans l'autre (YiN/YaNG ou YaNG/YiN), mais celle-ci constituent un troisième état résultant (et non une troisième forme d'énergie).

Ajoutons en final que ce mécanisme ORDONNÉ d'apparition et de disparition de formes harmoniquement équilibrées suppose l'existence d'une «Conscience» impliquée dans cette SUB-stance énergétique matricielle. Nous avons dit que cet «éther diffus» mémorise à jamais les «signaux-mémorisés» (à la manière des «ondes radio, TV ou Radar») des sujets qu'il a engendrés. Aussi est-il normal de retrouver ici confirmation de la Loi de LAVOISIER : «Rien ne se perd, rien ne se crée, tout se transforme» ... Aussi est-il tout à fait normal que la Mort soit simplement un état de NON-CONSCIENCE PHYSIOLOGIQUE (du fait de la disparition du support charnel) mais pas de NON-CONSCIENCE ETHERIQUE puisque, je le répète, l'Énergie diffuse garde en elle le souvenir indestructible des formes matérielles qu'elle produit.

C) *La Souffrance et la Prière*

Nous voici donc parvenus, dans la dernière partie de cet ouvrage, à une phase plus pratique. Car, comme vous vous en doutiez, chers lectrices et lecteurs, nous ne pouvons encore prendre congé après ces deux grands exposés de rhétorique sur la précarité de l'existence terrestre et sur la manière dont nos Anciens l'ont appréhendée. Il nous faut à présent conclure, et nous le ferons de telle façon que vous gardiez un souvenir ineffaçable du puissant message que notre entretien a cherché à vous transmettre : celui d'apporter à notre prochain, quelles que soient les circonstances, aide et assistance dans ses derniers instants. Rappelons que si la Législature «punit la non-assistance à une personne en danger de Mort»[7], le Cosmos-Conscience punit à sa façon «la non-assistance DANS la Mort». Woody ALLEN écrivit :

«... Il y a des choses pires que la Mort : ne pas vivre, voilà le pire. Car mourir est souvent une guérison. La fin d'une vie pleine et riche pour quelqu'un qui est grabataire, handicapé partiel, fati-

[7] Article du Code Pénal Français.

gué physiquement, brisé moralement et qui aspire à un repos, la certitude d'une fin physiologique proche peut donner un sens, une beauté même à chaque seconde de ses derniers instants ...»

Ce sont justement dans ces «derniers instants» que l'on a besoin de nous.

Quelqu'un a dit un jour : « ... La plus grande chance qui nous soit donnée, c'est de ne pas vivre éternellement sur cette planète dans un même lieu en compagnie des mêmes gens». Cette contrainte théorique mais possible, en effet, nous oblige à repenser le sens réel de notre venue ici-bas et celui de notre inévitable départ de ce niveau de conscience. Beaucoup de gens gravement malades prient pour guérir, et combien on les comprend ! Or, si la prière atténue à coup sûr la souffrance, elle a malgré tout ses limites.

Il n'existe pas de «miracles» au sens où notre imagination l'entend. On peut toujours l'espérer, mais on ne peut le provoquer, surtout lorsque le support physiologique se trouve dans un état d'irrécupération. Il faut inciter les gens à la prière, mais que ce soit toujours dans les limites du «raisonnable», disons du POSSIBLE, à savoir : l'obtention d'une «Paix Intérieure», l'atténuation de la douleur, surtout celle de la sensation lancinante insupportable (que les médicaments ne parviennent pas à neutraliser), le bénéfice d'une «Mort Paisible», appelons-la «changement d'état en toute sérénité».

Nous qui nous apprêtons à aider les moribonds, nous devons savoir avant tout qu'il faut que ceux-ci sentent dans leur «univers de plus en plus restreint» la valeur de la Véritable Vie, celle de l'«Après-vie terrestre». Il ne faut surtout pas qu'ils tendent à se révolter contre leur sort, contre le corps médical, contre le Cosmos Divin, ou l'Univers-Conscience, disons «contre DIEU» (pour ceux et celles qui pratiquent ou se réclament d'une religion), car ils risquent d'emporter avec eux des «informations négatives» mémorisées qui risquent de leur nuire post-mortem. La prière n'est pas une plaisanterie, quant on connaît le «Pouvoir du Verbe» : quelques mots peuvent jeter des millions de personnes contre d'autres. Nous l'avons vu pendant la Guerre. A. HITLER le savait bien, J. GOEBBELS aussi : ces gens savaient manier les phrases et choisir leurs mots. Dans l'état du mourant, le langage parlé prend une autre dimension d'autant plus que la prière sera silencieuse, intérieure, puissante, désespérée. Cependant, comme je viens de le dire, il ne faut pas que le solliciteur exige qu'un organe détérioré ou amputé se restaure ou que la santé revienne comme par un coup de baguette magique. Il faut plutôt inciter le pré-mourant à INTEGRER SA SOUFFRANCE. Il devra comprendre que celle-ci fournit d'énormes pouvoirs d'élévation.

A cet effet, rappelons qu'en 1990 les sidatiques de Los Angeles ont formé une communauté où rayonnait une fraternité, incomparable avec celle de la meilleure des religions ou des sectes, où le sexe n'intervenait plus, où l'égoïsme était oublié, où chacun et chacune s'épuraient par l'Art, la Musique, le Chant (type grégorien), la Prière et le Recueillement. Un de mes amis biologistes m'a dit un jour fort à propos : «... L'Homme n'est grand que lorsqu'il est à genoux» ... Paradoxe d'une rare justesse qui confirme ce qui précède. Il est bon aussi de prévenir les mourants que nous les suivrons tôt ou tard, que les gens actuellement bien portants, ceux qui sont guéris, ou les rescapés d'accidents ou de cataclysmes n'ont fait que de différer l'issue finale qui est la même pour tous. C'est peut-être la seule justice qui existe en notre bas-monde : celle d'être tous sanctionnés par la Mort, riches comme pauvres, mendiants ou chefs d'Etat, beaux comme laids, heureux comme malchanceux ...

Les Orientaux parlent de la Mort et de l'Au-Delà comme d'un «passage dans un Nouveau Pays». En réalité, la Métaphysique Moderne (Parapsy-chologie) prouve qu'il ne s'agit pas là d'un «nouveau pays» mais plutôt du «Pays» tout court, d'où nous venons et où nous retournons après notre séjour plus ou moins prolongé à l' «Ecole Terre». Evidemment, nous sommes avant tout des humains de chair et d'os, donc de sentiments et toute séparation nous est pénible. Lorsque nous étions enfants nous avions beaucoup de peine à abandonner nos jouets brisés ; plus tard, ce furent des lieux où nous avions vécu avec des êtres aimés. Puis les années passant, camarades d'école, collègues de travail, camarades de régiment, compagnes/compagnons d'amours passagers ou durables ou tragiquement interrompus, vieux parents, professeurs à qui nous nous sommes d'abord opposés, puis confiés, etc. ... autant de fantômes avalés par la brume de l'Oubli. Somme toute, nous avons véritablement beaucoup de difficultés à supporter la séparation de ce que nous aimons ou de ce qui nous est familier. Nous endurons mal la solitude prolongée, particulièrement la douleur physique et morale qu'elle provoque. Le soir, lorsque nous allons nous coucher, nous disons machinalement «Au revoir !» (revoir = à se voir de nouveau) comme SI, inconsciemment, nous partions pour un «grand voyage» durant ce temps de sommeil, alors que dans les faits, nous demeurons tout bonnement dans notre maison, au milieu de notre famille.

Allons plus loin ... Le chômeur sans abri, victime de la Spéculation Financière qui l'a jeté à la rue, l'enfant abandonné «parce qu'il était de trop», (devenu inutile pour que ses géniteurs touchent les «Allocations Familiales»), le vieillard encombrant qui n'a pour ressource que l'Asile ou le banc du jardin public, ... tout ce malheureux monde marginal qui n'a pour refuge que des assemblages de cartons d'emballage, et pour lit des sacs de couchage distribués par des groupes de Bienfaisance, et bien tous ces gens qui n'ont plus rien à perdre ne s'endormiront pas sur la dalle glacée du trottoir sans crier à leurs infortunés voisins : «Salut ! Bonne nuit ! A demain !». Or, qui sait ce que «demain sera» pour ces gens ! En fait, que savons-nous de la Mort ? ... En réalité, RIEN ! Bien sûr, il y a ceux qui, une ou plusieurs fois dans leur existence, ont été noyés, ramenés à la vie suite à une syncope ou à un évanouissement, rescapés d'un coma provoqué par un accident ou une maladie grave, tous ces «Sursitaires de la Mort» l'ont côtoyée ! Autrement dit, ces «non attendus» par elle ont goûté un «second état» dans les profondeurs de la non-conscience physique momentanée, et non de l'inconscience absolue !.

C'est suite à cette remarque que me revient à l'esprit une belle phrase d'un texte d'EPICURE (VIe siècle av. JC), que je vous invite à partager : « ... Familiarise-toi avec l'idée de la Mort, tu n'en auras aucune difficulté. Car tout ce qui est Bien, ou tout ce qui est Mal, est provoqué uniquement par nos sensations. Lorsque la Mort survient, nous n'avons plus de sensations, donc nous ne pourrions souffrir ! » ... «Effectivement, tant que nous sommes en vie, nous ignorons ce qu'est la Mort (ou tout au moins, métaphysiquement parlant, nous ne nous en souvenons plus !), excepté le spectacle que nous en fournissent les végétaux pourrissant, les animaux s'immobilisant définitivement, ou les humains rendant leur dernier soupir. Quand elle surgit sur nous, nous ne sommes plus physiologiquement conscients pour nous rendre compte de ce qu'elle est réellement ! On en arrive même à conclure que la Mort est un phénomène qui n'a aucun rapport :

- avec les vivants..................elle n'est rien pour eux

- avec les trépassés..................ils ne disposent plus de moyens sensitifs pour l'identifier correctement.

On comprend pourquoi beaucoup de langues antiques l'ont ignorée, raison pour laquelle elles ne renferment pas de mots pour la désigner.

Depuis des millénaires, notre condition humaine nous oblige à accepter la Mort comme l'ultime aventure normale de tout ce qui est matériellement vivant. Nous ne pouvons nous y soustraire, pas plus qu'une graine ne peut empêcher sa germination ou son écrasement, un animal son abattage ou sa destruction. Nous ne pouvons lutter contre cette «maîtresse de nos Destins». Aussi est-il d'autant plus stupide de la craindre puisqu'elle est dans la nature des choses comme la force de gravité, la chaleur ou le froid. «Il faut faire avec ... !» dira l'homme de la rue. Mais il faut aussi apprendre à la cerner, à mieux la connaître, à ne plus en avoir peur, grâce aux progrès des Sciences physiques et métaphysiques. Il faut davantage l'intégrer comme une «amie» plutôt que de s'en faire une «ennemie». Lorsque l'Initié chrétien «ST-PAUL» écrit que «... le dernier ennemi qui sera détruit est la Mort ...»[8], il veut dire par là que dans notre existence elle constitue le dernier obstacle physiologique et moral à franchir. D'ailleurs, dans le même esprit le «QoRaN», dans l'une de ses «Sourates» (Chapitres) prépare le «croyant» (MoSSOuL) à cette fin.[9]

Les Anciens partaient de l'idée que la «Mort» n'était qu'un mot pour désigner simplement le «Non-Visible inaccessible». Certaines langues nous l'avons vu lui appliquaient le mot «MouTh» qui désigne «une condition de changement d'état» (que les langues occidentales ont intégrée avec le mot «mutation»), à savoir de «fin d'une vie pour une autre vie», ou de «naissance à un autre état». Le père de la Psychanalyse, Sigmund FREUD lui distingue plusieurs niveaux de réalité :

- l'INCONSCIENT qui ignore le Temps chronologique et ne possède aucune image concrète de la Mort,
- le CONSCIENT qui a une vague idée de ce Temps (relativement aux événements terrestres) et qui, par les cellules de l'appareil physiologique vit une sorte de «transformation permanente».

Il faut se dire que chaque être vivant est le lieu d'affrontement permanent de deux courants pulsionnels de sens contraires :

- l'EROS entraînant vers la vie, vers l'Amour, vers la Négentropie, la Création, vers la Créativité (YaNG)
- THANATOS poussant vers la Destruction, vers l'Entropie, la Consommation, vers la combustion (YiN).

[8] «Nouv. test ;», Ier Epître de PAUL aux Corinthiens, chap. 15, vers. 54.
[9] «Al QoRaN», Sour. VIIC, ayahs 1 à 5.

Rappelons que l'Entropie (dispersion YiN) est le phénomène physique qui transforme un système ordonné en un système désordonné (ou plutôt soumis à un autre état d'équilibre) (Pr I. PRIGOGINE). Par contre, la Négentropie (contraction YaNG) fait surgir un système ordonné à partir d'une situation de désordre (ou plutôt d'équilibre différent).

L'Initiation Antique enseignait à ses jeunes élèves et aux adultes des «Ecoles des Mystères» que :

- chaque existence aboutissait à un «changement d'état», (décès) qui amorçait une «nouvelle forme de vie» (naissance).

Beaucoup d' «Ecoles des Sanctuaires» grecques insistaient sur le fait que durant notre brève existence terrestre (70/80 ans), nous devions, par un bon état physique et mental, équilibrer au mieux les courants «constructeurs» (EROS) avec les «destructeurs» (THANATOS). Ce «combat» n'est jamais gagné d'avance, même avec les progrès énormes de la Médecine et de la Biologie. En effet, beaucoup de bébés refusent la vie terrestre, d'autres rejettent la nourriture, certains meurent d'anorexie. De jeunes enfants qui ont été non désirés par leurs parents préfèrent se suicider. Des personnes seules ou âgées ne se soignent pas, ou plus, ou encore se droguent «pour en finir plus vite» ...

On retrouve dans les maladies mentales graves, les perversions comme le sadisme et le masochisme, les conduites névrotiques, les «pulsions destructrices» précitées. Pourtant notre «Sub-Conscient» s'exprime parfois avec vigueur au plus profond de nous. On l'entend nous dire : «Il ne peut rien t'arriver ! ... Tu es non mortel complètement !» ... Il n'empêche qu'à la moindre maladie grave, ou lors d'un verdict de diagnostic médical un peu énigmatique, nous voilà plongés «au trente-sixième dessous» ! Dans une société mortifère comme la nôtre (de guerres, de terrorisme, d'accidents de la route ou aériens ...) qui évacue constamment la «Réalité de la Mort», le malade grave ou le mourant se trouve brusquement enfermé dans la plus atroce des solitudes. Oh, certes, plus qu'auparavant, on déploie pour lui des prodiges de Technique et d'Instrumentation de Métrologie pour détecter et satisfaire le moindre de ses «bobos», mais on oublie chaque fois le plus important = son moral, et surtout ... **son silence** ! La plus importante de ses angoisses est celle qui le fait prendre conscience qu'il va laisser ses proches, des biens durement acquis, un passé, un environnement, et aucun médecin, voire le plus humain, comme la plus tendre des infirmières, ne pourront remédier à cette panique profonde, car la loi biologique se dresse chaque fois, impitoyable : «Le mourant doit vivre **son** propre deuil ...»

1 - 2 - OBJECTIF N°1 : LUTTER CONTRE L'ABANDON

Comme le mentionne le Pr Louis-Vincent THOMAS, que j'ai eu l'infime honneur de connaître[10], la solitude croissante de celui/celle qui va finir sa vie terrestre se vit en notre fin du XXème siècle, particulièrement à l'hôpital, à l'hospice, ou à la maison de retraite pour 82 % des Français habitant dans les villes. En campagne, les gens décèdent chez eux, généralement entourés de la famille (souvent impatiente de se partager les économies, les terres, et l'héritage foncier) et des voisins du village (18 % des Français seulement depuis que les technocrates ont ruiné la vie rurale). Il est indiscutable que les établissements hospitaliers présentent d'énormes avantages : ils disposent d'un personnel compétent et d'un matériel approprié qui répondent à toutes les éventualités. Toutefois, où le bat blesse, c'est que cette mutation technico-sociale escamote du même coup le côté affectif humain. Il y a encore cinquante ans, dans la majorité des cas, le mourant expirait, entouré de l'affection des siens dans un climat de recueillement et de sollicitude. De nos jours, il est fiché, étiqueté sur un lit, emprisonné sous une «cage de tuyaux» reliés à toutes sortes d'appareils, et c'est à travers ces «barreaux» qu'il voit de temps à autre quelques membres de la famille (qui s'est dispersée pour des raisons

[10] Christiane JOMAIN, «Mourir dans la tendresse», (Ed. Centurion).

de situations professionnelles ou de mariages) ou des amis pressés, écrasés par une vie moderne de «métro-boulot-dodo-TV» et de «rentabilité à tout-va», comme si un dieu nous attendait en fin de vie pour nous récompenser ou nous punir selon notre productivité !

Combien de fois n'ai-je pas assisté à des scènes qui auraient fait la joie de G. COURTELINE ou G. FEYDAU s'ils avaient été encore de ce monde : parmi les visiteurs qui se sentent «obligés» de rendre visite au mourant, il est fréquent que certains profitent de cette occasion pour se rencontrer, présenter aux autres leurs dernières progénitures, et en arrivent à ignorer le malade pour qui ils se sont pourtant déplacés. On les voit alors débattre de leurs petits problèmes à proximité du moribond qui les écoute sagement. Le temps de visite écoulé, ils lui adressent quelques mots de politesse, voire quelques banalités, puis s'éclipsent continuant leur intéressante conversation dans un proche bistrot ou dans le hall d'entrée de l'établissement, se promettant de se revoir sous peu, peut-être même à la prochaine visite hospitalière. Croyez, chers lecteurs et lectrices que je n'invente rien ! A côté de cet aspect mélodramatique, le milieu clinicien offre un personnel soignant très dévoué (je le souligne !), mal rémunéré, insuffisant, mal considéré par les «grands patrons» et les Autorités (surtout en France où les récentes grèves de 1993 - 94 l'ont prouvé !) et qui souffre d'un manque réel de formations en raison des tâches multiples qui lui sont imposées[11]. De plus, il lui est matériellement impossible d'assister correctement les mourants, fonction qui incombait dans les précédentes décennies à tout un corps de religieuses-infirmières ou de jeunes séminaristes, personnel bénévole aujourd'hui disparu. Les mourants sont alors «expédiés» vers la morgue comme le sont les déchets dans les sacs de plastique pour le cimetière ou le crématorium, dès que les appareils de surveillance cardiaque affichent sur leurs écrans les terribles «courbes linéaires». (Pr L.V. THOMAS).

[11] Simone de BEAUVOIR, «Une Mort très douce» (Ed. Folio) « Messages du Secours catholique », N°369, Mars 1985.

On nous assène continuellement l'éternel slogan de la «Lutte contre l'exclusion», argument fallacieux d'une société décadente qui se voile la face et bouche ses oreilles. Il n'y a jamais eu autant de Richesses et de Confort à portée de main alors que les déshérités pullulent.

Or le problème n'est pas là. CONFICIUS a écrit :

«... Il est stupide et dangereux d'assister continuellement la pauvreté ; on met fin immédiatement à la pauvreté en créant de la richesse ...»

Pourquoi ai-je fait ce détour en évoquant le jeu politique ? Tout simplement parce que ce qui est vrai dans le monde matériel l'est aussi pour les domaines moral et spirituel ! Les «faibles», ceux qui le sont devenus parce qu'ils vivent leurs derniers instants, ont besoin avant tout d'une Éthique Morale[12]. Cette remarque est extrêmement importante car elle implique aussi bien le «patient» que le «soignant» ; le premier pour «traverser son couloir post-mortem», le second pour l'y aider «en le tenant par la main», au sens propre comme au sens figuré.

Nous vivons dans une société de renonciation : renonciation de l'effort (parce que l'on en demande trop, et mal), renonciation des parents (parfois trop occupés et accablés de soucis), renonciation à secourir (de peur d'être suspecté par les Assurances, la Police, ou la Justice), renonciation fatale du personnel soignant face à l'énorme problème moral qu'est la Mort. Tous les responsables, politiques ou administratifs, parlementent, reconnaissent, «décident de ne rien décider», et tout s'arrête là. N'oublions jamais, toujours d'après CONFUCIUS : « ... L'exemple vient d'en-haut, et non du bas de la hiérarchie ...». D'où le mot savoureux de Georges CLEMENCEAU à la Chambre, déjà à son époque, en une certaine occasion de refus gouvernemental de prise de position : « ... Messieurs, si vous voulez qu'un problème ne trouve jamais de solution, créez une Commission sur le sujet, et vous ne serez pas prêts de le voir abou-

[12] Du grec «héthikon» = manière de se conduire socialement (ARISTOTE).

tir ! » Je vous conseille de revoir avec plaisir le fameux film «Le Président» (incarné par Jean GABIN).

Pour en revenir à notre sujet, citons le regretté Maurice MAGRE [13] lequel ne cessait de répéter lorsqu'il était questionné sur ses ouvrages : « ... J'aspire à rendre les hommes joyeux de la Mort ! ...» Je ne puis me comparer à ce grand penseur, mais je puis dire que la ligne directrice de mon ouvrage a été de reculer les perspectives matérielles bornées de mes semblables, de développer le «Trésor Intérieur» de chacun, de l'amener à cesser de craindre l'échéance fatale. Je serais heureux si, suite à ma modeste contribution, le vieillard vivait sa «future jeunesse» à l'automne de sa vie, si les familles prenaient enfin conscience de l'ampleur de cet acte important qu'est la Mort, plutôt que d'y voir là un banal arrêt mécanique de la machine humaine. Peut-être ressentirions-nous une sensible amélioration de notre environnement invisible si les proches et amis de chaque trépassé l'accompagnaient de leurs pensées et d'une certaine «ambiance vibratoire favorable», comme cela se faisait jadis lors des cérémonies mortuaires. N'oublions jamais que nous sommes redevables envers les agonisants de la même façon que nous devons aide et assistance aux enfants et aux handicapés. Mais voilà, le législateur matérialiste, qui refuse l'évidence de la Métaphysique, légifère uniquement sur la partie organique de l'individu. C'est pourquoi, tout à chacun, femme comme homme, jeune ou vieux, nous nous devons d'intervenir en n'importe quelle circonstance où un malade, un accidenté, ou un vieillard, se sentent complètement abandonnés par le corps Médical impuissant face à une pathologie sans rémission. Leur démarche sera d'autant plus pressante qu'ils seront en milieu hospitalier (le personnel infirmier débordé séjournant moins souvent et moins longtemps dans des salles à malades en phase terminale), sur des sites à grands risques professionnels (où l'accidenté (e) est intransportable, et où chaque minute est précieuse), ou sur des lieux publics.

[13] M. MAGRE, «Mort et vie future», (Fasquelle, 1932).

Plus qu'aucun autre, le «patient condamné» interprète le moindre geste, la moindre parole avec une acuité positive ou négative décuplée. Ajoutons que, dans le cas le plus courant, dans ce trio «mourant-infirmier-famille», le premier est le plus fragile, et pour lui rien ou presque «n'est plus comme AVANT». Pour lui, désormais, l'homme, la femme, ou l'enfant en bonne santé jouissent de la liberté d'action et de déplacement, qu'il qualifie parfois de «délicieuse LIBERTE DE CHOIX» dont ils ne sont absolument pas conscients ! Lui, est devenu un «prisonnier libre», gardé par des «geôliers moraux et bienfaisants» qui lui distribuent sa nourriture, l'obligent à se laver, se raser, et l'astreignent à des traitements dont il ne sait rien, sinon que d'entendre des «expressions barbares» qui l'inquiètent. A sa façon, on peut dire qu'il est devenu «un numéro» dans un «univers carcéral» qui a ses us et coutumes, son langage, ses «secrets», sa hiérarchie. Ses «sympathiques gardiens» et ses «visiteurs du Parloir» (la famille, les amis, les collègues) ont le «privilège d'être debouts», eux, alors que lui est condamné à être couché. Il les voit constamment drapés dans leur «uniforme», alors que lui vit en permanence déshabillé. De la même façon qu'on «entre en religion» ou au couvent, voire au monastère ou en prison, ou dans l'Armée, notre sujet se sent humilié et soumis à discipline, alors que les autres, «ces civils du dehors» ont «la chance» de jouir de leur dignité et de leur liberté. S'il arrive à certains de ses visiteurs de se plaindre de leur «vie trépidante» lui silencieusement envie «leurs responsabilités sociales». Combien ne voudrait-il pas être à leur place et être «ennuyé» ou «stressé» comme eux !

Cependant, ne croyez pas que le «futur voyageur pour le Beau Pays», soit le seul à être anxieux. Son angoisse est partagée, surtout la nuit, par le soignant qui accomplit la lourde tâche «d'accompagnement». A chaque instant de demi-somnolence, le soignant a peur de retrouver le malade décédé. Souvent, il est trompé par la prostration qu'il peut confondre avec le décès. Heureusement qu'un appareillage élaboré seconde le médecin lui permettant de gommer toute équivoque. En réalité, cette angoisse de la Mort n'est que le simple rappel de notre propre fin, par la projection de celle des autres. D'où la fuite et l'illusion face à cette réalité dans laquelle nous savons que nous ne pouvons absolument pas tricher. J'ai vécu personnellement avec des parents, aimé ces tristes moments et me suis enfui comme un déserteur face à l'ennemi. J'ai voulu absolument éviter les questions trop gênantes posées par une mère adoptive atteinte d'un cancer incurable de l'utérus. Ancienne sage-femme et assistante de bloc opératoire (dans la décennie 1920), il était difficile de lui mentir. Elle n'était pas profane en matière médicale. Pourtant, en cette occasion, ma compagne et moi avons trouvé en nous toutes sortes d'astuces de langage que nous étions loin de supposer. Le «VALIUM» aidant, elle s'est ainsi éteinte paisiblement mais, à mon avis, ce n'est pas une solution, et je m'en expliquerai plus loin ... Car il n'est pas bon que, ne sachant quoi dire, les familles et amis prononcent des «paroles creuses», cassent le silence par des banalités, ou «tue le temps» par des histoires plus ou moins stupides. N'oublions pas que l'intéressé(e), qui a déjà «un pied dans l'Autre Monde», fait preuve alors d'une acuité auditive, et fatalement sent qu'on lui cache des choses.

J'insiste sur ce point important : «l'humain des derniers instants» sent et «voit» des sujets et des scènes qui échappent aux humains en bonne santé. Du fond de son lit IL SAIT, mais ne dit mot par pudeur ... Ses sens, privés de la dispersion habituelle d'énergie propre à la vie active, débordent alors d'ultra-sensibilité. J'ai entendu, sur leur lit de mort, des athées forcenés, des militants syndicalistes «rouges», me décrire des phénomènes du MONDE Non-Visible qu'ils percevaient nettement, et qui échappaient complètement à la masse des présents venus leur rendre visite. Ces matérialistes m'ont bien souvent étonné, moi qui était catholique pratiquant à l'époque, de la manière sensée et réaliste avec laquelle ils parlaient de leur fin. Ils me la décrivaient froidement, disons comme s'ils «dialoguaient avec elle», comme s'ils «l'apprivoisaient». La Dsse E. KUBLER-ROSS qui s'est beaucoup penché sur ce problème, et à qui l'on doit tant en ce qui concerne notre

«Préparation à l'Au-Delà» [14] s'attarda beaucoup sur l'approche de la Mort chez l'enfant. Son extrême réserve, relativement à la «Terrible Dévoreuse», se traduit souvent par des dessins naïfs, sorte de «message d'Adieu» qu'il adresse au monde des adultes qu'il n'a pas le temps matériel de comprendre, d'apprécier ou d'endurer. Il réalise intuitivement enfin «qu'il était de passage», et qu'il ne sera pas oblitéré, déformé, sali, par les mondanités d'un environnement qu'il pressent «artificiel», comme ses jouets, ou encore comme le relatent les «Contes de Fées».

Terminons ce sous-Chapitre par une remarque intéressante : les plus célèbres chefs d'Etat et les plus entourées des Vedettes «VIVENT SEULS» et «MEURENT SEULS». Car plus on grimpe dans l'échelle sociale plus la sincérité se fait rare et l'hypocrisie règne en maîtresse. La compagne la plus aimante, le fils ou la fille les plus attachants, le mari ou l'amant les plus tendres et les plus conquis, les parents les plus affectueux, les amis les plus sincères, ... RIEN ne permet à l'humain le plus entouré de surmonter **SA** «Solitude Intérieure». Face à cette «Porte» qu'il/elle veut franchir, il se trouve immanquablement, en tête-à-tête avec lui-même, sans artifice, sans maquillage, sans tricherie possible [15]. Tout simplement parce que l'Intérieur ne peut plus se dissimuler derrière la façade de « l'enveloppe charnelle ».

Dans les lignes qui vont suivre, nous nous sommes attachés à éviter cet abandon total au moment où le verdict médical tombe, tel un couperet de guillotine sur la malheureuse victime, le malade, le vieillard ... Nous voulons à tout prix éviter que dans une telle situation, collègues de travail (s'il s'agit d'un incident ou d'un accident sur un site professionnel), amis ou famille (à la maison), ou soignants (clinique, hôpital) ... demeurent impuissants face à «l'autre» qui agonise et qui, de ses yeux insistants, demande, supplie de l'aide. Comment entourer cette victime de la route qui va

[14] Dsse E.KUBLER-ROSS, «Rencontre avec les mourants», (Labor- Fidès, Genève) .
[15] Dr Père VESPIEREN, «Face à celui qui meurt», (Desclée de Brower).

décéder incessamment, la colonne vertébrale brisée ? Que faire du bébé mourant qui vous fixe de ses «yeux remplis de questions», et qui vous serre fortement le doigt avec sa petite main dans l'énergie du désespoir, celui de l' «ignorance» ? Comment assister cet ouvrier tombé d'un pont roulant ou d'un échafaudage, et dont les «secondes de vie» sont désormais comptées ? ... Que faire ? Que dire ? ...

1 - 3 - OBJECTIF N° 2 : INTERVENIR SANS PEUR, SACHANT CE QU'IL FAUT DIRE OU TAIRE

Permettez-moi tout d'abord de paraphraser ce titre par l'expression bien connue : «Si pas sérieux ... s'abstenir». Que faut-il entendre par là ? Qu'il vaut mieux ne rien faire, que de se paniquer ou n'être pas à la hauteur de sa tâche lors de l'intervention d'aide ! Dans un autre ouvrage [16], je propose au public une formule pratique préparant à l'attitude mentale et spirituelle qui convient pour affronter une telle situation. Répétons que nul ne doit se risquer inconsidérément à faire face à la Mort s'il ne s'y est pas préparé, à moins de disposer d'un sang-froid naturel inné, ce qui est peu courant. Pensez qu'à tout instant, un enfant, un(e) jeune adolescent(e), un homme ou une femme que nous aimons, sont à même de vous jeter à la face des expressions de dépit et de désespoir du genre :

« ... Je suis foutu ! ...», « Il n'y a plus rien à faire, je vais y passer ! ...», « ... Je suis au bout du rouleau ...», ou «Préparez ma petite boîte ! ...» (chez ceux qui se veulent «braves») «... Comment alors réagir froidement alors que l'on sent son coeur se gonfler et les larmes picoter les yeux ? ...»

Surtout, en premier lieu, s'abstenir de réponses du genre :

« ... Non ! Cela va aller ! », « ... Pensez-vous ! Vous êtes solide comme un roc ...», « ... Tu nous enterreras tous ! ...», «... Les médecins se sont trompés ! ...» etc. car chacune de vos paroles sont autant de coups de marteau qui ébranlent la résistance morale

[16] G.OSORIO, «La Sagesse Antique en notre XXIè siècle», (Ed. Télétès, Paris).

du sujet. Car LUI / ELLE SAIT, mieux que vous, où il/elle en est ! Dorénavant, vous ne serez pour lui/elle «que le(la) menteur(euse) de service» et, au fond de lui/elle-même, il/elle quémandera la venue de quelqu'un d'autre en qui il/elle pourra enfin avoir confiance. Pour lui/elle, c'est terminé !. Avec les meilleures intentions du monde, vous venez de briser la relation entre vous, monde des vivants, et lui/elle qui se trouve sur le seuil de l' «Autre». Désormais, il/elle vous écoutera par amitié, amour, politesse, mais son mental sera ailleurs ... «Dans le doute abstiens-toi ...» dit le proverbe bien connu. Il n'est que plus vrai ici. Il ne faut jamais dire «oui», ou affirmer une quelconque «vérité» à un moribond. Ensuite, il ne faut pas réagir de la même façon la nuit ou le jour, aussi bien du côté du soignant que du côté du mourant. Pour ce dernier, la nuit accentue le sentiment de solitude, alors que pour le premier la patience sera plus fébrile. Autrement dit, le mourant sera plus demandeur et plus exigeant en nocturne qu'en diurne. Le moindre bruit va accentuer chez lui l'angoisse, pendant que chez l'autre la sensibilité nerveuse n'en sera que plus aiguë. D'où, je le répète, l'exigence d'une bonne préparation morale pour ceux et celles qui se destinent à «porter secours dans les derniers instants».

Je pense que déjà, faute de bénéficier du temps disponible pour suivre des stages semblables à ceux de Secourisme ou de la «Prévoyance Routière», la lecture de ces pages, l'appréciation d'un autre ouvrage référencé, oeuvre de mon Maître G. BARBARIN [17], et l'étude de deux des miens[18] vous seront très bénéfiques. Dans l'Ere qui s'ouvre, celle du «Verseau», un nombre croissant d'hommes et de femmes laïcs vont devenir des «prêtres» et des «religieuses» sans le savoir. L'écoeurement de la Religion, le mépris grandissant envers la Politique et la Finance, vont inciter les masses à une spiritualité plus «vivante». Etant à l'automne de mon existence, je ne le verrai peut-être pas, mais ces lignes en témoigneront. Je puis déjà affirmer que «le XXIème siècle sera celui de

[17] G.BARBARIN, «La Clef» (Ed. Astra) ; «Je et Moi» (id.).
[18] G.OSORIO, «Pratique Individuelle de la Méditation» (Aquarius, Genève).

l'Ecologie (la vraie) et de la Spiritualité», si je paraphrase André MALRAUX avant sa mort. Et, en ce sens, il fut un «grand prophète» ! Le nombre des «solitaires de la Souffrance» ira en augmentant ainsi que celui des «sans ressources» (manuelles, culturelles, humaines, matérielles, ...) somme toute la masse des «laissés pour compte» s'épanouira jusqu'à éclatement. D'où la prolifération des sectes et des «attrape-gogos» pour tenter de s'évader d'un mode de vie pesant et sans avenir. Plus que jamais le mot de notre bon VOLTAIRE sera d'actualité : « ... N'importe quelle Religion naît le jour où le premier malin rencontre un naïf et un imbécile ... ».

Compte tenu de tout ce qui vient d'être dit, il faut donc que ceux et celles qui veulent se rendre utiles dans les moments difficiles de fin de vie modifient déjà leur propre comportement envers la Mort. Paraphrasant la Loi judaïque [19], l' «Evangile» chrétien a montré «qu'il faut d'abord s'aimer soi-même avant d'aimer les autres». Dans son excellent ouvrage (déjà cité), le Père VESPIEREN, aumônier hospitalier, nous décrit avec justesse l'état d'esprit avec lequel nous devrons intervenir avant «d'opérer techniquement» auprès des intéressés. Nous lisons :

« ... Notre Société tend à refuser d'accompagner les grands malades et à ne voir sur le visage de l'incurable que le masque effrayant de la Mort. Elle reconnaît difficilement que le moribond n'est pas encore mort, qu'il vit, et que cette dernière phase de la vie peut-être traversée. C'est le moment où bien des masques tombent, dans une expérience tout à fait nouvelle de la rencontre d'autrui, pour peu que cet autre accepte de rester là, proche, capable d'écouter, de comprendre, d'interpréter à travers son silence, les quelques paroles, les gestes élémentaires, pour que celui qui s'en va sente qu'il n'est nullement rejeté de la société des vivants ... »

[19]«Nouv. Test.», Evangile de MATHIEU, chap. 19, vers. 19 ; «Anc. Test. «, livre de LEVITIQUE, chap. 19, vers. 18.

Accompagner «l'autre» dans ses derniers moments ici-bas consiste à demeurer avec lui jusqu'au dernier souffle. Et pour cela, il faut y être moralement préparé et savoir pour soi, en premier lieu, ce qu'est réellement la Mort !

«Je sais, disait le regretté Maurice MAGRE (déjà cité) que dès qu'il s'agit de vie «subtile» de l'Au-Delà, l'intéressé(e) réclame aussitôt, paradoxalement, les preuves matérielles d' «une existence qui ne comporte pourtant aucune matérialité ...» Il est vrai que l'humain se comporte en aveugle à qui un voyant décrit inutilement de magnifiques paysages qui s'étalent devant ses yeux, et qui ne croit à la Terre que dès l'instant où il s'est baissé pour prélever une motte de son sol. Aussi, le plus couramment, est-il recommandé de demeurer dans les «généralités» en ce qui concerne les questions éventuelles du futur trépassé. N'avancer aucune preuve décisive, aucun argument péremptoire qui déclencherait une fausse joie, aucun «breuvage de Certitude» au moyen de textes tirés occasionnellement des «Livres Sacrés» (BIBLE, QoRaN, Yt-QiNG, BaGhaVad-GiTa, etc...) Exprimez-vous simplement en homme et en femme sincères, «du fond de vos tripes» ! Ne jouez surtout pas au faux ecclésiastique dogmatique, au faux pasteur bibliste, ni au scientiste «éclairé», pas plus que vous ne devrez singer un «clairvoyant féru de nombreux secrets de l'Astral» ! voire imiter le «prédicateur de salon» ou le jouisseur faussement épicurien qui se moque de tout.

Un fait est là : c'est le geste vrai du «messager» qui fait retentir «le message». Plus qu'à aucun autre moment de sa vie passée, le moribond n'attachera autant de sens aux paroles de la bouche qui va les prononcer. Même si, apparemment, on doute de vous, transmettez malgré tout VOTRE message ! Ceux qui l'entendront pour la première fois diront sans doute «qu'ils l'ont connu de tout temps», et «qu'il est vieux comme le monde» ! Mais peu importe ! Ceux qui le connaissent auront l'intelligence, la courtoisie, et la bonté de paraître s'en étonner. Chacun et chacune «jouera sa comédie», car «TRICHER C'EST EXISTER ENCORE !». C'est encore «JOUER

AVEC LA VIE» ! A mesure que les années passent, nous constatons que l'hypocrisie est le poison de toutes les relations humaines ... Mais ici elle n'est pas la bienvenue, car lors de notre démarche auprès du mourant, il nous faut absolument lui faire goûter un «Bonheur sans fin». Il faut qu'il parvienne à sentir son Esprit s'élargir, et que lorsqu'il ferme les yeux, il vive déjà parmi des étoiles mille fois plus nombreuses qu'avant. Il faut absolument qu'il se sente bien au milieu des systèmes solaires, et qu'il s'apprête déjà à les traverser dans des espaces infinis de lumières et de scintillements. Il faut enfin que la Mort soit DEDRAMATISEE, débarrassée de ses oripeaux lugubres, de ses ossements de parade habituels. Elle doit être présentée comme une belle silhouette blanche, lumineuse, dans un corps d'une grande beauté et un visage d'Espérance ! ...

Beaucoup de gens voient dans l'aide aux mourants un simple recours d'ordre social ou matériel du style de celui que l'on porte à un mendiant ou à un accidenté. Autrement dit, notre société considère cette démarche comme un acte destiné «à prolonger la vie de quelques instants» (propos entendu dans une clinique). S'il en était ainsi, à quoi servirait-il ? Pourquoi reculer l'échéance sans rémission du dernier battement de paupières ou de la dernière exhalaison ? Pour rien ! ... Vous l'avez compris, l'assistance en question se doit d'être **essentiellement spirituelle**. Il faut que ceux et celles qui s'y engagent s'attachent à ce que l'intéressé franchisse «le Pas Ultime» au prix du minimum possible de souffrances post-mortem[20]. Statistiquement, pour l'ensemble des pays occidentaux, il est expérimentalement prouvé que celui/celle qui a vécu une idéologie avec désintéressement, fusse-t-il athée ou agnostique, une foi en une Divinité quelconque, une tradition religieuse, ou s'est dévoué pour autrui (oeuvre de Bienfaisance ou de Secours, recherche désintéressée pour le soulagement de la souffrance humaine ou animale, écologie, ...) meurt sans angoisse. Il s'est préparé, sans doute à son insu, instinctivement, selon une éthique personnelle ou collective qui répondait à son tempérament, à faciliter la

[20] ENEL, Revue «Initiation-Science», N°XXXVI, janvier-février-mars 1956, p. 3.

libération de son «Etre-esprit-Supérieur» (son «JE SUIS», comparativement à son «MOI» corporel).

Pour un athée ou un agnostique, la Mort n'est pas une surprise : elle fait partie de la «marche du Temps», de l'évolution des êtres et des choses. Pour un croyant, elle concrétise normalement une tournure d'esprit à laquelle sa religion l'a normalement préparé. Les véritables «Initiés» anonymes, ceux/celles qui se sont détachés depuis longtemps des attraits et des servitudes de ce monde, font preuve d'une tranquillité peu commune qui surprend d'ordinaire l'homme moyen ... Voyons à présent si la Mort doit être considérée chez l'être vivant, pour le chirurgien, le biologiste, ou l'homme de la rue, tout simplement comme une simple cessation, estimée irréversible, des processus vitaux.

1 - 4 - LA MORT ? ... UNE «NOUVELLE NAISSANCE» !

« ... La Mort, disait Georges BARBARIN, est un déroulement harmonieux tant qu'il demeure instinctif. Dès que l'intellect de l'individu s'en mêle, le trouble et la peur s'installent chez le sujet ... ». Cependant, la majorité des gens, accrochés aux jouissances et aux difficultés terrestres sont loin de partager cette conception. Pour eux, la Mort est une sorte de «maladie» qui vient brutalement casser leur petite vie quotidienne et les rappeler à la réalité de leur condition humaine précaire. Dans ce cas, on ne peut que réveiller en eux une sorte de «bilan final», opération au cours de laquelle ils vont expurger leurs pensées. L'intervenant provoquera alors un type de confession auriculaire, comme cela se faisait jadis dans l'Eglise Catholique, et bien avant elle à Babylone et en Egypte. L'objectif à atteindre sera l'«allègement du mourant», en faisant jaillir hors de lui ses mauvais souvenirs et ses regrets, sinon il sera entravé métaphysiquement et sa fin sera terrifiante. Or, le but recherché est qu'il parte avec de bonnes pensées. Il doit laisser à la «Porte de Sortie de ce monde» ses rancoeurs, ses haines, ses déceptions, ses regrets de projets non réalisés, etc. Il faut arriver à ce que, lors des spasmes de l'agonie, il ait intégré «ce dur moment» non pas comme une fin en soi, mais comme une «NOUVELLE NAISSANCE» !

Soyez conscients que la Mort est quelque chose d'épouvantable pour ceux/celles qui sont persuadés que tout est consommé après le dernier soupir. Il ne fait aucun doute que le cérébral-mental (encore irrigué par le système circulatoire) et «l'Esprit-Mémoire particulaire» des souvenirs, remplis de «signaux-informations» de regrets et d'amertume, pousseront le sujet à se cramponner à cette existence, pour lui pleine d'attraits et d'intérêts. C'est pour des personnes de ce genre que j'écris ces présentes lignes, car ils représentent la «clientèle mortuaire» la plus importante. Ne pensez pas que les adeptes des religions et des sectes judéo-chrétiennes en soient exempts, bien au contraire, car souvent leurs Enseignements ne les ont pas préparés, ou mal à cette sublime épreuve. Et c'est alors l'instant de la cruelle désillusion ! Les Archives anciennement «confidentielles» de l'Eglise s'entrouvrent à présent et rapportent les «derniers moments de papes» qui sont de véritables «combats désespérés contre la Mort», accompagnés «d'appels au secours». Les profanes que nous sommes seraient pourtant en droit de penser que de telles positions dans les hiérarchies «spirituelles» dispenseraient de manifestations qui n'ont par contre pas lieu, ni en Orient ni en Extrême-Orient, au sein des religions dites «païennes» (sic).

En conséquence, le devoir d'un homme ou d'une femme de coeur consiste, même pour des pasteurs ou des ecclésiastiques catholiques, ou des «spiritualistes» de tous acabits, à faire l'impossible pour réveiller en eux la «Voix de leur Esprit-Conscience»[21], et éviter qu'ils soient privés de la consolation de la Véritable Foi Intérieure lorsqu'ils parviennent au terme final. Le plus grand service à rendre à ces moribonds encore conscients est de parvenir à leur faire «entendre» cette «VOIX» à Laquelle ils sont demeurés

[21] Expression à laquelle tout le monde souscrit, athées comme croyants, indifférents comme spiritualistes, ethnie noire ou arabe, ...

sourds jusqu'à ce jour. A ce propos, j'ai le souvenir d'une anecdote racontée souvent lors de ses conférences publiques par ce Maître que fut V. SKARIATINE (pseudonyme = ENEL). Je rappelle que cet homme courtois et réservé, au charme slave, parfois volubile, comme le sont ces Russes émigrés d'après la Première Guerre Mondiale, possédait une phénoménale érudition suite à de nombreux voyages en Asie et surtout en Egypte. Il fut le témoin involontaire de plusieurs agonies dans des contrées d'ethnies très diverses. Le sort le conduisit un jour dans un petit village perdu dans la steppe. Les paysans qui l'habitaient étaient des prêtres frustres, rivés à leur travail et à leurs coutumes. Les deux seuls personnages à peu près cultivés étaient un moine et un vieux médecin paralysé dont la fin était proche.

Lorsqu'il ne se livrait pas à ses recherches, ENEL accompagnait le moine au chevet du pauvre hère, et ils échangeaient des idées. C'était un homme érudit, autodidacte, qui avait gardé toute sa lucidité. Avant d'étudier la Médecine, il avait été un fervent astronome, ainsi qu'un étudiant amateur en Sciences Naturelles. Il possédait donc des connaissances assez étendues sur toutes sortes de sujets. Toutefois, à l'encontre de la plupart de ses contemporains, il n'appréhendait pas la vie humaine sous le prisme déformant des théories plus ou moins imposées par l'Université ou la Religion Officielle. Esprit ouvert, pour lui toute conception nouvelle était valable à condition qu'elle se justifiât par le raisonnement et surtout les faits. Evidemment, il était anti-religieux et athée (dans le sens de non-croyant en un «Dieu de type humain»). Pour lui, l'existence se terminait avec la décomposition chimique du corps. Son ami le moine ne cessait de lui citer des textes bibliques, mais cela ne lui faisait pas admettre pour autant une «vie outre-tombe». Souvent, il butait lui-même à de subtiles contradictions à propos de «DIEU» et du «Mal sur la Terre». Il est vrai que ce brave religieux n'était pas des plus habiles !

Le pauvre moine, bien entendu, ne faisait que répéter ce que sa formation séminairienne lui avait appris. ENEL se risqua alors à discuter avec lui de Magie et d'Astrologie, domaines qu'il connaissait parfaitement. Durant plusieurs jours, chacun demeura campé sur ses positions. Il n'empêche que la nuit (il dormait peu, souffrant énormément, sans doute d'un cancer), il repensait les arguments qui lui avait été proposés. Finalement, il adopta les vues de l'égyptologue, et en arriva même à découvrir des preuves scientifiques mettant en lumière les Enseignements des anciennes Initiations. Deux mois s'écoulèrent, durant lesquels ils se virent quotidiennement lors d' entrevues de plus en plus passionnées. Ce penseur ultra-matérialiste évoluait progressivement sans qu'il s'en rendit compte. De plus en plus, il acquérait non pas une croyance religieuse mais une conviction profonde de l'existence d'une «Conscience Universelle» qui nous anime tous et dont nous sommes partie intégrante. Sa Foi s'appuyait enfin sur une base scientifique solide ... Puis son état empira brusquement, et le jour vint où il se sentit «partir de ce monde» pour «renaître dans l'Autre». Ensemble, ENEL et lui, accomplirent une méditation-prière commune devant une bougie allumée (symbolisant la Présence de la «Conscience Cosmique»), puis il expira en paix. ENEL qui n'était pas un rêveur ni un sentimental, nous raconta que plus tard, il eut la certitude absolue que, grâce à leur «hasardeuse» rencontre, cette grande intelligence avait acquis sur la fin ce qui lui manquait durant son passage sur terre. D'une certaine façon, il put rétablir «l'équilibre» dont il avait sans doute besoin pour poursuivre son évolution universelle.

Cette authentique histoire nous montre une fois de plus à quel point l'«accompagnement d'un mourant» est extrêmement importante. Je l'ai désigné pour mes chères disparues, ne sachant quoi leur dire, et j'ai fui comme tant d'autres devant ce «fléau naturel». Ce fut au départ la raison d'être de ce livre qui débuta sous forme d'une modeste petite brochure qui fut vendue à la Sorbonne dans le cadre des conférences de l'Université Populaire de Paris. Si ma modeste contribution peut ralentir, voire faire disparaître cette «expédition postale des mourants», alors l'Etre-Suprême-Conscience m'aura conduit à accomplir enfin une oeuvre humainement utile. A mon humble avis, un jour cet Enseignement fera partie non pas des programmes scolaires, mais tout au moins de l'Enseignement social, «spirituel», ou religieux (s'il existe encore). Avant d'en terminer avec ce sous-Chapitre, laissez-moi vous conter encore un second cas où, là aussi, les personnages ne sont pas des «fictions» ...

Ce qui suit se passait en 1955 ... Un Anglais atteint d'un empoisonnement du sang, se trouvait dans un état pathologique proche de l'échéance fatale. Il souffrait atrocement (sans doute d'une leucémie) et son médecin ne lui donnait plus que quelques heures à vivre. Comme «un malheur ne vient jamais seul» dit le proverbe connu, pour comble d'infortune, le malheureux venait d'être abandonné froidement par une compagne infidèle. De plus, les horreurs de la dernière Guerre lui avaient ôté toute croyance et toute spiritualité. Malgré tout, comme tout humain, l'angoisse et la peur de la Mort qui désormais pour lui était la fin de tout, augmentaient considérablement ses souffrances. Homme relativement aisé, il avait un valet de chambre, catholique pratiquant, mais non bigot, un homme qui réfléchissait et remettait parfois en cause sa religion. Ce valet, fortement ému par l'état lamentable de son patron, lui indiqua une paroisse de Paris où, un «prêtre pas comme les autres», faisait des «prodiges». «Voulez-vous que je lui demande de penser à vous, puis de prier pour vous ou de vous rendre visite ?» lui dit-il alors. Ce dernier y consentit car il était prêt, tel un homme qui se noie, à s'attacher à n'importe quel fétu de paille ou à la moindre feuille de papier flottante.

Informé de la situation, le prêtre en question lui rendit visite rapidement, et sachant le malade athée, s'enthousiasma du cas. Il s'employa à ce que ce moribond ne trépasse pas dans un tel état moral de déception, d'abandon et de tristesse. Il s'enferma alors avec lui dans un petit salon et se mit à penser fortement, à visualiser l'atténuation de sa souffrance «en l'entourant d'une éclatante lumière», puis à méditer silencieusement en son esprit, sans prononcer une parole ... Il s'immobilisa ainsi plusieurs heures dans une sorte de prostration, puis il s'endormit. Le lendemain matin, le médecin qui croyait le trouver mort fut stupéfait de constater chez lui un calme manifeste et la disparition des spasmes alarmants de souffrance nerveuse. Quelques jours plus tard, le mal progressant, le patient mourut dans une sérénité totale, un léger sourire sur les lèvres, ce qui prouve qu'en lui, «Quelque Chose» s'était manifesté, une sorte «d'accord secret entre lui et le Cosmos». Nombreux sont les exemples de ce genre, vécus et il est regrettable que nos médias n'évoquent pas plus souvent de telles expériences.

Donc, pour en terminer, soulignons que le premier devoir envers une personne en cours de décès est de «réveiller en elle une certaine spiritualité». Athée, matérialiste, débauché, drogué, homosexuel, etc. peu importe, un humain est une créature qui souffre avant tout, donc un être en passe de quitter la «matérialité» pour «l'éthérique». J'ai prononcé le mot «spiritualité» pour me dispenser de celui de «foi», trop galvaudé par les Eglises et les sectes. Il faut donc, même chez le plus rustre, faire appel à ses ressources sentimentales, puis intellectuelles. Or, celles-ci sont présentes chez tous, mais plus ou moins étouffées ou endormies. C'est à nous qu'il appartient de les réveiller. Pour ceux qui pratiquent une religion officielle, le rite a une grande importance dans ces tristes moments, car, il ne faut pas se voiler la face : toute pratique rituelle est fondée sur la Magie (blanche, mais «magie» tout de même) à l'instar de tous les actes culturels. De ce fait, comme je l'explique ailleurs[22], il engendre des champs vibratoires qui agissent directement sur les «centres de forces animiques» (appelés faussement «Ame» par les théologiens), et facilite ainsi la libération, donc la «rupture du cordon d'Argent», selon la BIBLE [23].

En tout état de cause, face à un malade, à un accidenté, ou à un humain en phase de fin de vie, la Nature est encore le sujet de

[22] G.OSORIO, «Cours de Métaphysique-Parapsychologie» (chez l'auteur) ;
[23] «Anc. Test.», ECCLESIASTE, chap. 12, vers. ;

réflexion acceptable par tout le monde, à condition bien entendu de savoir correctement s'en servir. A travers ses paysages et ses couleurs, il faut faire valoir les qualités cosmiques de «Beauté», de «Bien», et de «Bonheur», qui seront toujours les véritables objectifs de tout humain. Pourquoi alors la Mort serait-elle laide, affreuse, horrible ?... La laideur, le mal, la douleur, ne sont toujours que des états transitoires et anormaux. Si nous faisons le «bilan de notre existence» , même la plus défavorisée (ce que certains appellent dédaigneusement «leur chienne de vie» !), nous y retrouverons globalement plus de «bons moments» que de «foutus quart-d'heure» ! Rappelons ce merveilleux film «Les Eaux mêlées» où le héros juif polonais se remémore avec regret dans sa confortable maison new-yorkaise son village boueux et froid de Raghwomir ... La raison en est que si ses débuts misérables dans la vie font l'objet d'une certaine mélancolie c'est tout simplement parce que ses années de privations et de rigueur dans ce lieu infect n'en était pas moins tout ce qui représente sa jeunesse !

Objectivement, les difficultés ne nous harcèlent pas autant que ne se révèleront à nous avec insistance nos besoins de manger, de boire, de nous vêtir, ou de nous abriter humainement pour dormir ! Or, si nous vivions sur une île ensoleillée et remplie de fruits, de légumes et de poissons, à la manière de Robinson Crusoe, il semble que nous n'aurions plus de problème tant qu'un technocrate ou un financier ne viendra pas «réglementer» cette existence paradisiaque. Ce qui veut dire que sur le plan matériel, nos difficultés surgiront lors de nos relations avec les autres, à l'instar du héros du conte de D. DE FOE. Ce qui veut dire que les problèmes les plus cruciaux sont sociaux, donc moraux. «L'Homme est un animal qui vit en société» disait J.J. ROUSSEAU, mais à la différence des animaux, il évolue constamment à cause de son intelligence, alors que l'animal doit se limiter au cadre strict de son Instinct : les castors construisent leurs barrages de la même façon depuis des siècles, de même aussi les oiseaux leurs nids, etc. Il n'existe pas de limite à la créativité de l'intelligence humaine. Nous avons là des arguments validant la supériorité de l'esprit sur la matière, que le temps et les circonstances ne sauraient ébranler. La grossière lacune du Matérialisme consiste en ce que, dans sa conception de l'Univers par des Forces créatrices aveugles dites de Hasard, il ne tient aucunement compte de la plus importante des notions... matérialistes : celle de l'Infini ! En effet, aux plus obtus des athées il faut toujours poser la question : AU-DELA de cette voûte étoilée que nous observons tous, spiritualistes et matérialistes, QU'Y A-T-IL ? «De nouveaux cieux»..., répondront-ils. Soit ! ET AU-DELA ?... L'intelligence humaine poussée par une force invincible de curiosité et de savoir ne cessera jamais de se demander : QU'Y A-T-IL ENCORE AU-DELA ?... question que ne se poseront jamais ni l'animal, ni la matière bien entendu ! Tout simplement parce que l'être humain est le seul qui tienne secrètement imprimé au plus profond de lui la notion indéfinissable d' «Eternité».

Partout, cette inévitable expression d'INFINI nous appréhende, du monde de l'Infiniment Petit (au-delà des particules sub-atomiques) à celui de l'Infiniment Grand (au-delà des plus lointaines galaxies). Par ce concept, le Principe vivant du «SUR-Naturel» est au fond de tous les coeurs. L'idée innée du «Divin» (étymologiquement = DiV-in = ce qui brille comme le jour) n'est pas issu du rôle social joué par les religions, comme l'attestent les historiens d'une certaine tendance philosophique, ou les sociologues gauchisants, mais génétiquement par cette sensation puissante de l'idée d'INFINI. A la réflexion, nous pouvons en déduire que ce mot sous-entend deux sens : celui de NON-FINI et celui de SANS-LIMITE FINIES. Il faut reconnaître la formidable persistance de cette abstraction pour que tant de temples aient été édifiés et consacrés au culte du «NON-FINI SANS LIMITES». Ce/cette dernière est «non-fini» parce que «*énergie*», et «sans-limites» parce que «*Conscience*» indestructible, donc non-Matière (laquelle est limitée dans l'Espace et dans le Temps).

Un dernier mot que je livre à vos méditations : si sur les dalles des édifices religieux des millions d'hommes, de femmes et d'enfants, se sont agenouillés, prosternés, sacrifiés parfois, dépouillés dans d'autres, abîmés, ce n'est pas par crainte psychologique d'un «dieu» ou de «dieux» sanguinaires et despotiques auxquels tout le monde croyait plus ou moins ! Ne soyons pas de stupides gens du XXème siècle ! Les générations qui nous ont précédés n'étaient pas exclusivement composées que de naïfs ou de demeurés mentaux, bien au contraire ! Les oeuvres qu'ils nous ont laissées en témoignent hautement. Si les masses « suivaient majoritairement le troupeau », une grande partie pensait sainement et objectivement. A quoi ? à l'INFINI ! Et c'est à cet «Infini-là» dans sa splendeur, son immensité, en tant que «Puissance Créatrice Infinie», qu'ils rendaient hommage, tout simplement parce qu'Elle les portait irrésistiblement à imaginer un «Beau Supérieur», d'où nous venons et où nous retournons...

2 - L'AIDE EFFECTIVE AUX MOURANTS

2 - 1 - LA «MORT ASEPTISEE» DE NOTRE VIE MODERNE

Au hasard d'heures de lecture, j'ai relevé plusieurs maximes qui me serviront d'entrée en matière à ce Second Chapitre de Troisième Partie :

«... L'Homme n'est pas capable de jouir sereinement de la vie s'il n'a pas une idée sereine de la Mort ...» (François BACON)

«... Au lieu d'inciter et de préparer les gens à faire des enfants jusqu'à cinquante ans, il vaudrait mieux les préparer à savoir qu'ils vont mourir ...» (Françoise GIROUD)

«... Le salaire du péché c'est la Mort ...»[1], ou plus exactement selon le texte grec originel : «... Le salaire de tout manquement (amartia) est le changement d'état, ou de mode de vie (thanatos) ...»

Autrement dit, si l'on en croit les penseurs, et selon la Tradition Primordiale, et non la Religion, nous héritons tous de ce «changement d'état», suite à la chute du Genre Humain (Homme Universel ADaM) dans la Matérialisation[2]. De nos jours, la Mort tombe bien entendu sous le coup de cette implacable «Loi de la Rentabilité et du Superficiel» : elle est l'utilitaire-impératif «qui

[1] «Nouv. Test.», Epître de Paul aux ROMAINS, chap., vers.

[2] G. OSORIO, «Conférences sur le sens originel de la BIBLE» (Sorbonne-UPP, 1986).

est devenue sous la pression des évènements économiques l' «inutile secondaire» ...

Comme le déplore un journal suisse très sérieux :

«... On a banni les cimetières hors des villes au même titre que les dépôts d'ordures et les «cathédrales d'incinération d'O. M.». La Mort s'est aseptisée, puisque 60 % des citoyens helvètes se font incinérer, et ce chiffre ne cesse d'augmenter. La Mort s'est aussi «industrialisée» : des entreprises se chargent de TOUT. Moyennant contrats, le mort est pris en charge à partir du moment où on le couche dans une boîte en bois, on l'embaume, on le pleure même pour la famille, on le véhicule, pour le déposer enfin en terre ou à la crémation ; le tout selon des tarifs savamment étudiés ...»[3].

Je sais bien qu'il faut que tout le monde vive et loin de moi l'idée de critiquer sur ces honorables salariés, employés par ces «prestataires de services de la Mort». Ces respectables commerçants ne font que répondre à un besoin de la société moderne : se débarrasser au mieux, et au plus vite, et sans aucun sentiment, d'un cadavre dont on ne sait que faire ! « ... Il faut courir beaucoup de convois mortuaires pour voir parfois quelqu'un pleurer ...» s'indigne le Pr Bernard CRETTAZ, ethnologue de l'Université de Genève.

L'Allemagne qui a eu son quota maximum de victimes lors de la Seconde Guerre Mondiale s'est tellement habituée à la Mort que celle-ci est devenue proche d'une maladie «remboursée par la Sécurité Sociale». Des sociétés proposent maintenant aux familles « une prise en charge-contrat » (package-deal) des morts alors qu'ils sont encore vivants, de manière à ce que le moment venu, sur simple appel téléphonique (type appel «SAMU») elles soient déchargées de tout souci. On sent nettement sur notre monde occidental l'influence néfaste des USA où la Mort est appréhendée comme un «produit» au même titre qu'une savonnette, une auto

[3] Revue l' «Hebdo» du 24 septembre 1992.

ou un ordinateur ! Plus de cadavres, plus de cérémonies ! Les sociétés d'outre-Atlantique prennent livraison des défunts, puis les font disparaître comme on jette un déchet à la poubelle. Tout cela au nom de la sacro-sainte «Economie de Marché» ! Qu'on ne s'étonne pas alors de l'extension de la délinquance et de la criminalité dans un pays où la Mort est bafouée, donc où la Vie ne peut être respectée ! Si les Lois Naturelles du Cosmos sont foulées aux pieds, pourquoi voudrait-on que les lois humaines et les règlements civiques soient reconnus et respectés ?

L'Homme est l'Homme, et il arrive toujours un moment où les «valeurs originelles» imprimées au fond de lui remontent en surface et explosent. Aussi bien dans les pays les plus totalitaires que dans les Démocraties rongées par la corruption, «le naturel spirituel revient au galop». Et puis, je le répète, nous entrons dans l' «Ere du Verseau», donc dans cette Ere de la Spiritualité (A. MALRAUX) et non du Commerce débridé. Les gens commencent à s'identifier à leur Mort et à leurs morts. Ils sentent de plus en plus que la Mort s'impose comme un rappel à l'ordre de notre «course après le vent». Des plus riches aux plus pauvres, les humains sentent que leur tour risque de venir à tout instant, d'autant plus qu'autour d'eux, la route, le SIDA, les agressions, les accidents de travail, les maladies cardiaques ... creusent les rangs des proches, des amis, des relations, des collègues. Et puis, dans les cabinets de «Psy», dans tous les pays de la technocratie bruxelloise (statistiques officielles à l'appui), on rencontre beaucoup de dépressifs qui, des années plus tard ne se remettent toujours pas d'un décès de leur proche «évacué-express sur commande». Ils réalisent à posteriori qu'ils n'ont pas suffisamment «humanisé», «ritualisé» cet adieu. Comme le confirme en Allemagne la célèbre Dsse Yvonna PREISWERK : « ... Je sens la catastrophe lorsque je lis dans le journal qu'un enterrement a eu lieu DANS LA PLUS STRICTE INTIMITE (im streng Bertrautheit) ... ».

Des années, voire des décennies après la disparition de leurs conjoints, des veuves et des veufs, en parfaite santé et équilibrés d'esprit, ne parviennent pas à trouver d' «âme-soeur», tout simplement parce que la précédente séparation n'a pas été mentalement et psychologiquement consommée. L'être disparu n'est évidemment plus présent en chair et en os, mais il l'est bien davantage virtuellement dans l'esprit de ceux qui restent et qui ne l'ont pas enterré véritablement. Il en va de même des jumeaux, lorsque l'un d'eux décède, l'autre intègre difficilement cette séparation. En effet, les liens génétiques qui les unissaient dans le foetus se sont consolidés ailleurs. La libération de celui qui est resté en vie charnelle exige un rituel approprié pour que l' «union» se rompe temporairement. Durant des générations, dans nos campagnes les plus rustres comme les plus bourgeoises, on «veillait les morts». Même les gens âgés solitaires étaient assistés par des voisins, voire même par le paysan-maire du village ou son épouse, qui se faisait un DEVOIR d'intervenir.

Depuis que l'on met à tout instant l'accent sur des intérêts politiciens, ces sempiternels «DROITS de l'Homme», on en a oublié les «DEVOIRS de l'Homme». Nous nous agitons à présent dans une société qui n'a plus que des DROITS ; il est logique qu'elle ignore ses DEVOIRS ! Le plus élémentaire est évidemment celui du décédé. Dans les conflits armés les plus durs et les plus féroces, on a toujours vu, des deux côtés des belligérants rendre les honneurs aux victimes. J'ai assisté personnellement à ce genre de poignante cérémonie. La Guerre terminée, la consommation à tout-va a évacué toutes les obligations morales au profit de la «bagnole», du confort ménager, et du week-end sur la route. La Mort devient alors gênante lorsqu'elle se rappelle brusquement à nous, lorsque nous apprenons par un appel téléphonique qu'il nous faut aller assister Untel ou Unetelle à son chevet. Et on le comprend ! J'ai été de ceux-là ! Raison pour laquelle j'ai écrit cet ouvrage par regrets et remords. Que mon expérience serve à d'autres, mais surtout qu'enfin un jour la masse des humains rejette à jamais ce mode de vie stérile et déprimant de «capitalisme sauvage technocratique» !!!

Notre fin de XXème siècle, s'est donc attaché à dissimuler «l'ennui de la Mort». En ville, elle en a chargé des «spécialistes» ; à la campagne, dans de rares régions encore, un ecclésiastique sollicité par les familles se dérange sur place. En Suisse, sur 4 à 8 % de pratiquants de la Chrétienté, 95 % des baptisés font appel malgré tout aux prêtres et aux pasteurs. Et puis, il y a les sectes bibliques («Auroristes», «Amis de l'Homme», «Eglise des Saints des derniers Jours», «Témoins de JéHoVaH» ...) qui enterrent leurs morts après un bref sermon biblique dispensé par l'un des leurs, au bord de la tombe, suivi d'une prière commune verbale, faite d'ailleurs avec beaucoup de sincérité et de sérieux, voire de conviction. Néanmoins, il semblerait que la décennie 1990 s'annonce sous d'autres auspices. Le public, saturé de publicité, de matérialisme, déçu par les politiciens, inquiet du lendemain, se prend de plus en plus à réfléchir. Les gens tendent à rester chez eux, à se réunir plus souvent par groupes de familles amies, donc prennent peur de la solitude. Lorsque l'un d'entre eux disparaît, ils n'en sont que plus fortement marqués, et s'accommodent mal de «convois expédiés». Ils voient dans chaque décès une occasion de rencontre, de partage mutuel d'idées et de sentiments, de conversations intéressantes autour d'un repas simple, même si ce dernier aboutit à une belote sur un coin de table pendant que ces dames papotent en cuisine.

Bref, les gens veulent briser l'étau oppressant de cette société moderne sans humanité. On s'aperçoit de plus en plus que, psychiquement, un enterrement «raté» ou «réussi» conditionne pour longtemps la vie des participants, particulièrement les jeunes, malgré leur apparente désinvolture et leur factice indifférence acquise dans leurs campus. Notre jeunesse n'est pas meilleure ni pire que fut la nôtre. Elle est simplement victime de cette fin de siècle de spéculations financières qui parasitent nos pays en offrant des «lendemains sans espoirs». Tant que les dirigeants ne mettront pas un terme aux films de violence, de pornographie, tant qu'ils gracieront par des artifices juridiques les coupables de détournement de fonds, qu'ils fermeront les yeux sur la drogue, qu'ils ne rétabliront pas la véritable VALEUR-TRAVAIL de l'argent en mettant fin à la spéculation boursière, le monde humain vivra sur une poudrière, dans le plus profond mépris des Lois Cosmiques comme des lois de la Nature.

Pour en revenir au deuil : en France, en Italie, et en Espagne, la pratique religieuse est apparemment (seulement) plus importante, qu'en Hollande ou en Grande-Bretagne. La majorité des fidèles forme ce qu'un de mes vieux professeurs en Théologie appelait les «Chrétiens à roulettes» : ils viennent à l'Eglise en poussette pour leur Baptême, en voiture pour leur mariage, en corbillard pour leur enterrement. En dehors de ces trois «sacrements», ils ne fréquentent jamais les offices. Ceci est tellement vrai que la majorité des familles citadines ne connaissent ni pasteur, ni curé, ni rabbin. Lorsqu'un décès survient, ce sont les Pompes Funèbres qui font office «d'Agence de renseignements» (adresse du presbytère, paroisse du domicile, etc.). De ce fait, de nos jours, la majorité des gens qui hésitent à ce que leur mari, leur mère ou leur grand-mère soient «enterrés comme des chiens», n'ont plus aucun contact avec la Religion dont ils se réclament. Un Oriental, bouddhiste, m'a dit un jour à Singapour : « ... En France, même les chats et les chiens sont catholiques» ... Humour acide, mais teinté de vérité ! Toutefois, ceci était peut-être vrai il y a encore dix ans, cela l'est moins maintenant. Il est vrai que l'Occident a toujours manifesté les apparences d'une spiritualité, mais a toujours fait fi de ce qui en faisait sa force : la PRATIQUE D'UNE ETHIQUE.. Il faut avouer que pour l'ecclésiastique qui est payé pour exécuter un convoi funèbre, l'opération s'avère de haute voltige : en une heure, il lui faut parler d'un mort qu'il ne connaît pas (souvent dire du «bien» de gens que le public connaît sous des aspects détestables, parfois odieux) devant une famille et un auditoire qu'il ignorait jusqu'à présent, hormis un bref contact avec quelques membres quelques heures après le décès.

Pour en terminer, en ce qui concerne l' «enterrement et ses préliminaires religieux» (ou non), fort heureusement, dans bien des cas, de bonnes relations s'établissent entre laïcs et responsables religieux. Surtout en notre fin de XXème siècle, il existe beaucoup de prêtres et de pasteurs très humains et compréhensifs, même vis-à-vis de couples athées dont l'un vient de mourir. Lorsque, ces officiants demandent aux intéressés quels gestes symboliques ils désireraient voir accomplir pour associer la mémoire du mort à celle de sa famille ou de sa communauté (cas de marginaux, SDF, routiers, ...). Il est arrivé pour un chômeur athée, logeant dans un carton avec une amie protestante, innocentes victimes de la crise économique, qu'on exposa un tableau qu'il peignait avec d'autres infortunés comme lui. Le jour du convoi au temple, quelqu'un eut alors l'idée d'en découper la toile, et tous les participants eurent la possibilité d'emporter un morceau de cette peinture, comme s'ils voulaient, «Au-Delà du Voile du Non-Visible» communier avec lui. Sur le plan métaphysique, je voulais raconter cette histoire pour en faire ressentir la beauté du geste, simple en soi, immense dans sa rayonnante portée pour l'egrégore du défunt. Une autre fois, dans une ville d'Allemagne, par une glaciale soirée de Décembre, un pasteur prit la peine de converser avec des chômeurs réunis autour d'un feu de planches volées : il évoqua la vie après la Mort, davantage à la manière d'un psychologue que d'un religieux. «DIEU» fut remplacé par «La Grande Lumière» (ce qui est vrai !), « ... vers Laquelle doit se rendre tout humain, parce que c'est d'Elle qu'il provient ...» Et il fit toutes sortes de comparaisons imagées avec le feu qui se consumait. Tout le monde resta silencieux. A la fin, celui qui avait été le plus violemment opposé à cet entretien demanda que tous se tiennent par la main, le pasteur compris, et il formula une prière commune. Emu, le pasteur ne put prononcer une seule parole. Cette nuit-là, l'un d'eux mourut emporté par une pneumonie. Son visage était souriant lorsque les secouristes l'emportèrent ... Je rappellerai une fois de plus que «c'est dans la misère que l'humain se transcende».

Terminons par une dernière remarque : il n'existe pas de «recette toute faite» ou de «mode d'emploi» pour accompagner un mourant à sa dernière demeure. Tout RESIDE DANS L'ESPRIT avec lequel l'opération est conduite, devant un cadavre, que vous soyez religieux ou laïc il vous faut évoquer à haute et intelligible voix des détails saillants même humoristiques de sa vie passée, comme s'il était toujours présent, et que nous lui parlions. Que vous le croyez ou non, faites-le, ne pensez surtout pas à vous, pensez surtout à lui ! Vous verrez qu'au bout de quelques minutes, votre pudeur aura disparu. Vous serez pris(e) dans le jeu : vous entrerez peut-être en résonance vibratoire avec ses corps subtils qui se détachent de leur support matériel et vous les aiderez ainsi à s'élever le plus loin que vous pourrez de l'attraction terrestre. Mais surtout, soyez conscient(e) de ne pas dépasser vos limites et de ne pas risquer de vous laisser emporter ! Vous acquerrez progressivement une certaine expérience à mesure que le temps s'écoulera. Nous verrons plus en détail ce qu'il convient de faire. (cf. Chapitre 3).

2 - 2 - DANS LE «SECRET DE LA MORT»

Ayant été recueilli providentiellement par deux âmes charitables dans ma prime enfance, et ayant vu autour de moi beaucoup de gens disparaître incidentiellement (maladies), accidentellement et naturellement, je me suis toujours étonné d'avoir pu accomplir une vie terrestre aussi aléatoire que la mienne (près de huit fois sur le point d'être tué, dont deux fois des un coma par maladie), et de parvenir en relative bonne santé en cette automne de ma vie. Il faut dire que dans les moments les plus cruciaux, jamais l'idée de la Mort ne m'a effleuré l'esprit. Parfois, quand j'y réfléchis, je m'étonne même de mon inconscience, ou plutôt de mon indifférence involontaire. N'allez pas vous imaginer que je n'ai jamais eu peur ! Oh si ! J'ai eu peur. Car celui/celle qui osera me dire qu'il/elle n'a jamais eu peur sera un menteur/se, aussi bien envers lui/elle même qu'envers les autres ! J'ai conversé avec des mercenaires (baroudeurs), des gardes du corps d'éminentes personnalités, des colosses à la gâchette facile («Rangers» ou «Marines»), des tireurs d'élite de «Sonder kommandos», et tous ces gens m'ont avoué avoir eu souvent peur, disons même davantage AVANT une mission que lorsqu'ils étaient dans le feu de l'action. Le très beau film «Le Samouraï», animé par Alain DELON, retrace bien cet état d'esprit.

Même si l'on se refuse à en parler, la Peur fait partie de notre condition humaine terrestre. Par elle, nous ressentons notre fragilité matérielle, notre temporalité, notre faiblesse face au CERTAIN qu'est notre fin de vie. Ainsi, au fil des décennies, des êtres chers ont cessé de vivre à côté de moi et je n'ai jamais tenté de savoir comment l'«Essence» de leur être s'était transformée. Je les ai laissés s'éloigner dans la «masse des Ombres» sans saisir le moindre «fil» qui aurait pu nous unir. Catholique pratiquant, puis étudiant libre en Théologie, puis militant dans toutes sortes de mouvements et de sectes religieuses, je m'en remettais constamment à «DIEU» ! et à «ses» enseignements écrits et «révélés» ! Depuis mon rejet des obédiences de toutes sortes, je suis étonné de constater que beaucoup m'ont imité. Par la suite, mes études techniques et scientifiques réveillèrent en moi ce besoin de savoir, surtout connaître ce qui se passe «Au-delà du Visible» !

En général, l'Humanité se partage en trois classes : il y a les gens qui, dès leur naissance, de par leur faible constitution physique, leur niveau social défavorisé, ou leur affectivité frustrée, se tournent d'instinct vers l' «Au-Delà». Une seconde catégorie rassemble ceux qui ont «peur de tout» et étouffent cette angoisse par une bravade apparente, une activité fébrile, et se satisfont de tout ce qui est dit officiellement par les religieux et l'opinion courante. Leur éternelle devise «ON VERRA BIEN...» **leur sert de bouclier**. Enfin, une minorité, ni plus ni moins sensible que les deux autres, rassemble les «prudents», les «chercheurs», ceux qui «veulent savoir à tout prix» (dussent-ils en souffrir). Ce sont eux qui, ni plus vertueux ni plus intelligents, ou plus ascètes que les autres, pensent à la Mort, à la disparition des êtres aimés, puis à leur propre fin ... Effectivement, ils constituent une famille peu nombreuse dont les membres se reconnaissent de par le monde, aux premières paroles échangées ou aux attitudes (s'il s'agit d'ethnies africaines ou amérindiennes). Ces gens ont de suite compris qu ' «étudier la Mort » revient déjà à faire abstraction de son petit «ego». Maurice MAGRE (déjà cité) a dit d'eux : « ... Ils ressemblent à des hommes qui, une fois dans leur existence, auraient senti le parfum d'une déesse et qui, désormais, ne pourraient l'oublier ... ».

Chers lectrices et lecteurs, ne cherchez surtout pas le «Secret de la Mort» simplement parce que vous en éprouvez instinctivement une certaine appréhension ! Inutile ! Il ne se révèlera jamais à vous ! La terreur de la Mort relève de la plus basse superstition. Beaucoup redoutent les morts dès l'instant où ils viennent de les enterrer, et ils les croient «redoutables» (surtout en campagne, même encore maintenant !). Il nous faut regarder la Mort bien en face, non par curiosité ou par crainte mais par amour de l'humain en général, à commencer par nous. Souvent, on s'étonne des résultats obtenus, car plus on agit en ce domaine avec un coeur sincère plus nous élargissons notre panorama. Ainsi, il m'est arrivé en méditant en forêt ou à la campagne sur le «Problème de la Vie et de la Mort», de SENTIR SURGIR EN MOI des informations très instructives, lesquelles m'étaient encore inconnues jusqu'alors, contredisant même parfois les théories religieuses officielles ou la Science. Aucune preuve tangible ne venait les conforter. Pourtant, elles revêtaient un caractère indiscutable, et en mon for intérieur, il m'aurait été impossible de les mettre en doute. Or, quelques années plus tard, en lisant des revues américaines et allemandes de Parapsychologie, j'eus confirmation de ces «subjectives vérités». Par une belle après-midi campagnarde en vacances, j'eus le pressentiment que je découvrirai un jour quelques «clefs» sur ce «Secret de la Mort» !

A demi-assis sur un rebord de vieux mur effondré, par un chaud soleil et un ciel bleu, je me mis à réfléchir, dans une demi-somnolence, qu'en ce milieu d'année 1994, quarante-huit conflits armés faisaient encore de par le monde d'innocentes victimes : « ... Des gens qui ne se connaissaient pas s'entre-tuaient au profit de gens qui se connaissaient, mais ne se battaient pas ! ...». « J'ai souvent cité ce Maître que fut pour moi Maurice MAGRE, et je me remémorais en ces instants quelques notes prises avant sa mort au cours d'interminables soirées de conversation et offertes par une amie de mes parents adoptifs. Concernant, la «Clef de la Mort», je classerai les propos de MAGRE concernant l'Humanité, (il fut biologiste, puis journaliste), en neuf points :

- **a)** Sur notre planète, depuis que l'Humanité a pris conscience, la douleur s'est répandue en proportion plus grande que le plaisir et la joie. Partout, la souffrance physique et morale est maîtresse de la situation. Les «lieux tranquilles» et les « bonnes époques » sont aussi rares que les cheveux sur la tête d'un chauve.

- **b)** En ce bas monde, ce qu'il est convenu d'appeler «joie de vivre», n'est qu'un plaisir instinctif de respirer, de manger, de boire, de satisfaire ses besoins sexuels. C'est là le lot de millions d'entre nous.

- **c)** Dès que parmi tous ces gens l'intelligence se manifeste, elle fait naître un sentiment de pitié au fond de certains. On est conduit alors à mesurer la «valeur morale» d'un sujet en fonction du «degré de pitié» et de compassion qu'il manifeste alors envers ses semblables, ou envers ses subordonnés que sont l'animal et la plante. Cette catégorie de «gens fins» se différencient de la «masse des brutes».

- **d)** Une seconde sélection s'opérera alors parmi cette «minorité sensible» : une fraction de la masse sera plus sensibilisée aux malheurs du monde que les autres «interpellés». Il arrivera fatalement que ceux qui auront atteint une «valeur morale suprême» ne pourront plus supporter leur existence, ni celle de l'Humanité souffrante. Il leur faudra en sortir. S'isoler n'est pas la solution, d'où la faillite croissante des couvents, monastères, abbayes, et autres "«ashrams» qui génèrent plus de déçus (non avoués) que de «véritables heureux».

- **e)** En se repliant sur eux-mêmes, ces êtres sensibles découvriront alors que notre vie planétaire représente un «ORDRE INFERIEUR COSMIQUE». Elle se déroule dans une sorte de «basfond» de la Création Permanente, une sorte d' «Enfer» («Lieux Inférieurs» disent les Ecrits des Initiés).

- **f)** Or, il n'existe aucun livre ni aucun document valable où soit clairement énoncée «La Révélation» ou décrivant clairement la manière de s'échapper de cet «engrenage infernal» qui soumet la destinée humaine. Il n'existe sans doute pas de Sage ou d'Initié qui puisse la donner oralement pour tout le monde. Les quelques phrases-guide à ce propos se trouvent dans le «BaRDo-ThoDoL» tibétain, voire encore le «Livre des Morts» égyptien, ou la laconique phrase néo-testamentaire du mystérieux «ST-PAUL». Nous lisons :

« ... J'estime que les souffrances du Temps Présent ne sont rien, si on les compare au rayonnement (grec=dozan) à venir qui se manifestera par nous. Aussi est-il normal que la Création se fasse telle qu'elle est, en attendant que se révèlent ceux qui seront engendrés, réveillés du Cosmos (grec = àpokàlupsin toôn uioôn toû Theou)[4]. Car cette Création a été **soumise à des choses inutiles - illusoires** ... avec la certitude qu'elle doit s'affranchir de la servitude et de la corruption, AFIN d'avoir part à la Liberté Suprême des Engendrés du Cosmos. Or, nous constatons que jusqu'à maintenant, cette Création (ktisis) toute entière souffre et soupire en nous ; nous aussi nous gémissons en nous-mêmes en attendant notre adoption : la libération-rupture des liens de prisonniers (apolutroôsin) ... (selon le texte grec originel)».

- **g)** Tout tend à prouver qu'il s'agit ici d'une Loi Primordiale de l'Ordre Universel, l'une de ces lois qui nous régissent et qui nous semble «bizarre», incompréhensible à notre niveau humain, à notre entendement de terriens limités dans l'Espace et dans le Temps : c'est net, l'humain n'a nul besoin de connaître sa destinée (...) après le départ de ce monde. Pourquoi ? ... Vous allez le comprendre !

- **h)** Si la masse humaine qui aspire seulement à son bien-être (cf. a) avait la certitude d'une vie meilleure après la Mort, tous ceux qui souffrent peu ou prou ici-bas se hâteraient de se suicider

[4] Rien à voir avec le livre de l'APOCALYPSE (grec = apo-kaalùpsis = voile-au loin = révélation).

pour en jouir le plus rapidement possible. Aussi, le Cosmos-Conscience, dans son amour et son respect du Principe «Vie», a décidé que nous demeurerions dans le doute afin que cette extinction volontaire de la majorité de l'Humanité ne vienne bouleverser à jamais l'équilibre des mondes de l'Univers.

- **i)** Que fait le bébé dès la sortie du ventre maternel ? Il crie ! On pourrait s'attendre à ce «qu'il soit heureux de surgir dans le «meilleur des mondes» (sic), comme nous le proclame une publicité TV bien connue. Bien au contraire, il pleure, et il s'empresse le plus souvent de dormir le plus longtemps possible, comme s'il manifestait un regret du milieu qu'il vient de quitter, et peu d'empressement à prendre conscience du monde dans lequel il vient d'arriver.

Il arrive dans ce monde sans se souvenir du précédent. Parfois, au cours de son enfance, de vagues informations reviennent en surface de sa mémoire, suite à des chocs émotifs ou affectifs de sa nouvelle existence, mais chez la plupart les choses en restent là ...

En voici terminé avec ma première série de réflexions ... Passons à la seconde ...

La majorité de nos semblables se satisfont de dogmes religieux dont le caractère enfantin leur plaît. Ceux qui les enseignent voient à quel auditoire ils s'adressent car, dans certains cas devant des gens «avertis», ils n'hésitent pas, avec un clin d'oeil complice, à préciser «qu'il ne faut pas prendre tout cela au pied de la lettre». De leur côté, les grands philosophes occidentaux ont échafaudé des raisonnements tellement «filandreux» sur des dédales d'abstractions compliquées qu'il s'avère impossible à suivre. On ne peut donc rien espérer d'eux quant à la «Connaissance de la Mort». Par contre, ceux que l'on nomme «Grands Initiés», nous ont laissé des «symboles parlants». Je constate que dès l'aube de l'Humanité, ces hommes sages et avisés sont tous parvenus **AUX MEMES** conclusions. La plupart sont tombés d'accord sur les points essentiels, sans qu'ils eussent communiqué entre eux. Beaucoup de chercheurs ont écrit sur le sujet et laissé des tonnes de documents au cours des siècles. Tout n'est pas digne d'intérêt. Paradoxalement, on pourrait conclure «qu'il faut beaucoup douter pour croire !». Cependant, à part quelques différences relativement légères, tous les «Grands Initiés» donnent de la Mort une description commune.

Bien plus, on est souvent surpris de retrouver ce «paysage» d'abord dans les incohérences des visionnaires, et chez ceux/celles qui affirment disposer du don de «médiumnité». De plus, il figure aussi parmi les symboles simples des religions et croyances primordiales et notamment dans les grands rituels africains, australiens et amérindiens, pourquoi ? Tout simplement parce que ces gens intuitifs et super-sensibles ont transposé à juste titre les lois physiques de la Nature à leurs dimensions spirituelles. Effectivement, pourquoi différerions-nous des Cycles et des Rythmes universels ? Nous allons en juger par ce qui suit. Voyons donc dans un second aperçu ce que pourrait être le «Secret de la Mort», tel qu'il résulte d'une vue synoptique globale (amorcée par M. MAGRE, déjà cité), et que j'ai rédigée suite à trente-cinq années de recherches et de voyages.

- **a)** Toutes les morts sont naturelles, dans le sens où elles interrompent artificiellement ou naturellement des processus vitaux. En général, elles se produisent dans la position couchée. Les Initiés de certaines civilisations placent leurs morts à genoux, comme pour remercier le Cosmos de les libérer de cette «marâtre vie terrestre». (Pr Jean SERVIER)

- **b)** Le mourant sent en lui un mystérieux désir croissant de désintéressement de la vie au moment où il va quitter les êtres et les choses de ce monde. Depuis qu'il est né, il lui est arrivé maintes fois peut-être de perdre de l'argent, un bon emploi, une compagnie aimée (compagne ou compagnon), sa maison ou ses biens ... et chaque fois son désir n'a été que plus intense de recouvrer ce qui était perdu. Mais pour la première fois, une certaine indifférence harmonieuse se glisse lentement en lui. Cette transformation a lieu tellement rapidement qu'il n'a pas le temps de s'en étonner, ni de s'en réjouir, disons même d'en avoir pleinement conscience. La dissociation de son «JE SUIS - Individualité» indestructible de son «MOI - Personnalité» charnelle s'opère simplement, avec la même discrétion tranquille que celle qui règne lors de la gestation, après union spermatozoïde-ovule au sein de l'obscurité matricielle.

- **c)** Beaucoup de traditions et de «Livres sacrés» assimilent la Mort au sommeil. Le personnage CHRIST lui-même s'en est exprimé ; nous lisons :

« ... Après ces paroles, il leur dit : LAZARE notre ami dort, mais je vais le réveiller. Les disciples lui dirent : Maître (Kurio) s'il dort, il sera guéri, mais JESUS avait PARLE DE SA MORT, alors qu'eux pensaient qu'il s'agissait simplement de l'assoupissement du sommeil ...»[5].

Dans une telle situation, les sens du toucher, du goût, de la vue, cessent d'agir en premier. Puis vient l'odorat. L'ouïe persiste le dernier. Nous analyserons leurs degrés d'importance fonctionnelle au sous-chapitre suivant. Car celui/celle qui présente toutes les apparences de «décès complets» entend parfaitement ce qui est dit autour de lui/d'elle, et souvent bien plus distinctement que les malentendants disposant de prothèses. Cependant, les mots leur parviennent «voilés» comme à travers un coton, mais parfaitement compréhensibles pour un cerveau en suractivité. Disons, fait étrange (et en même temps métaphysiquement normal), qu'ils perçoivent davantage les vibrations que les sons proprement dits.

- **d)** Il est regrettable que l'on persiste à méconnaître les travaux du grand physicien américain Charles HENRY (1799 - 1878) quant à ses recherches et ses découvertes sur la Mort. Il fut le premier savant à recourir à la photographie en «Supra-normal»[6]. Il lui apparut alors que «la partie la plus subtile» de l'être humain (son

[5] «Nouv. Test.», Evangile de ST-JEAN, chap. 11, vers. 11 à 13.

[6] En physique de l'Electricité, le «henry» est une unité d'induction magnétique.

«JE SUIS»), abandonne sa dépouille charnelle (son «MOI») perpendiculairement à l'axe du corps, par un orifice invisible situé au sommet du front[7]. Comme l'attraction terrestre n'intervient que faiblement, il s'élève tel un ballon-sonde de Météo en cours de gonflage. HENRY a pesé ce corps fluide et a trouvé un poids (quelques mg).

- **e)** Chaque soir, ou lorsque la fatigue physique l'assaille, l'humain s'endort, donc se coupe de son environnement par déconnexion de son système sensitif. Dans sa phase finale, il procède de la même façon, sauf que cette fois la transmutation «matière/esprit-conscience» est irréversible. Donc, dans cette situation intermédiaire entre deux mondes, il ne verra plus avec ses yeux, ces organes matériels par lesquels les vivants reçoivent les ondes lumineuses (interprétées ensuite par les neurones cérébraux). Les récits convergents des rescapés des «NDE» (Near Death Experiences) sont formels : le sujet désincarné VOIT, même avec une grande précision, à part que dans ce cas c'est l' «egrégore «JE SUIS» qui entre en résonance vibratoire avec le milieu, capte les «signaux-informations», et les interprète grâce à sa «conscience-mémoire» (tel un ordinateur).

- **f)** Lorsque les physiciens utilisent dans leur langage l'expression «Espace à trois dimensions» (plus le Temps), ils savent pertinemment qu'en réalité nous vivons à cheval simultanément dans un «monde à N... dimensions».[8] Energétiquement, tous les mondes s'interpénètrent les uns les autres. La «Mamouchka» russe (ensemble de poupées gigognes, ancien outil d'Initiation devenu

[7] Curieusement, dans la zone du «7ème ChaKRa» des métaphysiciens indiens.

[8] Beaucoup de gens en font un jeu, comme s'ils s'appelaient au téléphone «pour demander des nouvelles à un parent de province». Ces gens veulent ignorer qu'il ne s'agit plus du même monde vibratoire, et «gare aux viols de frontières». Celles-ci ne sont pas «poreuses» comme nos frontières politiques. J'ai personnellement perdu deux personnes chères, et je suis certain que SI ELLES-MEMES LE JUGAIENT UTILE, elles se manifesteraient ; quant à moi, je ne les solliciterai pas, de manière à ne pas troubler leur évolution.

jouet), en est la démonstration la plus simple, au même titre que le jeu de cartes. Celui/celle qui part ne peut revenir, tout au moins de la même façon. CE QUI EST FAIT L'EST UNE FOIS POUR TOUTES ... Ceux qui tentent de revenir en arrière, telle «la femme de LoT» dans la BIBLE [9], se trouvent fatalement entraînés dans les courants inductifs terrestres en proie à des besoins irrésistibles d'incarnation (ou de réincarnation). Au lieu de jouir de leur véritable nature retrouvée (celle d'avant leur naissance ici-bas), ils sont tentés par un «retour dans la chair».

Raison pour laquelle je m'oppose personnellement au Spiritisme et à la «Transcommunication», malgré tous leurs attraits, parce qu'ils génèrent une inflation de gens profanes en ces matières qui, par des moyens de saisie électromagnétique, scrutent jour et nuit ce monde du «Bas-Astral», empêchant ainsi ces malheureux d'évoluer. (...) Autant je me réjouis de voir des savants, des médecins, et des médiums confirmés, nous instruire en procédant à de patientes et laborieuses recherches dans des conditions expérimentales parfaitement définies, autant je crie gare quant à cette «démocratisation débridée du contact supra-normal», qui ne satisfait que l'égoïsme du vivant et retarde l'évolution du décédé. N'oublions jamais que dans les expériences scientifiques réalisées par des métaphysiciens avertis, ce sont toujours les entités douteuses et parfois malsaines qui s'approchent ou hantent les vivants ... et non l'inverse ! Tous les «Livres Sacrés» sont unanimes là-dessus !

- **g)** Celui qui meurt physiquement perd donc à jamais sa forme matérielle. Revenons à cette question de «condition-état de sommeil» ... Lorsque nous dormons, le système sensitif se déconnecte du Sub-Conscient qui alors prend possession de l'organisme. Les cellules cérébrales en profitent pour «ressusciter» dans le sens biologique où elles se débarrassent des toxines accumulées au cours

[9] G. OSORIO, «L'Homme énergétique» conférence en Sorbonne ; cf aussi «Anc. Test.», GENESE chap. 19, vers. 17 à 26.

de la journée d'activité. Si la conscience mentale physiologique du «MOI» (intellect) disparaît, la censure nerveuse se relâche, et le «Sub-Conscient» («JE SUIS») se branche alors sur ses «Sources Instinctives» (à savoir le Cosmos plus ou moins lointain, passé, présent, ou futur). Les rapports entre le défunt et l'Espace/Temps sont fatalement différents.

La Parapsychologie expérimentale nous montre qu'à mesure que l'on «s'élève» dans un état de Matière de plus en plus proche de l'Energie diffuse (Ether), le Temps devient plus rapide, l'Espace moins mesurable, et plus aisément et rapidement absorbé. On pourrait dire d'une certaine façon que dans cet état posthume ON EVOLUE DANS UN «INSTANTANE PERMANENT» ! Ceux qui par des Initiations-Ecoles répétées dans des existences de haïr ont atteint un «Etat idéal de Perfection» («NiRVaNa bouddhiste, «SaToRi japonais, «JeRuSaLeM Céleste» du Judaïsme, «Royaume de DIEU» chrétien, ...). Ils sont éternellement débarrassés de toute notion de Temps et d'Espace, privilège des «Sphères Supérieures» du Cosmos, ce «Troisième Ciel» évoqué par l'Initié «ST-PAUL» [10].

- **h)** Le «Sommeil dans la Mort», évoqué par le Maître de NaZaReTh (...) et bien connu de tous les Initiés, peut se définir comme la Durée (le mot «Temps» étant l'apanage du temps terrestre) qui s'écoule entre l'instant où le sujet bascule dans l'Espace virtuel de «l'Inconscience» physiologique, et celui où a lieu la «rupture du Cordon d'Argent». (...) Chaque individu a **SA** Durée. On pourrait imaginer qu'un individu actif qui, dans le courant de son existence se livrait à des occupations passionnantes devrait normalement «s'éveiller» plus rapidement à un monde posthume et y progresser plus vite que l'individu apathique qui ne faisait pas grand chose dans sa vie. Ceci n'est pas toujours vrai, car dans le posthume «les valeurs sont renversées» !

[10] «Nouv. Test.», 1er Epitre de Paul aux CORINTHIENS, chap. 12, ers. 1 à 6.

Les photographies et les enregistrements d'expérience paranormales tendent à nous prouver plutôt qu'après la Mort, celui qui a imprimé sa conscience de «signaux-informations» affairant à une foule de tâches, surtout de devoirs de désintéressement et d'abnégation, «se réveillera» dans une pulsion de désir de «remplir une mission de dévouement». Par contre, celui qui a vécu toute une vie dans la terreur de la Mort ou dans la hantise de la perte de ses biens matériels «transmutera» avec cette anxiété. Il en va de même de celui/celle qui ont été dominés par les sens : ils se «réveilleront», tourmentés par des «“informations de désirs» dans un milieu virtuel où ils ne pourront les assouvir. C'est sans doute cela l' «Enfer» bouddhiste ou catholique ? etc. D'où la conclusion qui s'impose : BIEN PREPARER SA MORT ! ...

- **i)** Je viens de dire que, à son «réveil», le décédé se trouve immédiatement immergé dans un monde vibratoire, régi par des Principes qui n'ont plus rien de communs avec ceux de la planète qu'il vient de quitter. Dans le monde planétaire, la Loi de vie biologique impliquait à la concentration et à l'effort ; tout ce qui est vivant crée, transforme, matérialise au moyen de forces centripètes (YaNG). Brusquement, le défunt doit s'adapter à un Ordre inversé : celui du règne de la Force Centrifuge (YiN) de l'expansion, de la traversée des infinitudes, des abstractions. Ces principes sont consignés dans les « Livres Sacrés » ici-bas. Nous avons donc intérêt à les étudier et à les méditer.

- **j)** Après «Rupture du Cordon d'Argent», le «né-après-vie» (comme disaient les Initiés), se retrouve dans un milieu qu'il pourrait, comparativement au nôtre, qualifier de «ténèbres». Il va percevoir nettement la situation, non plus avec ses sens (qu'il ne détient plus), mais à travers une faculté interne (qu'il possède à l'état embryonnaire de son vivant terrestre) : sa «conscience egrégore» (...) (son «JE SUIS»). Si son «Moi» charnel ne pouvait s'adapter à sa «nouvelle vie», cette «Conscience» par contre s'y épanouira et s'y adaptera très aisément. Immergé dans cette vie éthérique, aux vibrations ultra-rapides, inconnues pour lui jusqu'alors, il va sentir les effleurements de créatures dont les formes lui sont totalement nouvelles, du moins le croit-il (parce qu'il ne se souvient plus de sa nature originelle avant sa récente incarnation). Des courants puissants vont l'entraîner, telle une nappe de fuel sur une rivière d'eau claire. Il va subir des deux côtés de ces «courants» des attractions et des répulsions.

Dans cette «immense nuit», il cherchera d'abord à se diriger. Ce n'est que par l' «effort intérieur» de ce «JE SUIS» qu'il va parvenir à changer les ombres environnantes en vague crépuscule. Somme toute, il va tendre de plus en plus à VIBRER A L'UNISSON AVEC ELLES et parviendra donc à les apercevoir nettement. Vecteur de «signaux-informations» qui lui donne cette faculté de «Conscience», son «JE SUIS» possède une sorte de thesaurus de «valeurs spirituelles» qui vont le prédisposer soit à s'épouvanter devant cet Inconnu, soit à distinguer rapidement les détails et les êtres de cette «nouvelle vie». Globalement, disons qu'il s'intégrera d'autant plus rapidement à ce monde vibrant qu'il en «dissipera les ténèbres». Cet objectif sera atteint lorsque ce «JE SUIS» vibrera alors à la même fréquence que ce «monde de lumière». Rappelons que «Ténèbres» et «Lumière» sont des sensations provoquées par des différences de fréquences vibratoires. Ce sont les deux formulations complémentaires d'une seule et unique Energie (Éther).

A ce sujet, l'Initiation Antique confirme ce qui précède, ne serait-ce que dans certains passages du «Nouveau Testament», notamment celui relatif à l'Initiation du dénommé «ST-PAUL», qui se déroule d'une manière relativement brutale : il est jeté à terre par une lumière aveuglante, et une voix se fait entendre. Or, les hommes qui l'accompagnent sont stupéfaits : certains entendent la voix mais ne voient personne[11], alors que d'autres sont troublés par l'effet lumineux et n'entendent rien[12]. Il apparaît net-

[11] « id. «, ACTES des Apôtres, chap. 9, vers. 3 à 7.
[12] « id. «, chap. 22, vers. 9.

tement que la Grande Tradition a voulu nous faire sentir ici l'évidence d'une imbrication de plusieurs mondes simultanés.

- **k)** On en déduit, je le répète, que la Sagesse terrestre devrait nous inciter dans le courant de notre existence à «préparer notre mort» ! D'une certaine manière, malgré tout ce que l'on peut leur reprocher, à travers les âges, les religions et les philosophies humaines s'y sont attachées. «Préparer son échéance finale» revient à choisir et à réfléchir sur nos lectures, à méditer à travers elles sur ce qui doit arriver dans ce sens, afin de pouvoir traverser ce «Seuil» sans douleur, car celle-ci naît de l'appréhension plutôt que de l'opération en soi. Dans le monde des «ténèbres», on peut penser que l'on est guidé immanquablement par la lumière que l'on rayonne soi-même, par notre «JE SUIS», à travers ce «Royaume des Cieux» évangélique («NiRVaNa», «SaToRi», etc.) des Orientaux, où les yeux manquent pour voir ...

- **l)** Suite à la «Rupture du Cordon d'Argent» (cf h)), et à une plus ou moins grande «prise de contact avec les ténèbres», le «JE SUIS- Conscience» va émerger lentement de ce «Sommeil d'Incohérence» : les «informations-souvenirs» viennent en surface, et vont déterminer la/les vie(s) futures(s). Ce «réveil» rappelle celui de l'homme terrestre qui a dormi une nuit habituelle : émergeant de sa somnolence, il reconstitue à sa levée du lit le souvenir de ses préoccupations de la veille, et en se couchant il «fait le point» de ce qu'il va faire dans la journée. Dans son «Au-Delà», l'homme décédé, drapé dans sa nouvelle constitution éthérique, sent le besoin d'une représentation plus vaste de «souvenirs-informations» : le déroulement de toute son existence passée surgit dans sa mémoire (qu'il est lui-même !) en une succession plus ou moins rapide de tableaux et de scènes. C'est ce «film des événements vécus» qui constitue réellement ce que toutes les traditions nomment «le Jugement Dernier», ou encore «la Pesée des Ames». (Egypte, Chaldée).

- **m)** Solitairement, le défunt contemple alors son existence passée : le défilé de ses pensées, ses actions successives avec leurs conséquences, les contributions que les uns et les autres ont apporté à la perfection et à une plus grande sublimation du «JE SUIS», relativement aux «MOI» précédents des autres vies. C'est alors que ce «JE SUIS» SE JUGE LUI-MEME, car la «BALANCE DE LA JUSTICE» EST EN LUI. Aucun «dieu» religieux n'est présent, pas même les «quarante-deux Juges» que la Mythologie égyptienne représente dans une mystérieuse «vallée» autour du dieu OSiRiS.

MINOS (Principe Créateur de la Lune, en Crète), EAQUE (Principe de Justice, en Grèce), RHADAMANTE (Principe du Destin, en Crète et en Ionie), pas plus que MOYSE et les «Douze Apôtres» du CHRIST, voire le CHRIST lui-même, ou les «Saints» de l'Eglise Catholique, ... ne sont présents munis de balances ! ... Tout simplement le défunt LES VIT TOUS A LA FOIS EN CET INSTANT ! ...

- **n)** Les notions de «Bien» et de «Mal» qui nous occupent tant dans notre présent monde n'ont plus cours dans cet Ether universel. C'est le «JE SUIS-Conscience» qui en décide, eu égard aux Lois du Cosmos (dont il provient). Si cette «conscience individuelle» véhicule des «signaux-informations» en harmonie avec l'Univers, il ressentira le calme dans toute son entité egrégorienne (...), et distinguera plus rapidement son nouveau milieu en entrant en résonance vibratoire avec lui. Car «bons» ou «méchants» de cette Terre affrontent également «l'Ombre» et la «Lumière». Il est évident que les criminels, les voleurs, les violeurs, les exploiteurs, les despotes et les cyniques ... ont chargé leur «JE SUIS» «d'informations» qui sont en inadéquation avec le Cosmos d'équité et de paix. Pour eux, la Nature va opposer une apparente et inexorable injustice à LEURS «critères de Justice», sous forme d'un «KaRMa» à payer.[13] Ce que nous appelons «châtiment» ici-bas se manifeste

[13] Littéralement = salaire payé pour un travail ; récolte après semaille (sanskrit = KaRMo = récolter).

dans cet «Au-Delà» par l'EVEIL DANS LE «JE SUIS» de sa propre culpabilité, ce qui le conduira fatalement à choisir de lui-même sa future orientation. Paradoxalement, on peut dire dans notre langage de terriens, «que les coupables sont punis en somme au moment où ils s'engagent à devenir meilleurs ...».

- **o)** Dans cette situation intermédiaire dans laquelle se trouve le défunt (après «rupture du Cordon d'Argent»), vertueux comme pervers font face à une certaine «souffrance de Conscience» (nous dirions sur Terre : «souffrance morale»). Celle-ci provient de la non-réalisation des désirs. La Loi physique universelle veut que tout **besoin** crée une **fonction**, que celle-ci crée l'**organe**. Or, présentement l'organe disparaît avec la désagrégation du corps, et la fonction s'atténue considérablement avec la disparition du «mental» et de l' «Anima structurant» l'organisme de chair. Mais le besoin demeure sous forme d' «informations lancinantes» semblables à celles que produisent les anticorps chez les fumeurs ou les drogués qui s'arrêtent : c'est l' «Enfer» des Chrétiens, des Bouddhistes, des Tibétains, et des Musulmans. Dans la littérature ésotérique orientale elles sont comparées à la caresse d'une flamme, ou chez les peuples amérindiens à la brûlure de la glace vive (Pr James FRAZER). Il est évident que dans une telle situation, le pervers, fortement enraciné dans ses besoins (je le répète : qu'il ne peut désormais satisfaire) va souffrir davantage que le vertueux dont le «JE SUIS» est très allégé de ce genre d' «informations».

- **p)** Les jouisseurs et les dominateurs qui, durant une existence terrestre récente, n'ont cultivé ni affection, ni bonté, ni amour ... bref, rien de ce qui pourrait faire vibrer le «JE SUIS-Conscience» à un niveau énergétique supérieur à celui du terrestre, NE S'APERÇOIVENT AUCUNEMENT QU'ILS SONT MORTS ! Dans leur nature éthérique, ils hantent constamment les lieux qu'ils viennent de quitter, même si égoïstement ils provoquent des troubles chez les vivants. Ils n'aspireront qu'à continuer leurs funestes méfaits, qu'à se rassasier de la jouissance de vivre dans la chair, particulièrement dans la sexualité (provoquant souvent des névroses sexuelles chez des jeunes femmes ou des jeunes garçons). Parfois, dès que l'occasion se présente (union sexuelle de deux vivants à un moment fertile) ils se précipiteront aveuglément sur tout foetus en amorce de gestation, et par le développement duquel ils retrouveront existence dans le monde terrestre. En vertu de la loi d'Attraction-Répulsion (I. NEWTON, P. COULOMB)[14] leur «JE SUIS» est susceptible d'être attiré par un genre humain (ou par un autre monde vivant de l'Univers) dans lequel leur violence, leur perversion ou au contraire ... leur désir d'amendement, pourront se réaliser. Car en vertu d'une autre Loi, celle du Destin celui qui a mal vécu son existence tombera de fait dans un foetus animé des mêmes inclinations de plaisir et de méchanceté et inversement.

- **q)** A mesure que l'Univers progresse, fort heureusement pour tous les mondes planétaires habités[15], beaucoup de défunts arrivent dans l'Au-Delà chargés d' «informations d'affection» (nous dirions d' «Amour», en langage terrien), parfois provenant de contrées assez «barbares». En vertu de la Loi physique d'Attraction-Répulsion qui régit aussi ce monde d'énergie diffuse, les défunts qui ont gardé en eux des «affections pures» pour des proches encore vivants, ou des êtres décédés et regrettés, se verront inévitablement attirés vers eux. C'est pourquoi souvent des personnes sentent la présence discrète de disparus ; les animaux ne s'y trompent pas, et manifestent leur sympathie à ce moment-là. Les morts qui séjournent dans les «Sphères Supérieures» tendent à attirer vers eux ceux qu'ils aiment et qui les ont aimés. Tous les «Livres sacrés» rapportent l'existence indestructible du Principe Cosmique de l' «Amour Affectif» («agapé», chez les Grecs). Sans lui, l'Univers ne pourrait ETRE. Il constitue le ciment intergalactique de tous les mondes.

[14] Qui, dans un monde vibratoire quantique, portera le nom d'«interaction faible/ interaction forte».
[15] «Nouv. Test.», Evangile de ST-JEAN, chap. 14, vers. 2.

Ceux qui ont développé en eux l'Amour de leurs semblables attireront à eux d'autres «créatures errantes». Leurs entités rejoindront d'autres «groupes egrégoriens» dont l'Harmonie réciproque rayonnera le Bien-être.

- **r)** Car pour tous les «décédés des mondes planétaires» il importe avant tout de sortir de cette «zone d'énergie quantique intermédiaire», disons ésotériquement «de changer l'aube en midi», afin de se rapprocher de la «Lumière Universelle». La forme vibrante dans laquelle l'humain subsiste après son décès, emprunte le contour du corps humain, ce qui est normal. Il se trouve dans un état d' «ETRE» qui tient à la fois de l'état de veille et de celui de rêve.

Toutefois, comme dans l'incarnation, pas un spectre ne se ressemble. Comme je le rappelle dans un autre ouvrage, il y a autant de «Destins» pour les humains disparus que pour ceux demeurés en vie. Celui qui, de son vivant, a cultivé un mental élevé a inévitablement enrichi ses corps subtils périphériques de «signaux-informations» à «hautes-fréquences». D'une certaine façon, on peut dire qu'il s'est préparé un «Capital Post-mortem» puisque, son support matériel disparu, seuls quatre, puis trois de ses six corps subtils périphériques vont demeurer, et constituer une entité éthérique apte à traverser tous les «cercles-niveaux d'énergie éther diffuse» (nous dirions : des «niveaux quantiques à énergie croissante», en Physique de M. PLANCK).

A mesure que l'individualité «JE SUIS» revit par incarnations successives dans des personnalités «MOI» de plus en plus détachées des soucis matériels et surtout s'attachent à rester indifférentes aux attraits du monde de la Matière, la «conscience» du sujet va se transformer. Si ses corps subtils étaient saisis par Electrophotonique et analysés, nous verrions son spectre perdre de plus en plus sa «silhouette humaine» pour devenir ovoïde, puis sphérique (comme le corps décrit par l'Initié chrétien ORIGENE dans sa vision). C'est sous cet aspect qu'il atteindra les «Sphères

Supérieures» («NiRVaNa», «SaToRi», etc.) après avoir subi ce que les Ecritures bibliques appellent «Seconde Mort»[16], c'est-à-dire celle qui marque à jamais la fin des cycles de «morts-naissances».

- **s)** Les entités qui ont désormais échappé aux Cycles d'incarnation entrent dans une «phase de Lumière» qui ressort davantage de la «Beauté Suprême», de la «Béatitude Permanente» accessible à peu d'êtres, n'est pas la récompense de la vertu ou de la pureté comme l'enseignent les religions. Elle relève surtout du DESIR de plus en plus grand et de plus en plus profond de «PARTICIPER A LA VIE COSMIQUE» ainsi que d'un «SENTIMENT DE PLUS EN PLUS VIVACE DE FRATERNITE UNIVERSELLE»[17]. Les immenses et incompréhensibles Lois qui meuvent LES Univers sont absolument étrangères et insensibles à nos petites notions de «Bien» et de «Mal». Tout se réduit à un froid rapport de CAUSE à EFFET. Les «bons» sont ceux/celles qui se conforment à ce Principe du Cosmos ; les «mauvais» sont ceux/celles qui s'en détournent.

- **t)** Des milliards d'êtres vivants dans les mondes planétaires ont mené des existences de parfaite honnêteté physique et morale (selon les critères coutumiers de leurs milieux). Il n'empêche qu'au cours de ces «vies bien droites» ils n'ont pas MODELE EN EUX une aspiration profonde pour le «Subtil» et le «Divin». Il est donc normal qu'ils n'aient pas accès à une telle jouissance, puisque leur individualité «JE SUIS» n'y a prêté aucune attention ! Cela ne veut pas dire qu'ils sont inexorablement rejetés dans une zone énergique, pas plus que leur «belle conduite» ne leur donnerait droit à une sorte de «Paradis-Lumière». Ce dernier n'existe d'ailleurs pas pour eux et leur fréquence vibratoire trop faible ne leur permet pas de la voir. Au contraire, elle les induit fatalement à se matéria-

[16] « id. «, APOCALYPSE, chap. 2, vers. 11 ; chap. 20,vers. 6, 8, et 14 ; 1er Epître de Paul aux CORINTHIENS, chap. 15, vers. 45 et 46 ; vers. 54 à 58.
[17] Rien à voir avec le «Liberté-Egalité-Fraternité» Ici, le sens grec serait «philadelphon-oikeiothèd» («enfants d'une même Mère»).

liser, donc à se diriger vers la manifestation physique ; elle les rend avides de «s'infiltrer» dans des formes corporelles.

- **u)** Les autres, (ceux dont il a été question en r), les défunts devenus «corps sphériques» par éloignements de plus en plus fréquents de l'attraction de la Matière, entrent en résonance vibratoire avec cette «Lumière Originelle», Noyau du Cosmos, ainsi que le traduit tout le langage imagé des textes des Grands Initiés, messages allégoriques bien souvent hermétiques pour la majorité d'entre nous, pauvres humains ! L'intensité vibratoire de cette « Vie-Lumière » est telle, d'après des Sages, que le «Bonheur» de ceux qui y participent a un caractère «vertigineux». L'Essence de ce «Bonheur» est difficilement descriptible, parce que le spectacle le plus splendide dans notre monde physique n'est que médiocrité comparativement. Ceux qui ont tenté de la décrire sont tombés dans de grossières erreurs, tel DANTE Alighieri (1265-1321). Ce dernier, pour ne citer que lui, plaça dans son «Paradis de Rois et de Reines» ceux qui ont été «bons» ; les souverains les moins belliqueux, ceux qui se sont bien «battus pour la Religion» (la Catholique, évidemment !). Dans ses tableaux, au milieu de ce «Cercle Suprême Royal», des anges discutent des Dogmes de l'Eglise ! Tout cela n'est absolument pas sérieux, et il ne faut pas alors s'étonner qu'en notre fin de XXème siècle, agnostiques et sceptiques abondent sur toute la planète.

- **v)** De la masse des Ecrits, de la montagne de témoignages des «ramenés à la vie», de nombreuses visions médiumniques, nous pouvons dresser un tableau très approximatif, bien entendu, des différents mondes de cet «Univers de l'Au-Delà». Tel le chameau symbolique parcourant son désert, allégorie toute orientale, l'Individualité «JE SUIS» de chaque être humain parcourt le «désert de l'Espace/Durée Universel» à travers ses cycles de morts-mutations. A mesure qu'il progresse lentement ou rapidement, (selon qu'il régresse ou non), sa «conscience» **transmute en une Alchimie intime** pour parvenir au degré qui lui sera le plus accessible vers cette «Lumière-Vie Suprême». Les Univers se succèdant les uns aux autres, entrecoupés de «Big-Bang», les entités-esprits s'incarnent dans des corps à vie limitée. Les Sages nous informent que dans chaque Univers, les individualités-esprits sont plus nombreuses que les personnalités charnelles. La difficulté réside en ce que l'entité-esprit en question ne trouve pas toujours dans l'immédiat un «Anima-corps» qui correspond à son évolution intérieure. Chacun a-t-il le destin et le sexe qu'il a mérités par ses actions et ses pensées de sa/ses précédente(s) existence(s) ?

La «Grande Tradition Primordiale» nous enseigne qu'à ce niveau d'abstraction, il n'existe pas de «mérite» ou «d'injustice» : il y a simplement des CAUSES et des EFFETS de ces Causes, un point c'est tout ! Chaque entité-esprit véhicule des «informations», et ce sont elles qui créent SA «Conscience». Cette dernière s'exprime par ce DESIR de vivre charnellement dans un environnement sensible en se «plongeant» dans des germes de plus en plus grossiers et sensuels jusqu'à en souffrir atrocement[18] ou, au contraire, par une ASPIRATION à la libération de cet «esclavage permanent du péché».

- **w)** Comme il nous faut conclure, disons que c'est avant tout cette «CHUTE DANS LA MATERIALITE», symbolisée dans la Genèse biblique par «l'Homme en habits de peau»[19] qui a posé le problème capital de notre raison d'être ici-bas, depuis la formation du premier atome de «conscience» dans l'Univers (travaux du physicien Georges LEMAITRE) qui a abouti, au bout d'un temps indéfini et d'un nombre incommensurable d'Univers successifs, à notre «JE SUIS» éternel individuel. Dans quelle mesure pouvons-nous échapper à cet «éternel retour» sur la Terre (ou sur une autre planète), éviter les souffrances sans nombre de l'Incarnation, et atteindre à un moment une condition-état d'«Ordre énergétique supérieur» ? C'est là le véritable but de chacun et de chacune dans ce monde, et cet objectif est parfaitement accessible !

[18] «Nouv. Test.», Epître de Paul aux COLOSSIENS, chap.2, vers. 20 à 23.
[19] «Anc. Test.», GENESE, chap. 3, vers. 21.

Nous en terminons ici avec ce Sous-Chapitre ... Tel est schématiquement, très grossièrement comme vous pouvez le penser, le «Secret de la Mort», tel qu'il nous fut transmis sous une symbolique très variée, selon les pays, les continents et les époques, depuis les temps les plus reculés. Beaucoup de gens en doutent, et nous ne pouvons les en blâmer ! Il se peut que cette impossibilité de croire à l'éternité de l'Esprit au-delà des limites de désintégration de la Matière soit dans l'ordre des choses ! Comme je l'ai dit au début de ce sous-chapitre, peut-être que la certitude d'une existence meilleure pousserait l'Humanité toute entière au suicide ? Peut-être aussi qu'un légitime sentiment de responsabilité empêcherait les hommes de procréer à outrance, même stimulés par la Religion. Si les hommes dans leur immense majorité ne ressentaient pas intuitivement en eux la notion d'Éternité, la Terre deviendrait déserte, et les objectifs de «séjours-écoles dans la chair» que poursuit la Nature-Cosmos seraient alors détournés de leur cours ! Bien plus, les entités-esprits ne pourraient plus être amenées à se réincarner dans un monde matériel devenu sans attraits. Il leur faudrait alors trouver une «autre voie» pour grandir en Perfection dans l'Univers, ou alors s'éteindre avec lui ...

2 - 3 - CRITERES D'IDENTIFICATION D'UNE SITUATION PRE-MORTEM

Cet important sous-Chapitre sera divisé en trois parties : la première concernera l'anxiété de celui qui se sait proche «Voyageur dans l'Au-Delà». La seconde a trait à la participation active à ce «Dernier Voyage». Enfin, entre les deux, nous glisserons quelques notions générales sur le «Moment de la Mort».

A) «L'Abîme du Doute».

Les deux «Grands Initiés» que furent CONFUCIUS et BOUDDHA ont exhorté leurs disciples à ne pas s'occuper de ce qui se passerait après leur fin de vie. D'où la pertinente question qui nous vient à l'esprit : de tels Initiés n'avaient donc pas de certitude à ce sujet ? Ou encore, peut-être que leur croyance les avait trahis à la fin de leur existence ? SOCRATE, Sage parmi tous, dans son «Apologie», ne dit-il pas à ses juges lors de sa condamnation :

«... De deux choses l'une : ou bien la Mort est l'entier anéantissement de ma personne, ou bien c'est le passage dans un autre monde ...»

Durant sa vie, il ne considéra pas l'anéantissement de l'Ame (psùché) comme invraisemblable. Il l'examina avec autant de sérieux que son immortalité (athanatos). La Philosophie Antique a longtemps travaillé ce problème de la Mort (Thanatos). EPICURE et ZENON n'ont jamais cru à une «vie future». LUCRECE affirma que «l'âme, intimement liée au corps (sooma) était mortelle comme lui ...» CICERON proclama :

«... Quand je ne serai plus, tout sentiment et sensation auront péri avec moi...»

De même SENEQUE, précepteur de NERON écrira :

« ... La Mort nous consume et ne laisse rien subsister de nous... »

JUVENAL considère «que ce que l'on raconte d'une autre vie est du domaine de la fable pour petits garçons, ou d'un radotage de vieille femme stupide...», PETRARQUE, qui a vécu à Avignon dans l'entourage du pape, a écrit :

« ... Le Monde Futur, le Jugement Dernier, les peines de l'Enfer, les Joies du Paradis, ne sont que des fables absurdes...»

R.DESCARTES, ose dire :

« ... Nous pouvons faire beaucoup de suppositions à notre avantage et avoir de belles espérances ; en réalité, nous n'avons aucune certitude...»

Ajoutons à cela les milliers d'épitaphes que l'on lit dans toutes les langues sur des pierres tombales exhumées, et nous avons une idée que même chez les particuliers aisés de l'Antiquité, ce doute semble bien installé. Nous en lisons quelques-unes :

« ... Dans le séjour des morts (hadès) on ne trouve ni CHARON (Principe-Guide des morts, en Egypte) , ni EARQUE (Principe du Jugement Final, en Grèce) , ni CERBERE (Principe de Gardien du Seuil de l'Abîme, à Rome et en Grèce). Nous tous, que la Mort y envoie, nous ne sommes que des ossements et des cendres ...»

Sur une stèle, on relève :

«.. Mort à jamais, je ne dirai ni mon nom, ni celui de mon père, ni mes oeuvres. Je suis un peu de cendres, rien de plus, et jamais autre chose. Le même sort vous attend ...»

Un tesson de poterie ramassé dans un jardin romain déclare en vieux latin :

«... L'Amenti (condition où l'intelligence humaine n'a plus cours) est le pays du Lourd Sommeil et de l'Obscurité totale, un séjour de deuil pour ceux qui y habitent ...» etc.

Ainsi le Doute a existé de tout temps, et disons qu'il a occupé autant de place que la «Foi» (pistei). Bon nombre de gens réfléchis ont médité objectivement sur ce qu'ils étaient réellement. Ils ont découvert qu'ils étaient «si peu de choses», qu'ils ne pouvaient être éternels. Ils en conclurent que la Mort était un acte de destruction définitive.

Lorsque très jeune garçon, assidu au «Catéchisme de Première Communion», j'entendis un jour le prêtre lire le passage angoissant des derniers jours de JESUS de NaZaReTh, je restais surtout interloqué par ce cri de désespoir et de reproche lancé par le supplicié à l'adresse de Celui qu'il appelait «Père Céleste» :

«... Mon Dieu, mon Dieu, pourquoi m'as-tu abandonné ...» [20].

Tout un mystère entourait les véritables paroles prononcées en araméen :

«... Eli, Eli, LaMa SaBaChTaNI ? (littéralement = Suprême, Suprême, pourquoi abandonner moi ?).

Plus tard, lors de recherches bibliques, je devais découvrir l'erreur de traduction des scribes grecs à partir de l'hébreu (...), mais pour l'instant, ignorons ce fait et contentons-nous de cette version officielle afin de poursuivre notre exposé sur le «Doute Post-Mortem». Apparemment, pour le lecteur profane de l'Evangile, il n'existe pas de plus terribles paroles pour le condamné et pour nous. Durant des années, cet écho retentit dans mon esprit, non sans une certaine angoisse aujourd'hui disparue : car enfin, si celui que la «Littérature Sacrée» montre comme l'un des plus «Grands Initiés»[21] A DOUTE, S'EST SENTI ABANDONNE au moment où il était proche de sa fin, c'est qu'il n'avait pas de certitude absolue de ce qui l'attendait après !

De plus, le Dogme Catholique en fait la «Seconde Personne de la Ste Trinité», donc «DIEU-Fils» sur terre. Ce qui reviendrait à dire que «DIEU-Fils», au dernier moment a douté de «DIEU-Père» et de «DIEU-St-Esprit», mais que peut y comprendre le Chrétien moyen ? ... Si l'on s'en tient strictement aux textes, et que cette crucifixion ait réellement eu lieu dans les conditions rapportées, le condamné pouvait subsister trois jours dans l'agonie malgré les hémorragies des mains et des pieds ... Or, la tradition Chrétienne nous parle d'une mort du CHRIST survenue au bout de trois heures. Conformément à ce qui est écrit, «il poussa un cri et IL RENDIT L'ESPRIT» (c'est-à-dire son «JE SUIS», et **non son âme** qui appartient au «MOI»)[22]. Attendu son niveau supérieur de

[20-21] G. OSORIO, «Collection l'Héritage des Grands Initiés». (Conf. en Sorbonne).
[22] «Nouv. Test.», Evangile de MATTHIEU, chap. 27, vers. 50.

spiritualité et d'Initiation, il va de soi qu'il fut absorbé directement dans l'état-condition vibratoire appelée «Royaume de DIEU» (grec : Basileia toô THEOU)

Cependant, on pourrait s'attendre à ce qu'un «Grand Initié» de cette dimension entrevoit déjà cette perspective, et quels que soient les tourments infligés à sa chair, s'exhale au contraire à l'approche de cet «Etat Divin». Or, il n'en est pas question ! Bien au contraire, il pousse un cri de détresse, voire de reproche ! Autre remarque importante : au cours de son ministère, il eut une vision de ses souffrances futures ; il demanda alors que «cette coupe d'amertume» qu'il DEVAIT boire s'éloigne de lui, toutefois, il s'en remettait à la «Volonté Supérieure»[23]. Chers lectrices et lecteurs, soyez certains qu'il n'est pas question pour moi de minimiser une oeuvre aussi grandiose ! Je m'attache surtout à informer au mieux ceux et celles qui me lisent à partir de ce que les scribes ont bien daigné nous laisser. Lorsque je questionnais mes doctes professeurs théologiens sur cette réaction du condamné il me fut répondu qu'elle était tout-à-fait normale : elle démontrait que l'homme avait ainsi été éprouvé jusqu'à l'extrême limite des forces humaines. Je vous avoue avoir été peu satisfait de la réponse, surtout s'il s'agissait d'un «DIEU fait homme» ! ...

Essayons alors d'y voir clair car, sans aucun doute, le texte dissimule un message intéressant pour qui veut s'en donner la peine. La nature-Conscience a voulu qu'une importante portion de l'Univers nous demeure invisible. Grâce à la Science Moderne, nous en avons physiquement les preuves évidentes (travaux sur les rayons U.V. et IR, découverte de l' «Anti-Matière», suite aux calculs de L. DE BROGLIE) (...). Nos sens ne sont donc accessibles qu'à une Matière excessivement dense, tout le reste de la «masse» nous échappe. C'est en recourant à l'Electrophotonique («Effet KIRLIAN» et «Effet LICHTENBERG») que cette «partie cachée» de notre monde sensible se manifeste. Nous ne connaissons de la

[23] « id.», chap. 26, vers. 39, lire aussi le chap. 20, vers. 22.

partie subtile «conscience» de l'être vivant appelée «Esprit» qu'une faible fraction. Il est tout à fait normal que la majorité des gens dans l'Antiquité aient douté d'une perpétuation d'un «fragment d'eux-mêmes» après la Mort. Or tous les «Grands Initiés» à l'instar du CHRIST vécurent à coup sûr durant leurs vies des expériences transcendentales qui leur permirent de découvrir, avant les autres, ce que la Science métaphysique conforte aujourd'hui. BouDDhaH et KoNG-Fu-TzeU (CONFUCIUS) savaient que par la pratique poussée de la Doctrine («Do») les disciples découvriraient par eux-mêmes cette prolongation de la vie après le dernier soupir. C'est pourquoi ils n'en soufflèrent mot.

Hormis cette mauvaise traduction en grec du passage précité, les textes «sacrés» bibliques ou non recourent à des allégories très significatives : «l'illumination du Buisson Ardent ne se consumant point» chez MoYSe[24], la scène de la «Transfiguration» pour le CHRIST [25], le «BoDI-RA» pour BouDDhah[26], «la Révélation de La Mecque» (Ta-Ha) pour MoHaMMeD [27], etc. La Mort avec son incertitude devenait pourtant ce qu'il y avait de plus désirable. Car cette situation conduisait enfin à l'identification du «Caché» (hébreu = ShéHoL ; grec = hadès). Cependant, il fallait absolument que l'expérience de perte de la vie terrestre soit consommée pour que l'humain trouve enfin dans l' «Au-Delà» son «véritable Nom-Identification», celui de son «JE SUIS» spirituel, individuel, indestructible et que la symbolique néo-testamentaire présente comme un «signe inscrit sur un caillou blanc et que personne ne peut connaître excepté le propriétaire du caillou »...[28].

En effet, pour découvrir la véritable nature de ce «JE SUIS-Conscience» éternel, les Initiés, les mystiques, et les simples spiritualistes, «en quête de leur réelle Identité» (céleste), recouru-

[24] «Anc. Test.», livre de l'EXODE, chap. 3, vers. 2 à 15.

[25] «Nouv. Test.», Evangile de MATTHIEU, chap. 17, vers. 1 à 9.

[26] «Evangile de BouDDaH» (Ed. LABUSSIERE)

[27] «Al Q'oRaN, Sourat XX, ayah 1 à 10.

[28] «Nouv. Test.», APOCALYPSE, Chap. 2, vers. 17.

rent de leur vivant à toutes sortes de méditations et de rêveries profondes (cas des vrais artistes). Il n'existe pas de «bonnes» ou de «mauvaises» méthodes ! Ce ne sont pas des «recettes de cuisine» ! La méthode vaut pour celui/celle qui l'a trouvée. Chacun a LA SIENNE, selon son tempérament, son sexe, son ethnie, son «état d'avancement dans l'Evolution Universelle», etc... Même en admettant que la traduction contestée soit correcte, ce cri du supplicié du GoLGoThaH à un «Dieu quelconque» (ELi, ELi, ... ?), ou sa fervente prière dans le Jardin de GeThSéMaNéH (hébreu = lieu du Pressoir) signale la préparation active à une telle découverte. De plus, des spécialistes de Physique Acoustique ont analysé le spectre vibratoire de ce fameux «appel» : «ELi ... SaBaChThaANi». Ils y ont découvert un «mantra» (répétition de «formules» qui crée un environnement vibratoire) d'une exceptionnelle puissance (pression acoustique). Celui-ci, prononcé d'une certaine façon aurait certainement contribué à ce que le malheureux et vénérable Maître fasse SA «découverte post-mortem» à un «Echelon Suprême». Mais cette remarque demeure malgré tout une hypothèse de scientifique puisque notre objection de départ est toujours valable malgré tout.

Il apparaît que celui qui médite, ou prononce des paroles sans en connaître le but, ne peut arriver qu'à un dessèchement du coeur consécutif à des résultats stériles. Il y a des milliers de gens qui, dans des sanctuaires prient des heures durant par «plaisir de se dégager» (souvent des personnes seules qui ne savent à qui parler). Dans mon enfance et adolescence de Catholique pratiquant, j'en ai connu énormément. L'église n'était jamais vide, à n'importe quelle heure de la journée. Ces «inlassables de la prière et des litanies du soir» débitaient leurs paroles dans un bourdonnement d'abeilles qui, au bout de quelques minutes, vous plongeait dans une sorte de torpeur agréable, mais sans doute spirituellement inutile pour leurs émettrices. Souvent même, on a assisté à des effets contraires au but recherché (s'il y en avait un !), suite à de mauvaises exaltations de leurs «MOI». Dans toutes les religions officielles et les sectes, des mystiques accèdent à la

«Connaissance du Cosmos» par l'extase, mais surtout n'en soufflent mot à personne, surtout pas à leurs intimes, et encore moins à leurs corelégionnaires.

Avec ma mentalité de religieux, j'ai cru longtemps qu'il était nécessaire d'habiter une cabane dans un coin perdu de campagne, de se prostrer des journées entières dans une abbaye, de «jouer Mère Thérésa» ou «St-Vincent de Paul» au milieu des malades et des pauvres, de rompre brutalement et définitivement avec toute vie confortable, pour obtenir «l'Extase par l'ascètisme»... Plus tard, au cours de mes voyages professionnels et de loisirs dans beaucoup de régions de la planète, j'ai vu que la «Lumière Suprême» se glissait dans le corps d'un Milton PETRIE, milliardaire américain qui a constitué et entretenu une immense fortune[29] dans le seul but de secourir non pas les pauvres socialement mais les victimes morales, les désespérés d' «injustices légales», jeunes et vieux. Il est mort en vivant chichement avec son épouse car l'argent qu'il attirait ne l'intéressait pas. Il considérait l'humain comme membre à part entière de «l'Homme-Univers», et voulait le secourir dans son désespoir, plutôt que matériellement. Cette «Lumière» l'illumina et elle se glisse donc en tout lieu, au milieu de gens aux apparences trompeuses, chez des hommes et des femmes parfois très vulgaires, et laisse de côté les bigots et les «bien pensants».

Pour ma part, en cet automne de mon existence, je me suis engagé à regarder désormais ma fin avec une certaine sérénité. Malgré tous les défauts de mon «MOI», j'ai placé dans ma «conscience» («JE SUIS») l'image d'un «visage anonyme lumineux», plein de bonté et d'amour, qui m'accompagne jour et nuit. Lorsque j'étais très jeune, c'est à «Lui» que je confiais mes peines, mes déceptions, mes joies. A présent, lorsqu'il m'arrive de me retrouver seul, chez moi, je «rencontre» ce visage avec plus ou moins d'intensité, selon mon degré d'attachement affectif du moment aux biens de

[29] 5 milliards de FF pour 383 personnes dont certaines sont invalides à vie et sans secours officiels. («Journal V S D», N° 902).

ce monde. Peut-être faudra-t-il comme l' «homme du Calvaire» des Evangiles que j'éprouve dans cette vie présente, ou dans une autre, une immense douleur pour que je m'identifie quelque temps avant ma mort à la «Conscience-Cosmos», afin que je vive en moi définitivement l'Eternité de l'Espace et de la Durée ? Je ne le sais, et je ne veux pas le savoir ! «Ici et maintenant !» serait plutôt ma devise. La douleur n'est pas fatale pour évoluer : une grande JOIE ou un Grand Amour peut conduire au même résultat. Ils sont aussi éprouvants l'un que l'autre !

Chacun porte en lui la connaissance annonciatrice du sens général de son existence présente. Il suffit qu'il soit à l' «Ecoute du Silence Intérieur» : tôt ou tard la «Voix» se fait entendre ... Nous savons qu'il viendra un moment, dans cet Univers ou dans un autre, où nous devrons faire UN avec cette «Voix» : ce sera le jour où, les uns et les autres, nous aurons pleinement compris et pleinement intégré la Beauté du Cosmos, la nécessité de l'urgence de cette Mort-mutation par laquelle chaque fois nous nous rapprochons plus ou moins de cette Beauté qu'est la «Source-Esprit Suprême». Peut-être cela commencera-t-il le jour où, lors d'un voyage dans le métro parisien, dans un restaurant, ou ailleurs, je cesserai brusquement de m'arrêter aux apparences de la matérialité. Ce sera l'instant où, sans que j'y prenne garde, dans une sorte de lâcher-prise, je cesserai de mépriser déraisonnablement mes semblables, et d'autant plus qu'ils sont haut-placés dans la hiérarchie politico-sociale.

Pour en terminer avec cette première partie de sous-chapitre, disons que nous devons nous attacher à préparer notre mort, et ceci d'autant plus que nous nous rapprocherons des «échéances moyennes» (70/80 ans pour les hommes ; 85/95 pour les femmes, en Occident). Il faut désormais essayer de se «sentir UN» avec le Mouvement Éternel de l'Esprit. L'espace, le temps, la ville, les voitures, les meubles de la maison, notre argent ... tout cela doit nous apparaître comme de pâles «REFLETS D'UNE CAUSE PREMIERE». Ce qui ne devrait nullement nous attrister, bien au contraire, car tout attachement à quelque chose ou à quelqu'un est obligatoirement générateur de chagrin ... alors que nous ne serons jamais déçus par «Elle».

B - Notions générales pour le «Moment de la Mort»

Lors de conférences et stages fort remarqués à Paris, le Sage tibétain SOGYAL Rimpoche (que j'ai eu l'infime honneur de présenter en Sorbonne, lors de son arrivée en France) dispensa un certain nombre d'informations sur la façon de «bien quitter son corps». Je ne citerai ici que les points essentiels et je renvoie mes lecteurs et lectrices à son oeuvre maîtresse[30]. Avant de mourir, il faut, en premier lieu «faire le vide» de toute envie et de tout attachement, de tout regret, auxquels notre «JE SUIS» pourrait encore se raccrocher. Il faut alors s'efforcer de «*quitter la famille et les amis comme pour un long voyage*». Comme le rappelle le dicton bien connu : «Nous n'avons rien apporté, nous ne pouvons rien emporter ...» Aussi est-il bon de «régler ses affaires» et de désigner avec précision les gens à qui nous léguerons nos biens et nos objets-souvenirs. Il y a lieu de le faire correctement car, une fois dans l'Autre Monde, nous risquons dans notre nouvel état de conscience, d'être perturbé par la façon dont sont dilapidées des choses qui nous ont coûté tant d'efforts et de peines durant notre vivant terrestre. Puis, nous devons «partir dans une atmosphère de paix». Il y a donc lieu d'éloigner du chevet du mourant tous les «gens à histoires», les esprits-chagrin, etc ... bref, tout ce qui perturbe l'environnement où va se dérouler cette «séparation» esprit-corps.

Et enfin, il est bon que la personne qui va accompagner le mourant ne soit ni un parent, ni un conjoint, encore moins «un ami de toujours». L'étranger(ère) qui va se proposer, n'ayant aucun lien affectif avec l'intéressé(e), le «départ» sera moins ressenti par le

[30] SOGYAL Rimpoche, «Le Livre Tibétain de la Vie et de la Mort», (Ed. Table Ronde).

«JE SUIS-Conscience» du patient avec une personne inconnue, très humaine, qu'avec un parent «trop envahissant» de regrets et d'amour, rendant ainsi la «nouvelle naissance» encore plus douloureuse. N'oublions pas qu'ésotériquement, le mort est un «foetus en transit», au même titre que s'il s'agissait d'un bébé. Toutefois, dans ce cas, le sens est inversé. Enfin, il est très difficile de retenir ses larmes au chevet d'un être aimé qui va nous quitter. Ceci est très normal, et surtout très humain, et personne ne doit en avoir honte. Nous vivons malheureusement dans un affreux monde technocratique, et où toute marque d'affection est interprétée comme un «honteux signe de faiblesse». Eh bien, si nous devons montrer au mort «qu'il s'achemine vers la Lumière», il ne faut en aucun cas nous afficher avec des têtes lugubres. Si nous ne pouvons nous en empêcher, alors il ne faut pas hésiter à pleurer en sa compagnie, mais TOUJOURS TERMINER AVEC UNE NOTE DE GAIETE. Car le «JE SUIS-Conscience» d'un être en «cours de passage» (comme dans un «accouchement inversé», je le répète !) est extrêmement vulnérable en cet instant suprême. A ce propos, le Sage tibétain précité expose trois situations-types vécues, qui peuvent nous servir de guides, et que nous allons considérer brièvement.

1er cas** - ***Une personne instruite cultivée traditionaliste religieuse, dont la croyance lui assure une certaine stabilité morale lors de son décès, sans plus.

- Il s'agit d'une personne robuste, moderne, à l'esprit pratique, dirigeant bien ses affaires, ayant lu des «Livres Sacrés» ou de Philosophie humaine.

- Sensibilisée par sa culture et sa pratique religieuse, elle sentit sa mort proche. Un mois avant cette date fatidique, une transformation complète s'opéra en elle. Pourtant très absorbée par ses affaires, elle fit soudainement preuve d'un total détachement et d'un calme insouciant. Elle sembla désormais «vivre déjà dans un autre monde».

- Pourtant gourmande et carnassière, aimant la bonne chère, elle refusa obstinément de toucher à tout ce qui pouvait satisfaire ses sens et son goût gastronomique. Femme d'affaires (ceci eût été aussi valable pour un homme), rares étaient ceux qui l'avaient considéré(e) comme quelqu'un de religieux ou de spiritualiste.

- La façon dont elle quitta ce monde convainquit tous ses proches que, quel que soit le système culturel ou spirituel pratiqué, elle avait su en tirer « la substantifique moelle » à son avantage car, mourante, elle «passa le Seuil» dans une «Paix Profonde».

- Quelle que soit son appartenance à une religion officielle orientale ou occidentale, ou à une secte quelconque, toute personne en quête de «Lumière» et de «Détachement» peut y trouver ce qu'elle attend, car toute pratique profonde assure une stabilité mentale surprenante à l'humain au moment de sa mort.

- L'essentiel n'est pas de se préparer toute son existence à ses «derniers instants» comme le font certaines femmes au Proche-Orient, car nous sommes tous faits différents selon nos ethnies et nos hérédités. Certains sont très sensibles à l'Au-Delà, d'autres ne veulent pas y penser. Ce qu'il faut, c'est malgré notre trépidant mode de vie, penser qu'à tout instant notre organisme qui fait de nous notre Personnalité (Mr X ..., Mlle Y ..., ou Mme Z ...) peut faillir et nous obliger à tout abandonner ...

- Le plus rapace des hommes d'affaires comme le promoteur immobilier le plus sordide peuvent très bien, lors de leur mort, abandonner toute pensée d'attachement et d'aversion, et s'en remettre à de pâles souvenirs de religiosité qu'ils auront conservé de leur enfance. Ceci n'est valable qu'à condition toutefois qu'ils les VIVENT INTENSEMENT en ces instants critiques. Bien entendu, cela n'influencera aucunement en «positif» ou en «négatif» le KaRMa que, comme tout à chacun, ils se sont constitués.

* 2ème Cas - ***Une personne simple d'instruction primaire, vivant intensément sa religion ou son idéologie dans la sincérité la plus totale.***

- Le second type décrit par le Maître tibétain est beaucoup plus rare, surtout à notre époque, je parle dans nos villes, en Occident. Il est plus fréquent, à la base, dans les milieux politiques et syndicaux militants car, psychologiquement, une idéologie quelle qu'elle soit, pleinement vécue dans l'abnégation la plus complète conduit d'une certaine façon à une «spiritualité laïque». Je voudrais rappeler à ce propos l'existence admirable de cette militante communiste athée que fut Danielle CASANOVA. Cette jeune femme, de constitution fragile, assuma sa mission jusqu'à une transcendance dans la mort, sous la torture, par les agents de la Gestapo. Ces gens, endurcis et insensibles, furent cependant fortement ébranlés par son rayonnement et sa douceur, au point que deux d'entre eux, par la suite, ayant perdu à jamais le sommeil, et poursuivis, jour et nuit, par ce visage souriant et ensanglanté, en devinrent fous.

- Dans nos campagnes d'antan, beaucoup de personnes âgées vêtues de noir, passaient leur fin de vie à réciter des chapelets, à pratiquer le «benedicite» aux repas, et à saluer l' «Angelus» du soir. Dans la majorité des foyers, les relations sexuelles d'alors se limitaient à avoir des enfants ; ensuite elles étaient souvent bannies des habitudes conjugales. La puissance de l'Eglise était tellement insidieuse et imprégnée dans les esprits, surtout féminins, qu'elle se glissait dans le lit au moment où les époux s'accordaient enfin un moment de repos et de délassement. La moindre jeune fille un «peu évoluée» était montrée du doigt comme une «catin». J'ai connu une telle époque et de tels gens. Il en existe encore dans cette fin de siècle, plus qu'on ne le pense, sous une apparence bien plus nuancée en Europe, ainsi que dans les pays orientaux et africains.

- Du lever au coucher, ces gens sont des «prières vivantes», discrètes, passant leurs rares moments de loisirs et de repos dans un office religieux ou un rituel quelconque, sans cesse imprégnés d'un «mantra» qu'ils se récitent à tout moment, face à une difficulté imprévue de travail, de famille ou de santé. Dans le R.E.R parisien j'ai rencontré un Algérien, ouvrier poseur de caténaires, relativement âgé, avec lequel j'ai lié conversation au cours de nos voyages quotidiens ; nous sommes par la suite devenus des amis. C'était un homme discret qui semblait posséder une certaine Sagesse qu'il avait acquise en lisant et surtout en méditant le «QoRaN». Il existe des milliers d'hommes et de femmes comme lui, dont on ne parle jamais !

- Ces personnes simples en arrivent à prier dans leurs rêves, à sentir intuitivement les incidents probables (prémonition), n'étant pas encombrées de connaissances intellectuelles. J'irai même plus loin : chaque jour, l'Actualité nous fait part d'hommes et de femmes sportifs, explorateurs, spéléologues, policiers, militaires, pionniers dans la Médecine et la Science, qui vivent dans une abnégation totale d'eux-mêmes, de leurs familles, de leurs biens, et honneurs de ce monde, se préparant sans le savoir à un «détachement plus total» ... Je connais des chirurgiens qui, très riches, ne profitent pas de leur argent ni de leurs biens. Ces gens se privent de vacances et de loisirs intéressés seulement par leur profession dont ils font une «vocation». Intuitivement, ils se préparent à un «détachement plus total» ...

- A l'aube de cette nouvelle «Ere du Verseau», il nous faut sortir des sentiers battus, et ne pas s'astreindre à fréquenter des milieux religieux pour y trouver des êtres altruistes, «prêts aux sacrifices ». Il va de soi que lors de leur mort, ces gens habitués à «donner constamment le meilleur d'eux-mêmes» affichent un visage paisible, même s'ils sont malades ou handicapés. Souvent, ils pressentent leur départ avec précision, et leur «transfert de conscience» a lieu en toute sérénité. L'important est d'être «bon» avec autrui, mais surtout non faible. Ensuite, il est bon de ne jamais ressasser de pensées négatives.

- A une personne mourante qui avait ainsi, durant toute son existence, «donné de sa personne en s'oubliant elle-même», le Sage qui l'assistait, le visage épanoui, lui tint ce discours :

« ... Ma chère enfant, le moment est venu de montrer de quoi tu es capable. Ne faiblis pas, n'hésite pas. Tu as eu l'immense chance de rencontrer des Maîtres merveilleux (grâce à des lectures) et de recevoir leurs Enseignements. En plus, tu as eu l'inestimable occasion de les pratiquer, alors que pourrais-tu demander de plus ? ... Tout ce qu'il te reste à faire maintenant est de garder dans ton coeur l'essence-même de ce que tu as appris, particulièrement les instructions qui concerne le moment de la Mort, et que tes Maîtres t'ont dispensées. Garde cela à l'Esprit, et ne te laisse pas distraire ... Ne t'«inquiètes surtout pas, et tout ira bien ... ».

*** 3ème Cas - *Des personnes marginales, ou se croyant toute leur vie «mal incarnées», révolutionnaires silencieux de la condition humaine, ceux/celles qui pensent que «tout est injuste» ou «qu'ils n'ont pas de chance».***

- Ce troisième type comprend une multitude d'hommes et de femmes, de toutes ethnies, et de tous niveaux sociaux qui se sont aperçus de leur inaptitude physique et morale au cadre social de notre société humaine terrestre. En majorité, ils ont rejeté en leur for intérieur toute «domination de l'homme sur l'homme» admise par la majorité de leurs contemporains. Il n'est pas question ici d' «engagés politiques» ou religieux, dévoués et sacrifiés (mentionnés au 2ème de ces trois cas), mais de ceux ou celles que l'on nomme «marginaux», même s'ils n'en ont nullement l'apparence.

- On les retrouve partout : ils sont nés temporairement sur cette planète mais ne s'y plaisent guère. Vous les entendrez dire : «Je n'ai jamais demandé à venir au monde, surtout celui-là !». Ils semblent exister pour nous instruire de la bassesse de nos moeurs et de nos systèmes politiques, religieux, économiques, et de la précarité de l'existence humaine.

Dans mon enfance, on les surnommait soit «*anar*» (dérivé de «anarchistes», ce qui n'était pas très exact) lorsqu'on en rencontrait dans les relations professionnelles ou autres, soit «*philosophes*» s'ils s'exprimaient publiquement. La «clochardisation» manifeste l'extrême limite de leur esprit de marginalisation.

- Leur volonté de dénuement, conforme à leur tempérament, en fait des êtres «mal dans leur peau», ou des «révoltés contre le Genre Humain», alors qu'en réalité ils vont réaliser dans leur simple existence une indépendance d'esprit-mental qui leur ouvrira très tôt, s'ils savent y prendre garde et la maîtriser, la «Porte de l'Eveil Intérieur».

- Malheureusement, la grande majorité ne comprend pas et bien souvent ne veut pas se donner le peine de comprendre le sens de leur incarnation. Aussi, cette répulsion à la vie moderne aseptisée, normalisée, cadastrée, «cartisée» (les moindres actes de notre vie font l'objet de cartes numérotées, répertoriées, classifiées) va les inciter à la «*fuite*» physique (sports violents ou à risques, agressivité, mouvements extrémistes armés, etc.) ou à l' «*évasion morale*» (alcoolisme, drogue, tabac, prostitution masculine ou féminine, homosexualité, etc.) Il n'empêche que la «Grande Tradition Primordiale» nous informe qu'ils devront revenir sur terre pour vivre de nouveau ce qu'ils DOIVENT vivre SANS ECHAPPATOIRE possible.

- Dans cette catégorie, beaucoup font le point et «entrent dans l'intelligence cachée de leur situation». Libérés de toute entrave matérielle, traditionnelle ou conventionnelle, ils cultivent un «Esprit de Sagesse» qui grandit en eux, tel «un foyer flamboyant dans un vieux four délabré environné de ruines». Pour eux, la Mort n'est pas un problème : c'est l'instant tant attendu de la Libération, la «couronne d'un Calvaire». A de telles personnes, on ne peut que dire les mots suivants : « ... L'Aube de la Lumière Originelle va se lever pour toi. Reconnais-la à présent comme telle, et demeure éternellement dans cette pratique ...».

- Le monde tibétain considère que de tels gens «accomplis» meurent comme des bébés, libres de toute inquiétude et de tout souci. Car, durant leur passage dans l'incarnation, ils se sont peu attachés aux attraits matériels de ce monde, à ses bienfaits ou à ses honneurs. Alors, peu leur importe où ils décèderont, ou qui les assistera ...

Cet aperçu très succinct de ces trois grandes catégories de tempéraments nous guidera utilement lors de nos interventions, car un humain généralement meurt comme il a vécu, tout au moins eu égard à son véritable «fond moral», et non pas d'après ce qu'il a laissé paraître à ceux qui l'ont côtoyé. Venons-en à présent à une phase plus pratique ...

C) Participation active au «Dernier Voyage»

Comme nous l'avons dit, les vivants peuvent soulager jusqu'au bout les mourants. Ceux-ci se présenteront alors sous les formes suivantes :

- le bébé atteint d'une maladie incurable conduisant au décès,
- l'enfant gravement accidenté, handicapé, avec une proche perspective fatale,
- jeunes et adultes accidentés mortellement, ou malades sans espoir (jours comptés)
- malade sous surveillance : en instance de gravité mortelle,(aucune échéance fatale, même théorique)
- vieillard qui s'éteint lentement et naturellement par sénilité.

Ces cinq cas sont fréquents en milieu hospitalier, ou domestique (cas de demeures isolées). Aussi, un accompagnement bien conduit peut être d'une grande efficacité pour les intéressés. On a remarqué que l'effort de communion et de compréhension avec le/la patient(e) conduisait déjà à une sensible diminution de l'administration des calmants. De plus, comme le dit le «Nouveau

Testament biblique. «... il y a plus de joie à donner qu'à recevoir ...»[31] et les résultats bénéfiques sont parfois inattendus. Non seulement le mourant «passe son cap sans difficulté» mais le conjoint ou l'ami(e) survivant(e), voire les enfants, sont favorablement impressionnés, au point de ne plus avoir peur désormais de leur propre mort. Les lignes qui suivent permettront, à tous ceux qui désirent «aider un humain dans ses derniers instants», d'acquérir un minimum de Psychologie, une attitude d'écoute, et une énorme dose de réceptivité, facilitant la communication avec l' «autre» (sans toutefois se laisser emporter par trop de sensibilité ou d'affectivité). N'importe lequel d'entre nous, s'il s'y prépare, peut maîtriser un certain «savoir-vivre» qui permettra à l'intéressé(e) de «savoir-partir».

Disons déjà d'emblée, face à un humain étendu, sans mouvement, deux situations vont vous appréhender : soit le sujet est encore CONSCIENT, donc perçoit totalement ou partiellement les êtres et les objets qui lui sont extérieurs, soit il est INCONSCIENT, c'est-à-dire totalement fermé temporairement ou définitivement, à toute sensation de ce genre.

*** 1ère Catégorie** : ***Sujets conscients***

Dans une telle situation, le processus recommandé est le suivant :

1) Briser l'isolement :

- Il ne faut absolument pas que le sujet se sente étranger parmi les vivants. Ceci est valable pour tous les cas. Citons à ce propos le sage conseil d'une personnalité médicale :

« ... Que peut-on donner à un être aux prises avec l'angoisse de mourir, sinon la profondeur de notre présence et de notre confiance

[31] «Nouv. Test.», ACTES des APOTRES, chap. 20, vers. 35.

absolue dans **SA** capacité à assumer jusqu'au bout son chemin de passage ...» (Dsse Marie DE HENNEZEL).

- Il faut savoir aussi qu'entre des gens mourant de mort naturelle, ou des accidentés, on doit s'attendre à se trouver face à des cancéreux en phase terminale, aux aspects physiologiques parfois horribles (cancers de la face) et dégageant des odeurs difficilement soutenables. A cela s'ajoutent les «sidatiques» squelettiques et les leucémiques ; le plus difficile dans toutes ces situations n'est pas toujours le patient, mais la famille, ou les proches, rongés par l'angoisse de voir les leurs disparaître et surtout par leur propre angoisse de la Mort.

- Il faut que l'intervenant tutoie le sujet pour que psychologiquement il réagisse comme s'il l'avait toujours connu(e). Il faut à tout prix gagner sa confiance. Les deux doivent mentalement «faire UN», même s'il est nauséabond, impressionnant à regarder, ou vindicatif par la souffrance. Maladie et Mort doivent être intégrées pour ce qu'elles sont respectivement :

DES PHENOMENES NATURELS DES ETAPES INEVITABLES
ET HUMAINES DE CE PARCOURS «VIE» LIMITE DANS LE TEMPS

- Ceci nous conduit à aborder le malade ou le mourant aussi naturellement que si nous les connaissions depuis toujours.

L'accompagnateur(trice) doit visualiser dans son esprit ce concept, sinon il/elle s'abstient, et laisse cette tâche à d'autres :

- Il faut réveiller chez le sujet la conscience profonde d'appartenir à «Quelque Chose» de beaucoup plus Grand que lui-même, d'en être attendu, aimé, inclus. Il faut qu'il soit persuadé qu'il est en contact (comme cela l'a été durant sa vie passée) avec une Réalité Invisible, lumineuse, éternelle.

- Le «Voyageur pour l'Espace Au-Delà» doit s'attendre à vivre à présent une situation bien plus significative et plus agréable pour lui, que le «meilleur» possible dans ce monde secret qu'il est en train d'abandonner. Il faut qu'il sache que le «Voyage» qu'il va entreprendre, lui fera davantage comprendre sa raison d'exister que n'ont pu le faire nos conceptions humaines habituelles et quotidiennes sur la Vie.

- Ce «Voyageur» ne doit surtout pas se sentir isolé, insignifiant, rejeté de notre monde, venu sur une minuscule planète de l'Espace appelée «Terre» et projeté de nouveau dans cet Espace comme un vulgaire agrégat de particules atomiques.

- Bien au contraire, lorsqu'il fermera les yeux pour clore cette existence présente, il doit savoir qu'il n'est pas seul : il est «attaché» à d'autres êtres de l'Univers tout entier grâce à une «Lumière-Conscience» qu'il va certainement rencontrer, et que quelques-uns appellent «DIEU», d'autres «LE CHRIST», d'autres encore ALLaH, voir aussi «Vierge MARIE», peu importe, car à ce niveau les appellations ne comptent plus. Il faut qu'il soit persuadé que les évènements qu'il va vivre sont autant de «promenades-visites» à l'intérieur de cette «Grande Unité» (Univers).

- Il faut aussi qu'il apprenne que, vivants comme morts, nous appartenons tous à une immense toile de liens invisibles, comme il en va de nos pensées sur la Terre lorsque nous songeons à des parents, des amis ou des collègues. Nous sommes tous parties intégrantes de la «Grande Famille de l'Homme Universel» (ADaM» dans la BIBLE), et **aucun de nous n'est seul**. La solitude n'existe que sur la Terre à cause de notre égoïsme, et surtout à cause de notre condition charnelle qui nous différencie les uns des autres.

2) Désamorcer la dépression ; (confession)

- Il faut maintenant que le sujet s'exprime quant à ses craintes, ses inquiétudes, disons ses angoisses ... pour les instants qui vont suivre, en ce qui concerne CE QUE et CEUX et CELLES qu'il laisse. L'accompagnateur doit alors jouer le rôle d'un «guide de montagne», d'un psychanalyste, ou d'un confesseur religieux.

- Quelle que soit sa réaction, respecter son silence.

- Le moribond doit être profondément impressionné par votre présence compréhensive et rassurante. Somme toute, votre attitude se résume en peu de mots : « ... Je suis là auprès de vous parce que la Mort n'est rien ! ...»

- Il y a lieu de communiquer avec le moribond par des paroles évoquant non pas la douleur, mais le fait qu'il va réintégrer le monde d'où il vient, celui de la « Conscience-Univers » (si l'accompagnateur ignore sa religion ou son agnosticisme), et que nous l'y rejoindrons tôt ou tard. Encore une fois, très discrètement et avec tact, dès les premières paroles, il est bon de s'inquiéter de la religion ou de la spiritualité du patient.

- Dans certains pays on recommande de procéder, de concert avec le patient, à un relâchement progressif de ses fonctions (comme s'il participait à un Séminaire de Relaxation) ; abandon des doigts de pieds, du pied, de la cheville, du mollet ... et en arriver finalement à des notions spirituelles lorsqu'interviennent la tête, la fontanelle et l'évacuation de la partie ectoplasmique du corps humain.

- La Musique est aussi une excellente aide. Comme pour la religion, s'enquérir de ses goûts musicaux, même si nous sommes choqués qu'un homme ou une femme âgés soient friands de Jazz ou de Rock ! ... Les inclinations à certains courants musicaux classiques ou modernes sont significatifs du tempérament. Ce dernier est toujours réceptif, ou non, à des types de vibrations qui compensent ses carences affectives ou agressives. Sa «déconnection» de la Terre peut très bien passer par cette évasion que procure naturellement déjà l'effet sonore. En dehors des jeunes, la Musique classique est recommandée : tels l' «Ave Maria» de F. SCHUBERT, ou de C. GOUNOD, les chants grégoriens, les «Requiem» de J.S. BACH ou de W. MOZART, etc.

* 2ÈME CATÉGORIE - *Sujets inconscients*

1) IDENTIFIER L'ÉTAT D'«INCONSCIENCE»

- Tous les médecins et infirmières savent que dans l'état dit d' «inconscience physiologique», les actes mécaniques cérébro-spinaux s'accomplissent sans que la «conscience sensitive» n'y prenne part. L'humain devient alors une masse «passivement vivante», pâle, avec parfois arrêt respiratoire. Parfois, l'arrêt cardiaque est soudain et *momentané* (cas d'un «état de choc» consécutif à un accident sur un site industriel) ou *prolongé* (hémorragie interne lors d'un accident de la circulation, par exemple), suivi d'une interruption respiratoire, sensitive, et motrice (lipothymie). On note alors au tensiomètre (ou manuellement) des battements de pouls rares et faibles. Ne parvenant plus au cerveau pour irrigation et oxygénation, évacuation du gaz carbonique et de l'acide lactique, le tissu cérébral amorce déjà au bout de cinq minutes de paralysie son cycle de détérioration neuronale et moléculaire. Bien entendu, en fonction du degré d'inconscience, sont suspendues pareillement presque toutes les sensations, la locomotion, et la parole, faisceau de fonctions qui dépendent aussi directement du système cérébro-spinal.

- Cet état d'inconscience se manifeste de trois façons : l'apoplexie, l'asphyxie et la syncope. Elles se différencient selon *l'ordre* dans lequel vont se succéder les symptômes cliniques. En état reconnu d'**apoplexie** (grec = «apo» - loin ; «plèssoô» - frapper de stupeur suite à une cause très cachée, loin des yeux), c'est le cerveau qui s'immobilise en premier ; le reste suit ... En état d'**asphyxie** (grec = «a» = privatif ; «aphozoô» = battre, absence de battements) les fonctions pulmonaires sont fortement perturbées car le fonctionnement cardiaque est en défaut. La **syncope** (grec = «sun» = ensemble ; «kontein» = couper, système complètement déconnecté) est une perte brutale et totale de connaissance sensitive, liée à une perte de sang abondante, une émotion morale vive qui réduit considérablement la circulation sanguine, une affection cardiaque ou pulmonaire qui fait chuter la dose d'oxygène alimentant les tissus.

- Lorsque, consécutivement à un accident, un choc mécanique ou émotionnel brutal, on se trouve face à un état d'inconscience, la *première intervention* consiste à placer la tête du sujet au même niveau que le tronc, voire même sur un plan inférieur à celui sur lequel repose le corps. Ainsi, face à une impulsion cardiaque défaillante, par sa propre gravité, le sang artériel irrigue malgré tout les vaisseaux encéphaliques. Deux cas peuvent alors se présenter :

LA CONNAISSANCE REVIENT
LA CONNAISSANCE NE REVIENT PAS.

Dans le *premier cas*, le malade ou l'accidenté est transportable avec toutes les précautions connues des ambulanciers et des secouristes. Il est abandonné ensuite à tous les examens énoncés plus loin. Dans le *second cas*, lorsque la face demeure désespérément pâle, que les carotides battent faiblement, que les veines jugulaires demeurent à peu près vides, il est recommandé d'élever les extrémités inférieures et supérieures de manière à porter vers le coeur d'abord puis en petites quantités vers le cerveau, de petites quantités de sang qui pourraient s'y trouver. Une situation de ce genre est fréquente lors de grandes hémorragies.

2 - CHOISIR D'URGENCE LE MODE D'INTERVENTION.

- Dans les cas extrêmement graves qu'implique cette seconde situation, les équipes d'intervention recourent à trois attitudes cliniques pour déterminer avec précision l'état de Mort physique :

UNE ACTION CLINIQUE IMMEDIATE
DES TESTS ARTERIOLOGIQUES ELECTRIQUES ET ELECTROGRAPHIQUES

2 - 1 - ACTION CLINIQUE IMMEDIATE

- Un miroir est présenté devant les lèvres. Deux cas peuvent alors se produire :

- ou bien une buée persistante apparaîtra en surface du miroir, ce qui traduit une respiration faible, mais existante.

- ou bien la surface en demeurera propre, consécutivement à une respiration inexistante (anoxie).

Dans les deux cas de figures, il ne faut absolument rien dire ni devant les proches (pour ne pas les alarmer), ni devant le patient qui peut-être entend parfaitement.

- Le nez est alors chatouillé avec une plume ou un duvet ; si cela ne suffit pas, on utilise du poivre ou des «sels ammoniacaux» :

- le patient frémit des narines (ce qui veut dire aussi qu'il entend)

- le patient demeure insensible à l'excitation.

- Jambes, front, et figure sont palpés pour avoir un aperçu de la température. Un corps FROID ne veut surtout pas dire «un corps mort» ; le coeur peut battre encore dans un ralenti indécelable.

- Il en va pareillement de la prise du pouls.

- La pupille est examinée ; elle peut être :

- soit dilatée latéralement en «oeil de chat»,

- soit contractée, particulièrement les muscles de l'iris

Noter que 20 heures après la mort, on observe une contraction de types A), 32 heures après, une rigidité de type B), et enfin 36 heures plus tard, un relâchement total de type C). Un visage aux paupières ouvertes ne signifie rien !

- On recherchera sur la peau les tâches jaunâtres «bileuses», car la présence de bile dans le sang traduit un début de dysfonctionnement physiologique in-mortem.

- De même, les muscles seront tâtés dans leur masse charnue ainsi que les articulations. En effet, la dureté musculaire signale une cristallisation de l'acide lactique, un blocage articulaire et l'arrêt de la circulation du liquide lymphatique.

- La température est prise par voie buccale. Elle peut chuter au-dessous de 36° C, manifestant un blocage de la circulation sanguine. Mais, encore une fois, cette décroissance n'est pas synonyme de mort, car à 15° C on opère du coeur, et à 6° C du cerveau. En crise aiguë d'asthme, par exemple, la température s'effondre facilement de 37° C à 5° C/6° C en quelques secondes.

- Il peut arriver que l'on procède à un massage cardiaque du même type que celui pratiqué pour le «Secours aux Noyés et aux Electrocutés». Dans la mesure du possible les intervenants seront pratiquement toujours des médecins, des infirmiers, ou des secouristes diplômés, rompus à ce genre de technique. En fin d'opération, la prise du pouls exprimera, ou non, une continuité de la vie.

- Le coup d'épingle au milieu de la voûte plantaire, déclenchant ou non un sursaut, est un vieux truc des médecins de campagne d'antan.

2 - 2 - ARTERIOGRAPHIE

- Bien entendu, l'intervention d'une telle Technologie implique inévitablement le transport du patient en clinique, en milieu hospitalier, ou encore chez un proche praticien équipé en conséquence. L'Artériographie est préférable à l'Électroencé- phalogramme, car le tracé obtenu peut être linéaire alors que le patient vit encore. Il se trouve prolongé par une circulation sanguine très faible certes, mais qui irrigue timidement encore les organes vitaux.

- L'Artériographie consiste en une injection directe générale ou locale dans un organe, (un rein ou un poumon) ou dans la boîte crânienne (type EGAS-MONIZ) d'un liquide opacifiant du sang ; Ce dernier va permettre ainsi la radioscopie rapide aux Rayons X. L'opération a lieu au moyen d'une «aiguille pour intraveineuse» ou au moyen d'un cathéter (sonde exploratrice rigide ou flexible).

2 - 3 - TESTS ELECTRIQUES ET ELECTROGRAPHIQUES

- Electroencéphalographie (EEG)

- La technique inaugurée par le Dr Pr Hans BERGER en 1924 consiste à enregistrer graphiquement les variations de potentiel bio-électrique d'un neurone. Ces fluctuations se produisent d'une façon continue au niveau de l'écorce cérébrale. Mesurées électriquement, elles sont de l'ordre du 1 millionième de Volt (10-6 Volt). Elles donnent une idée de l'activité bio-électrique du système nerveux, au niveau des perturbations qui surviennent dans les excitations sensorielles, les activités mentales, ou les affections cérébrales (épilepsie, tumeurs, troubles circulatoires, traumatismes mortels, etc.).

- Dans ce genre d'intervention, il faut toujours s'assurer que la température du sujet n'est pas inférieure à 32° C, ce qui supposerait l'action de tranquillisants agissant sur le système nerveux et faussant ainsi du même coup la mesure de la tension bio-électrique neuronale, le tissu étant alors inhibé chimiquement.

- Electrocardiographie (ECG)

- La technique consiste à enregistrer des micro-courants électriques qui accompagnent les contractions cardiaques. Ces courants sont fatalement extrêmement faibles : de l'ordre de quelques milli-Ampères, et voisinent le 1 millième de Volt de tension (10-3 volt). Ils sont mesurés au moyen de galvanomètres à corde ultrasensible, ou par amplification électronique sur oscillographe. L'image obtenue sera celle d'une série d'ondes résultant de la contraction des oreillettes ou encore correspondra à un resserrement des ventricules (ventriculogramme).

- L'électrocardiogramme normal présente une première montée «p» de la courbe (légère saillie «mousse» positive) qui correspond à la systole du ventricule (contraction). Puis vient un «groupement ondulant» (Q.R.S.T) qui traduit nettement cette contraction. Cette séquence débute avec un intervalle «PQ» (de durée de 12 à 16/100ème de sec.). Un premier élément «Q» amorce une légère dépression, suivie d'un relèvement «R», onde très aiguë et haute (1 à 1,5 cm d'amplitude). Enfin, s'amorce une légère dépression «S» qui se termine en une dernière frange ondulante «T», large et doucement arrondie (dernière phase de la systole).

- Le profil de ce tracé est fonction de l'âge, des individus et de la position du coeur. Dans les situations critiques pre-mortem, non seulement le «pic PQRS» tend à s'aplatir, mais la distance entre ses composants tend à s'accroître progressivement.

2 - 4 - AIDE EFFECTIVE DANS LES «DERNIERS INSTANTS»

Maurice MAETERLINCK (déjà cité) écrivain fort à propos : «... Ce qui coule dans nos veines, c'est le TEMPS. Ce que compte jour et nuit notre coeur, c'est encore le TEMPS. En réalité, nous ne sommes que du TEMPS qui s'arrête et se coagule dans nos artères à l'instant de notre mort. La Mort n'est donc pour nous QU'UN ARRET MOMENTANE DU TEMPS. Dès que nous ne serons plus vivants ici-bas, le TEMPS recommencera de couler en emportant ce qui, de nous, EXISTERA TOUJOURS ...».

Ce préliminaire à notre quatrième Chapitre nous incite à penser que même si notre corps pouvait systématiquement à jamais renouveler tous ses organes à la manière des pièces interchangeables des ordinateurs ou des robots, notre existence ne se prolongerait que de quelques siècles. Pourquoi ? ... Tout simplement à cause de l'impitoyable loi physique de l'Entropie (...) qui régit l'Univers-Matière. Inutile de nous leurrer, nous ne serons jamais «*immortels*» au sens étymologique du mot (immortel = jamais-mourant).

Les sectes bibliques «millénaristes» qui prêchent la «vie éternelle sur terre après un Jugement Dernier» se fourvoient, ainsi que ceux qui les suivent. Cette espérance s'inscrit dans le cadre d'une mauvaise traduction de textes hébreux originaux de la BIBLE., pour deux raisons importantes. D'abord, le mot «AReTz» que l'on a traduit par «Terre» (notre planète) signifie littéralement «Principe de l'Astralité planétaire» (Giordano BRUNO, FABRE D'OLIVET, Dr Auguste CHAUVET, SOLDI COLBERT DE BEAULIEU, Hilaire DE BARENTON, Abbé Auguste LA TOUCHE, etc.). Comme tout ce qui est matérialisé, la Terre a eu un début, elle aura une fin, seul son **Principe d'Astralité** subsistera à jamais dans l'Espace /Durée (...) Ensuite, parce que s'il devait en être ainsi, nous demeurerions tels que nous sommes aujourd'hui, figés à jamais dans la plénitude maximum de notre santé et de nos forces. Or, la Terre et l'Univers qui évoluent sans cesse auraient changé autour de nous. Nous serions alors totalement psychiquement et physiologiquement déphasés. Température, atmosphère, gravité, pression, lumière, environnements cosmiques et telluriques ... seraient différents, et il nous serait probablement impossible de nous y adapter.

Compte tenu de ce paramètre ultime qu'est le TEMPS, c'est cette valeur abstraite mais d'autant plus occultement réelle, que nous allons partager en sept phases distinctes concernant les «Derniers Instants» de l'être humain. En la circonstance, nous adopterons le schéma expérimenté par la spécialiste mondiale en la matière qu'est la Dsse Elisabeth KUBLER-ROSS [32] :

- Choc et prise de conscience de son état,
- Refus de cette nouvelle condition de «pre-mort»
- Révolte affective contre ce «nouvel état»
- Dépression par peur d'isolement
- Négociation «fictive» avec ce «Fatal»
- Acceptation totale et capitulation devant l'échéance
- Détente pre-mortem - Intégration de l'état «phase finale»

A) CHOC-PRISE DE CONSCIENCE DE SON ETAT

A1 - *Situation générale*

- Cette première étape débute, bien entendu, par l' «Information-verdict» (avec un grand «I») suite :

- à un diagnostic médical de routine
- à un diagnostic médical précédé de malaises
- à un diagnostic médical post-accidentel
- sur simple consultation banale de circonstance.

- Avouée ou non, l'angoisse va désormais ternir la vie quotidienne. La personnalité de l'intéressé(e) va s'en trouver perturbée. Cette nouvelle va être interprétée comme une SENTENCE. En effet, elle frappe de plein fouet, même si instinctivement les intéressés s'en doutaient. Il leur semble qu'à partir de cet instant, une sorte de «compte à rebours» s'est enclenché, et que désormais

[32] Dsse E. KUBLER-ROSS, «Les derniers instants de la vie» (Ed. Labor et Fidès, Genève).

l'existence ne sera jamais plus comme avant. Ce «nouvel état» sera d'autant plus bouleversant qu'il fera alors intervenir six critères socio-psychologiques : (E. KUBLER - ROSS)

- un humain : bébé, enfant, adolescent, adulte, vieillard,
- une espérance normale de vie : élevée (bébé, enfant) moyenne (adolescent, adulte) courte (vieillard)
- un contexte familial : enfant recueilli, adopté, bébé désiré ou non, enfant unique ou à frères et soeurs, adolescent SDF, chargé de famille, célibataire, marié ...
- un contexte social : absence de responsabilités, à responsabilité familiale, d'entreprise, administrative, politique, héritier ou non de patrimoine ...
- un contexte général : temps de paix, de manifestations sociales, de grèves, d'insécurité (habitation, rue, cités HLM ...)
- un contexte de circonstances : accidenté(e) de la route, professionnel(le), incidentiel(le) ....), erreur médicale, maladie, épidémie, vieillesse ...

A2 - ***Attitude de l'accompagnateur(trice)***

- Ceux ou celles qui se proposeront pour une telle démarche devront en premier lieu réformer rapidement chez le sujet sa conception occidentale de la Mort. Certes, Arabes ou Asiatiques ne présenteront pas de difficulté. Pour l'Africain, tout dépendra de son temps de séjour en France. Sous le couvert de «chrétiens» beaucoup ont conservé au fond du coeur des conceptions «animistes» qui, dans ce cas, aideront considérablement l'intervenant(e). Il faudra s'occuper davantage du vieillard que de l'adulte, et davantage de l'adulte que de l'enfant, lequel a «son petit monde bien à lui».
- L'assistance aux mourants consiste principalement à montrer la Mort telle qu'elle est : un «agréable voyage», et non comme elle paraît, du fait que nous sommes trop «accrochés» à nos habitudes. Nous vous proposons les *thèmes généraux* suivants :

« ... Nous retournons d'où nous venons. Nous dormions énormément quand nous étions des bébés. Nous allons dormir de plus en plus jusqu'à passer dans ce monde où l'Energie-Conscience règne en «Maître Suprême», et que nous avons quitté pour venir sur Terre. Nous disons «adieu» à nos proches et à nos amis, en attendant de les revoir ailleurs, de la même façon que nous l'avons fait maintes fois dans des gares, des ports ou des aéroports ...».

«... Il est normal que nous soyons effrayés, non pas de ce que nous ne connaissons pas, mais plutôt de ce que nous ne nous rappelons plus, et qui réapparaît parfois quand nous rêvons. Les rêves ne sont-ils pas déjà un début de «retour dans notre monde originel» ? Or; nous n'avions pas peur de nous endormir le soir ! Alors, pourquoi serions-nous angoissés à présent ? ...».

- Si l'intervenant doit aider une personne «très évoluée», il peut à la rigueur lui parler de la «preuve d'une Conscience après la Mort» confirmée par la Science Moderne. Si la situation s'y prête, montrer des photographies de spectres post-mortem, ou faire écouter des voix de décédés ... pour rassurer absolument le moribond.

B) REFUS DE CETTE NOUVELLE CONDITION DE «PREMORT»

B1 - *Situation générale*

Dès le début de cette seconde phase, l'intéressé(e) peut réagir de deux manières :

- ou bien **il admet** sa nouvelle condition. Dans ce cas, il intègre moralement sa situation de fin de vie comme «normale» (s'il s'agit d'un enfant qui s'épanouit déjà dans un souvenir de «conte de fées», ou d'une personne âgée), de rupture de l'existence (s'il s'agit d'un malade incurable ou d'un accidenté mortel)

- ou bien **il rejette** cette réalité parce que :

- il veut croire à une «erreur de diagnostic», à une confusion administrative de dossier médical, à une incompétence médicale, à une erreur d'identité, etc.

- il demande, voire exige avec arrogance un «nouvel examen», car s'imposer, c'est encore «exister à part entière»

- il veut gagner du temps pour se préparer mentalement sachant pertinemment au fond de lui-même que le «compte à rebours» avec la Mort est commencé. Car si son «MOI» veut lui mentir, son «JE SUIS-Conscience» est impitoyable de réalisme.

B2 - ***Attitude de l'accompagnateur(trice)***

- Je ne le répéterai jamais assez : il faut que s'établisse entre le futur défunt et son aide un climat d'amitié et de confiance, et qui frise la «connivence», même si l'on prévoit déjà l'inévitable cascade des prochains évènements d'effondrement et de déchéance physique et morale.

- Le malade défaillant doit être préparé à franchir une «Porte» imaginaire qui se refermera tôt ou tard sur lui. Aussi, sera-t-il avantageux d'évoquer avec lui les Cycles de la Nature (matin/soir, saisons, rotation de la terre, renouvellement de la végétation, reproduction des animaux ...) et établir un parallèle avec l'Homme.

- Il faut le sensibiliser au fait que la Terre nous asservit à des quantités de problèmes dus à la fragilité de notre corps (de notre «MOI»). C'est pourquoi notre «Conscience» intérieure (notre «JE SUIS») s'en libère.

- Si cela est possible, lui montrer le passage biblique vétéro-testamentaire du livre de l'ECCLESIASTE, chapitre 7, verset 2 à 4, où nous pourrons lire :

« ... Mieux vaut nous rendre dans une maison de deuil que dans une maison où nous attend un festin. Car c'est la fin de tout humain, et sensé est celui qui prend cette chose à coeur.»

«Mieux vaut le chagrin que le rire. Car c'est avec un visage triste que le coeur sera content. Or, le coeur des sages est dans la maison de deuil, et le coeur des insensés dans la maison de festin ...».

(Rappeler que ce passage a été écrit il y a 30 siècles par un «Grand Initié» du nom de SaLoMON)

- On diminue aussi son angoisse en l'incitant à «se regarder en son for intérieur», car c'est au fond de lui/d'elle, les yeux fermés, dans le silence de l' «Ecoute Intérieure» qu'il trouvera la «Véritable Réalité-Lumière» qui va l'aider dans les prochaines heures, et non pas tout ce qui l'entoure sur Terre.

- REMARQUE : L'accompagnant doit absolument jouer le rôle d'un confesseur occasionnel afin que le patient se familiarise avec son état mais surtout qu'il quitte son enveloppe sans remords ni regrets ...

C - REVOLTE EFFECTIVE CONTRE CE «NOUVEL ETAT»

C1 - *Situation générale*

- Nous entrons dans une troisième phase qui va se caractériser par sept réactions (maximum) de ce scénario psychologique :

- Première réaction possible : Le sujet va réagir violemment contre la société humaine «qui l'a condamné» (sic), contre le médecin «qui est un incapable» (sic) et «qui se trompe constamment» (!), contre ses proches «qui auraient pu éviter qu'il en arrive là», etc ...

- Deuxième réaction possible : Le sujet se tait dans un mutisme rageur. Il s'en veut à lui-même. Pourquoi ? Il n'en sait rien ...

- Troisième réaction possible : Il s'exprime nerveusement en reportant son sort sur un autre : «tel vieux, sale, inutile, assisté, mais injustement en bonne santé» ! etc. Et de s'écrier : Pourquoi moi, et pas lui ! ...

- Quatrième réaction possible : Il exprime avec rancoeur sa frustration, celle de ne pouvoir achever ce qu'il a entrepris : rédaction d'un livre, tricotage d'un chandail, aménagement d'une maison, exécution d'un travail, direction d'un atelier ou d'une entreprise, tenue d'une boutique, etc ...

- Cinquième réaction possible : Il fait éclater sa hargne contre la clinique ou l'hôpital qui veut le garder «pour gagner de l'argent avec la Sécurité Sociale» !

- Sixième réaction possible : Il exprime son amertume : «Tout le monde a la chance de jouir de la vie et de la santé que lui/elle va perdre ... C'est trop injuste ! »...

- Septième réaction possible : Il va réclamer bruyamment pour montrer qu'il fait toujours partie de ce «monde des actifs», des «vivants», « de ceux qui ont leur mot à dire». Aussi, va-t-il s'insurger contre la cuisine parce que «la soupe n'est pas salée», «la viande est mal cuite», «les repas sont froids». Ce sera envers le personnel infirmier des réclamations répétées à propos de «bouillottes à peine chaudes», de «lit mal fait» ... etc.

C2 - ***Attitude de l'accompagnateur (trice)***

- Face à une telle éventualité de scénarii psychologiques, l'accompagnateur(trice) n'intervient dans ce jeu de «cache-cache» avec le moribond **que s'il se sent lui-même moralement très fort**. Ensuite, toute personne qui se propose une telle démarche doit personnellement déjà avoir bien intégré cette «tranquillité de la Mort». Somme toute, elle doit être convaincue que la «Vie-Conscience» se poursuit dans l'Au-Delà, comme la Science le prouve. Je peux conseiller à mes lecteurs et lectrices qui se sentent cette vocation, même occasionnelle, de pratiquer le ZaZeN [33].

- Ensuite, dans la phase pratique, il faut prouver au patient que l'on prend réellement en compte ses remarques et ses réclamations «justifiées» (sic) ; bien plus, il faut lui préciser que «l'on est allé au devant de ses désirs», et que dorénavant la «soupe sera bien salée», «la viande bien cuite», «les repas chauds» etc. Il ne faut pas hésiter à affirmer que le jour même, le lendemain et le surlendemain, et toujours, tout le monde est conscient «*qu'il existe bien*» au même titre que n'importe lequel des clients de l'hôpital, de la clinique, ou de la famille (si la scène des «derniers instants» se déroule en famille).

- La persévérance de l'accompagnateur sera sans doute mise à rude épreuve car il ne devra pas se lasser de répéter au patient « ... qu'il est une personne vivante en conscience dans l'Univers, que ce soit actuellement avec son «MOI» corporel, ou plus tard avec son «JE SUIS» (conscience) ...» Un tel langage doit être tenu avec un athée ou un Libre-Penseur qui ne croit pas en une religion, mais seulement en «leur conscience». Ajouter que «dans l'Univers rien ne se crée, tout se transforme, rien n'est perdu : des gens cliniquement morts ont été ramenés à la vie. Tous affirment regretter leur retour, tellement ils se sentaient bien (lui lire des passages des livres du Dr R. MOODY) [34]. Tous ces gens qui ont témoigné n'ont désormais plus peur de la Mort !

- Il peut arriver que le mourant objecte sur un ton de doute que «personne» n'est jamais revenu pour dire ce qui se passait après la Mort. Ce à quoi l'accompagnateur peut répondre que «médecins et chirurgiens du monde entier savent que le passage dans l'Autre

[33] Graf Von DURKHEIM, «Le Lâcher-prise», (Ed. Courrier du Livre).
[34] Dr R. MOODY, «La Vie après la vie» (Ed. R. Laffont) ; «Lumières sur la Vie après la vie» (id.)

Monde survient bien souvent sans que l'on s'en aperçoive : tous les opérés qui sont décédés une première fois, ranimés ensuite, puis morts physiquement définitivement, ont déclaré unanimement qu'il leur fut impossible, une fois morts, de savoir s'ils dormaient, ou s'ils n'étaient pas déjà "Ailleurs" : ils voyaient distinctement ce qui se passait dans les chambres voisines, et fournirent des indications précises sur la nature des meubles, l'attitude des personnes présentes, etc.».

D - DEPRESSION PAR PEUR D'ISOLEMENT

D1 - ***Situation générale***

- Cette quatrième phase marque le moment où le malade ou le mourant ne peut prétendre ignorer l'issue fatale (même si elle leur a été cachée). C'est généralement le moment où leur organisme s'affaiblit, s'amaigrit, s'hyperdilate, où les manifestations pathologiques se multiplient, et où leur champ d'action se rétrécit. En effet, au cours de la précédente phase, ils pouvaient encore se déplacer de leur lit aux chambres voisines dans une sorte de «circuit-promenade» quotidien ; à présent, ils se cantonnent à un court trajet du lit au siège des W-C de leur chambre.

- De plus, leur nourriture s'est considérablement allégée, puisque quelques jours auparavant un repas normal pouvait encore leur être servi alors que, depuis peu, un yaourt et une cuillerée de purée leur suffisent amplement. A cela s'ajoute un décalage psychologique dans sa notion du temps : ils vivent dans un sommeil permanent, sans différentiation du «matin», de «l'après-midi», ou du «soir». Dans tous les cas de figures, le sujet vit dans une sorte de «no man's land» entre :

le monde matériel où il n'est déjà plus	le monde vibratoire de l'Au-delà où il n'est pas

ou encore :

son «JE SUIS» s'étire de son «MOI»	son «JE SUIS» est non encore occupé de son «MOI»

D2 - ***Manifestations dépressives envisageables :***

Elles sont de deux sortes :

a) La dépression de Réaction relativement au Passé du patient :

- C'est la phase dite du «chagrin préparatoire» : dans son mental, le «futur décédé» fera rapidement le point de ce qu'il va perdre relativement à son Passé récent ou lointain, dans le sens où il lui sera désormais impossible d'atténuer ou de rattraper des fautes commises. Aussi ne sera-t-il pas rare de l'entendre exprimer des remords concernant des paroles incisives, des actions nuisibles, ou des omissions de gestes heureux envers des gens aimés. Il va aller jusqu'à regretter des maladresses relationnelles, des fautes professionnelles qu'il aurait pu éviter, des absences d'élans affectifs envers des parents, ou des peines occasionnées à des tiers dans des unions amoureuses ou conjugales, des amertumes de désirs non concrétisés (alors qu'ils lui étaient accessibles), des décisions scabreuses pour autrui et prises égoïstement ou sans réfléchir, etc. Ajoutons à cela des manifestations de dépit touchant des carences de volonté, des attitudes injustement dures et méprisantes envers la famille, les collègues, des amis ou des subordonnés ...

b) La dépression de Préparation relativement au Futur :

Ici, le sujet entrevoit ce qu'il va perdre relativement à son Futur proche ou lointain, dans le sens où toute une série d'évènements pour lesquels et dans lesquels il est plus ou moins impliqué vont se dérouler sans lui. Aussi, sera-t-il normal que, par compensation psychologique, il «sur-dimensionne» son conjoint, ses parents, ses amis, ses enfants, ses voisins, ses collègues de travail ... tous ces gens à qui il va ne trouver brusquement QUE des qualités ! Dans son esprit, il va se faire humble, petit, insignifiant, comme si, dans son scénario fictif, ces gens pouvaient «faire quelque chose» pour lui, par reconnaissance pour cette humilité soudaine et retarde son échéance ! Bien sûr, cette dépression est bien plus discrète que la précédente. Il arrivera cependant que, dans des cas extrêmes, il s'inventera des «raisons d'être important» : il va, par exemple, se lamenter «pour les autres qui vont être gênés par son absence» ... !

- Notons que la première dépression se singularise par une réaction psychique qui serait très proche de celle de l'enfant qui crie de douleur à la vue du martinet avant même d'être frappé, sachant qu' inévitablement la correction prévue lui sera administrée. Lors du second effondrement, on assiste à une scène du genre du téléfilm «Le Retour du Fils» : le père (incarné par l'excellent acteur Michel BOUQUET) vit chaque jour dans l'attente du retour de son fils. Il en parle à tout le village. Alors qu'il l'a congédié brutalement en père autoritaire quelques années auparavant et que ce dernier ne lui a jamais écrit, il lui prête des montagnes de qualités qu'il n'a pas. Preuve en est, puisque l'image mentale qu'il s'en est faite est telle qu'il le prend pour un étranger, en final du film, lorsqu'il revient à la maison.

D3 - ***Attitude de l'accompagnateur(trice)***

a) Lors d'une dépression de Réaction, deux objectifs doivent être absolument atteints .

- *1er Objectif*: Disculper le sujet relativement à son Passé. Pour cela, il faut bien lui faire comprendre que «ce qui s'est passé devait absolument se passer» et qu'il n'y pouvait rien. Il devait apprendre un certain nombre de choses durant cette existence, de même que bon nombre de ses proches et contemporains. Nous devons insister aussi sur le fait que l'Univers ne revient jamais en arrière : nous devons lui obéir dans le sens de son évolution. La branche coupée de l'arbre ne peut être regreffée sur le tronc à n'importe quel moment ou de n'importe quelle façon, de même que les cheveux coupés ne pourront être replantés sur le crâne, etc. Sans le questionner sur sa religion, il serait intéressant d'appuyer nos paroles en lui lisant, dans l' «Ancien testament» biblique, les passages suivants :

« ... Mieux vaut la fin d'une chose que son début» (livre de l'ECCLESIASTE, chap. 7, vers. 6)

« ... Il est une chose anormale pour l'Univers : les justes sont victimes des injustes ; des injustes sont heureux grâce aux justes ...» (id. chap. 8, vers. 14)

«... Il y a un même sort pour le bon comme pour le mauvais, pour le pur comme pour l'impur ...» (id. chap. 9, vers. 1 à 3)

Concernant la «Loi du KaRMa» (Action-Réaction), nous lisons :

«... Celui qui creuse une fosse y tombera, comme celui qui renverse une muraille sera mordu par un serpent. Celui qui remue des pierres en sera blessé, comme celui qui fend du bois avec une hache en éprouvera du danger. En effet, s'il a émoussé le fer, s'il n'en a pas aiguisé le tranchant, il devra redoubler de force. Cependant, autre que la force, la Sagesse a l'avantage de mener au succès ...» (id. chap. 10, vers. 8 à 10)

- *2ème objectif* : Se rendre intime du mourant, ou encore s'il y a lieu faire intervenir un(e) ami(e), ou le conjoint, afin de lui faire ressortir sa propre et véritable estime.

b) Lors d'une dépression de Préparation, l'objectif essentiel est de minimiser dans son esprit ce qu'il va perdre. L'intervenant devra faire entrevoir au patient le «bon côté» de sa situation. En ce qui concerne ses affaires, rien n'est perdu pour l'Avenir. Il n'a nullement à s'inquiéter du lendemain pour les autres : tout est arrangé. Ainsi, par exemple, son conjoint(e) n'est pas seul(e) puisque des amis l'assistent, ainsi que les enfants, la famille, les voisins. Tout le monde sait «que son absence sera longue (sic), et tous vaquent à leurs occupations en l'attendant» ... Lors de conversations à «bâtons rompus», il faut glisser des expressions du genre : «Personne de nos jours, n'est assuré du lendemain. Aussi, pas plus lui que les autres ne doivent s'en tracasser !».

- Si l'interlocuteur est croyant ou spiritualiste, les «Livres Sacrés» occidentaux ou orientaux sont recommandés. Cependant, il faudra toujours, au préalable, obtenir son assentiment avant d'aborder une conversation sur ce thème, au cours de laquelle il risque de se cabrer. On a obtenu de très bons résultats en procédant à des lectures, suivies de méditations. Nous trouvons en France de bonnes versions de la «BaGhaVa-GiTa», des «VéDaS» ... Il va de soi qu'un Juif tendra l'oreille à une lecture de l' «Ancien Testament», particulièrement les cinq premiers livres de la BIBLE ainsi que ceux dits de l'ECCLESIASTE et des PSAUMES. Un Chrétien écoutera avec plaisir, dans le «Nouveau Testament» les «Evangiles» de MATTHIEU, chap. 5 à 7, ainsi que celui dit de «ST-JEAN». Pour un Musulman, choisir une bonne version du «QoRaN» (composé de chapitres appelés «sourates» et de versets désignés «ayah») et s'arrêter aux passages suivants : Sourates II (ayah 261 à 263), III (ayah 102), VII (ayah 55), XIII (ayah 5), XVI (ayah 40), XVII (ayah 52, 100 et 101), XXII (ayah 5), XXIII (ayah 37 et 82), etc.

E - NEGOCIATION «FICTIVE» AVEC LE «FATAL»

E1 - *Situation générale*

- Cette cinquième étape vers l' «issue finale» se traduit par un scénario en deux phases au cours duquel, s'il en a la force, le sujet va « dialoguer avec la Fatalité ». Cette dernière va jouer alors dans son esprit le rôle d'un «Personnage Puissant» dont il va solliciter les «faveurs» ...

- 1ère Phase : Se sachant incapable d'affronter cette «nouvelle condition», le sujet va SOLLICITER le Destin.

- D'abord, le «futur vaincu de la Mort» veut absolument «gagner du temps». Tout simplement parce que le mental de son «MOI» veut trouver «une solution», que sa conscience «JE SUIS» lui refuse. Athées, religieux, agnostiques, spiritualistes ... tous veulent retourner en enfance, «jouer au petit garçon» ou à la «petite fille» face à un «Père-Fatalité» dont ils tenteront d'obtenir l'indulgence. (E. KUBLER-ROSS). C'est pourquoi ils vont se faire humbles, conciliants, dociles, espérant du répit, voire à la limite (Pourquoi pas ?) une amélioration de leur état physiologique ! C'est FAUST négociant avec la Mort. (W. GOETHE)

- 2ème phase : Dans la mesure où sa condition le permet, il va FORCER le Destin

- Rassemblant ce qu'il lui reste de forces, le sujet va BRAVER SON ETAT et «prendre en mains» sa situation : Mme ou Mlle vont se faire transporter chez le coiffeur, M. va se faire véhiculer chez le masseur et le pédicure, chez l'esthéticienne, voire pour certains vieux «originaux» encore valides, à la maison de rendez-vous à courtisanes. Il arrive même que, s'ils sont encore suffisamment autonomes, de «vieux durs à cuire» s'immiscent dans des parties de cartes ou de poker avec «d'anciens copains», ou encore participent à des repas gastronomiques fins, vont au cinéma et au théâtre, voire au «peep-show» pornoscénique. Lors de ce genre «d'affrontement», certains vont triompher : rappelons-nous du cas célèbre de la Dsse GALLAND (sujet authentique d'un film) qui modifia sa pathologie favorablement cancéreuse par la volonté de son esprit et de son incroyable courage

- A la limite, d'autres vont, en eux-mêmes psychologiquement, tenter «de se faire bien voir de la Providence» en visitant des «plus malheureux qu' «eux» ! : handicapés, grabataires, aveugles, paralysés ... des chambres voisines. D'autres rendront visite à des gens avec lesquels ils sont forcément fâchés depuis des décennies (voisins, parents, amis, collègues). Ils vont se réconcilier même en s'humiliant ... On a vu des sujets jusqu'alors égoïstes, asociaux, méprisants, despotiques ... qui promettent humblement de «consacrer le restant de leur vie» à la religion, aux oeuvres de Bienfaisance, aux dons d'organes à la Science et à la Médecine ... s'ils s'en sortaient ! Ah l'imminence de la Mort, que ne fait-elle pas faire ! Si seulement tous ces misanthropes, tout au long de leur existence de «coeurs de pierre», pensaient souvent à leurs derniers moments, beaucoup de conflits disparaîtraient en ce bas-monde !

E2 - ***Attitude de l'accompagnateur (trice)***

- 1er objectif : Désamorcer à tout prix la culpabilité.

- De nouveau, il faut que le sujet soit persuadé qu'il n'a rien à se reprocher, qu'il en est ainsi de son Destin, que des plus handicapés que lui l'envieraient certainement. En général, on a constaté que plus le sujet faisait jouer son imagination, plus il souffrait au départ. Ainsi, les gens simples sont moins éprouvés moralement que les intellectuels, ou les gens trop cultivés qui recherchent indéfiniment le «Pourquoi du «Comment» ...

- 2ème objectif : Dédramatiser et minimiser la situation.

- Il faut persuader le patient que depuis des millénaires tout le monde SAIT instinctivement sortir du ventre de sa mère pour entrer instinctivement encore dans le ventre de la terre. En réalité, comme le disent tous les Sages de tous les temps : nous venons du «monde de la Conscience Vivante» pour y retourner de nouveau APRES avoir APPRIS des choses durant cette existence ici-bas. Or, réfléchissons un peu : en sémantique pure, le verbe français «exister» est l'association de «ex» (en dehors) et «ister» (être). Ce qui veut dire que «ex-ister» c'est «être-en dehors», donc être celui de la chair mais surtout celui de la «Conscience Pure». Le verbe grec équivalent «ùp-archoo» (au-delà du commencement) confirme le sens latin.

F - ACCEPTATION TOTALE - CAPITULATION DEVANT L'«ECHEANCE»

F1 - *Situation générale*

- Nous en arrivons à ce que nous pouvons appeler véritablement «l'antichambre de la Mort». Nous pourrions dire en termes de Théâtre : «c'est le moment où tous les masques tombent ...», «les artifices s'éteignent», «les maquillages ont fait leur temps» ... C'est l' «Instant Suprême» où le sujet prend brutalement conscience que «les Jeux sont faits !», et que désormais il ne pourra plus tricher : aussi bien avec lui-même qu'avec son entourage, ou encore avec la Providence (ou «DIEU» ...) Mentalement, on peut dire qu'il se trouve placé dans une sorte de «goulette inclinée à surface extrêmement glissante qui aboutit à un immense tunnel». Dans son esprit, il se trouve comme «aspiré» vers l' «Inconnu de l'Au-Delà du Dernier Soupir».

F2 - *Attitude de l'accompagnateur (trice)*

C'est le moment crucial où les proches sont conduits à assumer cinq rôles très importants :

- 1er rôle : Il faut veiller à ce que le sujet ne se pose pas trop de questions trop pertinentes. Dans le cas d'inquiétude croissante, il est recommandé de recourir à des médicaments adéquats (type «VALIUM»), tout en le rassurant en banalisant son Destin, sans toutefois, bien entendu, exagérer en lançant des expressions du genre : «qu'à la limite on voudrait bien être à sa place», ou «qu'on l'envie parce que désormais il n'a plus nos problèmes», etc.

2ème rôle : Il faut s'arranger pour que, à tout prix, il fasse «un Grand Pas dans la Paix et la Sérénité». Si besoin est, créer un fond sonore au moyen de musique douce enregistrée : symphonies de J.S. BACH, chants grégoriens, récitals d'orgue d'église, «Requiem» de W. MOZART, etc. ; même si le sujet est incroyant ou agnostique !

3ème rôle : L'accompagnement au mourant doit aboutir à une «Joie d'abandon de notre environnement de guerres, de soucis, ou de larmes», même si l'on suppose que le sujet vivait heureux socialement et affectivement. Même riche et comblé, on ne vit jamais totalement heureux sur cette terre !

4ème rôle : Il peut arriver que l'on ressente le besoin impératif d'évoquer de nouveau les enregistrements de voix ou les prises de vues TV de décédés, ne serait-ce que parce que le moribond se crispe, sue, ou se lamente dans les affres du début d'agonie. On peut aussi rappeler les récits de «Rescapés de la Mort» (N.D.E) qui n'éprouvent plus à présent de crainte lorsque se présentera pour eux leur véritable fin.

5ème rôle : Sans trop insister, rassurer le patient en lui disant qu'il ne fait que nous précéder, et que tôt ou tard nous irons le rejoindre ...

G - DETENTE PRE-MORTEM - INTEGRATION DE L'ETAT DE «PHASE FINALE»

G1 - *Situation générale*

- Je débuterai cette dernière et ultime phase de notre «processus de fin d'existence» en me référant, une fois de plus, au grand penseur que fut Maurice MAETERLINCK :

«... Avons-nous conscience d'être vivants ? ... Non ! Il nous faut toute une série d'opérations qui vont de l'interrogation mentale aux palpations physiologiques pour obtenir cette conscience. Or, n'avoir plus conscience d'être corporellement vivant, C'EST DEJA ETRE MORT ! ...».

C'est sur une telle justesse d'observation qu'il nous faudra quitter celui/celle que nous assistons, car «l'heure fatidique a enfin sonné» !

- En cette dernière phase, l'Individualité-Conscience amorce plus rapidement sa dissociation avec la Personnalité-corporelle. Lorsque nous regardons autour de nous, nous sommes frappés, par la «Majesté de la Mort» : la plante disparaît discrètement sans plainte et sans bruit, l'animal meurt dignement, excepté en abattoir où il ressent le principe de «l'assassinat»; disons «celui du viol de sa vie». Il en va différemment de l'humain : lui, «le plus évolué de la Création», le «Grand Maître de la Terre», le «Grand Génie Scientifique», «Celui qui se prend pour DIEU ici-bas», etc. Il se débat, pleure comme un enfant, invoque, supplie ... même si son délabrement physique lui fait comprendre qu'il ne pourrait durer ainsi. En cet instant, du plus instruit au plus simple d'esprit, tous comprennent alors que «la Matérialité n'est qu'Illusion», et chacun et chacune de reconnaître qu'ils ont «couru après le vent» ...

- Certes, le comportement final varie selon les tempéraments des personnalités. On remarque alors étrangement que les jeunes intégreront la Mort plus facilement que les gens âgés et les adultes. On en voit qui ne s'opposent à elle que quelques instants, d'autres se battent contre cet anéantissement lent et sournois, d'autres enfin, mieux préparés spirituellement, s'y jettent à corps perdu. On note aussi que plus cette «réaction de rejet» a lieu AVANT le «Passage», moins le sujet sera traumatisé. Il est donc recommandé de la provoquer le plus tôt possible, dès la sixième phase (F) terminée.

- A ce propos, il faut absolument que l'accompagnateur(trice) fasse tous ses efforts pour que la «réaction de rejet» NE SE DE-

CLENCHE PAS EN PLEIN «PASSAGE» ce qui est atroce pour le mourant et donne lieu à des scènes épouvantables, terriblement éprouvantes autant pour lui que pour ceux qui l'assistent ! Certains médecins l'ont comparé «à un refoulement d'accouchement» : pensez à la souffrance de la mère et de l'enfant si l'on contraignait le bébé à revenir dans la cavité utérine !

- A l'instar de l'accouchement où la sage-femme harcèle la patiente en l'incitant à «pousser», l'accompagnateur(trice) murmurera sans cesse à l'oreille du moribond que son sort dépend de lui, et de lui seul. Il faut qu'il prenne pleinement conscience que, ou bien il se laisse «flotter sur les eaux» selon le «courant de départ», ou bien «il nage en sens contraire» en s'épuisant inutilement, et en risquant de souffrir atrocement dans son esprit, après avoir tout quitté.

G2 - ***Attitude de l'accompagnateur(trice)***

- Dans la mesure où son état le permet, sept interventions sont alors proposées :

- 1ère intervention : Je le répète, comme dans un accouchement, le faire se concentrer sur sa respiration. Il faut savoir qu'à chaque expiration, il libérera une partie de ses craintes. Il doit vivre sa respiration comme il l'a fait inconsciemment lors de sa naissance. En procédant ainsi, il purifie son organisme malade et usé, et particulièrement son mental, de toutes mauvaises pensées, méchancetés, regrets, remords, haines, etc. en expirant le plus profondément possible. Esotériquement parlant, on peut dire «QU'IL S'ACCOUCHE LUI-MEME DANS L'AUTRE VIE»... !

- 2ème intervention : Il faut le faire visualiser graduellement les membres de son corps dans un lent relâchement. Il commencera par les jambes (l'une après l'autre, en débutant par les doigts et les pieds), puis le ventre (du bas vers le haut), le dos (id.), les bras (l'un après l'autre en débutant par les doigts), les épaules (de la droite vers la gauche, côté coeur), le cou, la mâchoire (qu'il relâche), enfin le visage (joues, yeux, front, dessus de la tête) ...

- 4ème intervention : La même équipe devra aussi l'encourager à visualiser une «Grande Lumière blanche» à l'intérieur de sa tête, entre ses deux yeux, ou tout au sommet du crâne. Si besoin, une pression du doigt l'aidera à positionner l'endroit adéquat.

- 5ème intervention : Il convient ensuite de lui faire vivre le «Cheminement de cette Lumière». Autrement dit, il doit sentir celle-ci l'envahir lentement en lui apportant «Paix» et «Douceur», membre par membre ...

- 6ème intervention : Avec beaucoup de délicatesse, tout l'entourage du patient devra alors amorcer un lent «compte à rebours», en comptant les nombres de «10» à «1» (durant 10 à 20 mn, si cela est possible. Les médecins thanatologues et les chirurgiens savent que le sujet agonisant va se concentrer sur la voix de l'accompagnateur(trice), et par conséquent cessera d'entendre les bruits de fond.

- 7ème intervention : En final, il serait bénéfique pour le semi-défunt d'amorcer une sorte de «Régression intérieure» qui lui assurera le «Grand Saut». Toutefois, il n'est pas question qu'il ignore l'opération. Bien au contraire il faut agir de concert avec lui : celle-ci va lui permettre de l'affranchir définitivement de toute crainte, particulièrement si on lui dit que, «de l'Autre Côté, Quelqu'un l'attend !» Si cette intervention réussit, l'accompagnateur(trice) pourra se féliciter d'avoir accompli sa merveilleuse mission. En effet, à cet instant, il est probable que le moribond voit ce qui se passe au-dessus de lui, et ailleurs, qu'il a parfaitement conscience de lui-même, qu'il entend une «grosse sonnerie», qu'il s'engouffre dans SON tunnel, qu'il rencontre SA «Grande Lumière» (son Double), enfin qu'il «nage» dans l'Espace, conscient, sans angoisse, heureux de sa «nouvelle condition» (ou disons plutôt : satisfait d'avoir retrouvé sa «Mère matricielle»).

3 - AIDE AUX MORTS ET AUX VIVANTS APRES LE DECES

3 - 1 - AIDE AUX MORTS
RITUELS FUNERAIRES AU DOMICILE

Dans nos campagnes d'Avant-Guerre, il était coutumier de dire que «si un humain n'avait pas été enterré selon un rituel d'accompagnement, il hanterait désormais à jamais l'endroit ou les lieux de son trépas» ... Pour les citadins que nous étions, de tels propos nous faisaient quelque peu sourire. Puis le Temps a passé, nous avons les uns et les autres voyagé, et nous nous sommes aperçus à la longue que des croyances de ce genre reposaient sur des réalités. Nous en sommes arrivés à penser qu'il fallait enfin que l'Occident cesse de pratiquer son «faux cartésianisme»[1], son «gauchisme à tout-va», son «Matérialisme à tout crin» qui frise la stupidité, pour comprendre enfin que, métaphysiquement, les champs de forces structurant la matière vivante atomiquement (travaux des Prs. S. LEDUC, H. BURR, R. SHELDRAKE, D'ARCY-THOMSON, etc.) font souffrir «par tiraillement», lors de leur rupture, la partie spirituelle subtile et ondulatoire qui tend à s'en dégager. Quant aux agnostiques et aux athées ou les indifférents, nous leur demandons de réfléchir : puisqu'ils ne croient qu'en leur «Conscience» (et en cela ils n'ont pas tort !), qu'ils admettent alors que celle-ci se prolonge au-delà du dernier soupir. Les expériences de «N.D.E.» le confirment.

[1] Revue «Science et Vie», N° Avril 1996, p. 116.

Réduite aux fonctions vitales élémentaires, la Mort peut être considérée comme une fin en soi, une fin d'existence matérielle, donc au niveau de l'Homme une fin de personnalité. Or, de tous les temps, en vertu des Lois universelles des Cycles et des Rythmes, particulièrement depuis le génial LAVOISIER, on sait que «rien ne se crée, rien ne se perd, TOUT SE TRANSFORME». Puisqu'il en est ainsi, pourquoi le corps humain échapperait-il à cette Loi physico-chimique et métaphysique ? Puisque «TOUT se transforme» il faut comprendre par là que le corps humain «**dans sa totalité**». Ceci sous-entendu indubitablement «Conscience comprise», comme nous y incite les dernières découvertes de la Physique particulaire. (...) Or, s'il y a «Conscience», il y a fatalement «sensibilité» mais cette fois **non plus physiologique, mais vibratoire**. D'où l'impérieux devoir des vivants à ne pas «abandonner leurs morts», d'autant plus qu'ils auront entretenu de leur vivant terrestre des contacts intimes et affectifs. Dans son admirable ouvrage «L'Homme et l'Invisible», le Pr Jean SERVIER nous brosse un panorama intercontinental des gestes habituels et des attitudes de nombreux peuples envers leurs défunts : prières, rituels ... que nous allons passer brièvement en revue dans les paragraphes qui suivent.

A) La prière pour les morts

L'assistance que les vivants peuvent prêter aux morts, comme nous venons de le voir, ne s'arrête pas à un simple accompagnement dans leurs derniers moments, suivi d'une participation à un service ou à un rituel religieux ou maçonnique, le tout se terminant par le convoi funèbre et l'enterrement (ou la crémation) au cimetière. Il y a aussi la PRIERE ! De nos jours, cet acte ancestral international de vénération et de respect que l'on adresse à voix haute ou mentalement au «Monde du Non-Visible Conscient» est bien souvent pris en dérision. Pourtant, il suffit de prendre part à des sauvetages d'accidents sanglants pour entendre des gens ne croyant apparemment en rien solliciter, supplier «le Ciel» de les sauver, ou de leur accorder un allégement de leurs souffrances.

L'homme est ainsi fait : il tombe le masque devant cette «Adversité Grandiose» qu'est la Mort ! En tout état de cause, que l'on y croit ou que l'on n'y croit pas, la Prière constitue pas moins un puissant «rayonnement vibratoire» aux effets souvent insoupçonnés. Métaphysiquement, on peut affirmer, sans crainte de se tromper, que les prières dites à l'intention d'un défunt sont autant de «messages-signaux» que véhiculera l'éther diffus ambiant.

Ceux-ci atténueront considérablement cette angoisse due à l'éloignement progressif de la masse d'attraction planétaire et faciliteront son évolution dans l'Espace-Durée universel. Ce que la Chrétienté et le Bouddhisme ont appelé «Purgatoire» constitue en réalité la métaphysique pour les «Entités-esprits» de ces corps terrestrement détruits. On peut la définir comme une «condition-état» d'impuissance mais surtout de super-réceptivité. Presque tous les «Livres sacrés» des Grands Initiés y font unanimement allusion, et leur description commune est étonnante. Des «UPaNiShaD» au «QoRaN», en passant par le «ZeND-AVeSTa», la «BaGhaVaH-GiTa» ou la BIBLE, sans oublier toutes les Mythologies amérindiennes, polynésiennes, celte et scandinave, la même doctrine est mise pieusement en pratique, même parmi les classes les plus évoluées. Partout, à la fin d'une vie comme à la fin d'un combat, le chef de famille ou le monarque chef de guerre ordonne une «offrande de prières» pour le défunt ou les guerriers tombés au combat. Celle-ci a lieu dans le jeûne le plus total, l'abstinence sexuelle d'une durée variable (afin d'éviter des «réincarnations trop rapides»), repos complet dans le repliement sur soi. Le but de l'opération est de créer un mouvement vibratoire favorable à un plus grand «détachement» de ces «entités», mais aussi d'envoyer dans l'Espace une puissante et salutaire pensée commune destinée à «adoucir» les «KaRMa» individuel ou collectif.

Aussi, en général, les participants recourent-ils silencieusement à des paroles ou à des expressions qui, dans leur langue locale, rendront cette pensée d'autant plus pressante et effective. Nous lisons sur quelques tablettes antiques :

«... L'épouse fidèle priera pour son mari défunt. Le mari aimant priera pour son épouse morte. L'un ou l'autre le feront surtout le jour anniversaire où l'un ou l'autre seront tombés dans leur dernier sommeil. Si elle ou lui y manque, elle/il aura répudié son conjoint aussi bien que le lieu où il repose ...» (Carthage)

«... Le corps de l'Empereur fut placé dans un grand cercueil. Les ministres et la multitude du peuple, avec des larmes et des cris, offrirent des prières pour le repos de son âme-esprit. Cette cérémonie eut lieu pour se conformer au désir du monarque qui érigea un temple en l'honneur des dieux (des Principes du Cosmos) afin qu'après sa disparition les fidèles continuent à se souvenir de lui ...» (Constantinople)

«... Nous faisons mémoire des Grands Hommes et des Sages, et de tous ceux qui sont morts parmi nous, croyant que nos sincères supplications seront d'un grand secours pour leurs âme-esprits, tandis que ces sacrifices leurs sont offerts ...» (Jérusalem)

Nous poursuivons :

«.... Si un roi a banni une personne pour une offense ou une violation de la Loi et que ses parents après avoir tressé une couronne la lui offrent en faveur de cette personne qui mérite la punition, ne croyez-vous pas qu'il adoucira cette punition ? Inévitablement. Ainsi en est-il du Ciel (Cosmos) : en offrant une couronne de prières en faveur de ceux qui sont morts, suite à leur désir d'incarnation, nous obtiendrons l'atténuation de leurs peines dans le séjour des morts ...» (Porte Majeure, Rome)

« ... Je vous en conjure, frères et amis, au nom de notre Grand Maître, qui m'ordonne de vous quitter, souvenez-vous de moi lors de vos réunions et rituels. Ne m'ensevelissez pas avec des parfums. Ne les offrez pas à moi mais à l'Esprit Suprême (THEOU). Ensevelissez-moi avec lamentations tandis que je suis accablé de douleur, assistez-moi de vos prières au lieu de vos parfums, car les morts bénéficient en esprit des prières de ceux qui vivent encore sur la terre ...» (Maître EPHREM, Ecole de Mystères, Syrie)

«... (Au sujet de la mort des empereurs romains GRATIEN et

VALENTINIEN) vous serez heureux si mes prières peuvent vous être utiles, car aucun jour de ma vie ne se passera ici, dans le silence, jamais dans mes prières discrètes je ne vous oublierai, aucune nuit ne s'écoulera sans entendre répéter votre nom lors d'offrandes vers le Céleste. Dans tous les actes de recueillement, je ne vous oublierai pas ...» (Rome)

Terminons par exemple par :

«... O DIEU de mon coeur, je te supplie pour les fautes de ma mère. Efface-les de TA Mémoire en souvenir des mérites et des blessures pour défendre la Cause de Ton existence. Que cette mère chérie soit en paix avec son époux. Fais, Maître de l'Univers, que tes serviteurs, mes frères, que je défends ici par ma voix silencieuse, par le coeur et par la plume, se souviennent de ta servante lors de leurs rituels sacrificiels ...» (Afrique du Nord)

«... Hélas ! Me voici errant dans le BaRDo (séjour des morts), sauve-moi ! Quand me voici errant dans le SaNGSaRa (Cycle des renaissances), par la force débordante des illusions, sur la voie lumineuse de la solitude, de la peur, de la crainte, de la terreur ... puissent les BhaGaVaNs me guider ...» (Tibet)

«... Il n'appartient à aucune âme de mourir (totalement), si ce n'est avec l'assentiment d'ALLaH écrit pour un temps déterminé, mais celui qui désire la récompense de ce monde, nous la lui donnerons, mais nous récompenserons aussi ceux qui demandent grâce ...» (Médine, «QoRaN», Sour. III, ayah 139) etc.

Ce n'est là qu'un très faible écho de la voie unanime des Initiés et de leurs disciples touchant la salutaire pratique des prières pour les morts.

Il est intéressant de noter aussi qu'elle n'est pas l'apanage des religions officielles modernes occidentales, puisqu'on la retrouve inscrite sur des supports de pierre ou des rouleaux de cuir enduit de poix dès les premiers âges de l'Humanité. Cela veut dire qu'elle n'est pas une dévotion culpabilisante qui aurait été cauteleusement recommandée par d'obscures religieux ou des visionnaires, mais un acte plus profond jaillissant du for intérieur de l'Homme, non pas comme un Principe simple et abstrait, mais comme «un acte d'assistance à personne en danger» d'isolement, d'incertitude, de déception, voire de «mauvais choix» pour une ré-in-corps-oration» future.

B) Les Rituels sacramentaux

On a malheureusement aussi oublié dans notre monde moderne les bienfaits produits par les rituels sacramentaux. Ces derniers exercent une intense «puissance vibrante» qui tend à se propager dans des zones éthériques où «l'esprit-conscience» du décédé (donc son «JE SUIS») subit une certaine transformation, avec plus ou moins de résignation. Résumons-nous : tout disparu ayant franchi «le Seuil de l'Au-Delà» a nécessairement besoin d'une «poussée vibratoire» formulée en prières, comme nous venons de le voir, mais aussi sous forme de rituels et d'évocations élogieuses en son souvenir, même si son existence n'a pas été des plus «recommandables» ou son comportement des plus «humains». C'est le moment de distinguer chez le disparu tous les «bons côtés» ou les rares «bonnes facettes» de son existence passée. Le rite mortuaire peut être constaté, sinon dans toutes les religions et croyances du monde, au moins dans un très grand nombre d'entre elles. Cette inclination quasi-intercontinentale du Genre humain à pratiquer tout un cérémonial post-mortem a, de bonne heure, suscité l'intérêt des historiens et sociologues qui en ont recherché l'explication psychologique. Parmi ces chercheurs émergent plusieurs célébrités internationales : le Pr James O. FRAZER et le Pr Edward B. TAYLOR (Grande-Bretagne), le Pr Robertson SMITH (USA), la Dsse Marianne VERNEUIL et les Prs HUBERT et MAUSS (France).

L'opinion publique qui se dégage de leurs travaux est que les peuplades post-diluviennes (rescapées des Continents Mû, Atlantide ou Hyper-Borée), à travers les documents transmis par des Initiés Anonymes, distinguaient dans la Mort quatre essences particulières : le **cadavre** que l'on mettait en terre dans une position symbolique déterminée (Pr J. SERVIER, cité), l'**Ombre** qui sur terre hantait le lieu où avait été enseveli le mort («ShOuT» en Egypte, Chaldée, Sumer, qui a donné l'allemand «schatten» = ombre, et l'anglais «to shout» = crier d'effroi), l'**anima** (traduit plus tard par «âme» ; Scandinavie, Grèce, Rome) à laquelle on donnait le nom de «MaNa» (Polynésie, Australie) et qui séjournait momentanément dans le «Bas-ASTRAL», appelé «lieux inférieurs» («premier ciel», devenu plus tard «Enfers» par la volonté des théologiens bouddhistes et chrétiens), l'**Esprit** qui montait à jamais dans les «Lieux Supérieurs» (le «Troisième Ciel» de ST-PAUL) lorsque l'anima en avait terminé avec ses existences successives. A notre grande stupéfaction, une fois de plus, nous constatons que nos aïeux initiés ne se sont pas trompés, et que leurs cérémonies funèbres reposent sur des phénomènes occultes positifs.

Secondo, beaucoup de peuples accordent à la Mort une valeur différente selon les découvertes métaphysiques de leurs ancêtres Initiés. Dans la presque totalité des peuples orientaux et extrême-orientaux où la transmigration des «esprits» des désincarnés fait non seulement partie de la vie quotidienne mais est ancrée dans les us et coutumes folkloriques, les officiants d'une cérémonie funèbre, après une préparation intérieure requise, créeront un environnement vibratoire favorable au «dégagement» de cette «Ombre» (Afrique, Arabie pré-islamique, Amérindiens du Nord). Tertio, pour faciliter ce «dégagement», la plupart des civilisations (Scandinaves et Ross-Vareg comprises) recoururent à la lumière d'une flamme. C'est pourquoi encore, dans nos campagnes d'antan, un flambeau brûlait dans la chambre mortuaire. Tous les métaphysiciens dignes de ce nom savent que dès la rupture du «Cordon d'Argent»[2], donc de «l'Anima structurante», le corps est déserté par l' «esprit». Devenu vacant, il risque de rencontrer des «entités du Bas-Astral» qui l'empêchent d'évoluer s'il n'a pas acquis suffisamment de «spiritualité» lors de son incarnation momentanée.

[2] «Anc. Test.», livre de l'ECCLESIASTE, chap. 12, vers. 8.

Précisons que la flamme de la bougie, surtout lorsqu'elle a été «chargée» de «formules-prières» (signaux-informations appropriés) préserve cette entité tout au moins le temps «qu'elle s'habitue» à son nouvel état. Ajoutons aussi que, à tout hasard, dans de telles circonstances, les prêtres faisaient fermer hermétiquement les fenêtres (persiennes closes) et boucher les orifices naturels du corps du défunt avec des tampons de coton : bouche, nez, yeux, etc. Le «danger» du processus de cessation de vie biologique réside en ce que le dégagement de l'Esprit (après la «rupture de l'anima») le rend plus vulnérable que lorsqu'il séjournait dans la «carapace corporelle», particulièrement entre le moment où cette «échappée post-cadaverum» se termine, et celui où il va être intégré totalement dans l'Astral. Cette sorte de «durée de Jugement Dernier» (mal compris par la «Chrétienté» et ses sectes qui y ont vu là une forme de «fin du monde») va fortement hypothéquer son Avenir. C'est la raison pour laquelle j'insiste beaucoup sur l'utilité et la nécessité de l' «accompagnement aux décédés», comme nous allons le voir.

Tous les clairvoyants et les médiums du monde, voire les quelques prêtres exorcistes, savent que dès l'instant où un humain est en agonie, les «entités-esprits» malfaisantes ou bienfaisantes des alentours dans le «Bas-Astral» convergent vers lui. Certains les distinguent nettement ; des photographies ont été prises (Dr A. LEPRINCE, C. FLAMMARION, P. LE COUR ...). La maison mortuaire peut devenir brusquement le point de rencontre de «légions» de «forces-vives» perturbatrices pour tous, vivants comme morts, je le répète, dans nos campagnes, des exorcismes formaient le fond des cérémonies, complétées de sacrements (l' «Extrême-Onction» catholique), et rites qui se suivent à partir du moment précédant le trépas, du moment de la mort, du temps qui sépare la fin biologique du moment de l'inhumation (ou de la crémation, que je ne recommande pas pour des raisons exposées plus loin), puis de cette dernière. Il faut mentionner que les deux mains jointes en remontée verticale (à la manière des Hindous), la croix, l'épée, la «main islamique», ou le pentacle (confectionné par un sérieux radiesthésiste) sont autant «d'instruments de protection consacrés» par les traditions de tous les pays lorsqu'ils sont produits au passage d'un convoi funèbre. Encore une fois, chers lectrices et lecteurs, je suis assez pragmatique pour vous assurer qu'il ne s'agit pas ici de superstition ! L'instrument n'est rien en soi : tout dépend de l'**intention** avec laquelle il est utilisé.

Tous les manuels scolaires de Physique élémentaire vous diront que les couleurs se manifestent par action vibratoire sur les cônes et les bâtonnets de notre tissu rétinien. Il est donc normal que dans des circonstances mortuaires la couleur joue un très grand rôle d'ambiance. Les couleurs qui se rapportent à la Mort et au Deuil (latin «dolere» - s'affliger) sont, on le sait, le blanc et le noir dans nos pays. En Chine et au Tibet c'est le rouge, dans certaines conditions. Mais il faut bien noter que les rites funéraires aussi bien que le deuil changent de sens suivant la conception de la Mort qu'ont les différents peuples du monde. Dans la majorité des pays d'Orient, la transmigration des âmes-esprits étant acquise et admise une fois pour toutes, le cérémonial différera fatalement de ceux des pays occidentaux où la disparité des théologies concernant le «Royaume Céleste» co-existe avec l'Athéisme et l'Agnosticisme. Aux Indes, c'est connu, les Brahamanistes brûlent les corps des défunts parce qu'ils n'accordent aucune attention à ce compagnon accidentel qu'est le corps relativement à une Âme-esprit opérant des transmigrations successives.

Toutefois, pour justifier ma réserve quant à la crémation, je soulignerai que ces crémations n'ont pas lieu à la manière occidentale expédiées sans ménagement au chalumeau à plasma au crématorium du cimetière. La crémation indienne traditionnelle dure plus de trois jours (le temps de dissociation corps-esprit), le corps ayant été aspergé de parfums et d'essences de fleurs. Elle se déroule lentement dans une ambiance de prières et de recueillement, parfois de cris (de pleureuses louées) destinés à éloigner les mauvaises influences occultes. Combien d'incinérés, lors de séances de «transcommunications», n'ont-ils pas exprimé leurs douleurs et leurs tortures ! Notre corps est issu de l'élément «terre», alors laissons faire la Nature dans ses Cycles.

C) L'aide effective aux défunts

Durant des millénaires, l'aide effective aux défunts devait normalement se dérouler en trois temps : un temps de **trois jours** dit de «chapelle ardente» au domicile du défunt avant son inhumation, une durée de neuf jours (3 x 3), ou «**neuvaine**» de pensées diverses «non négatives», ou de méditations-prières, en famille, chaque soir avant le coucher, enfin un temps de **40 jours** après la date du décès (10 x 4), ou «quarantaine», durant laquelle on procédera à un «Rituel Magique d'Elévation» («Messe» ou «Service au temple» pour les Chrétiens), prières bibliques dans les sectes, etc. ; selon les croyances et les ethnies. Je conseille d'essayer d'approcher ce programme tripartite, même si, attendu notre rythme de vie effréné, nous ne parvenons qu'à le réaliser fractionnellement ! Par ce combat contre le Temps, voire contre l'indifférence des membres de la famille, vous aurez fait beaucoup pour votre «élévation personnelle».

Ayez présent à l'esprit que si votre compagne, votre compagnon, votre père ou votre mère, voir l'un ou plusieurs de vos enfants, vous quittent pour traverser l'Atlantique en avion, l'affection, l'amitié, ou la croyance religieuse vous porteront à penser à eux avec ferveur pendant leur absence, afin qu'ils ne leur arrivent rien. Si maintenant ces mêmes gens traversent spécialement la sombre «Mer de la Mort» pour arriver progressivement aux «rivages de l'Eternité, pourquoi n'auriez-vous pas la même attitude ? Quand, installés dans leur avion ils survolent l'Océan, leurs « Âmes-esprits » captives dans la chair est loin de vous. Quand ils traversent «l'Océan de la Mort», leurs «Âmes-esprits» débarrassées des liens du corps, s'enfuient loin de vous. Voulez-vous me dire quelle est la différence entre les deux situations, quant à votre «devoir» de prier pour eux ? Car, comme nous l'avons vu, qu'est-ce que la MORT ? Une simple séparation entre l«Individualité-conscience» indestructible et la «Personnalité-physiologique» corruptible. Le corps se désagrège dans le sol sans aucun doute, mais l'Esprit-conscience» vit, se meut, et conserve son concept «d'ETRE». Après, comme avant, cette «désincarnation», il continue à penser, à ses souvenirs et à aimer, parce que ces fonctions n'ont nul besoin d'un support charnel pour exister. Par contre, avoir faim, avoir soif, digérer des aliments, jouir sexuellement ... impliquent une machine biologique. La Puissance et la Compassion de l'Esprit Suprême ne s'étendent-elles pas en-deça du tombeau comme au-delà ?

- 1ER TEMPS : DRESSER UNE « CHAPELLE ARDENTE AU DOMICILE »

a) *Préparation de l' «eau bénite»*

L'eau appelée couramment «eau bénite» est composée d'eau additionnée d'une certaine quantité de gros sel marin. En la circonstance, elle est utilisée en simulant le signe de la Croix, si possible face au Soleil Levant.

L'aspersion «d'eau bénite» dans le local où repose le défunt a pour but d'ASSAINIR vibratoirement l'atmosphère ambiante et de faciliter ainsi son «dégagement». Ce rituel important est aussi vieux que l'Humanité. Si l'eau est le corps chimique indispensable à la Vie depuis le foetus (avec le liquide amniotique) jusqu'à l'eau cellulaire (avec le liquide lymphatique), il n'en présente pas moins les qualités magnétiques exceptionnelles (Pr Yves ROCARD). C'est le seul corps au monde qui peut manifester les quatre états de mutation chimique (solide, liquide, et gazeux) et physique (plasmique) sans altération de ses caractéristiques propres.

Chimiquement, il présente un poids de 11, 1 d'hydrogène et de 88,89 d'Oxygène, soit la proportion de DEUX (hydrogène) pour UN (oxygène), représentation parfaite du Principe TERNAIRE universel. Ajoutons à cela que le corps d'un humain en contient en moyenne 72 % pour un homme et 80 % pour une femme. Presque toute la «littérature Sacrée» le mentionne. Occultement, l'Eau est considérée comme «Source de Vie», le meilleur moyen de purification (avec le feu), et le milieu permettant la régénération. Le quatrième des éléments, est présenté partout comme renfermant les Principes Cosmiques de Fécondité, de Plasticité, de Féminité, de Réceptivité et de Pureté.

Les cristaux de sel marin (non raffiné) contiennent dans leur molécule les deux principaux atomes (Chlore et Sodium) sans lesquels la cellule vivante ne pourrait exister (PR H. LABORIT). De plus, il est présent dans l'eau de mer à raison de 3 %, dans certains lacs, et à l'état solide (sel gemme).

Dans toutes les civilisations, il a servi à bon nombre d'usages comme l'assaisonnement de l'alimentation, la conservation des substances organiques (viandes, poissons), voire l'aseptisation des plaies ... La nourriture naturelle est faiblement salée, et il est présent dans tous les corps vivants : le sang a un goût de sel, toutes les sécrétions physiologiques sont salées, la salive (sal-iva) qui tire son nom du mot latin «sal» (sel) et les larmes le sont également. Il active la sécrétion du suc gastrique dans l'estomac, et fournit les composés chlorés dans la composition de bon nombre de sucs intestinaux (Dr H. LESETRE, 1903). Métaphysiquement, il est appelé «Feu délivré des Eaux Primordiales» (L.C. DE ST-MARTIN). Il est vrai qu'il est obtenu par évaporation sous l'effet des rayons solaires (dans les marais salants). Il symbolise ce qu'il est bio-chimiquement : le Principe de l'Incorruptibilité.

Le Signe de la Croix, je tiens à le souligner, n'a rien de religieux ! Preuves archéologiques l'appui [3]. Il rappelle non seulement les quatre points cardinaux terrestres, mais aussi les quatre corps subtils (physique, éthérique, astral, mental) qui constituent notre «partie terrestre», les trois autres (causal, atmique et bouddhique) appartenant à la partie des «hautes sphères vibratoires», inaccessibles et indestructibles.

[3] G. OSORIO, Conférence sur le «Linceuil de Turin» (Sorbonne, UPP, 1986).

Historiquement, le symbole de la Croix n'est apparu que tardivement (VIème siècle de notre ère) dans la liturgie chrétienne. D'ailleurs les Templiers et bon nombre de Réformés se refusent à le vénérer comme «un souvenir du supplice du Maître de NaZaReTh», ce dernier n'étant pas mort sur un support de ce genre, mais accroché à un poteau vertical comme bon nombre d'historiens même religieux l'affirment, et encore, ceci n'est pas historiquement prouvé pour de multiples raisons[4].

De plus, les textes même évangéliques vont dans ce sens. C'est pourquoi les prêtres qui accompagnèrent l'aventurier Christophe COLOMB (pseudonyme de Joachim KOLOMBO) et les Conquistadors des populations amérindiennes, s'acharnèrent à détruire les croix des temples mayas et aztèques. A mon humble avis, toute personne, quelle que soit son ethnie ou sa religion, peut faire en toute bonne conscience le signe de la Croix face à un mort.

Quant au Soleil Levant, il indique la direction de l'Est. Il est universellement reconnu depuis l'Egypte Antique et le continent atlantéen, voire en Lémurie (Continent Mu) et chez les Celtes boréens, comme symbole intercontinental de la RE-Naissance. C'est celui de la rosée du matin si vivifiante et de la poussée de la végétation, du cri du coq[5], etc.

Maintenant, passons à la pratique ...

b) *«Bénédiction» par l'eau bénite :*

Depuis les temps les plus reculés, «bénir», dans son sens étymologique signifie «dire du Bien» (du latin «bene» = bien, et «dicere» = dire), ce qui n'a rien de «magique» ni de «religieux» à priori. Allons plus loin ... Souvent, dans la langue latine figurent des mots-racines indo-sémites. Le mot «BeN» est l'un d'eux. Originelle-

[4] G. OSORIO, «Cycle de Conf. sur les Grands Initiés» (Espace-Expression, 1996).
[5] D'où le coq sur les clochers d'églises et dans bon nombre de temples antiques.

ment, il a le sens de «engendré de ...», ce qui a donné parmi les Juifs des noms de famille précédés de «BeN- ...» (Ex. Mr BEN-SOUSSAN, Mme BEN-AICH, etc.) et chez les Arabes «IBn-» (Ex : IBn-SEOUD, IBn-AMAR, etc.). Les métaphysiciens sérieux considèrent que les paroles transportées par l'Éther diffus ambiant ont une portée vibratoire importante, accompagnées d'effets parfois inattendus. Les vibrations sonores de rituels africains le prouvent. Aussi, pour eux, «bénédiction» n'est pas un vain mot, surtout quant on l'entrevoit à travers la racine «BeN». On peut dire qu'il y aurait là un «transfert de forces-informations», SI la cérémonie se déroulait correctement. De ce fait, «bénédiction» signifierait «faire saint (pur; complet) par la force de la parole sur le mental», en somme «rapprocher quelqu'un des Sphères énergétiques Supérieures du Cosmos» (M.M. DAVY, C.N.R.S.).

A présent, je remercie vivement mon ami le Père CHARDINE, exorciste officiel, (Eglise St-Vincent de Paul, à Rouen), de m'avoir permis de publier sa méthode[6], exceptées les paroles du «signe de la Croix» que j'ai volontairement «universalisées».

Dans la Tradition Catholique, le survivant alerte le prêtre de sa paroisse ou de la paroisse voisine (puisque les prêtres par paroisse se font rares). Certaines sont équipées de femmes dévouées, mais qui n'ont nullement conscience des cérémonies puisqu'elles suivent les directives du Vatican II. Il en va de même du pasteur local pour l'Eglise Réformée et les branches du Protestantisme. Les Juifs dépendent d'une synagogue où le rabbin dira les «prières pour les morts» dans le cérémonial judaïque tandis que les Musulmans ont leurs immans qui desservent les mosquées officielles et privées.

Le Père CHARDINE, pour commencer, conseille de préparer **l'eau bénite** selon la formule suivante : dans un récipient propre, verser de l'eau claire (eau du réseau) ou si l'on peut de l'eau de source en bouteille. Dans un second récipient, déposer une grosse

[6] Père J. CHARDINE, exorciste, «Eglise catholique Universelle» 9 rue St-Amand, 76000 Rouen.

poignée de sel gris, sel non fariné que l'on vend généralement dans les boutiques de «Produits Naturels». Ensuite, placer les deux récipients sur une table, et les bénir en se tournant vers le Soleil Levant. Faire le signe de Croix sur soi, non pas à la manière catholique, protestante ou orthodoxe, mais dessiner dans l'espace un VRAI signe qui respecte l'égalité des quatre branches du symbole : la seconde extrémité se situe alors, verticalement, *à la ceinture* (au niveau des 2ème et 3ème ChaKRaM) et *non au-dessous* comme cela se passe dans les édifices religieux. En commençant par le front, les paroles peuvent être les suivantes : «... Au nom du Père-Créateur-Principe, ... du Fils-Libérateur-Principe (ce qui englobe tous les Grands Initiés) ...» ... Parvenu alors au milieu des épaules (après descente verticale et remontée jusqu'au creux du sternum) demeurer un moment concentré(e) mentalement sur le Soleil, puis glisser la main droite sur l'épaule gauche (coeur=amour-affection-compassion), puis directement vers l'épaule droite (action-honneur-responsabilité), cette fois en s'arrêtant et en se concentrant mentalement vers la «Lumière Intérieure» en la sollicitant pour que le/la défunt(e) Untel ... ou Unetelle ... reçoive l'aide et l'assistance dont il/elle a besoin lors de son «Passage».

Ensuite, étendre la main droite au-dessus du **sel** et dire : «... Je t'exorcise[7], esprit-conscience du sel, au nom du Père-Conscience-Universel, du Fils-Lumière-Messager, et de l'Esprit-Souffle-Régénérateur, afin que tu sois purifié de toute influence ténébreuse et désharmonique du Mal, en mémoire de la Parole Universelle Maîtresse des Messagers de Lumière et des Hommes. Celle qui emplit toute l'Astralité de sa Majesté et de sa Gloire ... Qu'il en soit à jamais ainsi (Amen) ...» «... Conscience-Père-Eternel, nous te prions dans ton Amour Infini, d'étendre ta Puissance sur cette création de sel qui est bénie en Ta Mémoire-Conscience. Fais que ce sel contribue à la santé physique et morale de ceux qui

[7] Du grec «ex» (en dehors de ...) et «orkos» (serment). A l'origine, il s'agissait de libérer une personne engagée dans un serment avilissant ; ici le sel peut, par sa nature chimique et vibratoire, recueillir les influences «mauvaises» (négatives). Il en va de même de l'eau.

en useront, ainsi qu'à l'harmonie de l'esprit éternel de Untel .../ Unetelle ... dont le corps matériellement mort repose ici. Que soient bannies de ce lieu où ce sel va être employé, toute Force ou Influence Adverse, toute illusion occulte, ou artifice des Forces Vivantes de Ténèbres ... Par X ... [8] Amen ! ...».

Continuer de la même façon avec l'**eau** : « ... Je t'exorcise (revoir note 7), esprit-conscience de l'eau, au nom du Père-Conscience-Universel Créateur, du Fils-Lumière-Messager, et de l'Esprit-Souffle Régénérateur, afin que tu sois purifié de toute influence ténébreuse et désharmonique du Mal, en mémoire de la Parole Universelle, Maîtresse des Messagers de la Lumière et des Hommes. Celle qui emplit toute l'Astralité de sa Majesté et de sa Gloire ...; Qu'il en soit à jamais ainsi (Amen) ...» «... O, Etre Suprême, pour la sauvegarde des vivants et celle du/de la mort(e). Tu m'as permis de consacrer[9] cette eau, et Tu l'as réservée pour le service de tous ceux qui, sous des noms divers, croient en TOI et en ceux que Tu as envoyés. Accorde-moi que quiconque usera de cette eau avec un esprit-mental pur soit fortifié en bonté humaine véritable (qui ne soit pas de la faiblesse) ou que, aspergé(e) par elle, il devienne pur et soit préservé de toutes attaques interne et externe des Forces Vivantes de Ténèbres. Par X ... Qu'il en soit éternellement ainsi ... Amen».

Prenant alors dans le récipient une bonne pincée de sel (l'équivalent d'une cuillerée à café bien pleine pour un grand bol d'eau) entre les doigts de la main droite (celle de l'action), dire : «... Que **ce sel et cette eau se mélangent** intimement au nom du Père-Créateur, du Fils-Libérateur, et du Souffle-Régénérateur ... Qu'il en soit ainsi ... (Amen) ... Par X ...».

[8] Le Juif dira «ADoNaY», «Le Saint-Béni-soit-il», le protestant dira l' «Eternel», les Catholiques «lePère», «DIEU» ou «JESUS», le Musulman «ALLaH». Pour l'athée, ce sera «la Conscience de l'Univers», et pour le Franc-Maçon «Le Grand Architecte». Le bouddhiste dira «BRaMaH» ou «BouDDhah» et le taoïste «Le TaO», etc ...

[9] Consacrer = du latin «con-secrare», dans le sens de placer un objet ou un être vivant «dans» (con) le «sacré» (secrare), donc le «faire vibrer hors de sa vibration habituelle de la Matière» (selon l'ancienne Théologie Catholique).

Asperger alors le corps avec cette eau bénie en utilisant de préférence un rameau de buis (béni le «Jour des Rameaux» pour les Chrétiens), ou tout autre rameau vert, ou à défaut de plante le pouce de la main droite. Ensuite, déposer le récipient d'eau bénie auprès du défunt pour que la famille, les proches, ou les voisins, puissent bénir le corps et agir ainsi sur ses corps subtils périphériques en plein mouvement de séparation. Déborder quelque peu aux alentours du lit en aspergeant dans la direction des quatre points cardinaux.

c) ***Remarques importantes :***

1°) En l'absence d'un prêtre ou d'un représentant religieux, il est recommandé à tous, particulièrement pour la tranquillité du/de la cher/ère disparu(e), de choisir un officiant laïc, homme ou femme, jeune ou vieux, qui soit de parenté éloignée avec le défunt pour éviter tout choc émotionnel ou, au contraire, suite à une trop grande intimité, que le service soit effectué avec légèreté (si les relations avec lui n'étaient pas des meilleures). Quitte à demander à un voisin ou à une personne de bonne volonté de passage, le tout est que le rituel s'accomplisse, même imparfaitement, mais avec le plus de sérieux possible et de recueillement. SI PAS SERIEUX, S'ABSTENIR !. Gare aux conséquences karmiques pour les contrevenants ou les plaisantins !

2°) Si personne n'est reconnu apte à ce service funèbre dans la famille, dans l'entourage, ou ailleurs, solliciter dans un cas extrême l'assistance d'un pope orthodoxe[10] moine bouddhiste[11] ou d'un lama tibétain[12], voire d'un imman musulman[13]. Soyez persuadé que, hors notre condition de chair et de sang, l'étiquette religieuse ne compte plus !

[10] Orthodoxe = de «ortho» (juste) et «doxa» (opinion). Qualificatif que prirent les Chrétiens orientaux lors du Schisme de 1054 lorsqu'ils refusèrent les dogmes établis par Rome, parce qu'ils étaient non conformes à l' Enseignement écrit de Jésus-Christ
[11] Centre EPIDAURE, 40 rue Qincampoix 75004 Paris
[12] Centre national, Direction «RIGPA» 22 rue Burq 75018 Paris
[13] La Grande Mosquée de Paris, Place du Puit-de l'Ermite 75005 Paris

3°) La personne qui se portera volontaire, même athée, doit être à jeun depuis 24 heures et, si possible, s'être abstenue de toute relation ou plaisir sexuel dans le même temps. Si cette personne est une femme, elle ne devra pas se trouver dans une période de pleine menstruation. Que l'on y croit ou que l'on n'y croit pas, le «vampirisme» n'existe pas que dans les films d'angoisse et d'horreur ! Ceci est très important pour la circulation des courants d'énergies qui vont se manifester lors du service.

La Métaphysique scientifique moderne en tient compte.

4°) Vous avez pu remarquer, chers lecteurs, que les formules de consécration du sel et de l'eau étaient très «oecuméniques». En effet, la «Ste-Trinité» de la Chrétienté (Père-Fils-St-Esprit) datant du IVème siècle de n.è. (Concile de Nicée) n'était que la copie des trois essentiels Principes Cosmiques actifs (Création-Destruction-Régénération) (travaux de Paul Le COUR) honorés dans les «Ecoles Initiatiques» antiques. L'Islam considère que «DIEU» n'a pas de Fils[14], dans le sens très juste de «Fils divin». Dans ce cas, l'officiant musulman peut remplacer le second terme de cette «TRI-Unité» par les «Prophètes» (arabe = NaBIM), qui sont ni plus ni moins que les «Grands Initiés» (hébreu = NaBIM), reconnus par le «QoRaN»[15].

d) ***Le «lit mortuaire» :***

En général, il y a lieu de créer une ambiance favorable au «départ» du décédé. L'obscurité ou la pénombre, sont donc vivement conseillée, avec un fond sonore de musique douce (orgue d'Eglise, chants grégoriens, musique de J.S. BACH ...). Les draps seront le plus blanc possible. De chaque côté du lit, à droite et à gauche de la tête, deux bougies (ou deux cierges achetés dans l'église la plus

[14] «QoRaN» Sour. III, ayah 81 ; Sour. LXI, ayah 6
[15] « id. «, Sour. XXIX, ayah 7 et 8 ; Sour. XXI, ayah 15 Sour. III, ayah 74 ; Sour. XXXIII, ayah 38 et suiv.

proche) seront allumés et remplacés au fur et à mesure de leur combustion, durant les 3 jours de veillée mortuaire : jour du décès, lendemain complet, surlendemain avec inhumation. C'est le temps minimum de «rupture du Cordon d'Argent». Je suggère souvent trois bougies (une en position centrale derrière le sommet du crâne du sujet) au lieu de deux, en souvenir de la TRI-Unité - Lumière = Création-Destruction/Libération - Régénération (Père-Fils-Esprit/ Souffle). L'encens ne devra pas cesser de se consumer durant ces trois jours et nuits, et encore 24 heures après le départ du convoi. Evacuer les jeunes enfants (jusqu'à 12/14 ans) après une courte visite au mort.

Il ne faut absolument pas que la veillée mortuaire soit une corvée ! Les personnes qui se proposeront seront si possible, par groupes de deux, se relayant toutes les heures, jour et nuit (comme lors d'un accouchement). Sans tomber dans des excès festifs déplacés il faut qu'elles se relaxent dans un autre local (le plus éloigné possible) avec casse-croûte sans alcool, café ou thé, petits gâteaux, sucreries, etc. ... conversation joyeuse correcte et distrayante, etc. Durant leur tour de garde, rien n'empêche les veilleurs de lire des ouvrages spiritualistes, des contes d'enfants, des romans édifiants ... somme toute, tout ce qui peut favoriser un «mental d'accompagnement» pour le décédé. Ne pas allumer la T.V. !

- 2ème temps - La «neuvaine»

Toutes les religions et les initiations antiques et modernes enseignent, qu'en dehors d'un «lieu de tourments» (qui sera celui de «vies karmiques successives de Rachat» au sein de l'Univers), et des «Hautes-Sphères de Lumière» (qui seront le «Séjour Eternel» de ceux qui auront triomphé de tous les niveaux de conscience karmiques[16]), il existerait une «condition-état intermédiaire» que le Bouddhisme (chinois et tibétain) et la Chrétienté nomment «Purgatoire» (latin = purgo = purger). Elles nous instruisent aussi sur

[16] «Nouv. Test.», IIème Epître de St -PAUL à TIMOTHEE, chap. 4, vers. 7

la situation post-mortem de ces «entités-esprits». Ainsi, tout en étant reléguées temporairement dans ce lieu vibratoire «d'attente de re-matérialisation», leur sort dépend entièrement de la *masse* et de la *nature* des «signaux-informations» qu'ils véhiculent dans l'Espace. Ce «thesaurus de conscience» va décider de leur Avenir et de leur «choix». Ces «masses éthériques» peuvent être aidées par les vivants qu'ils ont quittés.

La prise en considération de cette situation, même par les non-religieux, est intéressante. En effet, on remarquera par exemple que, à leur façon, lors de cérémonies absolument laïques, et sous des étiquettes diverses de «memorials», «Présence de ...», «En souvenir de ...», «A la manière de ...», etc., ces gens manifestent intuitivement envers ces «morts en attente» une «aide spirituelle», ne serait-ce que par leurs pensées, et sans doute aussi par leurs bonnes paroles, lorsqu'ils évoquent des événements vécus avec les défunts, et commentés à leur avantage. Car il faut le dire, à de rares exceptions près d'Initiés ou de gens hors du commun, qui se sont transcendés dans de dures épreuves afin d'obtenir une «meilleure montée en haut» (selon les propres paroles du personnage «ST-PAUL»[17]), la plupart de ces «entités» n'ont pas encore atteint le terme de leur cheminement à travers leurs morts-mutations successives. Esotériquement, on peut les comparer à des «exilés de milieux planétaires», non encore «intégrés» dans de «nouvelles existences-écoles».

Le geste le plus banal d'affection à un disparu est bien entendu la visite au cimetière. A cette occasion, on «rafraîchit» la tombe (désherbage, dépôt de fleurs fraîches, ratissage du sable ou du gravier, etc.), puis l'on se recueille quelques instants dans une sorte de «prière-souvenir». Il y a une cinquantaine d'années, neuf jours après la mort, la famille demandait qu'un service de prières (litanies prononcées à l'aide d'un chapelet) soit effectué dans l'église paroissiale. Souvent, cet office précédait «démarche-souvenir à la

[17] « id. «, Epitre de Paul aux HEBREUX, chap. 11, vers. 35

sépulture». Dans les campagnes encore, certaines vieilles personnes s'y rendent pratiquement tous les jours, parfois accompagnées de petits-enfants comme si, sans le savoir, elles voulaient déjà les instruire de cette échéance commune de la vie humaine. La majorité de la population s'y astreint, surtout le jour dit de la «Toussaint» ou occasionnellement, lors de visites de parents ou d'amis éloignés.

J'en profite pour rappeler à mes lecteurs que ce jour fut, originellement, considéré comme un «jour de joie». Chez les Celtes et les Scandinaves, il était dit que «... dans la nuit du 1er au 2 novembre (tout au moins dans le mois celte qui lui correspondait), les maisons et les chemins creux étaient envahis d'esprits en nombre tel qu'ils étaient plus nombreux que les gouttes d'eau de la fontaine du village ...». Dans presque tout le Sud-Ouest de la France, la nuit de Toussaint était célébrée par un repas au cours duquel neuf plats différents (3 x 3) devaient être présentés. Durant le repas, aucun autre sujet que celui des défunts familiaux ne devait être évoqué. Au petit matin, les invités se retiraient, en laissant la table mise de nouveau, les bougies allumées, et dans les assiettes une part de chacun des neuf plats ; ensuite, ils étaient distribués aux pauvres et aux indigents. En Alsace-Lorraine, jusqu'au début du siècle, la coutume voulait que tout garçon ou fille né cette nuit-là jouisse du don de clairvoyance. Neuf, nous le savons, est le nombre pythagoricien qui symbolise les trois plans de l'Univers (monde des Principes - monde des Lois - monde des Faits Matériels) dans leur pleine tri-manifestation (Création-Destruction-Régénération).

La pratique de la «neuvaine» n'est pas nouvelle, et remonte à la plus Haute-Antiquité. Dans tous les pays de culture hellénique, neuf jours après l'inhumation, on pratiquait les «Hé Enneasos» dans les temples. Les Latins, imitateurs des Grecs les appelèrent «Novemi», qui se traduit ensuite en «Neuvaines», lorsque l'Eglise de Rome s'officialisa vers le IVème siècle, bien que cette coutume ne fut cléricalement adoptée que bien plus tard (XIIème siècle). Le principe de la prière par égrenage d'un chapelet se retrouve un peu partout, aussi bien en Chine et au Tibet (chapelets à 108 grains), que dans les pays chrétiens (81 grains, originellement) et islamiques. En Polynésie, on recourait à des guirlandes de fleurs ou de coquillages, en Afrique à des dents de tigres, et en Amérique centrale à des osselets percés. En général, le chapelet le plus archaïque consiste en une sorte de ficelle traversant 9 rangées de 9 grains de blé, symbolisant entre autres, le cycle des existences. (Pr J. SERVIER). Longtemps dans la Chrétienté, suite à un décès, à la tombée du jour (18 heures ; latin = vespera, qui donna «vespres», puis «Vêpres»), on égrena plusieurs neuvaines de grains en répétant certains noms et certains mots choisis par la famille afin de faciliter «l'élévation du défunt». Pour les citadins, ou les non-pratiquants d'une religion, je recommande, à la même heure, une courte méditation profonde (5 à 10 mn) EN VERS / EN MEMOIRE du/de la décédé(e), dans les conditions les meilleures possibles d'isolement, avec sollicitation de x ... Pour les pratiquants religieux, faire dire une Messe ou faire prononcer un «sermon biblique» (avec lecture de textes, médités avec l'assistance) (Eglises Réformées), l'intérêt dominant pour nous étant celui du défunt, quelle que soit l'obédience choisie.

- 3ÈME TEMPS - LA «QUARANTAINE»

N'est-il pas étrange que cette archaïque Doctrine du «Service aux Morts» (disons plutôt de la «Vénération des défunts») qui, finalement, nous concerne tous, ait été plus ou moins déformée, puis négligée par les Eglises et les sectes, alors qu'elle est clairement exposée dans la plupart des «Livres sacrés». Nous en avons déjà dit quelques mots précédemment. Faute de place pour les examiner tous, je me limiterai à la BIBLE (puisque nous sommes en Europe !) comme le «QoRaN» lui-même le recommande[18]. Rappelons que le Judéo-Christianisme-islamique dispose de tout un arsenal de rituels permettant, quarante jours après l'enterrement, d'aider encore l' «entité-esprit» du/de la décédé(e).

[18] «QoRaN», Sour. II, ayah 3 et 83

Pour les Juifs, le Rabbinat a pourvu à une cérémonie de «quarantaine» qui peut avoir lieu quarante jours après le décès «En mémoire de ...» dans l'édifice religieux ou au domicile de la famille. A cet effet, nous lisons, par exemple :

« ... Frère/soeur défunt(e), puisses-tu trouver ouvertes les Portes des Cieux, voire la Cité de la Paix (YéROuShaLaiM), les habitations de Salut et rencontrer les anges (MaLaChIM), fidèles serviteurs, se hâtant de venir au-devant de toi ... « «... Que le Saint-Béni-Soit-Il te reçoive debout, et que tu reposes enfin dans la Paix (ShaLeM), et que tu te réveilles dans la Vie (HéYéh) ...» «... Puisse le repos du Céleste Séjour (ShéHoL) être le lot, la demeure et le lieu tranquille de l'âme-esprit (NéPheSh) de notre frère/soeur défunt(e) ...» « ... Puisse l'Esprit (ROuaCh) d'ADoNaY le/la conduire en EDeN, lui/elle qui est sorti(e) de ce monde sur l'ordre des AeLoHIM (DIEU), le Y.H.W.H ; des Cieux (ShaMaIM) et de l'Astralité (HaAReTz)... » « ... Que le Suprême Roi des Rois (MaLeK WeMaLeKIM) le/la couvre de l'ombre de ses ailes. Qu'IL le/la ressuscite (QOuM) à la fin des temps, et qu'IL lui donne l'occasion de se désaltérer au Torrent de ses Délices ...»[19].

Catholiques, Protestants et orthodoxes pourront recourir à une Messe ou a un sermon-prière biblique «En souvenir de ...» dans le même temps. Quant aux Asiatiques qui observeront cette trêve, ils allumeront des cierges et brûleront de l'encens face à l'emblème du BouDDhaH, à côté duquel ils placeront une photo du défunt, ou un objet qui lui était coutumier. Pendant qu'ils se recueilleront, assis en tailleur sur des coussins, les yeux mi-clos, en souvenir du/ de la disparu(e), l'encens et la lumière créeront une ambiance propice à «une meilleure libération» de sa dernière incarnation.

Précisons, pour ce qui est du Judéo-Christianisme par exemple, si l'on consulte les textes historiques datant des II et IIIème siècle

[19] Isaac LEESER, «SéPheR YéHOuDiSh ThoLéDOTh» (Livre des Prières juives, Libr. Kolb, Paris)

av. JC, on y trouve des traces d'une terrible guerre des Juifs contre l'occupant romain. Il est relaté notamment l'histoire authentique d'un «résistant-maquisard» du nom de JuDah MaChaBéH (qui donna par la suite son nom à l'état de cadavre, tellement cette tuerie fut atroce et impitoyable des deux côtés). Les combats attinrent une sauvagerie qu'aucune guerre antique n'a pu jusqu'ici égaler, hormis celle de Bosnie-Herzégovine en 1992-1996. Après chaque rencontre sanglante (qui décima peu à peu une grande partie des légions romaines d'élite) JuDa ordonnait d'offrir des prières et des sacrifices de souvenir pour ses compagnons tués. Il prescrivit même une collecte, et adressa «2000 drachmes d'argent au Temple de Jérusalem (ce qui équivaudrait en 1996 à 2.000 fois 1 FF-or), encore que l'expression numérique soit ici très ésotérique. D'abord «drachme», mot grec, a le sens de «ce que l'on doit pour une journée» (drachmoo = devoir), et qu'ensuite le nombre en question correspond aux 2 niveaux de la Matière et de l'Esprit, multiplié par «1» porté à la plénitude de «1000» (l'unité dans sa tri-manifestation : Création-Destruction-Régénération). Ces cérémonies avaient généralement lieu 40 jours après la cessation des combats. Elles étaient destinées à «atténuer les «péchés-Karma» des morts, quant à leurs ré-incarnations futures[20]. Si ce chef (JuDaH) n'avait pas été instruit dans cette perspective post-mortem, il eut jugé superflu un tel geste cultuel au Temple.

Ce temps de «quarante jours» est d'ailleurs assez significatif tant dans la BIBLE que dans le «QoRaN». Il symbolise toujours physiquement et virtuellement une «période d'épreuves».[21] Dans le «Nouveau testament», le CHRIST abonde en paraboles concernant le «KaRMa» : celle de «l'Enfant prodigue» (rachat des fautes pour celui qui se reprend)[22], celle du «Riche et Lazare» (deux con-

[20] «Anc. Test.» (versions catholiques uniquement), IIème livre des MACCABEE, chap. 12, vers. 43 à 46 dans n'importe quelle version, lire aussi l'Epître de Paul aux HEBREUX, chap. 11, vers. 35

[21] «Anc. Test.», GENESE, chap. 50, vers. 3 ; EXODE, chap. 24, vers. 18 ; EZECHIEL, chap. 4, vers. 6 ; etc.

[22] «Nouv. Test.», Evangile de LUC, chap. 15, vers. 11 à 32

ditions-états selon deux existences vécues[23]), celle du «Salaire du serviteur» (Principe du «KaRMa») [24], celle des «Mines et des Talents» (qualités et dons à faire fructifier durant une existence) [25], celle dite des «Vierges Sages et des Vierges Folles» (symbolisant le «KaRMa» des naïfs), etc.

Les différentes «résurrections» rapportées par les «Evangiles» tendent surtout à attirer l'attention du public sur le «changement d'état» que constitue la Mort, et la «continuité de la Vie» qui lui succède. Rappelons à cet effet ce passage mal traduit du grec dans nos versions, et assez bien rendu par le Pr Abbé Thomas MOREUX [26] :

«... Moi, je suis l'évolution vers le Haut (grec = ana-stasia = évolution vers les mondes supérieurs, et non «ana-bios» = retour sur terre), et la Vie-Principe Universelle (grec = zoohé). Celui qui a en lui la ferme conviction profonde de moi (grec = pisteùoon) ne continuera pas toujours à mourir (grec = eis émé où mhé APOTHANHE EIS TON AINNONA) ...».

Le Maître de NaZaReTH confirme par ces paroles que son Enseignement mis en pratique dans une conviction profonde (et non religieusement par tradition) permet de se libérer du cycle de morts-naissances «pour toujours» (grec = eis ton aioona) et d'atteindre plus rapidement la «Vie-Principe Universelle» (grec = soohé).

En ce qui concerne l'Islam, on peut méditer en s'adressant à son/sa mort(e) les admirables «ayahs» (versets) des «Sourates» (chapitres) suivants : Sourate de l' «Etoile de la Nuit» (LXXXVI), Sourate du «Très-Haut» (LXXXVII), Sourate du «Signe Evident» (IIC), Sourate du «Jour de Malheur» (CI), Sourate «De l'Après-Midi» (CIII), Sourate de l' «Aube Naissante» (CXIII) ...

[23] « id.», chap. 16, vers. 19 à 31
[24] « id.», chap. 17, vers. 7 à 10
[25] « id. «, Evangile de MATTHIEU, chap. 25, vers. 14 à 30
[26] Abbé T. MOREUX, «Cours de Langue Grecque» (Doin Edit.) ; Evangile de JEAN, chap. 11, vers. 25

Ajoutons que MoHaMMeD dit, à propos de ceux qui ont refusé de le suivre dans le «Combat de la Foi» : « ... Ne prie jamais pour l'un d'entre eux quand il sera mort ; ne t'arrête pas auprès de sa tombe. En vérité, ils n'ont pas cru en ALLaH et en son Envoyé. Ils sont morts pervers ...»[27].

On en déduit de ce texte que les premiers Musulmans priaient pour les défunts. La Tradition coranique rapporte que MoHaMMeD a prié sur le corps de son ami HaMZa, tué dans la bataille de UHuD[28]. Ailleurs, ALLaH fait écrire relativement aux hommes hypocrites :

« ... Demande pardon pour eux ou ne demande pas pardon pour eux : si soixante-dix fois tu demandes pardon pour eux, ALLaH ne leur pardonnera pas pour autant. Ils n'ont cru ni en ALLaH, ni en son Envoyé ...»[29].

Le «QoRaN» retient encore la forme d'intercession qui consiste à implorer le pardon d'ALLaH en faveur d'autrui.[30] Il cite même l'intercession comme d'une des fonctions attribuées aux Anges-messagers. Nous lisons :

«... Ceux qui portent le Trône d'ALLaH, ceux qui l'entourent, célèbrent ses Louanges, croient en Lui, demandent pardon pour ceux qui croient. Ils disent : Seigneur ! Tu tiens dans tes bras toutes les choses par ta Miséricorde et Ta Science. Pardonne donc à ceux qui reviennent à Toi, repentants, et qui suivent désormais Ta Voie. Préserve-les du tourment de la fournaise (épreuves ardentes). Seigneur ! Introduis-les dans les Jardins d'EDeN,

[27] «QoRaN», Sour. IX, ayah 85

[28] Bataille citée dans le «QoRaN»

[29] «QoRaN», Sour. IX, ayah 81

[30] Arabe = ISTaGhFaRa (dixième forme du verbe «pardonner»ou «GhaFaRa») signifie «demander pardon. Le nom d'ALLaH» ou le pronom qui le remplace se conjugue à l'accusatif. La préposition «Li» est placée avant le nom de la personne en faveur de laquelle le pardon est demandé, ou avant le substantif désignant le motif de la demande (faute, manquement). Ces deux acceptions se trouvent dans la Sour. XLVII, ayah. 21.

conformément à ta Promesse, ainsi que ceux qui font le Bien, parmi leurs pères, leurs femmes et leur descendance. En vérité, Tu es le Puissant, le Sage Suprême ...»[31].

Ailleurs, dans le même livre, une double fonction est attribuée aux «Forces de Lumière» (arabe = DJiNs) :

« ... Ils célèbrent les louanges de leur Seigneur. Ils implorent Son Pardon pour ceux qui sont sur la Terre ...»[32] « ... Ils ne devancent pas ALLaH par la parole. Ils agissent sur Son Ordre. Ils n'intercèdent que pour ceux qu'ALLaH a agréés, et qui sont pénétrés de crainte-respect ... »[33].

Le rôle d'intercesseur auprès de DIEU en faveur des humains (vivants et morts) semble inhérent à la mission de MoHaMMeD. Dans le «QoRaN», on rapporte le cas des Bédouins qui ont refusé d'aider l' «Envoyé» lorsqu'il fut attaqué par les notables arabes et ceux qui en voulaient à son Enseignement ; on les décrit venant s'excuser auprès de lui en disant :

«... Nos biens et nos familles nous ont retenus : Demande pardon à ALLaH pour nous ...»[34].

« ... Lorsque l'on dit aux hypocrites (ceux qui ont fait semblant de croire) : Venez, l'Apôtre d'ALLaH implore pour vous le pardon, ils détournent la tête. Et tu les verras s'éloigner dédaigneusement. Pour eux, ta demande de pardon ou ta non demande est sans intérêt. ALLaH ne leur pardonnera pas. En réalité, ALLaH ne guide pas le peuple des pervers ..»[35].

« ... Quant à ceux qui ont commis l'iniquité, s'ils sont venus à toi (MoHaMMeD) et qu'ils ont demandé pardon à ALLaH, et si l'Apôtre (MoHaMMeD) a demandé pardon pour eux, certainement qu'ils ont trouvé ALLaH prêt à revenir à eux plein de miséricorde ...»[36].

[31] « id.», Sour. XC, ayah 7 et 8
[32] « id.», Sour. XLII, ayah 3
[33] « id.», Sour. XXI, ayah 27 et 29

Ailleurs, toujours selon le livre, ALLaH s'adressant à MoHaMMeD lui dit :

« ... Demande pardon pour tes propres péchés, demande pardon pour les croyants et pour les croyantes ...» [37].

Toujours d'après le «QoRaN», l'ABRaHaM de la BIBLE s'adressant à son père (TéRaCh) lui déclare :

« ... Je demanderai pardon pour toi à mon Seigneur. En vérité, il est bienveillant pour moi ...»[38].

Cependant, un autre texte indique qu'ABRaHaM n'aurait pas imploré le pardon d'ALLaH en faveur de son père sans la promesse faite à celui-ci. Mais quand il s'aperçut que son père était «un ennemi d'ALLaH» (la BIBLE le décrit adorateur du dieu «Lune», SiN), il s'en désolidarisa[39]. Les fils de YaQoB (JACOB), coupable d'avoir abandonné leur jeune frère YaSaPh (JOSEPH) disent à leur père :

« ... Demande pour nous à ALLaH pardon de nos péchés (littéral. = manquements), car nous avons péché (manqué à nos devoirs). JACOB dit ; Je demanderai pour vous le pardon de mon Seigneur : il est miséricordieux ...»[40].

Cette série de textes coraniques met fin à notre proposition d'aide aux défunts à domicile ou dans un édifice approprié. Les passages cités plus haut donnent aux profanes de l'ISLaM une idée sur la façon dont le pratiquant va intervenir pour un mort. Pour lui, «le vécu dans la foi (conviction) d'ALLaH, et le respect de son «Message» («QoRaN») primera sur l'attachement affectif à la personne ...

[34] « id.», Sour. XLVII, ayah 11

[35] « id.», Sour. XLVIII, ayah 5 et 6

[36] « id.», Sour. IV, ayah 67

[37] « id.», Sour. XLVII, ayah 21

[38] « id.», Sour. XIX, ayah 7 et 48 ; ourc. LX, ayah 4

[39] « id.», Sour. IX, ayah 115 ; BIBLE, «Anc. Test.», JOSUE, chap. 24, vers. 2

[40] « id.», Sour. XII, ayah 98 et 99

3 - 2 - CREMATION ET EMBAUMEMENT

Nous savons maintenant que le processus de la Mort s'étale sur un temps plus long qu'on ne le pensait. D'abord, elle débute bien avant le moment envisagé par les assistants ; ensuite, la vie physiologique se prolonge bien après l'instant de Mort apparente. Cette «Vie-Esprit» n'abandonne pas soudainement la dépouille physique et les liens de «l'Anima» (champs de forces formateurs) qui unissent «l'Etre subtil» «JE SUIS» au «MOI-Personnalité corporelle» ne se dénouent que progressivement. Si l'on en croit le Dr E. MORIN [41] la Mort n'a rien d'«Instantanée». Il s'agit d'un processus qui se prolonge dans le temps. Il commence par les «centres vitaux» (mort *fonctionnelle*), et s'étend ensuite à tous les organes (mort *tissulaire*). Ensuite, entre la «vie totale» et la «mort totale» (tissulaire) s'intercalent différents stades : celui de la *mort apparente* (arrêt de la respiration) avec ralentissement considérable des pulsions cardiaques (cliniquement imperceptible). Suivent la *mort relative* avec, cette fois, blocage net de la circulation, puis la *mort absolue*, où les altérations irréversibles de toutes sortes se cumulent par manque d'oxygénation (transformations biochimiques dues à la cessation d'apports nutritifs et à l'avance d'évacuation des toxines).

De grands thanatologues comme le Pr Jacques BREHANT et la Dsse E. KUBLER-ROSS (déjà citée) sont unanimes. : il n'existe aucun signe apparent absolument décisif. Tout, en ce domaine, n'est que suppositions avec toutes les causes d'erreurs possibles. Celles-ci peuvent se répartir en trois catégories : les *erreurs cliniques* telles que l'aréflexie totale (manque de réflexes), *l'hypothermie* progressive (chute de température) et l'*apnée* définitive (suspension de la respiration), avec dilatation permanente de la pupille (mudriase) et l'absence de réponses aux cardio-stimulateurs tels que l'Artériographie carotidienne signalant un arrêt

[41] Dr E. MORIN, «l'Homme et la Mort», (Seuil. 1970).

circulatoire, l'Encéphalographie sous stimuli (tracé linéaire du spot) étalée sur 24 et 48 heures. Globalement, on peut dire que l'on discerne les signes précoces du décès, les signes semi-tardifs de la mort (quelques heures après la mort), les signes tardifs relativement à l'état de décomposition et de pourriture organiques.

Cependant, nous devons nous incliner : toutes ces modifications afférent au tissu cadavérique, sans plus ! Mais, il n'est pas seul en cause, et tout ce dont nous venons de parler ne concerne que la partie émergente de l' «iceberg humain». Nous l'avons dit maintes fois, et nous le répétons uns fois de plus : le corps humain ne se limite pas à un assemblage complexe d'enveloppes tissulaires périssables, charnelles et psychiques (cérébrales), animé par une Force Vitale qui l'abandonne, suite à l' «usure des ans», un accident, ou une maladie ! Des photographies prises par des métaphysiciens sérieux prouvent indiscutablement (...) l'existence d'un «processus de libération de l'Esprit» intervenant SIMULTANEMENT à celui de la désagrégation des forces de liaisons corporelles (Anima) et moléculaires (Corps). Or, «mort biologique» et «dégagement de l'Esprit» ne coïncident presque jamais. Un humain peut être *biologiquement vivant* et disposer d'un *Esprit déjà en mouvance* dans l'Espace. En ce cas, cet état de «coma prolongé» le fait évoluer vers la sénilité, ou à l'état de «zombi» (mot créole = mort vivant). Inversement, un sujet peut être reconnu cliniquement mort et disposer de la presque totalité de son Esprit-Conscience. Ce grave dilemme concerne la crémation, ainsi que l'embaumement. Vous ne pouvez imaginer la terreur et la souffrance de cet Esprit, devenu «entité-esprit» qui, brutalement, en l'espace d'une demi-heure, va se trouver «scalpée» de son support biologique sous l'effet d'un feu plasmatique ! Des médiums ont auditionné ces plaintes...

Au risque de choquer beaucoup de mes lecteurs et lectrices, c'est la raison essentielle pour laquelle un mort doit être ENTERRE et non INCINERE. La décomposition du corps DOIT se faire normalement. L'Homme n'a pas à intervenir dans un phénomène qui n'est pas de son domaine, d'autant plus que les motifs invoqués sont purement philosophiques, ou urbanistiques ! Que l'Homme s'occupe déjà de faire disparaître le chômage et la misère sociale sur sa planète, après il pourra s'occuper de ce que les technocrates nomment «la Mort Propre». La BIBLE a raison lorsqu'elle énonce que «ce qui est poussière doit retourner à la poussière» (Loi des Cycles).

Comme cela ne suffisait pas, nous y ajoutons un scandale de plus : nous privons la terre de sa «part de cadavres». Elle a fourni, iles éléments bio-chimiques qui ont servi à notre «physiologisation», éléments que nous lui refusons dans notre siècle d'urbanisme à tout-va et de rejet des valeurs naturelles. Si nous continuons sur cette lancée, il arrivera fatalement que les pays d'Europe Occidentale, deviendront des «pays du Tiers-Monde», d'ici un ou deux siècles au plus ! Pourquoi ? Tout simplement parce que dans ces pays, faute de bois et à cause de la déforestation, on brûle tout ! Bien entendu, je ne doute pas que de tels propos fassent allègrement sourire les sceptiques. En perpétuant ce mépris total de la Nature nous intensifierons cette «rupture du Cycle de Vie-Mort-Régénération» en incinérant à grande échelle les déchets végétaux, les cadavres animaux et humains, AU LIEU DE LES RESTITUER A LEUR LEGITIME PROPRIETAIRE : LA TERRE-MERE !

Les ergoteurs m'opposeront alors trois objections auxquelles je répondrai de suite. La première s'énonce ainsi : Pourquoi critiquez-vous la crémation, puisqu'elle aussi «fait retourner en poussière» ? Dans l'absolu, l'argument est valable. Toutefois, il est vicieux dans les faits. Car entre l'heure de chalumeau à plasma qui va produire une petite urne de cendres et les 40 jours environ qui vont être consacrés à un lent travail de décomposition par les nécrophages et les composés chimiques minéraux, il y a une marge ! **On ne bâcle pas la Mort** : que l'on soit athée, religieux, indifférent ou agnostique, ce «changement d'état», cette «mutation» mérite davantage de considération que les comptes en Banque ou les projets immobiliers ! Le mort doit être respecté comme il l'était de son vivant, fut-il clochard ou Chef d'Etat.

La deuxième objection est celle qui consiste à invoquer le cas des Hindous, peuples respectueux des Lois religieuses et traditionnelles. Là aussi, l'argument ne résiste pas. La plupart de ces peuples de la péninsule indienne sont des gens très religieux mais non fatalement obéissants aux « Livres Sacrés » des Grands Initiés qui n'ont jamais prescrit de telles méthodes. Ensuite, ils souffrent d'un problème de climat et de place : leurs maîtres religieux les poussent à proliférer afin de fournir de la main-d'oeuvre bon marché aux grands propriétaires terriens. Enfin, le mort n'est nullement jeté au feu comme un tas d'ordures ménagères, tel en Occident. Du plus pauvre (qui s'endettera s'il le faut) jusqu'au plus riche, chaque famille veillera à ce que son mort bénéficie de tout un rituel d' «enveloppement du cadavre» avec des essences de plantes «corrosives» qui vont accélérer, la chaleur aidant, **la lente décomposition** charnelle que le feu réduira alors en quelques heures (une soirée, une nuit, une matinée).

Une troisième objection consiste à prôner la crémation comme moyen de suppression du trop lent et choquant processus de décomposition. A l'appui de cet argument, on invoque les «ombres» et les «fantômes» qui hantent les cimetières, spectacle épouvantable aux dires de certains clairvoyants. Ainsi par l'intervention du feu, dit-on, l'Esprit serait plus rapidement «évacué» vers les «mondes supérieurs». Je pense qu'il y a là une méconnaissance totale du phénomène «mortuaire». Expérimentalement, dans la voie naturelle, nous disposons d'un côté, d'une masse de chair et d'os chimiquement corruptible, donc d'un agrégat tissulaire charpenté par des champs de forces qui sont à l'origine de la forme matérielle du corps humain. Ceux-ci n'étant plus alimentés par les courants vitaux d'énergie, vont se briser par décomposition, puis par pourriture (action des bactéries), entraînant la rupture des valences (liaisons chimiques) entre atomes et molécules qui, à leur tour, vont se dissocier lentement. Dans le processus de crémation cette masse organique combustible va subir le même schéma opératoire mais cette fois ACCELERE par une flamme portée à haute-température. Si bio-physiquement parlant, sur le plan «Matière», le résultat sera des plus concluants **pour sa rapidité**, il s'avérera négatif sur le plan métaphysique. En effet, attendu que l'atome est à la fois «onde-mémoire» et «particule» (Loi de DE BROGLIE, D. BOHM), la partie que nous appelons grossièrement «Esprit» va demeurer indestructible. Sous l'effet de l'agitation calorifique de la flamme, l' «Esprit» serait obligé de se dégager **plus brutalement**, faute de support matériel le retenant à la terre, mais cela ne le fera pas «élever» pour autant vers les «mondes supérieurs» ! Réfléchissons : Comme il s'agit d'un «corps vibrant», comment la flamme chimique d'un chalumeau à plasma peut-elle contraindre un corps de nature éthérique à se mouvoir plus rapidement dans l'Espace ? Comment peut-elle intervenir dans un monde vibratoire qui n'est pas, et ne peut être le sien ? ... A vous de trouver une réponse plausible et surtout... scientifique !

Il est aussi nuisible pour l'individu de se faire incinérer que de se faire conserver par divers procédés d'embaumement ou de momification. Actuellement, aux USA, et dans divers pays européens, des gens aisés socialement paient des fortunes pour se faire surgeler en attendant une hypothétique «résurrection terrestre» grâce aux progrès de la Médecine et de la Biologie moléculaire. Ces gens invoquent à bon escient les Egyptiens et les Mayas (...) qui, en bons métaphysiciens, recouraient à ces pratiques dans un dessein bien déterminé : il fallait que les «esprits» des Pharaons décédés guident de «leur influence post-mortem», donc «éclairée», le Pharaon en place et ses notables au pouvoir. Les Autorités religieuses égyptiennes considéraient que tout roi devait se sacrifier éternellement pour son peuple. De son vivant, ayant bénéficié de tous les pouvoirs et de tous les avantages de sa charge, il était correct qu'à sa mort il en assume tous les inconvénients. OSIRIS n'en avait-il pas donné l'exemple lui-même en se sacrifiant pour le monde ? ... On retrouvera cette notion dans le ShiNTo japonais et chez les empereurs mongols. Le grand archéologue ésotériste que fut St-Yves D'ALVEDRE a bien mis en évidence cette notion «d'homme responsable sacrifié pour sa patrie» dans son magnifique ouvrage «Mission des Souverains», malheureusement introuvable.

On a maints exemples de momies qui ont exercé sur des visiteurs inopportuns de tombeaux leur pouvoir mystérieux et maléfique [42]. Plusieurs archéologues anglais, américains et allemands ont payé de leur vie leur audace. Beaucoup se sont sentis «mortellement irradiés» lors de fouilles, ainsi que des soldats arabes, lors de l'extension de l'Islam en Egypte. Ceux-ci visitèrent les Pyramides en ignorant la nature des lieux où ils pénétraient. Un «Esprit» ne pouvant se libérer de sa partie corporelle inférieure, figée dans une masse cadavérique confinée dans des ingrédients l'empêchant de suivre son cycle normal, est fatalement angoissé, irrité, voire agressif envers ce Genre Humain qui l'a ainsi «emprisonné» à vie ! Malgré lui, il devient «Gardien des Lieux», comme le voulaient les Grands Prêtres !

Permettez-moi à présent plusieurs remarques. D'abord, aucun Grand Initié du genre RaMa, KRiShNah, ... MoYSe [43] ... BouDDhaH, Lao-Tseu, ... voire JESUS, ou MoHaMMeD, etc. ne se sont fait ni incinéré, ni momifié ... Bien au contraire, leurs corps ont été abandonnés à la terre, pour éviter tout «sacrilège». Dans la BIBLE comme dans le «QoRaN» par exemple, puisque ces deux «livres sacrés» concernent un peu plus de la moitié des habitants de la planète, on ne relève aucune méthode de ce genre. Le cas de JACOB et de JOSEPH [44] est particulier : ces gens vivaient en Egypte (le texte le souligne) et suivirent la mode égyptienne, à une exception près : les corps ne furent pas vidés de leurs viscères. Car en fait, il y a «embaumer» et embaumer... Etymologiquement, le mot signifie «envelopper de baumes (résines parfumées coulant de certains arbres) pour éviter les mauvaises odeurs et la propagation de maladies en pays chauds» , et non : «stopper la décomposition» ! Le verbe hébreu «ChaNaToH» (rendre aromatique) utilisé dans ces deux versets ne peut être comparé avec son homologue égyptien qui a le sens de «retenue-mystère».

[42] «La malédiction des Pharaons» (J'ai lu-Av. Myst.)
[43] «Anc. Test.», livre du DEUTERONOME, chap. 34, vers. 5 à 12
[44] «Anc. Test.», GENESE, chap. 50, vers. 2 et 26

En Egypte donc, la conservation du cadavre d'un notable (retenue) avait pour but de maintenir son «entité-Esprit» au voisinage de la Terre (Bas-Astral) afin qu'il se réincarne au plus vite dans un foetus (mystère), et qu'ainsi il continue son oeuvre terrestre. Par contre, dans tout le Proche-Orient, Palestine pré-islamique comprise, dès le dernier soupir les cadavres étaient lavés, les membres entourés de bandelettes imbibées d'aromates, enveloppés d'un linceul, et déposés au frais dans un tombeau, à même la pierre froide. Les «Evangiles» nous en donnent une description précise qui concorde parfaitement avec d'autres écrits. Ce petit détour historique apporte plus de précisions sur ces trois questions importantes que sont la crémation, l'embaumement, ou la conservation cadavérique à basse-température.

3 - 3 - AIDE ET ASSISTANCE AUX VIVANTS

A) Encouragements dans la Douleur

Nous savons que la Mort frappe parfois brusquement. Vous qui me lisez, peut-être venez-vous de perdre quelqu'un que vous avez aimé profondément durant des années, voire un(e) simple collègue de travail, ou un(e) voisine bien discret(e), mais toujours aimable et complaisant à l'occasion. Et brusquement, plus rien ! Le choc moral provoqué par ce genre de disparition nous apparaît à tous comme insupportable, à tel point que nous en perdons parfois le sommeil, et que l'on se sent solitaire, délaissé(e), terriblement seul(e), effondré(e) par la douleur. Dans une existence, la disparition d'une ou plusieurs personnes aimées peut être pour chacun de nous, la plus terrible des épreuves. Aisé(e), aimé(e), ayant réussi socialement dans l'existence, vous devriez être au comble de la joie, et pourtant cette nouvelle, ou cet incident, vient jeter un nuage noir dans votre ciel bleu. Comment allez-vous alors le supporter ? Où, et vers qui, ou vers quoi, vous tournerez-vous pour puiser les forces morales dont vous avez tant besoin ? Comment sortirez-vous de cet accablement particulièrement pénible ?

Comme je l'ai déjà dit dans une page précédente, pleurer de nos jours s'avère être pour l'entourage comme un acte de faiblesse morale : attitude stupide. Les Statistiques de Santé font état d'une quantité impressionnante de personnes qui fréquentent les cabinets de «Psy» parce qu'elles sont bloquées psychologiquement, éduquées dans notre monde froid à ne pas extérioriser leurs sentiments, elles ne peuvent pleurer naturellement. Beaucoup souffrent de malaises. Pourquoi ? Tout simplement parce que les glandes lacrymales, en sécrétant les larmes, «décompressent» les nerfs et évacuent les excès de bio-électricité retenus par certains neurones du système nerveux. Pleurer est une façon toute normale d'exprimer sa peine. Evidemment, il n'est pas question de s'abîmer indéfiniment dans le chagrin en s'abstenant de le maîtriser. On ne fait pas revenir à la vie terrestre le/la disparu (e) en s'immobilisant dans des sanglots renouvelés, ou «en broyant continuellement du noir» , voire en s'apitoyant sur son sort. On pourrait même dire à la limite, que l'on en arrive au paroxysme à pleurer égoïstement davantage sur soi-même que sur le décédé. A force de s'apitoyer sur son sort personnel, on ne fait qu'entretenir des sentiments favorisant la dépression, mais ce qui est plus grave, on émet des «vibrations de regret» (négatives) qui tendent à empêcher l' «être cher» de se détacher de notre milieu.

Somme toute, **en pleurant trop** son/ses mort (s), on en arrive à nuire fortement à son/leur bonheur post-mortem. C'est pourquoi, comme je m'en explique ailleurs, je suis opposé à la «Transcommunication», à moins que le défunt lui-même intervienne à sa façon dans notre environnement, mais nous n'avons en aucun cas le droit de le perturber. Laissons à des spécialistes métaphysiciens scientifiques le soin de le faire. Dans la BIBLE, lorsque le fils du roi DaWiD de Jérusalem (Initié hébreu) tomba gravement malade, il se priva de tout et jeûna. Par contre, quand il mourut, il reprit sa vie normale, et laissa aux officiants du Temple le soins des rituels funéraires. Nous lisons :

« ... DaWiD dit à NaThaN : J'ai péché contre l'Eternel ! Et NaThaN dit à DaWiD : l'Eternel pardonne ton pêché, tu ne mourras point[45]. Mais, parce que tu as fait blasphémer les ennemis de l'Eternel, en commettant cette action infâme, le fils qui t'est né mourras. Et NaThaN s'en alla dans sa maison. L'Eternel frappa l'enfant[46], que la femme d'URYe avait enfanté de DaWiD, et il fut gravement malade. DaWiD pria DIEU pour l'enfant, et jeûna. Quand il rentra, il passa la nuit couché à terre. Les vieux serviteurs de sa maison insistèrent auprès de lui pour le faire lever de terre. Mais il ne voulut point, et il ne mangea rien avec eux....».

« ... Le septième jour, l'enfant mourut. Les serviteurs craignaient d'annoncer à leur maître que l'enfant était mort, car ils se disaient : Voici, lorsqu'il vivait encore nous lui avons parlé et il a refusé de nous écouter. Que se passera-t-il lorsqu'il entendra dire qu'il est mort. Il s'affligera alors bien davantage. DaWiD remarqua que ses serviteurs parlaient tout bas entre eux ; il comprit alors que l'enfant était mort. Il leur demanda : L'enfant est-il mort ? Ils lui répondirent : il est mort. Alors DaWiD se leva de terre, se lava, se oignit (d'huile parfumée), changea de vêtement. Puis il alla dans la Maison de l'Eternel (Temple), et se prosterna. De retour chez lui, il demanda qu'on lui serve à manger, et il mangea ...».

« ... Ses serviteurs étonnés lui dirent : Que signifie ce que tu fais ? Tandis que l'enfant vivait, tu jeûnais et tu pleurais. Maintenant que l'enfant est mort, tu te lèves et tu manges : Il leur répondit : Lorsque l'enfant vivait encore je jeûnais et je pleurais parce que je me disais : Qui sait si l'Eternel n'aura pas pitié de moi, et si l'enfant ne vivra pas ? Mais maintenant qu'il est mort, pourquoi jeûnerai-je. Pourrai-je le faire revenir ? **J'irai plutôt vers lui**, mais lui ne reviendra jamais vers moi. DaWiD consola BeTh-ShéBaH, sa femme. Il eut des rapports sexuels avec elle. Elle enfanta plus tard un fils qu'il appela SaLoMoN et qui fut apprécié de l'Eternel. Il le remit entre les mains de NaThAN l'Initié (hébreu = NaBi), et celui-ci lui donna le nom de YeDiYaH [47] à cause de l'Eternel ...»[48].

[45] Dans le texte hébreu nous lisons : «tu ne seras pas anéanti à jamais»

[46] Sens du texte hébreu ; «il abrégea son existence»

[47] «Anc. Test.», IIème livre de SAMUEL, chap. 12, vers. 13 à 25

[48] Littéral. en hébreu : «YéODIYaH» = aimé dans le Y.H.W.H, donc dans le «Devenir Universel de l'Homme»

Dans une telle situation morale, il est préférable de s'absorber dans une occupation physique très mobilisatrice ou un travail intellectuel très accaparant de manière à se couper de la réalité. Beaucoup de personnes entretiennent cette blessure ouverte et douloureuse en vivant au milieu de leurs souvenirs. J'ai connu un ingénieur de haut-niveau, protestant pratiquant, pourtant spiritualiste, qui ne s'est jamais consolé de la disparition de sa jeune épouse, morte suite à un cancer du sein. Il demeurait des semaines entières dans son appartement, persiennes fermées, ne mangeant plus, terrassé par le chagrin, ayant démissionné de son entreprise (son patron, homme de coeur, n'ayant pas admis sa décision et gardant sa place vacante ; un tel cas de générosité est tellement rare qu'il mérite d'être signalé), jusqu'au moment où des voisins charitables, avec l'aide de la Municipalité, le contraignirent à l'hospitalisation. Comme il était lecteur de la BIBLE, chaque fois que je le rencontrais, j'essayais de prier en commun, mais il me montrait désespérément les robes suspendues de la morte, et les prenant à pleines mains, s'effondrait en sanglots.

Ainsi, continuellement, le spectre de la défunte hantait les lieux, retenu par le chagrin immense du conjoint. Combien de fois ne lui ai-je dit qu'en pleurant trop longtemps la défunte, «il la retenait égoïstement prisonnière ici-bas». Il me regardait alors, la figure gonflée et ravagée par les larmes, et après un moment de silence, courtoisement, me faisait comprendre que ma visite était terminée. Je l'ai invité chez moi, lui promettant de venir le chercher en voiture, afin «de briser cette ambiance de fermentation permanente du Regret» mais en vain. Impuissant à le réconforter et à renverser cette situation, je cessais mes visites. Puis un jour que je tentais encore une ultime rencontre (parce que son téléphone était coupé) j'appris qu'il était mort par anorexie. Comme cet homme, il arrive constamment que des gens gardent durant des années l'habitation du mort dans l'état même où celui-ci l'a laissé. Ils se refusent au moindre ménage, au moindre dérangement de meuble, au moindre rangement, lesquels seraient tout naturels en d'autres circonstances. La «vie s'était arrêtée dans la maison avec la levée du corps pour l'inhumation».

Toute personne en deuil devrait comprendre qu'elle sera plus à même d'intégrer sa peine en se fondant, «ici et maintenant» et dans le Futur, sur l'exemple biblique du roi DaWiD. Je l'invite déjà à méditer sur le texte du sous-chapitre 3, moyen le plus simple et le plus adéquat pour continuer à vivre aussi normalement que possible. Elle favorisera ainsi sa «guérison» en reprenant ses activités habituelles, et en assumant ses responsabilités. Il ressort de mes contacts répétés avec des veufs, des veuves, des parents et amis de défunts, que la plus grande des difficultés que nous ayons à surmonter est de gommer de son esprit toute l'affection qui va être perdue à cause de la disparition de l'être cher par exemple, sur le plan matériel, la personne qui pense continuellement à SA solitude, et aux choses ou actes qu'elle devra désormais accomplir ou assumer, aura davantage de difficulté à surmonter sa tristesse. Il va lui falloir changer son orientation de pensée égocentrique et la focaliser le plus possible vers les besoins des autres, particulièrement ceux qui physiquement, moralement, ou socialement sont plus défavorisées qu'elles ! Elle comblera ainsi le vide laissé par le/la défunt(e). Elle sera même sans doute très surprise de la manière dont elle peut rendre sa vie intéressante et passionnante. Dans notre monde technocratisé, les misères matérielles et morales ne manquent pas, d'abord en France (au lieu de toujours penser en premier aux autres pays) ! Il faut être disposé(e) à penser à ses semblables et à les aimer (tout comme on souhaiterait l'être pour eux !), même s'il faut en payer le prix par des déceptions cuisantes !

Indiscutablement, c'est en méditant les «Livres Sacrés», dans le silence de la campagne, ou dans son appartement sur fond de musique douce, et non au sein d'une secte quelconque, que la personne endeuillée va moissonner les plus grands réconforts. Compte tenu de ce qui a été dit en 3 ..., elle pourra désormais répondre aux questions : «Pourquoi mourons-nous ?», ou «Y a-t-il une vie dans l'Au-delà ?»... La «BIBLE», le «QoRaN», la «BaGhaVa-GiTa», le «TaO-Té-KiNG», le «ZeND-AVeSTa» ... et tous les livres de base des Religions Officielles (orientales comme occidentales) fourniront le réconfort affectif et mental idéal afin que, à traverser leurs symboles et leurs Mythes, SANS LE RECOURS D'UN «GOUROU» exploiteur, ou d'un «instructeur» de secte ou d' «Eglise douteuse», l'intéressé(e) se fortifie dans le sillage d'une espérance basée sur la Connaissance Primordiale et puisse ainsi maîtriser ses émotions. La Vraie Connaissance «rend adulte» au vrai sens du terme ! Elle fait disparaître les craintes que l'on peut éprouver quand on ignore le sort de nos «chers décédés».

Connaissant la merveilleuse espérance réservée à toute «conscience-esprit» détachée d'un humain moribond, et «mutable» à d'autres niveaux de conscience corporelle, le vivant demeuré seul ne se laisse pas accabler par le chagrin. Sa peine n'est fatalement pas aussi profonde que celle des gens qui sont dépourvus de spiritualité et n'ont aucun motif d'espérance. Parmi les athées, les agnostiques, les croyants non pratiquants et les pratiquants de toutes les religions et de toutes les ethnies, ceux et celles qui sont affligés par la disparition d'un être aimé, puiseront leur force dans la méditation profonde de l' «Ecoute de la Voix Silencieuse», celle de «DIEU», du «Père», celle d' «ALLaH», celle de l' «Eternel», de «BRaHMaH, de «l'Absolu», ... PEU IMPORTE LE NOM DE L' «IMPRONONCABLE» ! Ils sont EN UN, comme IL EST EN EUX[49]. Aussi, obtiendront-ils immanquablement le réconfort dont ils ont besoin. N'oublions pas non plus que la perte d'un être cher peut constituer l'épreuve la plus pénible qui nous sera imposée dans notre vie présente afin de nous grandir ultérieurement ! MAIS VOUS DEVEZ la supporter, surtout la SURMONTER, à condition «d'entrer dans l'intelligence de l'événement de cette disparition» ... qui sera d'ailleurs la vôtre à plus ou moins brève échéance ! Soyons réalistes et cela nous confortera !

[49] Ce qui est confirmé par la Physique Moderne des particules (Pr Geoffroy CHEW)

B) AIDER À SUPPORTER L'AFFLICTION, À PLUS OU MOINS LONG TERME

Lorsque la «main froide de la Mort» arrache une personne à son milieu familial ou même, si elle vit seule, lui enlève la vie physiologique, ceux qui restent, parents, voisins, ou amis, ressentent parfois le plus fort choc émotionnel de leur existence. On a relevé chez les proches, suite à des décès, des cas de sénilité précoce, de dépression, de pathologie cérébrale, de maladies nerveuses telles que la maladie de Parckinson, etc. Souvent, la maladie se déclenchera avec d'autant plus de violence et de rapidité que les personnes en cause jouissaient d'une grande estime réciproque ou encore d'une grande intimité. Les cas d'insomniaques sont fréquents chez les gens fortement ébranlés par un ou plusieurs décès. Si ces derniers sont encore en activité, leurs collègues les voient accablés par leur travail, indifférents à ce qui se passe autour d'eux, faisant leurs achats ou vaquant à leurs bureaux ou ateliers l'esprit dans le vague, rongés par cet atroce sensation de ne pas savoir que faire ni où aller. Même si l'on se chamaillait l'un l'autre habituellement, suite à de petits conflits d'opinion, il n'empêche que la disparition de l'un perturbe sérieusement le ou les autres. C'est précisément dans de telles circonstances que l'on se doit d'intervenir pour aider son prochain dans le malheur. Souvent, je me suis trouvé dans ce cas et on ne sait que dire. Alors on prononce des banalités, des mots qui cassent notre silence mais qui ne veulent rien dire, et qui souvent, par leur absurdité alourdissent l'atmosphère au lieu de décrisper la situation.

Lorsque nous envisageons une telle démarche au domicile de la famille d'un défunt, il nous faut avoir à l'esprit l'idée maîtresse d'inciter le ou les survivants à ne pas s'enfermer dans leur chagrin d'une manière stoïque et résignée, ce qui n'arrangerait rien et exposerait leur personne à toutes sortes de manifestations morbides : ulcères, perturbations hormonales, voire des cancers à plus ou moins longue échéance. Il ne faut pas hésiter, par des images-souvenirs, à provoquer une brusque «ouverture des écluses» :

relâchement total de la crispation avec épanchement de flots de larmes. En entretenant ce genre de rétrospective, d'abord on maintiendra une extériorisation de l'émotion ensuite, meilleur sera l'environnement vibratoire post-mortem envers le/la disparu(e). Bien entendu, les effets les plus bénéfiques sont ceux qui durent le moins longtemps : il ne faut donc pas que cette décontraction morale tourne au débordement : on a vu des veuves fidèles toute leur vie, ou des maris aimants et rangés, se laisser aller à des excès de boissons ou de plaisirs de toutes sortes «pour oublier»...

Si la personne visitée est athée ou agnostique, il est recommandé de s'inspirer des remarques qui lui ont été faites aux sous-chapitres 1 - 1.B) et 2 - 2. Si par contre elle est croyante en l'une des trois confessions judéo-islamiques, il serait bon de se munir d'un exemplaire de la BIBLE et lui montrer que l'Initié ABRaHaM, par exemple, ne s'enferma pas dans une douleur chronique lorsqu'il perdit sa compagne SaRaH [50]. Le roi DaWiD fit de même lorsqu'il apprit que son frère ABSaLoN avait été égorgé[51]. L'un comme l'autre de ces hommes ne portèrent pas leur tristesse indéfiniment. En tant qu'Initiés (NaBIM), ils savaient que «les vivants ne peuvent ramener les morts à la vie terrestre», et que «les survivants doivent continuer à vivre en ne tenant pas compte des défunts». Ces gens chérissaient la mémoire de leurs morts, mais leur peine aurait été encore plus difficile à supporter s'ils s'étaient fermés à toute relation extérieure en se repliant sur eux-mêmes, ou en essayant de vivre dans un monde purement imaginaire.

Dans le cas où la personne que l'on veut aider est membre de la Chrétienté (Catholique romain et orthodoxe, Réformé), le «Nouveau Testament» sera dès lors très utile, particulièrement avec les passages qui font mention de la «Résurrection» (qui n'est ni plus ni moins que la «Réincarnation» à un autre niveau de conscience).

[50] «Anc. Test.», GENESE, chap. 23, vers. 2
[51] « id.», IIème livre de SAMUEL, chap. 18, vers. 33

Ainsi, par exemple, il sera intéressant de montrer que le CHRIST rendit heureux des gens en «ressuscitant» des parents ou amis qui venaient de mourir. JaYRuS, président d'une synagogue située près de la Mer de Galilée, eut la joie de voir sa fille «sortir de l'état de morte»[52]. A NaYN, au Sud-Ouest de cette même mer, une veuve bénéficia du même privilège pour son fils, alors qu'on le portait vers le tombeau hors de la ville[53]. LaZaRe, frère de Marthe et de Marie, compagnes du CHRIST, revient à la vie alors qu'il était mort depuis près de quatre jours [54] ... Par la voie des Apôtres, revinrent aussi à la vie une jeune femme, Dorkas dans la ville de Joppé [55], puis un dénommé Eutyche[56].

Il peut arriver aussi que l'affligé(e) soit un(e) Musulman(e). Un exemplaire de poche du «QoRaN» fera l'affaire. Il existe de bonnes traductions modernes en langue française. Je vous conseille, en matière d'introduction, de lire et de commenter à l'intéressé(e) la Sourate II (chapitre), ayah 286 (verset). Nous lisons :

« ... ALLaH n'imposera pas de charge à une âme (esprit), si ce n'est selon ses moyens et ses facultés. Elle recevra selon ce qu'elle aura fait, et il sera reporté sur elle, ce qui a été obtenu d'elle. Notre Seigneur ! Ne nous inflige pas de punition, si nous nous trompons. Notre Seigneur ! Ne nous charge pas d'un fardeau comme Tu en as chargé ceux qui étaient avant nous. Notre Seigneur ! Ne nous charge pas de ce que nous ne pouvons pas porter. Efface nos péchés (manquements), pardonne-nous, aie pitié de nous. Tu es Notre Maître ! Secoure-nous contre la foule de ceux qui ne croient pas ! ...».

Nous pourrons faire suivre cette lecture par la Sourate III, ayah 1 :

« ... ELiF-LaM-MîM ALLaH ! Il n'y a pas de DIEU, si ce n'est lui, le Vivant qui existe par LUI-Même ...».

[52] «Nouv. Test.» Evang. de MARC, chap.5, vers. 22,35,41 à 43.
[53] «Nouv. Test.» Evang. de LUC, chap. 7, vers. 11 à 17.
[54] «Nouv. Test.» Evang. de JEAN, chap. 11, vers. 38 à 45.
[55] «Nouv. Test.» ACTES des Apôtres, chap. 9, vers. 36 à 42.
[56] «Nouv. Test.» « id.», chap. 20, vers. 6 à 12.

Ensuite, continuer avec les passages coraniques référencés[57].

Les Africains, en général, sont soit de confession chrétienne, soit islamiste. Les Antillais qui pratiquent le «Vaudou» sont généralement d'obédience catholique ou protestante (très souvent «Pentecôtiste», «Adventiste» ou «Baptiste»). Et puis, il y a les autres, d'abord les Asiatiques (Vietnamiens, Chinois, Japonais et Coréens) qui seront catholiques ou bouddhistes. La première obédience ayant été traitée, voyons la seconde. Le livre de base sera la «MaHaYaNa» (Evangile de BouDDhaH) dans lequel on relèvera, entre autres :

«... Réjouissez-vous de la Bonne Nouvelle ! Notre Seigneur le BouDDhaH a découvert la racine de tous les maux. IL nous a montré la Voie du Salut ... Le BouDDhaH dissipe les illusions de notre esprit, et nous délivre des terreurs de la mort ... Notre Seigneur le BouDDhaH apporte le soulagement à celui qui est fatigué et accablé par le chagrin. Il rend la paix à ceux qui sont écrasés sous le fardeau de la vie ... IL donne du courage aux faibles alors qu'ils sont prêts à abandonner la confiance en eux-mêmes, et leur espérance ...»[58].

Beaucoup d'émigrés d'Asie sont aussi taoïstes. Il sera donc de bon aloi de leur faire méditer le «TaO-Té-KiNG» (Voie-Doctrine de la Suprême Vertu) écrit par LaO-TseU (VIème siècle av. JC); nous conseillons les passages[59] et ci-dessous :

« ... Dans le monde, tous reconnaissent comme beau le Beau. Ainsi le Laid se trouve admis. Tous reconnaissent le bien comme Bien. Ainsi le Non-Bien se trouve admis. En effet, l'ETRE et le NON-ETRE s'enfantent l'un l'autre ; le Difficile et le Facile se

[57] Pour alléger la note marginale nous ne mentionnerons que les Sourates en chiffres romains tandis que les ayah seront portés en chiffres arabes. D'où, successivement : II/261-263 ; III/102 ; VII/55 ; XIII/5 ; XVI/40 ; XVII/52 ; et 100, 101 ; XXII/5 ; XXIII/37,82 ; XXVII/67 ; XXX/49 ; XXXII/9 ; XXXIV/7,8 ; XXXV/10 ; XXXVII/16 ; XLIII/10 ; XLV/23,27 ; L/3, 11 et 14 ; LVI/47 ; LXIV/7 ; LXXV/3 et suiv., et 40.

[58] «MaHaYaNa», chap. 1, vers. 1 à 3 ; chap. II, vers. 1 à 6 ; Chap. III en totalité ; chap. V id. ; (Ed. LABUSSIERE)

[59] «TaO-Té-KiNG», chap. II ; chap. IV ; chap. V ; chap. VI ; (Ed. Maisonneuve).

complètent l'un l'autre. Le Haut et le Bas se renversent l'un l'autre. Les Sons et la Voix s'harmonisent l'un l'autre. Aussi, l'Avant et l'Après se suivent l'un l'autre ... ».

D'autres aussi sont tout simplement des pratiquants du ZeN, dont le dispensateur fut le Japonais Maître Daisetz Teitaro SUZUKI, au début du XXème siècle en s'inspirant du «SAN-Do-Kai» (L'Essence-énergie et ses Phénomènes) écrit par Maître SEKITO (700-790) et du «HoKYo-ZaN-MaY» de Maître TOZAN (800-869). Nous lisons :

« ... Ne cherchez pas la Voie chez les autres, dans un endroit très éloigné, parce que la Voie existe sous vos pieds. Maintenant, je sais : aussi je vais seul ... Maintenant, je puis LE rencontrer partout : Il est maintenant moi certainement, mais malheureusement je ne suis pas encore LUI [60]. A présent, quand je rencontre quoi que ce soit, je peux obtenir la véritable liberté ...»[61].

Chers lectrices et lecteurs, il me faut en terminer par ces quelques paragraphes qui résument les éventualités d'aide pratique morale et spirituelle que nous pouvons tous apporter aux affligés, eu égard à leurs ethnies, à leurs croyances, et à leurs pratiques religieuses. Ayant pratiqué moi-même ce genre de «mission», je puis vous assurer que, si au départ vous rencontrez réserve, froideur, étonnement de la part des ethnies étrangères installées dans votre pays, envers nos compatriotes : voisins, amis, membres de notre famille ... vous ne serez pas sans constater qu'en de douloureuses circonstances bien des barrières disparaissent, des relations humaines et amicales se nouent, des amitiés se font durables, et les méfiances s'évanouissent, parce que partout «l'Homme est Homme», avant d'être une «unité technocratique de main-d'oeuvre».

[60] Il s'agit ici d'un fleuve imaginaire regardé par dessus un pont, et comparé à l'Energie Universelle

[61] Maître Taisen DESHIMARU, «Texte ch'aN» (Seghers Ed.), 10ème verset du «HoKYo-ZaN-MaY», D.T. SUZUKI, «Bouddhisme ZeN» (Albin Michel)

Après votre visite, beaucoup de personnes s'apercevront avec joie qu'elles maintenaient ouverte leur blessure émotionnelle, en voulant vivre exclusivement en mémoire du défunt. En effet, la plupart s'efforcent d'entretenir la même ambiance que celle qui existait de son vivant. Ce qui est malsain psychiquement et métaphysiquement pour les deux niveaux de conscience. Ceux qui perpétuent ainsi leur affliction tentent vainement de vivre sur un Passé qu'ils doivent au contraire absolument admettre comme REVOLU. Notre devoir est de leur prouver qu'ils seraient plus heureux en orientant dorénavant toutes leurs pensées et leurs projets sur l'Avenir, plutôt que de ressasser de «vieux clichés» qui ne se concrétiseront plus jamais. L'Univers est ainsi fait : il tourne impitoyablement, et nous le suivons parce que nous lui appartenons. Nous venons de lui et nous retournons à lui, comme la Terre, le Soleil, et toutes les galaxies. Lui-même laisse chaque fois place à un autre Univers chaque fois plus évolué. Une dernière question : nous pleurons ceux et celles que nous avons connus durant une courte vie ; ne pensez-vous pas que, à la longue, nous ne les haïrions pas si nous devions les côtoyer des milliards d'années ? ... Pourquoi ? ... Parce que à chaque seconde de cette «conscience dans la chair» nous nous transformons cellulairement et psychiquement. Combien de fois n'avons-nous pas été déçus, ou au contraire réjouis, de revoir des personnes quelques décennies plus tard ?

Réfléchissez : il ne peut y avoir d'EVOLUTION sans MORT-MUTATION parce que le Principe de la Vie Universelle repose sur le DESIR CONSTANT DE PERFECTION ! ...

« ... Les transformations du monde matériel se font sous l'influence de Principes Cosmiques d'ordre spirituel, parce que l'Univers est plein de dieux ...».

THALES DE MILET (VIIème siècle av. JC)

BIOGRAPHIE DE MARTIN GRAY

1939-1945 Combattant du ghetto de Varsovie, arrêté à plusieurs reprises et condamné par les Nazis, il s'évade de différents camps, et notamment du camp d'extermination de Treblinka.

Toute sa famille disparaît dans l'Holocauste.

Rejoint comme partisan, les maquis russo-polonais, puis intègre l'Armée Rouge au grade de Lieutenant.

Participe aux combats de Pologne et à la Bataille de Berlin.

1946 Est nommé Capitaine de l'armée soviétique.

Titulaire de nombreuses décorations, entre autres :

- l'ordre Alexandre Nevsky
- l'ordre de la Grande Guerre Patriotique
- l'ordre de l'Etoile Rouge.

1947 Décide de choisir la liberté, quitte l'armée soviétique et émigre aux Etats-Unis.

1950-1960 Exerce une activité de grossiste en antiquités, couvrant les USA, le Canada, Cuba et l'Europe.

1952 Acquiert la nationalité américaine.

1959 Marié en premières noces avec Dina Cult, de nationalité hollandaise. Ils ont quatre enfants.

1960 S'installe en France, près de Cannes, au Domaine des Barons où il élève ses enfants et rédige ses mémoires de la Seconde Guerre Mondiale.

1970 Sa femme et ses quatre enfants périssent dans l'incendie de forêt qui ravage la Côte d'Azur.

1970-1988 Crée la Fondation Dina Gray pour préserver l'Homme à travers son cadre de vie.

Depuis cette date, écrit plusieurs ouvrages. Les droits d'auteur sont versés à la Fondation.

Ces ouvrages, traduits en 26 langues, connaissent un succès très important. On estime à *huit millions* le nombre de lecteurs en France et *trente millions* dans le monde.

Lance avec la Fondation Dina Gray la campagne «Un enfant, un arbre».

Reçoit le prix «Dag Hammarskjoeld».

Remarié, père de 5 enfants.

Acquiert la nationalité française.

Lance avec sa Fondation une nouvelle campagne «La fête de la Nature et des Arts».

Sous l'égide de la Fondation de France, et avec l'appui et la collaboration de plusieurs ministères, il lance la campagne «Forêt-Jeunesse».

Il conseille le metteur en scène Robert Enrico qui tourne d'après son livre «Au nom de tous les miens» un film avec dans les rôles principaux : Michael York, Brigitte Fossey, Macha Méril.

Diffusion sur TF1 du film télévisé «Au nom de tous les miens» en huit épisodes ainsi que dans la plupart des pays.

1989-1994 Il consacre une grande part de son temps à rencontrer dans les établissements scolaires les jeunes et à dialoguer avec eux au cours de conférences-débats en France et à l'étranger.

Son œuvre littéraire commencée avec «Au nom de tous les miens» le lançait en prenant la dimension d'une interrogation sur le sens de la vie. Elle compte onze ouvrages la plupart traduits et publiés en livres de poche.

Son dernier livre «La prière de l'enfant» est au cœur de toutes les questions de notre fin de siècle.

Aujourd'hui, sous la pression de jeunes qui lui écrivent de plus en plus nombreux et qui se montrent désemparés par un avenir totalement incertain, Martin Gray a décidé pour les années 90 de créer «Futur».

«Futur» est une action éducative et culturelle de grande envergure dont le but est d'aider les adolescents à mieux préparer leur avenir dans un contexte difficile qui évolue trop vite.

Ne pouvant rester insensible à ces appels de plus en plus pressants, Martin Gray a décide de mettre à la disposition de ces adolescents son expérience, son influence, son temps et même sa notoriété.

En effet, pour concrétiser le projet «Futur», Martin Gray a construit chez lui sur la Côte d'Azur, ce qu'il a baptisé «l'Arche du Futur» : symbole de la maison intelligente du IIIème millénaire qui bien qu'ultra-moderne reste néanmoins humaine.

Cette «Arche du Futur», faite pour accueillir les jeunes et leur permettre de s'inventer un avenir meilleur, allie parfaitement Art, Convivialité, Écologie et Sophistication technologique.

TABLE DES MATIÈRES

PRÉFACE 7
ENTRETIEN AVEC MES LECTEURS ET LECTRICES : 11
VAINCRE A TOUT PRIX L'ANGOISSE 11
DES DERNIERS INSTANTS ICI-BAS. 11
LA SCIENCE OFFICIELLE FACE A L'APRES-VIE. *14*
PHYSIQUE ET METAPHYSIQUE : *18*

PREMIERE PARTIE 31
L'HOMME VIVANT 31
L'HOMME DECÉDÉ 31

1. OU SONT LES MORTS ? 32
REPONSES CLASSIQUES DES RATIONALISTES ET DES PHILOSOPHES. *32*
QUE PEUVENT NOUS REPONDRE LES RATIONALISTES ET LES PHILOSOPHES ? *36*
DÉFINITION GLOBALE DE L'HOMME : *43*
POINT DE VUE PHYSIOLOGIQUE ET PSYCHOLOGIQUE MODERNE SUR LA MORT : ... *49*
A) PHYSIOLOGIE DE L'EXISTENCE TERRESTRE : *50*
B) PSYCHOLOGIE DE LA CONDITION HUMAINE : *59*
LE MECANISME NATUREL DE FIN D'EXISTENCE : 63
1-4. LA MORT CONSÉCUTIVE À UNE MALADIE. 73
1-4-1. Le médecin face à la mort par maladie : *75*
14.2 - Morts subites suite à une pathologie non manifestée *82*
14.3 - Le Psychologue et le spiritualiste *90*
au chevet du malade mourant : *90*

1-5. LA MORT VIOLENTE PAR ACCIDENT,
MEURTRE OU SUICIDE : 98
15.1 - Accident et meurtre survenant sur la personne : *99*
15.2 - Rôle du cerveau et du foie dans la phase pré-mortem : *103*
15.3 - Psychologie des morts accidentelles *107*
15.4 - Le meurtre ou l'acte d'héroïsme *134*

1-6. CONCLUSIONS GÉNÉRALES
DE CETTE PREMIÈRE PARTIE 152

DEUXIEME PARTIE **159**

L'INTUITION DANS LA HAUTE-SCIENCE ANTIQUE 159
2. - 1. L'APRÈS-VIE .... CETTE INCONNUE ! 160
21.1 - Panorama succinct des thèses explicatives en présence. *164*
21.3 - L'Homme terrestre... une projection microcosmique matérialisée du macrocosme universel : *174*

2-2. PANORAMA MONDIAL DES CROYANCES RUDIMENTAIRES . 179
2-3. LE CONCEPT DE «CONTINUATION DE LA VIE» À TRAVERS
LES CIVILISATIONS 192
23.2 - Asie du Sud-Est : Corée et Japon : *196*
23.3 - Nouvelle-Zélande, Australie, Polynésie : *197*
23.4 - Afrique et Madagascar : *199*
23.5 - Les Amériques : *199*
23.6 - L'Inde et l'Hindouisme : *202*
23.7 - Sumer, Chaldée, et Phénicie : *207*
23.8 - Les Celtes, Druides et Bardes : *208*
23.9 - Les hébreux et le judaïsme : *213*
23.10 - La Chine antique impériale : *219*

2.-4. ORIGINE ET PROGRESSION DE LA SENSATION DE
«DIVIN ORIGINEL» CHEZ L'HOMME 226

2-5. LES «MYSTÈRES» QUI GÉNÈRENT L'«INITIATION
OCCIDENTALE» 243

LES «MYSTÈRES ÉGYPTIENS» - L'EGYPTE ANTIQUE
CARREFOUR DES SCIENCES ARCHAÏQUES DISPARUES. 243
25. 1 - La science égyptienne métaphysique et ses rituels *245*
25.2 - L'Egyptien, un «Initié» permanent... .... *253*
2 - 6. Les «Mystères grecs» - Cet étonnant génie hérité du «plus lointain des âges» - connaissance de l'»esprit» de l'homme et des «principescosmiques». *265*

2.6 - 1 - CONNAISSANCE DE «L'ESPRIT UNIVERSEL» 266
26.2 - Connaissance des principes cosmiques sous le «manteau» mythologique *269*
2 - 7. LES «MYSTÈRES GRECS» (SUITE) L'APPRENTISSAGE
DE LA MAÎTRISE DU «KARMA INDIVIDUEL». 283

27. 1 - Les «Mystères d'Eleusis» (Grèce, Perse) : 285
27. 2 - Les «Mystères de Dionysos» (Grèce, Celtie, Palestine) 292
27.3 - Les «Mystères d'Orphée» (Celtie, Egypte, Palestine). 300
27.4 - Les «Mystères de Cybèle et Attis» (Celtie, Phrygie, Lydie) 309
27.5 - «Les Mystères d'Isis et Osiris» (Egypte, Celtie-Borée) : 315
27. 6 - «Les Mystères d'Adonis» 322
(Chaldée, Palestine, Syrie, Sumer, Grèce) : 322
27. 7 - Les «Mystères de Mithra» 326
(Celtie, Inde, Egypte, Perse, Scythie, Grèce). 326

2. - 8. L'«APRÈS-VIE» DANS LES RELIGIONS OFFICIELLES 334
ET SOCIÉTÉS SPIRITUALISTES MODERNES 334
28. 1 - Le «Monde de l'Après-Vie» dans le bouddhisme : 335
28 . 2 - Le «Monde de l'Après-Vie» dans le jainisme hindou : 341
28. 3 - Le «Monde de l'Après-Vie» dans le catholicisme romain : 344
28. 4 - Le «Monde de l'Après-Vie» dans l'Islam : 352
28.5 - Le «Monde de l'après-vie» 364
dans le christianisme orthodoxe : 364
28.6 - Le «Monde de l'Après-Vie» 371
selon la réforme protestante : 371
28.7 - Le «monde de l'Après-Vie» 378
dans la franc-maçonnerie spiritualiste : 378

TROISIEME PARTIE 387

INSTRUCTIONS PRATIQUE DES DERNIERS INSTANTS 387
1 - DE LA NECESSITE D'ETUDIER LA MORT 388
1 - 1 - LE «GRAND MYSTERE DE LA MORT 388
selon la Tradition Primordiale. - «Le Seuil du Nouveau Pays». 388
1 - 2 - OBJECTIF N°1 : LUTTER CONTRE L'ABANDON 410
1 - 3 - OBJECTIF N° 2 : INTERVENIR SANS PEUR, ... 417
SACHANT CE QU'IL FAUT DIRE OU TAIRE 417
1 - 4 - LA MORT ? ... UNE «NOUVELLE NAISSANCE» ! 422

2 - L'AIDE EFFECTIVE AUX MOURANTS 431
2 - 1 - LA «MORT ASEPTISEE» DE NOTRE VIE MODERNE 431
2 - 2 - DANS LE «SECRET DE LA MORT» 438
2 - 3 - CRITERES D'IDENTIFICATIOND'UNE SITUATION PRE-MORTEM 459
2 - 1 - ACTION CLINIQUE IMMEDIATE 482
2 - 2 - ARTERIOGRAPHIE. 484
2 - 3 - TESTS ELECTRIQUES ET ELECTROGRAPHIQUES. 484

2 - 4 - AIDE EFFECTIVE DANS LES «DERNIERS INSTANTS» *485*

3 - AIDE AUX MORTS ET AUX VIVANTS APRES LE DECES 506

3 - 1 - AIDE AUX MORTS RITUELS FUNERAIRES AU DOMICILE *506*

.... *534*

3 - 2 - CREMATION ET EMBAUMEMENT *534*

3 - 3 - AIDE ET ASSISTANCE AUX VIVANTS *540*

BIOGRAPHIE DE MARTIN GRAY 552

Achevé d'imprimer par
l'Imprimerie France Quercy, 46090 Mercuès
N° d'impression : 31701 - Dépôt légal : juillet 2004

Imprimé en France